U0625617

中華古籍保護計劃

ZHONG HUA GU JI BAO HU JI HUA CHENG GUO

·成果·

河南省鄭州圖書館等十一家收藏單位古籍普查登記目録

全國古籍普查登記目録

國家圖書館出版社
National Library of China Publishing House

圖書在版編目(CIP)數據

河南省鄭州圖書館等十一家收藏單位古籍普查登記目録/《河南省鄭州圖書館等十一家收藏單位古籍普查登記目録》編委會編. --北京:國家圖書館出版社,2017.3
(全國古籍普查登記目録)
ISBN 978-7-5013-5911-0

Ⅰ.①河… Ⅱ.①河… Ⅲ.①古籍—圖書館目録—河南 Ⅳ.①Z838

中國版本圖書館 CIP 數據核字(2016)第 195026 號

書　　名　河南省鄭州圖書館等十一家收藏單位古籍普查登記目録
著　　者　《河南省鄭州圖書館等十一家收藏單位古籍普查登記目録》編委會　編
責任編輯　張珂卿　黄　鑫

出　　版　國家圖書館出版社(100034　北京市西城區文津街7號)
(原書目文獻出版社　北京圖書館出版社)
發　　行　010-66114536　66126153　66151313　66175620
66121706(傳真)　66126156(門市部)
E-mail　nlcpress@nlc.cn(郵購)
Website　www.nlcpress.com→投稿中心
經　　銷　新華書店
印　　裝　河北三河弘翰印務有限公司
版　　次　2017年3月第1版　2017年3月第1次印刷

開　　本　787×1092(毫米)　1/16
印　　張　44
字　　數　915千字

書　　號　ISBN 978-7-5013-5911-0
定　　價　400.00圓

《全國古籍普查登記目録》

工作委員會

主　任： 周和平

副主任： 張永新　詹福瑞　劉小琴　李致忠　張志清

委　員（按姓氏筆畫排序）：

于立仁　王水喬　王　沛　王紅蕾　王筱雯
方自今　尹壽松　包菊香　任　競　全　勤
李西寧　李　彤　李忠昊　李春來　李　培
李曉秋　吴建中　宋志英　努　木　林世田
易向軍　周建文　洪　琰　倪曉建　徐欣禄
徐　蜀　高文華　郭向東　陳荔京　陳紅彦
張　勇　湯旭巖　楊　揚　賈貴榮　趙　嫄
鄭智明　劉洪輝　歷　力　鮑盛華　韓　彬
魏存慶　鍾海珍　謝冬榮　謝　林　應長興

《全國古籍普查登記目録》

序　言

全國古籍普查登記工作是“中華古籍保護計劃”的首要任務，是全面開展古籍搶救、保護和利用工作的基礎，也是有史以來第一次由政府組織、參加收藏單位最多的全國性古籍普查登記工作。

2007年國務院辦公廳發佈《關於進一步加强古籍保護工作的意見》（國辦發[2007]6號），明確了古籍保護工作的首要任務是對全國公共圖書館、博物館和教育、宗教、民族、文物等系統的古籍收藏和保護狀況進行全面普查，建立中華古籍聯合目録和古籍數字資源庫。2011年12月，文化部下發《文化部辦公廳關於加快推進全國古籍普查登記工作的通知》（文辦發[2011]518號），進一步落實了全國古籍普查登記工作。根據文化部2011年518號文件精神，國家古籍保護中心擬訂了《全國古籍普查登記工作方案》，進一步規範了古籍普查登記工作的範圍、内容、原則、步驟、辦法、成果和經費。目前進行的全國古籍普查登記工作的中心任務是通過每部古籍的身份證——“古籍普查登記編號”和相關信息，建立古籍總臺賬，全面瞭解全國古籍存藏情况，開展全國古籍保護的基礎性工作，加强各級政府對古籍的管理、保護和利用。

《全國古籍普查登記工作方案》規定了全國古籍普查登記工作的三個主要步驟：一、開展古籍普查登記工作；二、在古籍普查登記基礎上，編纂出版館藏古籍普查登記目録，形成《全國古籍普查登記目録》；三、在古籍普查登記工作基本完成的前提下，由省級古籍保護中心負責編纂出版本省古籍分類聯合目録《中華古籍總目》分省卷，由國家古籍保護中心負責編纂出版《中華古籍總目》統編卷。

在黨和政府領導下，在各地區、各有關部門和全社會共同努力下，古籍普查登記工作得以扎實推進。古籍普查已在除臺、港、澳之外的全國各省級行政區域開展，普查内容除漢文古籍外，還包括各少數民族文字古籍，特别是於2010年分别啓動了新疆古籍保護和西藏古籍保護專項，因地制宜，開展古籍普查登記工作；國家古籍保護中心研製的“全國古籍普查登記平臺”已覆蓋到全國各省級古籍保護中心，並進一步研發了“中華古籍索引庫”，爲及時展現古籍普查成果提供有力支持；截至目前，已有11375部古籍進入《國家珍貴古籍名録》，浙江、江蘇、山東、河北等省公佈了省級《珍貴古籍名録》,古籍分級保護機制初步形成。

《全國古籍普查登記目録》是古籍普查工作的階段性成果,旨在摸清家底,揭示館藏,反映古籍的基本信息。原則上每申報單位獨立成册,館藏量少不能獨立成册者,則在本省範圍内幾個館目合併成册。無論獨立成册還是合併成册,均編製獨立的書名筆畫索引附於書後。著録的必填基本項目有:古籍普查登記編號、索書號、題名卷數、著者(含著作方式)、版本、册數及存缺卷數。其他擴展項目有:分類、批校題跋、版式、裝幀形式、叢書子目、書影、破損狀況等。有條件的收藏單位多著録的一些擴展項目,也反映在《全國古籍普查登記目録》上。目録編排按古籍普查登記編號排序,内在順序給予各古籍收藏單位較大自由度,可按分類排列古籍普查登記編號,也可按排架號、按同書名等排列古籍普查登記編號,以反映各館特色。

此次全國古籍普查登記工作,克服了古籍數量多、普查人員少、普查難度大等各種困難,也得到了全國古籍保護工作者的極大支持。在古籍普查登記過程中,國家古籍保護中心、各省古籍保護中心爲此舉辦了多期古籍普查、古籍鑒定、古籍普查目録審校等培訓班,全國共1600餘家單位參加了培訓,爲古籍普查登記工作培養了大量人才。同時在古籍普查登記工作中,也鍛煉了普查員的實踐能力,爲將來古籍保護事業發展奠定了良好的基礎。

《全國古籍普查登記目録》的出版,將摸清我國古籍家底,爲古籍保護和利用工作提供依據,也將是古籍保護長期工作的一個里程碑。

國家古籍保護中心
2013年10月

《全國古籍普查登記目録》

編纂凡例

一、收録範圍爲我國境内各收藏機構或個人所藏，産生於 1912 年以前，具有文物價值、學術價值和藝術價值的文獻典籍，包括漢文古籍和少數民族文字古籍以及甲骨、簡帛、敦煌遺書、碑帖拓本、古地圖等文獻。其中，部分文獻的收録年限適當延伸。

二、以各收藏機構爲分册依據，篇幅較小者，適當合併出版。

三、一部古籍一條款目，複本亦單獨著録。

四、著録基本要求爲客觀登記、規範描述。

五、著録款目包括古籍普查登記編號、索書號、題名卷數、著者、版本、册數、存缺卷等。古籍普查登記編號的組成方式是：省級行政區劃代碼—單位代碼—古籍普查登記順序號。

六、以古籍普查登記編號順序排序。

七、編製各館藏目録書名筆畫索引附於書後，以便檢索。

《全国古籍普查登记目录》

编纂凡例

河南省古籍普查登記

工作委員會

主　任： 康　潔

副主任： 崔玉山　孔德超　張德祥

委　員（按姓氏筆畫排序）：

王繼娜　申少春　江　路　李紅岩　李景文

周新鳳　崔　波　楊　凡　謝　昱

《河南省鄭州圖書館等十一家收藏單位古籍普查登記目録》

編委會

主　編： 李紅岩　段　靜　吴保成　王　綱　李根林　馮福珍
釋永信　王　睿　孫陸軍　蘇全有　焦琳琳

参編單位及人員：

河南省鄭州圖書館：牛　偉　李正輝　韓富榮　張惠民
張萬鈞

河南省安陽市圖書館：蔣廷方　王朝霞　李冠華

河南省焦作市圖書館：王　莉　李保全　謝小寶　郭玉紅

河南省商丘市文化館：劉明元

河南中醫藥大學圖書館：何明舉　孫曙明　雷天鋒　陳素美
李亞紅　馬鴻祥　武亞峰

河南省輝縣市博物館：郎献忠　魏縣花　馮　光　王新廣
趙艷麗　馬小輩　高有生　勾鮮瑞
任藝輝　蘇　浩　王亞麗　孫志紅
楊　芳　楊英華

中國嵩山少林寺藏經閣：杜新欣　李陽泉　釋永録　釋延開
釋延沛　釋延學　釋延金　釋延席
釋延程　朱炳帆

河南省商丘市梁園區圖書館：崔婷婷　許雅斐　葛雪芹　馬嘉霖

河南省商丘市寧陵縣圖書館：桑小會　楊　敏

河南師範大學圖書館：原小平　鄭　爽

河南省靈寶市文物保護管理所：馬連潔　胡小平　陳建麗　韓紅波
李　超　寧建民　李兵妹　李曉慶
王彦波　張藝苑　權　鑫　張春娥

#《河南省鄭州圖書館等十一家收藏單位古籍普查登記目録》

前　言

河南地處華夏腹地,得天獨厚的地理環境使其成爲中華文明的發源地之一,遺留下大批珍貴文化遺產,古籍文獻即是其重要組成部分。但由於歷史原因,河南的古籍藏量一直没有詳細調查統計。1989—1991 年,河南省文化廳曾組織專家對全省市縣公共圖書館進行了 4 次古籍調查,摸清了部分公共圖書館及文博單位的古籍收藏狀况,發現了一批有價值的古籍,但並未形成詳盡的《古籍普查登記目録》。2007 年"中華古籍保護計劃"實施以來,根據文化部、國家古籍保護中心的部署,在河南省文化廳的領導下,河南省古籍普查工作開始穩步推進,公共圖書館、高校圖書館等古籍收藏單位積極行動,經過近 10 年的努力,全省古籍普查工作取得階段性成果:1. 成立河南省古籍保護中心並對全省古籍普查工作給予具體業務指導;2. 在1989—1991 年省内古籍調查的基礎上,出版《河南省市縣圖書館古籍善本聯合目録》;3. 全省 19 家收藏單位的 222 部古籍先後入選第一至五批《國家珍貴古籍名録》,河南省圖書館、河南大學圖書館、河南省新鄉市圖書館、鄭州大學圖書館、河南省洛陽市圖書館、河南省鄭州圖書館、中國嵩山少林寺藏經閣、河南省南陽市圖書館、河南省開封市圖書館被評爲"全國古籍重點保護單位",另有 534 部古籍入選第一批《河南省珍貴古籍名録》,16 家收藏單位被評爲"河南省古籍重點保護單位";4. 古籍保護人才隊伍逐漸壯大,一批古籍收藏單位的古籍保存條件得到顯著改善;5. 全省古籍普查登記基本完成,2014 年出版《河南大學圖書館古籍普查登記目録》,其他收藏單位古籍普查登記數據亦進入審校、出版階段。

《河南省鄭州圖書館等十一家收藏單位古籍普查登記目録》的出版,就是河南省古籍普查工作階段性成果之一。此書彙集了河南省 11 家收藏單位共 9233 條古籍數據。其中,河南省鄭州圖書館 1620 條、河南省安陽市圖書館 1283 條、河南省焦作市圖書館 520 條、河南省商丘市文化館 1 條、河南中醫藥大學圖書館 1657 條、河南省輝縣市博物館 2328 條、中國嵩山少林寺藏經閣 862 條、河南省商丘市梁園區圖書館 106 條、河南省商丘市寧陵縣圖書館 59 條、河南師範大學圖書館 96 條、河南省靈寶市文物保護管理所 701 條。所有古籍普查數據均根據國家古籍保護中心《全國古籍普查登記工作方案》進行著録,本書各收藏單位先後順序按照全國古籍普查登記平臺中各單位代碼从小到大排列。

河南省鄭州圖書館館藏古籍特色文獻爲彈詞、明清小説等。其中,有近200部古籍收入《中國古籍善本書目》,有16部古籍入選《國家珍貴古籍名録》。元元統二年(1334)梅溪書院刻本《韻府羣玉》二十卷、明正統十二年(1447)内府刻本《書集傳》六卷、明正統十三年(1448)書林王宗玉刻本《朱文公校昌黎先生文集》四十卷、明嘉靖七年(1528)吴郡金李澤遠堂刻本《國語》二十一卷、明嘉靖十四年(1535)吴郡袁褧嘉趣堂刻本《世説新語》三卷等,都是罕見的珍本。

河南省安陽市圖書館以鄉邦文獻、方志及金石類著述爲其館藏特色。其中,有6部古籍被收入《中國古籍善本書目》,有11部古籍入選《河南省珍貴古籍名録》。明刻本《綱鑑大全》三十九卷、清初留髡堂刻本《邛竹杖》七卷,均屬珍貴古籍。

此外,河南省焦作市圖書館的明嘉靖刻本《儀禮》十七卷、明萬曆四十五年(1617)刻清初重修本《[萬曆]朔方新志》五卷,入選《中國古籍善本書目》。河南省輝縣市博物館的明刻本《春秋經傳集解》三十卷也曾爲《中國古籍善本書目》所收録。河南省商丘市梁園區圖書館的《考工記》二卷,爲明萬曆四十四年(1616)吴興閔齊伋刻套印本。河南師範大學圖書館的數理農工類古籍是該館較爲突出的古籍典藏特色。

古籍普查登記是一項专业性很强的工作,著録人員除了需要具有相應的目録學、版本學等方面的知識外,還需要具有一定的工作經驗,及一絲不苟、兢兢業業的工作態度。《河南省鄭州圖書館等十一家收藏單位古籍普查登記目録》所著録之9233條古籍數據,均爲各收藏單位逐冊翻檢館藏古籍,嚴格按照古籍普查登記規範著録的,不僅傾注了各收藏單位古籍普查登記人員的大量精力和心血,也包含着國家古籍保護中心、河南省古籍保護中心諸位專家指導、審校之辛勞,在此向他們表示深深的敬意和誠摯的感謝。

《河南省鄭州圖書館等十一家收藏單位古籍普查登記目録》的出版,對河南省古籍普查和古籍保護工作有着巨大的鞭策和推動作用。隨着河南省各收藏單位《古籍普查登記目録》的陸續出版,必將對摸清全省古籍家底、實現古籍資源互通有無、推動全省古籍保護工作發揮應有的作用。

由於時間緊、任務重,加之一些書名、版本之失考,及經驗不足等原因,本書難免存在一些不盡如人意之處,敬請業内專家及广大讀者批評指正。

河南省古籍保護中心

河南省圖書館

2017年2月

目　録

河南省鄭州圖書館古籍普查登記目録

全國古籍普查登記目録

國家圖書館出版社
National Library of China Publishing House

410000－2202－0000001　105/030

公羊穀梁春秋合編附註疏纂十二卷　(明)朱泰禎纂述　(明)朱爾鄴較輯　清乾隆五十八年(1793)刻本　六册

410000－2202－0000002　451/005

世説新語三卷　(南朝宋)劉義慶撰　(南朝梁)劉孝標注　明嘉靖十四年(1535)吴郡袁褧嘉趣堂刻本　六册

410000－2202－0000003　313/018

韻府羣玉二十卷　(元)陰時夫編輯　(元)陰中夫編註　元元統二年(1334)梅溪書院刻本　八册　存八卷(十至十四、十八至二十)

410000－2202－0000004　313/019

新增説文韻府羣玉二十卷　(元)陰時夫編輯　(元)陰中夫編註　明弘治七年(1494)劉氏安正書堂刻本　二十册

410000－2202－0000005　102/002

尚書註疏二十卷　(漢)孔安國傳　(唐)陸德明音義　(唐)孔穎達疏　明嘉靖福建刻十三經註疏本　八册

410000－2202－0000006　104/001

周禮凝粹六卷　(清)宋嘉德撰　清抄本　六册

410000－2202－0000007　102/001

書集傳六卷書圖一卷朱子説書綱領一卷書序二卷　(宋)蔡沈集傳　(元)鄒季友音釋　明正統十二年(1447)内府刻本　六册

410000－2202－0000008　110/104

漢隸字源五卷碑目一卷　(宋)婁機輯　明末汲古閣刻本　六册

410000－2202－0000009　204/002

國語二十一卷　(三國吴)韋昭解　明嘉靖七年(1528)吴郡金李澤遠堂刻本　八册

410000－2202－0000010　101/001－1

御纂周易折中二十二卷首一卷　(清)李光地等纂　清康熙五十四年(1715)内府刻本　十二册

410000－2202－0000011　105/003

春秋集傳大全三十七卷　(明)胡廣纂修　明永樂十三年(1415)内府刻本　二十册

410000－2202－0000012　306/025

重廣補註黄帝内經素問二十四卷　(唐)啓玄子(王冰)註　(宋)林億等校正　(宋)孫兆改誤　明嘉靖二十九年(1550)顧從德影宋刻本　八册

410000－2202－0000013　401/008

文選尤十四卷　(南朝梁)蕭統選　(明)鄒思明評閲　(明)鄒德延校　明天啓二年(1622)刻三色套印本　十四册

410000－2202－0000014　425/001

新刊宋學士全集三十三卷　(明)宋濂撰　(明)韓叔陽彙集　(明)張元中編次　(明)張孟昂校正　明嘉靖三十年(1551)韓叔陽刻本　十八册

410000－2202－0000015　422/019

朱文公校昌黎先生文集四十卷外集十卷遺文一卷遺詩一卷集傳一卷　(唐)韓愈撰　(宋)朱熹考異　(宋)王伯大音釋　明正統十三年(1448)書林王宗玉刻本　五册　存四十卷(文集四十卷)

410000－2202－0000016　101/003

梁山來知德先生易經集註十六卷　(明)來知德纂註　(清)崔華重訂　清乾隆十一年(1746)刻本　十一册　存十四卷(一至九、十二至十六)

410000－2202－0000017　105/005

春秋胡傳三十卷　(宋)胡安國傳　明正統十二年(1447)司禮監刻本　八册

410000－2202－0000018　105/002

春秋經傳集解三十卷　(晉)杜預註　(唐)陸德明音義　明刻本　十五册

410000－2202－0000019　101/006

易經體註合衆四卷　(清)來爾繩纂輯　(清)朱采治　(清)朱之澄編訂　清乾隆四十年(1775)文興堂刻本　二册

410000－2202－0000020　105/008
春秋大事表五十卷春秋輿圖一卷附録一卷　(清)顧棟高輯　清乾隆十三年至十四年(1748－1749)刻本　二十四册

410000－2202－0000021　103/001
毛詩註疏二十卷　(漢)毛亨傳　(漢)鄭玄箋　(唐)陸德明音義　(唐)孔穎達疏　清刻本　十五册　存十九卷(一至十二、十四至二十)

410000－2202－0000022　205.1/033
學宫輯畧六卷　(清)余丙捷輯　清乾隆二十一年(1756)刻本　四册

410000－2202－0000023　105/031
公穀選四卷　(清)儲欣評　清乾隆三十八年(1773)同文堂刻本　二册

410000－2202－0000024　105/001
春秋經傳集解三十卷首一卷　(晉)杜預注　(唐)陸德明音義　明刻本　六册　存二十六卷(一至二十五、首一卷)

410000－2202－0000025　422/020
韓文四十卷外集十卷集傳一卷遺集一卷　(唐)韓愈撰　明嘉靖十六年(1537)南平游氏刻韓柳文本　六册

410000－2202－0000026　423/016
蘇長公小品四卷　(宋)蘇軾撰　(明)王聖俞評選　明凌啟康刻朱墨套印本　二册

410000－2202－0000027　423/016
蘇長公表三卷蘇長公啟二卷　(宋)蘇軾撰　明凌濛初刻朱墨套印本　二册

410000－2202－0000028　401/001
文選六十卷　(南朝梁)蕭統選　(唐)李善注　明弘治元年(1488)刻本　二十册

410000－2202－0000029　107/018
增訂四書析疑二十三卷　(清)張權時輯　清乾隆三十二年(1767)文盛堂刻本　二十二册

410000－2202－0000030　102/006
書經體注大全合叅六卷　(清)范翔鑒定　(清)錢希祥纂輯　清乾隆十八年(1753)刻本　四册

410000－2202－0000031　107/023
四書題鏡三十六卷總論一卷　(清)汪鯉翔纂述　清乾隆二十年(1755)刻本　八册　存十六卷(大學一、孟子一至十四,總論一卷)

410000－2202－0000032　1/010
通志堂經解　(清)成德輯　清康熙十九年(1680)通志堂刻本　九册　存五種五十九卷

410000－2202－0000033　104/007
周官精義十二卷　(清)連斗山編次　清乾隆四十一年(1776)刻本　六册

410000－2202－0000034　105/021
東萊博議四卷虛字註釋備考六卷　(宋)吕祖謙撰　(清)張文炳評點　清乾隆九年(1744)刻本　四册

410000－2202－0000035　104/002
周禮讀本六卷　(清)周樽輯　清乾隆五十八年(1793)刻本　一册

410000－2202－0000036　104/008
周禮註疏刪翼三十卷　(明)葉培恕定　(明)王志長輯　清乾隆六十年(1795)刻本　十六册

410000－2202－0000037　107/025
增廣四書題鏡味根録七十七卷　(清)汪鯉翔　(清)金澂撰　清光緒十六年(1890)上海鴻寶齋石印本　八册

410000－2202－0000038　107/024
四書題鏡三十六卷總論一卷　(清)汪鯉翔纂述　清光緒四年(1878)擷華書局鉛印本　九册　存二十三卷(大學一、中庸一、論語一至二十,總論一卷)

410000－2202－0000039　107/032
四書引左彙解十卷　(清)蕭榕年纂輯　清乾隆三十九年(1774)謙牧堂刻本　二册

410000－2202－0000040　108/002
萬充宗先生經學五書　(清)萬斯大撰　清乾

隆萬福刻本　六冊

410000－2202－0000041　110/001
五雅全書　(明)郎奎金輯　明武林堂策檻刻本　八冊

410000－2202－0000042　302/001
三子合刊　(明)閔齊伋輯　明閔氏刻朱墨套印本　七冊

410000－2202－0000043　105/004
春秋胡傳三十卷　(宋)胡安國撰　(宋)林堯叟音註　明隆慶五年(1571)興正堂刻本　八冊

410000－2202－0000044　422/021
韓文四十卷外集十卷集傳一卷遺集一卷　(唐)韓愈撰　明嘉靖三十五年(1556)沙濱莫如士寧國刻韓柳文本　六冊

410000－2202－0000045　110/002
重刊許氏說文解字五音韻譜十二卷　(宋)李燾編　明刻本　十二冊

410000－2202－0000046　110/003
說文解字十二卷　(宋)李燾編　明萬曆二十六年(1598)陳大科刻本　六冊

410000－2202－0000047　110/015
重增釋義徽郡世事通考元龍雜字四卷　(清)王相彙訂　清嘉慶九經堂刻本　二冊

410000－2202－0000048　110/019
匡謬正俗八卷　(唐)顏師古撰　清乾隆二十一年(1756)德州盧氏刻雅雨堂藏書本　二冊

410000－2202－0000049　105/008
春秋大事表五十卷春秋輿圖一卷附錄一卷　(清)顧棟高輯　清乾隆十三年至十四年(1748－1749)刻本　二十冊

410000－2202－0000050　110/026
字彙十二卷首一卷末一卷　(明)梅膺祚音釋　(清)劉永懋重訂　清康熙五十六年(1717)刻本　十三冊　存十三卷(字彙十二卷、首一卷)

410000－2202－0000051　110/030
康熙字典十二集三十六卷　(清)張玉書等纂　清康熙五十五年(1716)內府刻本　四十冊

410000－2202－0000052　110/028
字彙十二卷首一卷末一卷　(明)梅膺祚音釋　(清)佚名增補　清乾隆七年(1742)經國堂刻本　十四冊

410000－2202－0000053　110/035
廣金石韻府五卷字略一卷　(明)朱雲輯纂　(清)林尚葵輯　(清)李根較正　明崇禎九年(1636)蓮庵刻清康熙九年(1670)周亮工朱墨套印本　六冊

410000－2202－0000054　110/027
字彙十二卷首一卷末一卷　(明)梅膺祚音釋　清初金陵懷德堂刻本　十四冊

410000－2202－0000055　110/063
隸辨八卷　(清)顧藹吉撰　清乾隆八年(1743)刻本　八冊

410000－2202－0000056　102/007
書經體注大全合叅六卷　(清)范翔鑒定　(清)錢希祥纂輯　清道光四年(1824)致和堂刻本　四冊

410000－2202－0000057　201/005
史記評林一百三十卷　(明)淩稚隆輯校　明萬曆刻本　三十九冊

410000－2202－0000058　102/008
書經體注大全合叅六卷　(清)范翔鑒定　(清)張聖度訂　(清)錢希祥叅　清經文堂刻本　四冊

410000－2202－0000059　102/009
書經體注大全合叅六卷　(清)范翔鑒定　(清)張聖度訂　(清)錢希祥叅　清聚錦堂刻本　四冊

410000－2202－0000060　201/006
史記測議一百三十卷　(明)徐孚遠　(明)陳子龍撰　明崇禎刻本　二十冊

410000－2202－0000061　201/009
鹿門先生批點漢書九十三卷　(明)茅鹿門

(茅坤)鑒定 (明)陶國柱 (明)茅琛徵訂 明崇禎八年(1635)茅琛徵刻本 二十四册

410000－2202－0000062 202/001
皇明史概 (明)朱國楨輯 明崇禎中期刻本 十四册 存二種五十一卷

410000－2202－0000063 202/002
鼎鍥趙田了凡袁先生編纂古本歷史大方綱鑑補三十九卷首一卷 (明)袁黄編纂 明萬曆三十八年(1610)余象斗刻本 二十册

410000－2202－0000064 202/015
綱鑑全編三十九卷首一卷 (明)王世貞編 清乾隆五十六年(1791)晉祁書業德刻本 三十二册

410000－2202－0000065 201/023
明史藁三百十卷 (清)王鴻緒編撰 清雍正至乾隆敬慎堂刻本 六十四册

410000－2202－0000066 202/007
資治通鑑綱目前編二十五卷正編五十九卷續編二十七卷 (明)陳仁錫評閲 清康熙四十年(1701)王公行刻本 八十一册 存八十四卷(前編一至十六、二十至二十五,正編一至五、七至十三、十七至二十四、二十六至三十四、三十六、三十八、四十七至五十、五十二至五十三、五十五至五十七、五十九,續編一至十三、十五至十六、十八、二十、二十三至二十五、二十七)

410000－2202－0000067 202/027
靖康要錄十六卷 (宋)汪藻撰 清抄本 十册 存十一卷(一至十一)

410000－2202－0000068 203/007
繹史一百六十卷世系圖一卷年表一卷 (清)馬驌撰 清康熙刻本 四十七册

410000－2202－0000069 204/001
戰國策譚棷十卷 (宋)鮑彪校注 (元)吳師道重校 (明)張文爟校輯 明萬曆刻本 十四册

410000－2202－0000070 204/005
重訂路史全本四十七卷 (宋)羅泌著 (宋)羅蘋註 清乾隆元年(1736)羅大振刻本 二十四册

410000－2202－0000071 204/010
尚史七十二卷 (清)李鍇纂 清乾隆三十八年(1773)刻本 二十四册

410000－2202－0000072 204/043
十國春秋一百十四卷拾遺一卷備考一卷 (清)吳任臣撰 (清)牛奐閲 (清)周昂輯 清乾隆五十八年(1793)昭文周昂刻本 二十四册

410000－2202－0000073 204/044
十六國春秋一百卷 (北魏)崔鴻撰 (明)屠喬孫輯 (明)項琳之輯 清初抄本 八册 存四十二卷(前趙錄十卷、後趙錄十二卷、前燕錄十卷、前秦錄十卷)

410000－2202－0000074 205.2/001
蘇長公外紀十二卷 (明)王世貞編次 (明)璩之璞校訂 明萬曆二十三年(1595)璩之璞燕石齋刻本 八册

410000－2202－0000075 51/090
寶顔堂祕笈 (明)陳繼儒輯 明萬曆中期繡水沈氏刻本 三册 存二種六卷

410000－2202－0000076 205.7/001
古今萬姓統譜一百四十卷 (明)凌迪知編 明刻本 十二册 存一百十卷(一至一百十)

410000－2202－0000077 206/001
國語選八卷 (清)儲欣評 (清)儲芝粂述 清乾隆三十八年(1773)同文堂刻本 二册

410000－2202－0000078 206/002
戰國策選四卷 (清)儲欣評 (清)儲芝粂述 清乾隆三十八年(1773)同文堂刻本 二册

410000－2202－0000079 206/003
史記選六卷 (清)儲欣評 (清)儲芝粂述 清乾隆三十八年(1773)同文堂刻本 三册

410000－2202－0000080 206/020
綱鑑標題四卷性理標題一卷 (明)湯賓尹選

輯　(明)汪應魁增訂　明廣及堂刻本　四冊

410000－2202－0000081　207/009
十七史商榷一百卷　(清)王鳴盛述　清乾隆五十二年(1787)洞涇草堂刻本　十六冊

410000－2202－0000082　206/021
漢書雕蟲八卷　(清)沈炎抄撮　清抄本　四冊

410000－2202－0000083　110/028－1
字彙十二卷首一卷末一卷　(明)梅膺祚音釋　(清)□□增補　清嘉慶五年(1800)經國堂刻本　七冊

410000－2202－0000084　208.1/006
欽定中樞政考十五卷　(清)百慶等纂修　清乾隆武英殿刻本　八冊

410000－2202－0000085　208.1/003
大清通禮五十卷　(清)李玉鳴等纂修　清乾隆武英殿刻本　八冊

410000－2202－0000086　208.2/001
硃批諭旨不分卷　(清)鄂爾泰纂輯　清雍正十年至乾隆三年(1732－1738)内府刻朱墨套印本　一百十二冊

410000－2202－0000087　208.2/002
荆川先生右編四十卷　(明)唐順之編纂　(明)劉曰寧補遺　(明)朱國楨校訂　明萬曆三十三年(1605)南京國子監刻本　三十八冊

410000－2202－0000088　208.2/003
歷代名臣奏議三百十九卷　(明)黄淮　(明)楊士奇編　(明)張溥刪正　明崇禎六年(1633)刻本　八十冊　存二百六十九卷(一至三十三、五十六至二百一、二百三十至三百十九)

410000－2202－0000089　208.2/005
唐陸宣公翰苑集二十四卷　(清)張佩芳注釋　清乾隆刻本　八冊

410000－2202－0000090　208.2/004
兩漢策要十二卷　(宋)陶叔獻輯　清乾隆刻本　八冊　存十一卷(一至二、四至十二)

410000－2202－0000091　208.2/009
十科策畧箋釋十卷　(明)劉定之著　(清)劉作樑註釋　(清)劉廷琨重訂　清雍正七年(1729)積秀堂刻本　六冊

410000－2202－0000092　208.2/010
十科策畧箋釋十卷　(明)劉定之著　(清)劉作樑註釋　(清)劉廷琨重訂　清乾隆二十三年(1758)步月樓刻本　六冊

410000－2202－0000093　208.3/001
[河南通省驛站沖僻徵收支解確冊]不分卷　(清)□□編　清光緒稿本　六冊

410000－2202－0000094　208.3/007
清業便覽不分卷　(明)李侍南立　明萬曆二年(1574)稿本　一冊

410000－2202－0000095　211/001
輿地廣記三十八卷　(宋)歐陽忞撰　**札記二卷**　(清)黄丕烈撰　清嘉慶十七年(1812)影宋刻本　二冊

410000－2202－0000096　208.3/008
[王字號魚鱗冊]　(明)□□編　明稿本　二冊

410000－2202－0000097　211/002
廣輿記二十四卷　(明)陸應陽纂　(清)蔡方炳增輯　清康熙二十五年(1686)刻本　十二冊

410000－2202－0000098　211/003
廣輿記二十四卷　(明)陸應陽纂　(清)蔡方炳增輯　清康熙五十六年(1717)光德堂刻本　十二冊

410000－2202－0000099　211/005、310/008
經訓堂叢書　(清)畢沅輯　清乾隆中期鎮洋畢氏刻本　七冊　存三種二十九卷

410000－2202－0000100　3/004
六子全書　(明)顧春輯　明嘉靖九年至十二年(1530－1533)吴郡顧氏世德堂刻本　十冊　存二種二十卷

410000－2202－0000101　211.125/003

[雍正]石樓縣志八卷首一卷　(清)袁學謨修　(清)秦㷆纂　清雍正十年(1732)刻本　八冊

410000－2202－0000102　211.141/008
[正德]武功縣志三卷首一卷　(明)康海纂　(清)孫景烈評注　清乾隆二十六年(1761)瑪星阿刻本　一冊

410000－2202－0000103　211.155/014－1
會稽三賦四卷　(宋)王十朋撰　(明)南逢吉註　(明)尹壇補註　(明)胡大臣訂正　明萬曆刻本　四冊

410000－2202－0000104　211.161/001
[雍正]河南通志五十卷　(清)賈漢復纂修　(清)沈荃纂　(清)徐化成續纂修　清順治十七年(1660)刻康熙九年(1670)增補本　十三冊　存三十九卷(一至六、十四至十五、十八至二十三、二十六至五十)

410000－2202－0000105　211.161/009
[乾隆]鄭州志十二卷　(清)張鉞等纂修　(清)毛如詵等編輯　清乾隆十三年(1748)刻本　六冊

410000－2202－0000106　211.161/009
[乾隆]鄭州志十二卷　(清)張鉞等纂修　(清)毛如詵等編輯　清乾隆十三年(1748)刻本　三冊　存五卷(四至七、十)

410000－2202－0000107　211.161/009
[乾隆]鄭州志十二卷　(清)張鉞等纂修　(清)毛如詵編輯　清乾隆十三年(1748)刻本　四冊　存八卷(一至三、六至十)

410000－2202－0000108　211.161/016
[萬曆]汜乘□□卷　(明)杜汝亮訂刊　明萬曆刻本　一冊　存一卷(三)

410000－2202－0000109　211.161/019
[乾隆]新鄭縣志三十一卷首一卷　(清)黄本誠纂修　清乾隆四十一年(1776)刻本　十二冊

410000－2202－0000110　211.161/021
[乾隆]登封志三十二卷　(清)洪亮吉　(清)陸繼萼纂　清乾隆五十二年(1787)刻本　八冊

410000－2202－0000111　211.161/022
[乾隆]鞏縣志二十卷首一卷　(清)李述武纂修　清乾隆五十四年(1789)刻本　六冊

410000－2202－0000112　211.161/024
[康熙]開封府志四十卷　(清)管竭忠纂修　(清)張沐等編訂　清康熙三十四年(1695)刻同治二年(1863)重印本　十冊

410000－2202－0000113　211.161/028
[乾隆]通許縣志十卷　(清)阮龍光纂修　(清)邵自祐編輯　(清)喬瑞璋　(清)王午基參閲　清乾隆三十六年(1771)刻本　六冊

410000－2202－0000114　211.161/026
[乾隆]杞縣志二十四卷　(清)周璣纂修　清乾隆五十三年(1788)刻本　十二冊

410000－2202－0000115　211.161/029
[乾隆]衛輝府志五十三卷　(清)德昌修　(清)徐朗齋纂　清乾隆五十三年(1788)刻本　八冊　存十六卷(十至十一、二十一至二十四、三十五至三十六、四十二至四十五、四十八至五十一)

410000－2202－0000116　211.161/033
[順治]封邱縣志九卷首一卷　(清)余縉修　(清)李嵩陽纂　清順治十六年(1659)刻本　五冊

410000－2202－0000117　211.161/034
[康熙]封邱縣志不分卷　(清)王賜魁纂輯　(清)李會生　(清)宋作賓分纂　清康熙十九年(1680)刻本　一冊

410000－2202－0000118　211.161/040
[乾隆]孟縣志十卷　(清)馮敏昌　(清)仇汝瑚輯　清乾隆五十五年(1790)刻本　十冊

410000－2202－0000119　211.161/035
[康熙]封邱縣續志五卷　(清)孟鏐纂修　(清)耿紘祚增修　清康熙三十六年(1697)刻

本　二册

410000－2202－0000120　211.161/059
[乾隆]沈邱縣志十二卷首一卷　(清)何源洙校訂　(清)魯之璠纂修　清乾隆十一年(1746)刻本　四册

410000－2202－0000121　211.161/040－1
[乾隆]孟縣志十卷　(清)馮敏昌　(清)仇汝瑚輯　清乾隆刻本　十册

410000－2202－0000122　211.161/072
[乾隆]襄城縣志十四卷首一卷　(清)汪運正增輯　清乾隆十一年(1746)刻本　一册　存一卷(十三)

410000－2202－0000123　211.161/087
[乾隆]嵩縣志三十卷首一卷　(清)康基淵纂修　清乾隆三十二年(1767)刻本　一册　存五卷(一至四、首一卷)

410000－2202－0000124　211.161/071
劉氏傳家集三十種　(清)劉青芝輯　清乾隆刻本　七册　存二種十四卷

410000－2202－0000125　211.161/078
[康熙]上蔡縣志十五卷　(清)楊廷望纂修　清康熙二十九年(1690)刻本　八册

410000－2202－0000126　211.161/084
[乾隆]桐柏縣志八卷　(清)鞏敬緒纂修　(清)李之杜訂正　(清)李南暉編輯　(清)魏垣　(清)王滙校正　清乾隆十九年(1754)桐柏縣刻本　三册　存五卷(一至二、六、八，首一卷)

410000－2202－0000127　211.161/091
[康熙]河南府志二十八卷　(清)張聖業　(清)董正纂　清康熙三十四年(1695)刻本　十五册　存二十四卷(五至二十八)

410000－2202－0000128　211.161/092
[雍正]河南府續志四卷　(清)張漢纂修　清雍正六年(1728)刻本　四册

410000－2202－0000129　211.161/090
[乾隆]偃師縣志三十卷首一卷　(清)湯毓倬　(清)孫星衍纂　清乾隆五十四年(1789)刻本　十二册

410000－2202－0000130　211.2/001
洛陽伽藍記五卷　(北魏)楊衒之撰　明末綠君亭刻本　一册

410000－2202－0000131　211.2/025
西域瑣談四卷　(清)七十一撰　清抄本　四册

410000－2202－0000132　211.2/021
日下舊聞四十二卷　(清)朱彝尊輯　(清)朱昆田補遺　清康熙二十七年(1688)刻本　十六册

410000－2202－0000133　211.3/016
南嶽志八卷　(清)高自位重編　(清)曠敏本輯　清乾隆十八年(1753)刻本　六册

410000－2202－0000134　211.3/014
說嵩三十二卷　(清)景日昣撰　(清)馮嗣京校訂　清康熙景氏嶽生堂刻清末遞修本　十册

410000－2202－0000135　211.4/011
太湖備考十六卷首一卷　(清)金友理纂述　清乾隆十五年(1750)刻本　八册

410000－2202－0000136　212/011
中州金石攷八卷　(清)黄叔璥輯　清乾隆六年(1741)刻本　二册

410000－2202－0000137　211.4/014
西湖志四十八卷　(清)李衛總裁　(清)傅王露總修　清雍正十三年(1735)刻本　二十册

410000－2202－0000138　212/026
金石圖二卷　(清)褚峻摹　(清)牛運震說　清乾隆刻本　四册

410000－2202－0000139　212/019
粤東金石略九卷首一卷附二卷　(清)翁方綱撰　清乾隆三十六年(1771)刻本　二册　存十一卷(粤東金石略九卷、附二卷)

410000－2202－0000140　212/044－1
亦政堂重修宣和博古圖錄三十卷　(宋)王黼

撰　明萬曆二十八年(1600)吳萬化刻清乾隆十七年(1752)黄晟重修本　三十册

410000－2202－0000141　212/044
三古圖　(明)吳萬化輯　明萬曆二十八年至三十年(1600－1602)吳萬化刻清乾隆十七年(1752)黄晟重修本　二十四册

410000－2202－0000142　213/001
秘書省續編到四庫闕書不分卷　清道光十三年(1833)李兆洛抄本　三册

410000－2202－0000143　301/003
鹽鐵論十二卷　(漢)桓寬著　(明)徐仁毓閱　明刻本　六册

410000－2202－0000144　301/018
朱子學的二卷　(明)丘濬編輯　(清)張伯行重訂　清康熙四十八年(1709)正誼堂刻本　二册

410000－2202－0000145　301/023
性理大全書七十卷　(明)胡廣撰　(明)吳勉學重校　明萬曆二十五年(1597)師古齋刻本　三十二册

410000－2202－0000146　301/024
新刊九我李太史校正大方性理全書七十卷　(明)胡廣撰　(明)李廷機校正　明萬曆三十一年(1603)積秀堂唐際雲刻本　二十册

410000－2202－0000147　301/023
性理大全書七十卷　(明)胡廣撰　(明)吳勉學重校　明萬曆二十五年(1597)師古齋刻本　十六册　存三十四卷(一至三十四)

410000－2202－0000148　301/029
呻吟語六卷　(明)呂坤著　明萬曆二十一年(1593)刻清同治、光緒修補呂新吾全集本　六册

410000－2202－0000149　301/073
理學宗傳二十六卷　(清)孫奇逢輯　(清)魏一鰲　(清)孫立雅編　清康熙六年(1667)刻本　二十册

410000－2202－0000150　301/043、401/015
高梅亭讀書叢鈔　(清)高嵣集評　清乾隆五十三年至五十四年(1788－1789)刻本　十六册　存三種十二卷

410000－2202－0000151　302/013
莊子獨見三十三卷　(戰國)莊周撰　(清)胡文英評釋　清乾隆十七年(1752)文淵堂刻本　二册

410000－2202－0000152　301/012
南華真經旁注五卷　(戰國)莊周著　(晉)郭象評　(晉)向秀注　清康熙五十五年(1716)世榮堂刻本　五册

410000－2202－0000153　303/003
韓非子二十卷　(戰國)韓非撰　(明)趙用賢編　明萬曆十年(1582)刻本　十册

410000－2202－0000154　303/006
重刊補注洗冤錄集證五卷　(宋)宋慈撰　(清)王又槐　(清)李觀瀾補輯　(清)孫光烈參閱　(清)阮其新補注　(清)王又梧校訂　(清)張錫蕃重訂加丹　清道光二十四年(1844)廣東刻四色套印本　四册

410000－2202－0000155　304/002
武備志二百四十卷　(明)茅元儀輯　清道光木活字印本　八十四册　存二百十二卷(一至三十一、三十六至六十八、七十一至八十、八十四至八十五、八十八至一百十七、一百二十一至一百二十九、一百三十三至一百七十、一百七十三至一百八十二、一百八十六至二百、二百三至二百十七、二百二十至二百二十四、二百二十七至二百四十)

410000－2202－0000156　303/007
重刊補注洗冤錄集證五卷附錄一卷　(宋)宋慈撰　(清)王又槐增輯　(清)李觀瀾補輯　(清)孫光烈參閱　(清)阮其新補注　(清)王又梧校訂　(清)張錫蕃重訂加丹　清光緒十七年(1891)京都琉璃廠刻四色套印本　六册

410000－2202－0000157　306/003
醫學聖濟叢錄十三種　清末抄本　四十册

410000－2202－0000158　306/004
赤水玄珠三十卷　(明)孫一奎著　明萬曆刻本　四十四冊

410000－2202－0000159　301/028
大學衍義補一百六十卷首一卷　(明)丘濬撰　(明)陳仁錫評閱　明崇禎陳仁錫刻本　三十二冊

410000－2202－0000160　306/060
銀海精微四卷　(唐)孫思邈輯　(清)周生之校　清乾隆五十一年(1786)英德堂刻本　二冊

410000－2202－0000161　306/067
種痘新書十二卷　(清)張琰編輯　清末刻本　六冊

410000－2202－0000162　306/068
瘍科選粹八卷　(明)陳文治輯　(明)繆希雍參校　明崇禎元年(1628)刻本　八冊

410000－2202－0000163　306/007
醫宗必讀十卷　(明)李中梓著　明崇禎刻本　十冊

410000－2202－0000164　307/005
管窺輯要八十卷　(清)黃鼎纂定　(清)范文程鑒訂　(清)黃九命等閱　清順治十二年(1655)刻本　三十二冊

410000－2202－0000165　308/028
圖繪寶鑑八卷　(元)夏文彥纂　(清)藍瑛重訂　清康熙刻本　六冊

410000－2202－0000166　308/009
鐵網珊瑚二十卷　(明)都穆撰　清乾隆二十三年(1758)刻本　十冊

410000－2202－0000167　308.2/001
書史會要十卷補遺一卷　(明)陶宗儀著　清抄本　八冊

410000－2202－0000168　308.2/003
墨池編二十卷　(宋)朱長文纂　**印典八卷**　(清)朱象賢編　清雍正十一年(1733)刻本　十冊

410000－2202－0000169　308.2/004
漢溪書法通解八卷　(清)戈守智纂著　(清)陸培糸　(清)陸聲鐘編次　清乾隆刻本　六冊

410000－2202－0000170　308.2/006
草韻彙編二十六卷　(清)陶南望輯　(清)朱桓等參論　清乾隆二十年(1755)南郙草堂刻本　十冊

410000－2202－0000171　308.2/012
篆字彙十二卷　(清)佟世男編　清康熙刻本　六冊

410000－2202－0000172　308.4/001
玄玄棋經不分卷　(元)張凝等撰　(元)晏天章輯　明末刻本　一冊

410000－2202－0000173　309/001
遠西奇器圖說錄最三卷　(德國)鄧玉函口授　(明)王徵譯繪　清抄本　一冊

410000－2202－0000174　309/003
文房肆攷圖說八卷　(清)唐秉鈞纂　清乾隆四十年(1775)唐秉鈞竹暎山莊刻本　四冊

410000－2202－0000175　309/011
二如亭群芳譜三十卷　(明)王象晉纂輯　(明)陳繼儒等校　(明)王與胤等詮次　明崇禎刻本　二十冊

410000－2202－0000176　310/005
呂氏春秋二十六卷　(戰國)呂不韋撰　(漢)高誘注　(明)張登雲繙校　明萬曆七年(1579)張登雲刻本　五冊

410000－2202－0000177　311/007
地理孝思集十六卷　(清)舒鳳儀著　清康熙四十一年至四十七年(1702－1708)刻本　七冊

410000－2202－0000178　310/011
淮南子二十一卷　(漢)劉安撰　(明)吳勉學校正　明萬曆吳勉學刻本　六冊

410000－2202－0000179　310/012
淮南鴻烈解二十一卷　(漢)劉安著　(漢)高

誘註　明萬曆刻本　六冊

410000－2202－0000180　310/014

夢溪筆談二十六卷補筆談三卷續筆談一卷　(宋)沈括撰　明崇禎四年(1631)馬元調刻本　四冊

410000－2202－0000181　310/018

困學紀聞二十卷　(宋)王應麟撰　(清)閻若璩校勘　清乾隆三年(1738)藪書樓刻本　八冊

410000－2202－0000182　310/016

西溪叢語二卷　(宋)姚寬撰　明萬曆中期會稽商氏半埜堂刻本　二冊

410000－2202－0000183　310/030

群書拾補初編三十九卷　(清)盧文弨輯　(清)盧慶詒　(清)盧登俊校　清乾隆至嘉慶餘姚盧氏抱經堂刻本　十六冊

410000－2202－0000184　45/002－1

稗海　(明)商濬輯　明萬曆商氏半埜堂刻清康熙振鷺堂重編補修本　十一冊　存二種四十六卷

410000－2202－0000185　451/016

癸辛雜識前集一卷後集一卷續集二卷別集二卷　(宋)周密撰　清乾隆中期據振鷺堂板重訂補修本　六冊

410000－2202－0000186　45/002

稗海　(明)商濬輯　(清)李孝源重訂　明萬曆商氏半埜堂刻清康熙、乾隆重訂遞修本(第六函石林燕語卷四至十配抄本)　八十二冊

410000－2202－0000187　51/055

經訓堂叢書二十一種一百七十卷　(清)畢沅輯　清光緒十三年(1887)上海大同書局石印本　十六冊

410000－2202－0000188　313/020

廣博物志五十卷　(明)董斯張纂　(明)楊鶴訂　明萬曆高暉堂刻本　二十四冊

410000－2202－0000189　426/035

湯子遺書十卷首一卷附錄一卷　(清)湯斌撰　清康熙四十二年(1703)王廷燦刻本　十二冊

410000－2202－0000190　426/041

漁洋山人精華錄箋注十二卷補一卷　(清)王士禛撰　(清)金榮箋注　(清)徐淮纂輯　清乾隆鳳翽堂刻本　六冊

410000－2202－0000191　312.1/004

宗鏡錄一百卷　(五代)釋延壽集　清雍正十二年至十三年(1734－1735)武英殿刻本　二十冊

410000－2202－0000192　312.1/013

大佛頂如來密因修證了義諸菩薩萬行首楞嚴經十卷　(唐)釋般剌密帝譯　明萬曆馮夢禎刻本　六冊　存六卷(一至六)

410000－2202－0000193　312.1/017

雲棲淨土彙語不分卷念佛三要不分卷　(明)釋蓮池撰　清乾隆六十年(1795)刻本　一冊

410000－2202－0000194　312.2/001

性命雙脩萬神圭旨四卷　(明)尹高第撰　清康熙八年(1669)刻本　四冊

410000－2202－0000195　403/052

感舊集十六卷　(清)王士禛選　(清)盧見曾補傳　清乾隆十七年(1752)刻本　八冊

410000－2202－0000196　401/003

文選六十卷　(南朝梁)蕭統撰　(唐)李善注　(清)何焯評　(清)葉樹藩參訂　清雙桂堂刻朱墨套印本　十二冊

410000－2202－0000197　310/042

因樹屋書影十卷　(清)周亮工撰　(清)李國宋校訂　清懷德堂刻本　四冊　存五卷(一至五)

410000－2202－0000198　310/041

因樹屋書影十卷　(清)周亮工撰　清同治九年(1870)常維潮抄本　六冊

410000－2202－0000199　310/044

池北偶談二十六卷　(清)王士禛著　(清)王廷掄較　清三槐堂刻本　十二冊

410000－2202－0000200　310/042
因樹屋書影十卷　(清)周亮工撰　(清)李國宋校訂　清懷德堂刻本　二册

410000－2202－0000201　310/045
閒情偶寄十六卷　(清)李漁著　(清)沈心友　(清)李將舒訂　清康熙十年(1671)刻本　十册

410000－2202－0000202　310/055
家寶全集不分卷　(清)石成金撰集　(清)石華年　(清)石嵩年校刻　清乾隆刻本　二十八册

410000－2202－0000203　310/066
香祖筆記十二卷　(清)王士禛撰　清康熙刻本　四册

410000－2202－0000204　310/066
香祖筆記十二卷　(清)王士禛撰　清康熙刻本　三册

410000－2202－0000205　311/001
揚子太玄經十卷　(漢)揚雄撰　(明)趙如源閱　(明)王道焜　(明)朱欽明校　明天啟六年(1626)刻本　二册

410000－2202－0000206　311/003
河洛精蘊九卷　(清)江永著　清乾隆三十九年(1774)黄聖謙刻本　四册

410000－2202－0000207　311/006
地學二卷　(清)沈鎬著　清康熙五十二年(1713)刻本　二册

410000－2202－0000208　403/033
唐十二家詩　(明)張遜業校正　明嘉靖三十一年(1552)江都黄埻東壁圖書府刻本　八册　存四種八卷

410000－2202－0000209　313/015
文獻通考詳節二十四卷　(元)馬端臨著　(清)嚴虞惇錄　清乾隆二十九年(1764)常熟嚴氏刻本　十册

410000－2202－0000210　313/017
玉海二百卷辭學指南四卷附刻十三種　(宋)王應麟撰　清光緒十年(1884)成都志古堂刻本　一百册

410000－2202－0000211　313/016
玉海二百卷辭學指南四卷附刻十三種　(宋)王應麟撰　元至元六年(1340)慶元路儒學刻元明清遞修本　九十九册　存二百五卷(玉海一至八十五、八十八至一百二十、一百二十三至一百四十三、一百四十七至一百六十四、一百六十八至一百六十九,詩攷一卷,詩地理攷一、五至六,漢藝文志考證一、七至十,通鑑地理通釋一、七至十四,周書王會補注一卷,漢制考四卷,姓氏急就篇二卷,急就篇一至三,小學紺珠十卷,六經天文編二卷,周易鄭康成注一卷,通鑑答問五卷)

410000－2202－0000212　313/021
新刻注釋故事白眉十卷　(明)許以忠集　(明)邓志謨校　明末書林崇文堂刻本　十册

410000－2202－0000213　313/022
精選黄眉故事十卷　(明)鄧志謨彙編　清刻本　六册

410000－2202－0000214　313/048
太和堂重訂幼學須知句解四卷　(清)錢元龍校　清乾隆二十二年(1757)錢氏礙眉書屋刻本　四册

410000－2202－0000215　4/006
初唐四傑集三十七卷　(清)項家達輯　清乾隆四十六年(1781)星渚項氏刻本　十册

410000－2202－0000216　401/002
文選六十卷　(南朝梁)蕭統撰　(唐)李善注　(清)何焯　(清)葉樹藩參訂　清朱墨套印本　三册　存四十八卷(一至十七、三十至六十)

410000－2202－0000217　301/037
御纂性理精義十二卷　(清)李光地等撰　清刻本　二册　存六卷(三至八)

410000－2202－0000218　301/034
蕺山先生人谱一卷人譜類記二卷　(明)劉蕺山著　(清)洪正治校編　清道光八年(1828)

教忠堂刻本　二冊

410000－2202－0000219　301/033
蕺山先生人譜一卷人譜類記二卷　(明)劉蕺山著　(清)洪正治校編　清嘉慶十六年(1811)刻本　四冊

410000－2202－0000220　401/012
重校正唐文粹一百卷　(宋)姚鉉纂　(明)尤桂　(明)朱整同校正　明嘉靖三年(1524)徐焴刻本　四十冊

410000－2202－0000221　402/001
新刊名世文宗三十卷　(明)胡時化輯　明萬曆刻本　二十冊

410000－2202－0000222　402/009
古文觀止十二卷　(清)吳留村鑒定　(清)吳楚材　(清)吳調侯手錄　清萬軸山房刻本　六冊

410000－2202－0000223　301/019
淵鑒齋御纂朱子全書六十六卷　(宋)朱熹撰　(清)李光地編校　清康熙刻本　二十三冊

410000－2202－0000224　402/011
古文釋義新編八卷　(清)余誠評註　(清)余芝參閱　清乾隆五十一年(1786)文盛堂刻本　四冊

410000－2202－0000225　402/019
古文喈鳳新編八卷　(清)汪基抄輯　(清)鮑欽承等校　(清)汪度參訂　清乾隆三十五年(1770)大盛堂刻本　四冊

410000－2202－0000226　402/026
古文賞心集新編八卷　(清)張錚評註　(清)張秉耒參閱　清雍正七年(1729)古吳煥文堂刻本　八冊

410000－2202－0000227　402/027
西漢文選四卷　(清)儲欣評　(清)儲芝參述　(清)吳振乾等校訂　清乾隆三十八年(1773)同文堂刻本　三冊

410000－2202－0000228　402/028
六朝文絜四卷　(清)許槤評選　(清)朱鈞參校　清光緒三年(1877)刻朱墨套印本　四冊

410000－2202－0000229　403/001
唐詩品彙九十卷首一卷　(明)高棅編輯　(明)張恂重訂　清初張恂刻本　十四冊

410000－2202－0000230　401/015
歸餘鈔四卷　(清)高嵣集評　清乾隆五十三年(1788)刻本　八冊

410000－2202－0000231　403/002
唐詩紀一百七十卷目錄三十四卷　(明)黃德水　(明)吳琯輯　(明)李明睿閱　(明)方天眷　(明)方湛重訂　(明)方一元　(明)吳中珩彙編　(明)陸弼校　明萬曆十三年(1585)刻重修本(卷九至十五補配清抄本)　十八冊　存七十二卷(初唐六十卷、初唐目錄十二卷)

410000－2202－0000232　403/003
御定全唐詩錄一百卷首一卷　(清)徐倬　(清)徐元正校刊　清康熙四十五年(1706)刻本　三十二冊

410000－2202－0000233　403/020
十種唐詩選十七卷　(清)王士禛刪纂　清康熙三十一年(1692)刻本　四冊

410000－2202－0000234　403/021
中晚唐詩叩彈集十二卷續集三卷　(清)杜詔　(清)杜庭珠集　清康熙四十三年(1704)采山亭刻本　六冊

410000－2202－0000235　403/028
應試唐詩類釋十九卷　(清)臧岳編次　清乾隆二十八年(1763)三樂齋刻本　八冊

410000－2202－0000236　403/031
御選唐宋詩醇四十七卷首二卷　(清)高宗弘曆輯　(清)梁詩正　(清)錢陳群校對　清乾隆十六年(1751)刻四色套印本　二十冊

410000－2202－0000237　403/034
刪訂唐詩解二十四卷　(明)唐汝詢選釋　(清)吳昌祺評定　(清)陳文照等參校　清康熙四十一年(1702)刻本　十冊

410000－2202－0000238　403/036
中州集十卷首一卷中州樂府一卷　(元)元好問編　明末毛氏汲古閣刻本　十二册

410000－2202－0000239　403/036
中州集十卷首一卷中州樂府一卷　(元)元好問編　明末毛氏汲古閣刻本　十册　存十一卷(中州集十卷、首一卷)

410000－2202－0000240　403/041
本事詩十二卷　(清)徐釚編輯　清乾隆刻本　四册

410000－2202－0000241　403/043
御定歷代題畫詩類一百二十卷　(清)聖祖玄燁定　(清)陳邦彦校　清康熙四十六年(1707)刻本　二十四册

410000－2202－0000242　403/046
明詩綜一百卷家數目錄一卷　(清)朱彝尊錄　(清)汪森輯評　清乾隆刻本　三十二册

410000－2202－0000243　403/049
明詩別裁集十二卷　(清)沈德潛　(清)周準輯　清乾隆三年(1738)刻本　六册

410000－2202－0000244　403/050
欽定國朝詩別裁集三十二卷　(清)沈德潛纂評　清乾隆二十六年(1761)刻本　八册

410000－2202－0000245　403/052
感舊集十六卷　(清)王士禛選　(清)盧見曾補傳　清乾隆十七年(1752)刻本　八册

410000－2202－0000246　403/081
薰風協奏集三卷首一卷　(清)王又曾輯　(清)莊鳳翥註　清乾隆二十三年(1758)刻本　二册

410000－2202－0000247　404/002
試帖箋林八卷　(清)秦錫淳選評　(清)陳兆熊等參註　(清)秦行涑　(清)秦行汾校　清乾隆二十三年(1758)刻本　三册

410000－2202－0000248　404/016
國朝名文約編不分卷　(清)陳詩編次　(清)章鳳梧參訂　(清)陳光鑑　(清)陳光鑾參　清乾隆四十七年(1782)刻本　二册

410000－2202－0000249　404/017
本朝十二家精選十二集　(清)王步青鑒定　(清)何飛鳳編　清乾隆三十六年(1771)和州刻本　四册　存八集(一至四、七至十)

410000－2202－0000250　404/036
乾隆乙未科會試魁墨不分卷　(清)嵇璜鑒定　清乾隆三十九年(1774)刻本　一册

410000－2202－0000251　41/005
楚辭燈四卷首一卷　(清)林雲銘論述　(清)林沅等校　清熙翼堂刻本　一册

410000－2202－0000252　421/008、421/010
漢魏諸名家集二十種　(明)汪士賢輯　明萬曆、天啓新安汪氏刻本　六册　存二種十二卷

410000－2202－0000253　421/011
庾子山全集十卷附錄一卷　(北周)庾信撰　(清)吳兆宜箋註　清康熙吳氏天德堂刻本　十册

410000－2202－0000254　422/004
分類補註李太白詩二十五卷首一卷　(唐)李白撰　(宋)楊齊賢集註　(元)蕭士贇補註　(明)許自昌校　明刻本　十册

410000－2202－0000255　422/005
李太白文集三十卷　(唐)李白撰　清康熙五十六年(1717)吳門繆氏雙泉草堂刻本　四册

410000－2202－0000256　422/008
顔魯公文集十五卷補遺一卷附錄一卷　(唐)顔真卿撰　明萬曆十七年(1589)山海劉思誠刻本　八册

410000－2202－0000257　422/009
韋蘇州集十卷拾遺一卷　(唐)韋應物撰　(清)席啟寓輯　清康熙四十一年(1702)洞庭席氏琴川書屋刻本　二册

410000－2202－0000258　422/010
集千家註杜工部詩集二十卷文集二卷　(唐)杜甫撰　明萬曆長洲許自昌刻本　六册　存

十四卷(一、四至八、十一至十八)

410000－2202－0000259　422/011
讀杜心解六卷　(清)浦起龍講解　(清)浦起麟參讀　(清)浦敬疇等受讀　清雍正二年(1724)浦氏寧我齋刻本　八册　存五卷(一至五)

410000－2202－0000260　422/014
杜詩鏡銓二十卷首一卷附録一卷　(清)楊倫編輯　清乾隆五十七年(1792)九柏山房刻本　八册

410000－2202－0000261　422/022
昌黎先生詩集注十一卷首一卷　(唐)韓愈撰　(清)顧嗣立刪補　清康熙三十八年(1699)長洲顧氏秀野草堂刻本　五册

410000－2202－0000262　422/041
溫飛卿詩集九卷附録一卷　(唐)溫庭筠撰　(明)曾益注　(清)顧予咸補注　(清)顧嗣立重校　清康熙三十六年(1697)蘇州顧氏秀野草堂刻本　三册

410000－2202－0000263　422/023
重刊五百家註音辨昌黎先生文集四十卷　(唐)韓愈撰　清乾隆刻本　十二册

410000－2202－0000264　422/030
李長吉集四卷外一卷　(唐)李賀撰　(清)黄淳耀評　(清)黎簡批點　清光緒十八年(1892)廣州萃文堂刻朱墨套印本　二册

410000－2202－0000265　422/033
李義山文集箋注十卷　(唐)李商隱撰　(清)徐樹穀箋　(清)徐炯注　清康熙四十七年(1708)花溪草堂刻本　四册

410000－2202－0000266　422/034
李義山詩集三卷首一卷　(唐)李商隱撰　(清)朱鶴齡箋注　(清)沈厚塽輯評　(清)沈映鈐　(清)方功惠校訂　清同治三年(1864)廣州萃文堂刻三色套印本　四册

410000－2202－0000267　422/035
重訂李義山詩集箋注三卷首一卷　(唐)李商隱撰　(清)朱鶴齡注　(清)程夢星刪補　清乾隆汪氏東柯草堂刻本　四册

410000－2202－0000268　422/039
樊南文集箋注八卷首一卷　(唐)李商隱撰　(清)馮浩編訂　(清)朱天鎬等參校　清乾隆桐鄉馮氏刻本　五册

410000－2202－0000269　422/045、422/046
唐詩百名家全集　(清)席啟寓輯　清康熙四十一年(1702)洞庭席氏琴川書屋刻本　二册　存二種九卷

410000－2202－0000270　1/006
重刊宋本十三經注疏附校勘記　(清)阮元輯校　清光緒十三年(1887)上海脈望仙館石印本　二十四册　存十一種六百三十五卷

410000－2202－0000271　1/005
十三經注疏　清同治十年(1871)廣東書局刻本　四十六册　存七種一百十九卷

410000－2202－0000272　201/002
二十四史三千二百十二卷　清同治、光緒間五省官書局據汲古閣本合刻光緒五年(1879)湖北書局彙印本　六百十六册

410000－2202－0000273　1/007
重刊宋本十三經注疏附校勘記　(清)阮元輯校　清光緒三十年(1904)上海袖海山房石印本　二十册　存十二種五百五卷

410000－2202－0000274　201/003
二十四史三千二百十二卷　清光緒中期上海同文書局影印武英殿本　四百五十一册　存十八種一千九百十八卷

410000－2202－0000275　1/008
十三經讀本附校刊記　(清)丁寶楨輯校　清同治十一年(1872)山東書局刻本　六十六册

410000－2202－0000276　201/011
前漢書一百卷　(漢)班固撰　清光緒二十五年(1899)上海慎記書莊影印本　十二册

410000－2202－0000277　101/005
新鐫增補周易備旨一見能解六卷　(明)黄淳

耀撰 (清)嚴而寬增補 清嘉慶元年(1796)致和堂刻本 六冊

410000－2202－0000278 201/010
前漢書一百卷 (漢)班固撰 清光緒十八年(1892)武林竹簡齋石印二十四史本 八冊

410000－2202－0000279 101/001－2
御纂周易折中二十二卷首一卷 (清)李光地纂 清刻本 十冊

410000－2202－0000280 101/002
新刻來瞿唐先生易注十六卷 (明)來知德撰 清同治刻本 十冊

410000－2202－0000281 101/004
周易恒解五卷 (清)劉沅注 清光緒三十一年(1905)豫誠堂刻本 五冊

410000－2202－0000282 201/012
前漢書一百卷 (漢)班固撰 清光緒三十三年(1907)上海華商集成圖書公司銅活字印本 三冊 存三十一卷(一至三十一)

410000－2202－0000283 101/007
周易淺義四卷 (清)耿極撰 清觀象軒刻本 四冊

410000－2202－0000284 101/008
御纂周易述義十卷 (清)傅恒纂 清刻本 六冊

410000－2202－0000285 101/009
周易内傳六卷 (清)王夫之撰 清同治四年(1865)湘鄉曾氏刻本 四冊

410000－2202－0000286 101/010
周易質義四卷 (清)汪思迴撰 清二南堂刻本 二冊

410000－2202－0000287 101/011
易經體注大全會解四卷 (清)來爾繩撰 清刻本 一冊 存一卷(三)

410000－2202－0000288 102/004
尚書因文八卷 (清)武士選撰 清約六家塾刻本 四冊

410000－2202－0000289 102/005
尚書離句六卷 (清)錢在培輯 清聚三堂刻本 四冊

410000－2202－0000290 102/016
欽定書經圖說五十卷 (清)孫家鼐纂 清光緒三十一年(1905)内府石印本 十六冊

410000－2202－0000291 103/002
詩經集注八卷 (宋)朱熹集傳 清周口道德堂刻本 四冊

410000－2202－0000292 103/003
詩毛氏傳疏三十卷 (清)陳奐撰 清道光二十年至二十七年(1840－1847)刻本 十冊

410000－2202－0000293 103/004
詩經八卷 (宋)朱熹集傳 題(清)凌雲閣主人校勘 清慎詒堂刻本 四冊

410000－2202－0000294 103/005
詩經八卷 (宋)朱熹集傳 清刻本 二冊 存三卷(三至五)

410000－2202－0000295 103/006
詩集傳八卷 (宋)朱熹撰 清致和堂刻本 四冊

410000－2202－0000296 103/007
詩經八卷 (宋)朱熹集傳 清益智山房刻本 四冊

410000－2202－0000297 103/008
詩經體注圖考八卷 (清)高朝瓔撰 清嘉慶十七年(1812)三多齋刻本 四冊

410000－2202－0000298 103/009
詩經體注大全八卷 (清)沈世楷輯 清刻本 三冊 存六卷(三至八)

410000－2202－0000299 103/010
詩經體注八卷 (清)高朝瓔撰 清三益堂刻本 四冊

410000－2202－0000300 103/012
增訂詩經體注衍義合參八卷 (清)沈季龍增訂 清聚錦堂刻本 四冊

410000－2202－0000301　103/013
詩經衍義圖考大全合叅八卷　(清)江晉方輯　清嘉慶二十一年(1816)崇文堂刻本　四册

410000－2202－0000302　103/014
詩經喈鳳詳解八卷　(清)陳抒輯　清刻本　二册　存五卷(三至四、六至八)

410000－2202－0000303　103/016
毛詩傳箋通釋三十二卷　(清)馬瑞辰撰　清光緒十四年(1888)廣雅書局刻本　十二册

410000－2202－0000304　103/019
御纂詩義折中二十卷　(清)傅恒撰　清末經元堂刻本　十二册

410000－2202－0000305　103/020
田間詩學二十四卷　(清)錢澄之撰　清斟雉堂刻本　六册

410000－2202－0000306　103/021
詩經講義四編　(清)田春同著　清光緒三十四年(1908)石印本　四册

410000－2202－0000307　201/016
後漢書一百二十卷　(南朝宋)范曄撰　清光緒十八年(1892)武林竹簡齋石印二十四史本　八册

410000－2202－0000308　201/017
後漢書一百二十卷　(南朝宋)范曄撰　清光緒三十一年(1905)上海久敬齋石印本　八册

410000－2202－0000309　201/018
後漢書一百二十卷　(南朝宋)范曄撰　清光緒二十五年(1899)上海慎記書莊石印本　八册

410000－2202－0000310　104/003
周官新義十六卷　(宋)王安石撰　清同治七年(1868)開封大梁書院刻本　一册　存四卷(一至四)

410000－2202－0000311　104/004
周官經四卷　(漢)鄭玄注　清光緒二十二年(1896)刻本　四册

410000－2202－0000312　104/005
欽定周官義疏四十八卷　(清)允祿撰　清光緒十四年(1888)蘇州江南書局刻本　二十四册

410000－2202－0000313　104/006
周禮精華六卷　(清)陳龍標編　清嘉慶二十三年(1818)經國堂刻本　六册

410000－2202－0000314　104/009
周禮節訓六卷　(清)黄叔琳撰　清刻本　一册

410000－2202－0000315　104/010
禮經釋例十三卷　(清)淩廷堪撰　清嘉慶十四年(1809)揚州阮氏文選樓刻本　十册

410000－2202－0000316　104/011
儀禮集釋三十卷　(宋)李如圭撰　清同治七年(1868)開封大梁書院刻本　六册　存十七卷(一至十七)

410000－2202－0000317　104/012
儀禮節略二十卷　(清)朱可亭撰　清光緒二十三年(1897)刻本　十六册

410000－2202－0000318　104/013
禮記心典四卷　(清)胡瑤光輯　清綸錫堂刻本　四册

410000－2202－0000319　104/014
禮記心典四卷　(清)胡瑤光輯　清宏道堂刻本　四册

410000－2202－0000320　104/015
大戴禮記解詁十三卷　(清)王聘珍撰　清光緒十三年(1887)廣州廣雅書局刻本　三册

410000－2202－0000321　104/016
禮記精義旁訓六卷　(元)陳澔撰　清光緒十年(1884)新都魏氏古香閣刻本　六册

410000－2202－0000322　104/017
增訂禮記體注大全四卷　(清)范翔訂　清刻本　四册

410000－2202－0000323　104/018
全本禮記體注十卷　(清)徐瑄輯　清三讓堂刻本　十册

410000－2202－0000324　104/019
禮記約編五卷　(清)汪基撰　清刻本　五册

410000－2202－0000325　104/021
朱子家禮十卷首一卷　(明)丘濬輯　清嘉慶六年(1801)寶寧堂刻本　八册

410000－2202－0000326　104/022
朱子家禮八卷首一卷　(明)丘濬輯　(清)汪佑訂　**四禮初稿四卷**　(明)宋纁輯　**四禮約言四卷**　(明)吕維祺輯　清刻本　八册

410000－2202－0000327　105/006
春秋貫玉四卷　(明)顔鯨撰　清刻本　六册

410000－2202－0000328　105/009
春秋左傳杜林合注五十卷　(晉)杜預撰　(宋)林堯叟注　清嘉慶二十一年(1816)山淵堂刻本　八册　存二十五卷(一至二十五)

410000－2202－0000329　105/010
春秋左傳杜林真本五十卷　(晉)杜預撰　(宋)林堯叟注　清崇文堂刻本　十六册

410000－2202－0000330　105/011
杜氏經傳左繡三十卷　(清)馮李驊編　清道光五年(1825)華川書屋刻本　十二册

410000－2202－0000331　105/012
增補左繡匯⿱⿰彑⿰匕匕㣇三十卷　(清)周正思纂　清嵩山書屋刻本　八册　存十五卷(十六至三十)

410000－2202－0000332　105/013
春秋左傳杜注三十卷　(清)姚培謙學　(清)龐佑訂　清道光七年(1827)洪都潄經堂刻本　九册

410000－2202－0000333　105/014
御案春秋傳説薈要十二卷　(清)紀昀編　清刻本　四册

410000－2202－0000334　105/015
批點春秋左傳綱目句解六卷　(清)韓菼評點　清文德堂刻本　八册

410000－2202－0000335　104/016
重訂春秋左傳句解六卷　(清)韓菼評點　清崇文堂刻本　八册

410000－2202－0000336　105/019
讀左補義五十卷　(清)姜炳璋輯　清同文堂刻本　二十册

410000－2202－0000337　105/020
讀左補義五十卷　(清)姜炳璋輯　清三多堂刻本　十六册

410000－2202－0000338　105/022
東萊先生左氏博議二十五卷　(宋)吕祖謙撰　清道光十八年(1838)錢塘瞿氏清吟閣刻本　五册

410000－2202－0000339　105/023
東萊博議四卷　(宋)吕祖謙撰　(清)張文炳評注　(清)馮泰松校　清光緒二十四年(1898)萬育堂刻本　四册

410000－2202－0000340　105/024
東萊博議四卷　(宋)吕祖謙撰　(清)張文炳評注　清光緒二十四年(1898)寶興堂刻本　四册

410000－2202－0000341　105/025
東萊博議四卷　(宋)吕祖謙撰　(清)張文炳評注　(清)馮泰松校　清光緒二十八年(1902)廣善堂刻本　四册

410000－2202－0000342　105/026
精選加批東萊博議四卷　(宋)吕祖謙撰　(清)張文炳評注　清雪苑山房刻本　四册

410000－2202－0000343　105/027
東萊博議四卷　(宋)吕祖謙撰　(清)張文炳評注　(清)馮泰松校　清光緒三十一年(1905)上海商務印書館鉛印本　二册

410000－2202－0000344　105/028
東萊博議四卷　(宋)吕祖謙撰　(清)劉紫山輯注　清宣統三年(1911)上海會文堂石印本　四册

410000－2202－0000345　105/033
春秋公羊傳九卷　(明)閔齊伋注　清味經堂刻本　三册

410000－2202－0000346　105/034

春秋穀梁傳九卷　（明）閔齊伋注　清味經堂刻本　三冊

410000－2202－0000347　105/035
增訂春秋世族源流圖考六卷　（清）常茂徠撰　清道光三十年（1850）開封常氏怡古堂刻本　三冊

410000－2202－0000348　105/036
春秋女譜一卷　（清）常茂徠撰　清道光三十年（1850）開封常氏怡古堂刻本　一冊

410000－2202－0000349　106/001
古文孝經集解一卷　（清）曹若枏纂　清光緒二十一年（1895）中州明道書院刻本　一冊

410000－2202－0000350　107/001
慎齋四書匯纂十九卷　（清）浦泰纂輯　清刻本　六冊

410000－2202－0000351　107/005
古三疾齋論語直指四卷　（清）何綸錦撰　清嘉慶二十一年（1816）刻本　十二冊

410000－2202－0000352　107/006
四書朱子本義匯粲四十三卷首四卷　（清）王步青輯　清刻本　十二冊　存二十卷（論語一至二十）

410000－2202－0000353　107/007
四書總要四卷　清抄本　四冊

410000－2202－0000354　107/010
增補蘇批孟子二卷　（宋）蘇洵評注　（清）趙大浣增補　清咸豐六年（1856）刻本　一冊　存一卷（上）

410000－2202－0000355　107/011
載咏樓重鐫硃批孟子二卷　（宋）蘇洵評注　（清）沈李龍校　清嘉慶元年（1796）慎詒堂硃墨套印本　二冊

410000－2202－0000356　107/013
孟子講義十二卷　（清）史可亭輯　清存知堂刻本　六冊

410000－2202－0000357　107/014
標孟七卷　（清）汪有光評述　清光緒十三年（1887）黟縣李輝亭刻本　三冊

410000－2202－0000358　107/019
四書翼注論文三十八卷　（清）張甄陶述　清嘉慶十五年（1810）浙江竹下書堂刻本　九冊　存三十四卷（一至十六、二十一至三十八）

410000－2202－0000359　107/020
欽定四書文選六卷　（清）弘晝纂　清刻本　二十冊

410000－2202－0000360　107/022
四書匯通三十七卷　（清）李載禮纂　清紹啟堂刻本　六冊　存二十四卷（十四至三十七）

410000－2202－0000361　107/027
日講四書解義二十六卷　（清）喇沙里編　清刻本　六冊　存十四卷（十三至二十六）

410000－2202－0000362　107/028
雲錦四書人物備考十二卷　（明）陳仁錫纂　清嘉慶三年（1798）致和堂刻本　六冊　存八卷（一至四、七至十）

410000－2202－0000363　107/029
四書近指二十卷　（清）孫奇逢撰　清開封中州學署刻本　五冊

410000－2202－0000364　107/030
四書撮言大全三十七卷　（清）胡蓉芝輯　清刻本　十五冊　存三十四卷（論語一至二十、孟子一至十四）

410000－2202－0000365　107/031
四書玩註詳說四十卷　（清）冉覲祖撰　清寄願堂刻本　十冊　存十卷（論語一至十）

410000－2202－0000366　107/033
四書朱子本義匯粲四十四卷　（清）王步青撰　清敦復堂刻本　二十四冊

410000－2202－0000367　107/034
四書貫解旁訓十九卷　（清）朱良玉輯　清崇文堂刻本　六冊

410000－2202－0000368　107/035
四書貫解旁訓十九卷　（清）朱良玉輯　清文德堂刻本　六冊

410000－2202－0000369　107/036
四書補注備旨十卷　(清)鄧林撰　清光緒十九年(1893)益元書局刻本　六冊

410000－2202－0000370　107/037
增訂四書會要錄三十卷　(清)黄瑞撰　清述善堂刻本　十六冊　存七卷(論語一至二、四、六、八至十)

410000－2202－0000371　108/003
御纂七經綱領一卷　清末江楚書局刻本　二冊

410000－2202－0000372　108/004
安甫遺學三卷　(清)江承之撰　清嘉慶六年(1801)刻本　一冊

410000－2202－0000373　108/005
白虎通四卷　(漢)班固撰　清嘉慶刻廣漢魏叢書本　三冊

410000－2202－0000374　108/006
五經揭要二十五卷　(清)許寶善編訂　清自怡軒刻本　九冊

410000－2202－0000375　108/007
五經揭要二十五卷　(清)許寶善編訂　清三省堂刻本　十二冊

410000－2202－0000376　108/008
皇朝五經彙解二百七十卷　題(清)抉經心室主人輯　清光緒十四年(1888)上海鴻文書局石印本　八冊　存八十卷(四十一至九十二、九十九至一百二十六)

410000－2202－0000377　108/009
四書五經義大全五十六卷首一卷　題(清)雙璞齋主人編　清光緒十八年(1892)上海圖書集成局鉛印本　十六冊

410000－2202－0000378　110/007
說文解字注三十卷六書音韻表二卷　(清)段玉裁撰　清嘉慶十三年(1808)金壇段氏經韻樓刻本　十六冊

410000－2202－0000379　110/008
說文解字注三十卷　(清)段玉裁撰　清宣統二年(1910)江左書局石印本　八冊

410000－2202－0000380　110/010
說文解字義證五十卷　(清)桂馥撰　清同治九年(1870)湖北崇文書局刻本　三十二冊

410000－2202－0000381　110/011
說文辨疑一卷　(清)顧廣圻撰　清光緒三年(1877)湖北崇文書局刻本　一冊

410000－2202－0000382　110/012
字學舉隅一卷　(清)龍光甸編　清道光八年(1828)刻本　一冊

410000－2202－0000383　110/013
字學舉隅續編一卷　(清)王維珍編　清光緒八年(1882)北京懿文齋刻本　一冊

410000－2202－0000384　110/014
翰苑初編字學匯海四卷　(清)龍光甸編　清光緒十五年(1889)北京秀文齋刻本　四冊

410000－2202－0000385　110/022
重校十三經不貳字一卷　(□)□□撰　清光緒八年(1882)三味齋刻本　一冊

410000－2202－0000386　110/023
經韻集字析解一卷　(清)彭良敞集注　清光緒十年(1884)濼源書院刻本　一冊

410000－2202－0000387　110/024
澄衷學堂字課圖說四卷　(清)劉樹屏編　(清)吴子城繪圖　清光緒三十年(1904)石印本　八冊

410000－2202－0000388　110/031
康熙字典四十二卷　(清)張玉書纂　清刻本　三十六冊

410000－2202－0000389　110/032
康熙字典四十二卷　(清)張玉書纂　清道光十七年(1837)善成堂刻本　四十冊

410000－2202－0000390　110/033
康熙字典四十二卷　(清)張玉書纂　清光緒久敬齋石印本　六冊

410000－2202－0000391　110/036

隸韻十卷附碑目一卷　（宋）劉球撰　**隸韻考證二卷**　（清）翁方綱撰　清嘉慶十五年（1810）秦思曾刻本　六冊

410000－2202－0000392　110/038
經詞衍釋十卷補遺一卷　（清）吳昌瑩撰　清末上海古書流通處石印本　一冊

410000－2202－0000393　110/040
音韻貫珠八集　（清）賈椿齡編　清同治十一年（1872）刻本　八冊

410000－2202－0000394　110/042
詩韻析五卷首一卷末一卷　（清）汪烜撰　清光緒九年（1883）婺源紫陽書院刻本　四冊

410000－2202－0000395　110/043
爾雅注疏十一卷　（晉）郭璞注　（宋）邢昺疏　清文奎堂刻本　四冊

410000－2202－0000396　110/044
爾雅注疏十一卷附校勘記十卷　（晉）郭璞注（宋）邢昺疏　清嘉慶二十年（1815）南昌府學刻重刊宋本十三經注疏附校勘記本　六冊

410000－2202－0000397　110/045
爾雅三卷　（晉）郭璞注　清嘉慶六年（1801）藝學軒刻本　三冊

410000－2202－0000398　110/047
廣雅疏證十卷　（清）王念孫撰　清光緒五年（1879）淮南書局刻本　八冊

410000－2202－0000399　110/048
爾雅郭注義疏二十卷　（清）郝懿行撰　清光緒十年（1884）榮縣蜀南閣刻本　八冊

410000－2202－0000400　110/051
六藝綱目二卷　（元）舒天民撰　清光緒七年（1881）刻本　二冊

410000－2202－0000401　110/052
經字辨體八卷首一卷　（清）邱家煒編　清道光二十三年（1843）刻本　四冊

410000－2202－0000402　110/060
說文古籀補十四卷補遺一卷附錄一卷　（清）吳大澂撰　清光緒七年（1881）刻本　二冊

410000－2202－0000403　201/024
潛菴先生擬明史稿二十卷　（清）湯斌撰（清）田蘭芳評　清刻民國遞修石印本　十二冊

410000－2202－0000404　201/025
史記索隱三十卷　（唐）司馬貞撰　清光緒十九年（1893）廣州廣雅書局刻本　四冊

410000－2202－0000405　202/005
兩朝御批資治通鑑二百九十四卷　（宋）司馬光　（明）胡三省撰　清光緒二十九年（1903）重慶廣學書局刻本　八十冊

410000－2202－0000406　202/003
稽古錄二十卷　（宋）司馬光撰　清同治十一年（1872）湖北崇文書局刻本　四冊

410000－2202－0000407　202/004
稽古錄二十卷　（宋）司馬光撰　清光緒五年（1879）江蘇書局刻資治通鑑彙刊本　四冊

410000－2202－0000408　202/008
資治通鑑綱目前編二十五卷正編五十九卷續編二十七卷　（明）陳仁錫評　清嘉慶八年（1803）敬書堂刻本　一百十冊

410000－2202－0000409　202/009
御批資治通鑑綱目三編二十卷　（清）張廷玉等編　清刻本　四冊

410000－2202－0000410　202/010
御批資治通鑑綱目三編二十卷　（清）張廷玉等編　清山西書業德刻本　三冊

410000－2202－0000411　202/011
御批資治通鑑綱目三編二十卷　（清）張廷玉等編　清光緒八年（1882）上海掃葉山房刻本　六冊

410000－2202－0000412　202/013
增補資治通鑑綱目四十卷　（明）袁黃撰　清光緒二十五年（1899）善成堂刻本　三十六冊

410000－2202－0000413　202/013
御批資治通鑑綱目三編二十卷　（清）張廷玉等編　清光緒二十五年（1899）善成堂刻本

六册

410000－2202－0000414　202/014
新增加批綱鑑補注四十卷　(明)袁黄撰　清光緒二十年(1894)上海著易堂石印本　十二册

410000－2202－0000415　202/016
綱鑑大全三十九卷　(明)王世貞撰　清刻本　二册　存五卷(十七至十八、二十至二十一、三十九)

410000－2202－0000416　202/018
御批資治通鑑輯覽一百二十卷　(清)傅恒等撰　清光緒二十年(1894)上海書局石印本　二十四册

410000－2202－0000417　202/019
御批歷代通鑑輯覽一百二十卷　(清)傅恒等撰　清光緒二十八年(1902)萃文齋石印本　二十册

410000－2202－0000418　202/020
御批歷代通鑑輯覽一百二十卷　(清)傅恒等撰　清光緒二十八年(1902)山西書業德石印本　二十一册　存一百十二卷(一至五十二、五十七至七十五、八十至一百二十)

410000－2202－0000419　202/021
尺木堂綱鑑易知録九十二卷　(清)吴乘權等輯　清光緒八年(1882)席氏掃葉山房刻本　十九册　存四十三卷(一至三十五、八十五至九十二)

410000－2202－0000420　202/022
尺木堂綱鑑易知録九十二卷明鑑易知録十五卷　(清)吴乘權等輯　清光緒三十年(1904)上海商務印書館鉛印本　十六册

410000－2202－0000421　202/024
竹書紀年集注二卷　(清)陳詩撰　清嘉慶十年(1805)刻本　二册

410000－2202－0000422　202/025
歷代帝王年表十四卷　(清)齊召南編　清光緒二十年(1894)廣西桂垣書局刻本　四册

410000－2202－0000423　211.6/003
瀛環志略十卷　(清)徐繼畬編　清同治十二年(1873)扶雲樓刻本　八册

410000－2202－0000424　202/028
四裔編年表四卷　(美國)林樂知譯　嚴良勳譯　(清)李鳳苞編　清同治刻本　四册

410000－2202－0000425　110/064
臨文便覽二卷　(清)龍光甸編　清光緒二年(1876)京都松竹齋刻本　一册

410000－2202－0000426　110/065
問奇典注六卷　(清)唐英編　清嘉慶二十三年(1818)武昌雄楚樓刻本　六册

410000－2202－0000427　110/066
説文通檢十四卷首一卷末一卷　(清)黎永椿編　清光緒二年(1876)湖北崇文書局刻本　二册

410000－2202－0000428　110/069
千字文一卷　清末刻本　一册

410000－2202－0000429　202/032
東華録三十二卷(天命朝至雍正朝)　(清)蔣良騏撰　清同治十一年(1872)聚錦堂刻本　十二册

410000－2202－0000430　202/033
東華録一百九十五卷(天命朝至雍正朝)東華續録二百三十卷(乾隆朝至道光朝)　王先謙編　清光緒十三年(1887)廣百宋齋鉛印本　七十六册

410000－2202－0000431　203/001
紀事本末五種　(清)高士奇等撰　清同治十二年至十三年(1873－1874)江西書局刻本　一百三十六册

410000－2202－0000432　203/002
三朝北盟會編二百五十卷　(宋)徐夢梓撰　清光緒四年(1878)鉛印本　四十册

410000－2202－0000433　203/003
西夏紀事本末三十六卷　(清)張鑑撰　清光緒十一年(1885)江蘇書局金陵刻本　四册

410000－2202－0000434　203/006
綏寇紀略十二卷補遺三卷　(清)吳偉業撰　(清)張海鵬重訂　清嘉慶十四年(1809)昭文張氏照曠閣刻本　六册

410000－2202－0000435　203/008
繹史一百六十卷　(清)馬驌撰　清光緒十五年(1889)金匱浦氏蘇州刻本　四十八册

410000－2202－0000436　4/001
漢魏六朝百三名家集　(明)張溥輯　清光緒十八年(1892)善化章氏經濟堂刻本　一百册

410000－2202－0000437　4/003
新刻諸葛宗岳史四公文集三十一卷　(清)劉質慧輯　清同治十二年(1873)三原劉氏述荊堂刻本　十四册

410000－2202－0000438　4/004
容城三賢文集十二卷　(清)張斐然輯　清道光十六年(1836)正義書院刻本　十二册

410000－2202－0000439　401/004
文選六十卷　(南朝梁)蕭統編　(唐)李善注　**文選考異十卷**　(清)胡克家撰　清同治八年(1869)湖北崇文書局刻本　二十四册

410000－2202－0000440　401/005
文選六十卷　(南朝梁)蕭統編　(唐)李善注　清光緒十八年(1892)上海廣百宋齋鉛印本　五册

410000－2202－0000441　401/011
古文苑二十一卷　(宋)章樵注　清光緒十二年(1886)江蘇書局刻本　四册

410000－2202－0000442　401/013
唐文粹一百卷　(宋)姚鉉編　清光緒九年(1883)江蘇書局刻本　十六册

410000－2202－0000443　401/014
金文雅十六卷　(清)莊仲方輯　清光緒十七年(1891)江蘇書局刻本　四册

410000－2202－0000444　401/017
全蜀藝文志六十四卷　(明)楊慎編　清嘉慶二十二年(1817)譚言藹刻本　十二册

410000－2202－0000445　401/019
國朝中州名賢集二十卷　(清)黃舒昺編　清光緒十七年(1891)睢陽洛學書院刻本　十六册

410000－2202－0000446　402/002
涵芬樓古今文抄一百卷　(清)吳曾祺編　清宣統二年(1910)上海商務印書館鉛印本　九十八册

410000－2202－0000447　402/003
古文辭類纂七十四卷　(清)姚鼐輯　**續古文辭類纂三十二卷**　王先謙輯　清光緒三十三年(1907)上海商務印書館鉛印本　十二册

410000－2202－0000448　402/009
古文觀止十二卷　(清)吳楚材　(清)吳大職編　清萬軸山房刻本　六册

410000－2202－0000449　402/012
古文釋義新編八卷　(清)余誠評選　清文光堂刻本　八册

410000－2202－0000450　402/013
古文釋義新編八卷　(清)余誠評選　清宣統二年(1910)有益堂刻本　八册

410000－2202－0000451　402/020
古文喈鳳新編八卷　(清)汪基輯　清光緒寶興堂刻本　四册

410000－2202－0000452　402/023
古文未曾有集八卷　(清)王甫白評選　清嘉慶十九年(1814)大酉堂刻本　二册

410000－2202－0000453　402/025
古文雅正十四卷　(清)蔡世遠評選　清光緒二十八年(1902)湘鄉曾氏刻本　十二册

410000－2202－0000454　402/028
六朝文絜四卷　(清)許槤評選　清道光五年(1825)刻本　四册

410000－2202－0000455　402/029
忠雅堂評選四六法海八卷　(清)蔣士銓評選　清同治九年(1870)藏園刻朱墨套印本　八册

410000－2202－0000456　402/030
選注六朝唐賦二卷　(清)馬傳庚選注　清同治十三年(1874)京都馬氏玉燕書巢刻本　二冊

410000－2202－0000457　402/033
文章軌範七卷　(宋)謝枋得編　清暘谷謝氏家塾刻本　二冊

410000－2202－0000458　402/034
文章軌範七卷　(宋)謝枋得編　清光緒八年(1882)京都豫章别業刻本　二冊

410000－2202－0000459　402/035
唐宋八家文讀本三十卷　(清)沈德潛編　清刻本　十二冊

410000－2202－0000460　402/038
金文最一百二十卷　(清)張令吾輯　清光緒二十一年(1895)江蘇書局刻本　十六冊

410000－2202－0000461　402/040
切問齋文抄三十卷　(清)陸耀輯　清道光四年(1824)刻本　十冊

410000－2202－0000462　402/042
八代文粹二百二十卷目錄六卷　(清)簡棨編　清光緒十一年(1885)富順考雋堂刻本　十八冊　存五十三卷(一至二十六、四十二至四十四、八十九至一百、一百八至一百十、一百六十六至一百六十八,目錄六卷)

410000－2202－0000463　402/043
南宋文範七十卷外編四卷　(清)莊仲方編　清光緒十四年(1888)江蘇書局刻本　十六冊

410000－2202－0000464　402/044
文館詞林五卷　(唐)許敬宗撰　清光緒十九年(1893)景蘇園刻本　二冊

410000－2202－0000465　402/045
國朝駢體文正宗十二卷　(清)曾澳編　清同治十三年(1874)聚賢堂刻本　六冊　存九卷(一至四、八至十二)

410000－2202－0000466　402/046
中州名賢文表三十卷　(清)劉昌輯　**續中州名賢文表六十八卷**　(清)邵松年輯　清光緒三十年(1904)鴻文書局石印本　二十八冊

410000－2202－0000467　402/047
國朝中州文徵五十四卷　(清)蘇源生編　清道光二十三年至二十五年(1843－1845)刻本　八冊　存十六卷(十三至二十八)

410000－2202－0000468　403/004
全唐詩九百卷　(清)彭定求編　清光緒元年(1875)雙峰書屋刻本　一百二十冊

410000－2202－0000469　403/006
古唐詩合解十六卷　(清)王堯衢注　清道光二十一年(1841)蘇州桐石山房刻本　六冊

410000－2202－0000470　403/007
古唐詩合解十六卷　(清)王堯衢注　清三益書堂刻本　六冊

410000－2202－0000471　403/008
古唐詩合解十六卷　(清)王堯衢注　清善成書堂刻本　六冊

410000－2202－0000472　403/009
古唐詩合解十六卷　(清)王堯衢注　清令德堂刻本　六冊

410000－2202－0000473　403/010
古唐詩合解十六卷　(清)王堯衢注　清崇文堂刻本　四冊

410000－2202－0000474　403/011
唐詩合解十六卷　(清)王堯衢注　清藻文堂刻本　四冊

410000－2202－0000475　403/012
古唐詩合解十六卷　(清)王堯衢注　清經元堂刻本　四冊

410000－2202－0000476　403/015
玉臺新詠十卷　(南朝陳)徐陵編　(清)吳兆宜箋注　(清)程琰刪補　清光緒五年(1879)宏遠堂刻本　四冊

410000－2202－0000477　403/016
樂府詩集一百卷　(宋)郭茂倩編　清同治十三年(1874)湖北崇文書局刻本　十六冊

410000－2202－0000478　403/018
唐中興閒氣集二卷　（唐）高仲武編　清光緒十九年（1893）武進費氏影宋刻本　二册

410000－2202－0000479　403/019
白氏諷諫一卷　（唐）白居易撰　清光緒十九年（1893）武進費氏影宋刻本　一册

410000－2202－0000480　403/022
唐詩別裁集二十四卷　（清）沈德潛編選　（清）俞汝昌增注　清道光十八年（1838）資善堂刻本　十二册

410000－2202－0000481　403/023
唐詩三百首注疏六卷　（清）蘅塘退士（孫洙）編　（清）章燮注　清道光十八年（1838）經綸堂刻本　六册

410000－2202－0000482　403/026
宋本唐人合集二十八卷　（清）同文書局編　清光緒十年（1884）上海同文書局石印本　八册

410000－2202－0000483　403/029
唐人萬首絶句選七卷　（清）王士禛選　清光緒二十三年（1897）金陵書局刻本　二册

410000－2202－0000484　403/032
歷朝詩約選九十二卷　（清）劉大櫆編選　清光緒二十一年（1895）文徵閣刻本　二十二册

410000－2202－0000485　403/037
中州集十卷中州樂府一卷　（元）元好問編　清光緒七年（1881）讀書山房刻本　十一册

410000－2202－0000486　403/040
漁洋山人古詩選三十二卷　（清）王士禛選　**惜抱軒今體詩選十八卷**　（清）姚鼐選　清同治五年（1866）金陵書局刻本　十册

410000－2202－0000487　403/042
本事詩十二卷　（清）徐釚編　清光緒邵武徐氏刻本　四册

410000－2202－0000488　403/047
弘正四杰詩集七十三卷　（清）張雨珊輯　清光緒二十一年（1895）長沙張氏刻本　十六册

410000－2202－0000489　403/048
列朝詩集八十一卷　（清）錢謙益輯　清宣統三年（1911）鉛印本　五十六册

410000－2202－0000490　403/051
欽定國朝詩別裁集三十二卷　（清）沈德潛纂評　清刻本　十六册

410000－2202－0000491　403/055
批點七家詩合注七卷　（清）張玉田評選　清同治十二年（1873）敬文堂刻本　八册

410000－2202－0000492　403/056
國朝閨閣詩抄一百卷　（清）蔡殿齊編　清道光二十四年（1844）别館刻本　十册

410000－2202－0000493　403/057
國朝閨秀正始集二十卷附錄一卷補遺一卷續集十卷補遺一卷　（清）惲珠編　清道光十一年（1831）紅香吟館刻本　十册

410000－2202－0000494　403/059
邗上題襟集選二卷　（清）孫星衍評選　清嘉慶六年（1801）兩淮官署刻本　二册

410000－2202－0000495　403/060
是程堂倡和投贈集二十五卷　（清）屠倬輯　清道光五年（1825）刻本　五册

410000－2202－0000496　403/061
香痕奩影集四卷　（清）吳仲編　清宣統元年（1909）北京鉛印本　五册

410000－2202－0000497　403/062
庚辰集五卷唐人試律說一卷　（清）紀昀編　清嘉慶八年（1803）刻本　六册

410000－2202－0000498　403/064
三十家詩抄六卷末一卷　（清）曾國藩纂　清宣統元年（1909）上海崇善堂鉛印本　六册

410000－2202－0000499　403/066
紅樓夢詩詞三卷　（清）淩承樞等撰　清道光刻本　一册

410000－2202－0000500　403/067
詩夢鐘聲錄一卷　（清）李嘉樂纂　清光緒刻本　一册

410000－2202－0000501　403/072
新注五七言千家詩四卷　(清)王相選注　清同文堂刻本　二册

410000－2202－0000502　403/073
新鐫五七言千家詩四卷　(清)王相選注　清同治新邑廣聚魁刻本　一册

410000－2202－0000503　403/074
新注韻對千家詩四卷　(清)王相選注　清同治十二年(1873)景德福刻本　一册

410000－2202－0000504　403/080
清尊集十六卷　(清)汪遠孫輯　清道光十九年(1839)錢塘汪氏振綺堂刻本　四册

410000－2202－0000505　403/082
分韻詩抄一卷　(清)吳錫麟等撰　清竹師齋抄本　一册

410000－2202－0000506　404/001
制義體要十九卷　(清)陳句山選　(清)孫衣言校補　清光緒三年(1877)湖北崇文書局刻本　四册

410000－2202－0000507　404/003
以約山房試帖二卷制藝二卷賦鈔二卷存稿一卷　(清)易元善撰　清光緒二十一年(1895)易釗共城官署刻本　六册

410000－2202－0000508　404/004
桂海文瀾集十卷　(清)祁永膺編　清光緒二十年(1894)廣西桂垣書局刻本　五册　存八卷(一至六、九至十)

410000－2202－0000509　404/005
國朝文才調集八卷　(清)陳兆崙撰　清刻本　六册　存六卷(三至八)

410000－2202－0000510　404/006
國朝文才調集八卷　(清)陳兆崙撰　清光緒二十年(1894)上海鴻文書局鉛印本　六册

410000－2202－0000511　404/007
賦學正鵠集釋十一卷　(清)顧元熙撰　清光緒十年(1884)湉灣文慶堂刻本　八册

410000－2202－0000512　404/008
增注批評八家試帖詩選八卷　(清)張玉田輯評　清崇讓堂刻本　八册

410000－2202－0000513　404/009
懷崇堂初集一卷　(清)李炳南著　清嘉慶十三年(1808)仙居官刻本　一册

410000－2202－0000514　404/010
試律大觀三十二卷　題(清)竹屏居士輯　清刻本　九册　存二十六卷(一至六、八至十二、十八至三十二)

410000－2202－0000515　404/011
增廣賦海大全三十卷　(清)□□輯　清光緒十九年(1893)上海鴻寶齋石印本　十二册

410000－2202－0000516　404/012
本朝三十家文三十卷　(清)蔡寅斗編選　清刻本　十册

410000－2202－0000517　404/013
分課小題續編十五卷　(清)王步青評選　清敦復堂刻本　十六册

410000－2202－0000518　404/014
小題正鵠初集不分卷二集不分卷三集不分卷　(清)李元度編　清道光二十六年(1846)湖南李氏家塾刻本　七册

410000－2202－0000519　404/015
制藝約選初集一卷　(清)史致儼編選　清嘉慶二十一年(1816)開封河南學署刻本　一册

410000－2202－0000520　404/018
星橋制藝大題二編五卷　(清)劉清源撰　清同治九年(1870)刻本　二册

410000－2202－0000521　404/019
瀛海探驪集八卷　(清)朱埏之輯　清刻本　一册　存四卷(五至八)

410000－2202－0000522　404/020
律賦錦標初集不分卷二集不分卷　(清)蕭應魁編　清嘉慶二十一年(1816)浙江賦梅書屋刻本　八册

410000－2202－0000523　404/021
試帖指南四卷　(清)張昶編　清同治七年

(1868)開封文萃齋刻本　四册

410000－2202－0000524　404/022
試帖青雲集四卷　(清)李逢春輯　清光緒元年(1875)三和堂刻本　四册

410000－2202－0000525　404/023
墨局練要一卷　(清)王波清批評　清嘉慶九年(1804)居易堂刻本　一册

410000－2202－0000526　404/024
樫花館訓蒙草一卷　(清)路德撰　清道光二十九年(1849)尚德堂刻本　一册

410000－2202－0000527　404/025
近科新奇墨選一卷分類詩選一卷　(清)阮桃蹊選輯　清道光二十六年(1846)安慶異香齋刻本　四册

410000－2202－0000528　404/026
清人制藝一卷　(清)戚藩作　清抄本　四册

410000－2202－0000529　51/005
武英殿聚珍版書　清同治十三年(1874)江西書局刻本　一百二十八册　存五十四種四百二十二卷

410000－2202－0000530　51/013
祕書廿一種　(清)汪士漢輯　清乾隆文盛堂刻本　十六册

410000－2202－0000531　51/015
說鈴　(清)吳震方輯　清康熙刻本　十四册　存五十種六十三卷

410000－2202－0000532　51/016
說鈴　(清)吳震方輯　清同治七年(1868)六文堂刻本　三十二册　存五十六卷(前集一至三十四、後集一至二十二)

410000－2202－0000533　51/017
知不足齋叢書一百九十六種八百五十五卷　(清)鮑廷博輯　(清)鮑志祖續輯　清光緒八年(1882)蕓林仙館刻本　二百四十册

410000－2202－0000534　51/020
龍威秘書一百六十九種二百八十七卷　(清)馬俊良輯　清乾隆五十九年(1794)石門馬氏大酉山房刻嘉慶世德堂重修本　八十册

410000－2202－0000535　51/021
平津館叢書四十二種二百五十六卷　(清)孫星衍輯　清光緒十一年(1885)吳縣朱氏槐廬家塾刻本　五十册

410000－2202－0000536　51/022
惜陰軒叢書三十四種三百十七卷　(清)李錫齡輯　清光緒十六年(1890)長沙惜陰書局刻本　六十七册

410000－2202－0000537　51/023
惜陰軒叢書續編五種二十一卷　(清)李錫齡輯　清咸豐八年(1858)宏道書院刻本　十册

410000－2202－0000538　51/024
湖海樓叢書十二種一百十卷　(清)陳春輯　清嘉慶蕭山陳氏湖海樓刻本　三十二册

410000－2202－0000539　51/026
海山仙館叢書五十六種四百八十八卷　(清)潘仕成編　清道光至咸豐番禺潘氏刻光緒重修本　一百二十九册

410000－2202－0000540　51/027
滂喜齋叢書五十四種九十六卷　(清)潘祖蔭輯　清同治至光緒吳縣潘氏刻本　三十二册

410000－2202－0000541　51/028
小石山房叢書三十八種六十三卷　(清)顧湘輯　清同治十三年(1874)虞山顧氏刻本　十六册

410000－2202－0000542　51/029
式訓堂叢書十五種四十三卷　(清)章壽康輯　清光緒會稽章氏刻本　十六册

410000－2202－0000543　51/030
十萬卷樓叢書三十六種二百八十四卷　(清)陸心源輯　清光緒歸安陸氏刻本　六十八册

410000－2202－0000544　51/031
正覺樓叢刻二十九種七十二卷　(清)崇文書局輯　清光緒湖北崇文書局刻本　三十六册

410000－2202－0000545　51/034
古逸叢書二十六種一百九十八卷　(清)黎庶

昌輯　清光緒遵義黎氏影印本　四十九册

410000－2202－0000546　51/035
簣喜廬叢書四種二十八卷　(清)傅雲龍輯　清光緒十五年(1889)德清傅氏日本東京刻本　六册

410000－2202－0000547　51/036
榆園叢刻十五種六十六卷　(清)許增輯　清同治至光緒刻本　十六册

410000－2202－0000548　51/037
娱園叢刻十一種十四卷　(清)許增輯　清光緒十五年(1889)刻本　四册

410000－2202－0000549　51/038
槐廬叢書二編二十二種八十四卷　(清)朱記榮輯　清光緒吴縣朱氏槐廬家塾刻本　三十二册

410000－2202－0000550　51/044
晨風閣叢書二十二種四十八卷　沈宗畸輯　清宣統元年(1909)番禺沈氏刻本　十六册

410000－2202－0000551　51/045
有福讀書堂叢刻四種六卷　(清)吴引孫輯　清光緒儀徵吴氏刻本　二册

410000－2202－0000552　51/046
玉簡齋叢書第二集八種十五卷　(清)羅振玉輯　清宣統二年(1910)上虞羅氏刻本　十二册

410000－2202－0000553　203/024
平定粤匪紀略十八卷附記四卷　(清)杜文瀾撰　清同治九年(1870)刻本　十册

410000－2202－0000554　204/003
國語二十一卷　(三國吴)韋昭注　(宋)宋庠補音　清嘉慶十一年(1806)書業堂刻本　四册

410000－2202－0000555　204/006
歷代史表五十九卷　(清)萬斯同撰　清光緒十五年(1889)廣州廣雅書局鉛印本　八册

410000－2202－0000556　204/007
天禄閣外史八卷　(漢)黄憲撰　清嘉慶刻廣漢魏叢書本　二册

410000－2202－0000557　204/009
韻史二卷　(清)許遁翁撰　清咸豐十一年(1861)十年讀書之廬刻本　一册

410000－2202－0000558　204/012
貞觀政要十卷　(唐)吴兢撰　清光緒上海掃葉山房刻本　四册

410000－2202－0000559　204/014
東都事略一百三十卷　(宋)王偁撰　清光緒九年(1883)淮南書局刻本　八册

410000－2202－0000560　204/016
元朝秘史十五卷　(清)李文田注　**元史譯文補正三十卷**　(清)洪鈞撰　清光緒二十九年(1903)石印本　四册

410000－2202－0000561　204/021
明宫史五卷　(明)劉若愚撰　清宣統二年(1910)國學扶輪學社鉛印本　二册

410000－2202－0000562　204/022
明季稗史彙編十六種　題(清)留雲居士輯　清都城琉璃廠刻本　八册

410000－2202－0000563　204/024
明季北略二十四卷南略十八卷　(清)計六奇撰　清都城琉璃廠半松居士活字印本　二十四册

410000－2202－0000564　204/025
荆駝逸史　(清)陳湖逸士輯　清道光古槐山房木活字印本　三十二册　存五十一種八十二卷

410000－2202－0000565　204/026
痛史二十二種五十卷　題樂天居士輯　清宣統三年至民國元年(1911－1912)商務印書館鉛印本　四十二册

410000－2202－0000566　204/027
甲申傳信録十卷　(清)錢軹撰　清光緒上海申報館鉛印本　四册

410000－2202－0000567　204/028
蜀碧四卷　(清)彭遵泗撰　清肇經堂刻本

二冊

410000－2202－0000568　204/035
南巡盛典一百二十卷　(清)高晉等撰　清光緒八年(1882)上海點石齋石印本　八冊

410000－2202－0000569　204/036
郎潛紀聞十四卷　(清)陳康祺編　清光緒六年(1880)鄞縣陳氏刻本　二冊

410000－2202－0000570　204/039
湘軍志十六卷　王闓運撰　清光緒二十八年(1902)湖南宮記書局刻本　六冊

410000－2202－0000571　204/040
華陽國志十二卷附錄一卷　(晉)常璩撰　清嘉慶十九年(1814)鄰水廖寅題襟館刻本　四冊

410000－2202－0000572　204/041
華陽國志十二卷　(晉)常璩撰　清刻本　四冊

410000－2202－0000573　204/045
十六國春秋十卷　(北魏)崔鴻撰　清嘉慶刻廣漢魏叢書本　二冊

410000－2202－0000574　204/046
吳越春秋六卷　(漢)趙曄撰　清嘉慶刻廣漢魏叢書本　二冊

410000－2202－0000575　204/047
如諫果室叢刊三種　(清)王延釗撰　清宣統二年(1910)北京益森書館鉛印本　一冊

410000－2202－0000576　205.1/001
新刊古列女傳七卷　(漢)劉向撰　(晉)顧愷之圖　**續列女傳一卷**　(□)□□撰　清道光五年(1825)儀徵阮氏影宋刻文選樓叢書本　四冊

410000－2202－0000577　205.1/002
典故列女傳四卷　(清)藍鼎元撰　清同治二年(1863)善成堂刻本　二冊

410000－2202－0000578　205.1/003
尚友錄二十二卷　(明)廖用賢撰　(清)張伯琮補輯　清浙江張氏天祿齋刻本　十二冊

410000－2202－0000579　205.1/004
尚友錄二十二卷　(明)廖用賢撰　(清)張伯琮補輯　清光緒十二年(1886)暢懷書屋鉛印本　六冊

410000－2202－0000580　205.1/006
歷代名臣言行錄二十四卷　(清)朱桓編　清光緒元年(1875)湖北文源堂刻本　三十六冊

410000－2202－0000581　205.1/007
歷代名臣言行錄二十四卷　(清)朱桓編　清光緒十七年(1891)上海廣百宋齋鉛印本　十二冊

410000－2202－0000582　205.1/008
古品節錄六卷　(清)松筠撰　清嘉慶四年(1799)刻本　六冊

410000－2202－0000583　205.1/009
伊洛淵源錄十四卷　(宋)朱熹撰　清謙益堂刻本　五冊

410000－2202－0000584　205.1/011
洛學編四卷續編一卷　(清)湯斌撰　清刻本　一冊

410000－2202－0000585　205.1/012
洛學編六卷　(清)湯斌撰　清光緒四年(1878)管城李翰華有不為齋刻本　一冊

410000－2202－0000586　205.1/035
昭代名人尺牘小傳二十四卷　(清)吳修編　清光緒三十四年(1908)石印本　二冊

410000－2202－0000587　205.1/013
懷學編一卷　(清)王崇德編　清光緒三十年(1904)懷慶府同善堂刻本　一冊

410000－2202－0000588　205.1/014
關學編四卷　(明)馮從吾編　清乾隆二十一年(1756)朝邑世德堂刻本　二冊

410000－2202－0000589　205.1/022
碧血錄八卷　(清)莊仲方撰　清咸豐二年(1852)刻本　四冊

410000－2202－0000590　205.1/025
貳臣傳八卷逆臣傳四卷　(清)國史館編　清

末琉璃廠半松居士刻本　八册

410000－2202－0000591　205.1/027
國朝先正事略六十卷　(清)李元度編　清同治八年(1869)星沙小嫏嬛館刻本　二十四册

410000－2202－0000592　205.1/031
廣西昭忠録八卷　(清)廣西撫署編　清光緒十五年(1889)廣西刻本　一册

410000－2202－0000593　205.1/036
史外八卷　(清)汪有典撰　清光緒三年(1877)四川刻本　八册

410000－2202－0000594　205.1/038
儒林宗派十六卷　(清)萬斯同撰　清宣統三年(1911)浙江圖書館刻本　二册

410000－2202－0000595　205.1/039
廣漢魏叢書　(明)何允中輯　清嘉慶刻本　三册　存二種十三卷

410000－2202－0000596　205.2/006
求闕齋弟子記三十二卷　(清)王安定編　清光緒二年(1876)龍文齋刻本　十六册

410000－2202－0000597　205.2/007
李鴻章十二章　梁啟超撰　清光緒二十七年(1901)石印本　一册

410000－2202－0000598　205.2/009
鴻雪因緣圖記三集六卷　(清)麟慶撰　(清)汪春泉等繪圖　清道光二十七年(1847)刻本　六册

410000－2202－0000599　205.2/010
江西鄉試恩正并科舉人萬篤履歷附鄉試卷不分卷　(清)萬篤編　清光緒二十八年(1902)刻本　一册

410000－2202－0000600　205.3/004
船山公[王夫之]年譜二卷　(清)王之春輯　清光緒十九年(1893)刻本　二册

410000－2202－0000601　205.3/006
李恕谷先生[塨]年譜五卷　(清)馮辰撰　清道光十六年(1836)蠡縣李誥刻本　四册

410000－2202－0000602　205.3/007
曾文正公[國藩]年譜十二卷　(清)李瀚章輯　清光緒二年(1876)湖南傳忠書局刻本　四册

410000－2202－0000603　205.4/013
桃江日記二卷　(清)武穆淳撰　清道光十三年(1833)刻本　一册

410000－2202－0000604　431/001
類選箋釋草堂詩餘六卷　(明)顧從敬選　**類編箋釋續選草堂詩餘二卷類編箋釋國朝詩餘五卷**　(明)錢允治編　明萬曆四十二年(1614)陳仁錫刻本　四册

410000－2202－0000605　431/003
宋六十名家詞　(明)毛晉輯　清光緒十四年(1888)錢塘汪氏刻本　三十二册

410000－2202－0000606　431/004
宋詞三百首二卷　(清)朱考臧輯　清光緒十年(1884)薛氏崇禮堂刻本　二册

410000－2202－0000607　431/005
詞綜三十八卷　(清)朱彝尊輯　清康熙刻乾隆九年(1744)朱氏碧梧書屋重修本　十册

410000－2202－0000608　431/008
心日齋十六家詞録二卷　(清)周之琦輯　清道光二十三年(1843)周之琦刻本　一册

410000－2202－0000609　431/009
國朝詞綜四十八卷　(清)王昶選　清嘉慶七年(1802)三泖漁莊刻本　六册

410000－2202－0000610　431/010
小檀欒室匯刻閨秀詞　徐乃昌輯　清光緒二十一年至二十二年(1895－1896)南陵徐乃昌刻本　二十八册

410000－2202－0000611　431/020
山中白雲詞八卷　(宋)張炎著　清宣統三年(1911)北京龍文閣書莊石印本　四册

410000－2202－0000612　431/023
飲水詞抄二卷　(清)納蘭性德著　(清)袁通選編　清光緒二十八年(1902)著易堂鉛印本

一冊

410000－2202－0000613　431/024
漱泉詞一卷　(清)成肇麐撰　清光緒刻本　一冊

410000－2202－0000614　431/025
金粱夢月詞二卷懷夢詞一卷　(清)周之琦撰　清道光刻本　一冊

410000－2202－0000615　431/032
新蘅詞六卷外集一卷　(清)張景祁撰　清光緒九年(1883)百億梅花仙館刻本　二冊

410000－2202－0000616　432/002
白雨齋詞話八卷詩鈔一卷詞存一卷　(清)陳廷焯撰　清光緒二十年(1894)刻本　四冊

410000－2202－0000617　433/001
詞律二十卷　(清)萬樹纂　**拾遺六卷**　(清)徐本立纂　清光緒二年(1876)蘇州刻本　十六冊

410000－2202－0000618　433/002
詞律二十卷　(清)萬樹纂　**拾遺八卷**　(清)徐本立纂　清末上海德記書局石印本　十二冊

410000－2202－0000619　404/027
大題文府一卷　(清)同文書局編　清光緒十二年(1886)上海同文書局石印本　九冊

410000－2202－0000620　404/028
分類賦學雞拓集三十卷　(清)張維城編　清道光十二年(1832)張氏粲花吟館刻本　四冊　存九卷(一至九)

410000－2202－0000621　404/029
續刻賦學雞拓集三十卷　(清)馮鏡清編　清光緒十一年(1885)文英堂刻本　十六冊

410000－2202－0000622　404/030
增廣試帖玉芙蓉五卷續集二卷　(清)同文書局編　清光緒十三年(1887)上海同文書局石印本　八冊

410000－2202－0000623　404/031
律賦萃新集一卷　(清)顧宛輯注　清道光九年(1829)同文堂刻本　二冊

410000－2202－0000624　404/032
律賦行遠集二卷　(清)顧宛輯注　清道光二十四年(1844)書有堂刻本　四冊

410000－2202－0000625　404/033
律賦新機初集一卷二集一卷續集一卷　(清)孫理輯評　清嘉慶十一年(1806)半帆居刻本　五冊

410000－2202－0000626　404/034
詩體明辨十卷　(清)徐師曾編　清有文堂刻本　七冊　存九卷(一至四、六至十)

410000－2202－0000627　404/035
近二十八科鄉試會墨二卷　題(清)榴紅書屋主人編　清同治六年(1867)榴紅書屋刻本　十冊

410000－2202－0000628　404/040
光緒甲午科河南鄉試闈墨一卷　(清)劉若曾選評　清光緒二十年(1894)文明堂刻本　一冊

410000－2202－0000629　404/043
述德堂塾課一卷　(清)慕甲榮撰　清嘉慶十四年(1809)惜陰書屋刻本　一冊

410000－2202－0000630　404/044
道生堂全稿初集三卷二集二卷三集一卷　(清)鍾聲撰　清道光三十年(1850)松江劉翰墨齋刻本　六冊

410000－2202－0000631　404/045
格致書院課藝彙編十三卷　(清)王韜編選　清光緒二十三年(1897)上海書局石印本　十二冊

410000－2202－0000632　404/046
應制分月賦箋四卷　(清)吳省元編注　清同盛堂刻本　四冊

410000－2202－0000633　404/047
試律大觀三十二卷　(清)王家相選定　清同治元年(1862)鳳池亭刻本　十二冊

410000－2202－0000634　404/048

江漢炳靈集二卷　(清)張之洞編　清同治十年(1871)京都琉璃廠刻本　四册

410000－2202－0000635　404/049
四書全文十一卷　(清)王觀成編　清咸豐元年(1851)京都琉璃廠刻本　十一册

410000－2202－0000636　404/052
五經文醇十卷　(清)管同編　清同治三年(1864)京都琉璃廠刻本　七册　存七卷(一至五、八至九)

410000－2202－0000637　404/053
五經文大觀二十卷　(清)管同編　清道光北京刻本　十五册　存十五卷(一、五至六、八至十一、十三至二十)

410000－2202－0000638　404/054
藝林輯珍二十三卷　(清)星榆書屋編　清同治九年(1870)刻本　二十三册

410000－2202－0000639　404/056
芸窗課詩一卷　(清)孫容甫編　清稿本　一册

410000－2202－0000640　404/057
臨川窗課一卷　(清)孫照撰　清稿本　二册

410000－2202－0000641　404/058
大梁書院課藝六卷　(清)倉景愉選輯　清光緒九年(1883)大梁書院刻本　四册　存四卷(一至二、四至五)

410000－2202－0000642　404/059
仁在堂時藝詩賦全集十種　(清)路德撰　清道光十八年(1838)姑蘇玉檢山房刻本　二十册　存九種(時藝課、時藝辨、時藝話、時藝綜、時藝引、時藝階、時藝核、時藝詳注、律賦箋注)

410000－2202－0000643　404/060
四書文選十卷　清刻本　六册　存五卷(三至六、十)

410000－2202－0000644　405/022
弢園尺牘十二卷續鈔六卷　(清)王韜撰　清光緒滬北王氏松隱廬鉛印本　六册

410000－2202－0000645　405/024
陳文恭公手札節要三卷　(清)陳弘謀撰　清光緒三十一年(1905)北京刻本　一册

410000－2202－0000646　41/004
楚辭集注八卷末一卷後語六卷末一卷　(宋)朱熹撰　清光緒十八年(1892)傳經堂刻本　四册

410000－2202－0000647　41/006
離騷箋二卷　(清)龔景瀚撰　清同治八年(1869)刻本　一册

410000－2202－0000648　421/001
蔡中郎集十卷外紀一卷外集四卷末一卷　(漢)蔡邕撰　清光緒六年(1880)番禺陶氏愛廬刻本　四册

410000－2202－0000649　421/001
蔡中郎集十卷外紀一卷外集四卷末一卷　(漢)蔡邕撰　清光緒六年(1880)番禺陶氏愛廬刻本　五册

410000－2202－0000650　421/004
陶淵明詩一卷　(晉)陶潛撰　清光緒元年(1875)石印本　一册

410000－2202－0000651　421/005
陶淵明集八卷首一卷末一卷　(晉)陶潛撰　清光緒五年(1879)廣州翰墨園刻朱墨套印本　二册

410000－2202－0000652　421/006
陶靖節集八卷附一卷末一卷　(晉)陶潛撰　(清)曹耀宗校　清光緒五年(1879)傳忠書舍刻本　二册

410000－2202－0000653　421/012
庾子山集十六卷首一卷末一卷　(北周)庾信撰　(清)倪璠注　清同治八年(1869)刻本　十二册

410000－2202－0000654　421/014
徐孝穆全集六卷　(南朝陳)徐陵撰　(清)吳兆宜注　清揚州藝古堂刻本　六册

410000－2202－0000655　422/006

李太白文集三十卷　（唐）李白撰　清光緒元年（1875）湖北崇文書局刻本　四冊

410000－2202－0000656　422/012
杜詩百篇二卷　（唐）杜甫撰　（清）張燮承注　清咸豐九年（1859）刻本　二冊

410000－2202－0000657　422/013
錢牧齋箋注杜詩二十卷首一卷　（唐）杜甫撰　（清）錢謙益注　清宣統三年（1911）上海時中書局石印本　八冊

410000－2202－0000658　422/017
唐陸宣公集二十二卷　（唐）陸贄撰　（清）湯亦中校　清同治五年（1866）善化楊氏問竹軒刻本　四冊　存十四卷（一至九、十八至二十二）

410000－2202－0000659　422/024
昌黎先生集四十卷外集十卷遺文一卷　（唐）韓愈撰　（唐）李唐編　**集傳一卷**　（宋）朱熹撰　**韓集點勘四卷**　（清）李漢編　清宣統三年（1911）上海鴻文書局、千頃堂書局聯合石印本　十冊

410000－2202－0000660　422/026
韓子粹言一卷　（唐）韓愈撰　清刻本　一冊

410000－2202－0000661　422/032
樊川文集二十卷别集一卷外集一卷　（唐）杜牧撰　清光緒二十二年（1896）影蘇園刻本　六冊

410000－2202－0000662　422/037
玉溪生詩詳注三卷樊南文集詳注八卷　（唐）李商隱撰　（清）馮浩注　清同治七年（1868）桐鄉馮氏德聚堂刻本　八冊

410000－2202－0000663　422/038
樊南文集詳注八卷補遺一卷　（唐）李商隱撰　（清）馮浩注　清桐鄉馮氏德聚堂刻本　四冊

410000－2202－0000664　422/040
樊南文集補編十二卷首一卷附録一卷　（唐）李商隱撰　（清）錢振倫箋注　清同治五年（1866）盱眙吳棠望三益齋刻本　四冊

410000－2202－0000665　422/042
麟角集一卷　（唐）王棨撰　清光緒七年（1881）成都蒼雅齋刻本　一冊

410000－2202－0000666　422/043
重刊校正笠澤叢書四卷補遺一卷　（唐）陸龜蒙撰　清光緒東山草堂石印本　二冊

410000－2202－0000667　423/003
安陽集五十卷首一卷　（宋）韓琦撰　**家傳十卷别録三卷遺事一卷**　（清）黄邦寧重修　清乾隆三十七年（1772）彰德府學刻本　十冊

410000－2202－0000668　423/004
范文正忠宣二公集五十五卷　（宋）范仲淹（宋）范純仁撰　（宋）范文英輯　明范氏歲寒堂刻本　六冊　存十七卷（尺牘三卷、遺文一卷、祭文一卷、朝廷優崇一卷、白山遺跡一卷、西夏堡寨一卷、吳中遺跡一卷、義莊規矩一卷、鄱陽遺事一卷、諸賢詩頌一卷、論頌一卷、贊頌論疏一卷、褒頌祠記二卷、褒賢集一卷）

410000－2202－0000669　423/005
范文正公忠宣公全集七十三卷　（宋）范仲淹（宋）范純仁撰　清康熙四十六年（1707）歲寒堂刻本　十四冊

410000－2202－0000670　423/006
宋范文正忠宣二公全集七十三卷　（宋）范仲淹　（宋）范純仁撰　清宣統二年（1910）歲寒堂刻本　十六冊

410000－2202－0000671　423/007
河南先生文集二十七卷附録一卷　（宋）尹洙撰　清宣統二年（1910）守政書局活字印本　六冊

410000－2202－0000672　423/007
河南先生文集二十七卷附録一卷　（宋）尹洙撰　清宣統二年（1910）守政書局活字印本　四冊

410000－2202－0000673　423/008
南豐先生元豐類稿五十一卷　（宋）曾鞏撰

明萬曆江西曾氏刻清遞修本　十六册

410000－2202－0000674　423/009
伊川擊壤集十卷首一卷　（宋）邵雍撰　明刻清道光遞修本　六册

410000－2202－0000675　423/010
伊川擊壤集二十卷　（宋）邵雍撰　明末文靖書院刻本　六册

410000－2202－0000676　423/011
宋大家歐陽文忠公抄十二卷首一卷五代史抄二十卷新唐書抄二卷　（宋）歐陽修撰　（明）茅坤批評　明崇禎元年（1628）刻本　十二册

410000－2202－0000677　423/014
王臨川全集一百卷　（宋）王安石撰　清光緒九年（1883）溧陽繆氏小峚山館刻本　十六册

410000－2202－0000678　423/015
王臨川全集一百卷　（宋）王安石撰　清光緒九年（1883）聽香館刻本　十六册

410000－2202－0000679　423/017
坡仙集十六卷　（宋）蘇軾撰　**年譜一卷**　（宋）王宗稷編　明刻本　八册

410000－2202－0000680　423/018
施注蘇詩四十二卷首一卷補遺二卷　（宋）蘇軾撰　（宋）施元之注　（清）邵長蘅補注　清康熙三十八年（1699）刻本　十六册

410000－2202－0000681　423/019
東坡文啟六卷　（宋）蘇軾撰　清刻本　十六册

410000－2202－0000682　423/020
重刻黄文節山谷先生文集三十卷　（宋）黄庭堅撰　（明）方沆校　明萬曆三十二年（1604）周希令刻本　十册

410000－2202－0000683　423/021
山谷詩内集二十卷外集十七卷别集二卷外集補四卷别集補一卷　（宋）黄庭堅撰　（宋）任淵注　**年譜十四卷**　（宋）黄□撰　清乾隆五十四年（1789）翁氏樹經堂刻本　二十册

410000－2202－0000684　423/022
山谷詩集注二十卷外集詩注十七卷别集詩注二卷　（宋）黄庭堅撰　（宋）任淵注　清光緒二十五年（1899）遵義黎氏影宋刻本　二十册

410000－2202－0000685　423/025
淮海先生文粹十四卷　（宋）秦觀撰　明崇禎六年（1633）新安胡氏武林刻本　四册

410000－2202－0000686　423/026
淮海集十七卷首一卷後集二卷詞一卷補遺一卷　（宋）秦觀撰　清道光十七年（1837）高郵王敬之刻本　四册

410000－2202－0000687　423/028
楊龜山先生集四十二卷首一卷　（宋）楊時撰　清康熙三十六年（1697）將樂縣楊祠刻本　十册

410000－2202－0000688　423/029
岳忠武王文集八卷首一卷末一卷　（宋）岳飛撰　（清）黄邦寧纂修　清道光十四年（1834）湯陰岳氏家廟刻本　四册

410000－2202－0000689　423/031
北山文集三十卷首一卷末一卷　（宋）鄭剛中撰　清同治十二年（1873）永康胡氏退補齋刻金華叢書本　八册

410000－2202－0000690　423/032
東萊吕太史文集十五卷外集五卷别集十六卷文集附録三卷　（宋）吕祖謙撰　清末陸心源影宋抄本　十册

410000－2202－0000691　423/034
絜齋集二十四卷叢祀録六卷　（宋）袁燮撰　清光緒二年（1876）四明袁氏進修堂刻本　八册

410000－2202－0000692　423/036
水心文集二十九卷　（宋）葉適撰　清乾隆二十年（1755）溫州東山書院刻本　十二册

410000－2202－0000693　423/041
斜川詩集十卷　（宋）蘇過撰　清初抄本　二册

410000－2202－0000694　423/042

鶴山文抄三十二卷周禮折中四卷師友雅言一卷　(宋)魏了翁撰　清同治十三年(1874)望三益齋成都刻本　十二册

410000－2202－0000695　423/044
龍川文集三十卷首一卷補遺一卷附錄二卷　(宋)陳亮撰　**辨僞考異二卷**　(清)胡鳳丹纂輯　清同治七年(1868)永康胡氏退補齋刻本　八册

410000－2202－0000696　423/045
西山先生真文忠公文集五十五卷目錄二卷　(宋)真德秀撰　明萬曆二十六年(1598)景賢堂刻本　十二册

410000－2202－0000697　423/046
白石道人四種　(清)姜夔撰　清同治十年(1871)桂林倪鴻刻本　四册

410000－2202－0000698　423/048
宋少保信國公文文山先生全集十六卷首一卷　(宋)文天祥撰　清道光二十五年(1845)萍鄉文氏延慶堂刻本　十册

410000－2202－0000699　423/049
文信國公集二十卷首一卷　(宋)文天祥撰　清光緒二十三年(1897)湘南書局刻本　十二册

410000－2202－0000700　424/001
元遺山先生集四十卷附錄一卷補載一卷新樂府四卷續夷堅志四卷　(元)元好問撰　**年譜三卷**　(清)張穆輯校　清光緒八年(1882)靈石楊氏陽泉山莊刻本　十六册

410000－2202－0000701　424/002
遺山先生詩集二十卷補遺一卷　(元)元好問撰　清宣統二年(1910)山陰周肇祥刻本　六册

410000－2202－0000702　424/003
趙文敏公松雪齋全集十卷首一卷外集一卷續集一卷　(元)趙孟頫撰　清康熙五十二年(1713)海上曹培廉城書室刻本　十二册

410000－2202－0000703　424/004
草廬吳文正公集四十九卷首一卷　(元)吳澄撰　(清)萬璜編　清乾隆二十一年(1756)萬氏刻本　八册

410000－2202－0000704　424/005
許文正公遺書十二卷首一卷末二卷　(元)許衡撰　清乾隆五十五年(1790)懷慶許氏刻本　八册

410000－2202－0000705　424/007
鐵厓詩集三種　(元)楊維楨撰　清乾隆刻光緒十四年(1888)諸暨樓氏崇德堂重修本　九册　存二十五卷(鐵厓樂府注十卷、首一卷，詠史注存一至三、六至八，逸編注八卷)

410000－2202－0000706　425/002
宋文憲公全集五十三卷首四卷　(明)宋濂撰　清嘉慶十五年(1810)嚴榮刻本　七册　存十四卷(一至十、首四卷)

410000－2202－0000707　425/003
太師誠意伯劉文成公集二十卷首一卷　(明)劉基撰　清康熙四十六年(1707)劉孤嶼刻雍正八年(1730)萬里補刻乾隆十一年(1746)劉氏印本　十八册

410000－2202－0000708　425/004
高季迪先生大全十八卷首一卷　(明)高啓撰　清康熙許氏竹素園刻本　四册

410000－2202－0000709　425/006
方正學先生遜志齋集二十四卷首一卷附錄二卷　(明)方孝孺撰　清同治十二年(1873)吳縣孫憙杭州刻本　十六册

410000－2202－0000710　425/009
白沙子全集十卷首一卷末一卷古詩教解二卷　(明)陳獻章撰　清乾隆三十六年(1771)陳氏碧玉樓廣州刻本　十册

410000－2202－0000711　425/011
疑雨集四卷　(明)王彦泓撰　清宣統三年(1911)上海掃葉山房石印本　一册

410000－2202－0000712　425/012
六如居士全集二十卷　(明)唐寅撰　清嘉慶

六年(1801)長沙果克山房刻本　八册

410000－2202－0000713　425/014
王文成公文選八卷　(明)王守仁撰　明崇禎六年(1633)陶珽刻本　四册

410000－2202－0000714　425/015
王文成公全書三十八卷　(明)王守仁撰　清同治至光緒刻本　二十四册

410000－2202－0000715　425/015
王文成公全書三十八卷　(明)王守仁撰　清同治至光緒刻本　二十四册

410000－2202－0000716　425/017
空同先生集六十三卷　(明)李夢陽撰　明萬曆七年(1579)徐應瑞刻本　十六册

410000－2202－0000717　425/018
空同詩集三十四卷　(明)李夢陽撰　清光緒二十六年(1900)渭南嚴氏刻本　六册

410000－2202－0000718　425/019
李空同詩集三十三卷首一卷附録一卷　(明)李夢陽撰　清宣統二年(1910)上海掃葉山房石印本　十册

410000－2202－0000719　425/020
洹詞十二卷首一卷　(明)崔銑撰　清同治二年(1863)安陽縣署刻本　六册　存十一卷(一至十、首一卷)

410000－2202－0000720　425/021
何大復先生集三十八卷附録一卷　(明)何景明撰　明嘉靖三十七年(1558)刻本　十六册

410000－2202－0000721　425/022
何大復先生集三十八卷附録一卷　(明)何景明撰　清乾隆十五年(1750)信陽何氏刻本　八册

410000－2202－0000722　425/023
何大復先生集三十八卷附録一卷　(明)何景明撰　清乾隆刻咸豐二年(1852)重修本　二十四册

410000－2202－0000723　425/024
震川先生集三十卷别集十卷　(明)歸有光撰　清康熙十四年(1675)常熟歸氏刻本　二十幅

410000－2202－0000724　425/025
震川先生集三十卷首一卷　(明)歸有光撰　清光緒六年(1880)常熟歸氏刻本　六册

410000－2202－0000725　425/026
唐荊川先生文集十二卷　(明)唐順之撰　明末秣陵唐國達刻本　八册

410000－2202－0000726　425/027
滄溟先生集三十卷附録一卷　(明)李攀龍撰　清道光二十七年(1847)景福堂刻本　八册

410000－2202－0000727　425/028
楊忠湣公全集四卷　(明)楊繼盛撰　(清)章鈺訂　清康熙三十七年(1698)蕭山章氏敬一齋刻本　四册

410000－2202－0000728　425/029
楊忠湣公全集四卷首一卷　(明)楊繼盛撰　清光緒二十一年(1895)柏經正堂刻本　四册

410000－2202－0000729　425/030
高文襄公文集十五種　(明)高拱撰　清康熙二十五年至三十三年(1686－1694)新鄭高有聞籠春堂刻本　二十四册

410000－2202－0000730　425/031
青藤書屋文集三十卷首一卷　(明)徐渭撰　清宣統三年(1911)石印本　八册

410000－2202－0000731　425/032
呂新吾先生去僞齋文集十卷首一卷　(明)呂坤撰　清道光六年(1826)寧陵呂氏繩其居刻本　十册

410000－2202－0000732　425/033
呂子遺書七種　(明)呂坤撰　清道光七年(1827)開封府署刻本　二十四册

410000－2202－0000733　425/034
馮恭定公全書二十二卷首一卷續集五卷　(明)馮從吾撰　明刻明清遞修清光緒十二年(1886)長沙少墟印本　十八册

410000－2202－0000734　425/036

陶庵全集二十卷 （明）黃淳耀撰　清乾隆二十六年(1761)寶山縣學刻本　十冊

410000－2202－0000735　425/038
飛蓬吟十卷 （明）杜齊芳撰　明崇禎四年(1631)刻本　七冊　存七卷(一至五、七、九)

410000－2202－0000736　425/042
嶼浮閣詩賦集十四卷 （明）溫日知撰　清咸豐七年(1857)宏道書院刻本　二冊

410000－2202－0000737　425/043
左忠毅公文集五卷末一卷 （明）左光斗撰　清道光二十六年(1846)湘鄉詠史齋刻本　四冊

410000－2202－0000738　425/044
劉文烈公全集十二卷首一卷 （明）劉理順撰　清康熙四十六年(1707)刻本　六冊

410000－2202－0000739　426/001
牧齋全集一百六十三卷 （清）錢謙益撰　（清）錢曾箋注　清宣統二年(1910)邃漢齋鉛印本　四十冊

410000－2202－0000740　426/002
夏峰先生集十四卷首一卷補遺二卷 （清）孫奇逢撰　清道光二十五年(1845)大梁書院刻本　八冊

410000－2202－0000741　426/002
夏峰先生集十四卷首一卷補遺二卷 （清）孫奇逢撰　清道光二十五年(1845)大梁書院刻本　十六冊

410000－2202－0000742　426/003
寶綸堂集十卷首一卷拾遺一卷 （清）陳洪綬撰　清光緒十四年(1888)會稽董氏取斯堂刻本　七冊

410000－2202－0000743　426/004
霜紅龕集四十卷附錄三卷 （清）傅山撰　**年譜一卷** （清）丁寶銓編　清宣統三年(1911)山陽丁氏刻本　十二冊

410000－2202－0000744　426/006
吳詩集覽二十卷首一卷 （清）吳偉業撰　（清）靳榮藩輯　清乾隆四十年(1775)黎城靳氏凌雲亭刻道光七年(1827)長治胡伯齡印本　二十冊

410000－2202－0000745　426/007
吳詩集覽二十卷首一卷 （清）吳偉業撰　（清）靳榮藩輯　**吳詩補注二十卷談藪二卷** （清）靳榮藩撰　清蘇州綠蔭堂刻本　十六冊

410000－2202－0000746　426/008
吳梅村詩集箋注十八卷首一卷 （清）吳偉業撰　（清）吳翌鳳箋注　清嘉慶十九年(1814)滄浪吟榭刻本　二十冊

410000－2202－0000747　426/009
梅村詩集箋注十八卷首一卷 （清）吳偉業撰　（清）吳翌鳳箋注　清光緒十年(1884)湖北官書處刻本　十二冊

410000－2202－0000748　426/010
梅村集二十卷 （清）吳偉業撰　清咸豐二年(1852)寧都彭氏刻本　四冊

410000－2202－0000749　426/011
恥躬堂文抄十卷首一卷 （清）彭士望撰　清咸豐二年(1852)寧都彭氏刻本　四冊

410000－2202－0000750　426/018
安雅堂文集二卷重刻文集二卷安雅堂詩一卷二鄉亭詞三卷未刻稿八卷書啓一卷 （清）宋琬撰　清康熙至乾隆刻本　六冊

410000－2202－0000751　426/018
安雅堂文集二卷重刻文集二卷安雅堂詩一卷二鄉亭詞三卷未刻稿八卷書啓一卷 （清）宋琬撰　清康熙至乾隆刻本　十六冊

410000－2202－0000752　426/019
寒松堂集十二卷年譜一卷 （清）魏象樞撰　清嘉慶十六年(1811)刻本　十三冊

410000－2202－0000753　426/020
壯悔堂文集十卷遺稿一卷 （清）侯方域撰　清順治刻同治十三年(1874)遞修重印本　六冊

410000－2202－0000754　426/021

四憶堂詩集四卷遺稿一卷　(清)侯方域撰　清康熙刻同治十三年(1874)遞修重印本　二冊

410000－2202－0000755　426/023
偶更堂文集二卷詩稿二卷　(清)徐作肅撰　清傳盛社刻本　二冊

410000－2202－0000756　426/024
即菴詩存四卷游草附存一卷　(清)曾燦垣撰　清道光二十六年(1846)刻本　一冊

410000－2202－0000757　426/025
敬恕堂文集紀年十卷首一卷　(清)耿介撰　清同治三年(1864)耿氏敬恕堂刻本　十冊

410000－2202－0000758　426/026
施愚山先生學餘文集二十八卷　(清)施潤章撰　清乾隆宣城施氏刻本　四冊

410000－2202－0000759　426/027
西堂文集二十四卷詩集三十七卷　(清)尤侗撰　清文福堂刻本　二十四冊

410000－2202－0000760　426/028
論語詩箋一卷　(清)尤侗撰　(清)武其田箋注　清嘉慶八年(1803)鹿草山堂刻本　一冊

410000－2202－0000761　426/029
陳檢討集二十卷　(清)陳維崧撰　(清)程師恭注　清康熙三十二年(1693)刻本　八冊

410000－2202－0000762　426/030
陳其年先生湖海樓全集五十四卷　(清)陳維崧撰　清康熙宜興陳氏患立堂刻本　十二冊

410000－2202－0000763　426/031
綿津山人詩集十八卷筠廊偶筆二卷怪石贊一卷雪堂墨品一卷楓香詞一卷　(清)宋犖撰　**緯蕭草堂詩一卷**　(清)宋至撰　清康熙商丘宋氏刻本　八冊

410000－2202－0000764　426/032
綿津山人詩集二十六卷楓香詞一卷　(清)宋犖撰　清康熙商丘宋氏刻本　四冊

410000－2202－0000765　426/033
湯文正公全集四十卷　(清)湯斌撰　清同治九年(1870)睢陽湯氏祠堂刻本　三十二冊

410000－2202－0000766　426/034
湯子遺書八卷　(清)湯斌撰　(清)蔡方炳編　清山平堂刻本　八冊

410000－2202－0000767　426/034
湯子遺書八卷　(清)湯斌撰　(清)蔡方炳編　清山平堂刻本　二冊

410000－2202－0000768　426/037
曝書亭集八十卷附錄十卷漁笛小稿一卷　(清)朱彝尊撰　清乾隆刻本　三十二冊

410000－2202－0000769　426/038
曝書亭詩錄十二卷　(清)朱彝尊撰　(清)江浩然箋注　清乾隆二十四年(1759)嘉興江氏惇裕堂刻本　十二冊

410000－2202－0000770　426/040
帶經堂全集九十二卷首一卷　(清)王士禛撰　(清)程哲編校　清康熙刻本　三十二冊

410000－2202－0000771　426/040
帶經堂全集九十二卷首一卷　(清)王士禛撰　(清)程哲編校　清康熙刻本　二十冊

410000－2202－0000772　426/042
漁洋山人精華錄會心偶筆六卷首一卷　(清)王士禛撰　(清)伊應鼎編述　清乾隆刻本　四冊

410000－2202－0000773　426/045
漁洋山人續集十六卷　(清)王士禛撰　清刻本　四冊

410000－2202－0000774　426/046
三魚堂全集四十四卷　(清)陸隴其撰　清同治七年(1868)浙江瑞鱣堂刻本　十五冊

410000－2202－0000775　426/048
青門旅稿六卷賸稿八卷　(清)邵長蘅撰　清康熙刻本　四冊

410000－2202－0000776　426/049
樓邨詩集二十五卷　(清)王式丹撰　清雍正三年(1725)王懋訥刻本　四冊

410000－2202－0000777　426/050
夢月巖詩集二十卷詩餘一卷　（清）吕履恒撰　清乾隆刻本　一册　存十三卷（一至十三）

410000－2202－0000778　426/052
緯蕭草堂詩六卷　（清）宋至撰　清刻本　二册

410000－2202－0000779　426/054
禮山園文集六卷　（清）李來章撰　清刻本　二册　存二卷（一、四）

410000－2202－0000780　426/056
虚直堂文集二十四卷首一卷　（清）劉榛撰　（清）田蘭芳編選　清刻本　八册

410000－2202－0000781　426/058
沈歸愚詩文全集七十三卷　（清）沈德潛撰　清乾隆教忠堂刻本　三十二册

410000－2202－0000782　426/059
鹿洲全集四十卷　（清）藍鼎元撰　清光緒五年（1879）刻本　二十四册

410000－2202－0000783　426/060
望溪先生文偶抄十六卷補遺一卷　（清）方苞撰　（清）王兆符輯　清乾隆十一年（1746）刻本　六册

410000－2202－0000784　426/061
望溪先生文集十八卷集外文十卷補遺二卷　（清）方苞撰　**方望溪先生［苞］年譜一卷附録一卷**　（清）蘇惇元輯　清咸豐元年（1851）六合戴君衡刻本　十四册

410000－2202－0000785　426/064
石笥山房詩集十二卷補遺二卷續補遺二卷文集六卷補遺一卷　（清）胡天游撰　清咸豐二年（1852）刻本　六册

410000－2202－0000786　426/066
道古堂全集七十四卷首一卷末一卷　（清）杭世駿撰　清光緒十四年（1888）錢塘汪氏振綺堂刻本　十六册

410000－2202－0000787　426/070
鮚埼亭集三十八卷首一卷經史問答十卷　（清）全祖望撰　（清）史夢蛟校　清嘉慶四年（1799）姚江借樹山房刻本　十册

410000－2202－0000788　426/074
樂善堂全集定本三十卷末一卷　（清）高宗弘曆撰　清乾隆刻本　十七册

410000－2202－0000789　426/076
袁文箋正十六卷　（清）袁枚撰　（清）石韞玉箋注　清嘉慶十七年（1812）鶴壽山堂刻本　八册

410000－2202－0000790　426/078
袁文合箋十六卷　（清）袁枚撰　（清）王廣業集箋　清光緒八年（1882）青箱塾刻本　八册

410000－2202－0000791　426/082
南宋雜事詩七卷　（清）沈嘉轍撰　清同治十一年（1872）淮南書局刻本　二册

410000－2202－0000792　426/083
燕川集十四卷　（清）范泰恒撰　清嘉慶十四年（1809）願起廬刻本　六册

410000－2202－0000793　426/085
紀文達公遺集文十六卷詩十六卷　（清）紀昀撰　清嘉慶十七年（1812）河間紀氏刻本　十六册

410000－2202－0000794　426/086
紀文達公遺集十六卷　（清）紀昀撰　清宣統二年（1910）上海保粹樓石印本　八册

410000－2202－0000795　426/088
忠雅堂詩集二十七卷補遺二卷銅弦詞二卷　（清）蔣士銓撰　清存仁堂刻本　六册　存十六卷（一至十六）

410000－2202－0000796　426/089
甌北集三十三卷　（清）趙翼撰　清刻本　六册

410000－2202－0000797　426/090
甌北詩抄二十卷　（清）趙翼撰　清嘉慶湛貽堂刻本　六册

410000－2202－0000798　426/091
還讀齋詩稿二十卷續刻六卷　（清）韓崶撰

清道光七年(1827)刻本　八册

410000－2202－0000799　426/092
繞竹山房詩稿十卷詩餘一卷續詩稿十四卷　(清)朱文治撰　清嘉慶二十三年至咸豐五年(1818－1855)餘姚朱氏刻本　七册

410000－2202－0000800　426/093
桐岡存稿八卷首一卷　(清)張遠覽撰　清光緒十六年(1890)西華縣署刻本　四册

410000－2202－0000801　426/094
潛研堂文集五十卷詩集十卷詩續集十卷　(清)錢大昕撰　清嘉慶十一年(1806)刻本　十册

410000－2202－0000802　426/095
夢樓詩集二十四卷　(清)王文治撰　清刻本　六册

410000－2202－0000803　426/096
知足齋詩集二十卷文集六卷進呈文稿二卷詩續集四卷　(清)朱珪撰　清嘉慶十一年(1806)刻本　十四册

410000－2202－0000804　426/097
慎餘齋詩抄四卷　(清)葉佩蓀撰　清嘉慶十三年(1808)榕城使院刻本　一册

410000－2202－0000805　426/098
韞山堂文集八卷詩集十六卷　(清)管世銘撰　清光緒二十六年(1900)讀雪山房刻本　四册

410000－2202－0000806　426/099
述學内篇三卷補遺一卷外篇一卷别錄一卷校勘記一卷附錄一卷　(清)汪中撰　清同治八年(1869)揚州書局刻本　二册

410000－2202－0000807　426/100
授堂遺書六十卷首二卷　(清)武億撰　清道光二十三年(1843)武氏刻本　十六册

410000－2202－0000808　426/101
授堂文抄八卷　(清)武億撰　清嘉慶六年(1801)安陽縣署刻本　二册

410000－2202－0000809　426/102
授堂文抄十卷　(清)武億撰　**讀畫山房文鈔二卷**　(清)武穆淳撰　清道光登封刻本　六册

410000－2202－0000810　426/103
授堂詩抄八卷　(清)武億撰　清道光二十三年(1843)武氏小石山房刻本　二册

410000－2202－0000811　426/104
有正味齋詩集十六卷續集八卷外集五卷駢體文二十四卷續集八卷詞集八卷續集二卷外集二卷　(清)吳錫麒撰　清嘉慶刻本　十六册

410000－2202－0000812　426/105
注釋水竹居賦一卷　(清)盛觀潮撰　清道光二十三年(1843)巽記書莊刻本　二册

410000－2202－0000813　426/107
兩當軒集二十卷考異二卷附錄二卷　(清)黄景仁撰　清咸豐八年(1858)集珍齋活字印本　八册

410000－2202－0000814　426/108
鏡虹吟室詩集三卷詞集二卷經進稿一卷　(清)孔昭虔撰　清道光十七年(1837)曲阜孔氏刻本　四册

410000－2202－0000815　426/109
劉端臨先生遺書八卷首一卷　(清)劉台拱撰　清道光十四年(1834)世德堂刻本　四册

410000－2202－0000816　426/110
大雲山房文稿初集四卷二集四卷言事二卷　(清)惲敬撰　清同治二年(1863)陽湖惲世臨湖南刻本　八册

410000－2202－0000817　426/111
邃雅堂集十卷　(清)姚文田撰　清道光元年(1821)江陰學使署刻本　十二册

410000－2202－0000818　426/114
養一齋文集二十卷詩四卷附錄一卷　(清)李兆洛撰　清道光四年至八年(1824－1828)刻本　十二册

410000－2202－0000819　426/115
茗柯文編四編　(清)張惠言撰　清光緒七年

(1881)刻本　二册

410000－2202－0000820　426/116

自然好學齋詩抄十卷　(清)汪端撰　清光緒十年(1884)如皋冒氏如不及齋刻本　三册

410000－2202－0000821　426/119

東里生爐餘集三卷　(清)汪家禧撰　清光緒二年(1876)刻本　一册

410000－2202－0000822　426/120

藝舟雙楫六卷　(清)包世臣撰　清咸豐十一年(1861)高安鄒凌翰刻本　四册

410000－2202－0000823　426/121

小蝸廬文存二卷　(清)吳基泰撰　清咸豐九年(1859)固始吳氏刻本　二册

410000－2202－0000824　426/122

西漚全集十卷外集八卷　(清)李惺撰　清同治七年(1868)李氏刻本　十六册

410000－2202－0000825　426/123

定庵文集三卷續集四卷　(清)龔自珍撰　清同治七年(1868)杭州刻本　三册

410000－2202－0000826　426/124

精刊龔定庵全集十六卷　(清)龔自珍撰　清宣統元年(1909)上海國學扶輪社鉛印本　六册

410000－2202－0000827　426/125

含清堂詩存十卷附録一卷　(清)徐光第撰　清同治三年(1864)蕭山徐氏開封刻本　五册

410000－2202－0000828　426/126

古微堂内集三卷外集七卷　(清)魏源撰　清光緒四年(1878)淮南書局刻本　二册

410000－2202－0000829　426/127

李文清公遺書八卷首一卷志節編二卷　(清)李棠階撰　清光緒八年(1882)河北分守道署刻本　四册

410000－2202－0000830　426/128

悔過齋文集十卷劄記一卷續集七卷補遺一卷　(清)顧廣譽撰　清光緒三年(1877)刻本　四册

410000－2202－0000831　426/129

點蒼山人詩鈔八卷　(清)沙琛撰　清嘉慶二十三年(1818)刻本　四册

410000－2202－0000832　426/130

倭文端公遺書十一卷首二卷　(清)倭仁撰　清刻本　八册

410000－2202－0000833　426/131

海秋詩集二十六卷末一卷後集一卷　(清)湯鵬撰　清同治十二年(1873)刻本　八册

410000－2202－0000834　426/132

汪梅村先生文集十二卷外集一卷　(清)汪士鐸撰　清光緒七年(1881)刻本　四册

410000－2202－0000835　426/133

顯志堂稿十二卷首一卷夢柰詩稿一卷西算新法直解八卷　(清)馮桂芬撰　清光緒二年(1876)吳興馮氏校邠廬刻本　十册

410000－2202－0000836　426/134

記過齋文稿二卷　(清)蘇源生撰　清咸豐三年(1853)鄢陵蘇氏刻本　二册

410000－2202－0000837　426/136

曾文正公文鈔四卷　(清)曾國藩撰　(清)張瑛編校　清同治十一年(1872)蘇州醉六堂書鋪刻本　四册

410000－2202－0000838　426/139

四百三十二峰草堂詩八卷　(清)黄璟撰　清光緒刻本　八册

410000－2202－0000839　426/140

胡文忠公遺集十卷　(清)胡林翼撰　清同治六年(1867)刻本　七册

410000－2202－0000840　426/141

胡文忠公遺集八十六卷首一卷　(清)胡林翼撰　清光緒十四年(1888)上海著易堂鉛印本　八册

410000－2202－0000841　426/142

恪靖侯盾鼻餘瀋一卷　(清)左宗棠撰　清光緒七年(1881)長沙柳葆元等刻本　一册

410000－2202－0000842　426/143

悔餘庵詩稿十三卷樂府四卷文稿九卷餘辛集三卷納蘇集二卷 (清)何栻撰 清咸豐至同治刻本 十二冊

410000－2202－0000843 426/144
全史宮詞二十卷 (清)史夢蘭撰 清咸豐六年(1856)刻本 四冊

410000－2202－0000844 426/145
正誼堂文集二十四卷末一卷 (清)董沛撰 清光緒二十二年(1896)刻本 六冊

410000－2202－0000845 426/146
越縵堂駢體文四卷散體文一卷 (清)李慈銘撰 清光緒二十三年(1897)刻本 四冊

410000－2202－0000846 426/148
雙柏齋女史吟三卷 (清)劉世奇撰 清光緒三年(1877)三原劉氏傳經堂刻本 一冊

410000－2202－0000847 426/152
青草堂集十二卷二集十六卷三集十六卷補集七卷 (清)趙國華撰 清同治十一年至光緒二十一年(1872－1895)刻本 十六冊

410000－2202－0000848 426/153
香雪巢詩鈔十二卷續鈔一卷集句一卷 (清)徐兆豐撰 清光緒三十年(1904)龍津使署刻本 四冊

410000－2202－0000849 426/154
桐城吳先生文集四卷 (清)吳汝綸撰 清光緒三十年(1904)刻本 四冊

410000－2202－0000850 426/155
雪莊西湖漁唱七卷 (清)許承祖撰 清光緒十年(1884)錢塘丁氏八千卷樓刻本 六冊

410000－2202－0000851 426/156
麻園遺集一卷 (清)謝烺樞撰 **緹廬初稿一卷** (清)謝掄元撰 清宣統元年(1909)京師集成圖書局鉛印本 一冊

410000－2202－0000852 426/158
延秋吟館詩續鈔四卷 (清)張聯桂撰 清光緒十八年(1892)粵西節署刻本 一冊

410000－2202－0000853 426/159
太白山人槲葉集五卷補遺一卷附刊一卷 (清)李柏撰 清光緒十九年(1893)刻本 六冊

410000－2202－0000854 426/160
西廬文集四卷補錄一卷 (清)張雋撰 清宣統二年(1910)上海國學扶輪社鉛印本 二冊

410000－2202－0000855 426/161
天根文鈔四卷 (清)何家琪撰 清光緒二十二年(1896)開封刻本 三冊

410000－2202－0000856 426/163
醉芸館詩集一卷 (清)李經世撰 清光緒三十三年(1907)刻本 一冊

410000－2202－0000857 426/164
樊聖傳先生文集二卷 (清)樊執中撰 清光緒三十二年(1906)天津文竹齋鉛印本 一冊

410000－2202－0000858 426/165
潑墨軒詩草三卷詞三卷 (清)戴鑑撰 清道光二十三年(1843)慎餘堂刻本 二冊

410000－2202－0000859 426/166
知止庵詩錄六卷附錄一卷 (清)黃宗起撰 清宣統二年(1910)試金石室刻本 二冊

410000－2202－0000860 426/167
蒲編堂詩存五卷 (清)鄭佶撰 清刻本 二冊

410000－2202－0000861 426/168
得閒山館集八卷 (清)鄭佶撰 清刻本 二冊

410000－2202－0000862 426/169
二南詩鈔二卷 (清)周樂撰 清刻本 一冊 存一卷(下)

410000－2202－0000863 426/170
馬徵君遺集六卷首一卷 (清)馬三俊撰 清同治三年(1864)馬起升刻本 二冊

410000－2202－0000864 426/171
瓶城山館詩鈔十二卷 (清)周劼撰 清咸豐七年(1857)彭澤周氏守素堂開封刻本 六冊

410000－2202－0000865　426/172

徧行堂集十六卷　(清)釋澹歸撰　清宣統三年(1911)上海國學扶輪社鉛印本　八冊

410000－2202－0000866　426/173

花南詩集四卷　(清)陳韶撰　清刻本　一冊

410000－2202－0000867　426/174

仙居外集一卷　(清)地山先生(何垠)撰　清道光二十八年(1848)刻本　一冊

410000－2202－0000868　426/175

東周宮詞五卷　(清)吳養原撰　清同治二年(1863)刻本　二冊

410000－2202－0000869　426/176

碧桃軒集唐詩四卷　(清)李應觀撰　清咸豐六年(1856)刻本　一冊　存二卷(一至二)

410000－2202－0000870　426/188

嶺南集十卷　(清)羅含章撰　清刻本　一冊

410000－2202－0000871　427/002

樊山集二十七卷續集四十七卷　樊增祥撰　清光緒十九年至二十八年(1893－1902)渭南縣署、西安府署刻本　二十七冊

410000－2202－0000872　51/053

張氏叢書二十一種三十一卷　(清)張澍輯　清道光元年(1821)武威張氏二酉堂刻本　二十冊

410000－2202－0000873　51/054

張氏叢書二十一種三十一卷　(清)張澍輯　清刻本　十二冊

410000－2202－0000874　51/056

蒙學叢書　清末石印本　十六冊　存十八種二十七卷

410000－2202－0000875　51/059

唐人說薈一百六十五種　(清)陳世熙輯　清乾隆五十七年(1792)挹秀軒刻本　二十冊

410000－2202－0000876　51/061

古今說部叢書二百六十六種　(清)國學扶輪社輯　清宣統至民國上海國學扶輪社鉛印本　六十冊

410000－2202－0000877　51/066

國學叢刊十二種　(清)羅振玉編　清宣統三年(1911)石印本　二冊

410000－2202－0000878　51/068

賴古堂藏書乙集十種　(清)周亮工輯　清康熙五十年(1711)刻本　二冊

410000－2202－0000879　51/070

硯雲十六種　(清)金忠淳輯　清乾隆四十年(1775)金氏硯雲書屋刻本　十二冊

410000－2202－0000880　51/071

正誼堂全書六十八種　(清)張伯行輯　清同治五年(1866)福州正誼書院刻八年至九年(1869－1870)續刻本　一百六十冊

410000－2202－0000881　205.8/008

誥授奉政大夫劉薦芝先生七秩崧辰徵文節略一卷　(清)振筆堂同學諸弟子編　清光緒湖北公立工業傳習所鉛印本　一冊

410000－2202－0000882　205.5/013

名宦鄉賢錄一卷義莊條規一卷　(清)陳寶澍編　清光緒十四年(1888)江夏陳氏京都刻本　二冊

410000－2202－0000883　205.6/001

國朝歷科館選錄一卷　(清)沈廷芳輯　(清)陸費墀重訂　清道光刻光緒增補本　四冊

410000－2202－0000884　205.6/005

中州同官錄四卷　清光緒二十七年(1901)開封府署刻本　五冊

410000－2202－0000885　206/004

史記精華錄六卷　(漢)司馬遷撰　(清)姚苧田摘錄　清光緒九年(1883)廣州翰墨園刻朱墨套印本　一冊　存三卷(一至三)

410000－2202－0000886　206/006

前後漢書菁華錄六卷　(清)高嵣選　清光緒二十五年(1899)上海慎記書莊石印本　五冊　存五卷(前漢書一至三、後漢書二至三)

410000－2202－0000887　206/008

新鐫焦太史彙選中原文獻史集六卷　(明)焦

竑選 （明）朱之潘注 清刻本 一册 存二卷(一至二)

410000－2202－0000888 206/009

南北史識小録二十八卷 （清）沈名蓀等輯 清同治十年(1871)武林吴氏清來堂刻本 十二册

410000－2202－0000889 206/010

南北史捃華八卷 （清）周嘉猷輯 清浙省聚文堂刻本 四册

410000－2202－0000890 206/011

綱鑑擇語十卷 （清）司徒修輯 清光緒二十四年(1898)善成堂刻本 六册

410000－2202－0000891 206/012

綱鑑擇語十卷 （清）司徒修輯 清光緒二十四年(1898)上海文盛書局石印本 六册

410000－2202－0000892 206/016

鑑略四字書一卷 （清）王士雲撰 清崇文堂刻本 一册

410000－2202－0000893 207/012

史記志疑三十六卷 （清）梁玉繩撰 清光緒十三年(1887)廣雅書局刻本 二十四册

410000－2202－0000894 206/022

鑄史駢言十二卷 （清）孫玉田撰 清光緒二年(1876)刻本 六册

410000－2202－0000895 206/023

十七史蒙求十六卷 （宋）王令撰 清道光二十八年(1848)文奎堂刻本 四册

410000－2202－0000896 206/024

史筌五卷 （清）楊銘柱撰 清道光二十六年(1846)楊氏寄雲書屋刻本 一册 存三卷(一至三)

410000－2202－0000897 207/001

史略六卷 （宋）高似孫撰 清光緒九年(1883)虞山鮑氏刻後知不足齋叢書本 二册

410000－2202－0000898 2067/002

史通削繁四卷 （清）紀昀撰 清光緒元年(1875)凱江李氏家塾刻本 四册

410000－2202－0000899 207/006

歷代史論十二卷宋史論三卷元史論一卷 （明）張溥撰 （清）孫琮評 **明史論四卷** （清）谷應泰撰 **左傳史論二卷** （清）高士奇撰 清光緒十八年(1892)紫文書局刻本 十册

410000－2202－0000900 207/007

歷代史論十二卷 （明）張溥撰 清光緒二十四年(1898)上海焕文書局石印本 八册

410000－2202－0000901 207/008

史論正鵠十六卷 （清）王澍敏評點 清光緒二十七年(1901)久敬齋石印本 十六册

410000－2202－0000902 207/010

二十二史劄記三十六卷補遺一卷 （清）趙翼撰 清嘉慶五年(1800)湛貽堂刻本 六册

410000－2202－0000903 207/011

二十二史劄記三十六卷補遺一卷 （清）趙翼撰 清光緒二十年(1894)廣雅書局刻本 十册

410000－2202－0000904 207/016

高太史論鈔四卷 （清）高熙喆撰 清宣統元年(1909)刻本 四册

410000－2202－0000905 207/017

文史通義八卷校讎通義三卷 （清）章學誠撰 清光緒二十八年(1902)湖南勸學書社刻本 十册

410000－2202－0000906 208.1/001

欽定大清會典一百卷 （清）允祹等纂 清刻本 二十四册

410000－2202－0000907 208.1/002

欽定大清會典一百卷 （清）崑岡等修 清光緒二十五年(1899)石印本 三十六册

410000－2202－0000908 208.1/004

吾學録初編二十四卷 （清）吴榮光撰 清道光十二年(1832)南海吴氏筠清館刻本 六册

410000－2202－0000909 208.1/005

吾學録初編二十四卷 （清）吴榮光撰 清光

緒七年(1881)三原李氏桐蔭軒刻本　十二册

410000－2202－0000910　208.1/008
資治新書初集十四卷二集二十卷　(清)李漁編　清光緒二十年(1894)上海圖書集成印書局鉛印本　十二册

410000－2202－0000911　208.1/009
福惠全書三十二卷　(清)黄六鴻撰　清刻本　十册

410000－2202－0000912　208.1/012
盛世危言正集六卷續集四卷　(清)鄭觀應撰　清光緒石印本　六册　存六卷(一、三至六,續集四卷)

410000－2202－0000913　208.1/013
時務分類興國策一卷　(清)李鳳儀編　清光緒石印本　一册

410000－2202－0000914　208.1/014
普天忠憤集十四卷　(清)孔魯陽生(孔廣德)編　清光緒二十一年(1895)經濟書莊石印本　十册

410000－2202－0000915　208.1/015
各國富強新策四卷　(清)孫德華輯　清光緒二十二年(1896)上海書局石印本　四册

410000－2202－0000916　208.1/016
歐美政治要義十八章　(清)端方等撰　清光緒三十三年(1907)石印本　四册

410000－2202－0000917　208.1/021
校邠廬抗議二卷　(清)馮桂芬撰　清光緒十八年(1892)潘氏敏德堂刻本　四册

410000－2202－0000918　208.1/022
勅修河東鹽法志十二卷首一卷　(清)石麟等修　清雍正十二年(1734)刻本　十二册

410000－2202－0000919　208.1/023
汴城籌防便覽四卷　(清)胡廷楨編　清咸豐十年(1860)開封刻本　一册

410000－2202－0000920　208.1/030
汪龍莊先生遺書五種　(清)汪輝祖撰　清同治元年(1862)刻本　二册

410000－2202－0000921　208.1/033
文廟祀典考五十卷首一卷　(清)龐鍾璐編輯　清光緒四年(1878)刻本　八册

410000－2202－0000922　208.2/006
陸宣公奏議讀本四卷首一卷　(唐)陸贄撰　清宣統元年(1909)會稽馬氏上海石印本　四册

410000－2202－0000923　208.2/007
范忠宣公奏議二卷　(宋)范純仁撰　清歲寒堂刻本　四册

410000－2202－0000924　208.2/008
包孝肅公奏議十卷　(宋)包拯撰　清同治二年(1863)李瀚章廣州刻本　四册

410000－2202－0000925　208.2/013
魏鄭公諫録五卷續録一卷文集三卷　(唐)魏徵撰　清光緒五年(1879)定州謙德堂刻本　二册

410000－2202－0000926　208.3/005
李文忠公朋僚函稿二十四卷　(清)吳汝綸輯　清光緒二十八年(1902)連池書社鉛印本　一册　存二卷(一至二)

410000－2202－0000927　208.4/001
唐律疏議三十卷　(唐)長孫無忌等撰　沈家本注釋　清光緒十六年(1890)北京刻本　十二册

410000－2202－0000928　208.4/004
大清律例增修統纂集成四十卷附二卷　(清)姚雨薌纂　清道光二十年(1840)刻本　二十四册

410000－2202－0000929　208.4/005
大清現行刑律三十五卷　(清)載勛等修　清宣統二年(1910)鉛印本　十二册

410000－2202－0000930　208.4/006
欽定新修吏部處分則例五十二卷　(清)文孚等纂　清坊刻本　十八册　存四十一卷(一至十二、二十四至五十二)

410000－2202－0000931　208.4/007

律例便覽八卷 (清)蔡嵩年 (清)蔡逢年編 清同治八年(1869)增修本 六册

410000－2202－0000932 208.4/009
刑案匯覽十四卷首一卷 (清)鮑書芸等纂 清道光十四年(1834)刻本 十六册

410000－2202－0000933 208.4/010
秋讞輯要六卷 (清)剛毅輯 清光緒十二年(1886)山西濬文書局刻本 八册

410000－2202－0000934 208.4/011
六部例限圖説六卷 (清)王又槐等輯 清嘉慶四年(1799)杭州王氏刻本 三册

410000－2202－0000935 208.4/012
萬國公法四卷 (英國)惠頓撰 (美國)丁韙良譯 清同治三年(1864)刻本 四册

410000－2202－0000936 209/003
景德鎮陶錄八卷 (清)藍浦撰 (清)鄭廷桂補輯 清光緒十七年(1891)北京書業堂刻本 四册

410000－2202－0000937 209/004
豫省擬定成規二卷續增成規一卷 (清)河道總督署編 清乾隆刻本 三册

410000－2202－0000938 209/015
豫南水利卮言不分卷 (清)徐壽玆撰 清光緒二十七年(1901)開封刻本 二册

410000－2202－0000939 209/016
續刻滏閘紀事一卷 (清)王寶圭等編 清光緒三十四年(1908)磁州德記石印局石印本 一册

410000－2202－0000940 209/017
治河方略十卷首一卷 (清)靳輔撰 清嘉慶四年(1799)靳氏安瀾堂刻本 十一册

410000－2202－0000941 211/004
元豐九域志十卷 (宋)王存等撰 清光緒八年(1882)金陵書局刻本 四册

410000－2202－0000942 211/006
元和郡縣志補九卷 (清)嚴觀撰 清光緒八年(1882)金陵書局刻本 二册

410000－2202－0000943 211/007
元和郡縣逸文三卷 繆荃孫輯 清光緒七年(1881)刻本 一册

410000－2202－0000944 211/008
天下郡國利病書一百二十卷 (清)顧炎武撰 清嘉慶十六年(1811)成都龍萬育刻光緒五年(1879)蜀南桐華書屋重修本 六十册

410000－2202－0000945 211/009
讀史方輿紀要一百三十卷輿圖要覽四卷 (清)顧祖禹撰 清嘉慶龍萬育刻光緒五年(1879)蜀南桐花書屋重修本 六十四册

410000－2202－0000946 211/010
大清一統志五百卷 (清)和珅等纂 清光緒二十三年(1897)杭州竹簡齋石印本 六十册

410000－2202－0000947 211/013
李氏五種合刊 (清)李兆洛撰 清光緒十四年(1888)上海掃葉山房刻本 十二册

410000－2202－0000948 211/014
皇朝一統輿地全圖 題(清)經香閣主人編 (清)穆得熊製 清刻本 八册

410000－2202－0000949 211/015
皇朝中外一統輿圖中一卷南十卷北二十卷首一卷 (清)胡林翼 (清)嚴樹森主持 (清)鄒世詒 (清)晏啟鎮編繪 (清)李廷簫 (清)汪士鐸核校 清同治二年(1863)湖北撫署刻本 十四册 存十三卷(南二至三,北一至三、六至十二,首一卷)

410000－2202－0000950 211/016
皇朝直省府廳州縣全圖 清同治刻本 三十册

410000－2202－0000951 211/017
乾隆府廳州縣圖志五十卷 (清)洪亮吉撰 清嘉慶七年(1802)刻本 十四册

410000－2202－0000952 211/018
乾隆府廳州縣圖志五十卷 (清)洪亮吉撰 清光緒五年(1879)洪用懃授經堂刻洪北江全集本 十四册

410000－2202－0000953　211/019
新斠注地理志十六卷　(清)錢坫撰　(清)徐松集釋　清光緒二十四年(1898)廣東集古書屋刻本　六册　存十二卷(一至十二)

410000－2202－0000954　211/020
中國地理講義十六種　(清)京師大學堂編　清末北京教育用品印刷社鉛印本　六册

410000－2202－0000955　211.122/006
[光緒]臨漳縣志十八卷首一卷　(清)周秉彝修　(清)周壽梓等纂　清光緒三十年(1904)刻本　十二册

410000－2202－0000956　211.125/002
[嘉慶]介休縣志十四卷　(清)徐品山等修　(清)熊兆占等纂　清嘉慶二十四年(1819)刻本　八册　存十三卷(二至十四)

410000－2202－0000957　211.135/001
黑龍江述略六卷　(清)徐宗亮纂　清光緒十七年(1891)刻本　二册

410000－2202－0000958　211.141/006
[正德]朝邑縣志二卷　(明)王道修　(明)韓邦靖纂　清同義文會刻本　一册

410000－2202－0000959　211.141/007
[光緒]孝義廳志十二卷首一卷　(清)常毓坤修　(清)李開甲纂　清光緒九年(1883)刻本　四册

410000－2202－0000960　211.141/009
[正德]武功縣志三卷首一卷　(明)康海纂　(明)孫景烈評注　清同治二年(1863)湖北崇文書局刻本　一册

410000－2202－0000961　211.141/011
[光緒]寧羌州志五卷　(清)馬毓華修　(清)鄭書香等纂　清光緒十四年(1888)刻本　五册

410000－2202－0000962　211.151/002
[同治]上海縣志三十二卷首一卷末一卷附補遺　(清)應保時等修　(清)俞樾等纂　清同治十一年(1872)上海文廟南園志局刻本　十六册

410000－2202－0000963　211.151/004
[光緒]上海鄉土志一卷　李維清編　清光緒三十三年(1907)上海著易堂鉛印本　一册

410000－2202－0000964　211.151/005
[光緒]川沙廳志十四卷首一卷末一卷　(清)陳方瀛修　(清)俞樾等纂　清光緒五年(1879)刻本　六册

410000－2202－0000965　211.151/007
[光緒]金山縣志三十二卷首一卷　(清)龔寶琦等修　(清)黄厚本等纂　清光緒四年(1878)刻本　八册

410000－2202－0000966　211.1523/002
[光緒]六合縣志八卷　(清)謝延庚等修　(清)賀廷壽等纂　清光緒十年(1884)刻本　十册

410000－2202－0000967　211.153/007
海虞文徵三十卷　(清)邵松年輯　清光緒三十一年(1905)上海鴻文書局石印本　六册

410000－2202－0000968　211.153/008
[光緒]吴江縣續志四十卷首一卷　(清)金福曾修　(清)熊其英纂　清光緒五年(1879)刻本　八册

410000－2202－0000969　211.153/010
[光緒]無錫金匱縣志四十卷首一卷　(清)裴大中修　(清)秦緗業纂　清光緒七年(1881)刻本　二十册

410000－2202－0000970　211.153/012
[嘉慶]溧陽縣志十六卷　(清)李景嶧等修　(清)史炳等纂　清光緒二十二年(1896)刻本　九册　存十五卷(二至十六)

410000－2202－0000971　211.153/013
[光緒]溧陽縣續志十六卷末一卷　(清)朱畯等修　(清)馮煦等纂　清光緒二十五年(1899)活字印本　一册　存二卷(一至二)

410000－2202－0000972　211.153/014
[光緒]丹徒縣志六十卷首四卷　(清)何紹章

等修　清光緒五年(1879)刻本　三十二册

410000－2202－0000973　211.153/023
[光緒]泰興縣志二十六卷首一卷末一卷　(清)楊激雲修　(清)顧曾烜纂　清光緒十二年(1886)刻本　十册

410000－2202－0000974　211.153/027
[嘉慶]如皋縣志二十四卷　(清)楊受等修　(清)馬汝舟等纂　清嘉慶十三年(1808)刻本　二十册

410000－2202－0000975　211.153/031
[嘉慶]東臺縣志四十卷　(清)周古修　(清)蔡復午等纂　清嘉慶二十一年(1816)刻本　十册

410000－2202－0000976　211.153/032
[同治]徐州府志二十五卷　(清)吳世熊等修　(清)劉庠等纂　清同治十三年(1874)刻本　十六册

410000－2202－0000977　211.153/033
[咸豐]邳州志二十卷首一卷　(清)董用威等修　(清)魯一同纂　清咸豐元年(1851)刻光緒十八年(1892)善化楊激雲重印本　四册

410000－2202－0000978　211.153/013
[淳熙]新安志十卷附錄一卷　(宋)羅顯纂　清光緒十四年(1888)刻本　四册

410000－2202－0000979　211.155/003
[光緒]淳安縣志十六卷首一卷　(清)劉世寧修　(清)李詩續修　(清)陳中元等續纂　清光緒十年(1884)刻本　八册

410000－2202－0000980　211.155/006
[光緒]平湖縣志二十五卷首一卷末一卷　(清)彭潤章等修　(清)葉廉鍔等纂　清光緒十二年(1886)刻本　十三册

410000－2202－0000981　211.155/015－1
[光緒]上虞縣志四十八卷首一卷末一卷附錄一卷　(清)唐煦春修　(清)朱士黻纂　清光緒十七年(1891)刻本　二十册

410000－2202－0000982　211.155/015－2
[光緒]上虞縣志校續五十卷首一卷末一卷　(清)儲家藻修　(清)徐致靖纂　清光緒二十五年(1899)刻本　二十册

410000－2202－0000983　211.155/020
[光緒]黃巖縣志四十卷首一卷　(清)陳寶善修　(清)王棻纂　(清)陳鍾英　(清)鄭錫滜續修　(清)王詠霓續纂　清光緒三年(1877)刻本　十六册

410000－2202－0000984　211.155/026
[同治]麗水縣志十五卷　(清)彭潤章等修纂　清同治十三年(1874)刻本　八册

410000－2202－0000985　211.161/025－2
[光緒]祥符縣志二十四卷首一卷　(清)沈傳義修　(清)黃舒昺纂　清光緒二十四年(1898)刻本　十二册　存二十四卷(一至十八、二十至二十四,首一卷)

410000－2202－0000986　211.161/036
[道光]輝縣志二十卷首一卷末一卷　(清)周際華修　(清)冀應熊纂　清道光十五年(1835)百泉書院刻二十一年(1841)重修本　六册

410000－2202－0000987　211.161/044
[嘉慶]安陽縣志二十八卷首一卷　(清)貴泰修　(清)武穆淳纂　清嘉慶二十四年(1819)刻本　十册

410000－2202－0000988　211.161/045
安陽縣金石錄十二卷　(清)武億撰　(清)貴泰校梓　清嘉慶二十四年(1819)刻本　四册

410000－2202－0000989　211.161/049
濬縣金石錄二卷　(清)熊象階纂　清嘉慶七年(1802)刻本　一册

410000－2202－0000990　211.161/050
[光緒]續濬縣志八卷　(清)黃璟修　(清)喬景濂纂　清光緒十二年(1886)刻本　二册

410000－2202－0000991　211.161/055
淇縣輿地圖說二卷　(清)曹廣權撰　清光緒二十七年(1901)刻本　一册

410000－2202－0000992　211.161/058
［光緒］鹿邑縣志十六卷首一卷　（清）于滄瀾修　（清）蔣師轍纂　清光緒二十二年（1896）刻本　八册

410000－2202－0000993　211.161/060
［道光］太康縣志八卷　（清）戴鳳翔修　（清）高崧等纂　清道光八年（1828）刻本　三册　存三卷（二、五、八）

410000－2202－0000994　211.161/066
［道光］鄢陵縣志十八卷　（清）何鄂聯修　（清）洪符孫纂　清道光十三年（1833）刻本　八册

410000－2202－0000995　211.161/068
鄢陵文獻志四十卷　（清）蘇源生撰　清同治元年（1862）刻本　二十册

410000－2202－0000996　211.161/075
［同治］葉縣志十卷首一卷　（清）歐陽霖修　（清）倉景恬等纂　清同治十一年（1872）刻本　七册　存十卷（一至九、首一卷）

410000－2202－0000997　211.161/077
［道光］泌陽縣志十二卷　（清）倪明進修　（清）栗郢纂　清道光八年（1828）刻本　六册

410000－2202－0000998　211.161/082
［光緒］南陽縣志十二卷首一卷　（清）潘守廉修　（清）張嘉謀　（清）張鳳岡纂　清光緒三十年（1904）刻本　八册

410000－2202－0000999　211.164/001
［光緒］湘潭縣志十二卷　（清）陳嘉榆等修　王闓運等纂　清光緒十五年（1889）刻本　八册　存七卷（一至四、六至八）

410000－2202－0001000　211.171/001
蜀典十二卷　（清）張澍纂　清光緒二年（1876）尊經書院刻本　四册

410000－2202－0001001　211.171/006
［乾隆］富順縣志五卷首一卷　（清）段玉裁纂修　（清）李芝纂修　清光緒八年（1882）刻本　五册

410000－2202－0001002　211.2/002
洛陽伽藍記五卷　（北魏）楊衒之撰　清光緒二年（1876）洛陽西華禪院刻本　一册

410000－2202－0001003　211.2/010
忠武侯祠墓志七卷首一卷末一卷　（清）虛白道人（李復心）輯　清同治五年（1866）沔陽縣署刻本　四册

410000－2202－0001004　211.2/011
岳廟志略十卷首一卷　（清）馮培纂　清光緒五年（1879）杭州刻本　四册

410000－2202－0001005　211.2/014
闕里志二十四卷　（明）陳鎬纂　（清）孔胤植重修　明刻清雍正孔胤植重修本　十册

410000－2202－0001006　211.2/019
揚州畫舫錄十八卷　（清）李斗撰　清同治十一年（1872）刻本　六册

410000－2202－0001007　211.020
日下尊聞錄五卷　（清）□□撰　清咸豐二年（1852）安和軒刻本　一册

410000－2202－0001008　211.2/023
續山東考古錄三十二卷首一卷　（清）葉圭綬撰　清光緒八年（1882）山東書局刻本　六册

410000－2202－0001009　211.2/027
三輔黃圖六卷補遺一卷　（清）畢沅校　清嘉慶刻本　一册

410000－2202－0001010　211.3/004
寶華山志十五卷　（清）劉名芳纂修　清末寶華山釋性宗刻本　四册

410000－2202－0001011　211.3/006
焦山志二十六卷　（清）吳雲纂　清同治四年（1865）刻本　十册

410000－2202－0001012　211.3/007
虎丘山志十卷首一卷　（清）顧湄修　清宣統三年（1911）集群圖書館鉛印本　二册

410000－2202－0001013　211.3/008
武夷山志二十四卷首一卷　（清）董天工撰　清道光二十六年（1846）羅氏尺木軒刻本

八册

410000－2202－0001014　211.3/009
天台山記一卷　(唐)徐靈府撰　清光緒遵義黎氏日本東京使署刻古逸叢書本　一册

410000－2202－0001015　211.3/011
重修南海普陀山志二十卷首一卷　(清)秦耀曾纂　清道光南海普濟寺刻本　四册

410000－2202－0001016　211.3/013
廬山志十五卷首一卷　(清)毛德琪纂修　清康熙五十九年(1720)刻同治十年(1871)重修本　十六册

410000－2202－0001017　211.3/017
華嶽志八卷首一卷　(清)李溶纂　清道光元年(1821)刻光緒三十年(1904)重修本　四册

410000－2202－0001018　211.4/001
水經注四十卷　(北魏)酈道元撰　清刻武英殿聚珍版書本　十六册

410000－2202－0001019　211.4/003
水經注圖一卷附錄一卷　(清)汪士鐸編　清咸豐十一年(1861)長沙張偉夫刻本　一册

410000－2202－0001020　211.4/004
水經注西南諸水考三卷　(清)陳澧撰　清光緒湘鄉蔣氏龍安郡署刻本　一册

410000－2202－0001021　211.4/005
長江圖說十二卷　(清)馬徵麟撰　清同治十年(1871)湖北崇文書局刻本　五册

410000－2202－0001022　211.4/007
三省黄河全圖一卷　(清)李鴻章纂修　(清)顧潮等測繪　清光緒十六年(1890)上海鴻文書局石印本　五册

410000－2202－0001023　211.4/012
太湖備考續編四卷　(清)鄭言紹撰　清光緒二十九年(1903)刻本　四册

410000－2202－0001024　211.4/013
莫愁湖志六卷楹聯一卷　(清)馬士圖纂　清光緒八年(1882)刻本　三册

410000－2202－0001025　211.4/013
莫愁湖志六卷楹聯一卷　(清)馬士圖纂　清光緒八年(1882)刻本　一册　存四卷(一至四)

410000－2202－0001026　211.4/016
湖山便覽十二卷　(清)翟灝等輯　清光緒元年(1875)杭州王氏槐陰堂刻本　六册

410000－2202－0001027　211.5/001
大唐西域記十二卷　(唐)釋玄奘撰　清宣統元年(1909)常州天寧寺刻本　四册

410000－2202－0001028　211.5/002
河海昆侖篇四卷　(清)裴景福撰　清宣統元年(1909)鉛印本　四册

410000－2202－0001029　211.5/003
初使泰西記要四卷　題(清)避熱主人編　清光緒十四年(1888)刻本　二册

410000－2202－0001030　211.5/004
俄游日記一卷　(清)繆祐孫撰　清光緒二十三年(1897)上海著易堂鉛印本　一册

410000－2202－0001031　211.5/006
南游記一卷　(清)孫嘉淦撰　清光緒二十二年(1896)始豐張氏四明刻本　一册

410000－2202－0001032　211.6/001
瀛環志略十卷　(清)徐繼畬編　清道光三十年(1850)刻本　六册

410000－2202－0001033　211.6/002
瀛環志略十卷　(清)徐繼畬輯著　清道光三十年(1850)紅杏山房刻本　六册

410000－2202－0001034　211.6/004
瀛環志略正編十卷　(清)徐繼畬編　**續編四卷末一卷**　(清)慕維廉輯　清光緒二十四年(1898)掃葉山房鉛印本　八册

410000－2202－0001035　211.6/005
海國圖志一百卷　(清)魏源撰　清光緒二年(1876)平慶涇固道署刻本　三十二册

410000－2202－0001036　211.6/006
海國圖志一百卷　(清)魏源撰　清光緒二十

二年(1896)上海慎記書莊石印本　十六册

410000－2202－0001037　211.6/008
五洲圖考一卷　(清)龔榮撰　清光緒二十八年(1902)上海徐家匯印書館鉛印本　四册

410000－2202－0001038　211.6/009
五洲述略四卷　(清)蕭應椿撰　清光緒二十八年(1902)紫藤會館刻本　六册

410000－2202－0001039　211.6/011
日本國志四十卷首一卷　(清)黄遵憲撰　清光緒二十四年(1898)浙江書局刻本　十册

410000－2202－0001040　211.6/012
地球韻言四卷　(清)張士瀛撰　清光緒二十四年(1898)湖南刻本　二册

410000－2202－0001041　212/001
金石萃編一百六十卷　(清)王昶撰　清光緒十九年(1893)經訓堂刻本　八十册

410000－2202－0001042　212/002
金石萃編一百六十卷續編二十一卷　(清)王昶撰　清光緒十九年(1893)上海寶善書局石印本　二十四册

410000－2202－0001043　212/004
歷代鐘鼎彝器款識法帖二十卷　(宋)薛尚功輯　清嘉慶二年(1797)阮元刻本　六册

410000－2202－0001044　212/005
歷代鐘鼎彝器款識法帖十卷　(宋)薛尚功輯　清刻本　四册

410000－2202－0001045　212/006
積古齋鐘鼎彝器款識十卷　(清)阮元藏　(清)朱為弼編　清光緒八年(1882)常熟抱芳閣刻本　六册

410000－2202－0001046　212/006－1
積古齋鐘鼎彝器款識十卷　(清)阮元藏　(清)朱為弼編　清末刻本　六册

410000－2202－0001047　212/008
張叔未解元所藏金石文字不分卷　(清)嚴荄編　清光緒十年(1884)四會嚴氏鶴齋石印本　一册

410000－2202－0001048　212/009
攈古録金文九卷　(清)吴式芬撰　清光緒二十一年(1895)吴重憙刻本　九册

410000－2202－0001049　212/010
十二硯齋金石過眼録十八卷　(清)王鋆撰　清光緒元年(1875)刻本　四册

410000－2202－0001050　212/012
中州金石記五卷　(清)畢沅撰　清刻本　二册

410000－2202－0001051　212/013
中州金石目四卷補遺一卷　(清)姚晏撰　清光緒九年(1883)歸安姚氏刻本　一册

410000－2202－0001052　212/017
安徽金石略十卷　(清)趙紹祖編　清光緒貴池劉氏刻聚學軒叢書本　四册

410000－2202－0001053　212/014
長安獲古編二卷補一卷　(清)劉喜海輯　清光緒三十一年(1905)劉鶚刻本　二册

410000－2202－0001054　212/027
陶齋吉金録八卷　(清)端方輯　清光緒三十四年(1908)南京石印本　八册

410000－2202－0001055　441/001
元曲選一百種　(明)臧懋循編　明萬曆吴興臧氏雕蟲館刻本　十六册　存三十四種三十四卷

410000－2202－0001056　441/004
目蓮救母勸善記三卷　(明)鄭之珍撰　明萬曆十年(1582)高石山房刻本　三册

410000－2202－0001057　441/008
貫華堂第六才子西廂記八卷　(元)王實甫撰　清抄本　二册

410000－2202－0001058　441/009
第六才子書八卷西廂文一卷　(元)王實甫撰　清乾隆五十三年(1788)敦化堂刻本　六册

410000－2202－0001059　441/010
吴吴山三婦評注西廂記八卷　(元)王實甫撰　(清)陳同評點　清致和堂刻本　六册

410000－2202－0001060　441/011
增補注典釋義第六才子西廂記十卷　(元)王實甫撰　(清)薛蔚讀箋　清益智堂刻本　六册

410000－2202－0001061　441/013
繪像第六才子書二卷　(元)王實甫撰　(清)金聖嘆(金人瑞)評　清光緒十年(1884)廣東刻朱墨套印本　六册

410000－2202－0001062　441/016
雲林别墅繪像妥注第六才子書六卷　(元)王實甫撰　(清)鄒聖脈注　清刻本　一册　存二卷(二至三)

410000－2202－0001063　441/018
運甓記二卷　(明)吾邱瑞撰　明末毛氏汲古閣刻本　二册

410000－2202－0001064　441/019
玉茗堂還魂記二卷　(明)湯顯祖撰　清乾隆五十年(1785)冰絲館刻本　四册

410000－2202－0001065　441/020
還魂記二卷　(明)湯顯祖撰　清刻本　二册

410000－2202－0001066　441/021
吳吳山三婦合評牡丹亭還魂記二卷　(明)湯顯祖撰　(清)陳同評點　清乾隆刻本　四册

410000－2202－0001067　441/022
牡丹亭還魂記二卷　(明)湯顯祖撰　清宣統二年(1910)上海育文書局石印本　一册

410000－2202－0001068　441/023
繪風亭評第七才子書琵琶記六卷　(元)高明撰　(清)毛宗崗評　清康熙刻本　十二册

410000－2202－0001069　441/033
慎鸞交傳奇二卷　(清)李漁撰　(清)郭傳芳評　清康熙刻本　二册

410000－2202－0001070　441/034
奈何天二卷　(清)李漁撰　清康熙刻本　二册

410000－2202－0001071　441/035
桃花扇二卷　(清)孔尚任撰　清康熙刻本　四册

410000－2202－0001072　441/036
蘭雪堂重校刊桃花扇四卷首一卷　(清)孔尚任撰　清光緒二十一年(1895)蘭雪堂刻本　五册

410000－2202－0001073　441/037
南陽樂傳奇二卷　(清)夏綸撰　(清)徐夢元評　清乾隆十八年(1753)世光堂刻本　二册

410000－2202－0001074　441/038
淨土傳燈歸元鏡二卷　(清)釋智達撰　清乾隆三十六年(1771)刻本　一册

410000－2202－0001075　441/039
桃溪雪二卷　(清)黄燮清撰　清道光二十七年(1847)刻本　一册

410000－2202－0001076　441/040
帝女花二卷　(清)黄燮清撰　清同治四年(1865)刻本　一册

410000－2202－0001077　441/041
紅雪樓九種曲　(清)蔣士銓撰　清乾隆蔣氏紅雪樓刻本　十册

410000－2202－0001078　441/043
鉼笙館修簫譜四卷　(清)舒位撰　清道光十三年(1833)刻本　二册

410000－2202－0001079　442/004
寶顔堂訂正樂府指迷二卷　(宋)張炎　(宋)陸行直撰　(明)陳繼儒校訂　明萬曆四十三年(1615)繡水沈氏刻本　二册

410000－2202－0001080　442/009
白雲齋選訂樂府吳騷合編四卷　題(明)騷隱居士輯　明崇禎刻本　一册

410000－2202－0001081　442/012
秋水庵花影集五卷　(明)施紹編　清乾隆十七年(1752)博古堂刻本　八册

410000－2202－0001082　442/013
樂府新編陽春白雪五卷　(宋)趙聞禮編　清光緒三十一年(1905)徐乃昌影元刻本　二册

410000－2202－0001083　443/001
三國志玉璽傳二十卷　清乾隆元年至二十年(1736－1755)抄本　十冊

410000－2202－0001084　443/002
鳳雙飛全傳五十二回　(清)程蕙英撰　清光緒二十五年(1899)抄本　五十二冊

410000－2202－0001085　443/003
廿一史彈詞注十卷　(明)楊慎撰　**明史彈詞注一卷**　(清)張三異撰　清乾隆五十一年(1786)漢陽張氏視履堂刻本　八冊

410000－2202－0001086　443/004
安邦志七夢緣二十回　清抄本　二十冊

410000－2202－0001087　443/005
安邦志二十卷　(□)□□撰　清道光二十九年(1849)敦仁堂刻本　四十冊

410000－2202－0001088　443/006
安邦志二十卷　(□)□□撰　清刻本　二十冊

410000－2202－0001089　443/007
定國志二十卷　(□)□□撰　清道光二十九年(1849)敦仁堂刻本　二十冊

410000－2202－0001090　443/008
定國志二十卷　(□)□□撰　清刻本　二十冊

410000－2202－0001091　443/009
鳳凰山七十二回　(□)□□撰　清同治十二年(1873)文聚堂刻本　三十二冊

410000－2202－0001092　443/010
果報録十二卷一百回　(清)海芝濤撰　清刻本　十二冊

410000－2202－0001093　443/011
倭袍傳十二卷一百回　(清)海芝濤撰　清抄本　十冊　存五十回(一至五十)

410000－2202－0001094　443/012
再生緣全傳二十卷　(清)陳端生撰　(清)梁德繩撰　清道光三十年(1850)善成堂刻本　二十冊

410000－2202－0001095　443/014
玉釧緣三十二卷　(清)侯芝編　清文會堂刻本　六十四冊

410000－2202－0001096　443/015
再造天十六回　(清)侯芝編　清道光十八年(1838)香葉閣刻本　八冊

410000－2202－0001097　443/016
繡像義妖全傳二十八卷五十三回　(清)陳遇乾撰　清同治八年(1869)刻本　十二冊

410000－2202－0001098　443/016
繡像義妖全傳二十八卷五十三回　(清)陳遇乾撰　清同治八年(1869)刻本　十二冊

410000－2202－0001099　443/017
繡像雙珠鳳全傳十二卷八十回　(清)一葉主人編　清同治二年(1863)淨雅書局刻本　十一冊

410000－2202－0001100　443/018
來生福彈詞八卷三十六回　題(清)橘中逸叟撰　清刻本　二十八冊

410000－2202－0001101　443/019
錦上花四十八回　題(清)修月閣主人編　清嘉慶十八年(1813)善成堂刻本　八冊

410000－2202－0001102　443/020
繡像蘊香丸十卷二十回　(□)□□撰　清嘉慶二十三年(1818)刻本　四冊

410000－2202－0001103　443/021
繡像説唱麒麟豹傳十卷六十回　題(清)廢閑主人撰　清光緒元年(1875)玉積山房刻本　十冊

410000－2202－0001104　443/023
繡像玉連環二十卷四十回　(清)朱素仙撰　清嘉慶十年(1805)刻本　四冊　存四卷(一至四)

410000－2202－0001105　443/024
繡像落金扇全傳八卷五十回　題(清)吹竽先生編　清同治十二年(1873)刻本　八冊

410000－2202－0001106　443/025

繡像梅花韻十卷四十二回 (□)□□撰 清鴛湖刻本 十冊

410000－2202－0001107 443/026
繡像九美圖全傳十二卷七十五回 (清)曹春江編 清道光二十四年(1844)四友軒刻本 十二冊

410000－2202－0001108 443/024
繡像落金扇全傳八卷五十回 題(清)吹竽先生編 清同治十二年(1873)刻本 八冊

410000－2202－0001109 443/027
新刻繡像說唱九美圖二十六回 (□)□□撰 清同治十一年(1872)刻本 六冊

410000－2202－0001110 443/028
繡像十美圖傳四十回 (□)□□撰 清同治七年(1868)文雅堂刻本 十冊

410000－2202－0001111 443/029
新刻雙玉鐲全傳十五卷後傳十卷 (□)□□撰 清乾隆三十二年(1767)刻本 八冊

410000－2202－0001112 443/030
玉如意全傳十六回 (清)羅太史編 清同治十三年(1874)孫曉莊刻本 十二冊

410000－2202－0001113 443/031
繡像芙蓉洞十卷四十回 (明)陳遇乾編 清道光十六年(1836)刻本 十冊

410000－2202－0001114 443/032
新刻真本唱口雙珠球全傳十二集四十九回 (清)黄子貞撰 清光緒三年(1877)刻本 十二冊

410000－2202－0001115 443/033
繡像鳳凰圖六卷三十六回 (□)□□撰 清同治三年(1864)味蘭軒刻本 六冊

410000－2202－0001116 443/034
玉鴛鴦五集二十回 (□)□□撰 清同治七年(1868)刻本 十冊

410000－2202－0001117 443/035
新刻珠玉圓四集四十八回 題(清)柳浦散人編 清同治十一年(1872)刻本 四冊

410000－2202－0001118 443/036
黄金印六卷 題(清)餐花館主人編 清同治十二年(1873)集古山房刻本 六冊

410000－2202－0001119 443/037
繡像一箭緣全傳八卷三十二回 題(清)環秀主人編 清嘉慶二十三年(1818)環秀閣刻本 八冊

410000－2202－0001120 443/038
綉像鬧廬莊十六回 (□)□□撰 清同治九年(1870)刻本 四冊

410000－2202－0001121 443/039
繡像雙帥印十回 (□)□□撰 清同治九年(1870)刻本 四冊

410000－2202－0001122 443/040
天寶圖十卷 題(清)隨安散人撰 清同治九年(1870)會友堂刻本 十冊

410000－2202－0001123 443/041
新刻古本劉成美忠節全傳二十五卷 (□)□□撰 清道光二十二年(1842)友于堂刻本 八冊

410000－2202－0001124 443/042
新編意中情傳二十二回 (清)袁昭撰 清抄本 四冊

410000－2202－0001125 443/043
鍾無豔娘娘全傳六集六十四回 題(清)守拙主人訂 清永利堂刻本 十七冊

410000－2202－0001126 443/044
新刻繡像雙金錠全傳六卷六回 (清)陳遇乾編 清末上海文元書莊石印本 一冊

410000－2202－0001127 444/001
十王寶卷一卷 (□)□□撰 清光緒十二年(1886)抄本 一冊

410000－2202－0001128 444/002－2
八寶延壽寶卷一卷 (□)□□撰 清光緒十三年(1887)抄本 一冊

410000－2202－0001129 444/003－1
三官寶卷一卷 (□)□□撰 清光緒二年

(1876)符如松抄本　一册

410000－2202－0001130　444/004
大紅袍寶卷一卷　(□)□□撰　清同治十二年(1873)符如松抄本　一册

410000－2202－0001131　444/006－2
雙修蓮船寶卷一卷　(□)□□撰　清光緒二十二年(1896)徐養和抄本　一册

410000－2202－0001132　444/007－1
五鼠鬧世寶卷一卷　(□)□□撰　清光緒三十三年(1907)包楚文抄本　一册

410000－2202－0001133　444/007－2
五鼠鬧世寶卷一卷　(□)□□撰　清光緒十年(1884)楊鳳翱抄本　一册

410000－2202－0001134　444/010
雙蝴蝶寶卷一卷　(□)□□撰　清光緒三十四年(1908)趙榮堂抄本　一册

410000－2202－0001135　444/011
雙珠鳳寶卷二卷　(□)□□撰　清光緒十六年(1890)顧子和抄本　二册

410000－2202－0001136　444/012
天仙寶卷一卷　(□)□□撰　清光緒二十一年(1895)趙榮堂抄本　一册

410000－2202－0001137　444/017
龍圖出身寶卷一卷　(□)□□撰　清光緒三十一年(1905)趙芝芬抄本　一册

410000－2202－0001138　444/018
龍圖公斷寶卷一卷　(□)□□撰　清光緒三十三年(1907)趙榮堂抄本　一册

410000－2202－0001139　444/019
龍圖寶卷一卷　(□)□□撰　清抄本　一册

410000－2202－0001140　444/020
賣花寶卷一卷　(□)□□撰　清光緒十九年(1893)刻本　一册

410000－2202－0001141　444/023
百花臺寶卷一卷　(□)□□撰　清同治十二年(1873)符如松抄本　一册

410000－2202－0001142　212/028
陶齋吉金續錄二卷　(清)端方輯　清宣統元年(1909)南京石印本　二册

410000－2202－0001143　212/033
金石契一卷　(清)張燕昌撰　清光緒二十二年(1896)貴池劉氏聚學軒江都刻朱印本　四册

410000－2202－0001144　212/034
金石三例三種　(清)盧見曾輯　清嘉慶十六年(1811)饒向榮刻本　四册

410000－2202－0001145　212/035
小蓬萊閣金石文字不分卷　(清)黄易撰　清嘉慶五年(1800)刻本　五册

410000－2202－0001146　212/043
金石索十二卷　(清)馮雲鵬等編　清道光元年(1821)滋陽縣署刻本　十二册

410000－2202－0001147　212/054
恒軒所見吉金録一卷　(清)吴大澂撰　清光緒十年(1884)刻本　二册

410000－2202－0001148　212/075
古泉滙六十卷首四卷　(清)李佐賢撰　清同治三年(1864)利津李氏石泉書屋刻本　二十册

410000－2202－0001149　212/076
癖泉臆説六卷　(清)高煥文編　清宣統三年(1911)上海商務印書館石印本　二册

410000－2202－0001150　212/077
錢志新編二十卷　(清)張崇懿撰　清道光十年(1830)古婁尹氏酌春堂刻本　六册

410000－2202－0001151　212/080
寶刻類編八卷　(宋)□□編　清道光十八年(1838)東武劉氏刻本　二册

410000－2202－0001152　213/003
八史經籍志九種　(日本)□□編　清光緒八年(1882)張壽榮刻本　十一册

410000－2202－0001153　213/004
善本書室藏書志四十卷　(清)丁丙編　清光

緒二十七年(1901)錢塘丁氏刻本　十六冊

410000－2202－0001154　213/005
皕宋樓藏書志一百二十卷　(清)陸心源編　清光緒八年(1882)十萬卷樓刻本　四十冊

410000－2202－0001155　213/017
江刻書目三種　(清)江標輯　清光緒十四年至二十三年(1888－1897)元和江氏靈鶼閣蘇州刻本　三冊

410000－2202－0001156　213/032
書目答問四卷附錄二卷輶軒語一卷　(清)張之洞撰　清光緒三年(1877)濠上書齋刻本　二冊

410000－2202－0001157　213/033
書目答問四卷附錄二卷　(清)張之洞撰　清光緒二十一年(1895)上海蜚英館石印本　二冊

410000－2202－0001158　213/034
士禮居藏書題跋記六卷　(清)黄丕烈撰　清光緒十年(1884)潘氏滂喜齋刻本　四冊

410000－2202－0001159　3/001
子書百家一百一種　(清)崇文書局輯　清光緒元年(1875)湖北崇文書局刻本　一百十冊

410000－2202－0001160　3/003
子書二十三種　(清)浙江書局輯　清光緒二十三年(1897)上海圖書館集成局鉛印本　四十冊

410000－2202－0001161　301/001
孔叢子七卷　(漢)孔鮒撰　(宋)宋咸注　清刻本　七冊

410000－2202－0001162　301/002
孔子家語十卷　(三國魏)王肅注　清光緒上海同文書局石印本　五冊

410000－2202－0001163　301/004
鹽鐵論十卷附考證　(漢)桓寬撰　清光緒十七年(1891)思賢講舍刻本　八冊

410000－2202－0001164　301/006
說苑二十卷　(漢)劉向撰　清嘉慶刻本　四冊

410000－2202－0001165　301/009
重刻治平監本揚子法言十卷　(漢)揚雄撰　清嘉慶二十三年(1818)秦氏石研齋刻本　二冊

410000－2202－0001166　301/010
二程全書六十六卷　(宋)程顥　(宋)程頤撰　(宋)朱熹輯　清同治十年(1871)六安求我齋金陵刻本　十六冊

410000－2202－0001167　301/012
張子全書十五卷　(宋)張載撰　清同治九年(1870)鳳翔張連科刻本　八冊

410000－2202－0001168　301/013
賈子新書十卷　(漢)賈誼撰　清光緒元年(1875)湖北崇文書局刻本　二冊

410000－2202－0001169　301/014
近思錄十四卷　(清)江永集注　清光緒二十年(1894)開封學署刻本　四冊

410000－2202－0001170　301/015
朱子原訂近思錄十四卷　(清)江永集注　清同治七年(1868)湖北崇文書局刻本　四冊

410000－2202－0001171　444/025－1
西瓜寶卷一卷　(□)□□撰　清同治十三年(1874)抄本　一冊

410000－2202－0001172　444/025－2
西瓜寶卷一卷　(□)□□撰　清劉文En抄本　一冊

410000－2202－0001173　444/027
妙音寶卷一卷　(□)□□撰　清道光十五年(1835)孫文斌抄本　一冊

410000－2202－0001174　444/032
忠孝寶卷一卷　(□)□□撰　清光緒五年(1879)許源昌抄本　一冊

410000－2202－0001175　444/033
忠義寶卷一卷　(□)□□撰　清抄光緒三十三年(1907)重修本　一冊

410000－2202－0001176　444/035－1
忠節寶卷一卷　（□）□□撰　清宣統元年(1909)抄本　一册

410000－2202－0001177　444/036
金開寶卷一卷　（□）□□撰　清宣統元年(1909)談潤德抄本　一册

410000－2202－0001178　444/042－1
顯映橋寶卷一卷　（□）□□撰　清光緒十四年(1888)符如松抄本　一册

410000－2202－0001179　444/045
純陽祖師二世因果寶卷一卷　（□）□□撰　清咸豐元年(1851)吳永和抄本　一册

410000－2202－0001180　444/046
退星寶卷一卷　（□）□□撰　清光緒三十年(1904)趙榮堂抄本　一册

410000－2202－0001181　444/047
庚申寶卷一卷　（□）□□撰　清光緒二年(1876)顔丕顯抄本　一册

410000－2202－0001182　444/048
唐僧寶卷一卷　（□）□□撰　清光緒三十三年(1907)吳四寶抄本　一册

410000－2202－0001183　444/049－1
齋僧寶卷一卷　（□）□□撰　清光緒元年(1875)許仁齋抄本　一册

410000－2202－0001184　444/049－2
齋僧寶卷一卷　（□）□□撰　清光緒二年(1876)薛近德抄本　一册

410000－2202－0001185　444/050
結緣寶卷一卷　（□）□□撰　清光緒二十八年(1902)黄清獻抄本　一册

410000－2202－0001186　444/054
梁山伯寶卷一卷　（□）□□撰　清光緒十二年(1886)趙康厚抄本　一册

410000－2202－0001187　444/056
絲絛寶卷一卷　（□）□□撰　清光緒十二年(1886)楊一卿抄本　一册

410000－2202－0001188　444/057－1
滚龍袍寶卷一卷　（□）□□撰　清光緒十八年(1892)董明坤抄本　一册

410000－2202－0001189　444/057－2
游龍寶卷一卷　（□）□□撰　清宣統元年(1909)談潤德抄本　一册

410000－2202－0001190　444/058－1
韓湘子寶卷二卷　（□）□□撰　清光緒二年(1876)蔣景藩抄本　一册

410000－2202－0001191　444/058－2
韓祖成仙寶卷二卷　（□）□□撰　清光緒九年(1883)刻本　一册

410000－2202－0001192　444/061
解辰星寶卷一卷　（□）□□撰　清奚烈記抄本　一册

410000－2202－0001193　444/063
福祿寶卷一卷　（□）□□撰　清光緒二十六年(1900)陳繼善抄本　一册

410000－2202－0001194　444/066
碧玉簪寶卷一卷　（□）□□撰　清光緒三十四年(1908)趙榮堂抄本　一册

410000－2202－0001195　301/016
五子近思錄十四卷　（清）汪佑編　清抄本　三册

410000－2202－0001196　444/068
釋迦文佛本行寶卷一卷　（□）□□撰　清嘉慶七年(1802)抄本　一册

410000－2202－0001197　444/069
殺狗勸夫寶卷一卷　（□）□□撰　清光緒十八年(1892)趙石壽抄本　一册

410000－2202－0001198　444/070
玉皇寶卷一卷　（□）□□撰　清道光十四年(1834)周大德抄本　一册

410000－2202－0001199　444/071－1
節義寶卷一卷　（□）□□撰　清抄民國元年(1912)陳繼善重修本　一册

410000－2202－0001200　444/071－2
節義寶卷一卷　(□)□□撰　清俞氏貽穀堂抄本　一冊

410000－2202－0001201　445/004
新刻毛巡按說唱鼓詞四卷　(□)□□撰　清綉文堂刻本　七冊

410000－2202－0001202　445/005
節孝格天一卷　(□)□□撰　清刻本　一冊

410000－2202－0001203　445/006
新刻紅燈記說唱鼓兒詞十二卷　(□)□□撰　清刻本　一冊

410000－2202－0001204　445/007
新刻書中書四卷　(□)□□撰　清刻本　一冊

410000－2202－0001205　301/017
廣近思錄一卷　(清)張伯行編　清光緒二十年(1894)開封河南學署刻本　一冊

410000－2202－0001206　446/001
九宮譜定十二卷總論一卷　題(清)東山釣史　(清)鴛湖逸者輯　清初刻本　十二冊

410000－2202－0001207　446/004
納書楹四夢全譜八卷　(清)葉堂訂　清乾隆五十七年(1792)刻本　八冊

410000－2202－0001208　446/005
納書楹紫釵記全譜二卷　(清)葉堂訂　清乾隆五十七年(1792)刻本　二冊

410000－2202－0001209　446/010
遏雲閣曲譜十九種　題(清)遏雲閣主編　清光緒十九年(1893)上海著易堂鉛印本　十冊

410000－2202－0001210　301/021
先儒趙子言行錄二卷　(元)趙復撰　(清)陳廷鈞纂述　(清)陳廷儒校編　清同治九年(1870)楚北崇文書局刻本　二冊

410000－2202－0001211　45/001
魏晉小說十卷　(□)□□撰　清抄本　十六冊

410000－2202－0001212　451/001
增補繪像山海經廣注十八卷　(晉)郭璞撰　(清)吳任臣注　清崇義書院刻本　八冊

410000－2202－0001213　451/002
山海經箋注十八卷　(晉)郭璞撰　(清)郝懿行注　清光緒郝聯薇刻本　四冊

410000－2202－0001214　451/003
山海經新校十八卷　(晉)郭璞撰　(清)畢沅校　清光緒三年(1877)浙江書局刻本　三冊

410000－2202－0001215　451/006
世說新語六卷　(南朝宋)劉義慶撰　(南朝梁)劉孝標注　清末刻本　六冊

410000－2202－0001216　451/009
世說新語補二十卷　(南朝宋)劉義慶撰　(明)何良俊增補　清乾隆二十七年(1762)黃汝林刻本　六冊

410000－2202－0001217　451/010
博異志一卷　(唐)鄭還古撰　(明)黃臣校　明刻本　一冊

410000－2202－0001218　451/011
太平廣記五百卷　(宋)李昉輯　清道光天都黃氏刻本　六十冊

410000－2202－0001219　451/013
酉陽雜俎二十卷續集十卷　(唐)段成式撰　明崇禎虞山毛氏汲古閣刻津逮祕書本　五冊　存二十卷(酉陽雜俎二十卷)

410000－2202－0001220　451/015
桯史十五卷　(宋)岳珂撰　明萬曆會稽商氏刻清康熙、乾隆遞修稗海本　三冊

410000－2202－0001221　451/017
夷堅志四集八十卷　(宋)洪邁撰　清光緒五年(1879)歸安陸氏十萬卷樓刻十萬卷樓叢書本　十二冊

410000－2202－0001222　451/019
智囊補二十八卷　(明)馮夢龍撰　清初刻本　七冊　存二十六卷(三至二十八)

410000－2202－0001223　451/020

剪燈新話二卷 (明)瞿祐撰 清刻本 六冊

410000－2202－0001224 451/021
聊齋志異新評十六卷 (清)蒲松齡撰 (清)呂湛恩注 清抄本 十八冊

410000－2202－0001225 451/024
聊齋志異新評十六卷 (清)蒲松齡撰 (清)但明倫評 清道光二十二年(1842)廣順但氏刻朱墨套印本 十六冊

410000－2202－0001226 451/025
批點聊齋志異十六卷 (清)蒲松齡撰 (清)何守奇批 清道光三年(1823)經國堂刻本 十六冊

410000－2202－0001227 451/027
寄園寄所寄十二卷 (清)趙吉士撰 清康熙刻本 八冊

410000－2202－0001228 451/028
板橋雜記三卷 (清)余懷撰 清光緒三十四年(1908)長沙葉氏刻本 一冊

410000－2202－0001229 451/029
閱微草堂筆記二十四卷 (清)紀昀撰 清嘉慶八年(1803)盛氏望益書屋刻本 十冊

410000－2202－0001230 451/030
閱微草堂筆記二十四卷 (清)紀昀撰 清嘉慶二十一年(1816)盛氏望益書屋刻本 十冊

410000－2202－0001231 451/031
槐西雜誌四卷 (清)紀昀撰 清道光十五年(1835)廣州財政司刻本 四冊

410000－2202－0001232 451/033
虞初新志二十卷 (清)張潮撰 清咸豐元年(1851)瑯環山館刻本 十二冊

410000－2202－0001233 451/034
池上草堂筆記八卷 (清)梁恭辰撰 清同治十二年(1873)豫章聽館主人南京刻本 八冊

410000－2202－0001234 451/035
兩般秋雨庵隨筆八卷 (清)梁紹壬撰 清大文堂刻本 八冊

410000－2202－0001235 451/036
金壺七墨十八卷 (清)黄均宰撰 清同治十二年(1873)比玉樓刻本 八冊

410000－2202－0001236 451/037
諧鐸十二卷 (清)沈起鳳撰 清藤花榭刻本 六冊

410000－2202－0001237 451/040
客窗閒話八卷續八卷 (清)吳熾昌撰 清光緒二年(1876)學庫山房刻本 八冊

410000－2202－0001238 451/041
夢厂雜著十卷 (清)俞蛟撰 清同治九年(1870)刻本 六冊

410000－2202－0001239 451/042
後聊齋志異圖說十二卷 (清)王韜撰 清光緒石印本 七冊

410000－2202－0001240 451/043
淞隱漫錄十二卷 (清)王韜撰 清光緒十三年(1887)上海點石齋石印本 四冊

410000－2202－0001241 451/044
淞隱漫錄十二卷 (清)王韜撰 清光緒十年(1884)石印本 二冊

410000－2202－0001242 451/045
燕山外史注釋八卷 (清)陳球撰 (清)若駁子(傅聲谷)輯注 清光緒三十二年(1906)上海海左書局石印本 一冊

410000－2202－0001243 451/046
希奇古怪四卷 (清)李慶辰著 清光緒鉛印本 四冊

410000－2202－0001244 451/052
汴京勼異記八卷 (明)李濂撰 清道光二十年(1840)蔡氏紫梨花館刻本 三冊 存五卷(一至二、六至八)

410000－2202－0001245 452/003
西湖佳話不分卷 題(清)墨浪子編 清乾隆五十一年(1786)大文堂刻本 六冊

410000－2202－0001246 301/022
程氏家塾讀書分年日程三卷綱領一卷 (元)

程端禮撰　清同治八年(1869)江蘇書局刻本　一册

410000－2202－0001247　301/025
薛文清公讀書錄十一卷續十二卷　(明)薛瑄撰　清刻本　六册

410000－2202－0001248　301/026
薛文清公讀書錄八卷　(明)薛瑄撰　(清)張伯行訂　清咸豐三年(1853)鄢陵書院刻本　四册

410000－2202－0001249　301/027
大學衍義四十三卷　(宋)真德秀撰　清光緒二十七年(1901)上海書局石印本　六册

410000－2202－0001250　301/031
閨範圖說四卷　(明)呂坤撰　清呂應菊刻本　六册

410000－2202－0001251　301/036
御纂性理精義十二卷　(清)李光地等撰　清末河南高等學堂鉛印本　六册

410000－2202－0001252　301/037
御纂性理精義十二卷　(清)李光地等撰　清刻本　二册　存六卷(三至八)

410000－2202－0001253　301/038
天中許子政學合一集四卷　(清)許三禮撰　清康熙刻清末重修本　四册

410000－2202－0001254　301/039
繹志十九卷　(清)胡諾撰　清同治十一年(1872)浙江書局刻本　八册

410000－2202－0001255　301/040
二曲集四十六卷　(清)李顒撰　清光緒三年(1877)彭懋謙信述堂刻本　十六册

410000－2202－0001256　301/041
二曲全集二十六卷　(清)李顒撰　清光緒二十六年(1900)湖南刻本　五册

410000－2202－0001257　301/047
續心影集四卷　(清)李世麟撰　清光緒二年(1876)蘭州郡署刻本　四册

410000－2202－0001258　301/048
潛室劄記二卷附錄一卷　(清)刁包撰　清道光二十三年(1843)祁陽順積樓刻本　四册

410000－2202－0001259　301/049
輶軒博記四卷　(清)邵松年撰　清光緒二十二年(1896)開封刻本　四册

410000－2202－0001260　301/050
東塾讀書記二十五卷　(清)陳澧撰　清光緒二十四年(1898)紉蘭書館刻本　四册　存十五卷(一至十二、十五至十六、二十一)

410000－2202－0001261　301/051
自勉編四卷　(清)秦篤新撰　清同治九年(1870)沈邱縣署刻本　二册

410000－2202－0001262　301/056
教學五書　(清)繆元益輯　清道光二十七年(1847)北京文榮堂刻本　四册　存七卷(讀書分年日程一至二,首一卷,人譜一卷,孝友堂家訓一卷,人譜類記一卷,湯文正公家書一卷)

410000－2202－0001263　301/057
陳文恭公五種遺規　(清)陳宏謀撰　清末掃葉山房石印本　四册

410000－2202－0001264　301/058
陳文恭公五種遺規　(清)陳宏謀撰　清道光十年(1830)培遠堂刻本　四册　存三種九卷

410000－2202－0001265　301/059
學仕遺規四卷　(清)陳宏謀撰　清光緒五年(1879)江蘇書局刻本　四册

410000－2202－0001266　301/060
訓俗遺規五卷在官法戒錄四卷　(清)陳宏謀撰　(清)華希閔重編　清培元堂刻本　五册

410000－2202－0001267　301/062
課子隨筆十卷　(清)張師載撰　清敬信齋抄本　十册

410000－2202－0001268　301/066
明夷待訪錄一卷　(清)黃宗羲撰　清光緒餘姚黃氏五桂樓刻本　一册

410000－2202－0001269　301/067
思舊錄一卷　(清)黄宗羲撰　清光緒餘姚黄氏五桂樓刻本　一册

410000－2202－0001270　301/068
呂近溪小兒語一卷　(明)呂德勝撰　清抄本　一册

410000－2202－0001271　301/069
三字經一卷　(宋)王應麟撰　清光緒三十二年(1906)刻本　一册

410000－2202－0001272　301/070
程式編三卷　(清)龔鼎元編　清同治十一年(1872)刻本　一册

410000－2202－0001273　301/071
宋元學案一百卷　(清)黄宗羲撰　清末上海文瑞樓石印本　三十一册

410000－2202－0001274　301/074
理學宗傳二十六卷　(清)孫奇逢撰　清光緒六年(1880)浙江書局刻本　十二册

410000－2202－0001275　301/074
理學宗傳二十六卷　(清)孫奇逢撰　清光緒六年(1880)浙江書局刻本　四册　存四卷(二十三至二十六)

410000－2202－0001276　301/076
小學金丹講義六卷　(清)陳選集注　清宣統二年(1910)懷慶四和堂刻本　五册

410000－2202－0001277　301/077
庭訓格言一卷　(清)聖祖玄燁撰　清末上海文瑞樓石印本　一册

410000－2202－0001278　301/079
求闕齋語摘錄一卷　(清)曾國藩撰　清末山西解梁書院刻本　一册

410000－2202－0001279　301/080
聰訓齋語二卷　(清)張英撰　清末山西解梁書院刻本　一册

410000－2202－0001280　301/081
志學編二卷　(清)余止寅撰　清光緒元年(1875)務本堂刻本　一册

410000－2202－0001281　301/083
疆善堂臆説一卷　(清)陳宗石撰　清商丘陳氏清芬堂刻本　一册

410000－2202－0001282　302/014
南華經解一卷　(清)宣穎撰　清經國堂刻本　六册

410000－2202－0001283　302/019
文子纘義十二卷　(宋)杜道堅撰　清光緒三年(1877)浙江書局刻本　二册

410000－2202－0001284　303/004
韓非子二十卷　(戰國)韓非撰　清寫刻本　八册

410000－2202－0001285　303/008
洗冤錄義證四卷　(宋)宋慈撰　(清)剛毅輯　清光緒十八年(1892)廣東撫署刻本　二册

410000－2202－0001286　303/009
審看擬式四卷　(清)剛毅撰　清光緒十五年(1889)江蘇書局刻本　一册　存二卷(一至二)

410000－2202－0001287　303/010
驚天雷六卷　(清)□□撰　清同治六年(1867)刻本　一册　存三卷(一至三)

410000－2202－0001288　303/012
韓非子集解二十卷　(清)王先慎撰　清光緒二十二年(1896)刻本　六册

410000－2202－0001289　304/006
水陸攻守戰略秘書七種　(清)澼絖道人編　清抄本　四册　存三種十七卷

410000－2202－0001290　304/007
練兵實紀九卷雜集六卷　(明)戚繼光撰　清嘉慶二十四年(1819)吴之勷刻本　六册

410000－2202－0001291　304/008
紀效新書十八卷　(明)戚繼光撰　清道光二十年(1840)山東布政使司刻本　六册

410000－2202－0001292　304/010
讀史兵略四十六卷　(清)胡林翼纂　清咸豐十一年(1861)武昌刻本　十六册

410000－2202－0001293　304/009
戊笈談兵十卷　(清)汪紱撰　清光緒二十一年(1895)刻本　八册

410000－2202－0001294　304/012
洴澼百金方十四卷　(清)袁宫桂輯　清道光刻本　七册

410000－2202－0001295　304/013
守城救命書一卷　(明)呂坤撰　清道光二十二年(1842)仕學齋刻本　一册

410000－2202－0001296　304/015
百將圖傳二卷　(清)丁日昌撰　清同治九年(1870)刻本　二册

410000－2202－0001297　304/016
歷代名將事略不分卷　(清)陳光憲編　清光緒三十年(1904)北洋武備研究所活字印本　二册

410000－2202－0001298　304/017
歷代名將事略二卷　(清)陳光憲編　清宣統元年(1909)北洋陸軍編譯局鉛印本　一册

410000－2202－0001299　304/018
水師操練十八卷首一卷附録一卷　(英國)戰船部著　(英國)傅蘭雅口譯　(清)徐建寅筆述　清刻本　三册

410000－2202－0001300　305/004
蠶桑萃編二十二卷　(清)衛傑撰　清光緒二十六年(1900)浙江書局刻本　八册

410000－2202－0001301　305/005
蠶桑輯要合編不分卷　(□)□□撰　清光緒六年(1880)開封河南蠶桑局刻本　二册

410000－2202－0001302　305/007
治蝗全法四卷　(清)顧彦撰　清光緒十四年(1888)刻本　一册

410000－2202－0001303　305/015
秘傳花鏡六卷　(清)陳淏子輯　清刻本　六册

410000－2202－0001304　306/007
醫宗必讀十卷　(明)李中梓撰　清初金閶王漢中刻本　十册

410000－2202－0001305　306/008
醫學五則　(清)廖雲溪撰　清光緒三年(1877)興發堂刻本　五册

410000－2202－0001306　306/009
中西匯通醫書五種　唐宗海撰　清光緒三十四年(1908)上海千頃堂書局石印本　十一册

410000－2202－0001307　306/012
御批醫宗金鑑九十卷　(清)吳謙等纂　清刻本　四册　存十三卷(六十四至七十六)

410000－2202－0001308　306/012
御批醫宗金鑑九十卷　(清)吳謙等纂　清刻本　三册　存九卷(六十一至六十九)

410000－2202－0001309　306/014
御纂醫宗金鑑九十卷　(清)吳謙等纂　清刻本　二十七册　存五十卷(十五至三十五、六十一至七十九、八十一至九十)

410000－2202－0001310　306/016
徐氏醫書八種　(清)徐大椿撰　清光緒四年(1878)上海掃葉山房刻本　八册

410000－2202－0001311　306/021
黄氏醫書八種　(清)黄元御撰　清咸豐十年(1860)燮龢精舍刻本　九册　存五種五十六卷

410000－2202－0001312　306/024
景岳全書六十四卷　(清)張介賓撰　清掃葉山房刻本　四十一册

410000－2202－0001313　306/027
黄帝内經素問九卷　(清)張志聰集注　清刻本　八册

410000－2202－0001314　306/028
靈樞經九卷　(清)張志聰集注　清刻本　八册

410000－2202－0001315　306/029
黄帝内經靈樞十二卷　(□)□□撰　清光緒上海圖書館鉛印本　二册

410000－2202－0001316　306/033
圖注八十一難經辨真四卷　(明)張世賢撰　清善成堂刻本　二冊

410000－2202－0001317　306/034
古本難經闡注二卷　(清)丁錦集注　清同治三年(1864)刻本　二冊

410000－2202－0001318　306/035
傷寒六書六卷　(明)陶華撰　清道光十三年(1833)文發堂刻本　四冊

410000－2202－0001319　306/036
傷寒貫珠集八卷　(清)尤怡撰　清蘇州綠潤堂刻本　四冊

410000－2202－0001320　306/037
傷寒來蘇集六卷　(清)柯琴編注　(清)馬驥校訂　清蘇州經義堂刻本　六冊

410000－2202－0001321　306/039
脈學奇經八脈考不分卷　(明)李時珍撰　清坊刻本　一冊

410000－2202－0001322　306/040
脈訣規正二卷　(明)李時珍撰　(清)沈鏡注　清善成堂刻本　二冊

410000－2202－0001323　306/041
儒門事親十五卷　(金)張從正撰　清宣統二年(1910)千頃堂書局石印本　六冊

410000－2202－0001324　306/043
溫病條辨六卷首一卷　(清)吳瑭撰　清道光十五年(1835)鶴皋葉氏刻本　六冊

410000－2202－0001325　306/044
溫病條辨六卷首一卷　(清)吳瑭撰　清光緒三十三年(1907)富記書室校刻本　六冊

410000－2202－0001326　306/045
溫病條辨六卷首一卷　(清)吳瑭撰　清光緒十九年(1893)上海圖書集成局鉛印本　四冊

410000－2202－0001327　306/046
壽世保元十卷　(明)龔廷賢撰　清經元堂刻本　十冊

410000－2202－0001328　306/047
廣達生編一卷　題(清)亟齋居士撰　清咸豐四年(1854)開封聚文齋刻本　一冊

410000－2202－0001329　306/048
濟陰綱目十四卷保生碎事一卷　(清)武之望撰　清裕德堂刻本　十二冊

410000－2202－0001330　306/056
喉科秘旨二卷　(清)張宗良等撰　清光緒十九年(1893)慎獨書屋刻本　二冊

410000－2202－0001331　306/058
女科二卷男科二卷產後編二卷　(清)傅山著　清光緒十二年(1886)澴川李氏森寶齋刻本　六冊

410000－2202－0001332　306/059
傅氏眼科審視瑤函六卷首一卷　(明)傅仁宇撰　清書業堂刻本　六冊

410000－2202－0001333　306/063
驚風辯證必讀書一卷　(清)莊一夔撰　清光緒二十七年(1901)上元方氏刻本　一冊

410000－2202－0001334　452/004
七真祖師列仙傳不分卷　(□)□□撰　清同治十二年(1873)西安義興堂刻本　一冊

410000－2202－0001335　452/005
呂祖全傳二卷　(清)汪象旭撰　清嘉慶十四年(1809)刻本　三冊

410000－2202－0001336　452/006
今古奇觀四十卷　題(明)抱甕老人撰　清同文堂刻本　十二冊

410000－2202－0001337　453/001
新評龍圖神斷公案十卷　(清)李贄評　清刻本(有圖)　五冊

410000－2202－0001338　454/001
新刻鍾伯敬先生批評封神演義一百回　(明)許仲琳撰　(明)鍾惺評　清善成堂刻本　二十冊

410000－2202－0001339　454/003
東周列國全志二十三卷一百八回　(明)馮夢

龍撰　(清)蔡元放(蔡昦)評　清善成堂刻本　二十册

410000－2202－0001340　454/004
東周列國全志二十三卷一百八回　(明)馮夢龍撰　(清)蔡元放(蔡昦)評　清文光堂刻本　二十三册

410000－2202－0001341　454/005
綉像東周列國全志二十三卷一百八回　(明)馮夢龍撰　(清)蔡元放(蔡昦)評　清咸豐二年(1852)金閶文瑞堂刻本　十二册

410000－2202－0001342　454/006
東周列國全志二十三卷一百八回　(明)馮夢龍撰　(清)蔡元放(蔡昦)評　清光緒十二年(1886)上海江左書林刻本　二十四册

410000－2202－0001343　454/007
繡像東周列國全志二十三卷一百八回　(明)馮夢龍撰　(清)蔡元放(蔡昦)評　清宏道堂刻本　十二册　存五十二回(一至五十二)

410000－2202－0001344　454/008
繡像東周列國志二十三卷一百八回　(明)馮夢龍撰　(清)蔡元放(蔡昦)評　清經元堂刻本　二十四册

410000－2202－0001345　454/012
新編批評後七國樂田演義十八回　(清)徐震撰　清文秀堂刻本　三册

410000－2202－0001346　454/013
繡像東西漢全傳十八卷　(明)□□撰　清經倫堂刻本　十四册

410000－2202－0001347　454/015
四大奇書第一種六十卷一百二十回　(明)羅貫中(羅本)撰　(清)毛宗崗評　清初芥子園刻本　三十册

410000－2202－0001348　454/016
四大奇書第一種五十一卷一百二十回　(明)羅貫中(羅本)撰　(清)毛宗崗評　清末刻本　五册　存九十八回(一至十六、三十九至一百二十)

410000－2202－0001349　454/017
四大奇書第一種五十一卷一百二十回　(明)羅貫中(羅本)撰　(清)毛宗崗評　清光緒三十三年(1907)澹雅書局刻本　二十册

410000－2202－0001350　454/019
新鍥重訂出像注釋通俗演義東西兩晉志傳十二卷　(明)陳氏尺蠖齋評釋　清繡谷周氏文藝堂刻本　八册

410000－2202－0001351　454/020
新鐫徐文長先生評隋唐演義十卷　(明)熊大木撰　(明)徐渭批評　清初武林刻本　十册

410000－2202－0001352　454/021
隋煬帝豔史四十回　題(明)齊東野人編　明末刻本　十二册

410000－2202－0001353　454/022
重刻繡像説唐演義全傳一百十八回　題(清)如蓮居士編　清嘉慶六年(1801)姑蘇會文堂刻本　十九册　存一百十一回(繡像説唐演義全傳一至十八、二十六至六十三,後傳五十五回)

410000－2202－0001354　454/023
重刻繡像説唐演義後傳五十五回　題(清)如蓮居士編　清姑蘇緑慎堂刻本　二册　存三十二回(一至三十二)

410000－2202－0001355　454/024
新刻增異説唐全傳十四卷六十八回後傳四卷十四回説唐薛家府傳六卷四十二回　題(清)如蓮居士編　清奎元堂刻本　二十册

410000－2202－0001356　454/025
異説後唐傳三集薛丁山征西樊梨花全傳十卷八十八回　題(清)中都逸叟編　清嘉慶二年(1797)奎元堂刻本　十册

410000－2202－0001357　454/026
異説後唐傳三集薛丁山征西樊梨花全傳十卷九十回　題(清)中都逸叟編　清同治四年(1865)連元閣刻本　十册

410000－2202－0001358　454/027

玉茗堂批點殘唐五代史演義傳二卷六十回 (明)羅本撰　清光緒十六年(1890)經元堂刻本　四冊

410000－2202－0001359　454/029
第五才子書十二卷一百二十回　(明)施耐庵撰　清嘉慶刻本　十二冊

410000－2202－0001360　454/031
繪圖增像第五才子書水滸全傳十卷七十回 (明)施耐庵撰　清光緒三十二年(1906)粵海書莊石印本　二冊

410000－2202－0001361　454/034
評論出像水滸傳二十卷七十回　(明)施耐庵撰　清刻本　二十冊

410000－2202－0001362　454/036
水滸後傳八卷四十回　(清)陳忱撰　清刻本　八冊

410000－2202－0001363　454/037
蕩寇志七十回　(清)俞萬春撰　清同治刻本　二十四冊

410000－2202－0001364　454/038
新鐫楊家府世代忠勇演義八卷　題(明)秦淮墨客校閱　清刻本　八冊

410000－2202－0001365　454/039
新鐫精忠演義說本岳王全傳二十八回　(清)錢彩撰　清掃葉山房刻本　十冊

410000－2202－0001366　454/040
新鋟異說五虎平西珍珠旗演義狄青前傳十四卷一百二十回　(□)□□撰　清奎璧堂刻本　六冊

410000－2202－0001367　454/041
新鋟後續繡像五虎平南狄青後傳六卷四十二回　(□)□□撰　清道光七年(1827)文瑞堂刻本　六冊

410000－2202－0001368　454/042
繡像京本雲合奇踪全傳十卷八十回　(明)徐渭編　清大道堂刻本　十冊

410000－2202－0001369　454/043
繡像京本雲合奇踪玉茗英烈全傳八十回 (明)徐渭編　清文盛堂刻本　十冊

410000－2202－0001370　454/044
繡像京本雲合奇踪玉茗英烈全傳十卷八十回 (明)徐渭編　清藻春堂刻本　十冊

410000－2202－0001371　454/045
續英烈傳五卷三十四回　題(明)空谷老人編　清集古齋刻本　四冊

410000－2202－0001372　454/046
西游真詮一百回　(明)吳承恩撰　(清)陳士斌詮解　清刻本　二十冊

410000－2202－0001373　454/047
西游真詮一百回　(明)吳承恩撰　(清)陳士斌詮解　清芥子園刻本　二十三冊　存九十二回(五至九十六)

410000－2202－0001374　454/051
新刻濟顛大師醉菩薩全傳四卷二十回　題(清)天花藏主人編　清刻本　四冊

410000－2202－0001375　454/028
漢宋奇書兩種　(明)施耐庵　(明)羅本撰　清刻本　二十四冊

410000－2202－0001376　454/052
升仙傳五十六回　(清)倚雲氏撰　清光緒二十五年(1899)文成堂刻本　八冊

410000－2202－0001377　454/053
繪圖鏡花緣一百回　(清)李汝珍撰　清光緒十四年(1888)上海點石齋石印本　六冊

410000－2202－0001378　454/054
綠野仙踪八十回　(清)李百川編　清道光十年(1830)刻本　二十冊

410000－2202－0001379　454/055
希夷夢四十卷　(清)王寄撰　清刻本　二十四冊

410000－2202－0001380　454/056
繡像綠牡丹全傳八卷六十四回　(□)□□撰　清刻本　六冊

410000－2202－0001381　454/057

粉妝樓八十回　題(清)竹溪山人撰　清刻本　十册

410000－2202－0001382　454/058

飛龍全傳六十回　(清)吳璿編　清嘉慶二年(1797)聚魁堂刻本　六册

410000－2202－0001383　454/059

飛跎全傳六十回　(清)鄒必顯撰　清同治十一年(1872)刻本　二册

410000－2202－0001384　454/060

新刻善惡圖全傳四十回　(□)□□撰　清頌德堂刻本　八册

410000－2202－0001385　454/061

原本海公大紅袍全傳六十回　(明)李春芳編　清道光二年(1822)經國堂刻本　十二册

410000－2202－0001386　454/063

臺灣外記三十卷　(清)江日昇撰　清光緒四年(1878)上海申報館鉛印申報館叢書本　六册

410000－2202－0001387　454/066

兒女英雄傳評話五十三回首一回　(清)文康撰　題(清)還讀我書室主人評　清刻本　二十册

410000－2202－0001388　454/068

批評第一奇書金瓶梅一百回　題(明)蘭陵笑笑生撰　(清)張竹坡評　清刻本　十六册

410000－2202－0001389　454/072

新刻天花藏批評玉嬌梨四卷二十回　題(清)荻岸散人編　清文光堂刻本　四册

410000－2202－0001390　454/073

新編玉蟾記五十三回　(清)崔象川撰　清刻本　六册

410000－2202－0001391　454/074

續金瓶梅十二卷六十四回　(清)丁耀亢撰　清刻本　十二册

410000－2202－0001392　454/076

英雲夢傳八卷十六回　題(清)九容樓主人松雲氏撰　清書業堂刻本　二册

410000－2202－0001393　454/081

後紅樓夢三十卷三十回附二卷　題(清)逍遙子撰　清刻本　十册

410000－2202－0001394　454/082

續紅樓夢三十卷三十回　(清)秦子忱撰　清嘉慶四年(1799)刻本　十二册

410000－2202－0001395　454/083

綺樓重夢四十八回　題(清)嶺南逸叟編　清末石印本　六册

410000－2202－0001396　454/084

紅樓後夢一百回　題(清)小和山樵南陽氏編　清刻本　二十三册

410000－2202－0001397　454/086

林蘭香八卷六十四回　題(清)隨緣下士撰　題(清)寄旅散人批點　清道光十八年(1838)刻本　十六册

410000－2202－0001398　454/087

第八才子書白圭志四卷十六回　(清)崔象川撰　清刻本　二册

410000－2202－0001399　454/088

金石緣全傳不分卷　題(清)静恬主人撰　清咸豐三年(1853)刻本　四册

410000－2202－0001400　454/089

金石緣全傳二十四回　題(清)静恬主人撰　清同治四年(1865)廣州古經閣刻本　四册

410000－2202－0001401　454/090

青樓夢六十四回　(清)俞達撰　清光緒四年(1878)上海申報館鉛印申報館叢書本　十册

410000－2202－0001402　454/091

海上塵天影六十四回　(清)鄒韜撰　清光緒三十年(1904)石印本　十二册

410000－2202－0001403　454/092

歧路燈十九卷一百四回　(清)李海觀撰　清安定筱齋主人抄本　十三册

410000－2202－0001404　454/094

改正繡像載陽堂意外緣四卷十六回 （清）□□撰 清末石印本 四册

410000－2202－0001405 454/095
雙鳳奇緣傳二十卷八十回 題（清）雪樵主人撰 清道光二十三年（1843）刻本 六册

410000－2202－0001406 454/096
糊塗世界十二回 （清）吳沃堯撰 清光緒三十二年（1906）上海繁華世界報館鉛印本 六册

410000－2202－0001407 454/097
好逑傳四卷十八回 題（清）名教中人撰 清獨處軒刻本 四册

410000－2202－0001408 454/107
繪圖新西遊記五回 （清）煮夢著 清宣統元年（1909）上海改良小說社鉛印本 一册

410000－2202－0001409 454/108
繪圖新水滸二十回 （清）陸士諤著 清宣統元年（1909）上海改良小說社鉛印本 四册

410000－2202－0001410 454/109
新貪歡報十四回 題（清）潭溪漁隱撰 清宣統二年（1910）上海萃英書局石印本 二册

410000－2202－0001411 46/002
四六叢話三十三卷附一卷 （清）孫梅輯 清光緒七年（1881）吳門汪氏刻本 十二册

410000－2202－0001412 46/003
苕溪漁隱叢話一百卷 （宋）胡仔撰 清耘經樓刻本 十册

410000－2202－0001413 46/004
聲調譜二卷續譜一卷談龍錄一卷 （清）趙執信撰 清乾隆雅雨堂刻本 二册

410000－2202－0001414 46/005
全唐詩話八卷 （宋）尤袤輯 （清）孫濤訂 清乾隆三十九年（1774）清芬樓刻本 四册

410000－2202－0001415 46/006
帶經堂詩話三十卷 （清）王士禛撰 清同治十二年（1873）廣州藏修堂刻本 十二册

410000－2202－0001416 46/007
雕蟲要語一卷 （清）柳文洙撰 清光緒十二年（1886）刻本 一册

410000－2202－0001417 46/008
而菴說唐詩二十二卷首一卷 （清）徐增撰 清康熙文茂堂刻本 五册

410000－2202－0001418 46/012
夢痴說夢二卷 （清）夢痴學人撰 清光緒十三年（1887）管可壽齋刻本 一册

410000－2202－0001419 46/014
藝苑名言八卷 （清）蔣瀾撰 清乾隆四十年（1775）懷谷軒刻本 四册

410000－2202－0001420 46/022
隨園詩話十四卷 （清）袁枚撰 清道光七年（1827）令德堂刻本 四册

410000－2202－0001421 46/023
隨園詩話十四卷補遺四卷 （清）袁枚撰 清刻本 四册

410000－2202－0001422 46/024
隨園詩話十二卷補遺十卷 （清）袁枚撰 清末上海掃葉山房石印本 四册

410000－2202－0001423 46/027
織餘瑣述一卷 （清）況卜娛撰 清光緒十一年（1885）活字印本 一册

410000－2202－0001424 46/028
新刻重校增補圖機活法詩學全書二十四卷 （明）王世貞校 （清）蔣先庚重訂 清本立堂刻本 二十四册

410000－2202－0001425 306/066
針灸易學二卷 （清）李守先撰 清嘉慶三年（1798）刻本 一册

410000－2202－0001426 306/069
重鐫本草醫方合編六卷 （清）汪昂撰 清三讓堂刻本 三册

410000－2202－0001427 306/070
重鐫本草醫方合編六卷 （清）汪昂撰 清宏盛堂刻本 六册

410000－2202－0001428　306/071
本草醫方合編六卷　(清)汪昂撰　清有益堂刻本　五册

410000－2202－0001429　306/074
嵩崖尊生書十五卷　(清)景日昣撰　清刻本　八册

410000－2202－0001430　306/075
嵩崖尊生書十五卷　(清)景日昣撰　清刻本　十四册　存十四卷(一至八、十至十五)

410000－2202－0001431　306/020
集驗良方拔萃二卷　(清)恬素氏輯　清道光三十年(1850)刻本　一册

410000－2202－0001432　306/084
本草問答二卷　唐宗海撰　清光緒三十四年(1908)上海千頃堂書局石印中西匯通醫書五種本　一册

410000－2202－0001433　306/085
續集驗方一卷　(清)盧蔭長輯　清光緒九年(1883)刻本　一册

410000－2202－0001434　306/086
西洋引痘四言脈訣合編二卷　(□)□□撰　清抄本　一册

410000－2202－0001435　306/087
婦科一卷　(□)□□撰　清抄本　一册

410000－2202－0001436　306/088
丹方匯編一卷　(□)□□撰　清抄本　一册

410000－2202－0001437　306/089
[醫方雜抄]一卷　(□)□□撰　清至民國抄本　五册

410000－2202－0001438　306/090
全體通考十八卷　(英國)德貞撰　清光緒十二年(1886)鉛印本　十二册

410000－2202－0001439　307/003
天文算學纂要二十卷　(清)陳松撰　清光緒十三年(1887)樹德堂刻本　二十四册

410000－2202－0001440　307/006
形學備旨十卷　(美國)狄考文選譯　(清)鄒立文筆述　清光緒二十三年(1897)上海美華書館鉛印本　二册

410000－2202－0001441　307/007
算法統宗大全四卷　(清)沈士桂撰　清光緒三十三年(1907)仁記書莊刻本　四册

410000－2202－0001442　307/008
代數術補式二十六卷　(英國)華里斯著　(清)解崇輝增訂　清光緒二十五年(1899)石印本　七册

410000－2202－0001443　307/009－1
見龍樓新較算法全書四卷　(□)□□撰　清刻本　一册

410000－2202－0001444　307/009－2
見龍樓新較算法全書四卷　(□)□□撰　清刻本　一册　存二卷(三至四)

410000－2202－0001445　307/011
最新注解筆算數學詳草十二章　(□)□□撰　清末石印本　一册　存四章(九至十二)

410000－2202－0001446　307/012
筆算數學二卷二十四章　(□)□□撰　清末鉛印本　一册　存十二章(十三至二十四)

410000－2202－0001447　308/007
書畫鑑影二十四卷　(清)李佐賢撰　清同治十年(1871)刻本　十二册

410000－2202－0001448　308/008
嶽雪樓書畫錄五卷　(清)孔廣陶等編　清光緒十五年(1889)三十有三萬卷堂刻本　五册

410000－2202－0001449　308/010
虛齋名畫錄十六卷　(清)龐元濟撰　清宣統元年(1909)刻本　十六册

410000－2202－0001450　308/023
國朝畫徵錄三卷續錄二卷　(清)張庚撰　清萃文書局刻本　三册

410000－2202－0001451　308/027
清霞館論畫絕句一卷　(清)吳修撰　清光緒二年(1876)葛氏嘯園刻本　一册

410000－2202－0001452　308.1/010
百蠻圖一卷　(清)黄士銓編　清乾隆四十九年(1784)稿本　二册

410000－2202－0001453　308.1/011
泛槎圖一卷續一卷　(清)張寶繪　清嘉慶二十四年(1819)羊城尚古齋刻本　四册

410000－2202－0001454　308.1/012
紉齋畫賸一卷　(清)陳允叔繪　清光緒二年(1876)陳氏得古歡室刻本　四册

410000－2202－0001455　308.1/015
芥子園畫傳五卷　(清)王概編　清刻本　五册

410000－2202－0001456　308.1/016
芥子園畫傳初集六卷二集九卷三集三卷增廣名家畫譜一卷　(清)王概編　(清)巢勛臨　清光緒十三年(1887)上海鴻文書局刻本　十册

410000－2202－0001457　308.1/019
御製耕織圖二卷　(清)焦秉貞繪　清光緒十二年(1886)上海點石齋石印本　一册

410000－2202－0001458　308.1/020
詩品畫譜大觀一卷　(清)諸乃方繪　清光緒十三年(1887)上海啟新書局石印本　二册

410000－2202－0001459　308.1/022
天樂圖一卷　(清)石成金繪　清刻本　一册

410000－2202－0001460　308.1/023
百美新詠圖傳四卷　(清)顏希源撰　(清)王翽繪　清嘉慶十年(1805)刻本　四册

410000－2202－0001461　308.1/024
歷代名媛圖説二卷　(明)汪□增輯　(明)仇英繪圖　清光緒五年(1879)上海點石齋石印本　二册

410000－2202－0001462　308.1/025
秦淮八艷圖詠一卷　(清)葉衍蘭繪　清光緒十八年(1892)廣州越華講院刻本　一册

410000－2202－0001463　308.1/026
吴友如畫寶十二集　(清)吴友如繪　清宣統元年(1909)上海點石齋石印本　二十七册

410000－2202－0001464　308.1/027
歷代畫像傳四卷　(清)丁善長繪　清光緒二十二年(1896)刻本　四册

410000－2202－0001465　308.1/028
墨蘭譜一卷　(清)陳逵繪　清嘉慶三年(1798)讀書齋刻本　二册

410000－2202－0001466　308.1/028
墨蘭譜一卷　(清)陳逵繪　清嘉慶三年(1798)讀書齋刻本　一册

410000－2202－0001467　308.1/029
紅樓夢圖詠一卷　(清)改琦繪　清光緒十年(1884)刻本　四册

410000－2202－0001468　308.1/033
聾道人百種詩箋一卷　(清)劉錫齡繪　清光緒榮寶齋刻本　一册

410000－2202－0001469　308.1/035
無雙譜一卷　(清)金史編繪　清乾隆五十九年(1794)刻本　一册

410000－2202－0001470　308.1/037
賞奇軒四種合編　(清)賞奇軒主人輯　清光緒刻本　四册

410000－2202－0001471　308.1/038
醉墨軒畫稿四卷　(清)胡郯卿繪　清宣統元年(1909)上海天寶書局石印本　一册

410000－2202－0001472　308.1/050
十竹齋書畫譜八集　(明)胡正言編　清光緒五年(1879)元和丘氏刻彩色套印本　八册

410000－2202－0001473　308.1/073
蘭石畫譜四卷　(清)吴煥采繪　清光緒二十年(1894)硯本草堂刻朱墨套印本　四册

410000－2202－0001474　308.1/075
五十三現觀世音菩提像一卷　清漣水蔣加錫刻本　一册

410000－2202－0001475　308.1/076
[乾隆木刻神佛像畫譜]一卷　清乾隆三十年

(1765)廣州海潼寺刻本　三十三葉

410000－2202－0001476　308.1/080
聖蹟圖一卷　清宣統元年(1909)曲阜孫慶堂石印本　四冊

410000－2202－0001477　308.2/005
書法正傳六卷　(清)蔣和撰　清光緒刻本　七冊

410000－2202－0001478　308.2/037
古今楹聯匯刻十二卷小傳二卷　(清)吳隱輯　清光緒三十二年(1906)西泠印社刻本　十四冊

410000－2202－0001479　308.2/077
八賢手札八卷　(清)曾國藩等書　清光緒十九年(1893)上海寶文書局石印本　一冊

410000－2202－0001480　308.2/078
八賢手札不分卷　(清)曾國藩等書　清光緒十年(1884)上海同文書局石印本　四冊

410000－2202－0001481　308.2/079
清照齋四體書法不分卷　(晉)王羲之輯　清楊氏刻本　一冊

410000－2202－0001482　308.2/089
小平安館存札不分卷　清光緒稿本　一冊

410000－2202－0001483　308.3/002
續印人傳八卷　(清)汪啟淑撰　**再續印人傳三卷補遺一卷**　(清)葉明撰　清宣統二年(1910)杭州西泠印社鉛印本　六冊

410000－2202－0001484　308.3/006
飛鴻堂印譜五集四十卷　(清)汪啟淑編　清石印本　二十冊

410000－2202－0001485　308.3/008
古梅閣仿完白山人印剩一卷續編一卷　(清)王爾度摹刻　清光緒十八年(1892)刻本　二冊

410000－2202－0001486　308.3/013
圖書譜一卷　(清)敬文藏　清鈐印本　一冊

410000－2202－0001487　308.3/022
篆學瑣著三十種　(清)顧湘輯　清道光二十年(1840)海虞顧氏刻本　十二冊

410000－2202－0001488　308.4/004
奚囊寸錦三卷　(清)張潮撰　清嘉慶二十五年(1820)揚州王從豫刻本　二冊

410000－2202－0001489　308.4/008
琴學叢書三十二卷　(清)楊宗稷撰　清宣統三年至民國十四年(1911－1925)九疑楊氏北京刻本　十四冊

410000－2202－0001490　308.4/009
五知齋琴譜一卷　(清)周魯封輯　清紅杏山房刻本　六冊

410000－2202－0001491　308.4/010
自遠堂琴譜十二卷　(清)吳仕伯輯　清嘉慶六年(1801)刻本　十二冊

410000－2202－0001492　308.4/012
楹聯叢話十二卷續話二卷　(清)梁章鉅輯　清道光二十六年(1846)刻本　六冊

410000－2202－0001493　309/002
奇器圖説三卷諸器圖説一卷　(明)王徵編繪　清道光十年(1830)來鹿堂刻本　四冊

410000－2202－0001494　309/009
古玉圖考一卷　(清)吳大澂撰　清光緒十五年(1889)上海同文書局石印本　二冊

410000－2202－0001495　309/012
佩文齋廣群芳譜一百卷　(清)汪灝等撰　清刻本　四十冊

410000－2202－0001496　310/002
鶡冠子三卷　(宋)陸佃解　清嘉慶九年(1804)經綸堂刻本　一冊

410000－2202－0001497　310/004
鬼谷子三卷　(南朝梁)陶宏景注　清嘉慶十年(1805)江都秦氏石硯齋刻本　二冊

410000－2202－0001498　310/008
呂氏春秋二十六卷　(戰國)呂不韋撰　(漢)高誘注　清光緒元年(1875)浙江書局刻二十二子本　六冊

410000－2202－0001499　310/011
淮南子二十一卷　(漢)劉安著　(明)吳勉學校　明刻本　六册

410000－2202－0001500　310/019
困學紀聞二十卷　(宋)王應麟撰　(清)何義門(何焯)校　清桐鄉汪垕刻本　六册

410000－2202－0001501　310/020
困學紀聞二十卷　(宋)王應麟撰　(清)翁元圻注　清光緒十五年(1889)汝南資善堂刻本　十六册

410000－2202－0001502　310/022
賓退録十卷　(宋)趙與時撰　清光緒江陰繆氏刻對雨樓叢書本　四册

410000－2202－0001503　310/024
野客叢書三十卷附録一卷　(宋)王楙撰　明萬曆會稽商氏半埜堂刻清康熙振鷺堂重編補修稗海本　八册

410000－2202－0001504　310/026
經史辨體一卷　(清)徐與喬輯　清稼史齋刻本　二十二册

410000－2202－0001505　310/027
經餘必讀八卷　(清)雷琳等輯　清嘉慶八年(1803)大中堂刻本　四册

410000－2202－0001506　310/028
經餘必讀續編八卷　(清)雷琳等輯　清嘉慶十一年(1806)致和堂刻本　四册

410000－2202－0001507　310/029
群書治要子鈔二卷　(唐)魏徵等輯　(清)蔣德鈞節編　清光緒湘鄉蔣氏龍安郡署刻本　一册

410000－2202－0001508　310/031
讀書雜志八十二卷餘編二卷　(清)王念孫撰　清同治九年(1870)金陵書局刻本　二十四册

410000－2202－0001509　310/032
陔餘叢考四十三卷　(清)趙翼撰　清湛貽堂刻本　十二册

410000－2202－0001510　310/033
諸子平議三十五卷　(清)俞樾撰　清湛貽堂刻本　十二册

410000－2202－0001511　310/036
弦雪居重訂遵生八牋十九卷目録一卷　(明)高濂撰　(明)鍾惺校　清道光十二年(1832)步月樓刻本　二十册

410000－2202－0001512　310/039
野記四卷　(明)祝允明撰　清同治十三年(1874)元和祝氏刻本　二册

410000－2202－0001513　310/040
媿林漫録二卷　(明)瞿式耜撰　清光緒十六年(1890)江蘇書局刻本　二册

410000－2202－0001514　310/044
池北偶談二十六卷　(清)王士禛撰　清王氏三槐堂刻本　十二册

410000－2202－0001515　310/046
札樸十卷　(清)桂馥撰　清嘉慶十八年(1813)小李山房刻本　八册

410000－2202－0001516　310/047
梁氏筆記一卷　(清)梁章鉅撰　清道光二十五年(1845)北東園刻本　十二册

410000－2202－0001517　310/048
浪跡續談八卷　(清)梁章鉅撰　清道光二十八年(1848)亦東園刻本　四册

410000－2202－0001518　310/049
制義叢話二十五卷　(清)梁章鉅撰　清咸豐元年(1851)知足知不足齋刻本　一册

410000－2202－0001519　310/050
履園叢話二十四卷　(清)錢詠撰　清道光十八年(1838)述古堂刻本　十二册

410000－2202－0001520　310/054
京澳纂聞十二卷　(清)張調元撰　清光緒七年(1881)滎陽孫欽昂刻本　八册

410000－2202－0001521　310/052
養吉齋叢録二十六卷餘録十卷　(清)吳振編　清光緒二十二年(1896)刻本　十八册

410000－2202－0001522　310/053
癸巳類稿十五卷　(清)俞正燮撰　清道光十三年(1833)求日益齋刻本　十二册

410000－2202－0001523　310/056
鷗陂漁話六卷　(清)葉廷琯撰　清同治八年(1869)蘇州謝文翰齋刻本　二册

410000－2202－0001524　310/059
京塵雜録四卷　(清)楊掌生撰　清光緒十二年(1886)上海同文書局石印本　二册

410000－2202－0001525　310/060
一夕話一卷　題(清)咄咄夫撰　題(清)咄咄子訂　清刻本　四册

410000－2202－0001526　310/061
通天曉十八卷　(清)衛濟餘撰　清道光二十二年(1842)經國堂刻本　六册

410000－2202－0001527　311/002
皇極經世六十卷　(宋)邵雍撰　清咸豐元年(1851)洛陽邵氏安樂窩刻本　十六册

410000－2202－0001528　311/004
薫風瑤琴實録　清宣統元年(1909)中州樂善書局刻本　五册　存五集(三至四、六至八)

410000－2202－0001529　311/005
啟悟集一卷　(清)釋智定編　清道光四年(1824)稿本　五册

410000－2202－0001530　311/008
地理須知統會不求人五卷　(清)吳以炌撰　清啟元堂刻本　二册

410000－2202－0001531　311/009
地理辨正五卷　(清)蔣平階撰　清文秀堂刻本　一册

410000－2202－0001532　311/010
地理辨正直解五卷　(清)蔣平階撰　(清)姜垚辨正　(清)無心道人(章仲山)增補　清道光三年(1823)經元堂刻本　三册

410000－2202－0001533　311/011
地理辨正疏五卷末一卷　(清)蔣平階撰　(清)張心言注疏　清道光九年(1829)培杏書屋刻本　四册

410000－2202－0001534　311/012
天元五歌闡義不分卷　(清)蔣平階撰　(清)無心道人(章仲山)注　清道光十六年(1836)經元堂刻本　二册

410000－2202－0001535　311/013
心眼指要四卷　(清)無心道人(章仲山)輯　清道光十六年(1836)經元堂刻本　二册

410000－2202－0001536　311/014
地理録要四卷　(清)蔣平階撰　清嘉慶二十一年(1816)兩儀堂刻本　四册

410000－2202－0001537　311/016
山洋指迷四卷　(明)周景一撰　清大文堂刻本　二册

410000－2202－0001538　311/017
乾坤法竅三卷　(清)范宜賓撰　清刻本　三册

410000－2202－0001539　311/018
入壙斷語一卷陽宅擇要一卷　清抄本　一册

410000－2202－0001540　311/019
撼龍經批註校補六卷疑龍經批註校補三卷　(唐)楊益撰　(清)寇宗集注　清末石印本　一册

410000－2202－0001541　311/020
地理五訣八卷　(清)趙廷棟撰　清末掃葉山房石印本　四册

410000－2202－0001542　311/022
地理清囊經解二卷續編一卷　(清)王宗臣撰　清刻本　一册

410000－2202－0001543　311/023
袁柳莊相法二卷　(明)袁珙撰　清愛日堂刻本　一册

410000－2202－0001544　311/024
新刻袁柳莊先生秘傳相法二卷　(明)袁珙撰　清善成堂刻本　一册

410000－2202－0001545　311/025

仕學備餘六卷　(清)紀大奎撰　清咸豐二年(1852)滁州馬永熾刻本　二册

410000－2202－0001546　311/029
新鐫許真君玉匣記增補諸家選擇日用通書六卷　(清)鄭漢編校　清鄭氏刻本　一册

410000－2202－0001547　311/033
三元總錄三卷　(明)柳洪泉撰　清道光三年(1823)崇文堂刻本　一册

410000－2202－0001548　311/034
斷易大全四卷梅花易數五卷　(宋)邵雍撰　清末石印本　五册

410000－2202－0001549　312.1/006
天目中峰和尚廣錄三十卷　(宋)釋慈寂撰　清光緒七年(1881)姑蘇刻經處刻本　六册

410000－2202－0001550　311/035
測字秘牒一卷　(清)程省撰　清道光四年(1824)百二漢鏡齋刻本　一册

410000－2202－0001551　311/039
增補善言雪心賦四卷　(唐)卜應天著　(清)孟浩天注　清同治十一年(1872)大文堂刻本　二册

410000－2202－0001552　311/042
奇門遁甲大全十二卷　(三國蜀)諸葛亮撰　清抄本　二十一册

410000－2202－0001553　312.1/006
天目中峰和尚廣錄三十卷　(宋)釋慈寂撰　清光緒七年(1881)姑蘇刻經處刻本　六册

410000－2202－0001554　312.1/008
神僧傳九卷　(明)成祖朱棣輯　清宣統元年(1909)常州天寧寺刻本　四册

410000－2202－0001555　312.1/010
竹窗隨筆一卷二筆二卷三筆一卷　(明)釋袾宏撰　清末揚州經院刻本　三册

410000－2202－0001556　312.1/016
金剛般若波羅密經一卷　清硃砂寫本　一册

410000－2202－0001557　312.1/021
牧牛圖附淨修指要雜說一卷　(明)釋袾宏撰　清光緒二十四年(1898)揚州衆香庵刻本　一册

410000－2202－0001558　312.1/026
大乘止觀釋要六卷　(明)釋智旭撰　清光緒二十二年(1896)丹徒李氏刻本　二册

410000－2202－0001559　312.1/027
大乘起信論二卷　(南朝梁)釋真諦等譯　清光緒二十四年(1898)金陵刻經處刻本　二册

410000－2202－0001560　312.1/028
大乘止觀法門四卷　(宋)釋思大撰　清光緒六年(1880)長沙刻經處石印本　一册

410000－2202－0001561　312.1/029
大悲神咒不分卷　(唐)釋伽梵達摩譯　清光緒十年(1884)同文書局石印本　一册

410000－2202－0001562　312.1/032
維摩詰所說經注八卷　(後秦)釋鳩摩羅什撰　(晉)釋僧肇譯　清光緒十三年(1887)金陵刻經處刻本　二册

410000－2202－0001563　312.1/033
大方廣圓覺羅了義經二卷　(唐)釋多羅撰　清同治八年(1869)金陵刻經處刻本　一册

410000－2202－0001564　312.1/035
佛教初學讀本不分卷　(清)楊文會撰　清光緒三十二年(1906)金陵刻經處刻本　一册

410000－2202－0001565　312.1/036
修習止觀坐禪法要二卷　(隋)釋智顗述　**六妙法門一卷**　(隋)釋智者述　清光緒二十九年(1903)金陵刻經處刻本　一册

410000－2202－0001566　312.1/037
淨業知津不分卷　(清)釋悟開撰　清同治十三年(1874)金陵刻經處刻本　一册

410000－2202－0001567　312.1/039
佛說長壽滅罪護諸童子陀羅尼經不分卷　(唐)佛陀波利譯　清宣統三年(1911)龍泉孤兒院石印本　一册

410000－2202－0001568　312.1/046

佛說四種　（宋）程輝等編　清同治九年(1870)金陵刻經處刻本　一册

410000－2202－0001569　312.1/051
六祖大師法寶壇經不分卷　（唐）釋法海等輯　清光緒三年(1877)北京永盛齋刻本　一册

410000－2202－0001570　312.1/052
彌陀經圓覺經御選語錄一卷　（後秦）釋鳩摩羅什等譯　清光緒二十九年(1903)北京漱潤齋刻本　一册

410000－2202－0001571　312.1/058
淨土聖賢錄九卷續錄四卷　（清）胡珽撰　清刻本　二册

410000－2202－0001572　312.2/003
抱朴子内篇四卷外篇四卷　（晉）葛洪撰（明）盧舜志校　清刻本　四册

410000－2202－0001573　312.2/004
關帝明聖經三卷　清光緒十六年(1890)開封聚文齋刻本　一册

410000－2202－0001574　312.2/008
繡增補搜神記一卷　明刻本　一册

410000－2202－0001575　312.2/009
神仙列傳三卷補遺一卷續傳三卷續補遺一卷　（清）張鶴撰　清光緒九年(1883)刻本　十册

410000－2202－0001576　312.2/010
歷代神仙通鑑二十二卷　（清）徐道等編　清刻本　二十四册

410000－2202－0001577　312.3/001
陰騭文圖說四卷帝君戒士子文一卷御虛階功過格一卷性天真境一卷欲海慈航一卷　（清）黄正元輯　清道光十七年(1837)晉文齋刻本　八册

410000－2202－0001578　312.3/003
御製勸善要言一卷　（清）世祖福臨撰　清光緒二十三年(1897)開封河南書局刻本　一册

410000－2202－0001579　312.3/005
至寶錄内編二卷外編二卷　題（清）凝瑞堂主人輯　清道光二十年(1840)羅氏思敬堂刻本　三册

410000－2202－0001580　312.3/005
至寶錄内編二卷外編二卷　題（清）凝瑞堂主人輯　清道光二十年(1840)羅氏思敬堂刻本　三册　存三卷(内編下、外編二卷)

410000－2202－0001581　312.3/011
桂宮梯六卷校勘滛書徵信錄一卷　（清）徐謙輯　清道光二十三年(1843)濟南華英齋刻本　五册

410000－2202－0001582　312.3/013
增訂敬信錄一卷　（清）周鼎臣輯　清光緒二十一年(1895)三友堂刻本　一册

410000－2202－0001583　313/004
古今圖書集成一萬卷　（清）蔣廷錫等纂　清光緒十年(1884)上海圖書集成局鉛印本　一千六百二十八册

410000－2202－0001584　313/007
子史精華一百六十卷　（清）吳襄等纂修　清光緒二十三年(1897)上海順成書局石印本　八册

410000－2202－0001585　313/008
三通序一卷　（唐）杜佑等纂　（清）康綸鈞編　清道光十年(1830)大梁書院刻本　三册

410000－2202－0001586　313/006
子史精華一百六十卷　（清）吳襄等纂修　清刻本　九十六册

410000－2202－0001587　313/009
三通序一卷　（唐）杜佑等纂　（清）康綸鈞編　清光緒十四年(1888)蔣氏求實齋刻本　二册

410000－2202－0001588　313/010
九通總目一卷　(□)□□輯　清光緒二十九年(1903)上海圖書集成局石印本　十四册

410000－2202－0001589　313/011
九通二千三百十五卷　（唐）杜佑等撰　清光緒二十七年(1901)上海圖書集成局鉛印本

二百八十二册

410000－2202－0001590　313/012
九通二千三百十五卷　（唐）杜佑等纂　清光緒二十八年(1902)上海鴻寶書局石印本　一百九十八册　存二千二百三十卷(通典二百卷,欽定通典考證一卷;通志一至二十四、四十二至二百,欽定通志考證三卷;文獻通考一至一百六十六、一百九十至三百四十八,欽定文獻通考考證三卷;欽定續通典一百五十卷;欽定續通志一至十七、三十四至七十八、九十七至六百四十;欽定續文獻通考二百五十卷;皇朝通典一百卷;皇朝通志十八至一百二十六;皇朝文獻通考三百卷)

410000－2202－0001591　313/017
玉海二百四卷　（宋）王應麟撰　清光緒十年(1884)成都王氏志古堂刻本　一百册

410000－2202－0001592　313/023
淵鑑類函四百五十卷目錄四卷　（清）張英等纂　清同治九年(1870)三元堂刻本　一百六十册

410000－2202－0001593　313/024
佩文韻府四百四十卷　（清）張玉書等撰　清光緒十二年(1886)上海點石齋石印本　六十册

410000－2202－0001594　313/025
歷代同姓名錄二十二卷　（清）劉長華撰　清光緒五年(1879)藜照軒刻本　七册

410000－2202－0001595　313/026
事類賦三十卷　（宋）吳淑撰　清劍光閣刻本　四册

410000－2202－0001596　313/027
廣事類賦四十卷　（清）華希閔撰　清嘉慶十三年(1808)文立堂刻本　十二册

410000－2202－0001597　313/028
重訂事類賦三十卷　（宋）吳淑撰　（明）華麟祥校　**廣事類賦四十卷**　（清）華希閔撰　清同治七年(1868)經綸堂刻本　十六册

410000－2202－0001598　313/029
增補事類統編九十三卷　（清）黄葆真編　清光緒十四年(1888)上海積山書局石印本　十二册

410000－2202－0001599　313/030
增補事類統編九十三卷　（清）黄葆真編　清經韻樓刻本　四十八册

410000－2202－0001600　313/031
增補事類統編九十三卷　（清）黄葆真編　清光緒十二年(1886)上海同文書局石印本　六册

410000－2202－0001601　313/032
四書人物類聯三十三卷　（清）閻其淵輯　清刻本　十册　存二十六卷(一至十七、二十至二十五、三十一至三十三)

410000－2202－0001602　313/033
四書人物類典串珠四十卷　（清）臧志仁編　清文會堂刻本　四册

410000－2202－0001603　313/033－2
四書人物類典串珠四十卷　（清）臧志仁編　清刻本　七册　存二十六卷(一至十七、二十至二十五、三十一至三十三)

410000－2202－0001604　313/034
經濟類考二卷　（清）顧九錫輯　清末廣槐堂鉛印本　四册

410000－2202－0001605　313/036
袖珍酬世錦囊全書四集　（清）鄒景揚纂輯　清宏德堂刻本　八册

410000－2202－0001606　313/037
詩韻合璧五卷　（清）余照輯　清光緒十三年(1887)廣百宋齋鉛印本　五册

410000－2202－0001607　313/037
詩韻合璧五卷　（清）余照輯　清光緒十三年(1887)廣百宋齋鉛印本　二册

410000－2202－0001608　313/039
詩韻集成十卷　（清）余照輯　清道光十八年(1838)刻本　二册

410000－2202－0001609　313/040
詩韻集成十卷　（清）余照輯　清同治十一年（1872）許昌同文堂刻本　四册

410000－2202－0001610　313/041
詩韻集成十卷　（清）余照輯　清光緒五年（1879）上海三元堂刻本　四册

410000－2202－0001611　313/042
類腋五十五卷補遺一卷　（清）姚培謙輯（清）張翰純補遺　清聚德堂刻本　十六册

410000－2202－0001612　313/043
文科大成四十卷補編二卷　題（清）冷香子編　清光緒七年（1881）尚友堂刻本　十册　存二十八卷（一至十三、十六至二十八，補遺二卷）

410000－2202－0001613　313/044
千金裘詩賦料初集二十七卷二集二十六卷（清）蔣義彬撰　清道光二十七年（1847）書業堂刻本　十册

410000－2202－0001614　313/046
壬寅官商快覽三百種　（清）甘眠羊編　清光緒二十八年（1902）上海絳雪齋石印本　一册

410000－2202－0001615　313/049
重鐫幼學須知句解四卷　（清）程允升撰（清）錢元龍校　清嘉慶六年（1801）上海掃葉山房刻本　四册

410000－2202－0001616　313/050
新增幼學故事瓊林四卷　（清）程允升撰（清）鄒聖脈增補　清同治十年（1871）文聖堂刻本　二册

410000－2202－0001617　313/051
新增幼學故事瓊林四卷　（清）程允升撰（清）鄒聖脈增補　清末善成堂刻本　二册

410000－2202－0001618　313/057
詩學含英十四卷　（清）劉文蔚輯　清嘉慶二十三年（1818）崇文堂刻本　一册　存七卷（一至七）

410000－2202－0001619　313/058
增廣留青新集二十四卷　（清）馮善長編　清光緒二十五年（1899）石印本　六册

410000－2202－0001620　313/059
龍文鞭影五卷　（明）蕭良有輯　（清）楊臣錚增訂　清光緒十三年（1887）寶興堂刻本　六册

河南省安陽市圖書館古籍普查登記目録

全國古籍普查登記目録

國家圖書館出版社
National Library of China Publishing House

全國古籍普查登記目録

古籍普查登記目録

西南交通大學圖書館

410000－2205－0000001　B1/1
重刊宋本十三經注疏附校勘記　(清)阮元撰校勘記　(清)盧宣旬摘錄　清同治十二年(1873)江西書局刻本　一百七十九册　缺八卷(論語注疏解經十七至二十、校勘記十七至二十)

410000－2205－0000002　B1/2
重刊宋本十三經注疏附校勘記　(清)阮元撰校勘記　(清)盧宣旬摘錄　清嘉慶二十年(1815)江西南昌府學刻本　一百十四册　存十種七百十卷

410000－2205－0000003　B1/3
重刊宋本十三經注疏附校勘記十三種附一種　(清)阮元撰校勘記　(清)盧宣旬摘錄　清光緒十三年(1887)脈望仙館石印本　三十二册

410000－2205－0000004　B1/4
十三經注疏并校勘記　(清)阮元撰校勘記　(清)盧宣旬摘錄　清光緒十三年(1887)點石齋石印本　五册　存三種三十二卷

410000－2205－0000005　B1/7
經苑　(清)錢儀吉輯　清道光、咸豐間大梁書院刻同治七年(1868)王儒行等印本　三十七册　存十六種一百二十四卷

410000－2205－0000006　B1/8
十三經注疏　清嘉慶三年(1798)金閶書業堂刻本　一百五十五册　存十二種三百十四卷

410000－2205－0000007　B2/1
周易四卷筮儀一卷卦歌一卷圖說一卷　(宋)朱熹本義　清同治十一年(1872)山東書局刻本　二册

410000－2205－0000008　B2/3
周易四卷圖說一卷卦歌一卷筮儀一卷　(宋)朱熹本義　清刻本　一册　存四卷(周易一、圖說一卷、卦歌一卷、筮儀一卷)

410000－2205－0000009　B2/4
周易四卷圖說一卷筮儀一卷　(宋)朱熹本義　畢公天校閱　清宣統二年(1910)上海廣益書局石印本　二册

410000－2205－0000010　B2/6
周易四卷筮儀一卷卦歌一卷圖目一卷　(宋)朱熹本義　清光緒三十三年(1907)寶興堂刻本　二册

410000－2205－0000011　B2/7
船山遺書　(清)王夫之撰　清刻本　一册　存二種五卷

410000－2205－0000012　B2/8
周易兼義九卷　(三國魏)王弼注　(唐)孔穎達正義　清嘉慶十八年(1813)四友堂刻本　四册

410000－2205－0000013　B2/9
周易卦象六卷占易祕解一卷　(清)張丙嚞輯　清光緒二十二年(1896)保陽刻本　七册

410000－2205－0000014　B2/10
周易來注十五卷首二卷　(明)來知德著　(明)史應選輯　(明)沈際飛訂異　明崇禎沈際飛刻本　七册　存十一卷(一至十一)

410000－2205－0000015　B2/14
寄傲山房塾課纂輯御案易經備旨七卷圖目一卷　(清)鄒聖脈纂輯　(清)鄒廷猷編次　清光緒六年(1880)掃葉山房刻本　六册

410000－2205－0000016　B2/15
參訂增補周易備旨一見能解七卷圖考一卷筮儀一卷　(明)黄淳耀撰　(明)嚴而寬增補　清光緒二十七年(1901)善成堂刻本　一册　缺六卷(二至七)

410000－2205－0000017　B2/20
御纂周易折中二十二卷首一卷　(清)李光地等撰　清刻本　六册　存十二卷(十一至二十二)

410000－2205－0000018　B2/21
御纂周易折中二十二卷首一卷　(清)李光地等撰　清光緒十四年(1888)戶部刻御纂七經本　九册　存二十一卷(一至七、十至二十二,首一卷)

410000－2205－0000019　B2/22

御纂周易折中二十二卷首一卷　（清）李光地等撰　清刻本　一冊　存二卷（十九至二十）

410000－2205－0000020　B2/23

易經體注大全會解四卷　（清）來爾繩纂輯　清乾隆四十八年（1783）刻本　二冊

410000－2205－0000021　B2/24

御纂周易折中二十二卷首一卷　（清）李光地等撰　清康熙五十五年（1716）江西官署刻乾隆四年（1739）印本　十八冊

410000－2205－0000022　B2/25

易經大全會解四卷　（清）來爾繩纂輯　清乾隆五十四年（1789）刻本　四冊

410000－2205－0000023　B3/1

書集傳六卷　（宋）蔡沈撰　清乾隆四十六年（1781）刻本　三冊　存四卷（一、四至六）

410000－2205－0000024　B3/2

書經六卷　（宋）蔡沈集傳　清光緒十四年（1888）文美齋刻本　四冊

410000－2205－0000025　B3/3

書經六卷　（宋）蔡沈集傳　清光緒十四年（1888）文美齋刻本　四冊

410000－2205－0000026　B3/4

書經六卷　（宋）蔡沈集傳　清光緒十六年（1890）桂垣書局刻本　四冊

410000－2205－0000027　B3/5

書集傳六卷　（宋）蔡沈撰　清光緒十九年（1893）鮑乾元刻本　四冊

410000－2205－0000028　B3/6

書集傳六卷　（宋）蔡沈撰　清光緒十九年（1893）寶興堂刻本　四冊

410000－2205－0000029　B3/10

書經六卷首一卷末一卷　（宋）蔡沈集傳　清光緒七年（1881）金陵書局刻本　四冊

410000－2205－0000030　B3/11

書集傳六卷書序一卷問答一卷　（宋）蔡沈撰　清光緒十七年（1891）刻本　六冊

410000－2205－0000031　B3/12

書經闡註圖考合編六卷　（清）王步青輯注　清咸豐十年（1860）刻本　四冊

410000－2205－0000032　B3/13

書經體註大全合параметр六卷圖考一卷　（清）錢希祥纂輯　清光緒十九年（1893）刻本　四冊

410000－2205－0000033　B3/14

書經體註大全合叅六卷圖考一卷　（清）錢希祥纂輯　清光緒十年（1884）善成堂刻本　四冊

410000－2205－0000034　B3/15

書經體註大全合叅六卷圖考一卷　（清）錢希祥纂輯　清光緒十年（1884）善成堂刻本　四冊

410000－2205－0000035　B3/16

書經體註大全合叅六卷圖考一卷　（清）錢希祥纂輯　清光緒刻本　一冊　存二卷（五至六）

410000－2205－0000036　B3/18

欽定書經傳説彙纂二十一卷首二卷書序一卷　（清）王頊齡等撰　清光緒十四年（1888）戶部刻御纂七經本　十二冊

410000－2205－0000037　B3/20

新刻書經備旨善本輯要六卷　（清）馬大猷輯　清光緒三十年（1904）寶興堂刻本　五冊

410000－2205－0000038　B3/21

尚書離句六卷　（清）錢在培輯解　清光緒刻本　四冊

410000－2205－0000039　B3/23

郝氏遺書三十三種　（清）郝懿行撰　清嘉慶至光緒間刻本　三冊　存二種三卷

410000－2205－0000040　B3/24

附釋音尚書注疏二十卷　（漢）孔安國撰　（唐）陸德明音義　（唐）孔穎達疏　**校勘記二十卷**　（清）阮元撰　（清）盧宣旬摘錄　清嘉慶二十年（1815）南昌府學刻重刊宋本十三經注疏附校勘記本　六冊

410000－2205－0000041　B3/25
附釋音尚書注疏二十卷　(漢)孔安國撰　(唐)陸德明音義　(唐)孔穎達疏　**校勘記二十卷**　(清)阮元撰　(清)盧宣旬摘錄　清同治十二年(1873)江西書局刻重刊宋本十三經注疏附校勘記本　一冊　存八卷(一至四、校勘記一至四)

410000－2205－0000042　B3/26
書經體註大全合衆六卷　(清)錢希祥纂輯　清同治五年(1866)大文堂刻本　四冊

410000－2205－0000043　B3/27
書經六卷　(宋)蔡沈集傳　清乾隆四十四年(1779)聚元堂刻本　四冊

410000－2205－0000044　B4/2
詩經八卷序辨說一卷　(宋)朱熹集傳　清光緒七年(1881)金陵書局刻本　五冊

410000－2205－0000045　B4/3
詩經八卷序辨說一卷　(宋)朱熹集傳　清光緒二十二年(1896)金陵書局刻本　四冊

410000－2205－0000046　B4/8
詩經八卷　(宋)朱熹集傳　清宣統三年(1911)石印本　四冊

410000－2205－0000047　B4/18
御纂詩義折中二十卷　(清)陳兆崙等撰　清寶興堂刻本　六冊

410000－2205－0000048　B4/19
御纂詩義折中二十卷　(清)陳兆崙等撰　清寶興堂刻本　六冊

410000－2205－0000049　B4/20
詩經融註大全體要八卷　(清)高朝瓔定　(清)沈世楷輯　清光緒十三年(1887)書業德記刻本　四冊

410000－2205－0000050　B4/22
詩經融註大全體要八卷　(清)高朝瓔定　(清)沈世楷輯　清刻本　一冊　存三卷(六至八)

410000－2205－0000051　B4/23
御案詩經備旨八卷　(清)鄒聖脉纂輯　清刻本　一冊　存二卷(一至二)

410000－2205－0000052　B4/24
御案詩經備旨八卷　(清)鄒聖脉纂輯　清光緒二十四年(1898)寶興堂刻本　六冊

410000－2205－0000053　B4/25
詩經嗜鳳詳解八卷圖說一卷　(清)陳抒孝輯著　(清)汪基增訂　清光緒十七年(1891)寶興堂刻本　六冊

410000－2205－0000054　B4/26
詩經嗜鳳詳解八卷圖說一卷　(清)陳抒孝輯著　(清)汪基增訂　清刻本　三冊　存六卷(一至四、六,圖說一卷)

410000－2205－0000055　B4/27
詩問七卷　(清)郝懿行撰　清光緒八年(1882)東路廳署刻郝氏遺書本　六冊

410000－2205－0000056　B4/30
詩古微十五卷首一卷　(清)魏源撰　清光緒十三年(1887)刻本　十冊

410000－2205－0000057　B4/32
御纂詩義折中二十卷　(清)陳兆崙等撰　清刻本　一冊　存四卷(一至四)

410000－2205－0000058　B4/34
新增詩經補註附考備旨八卷　(清)鄒聖脉纂輯　清刻本　六冊

410000－2205－0000059　B4/35
詩經八卷　(宋)朱熹集傳　清刻本　四冊

410000－2205－0000060　B51/1
周禮六卷　(漢)鄭康成(鄭玄)注　(唐)陸德明音義　清同治十一年(1872)刻本　六冊

410000－2205－0000061　B51/2
周禮音訓不分卷　(清)楊國楨撰　清道光十年(1830)大梁書院刻十一經音訓本　二冊

410000－2205－0000062　B51/3
附釋音周禮注疏四十二卷　(漢)鄭玄注　(唐)陸德明音義　(唐)賈公彥疏　**校勘記四十二卷**　(清)阮元撰　(清)盧宣旬摘錄　清

嘉慶二十年(1815)南昌府學刻重刊宋本十三經注疏附校勘記本　九冊　存三十六卷(七至二十四、校勘記七至二十四)

410000－2205－0000063　B52/1
儀禮十七卷監本正誤一卷石本誤字一卷　(漢)鄭氏注　(清)張爾岐句讀　清同治十一年(1872)山東書局刻本　六冊

410000－2205－0000064　B52/2
欽定儀禮義疏四十八卷首二卷　(清)允祿等撰　清光緒十四年(1888)戶部刻御纂七經本　二十八冊

410000－2205－0000065　B52/3
欽定儀禮義疏四十八卷首二卷　(清)允祿等撰　清刻本　二十一冊　存三十二卷(九至十六、二十五至四十八)

410000－2205－0000066　B52/4
讀禮通考一百二十卷　(清)徐乾學撰　清光緒七年(1881)江蘇書局刻本　三十二冊

410000－2205－0000067　B53/1
禮記十卷　(元)陳澔集說　清光緒十九年(1893)江南書局刻本　十冊

410000－2205－0000068　B53/2
禮記十卷　(元)陳澔集說　清同治五年(1866)金陵書局刻十三經讀本本　十冊

410000－2205－0000069　B53/3
禮記十卷　(元)陳澔集說　清刻本　五冊　存五卷(六至十)

410000－2205－0000070　B53/4
禮記十卷　(元)陳澔集說　清光緒十二年(1886)寶興堂刻本　十冊

410000－2205－0000071　B53/5
禮記十卷　(元)陳澔集說　清光緒十二年(1886)寶興堂刻本　十冊

410000－2205－0000072　B53/6
禮記十卷　(元)陳澔集說　清刻本　一冊　存一卷(四)

410000－2205－0000073　B53/9
禮記章句四十九卷　(清)王夫之撰　清光緒十一年(1885)刻本　十六冊

410000－2205－0000074　B53/10
欽定禮記義疏八十二卷首一卷　(清)允祿等撰　清光緒十四年(1888)戶部刻御纂七經本　三十一冊　缺三卷(六十三至六十五)

410000－2205－0000075　B53/11
欽定禮記義疏八十二卷首一卷　(清)允祿等撰　清刻本　十八冊　存三十一卷(四十二至五十二、六十三至八十二)

410000－2205－0000076　B53/12
欽定禮記義疏八十二卷首一卷　(清)允祿等撰　清光緒三十年(1904)上海育文書局石印本　三冊　存三十八卷(一至十一、五十七至八十二,首一卷)

410000－2205－0000077　B53/13
潄芳軒合纂禮記體注四卷　(清)范翔參訂　清寶興堂刻本　四冊

410000－2205－0000078　B53/14
禮記體註大全四卷　(清)范紫登(范翔)鑒定　(清)徐旦參訂　清善成堂刻本　四冊

410000－2205－0000079　B53/15
禮記增訂旁訓六卷　(清)徐立綱撰　清乾隆四十七年(1782)刻本　五冊

410000－2205－0000080　B53/16
禮記增訂旁訓六卷　(清)徐立綱撰　清刻本　三冊

410000－2205－0000081　B53/17
禮記注疏六十三卷　(漢)鄭玄註　(唐)孔穎達疏　清刻本　十一冊　存二十六卷(一至十二、二十七至四十)

410000－2205－0000082　B53/18
附釋音禮記注疏六十三卷　(漢)鄭玄注　(唐)陸德明音義　(唐)孔穎達疏　**校勘記六十三卷**　(清)阮元撰　(清)盧宣旬摘錄　清嘉慶二十年(1815)南昌府學刻重刊宋本十三經注疏附校勘記本　九冊　存三十六卷(二

十至三十七、校勘記二十至三十七)

410000－2205－0000083　B54/1
三禮義證十二卷　(清)武億著　清道光二十三年(1843)刻本　二冊

410000－2205－0000084　B54/2
三禮義證十二卷　(清)武億著　清道光二十三年(1843)刻本　二冊

410000－2205－0000085　B55/1
五禮通考二百六十二卷首四卷　(清)秦蕙田編輯　清光緒六年(1880)江蘇書局刻本　一百冊

410000－2205－0000086　B56/2
文公家禮七卷　(宋)朱熹撰　清康熙五十四年(1715)刻本　六冊

410000－2205－0000087　B56/3
文公家禮儀節八卷　(宋)朱熹編　(明)楊慎輯　清刻本　四冊

410000－2205－0000088　B56/4
朱子家禮十卷首一卷　(明)丘濬輯　清嘉慶十四年(1809)寶寧堂刻本　六冊

410000－2205－0000089　B61/1
曲江書屋新訂批注左傳快讀十八卷首一卷　(清)李紹崧選訂　清三讓堂刻本　十二冊

410000－2205－0000090　B61/2
曲江書屋新訂批注左傳快讀十八卷首一卷　(清)李紹崧選訂　清大文堂刻本　十五冊　存十八卷(一至九、十一至十八,首一卷)

410000－2205－0000091　B61/3
曲江書屋新訂批注左傳快讀十八卷首一卷　(清)李紹崧選訂　清刻本　十三冊　存十六卷(一至七、十一至十八,首一卷)

410000－2205－0000092　B61/10
太史張天如詳節春秋綱目左傳句解六卷　(清)韓菼重訂　清光緒四年(1878)有益堂刻本　六冊

410000－2205－0000093　B61/11
太史張天如詳節春秋綱目左傳句解六卷　(清)韓菼重訂　清敬文堂刻本　六冊

410000－2205－0000094　B61/12
太史張天如詳節春秋綱目左傳句解六卷　(清)韓菼重訂　清光緒寶興堂刻本　六冊

410000－2205－0000095　B61/17
批點春秋左傳綱目句解彙雋六卷　(清)韓菼重訂　清刻本　二冊　存二卷(四、六)

410000－2205－0000096　B61/19
讀左補義五十卷首二卷　(清)姜炳璋輯　清乾隆刻本　十二冊　存三十一卷(一、十五至十七、二十六至五十,首二卷)

410000－2205－0000097　C8/7
文獻通考三百四十八卷首一卷　(元)馬端臨著　明嘉靖馮天馭刻本　一百冊

410000－2205－0000098　E1/2
晚邨先生八家古文精選八卷　(清)呂留良選　清刻本　四冊

410000－2205－0000099　C13/18
三國志六十五卷　(晉)陳壽撰述　(南朝宋)裴松之集註　(明)陳仁錫評閲　明天啓六年(1626)刻本　十二冊

410000－2205－0000100　C21/49
綱鑑大全三十九卷首一卷　(明)王世貞會纂　明刻本　四十冊

410000－2205－0000101　C3/7
綏寇紀畧十二卷　(清)吳偉業纂輯　清康熙十三年(1674)鄒式金刻本　四冊

410000－2205－0000102　C8/32
實政錄九卷　(明)呂坤撰　明萬曆二十六年(1598)趙文炳刻本　十冊　存七卷(一至七)

410000－2205－0000103　D96/14
唐類函二百卷目錄二卷　(明)俞安期彙纂　明萬曆三十一年(1603)刻四十六年(1618)重修本　六十冊

410000－2205－0000104　C4/32
季漢書六十卷正論一卷答問一卷　(明)謝陛撰　(明)鍾人傑教　明末鍾人傑刻本　二

十冊

410000－2205－0000105　D93/38
邛竹杖七卷　(清)施男著　清初留髧堂刻本　七冊

410000－2205－0000106　E7/10
新刊名世文宗三十卷　(明)胡時化選輯　明萬曆八年(1580)刻本　十二冊

410000－2205－0000107　E37/57
望溪集不分卷　(清)方苞撰　(清)王兆符　(清)程崟輯　清乾隆十一年(1746)程崟刻本　六冊

410000－2205－0000108　E3.7/50
寒松堂全集十二卷　(清)魏象樞著　清康熙刻本　九冊　存九卷(三至四、六至十二)

410000－2205－0000109　C5/23
忠武祠墓志七卷首一卷末一卷　(清)虚白道人(李復心)彙輯　清同治五年(1866)刻本　四冊

410000－2205－0000110　E64/22
飛龍傳六十回　(清)吳璿刪定　清乾隆刻本　二十冊

410000－2205－0000111　B2/2
周易四卷圖說一卷新增圖說一卷卦歌一卷　(宋)朱熹本義　清光緒元年(1875)刻本　二冊

410000－2205－0000112　B3/19
欽定書經傳說彙纂二十一卷首二卷書序一卷　(清)王頊齡等撰　清光緒十四年(1888)戶部刻御纂七經本　一冊　存二卷(首二卷)

410000－2205－0000113　B4/10
詩集傳八卷　(宋)朱熹撰　清京都刻本　二冊　存五卷(一至二、六至八)

410000－2205－0000114　B4/15
御纂詩義折中二十卷　(清)陳兆崙等撰　清刻本　五冊　存十六卷(一至六、十一至二十)

410000－2205－0000115　B4/16
御纂詩義折中二十卷　(清)陳兆崙等撰　清刻本　六冊

410000－2205－0000116　B4/17
御纂詩義折中二十卷　(清)陳兆崙等撰　清刻本　十二冊

410000－2205－0000117　B61/10(2)
太史張天如詳節春秋綱目左傳句解六卷　(清)韓菼重訂　清光緒四年(1878)有益堂刻本　六冊

410000－2205－0000118　B56/3(2)
文公家禮儀節八卷　(宋)朱熹編　(明)楊慎輯　清刻本　四冊

410000－2205－0000119　B3/20(2)
新刻書經備旨善本輯要六卷　(清)馬大猷輯　清光緒三十年(1904)寶興堂刻本　五冊

410000－2205－0000120　B3/10(2)
書經六卷首一卷末一卷　(宋)蔡沈集傳　清光緒七年(1881)金陵書局刻本　四冊

410000－2205－0000121　B3/13(2)
書經體註大全合參六卷圖考一卷　(清)錢希祥纂輯　清光緒十九年(1893)刻本　四冊

410000－2205－0000122　B4/25(2)
詩經喈鳳詳解八卷圖說一卷　(清)陳抒孝輯著　清光緒十七年(1891)寶興堂刻本　六冊

410000－2205－0000123　B4/20(2)
詩經融註大全體要八卷　(清)高朝瓔定　(清)沈世楷輯　清光緒十三年(1887)書業德記刻本　四冊

410000－2205－0000124　B2/16
易經十二卷首一卷末一卷　(宋)朱熹本義　清同治四年(1865)金陵書局刻十三經讀本本　二冊

410000－2205－0000125　B2/17
易說十二卷便錄一卷　(清)郝懿行學　清光緒八年(1882)東路廳署刻郝氏遺書本　四冊

410000－2205－0000126　B53/13(2)
湫芳軒合纂禮記體注四卷　(清)范翔參訂

清寶興堂刻本　四冊

410000－2205－0000127　B4/28
欽定詩經傳說彙纂二十一卷首二卷詩序二卷　（清）王鴻緒等撰　清光緒十四年（1888）戶部刻御纂七經本　十六冊

410000－2205－0000128　B53/4(2)
禮記十卷　（元）陳澔集說　清光緒十二年（1886）寶興堂刻本　十冊

410000－2205－0000129　B61/21
讀左補義五十卷首一卷　（清）姜炳璋輯　清末善成堂刻本　十六冊

410000－2205－0000130　B61/22
左繡三十卷首一卷　（清）馮李驊　（清）陸浩評輯　清乾隆二年（1737）刻本　八冊　存十六卷（一至十五、首一卷）

410000－2205－0000131　B61/20
讀左補義五十卷首一卷　（清）姜炳璋輯　清光緒三十年（1904）刻本　十六冊

410000－2205－0000132　B61/23
左繡三十卷首一卷　（清）馮李驊　（清）陸浩評輯　清刻本　七冊　存十五卷（十六至三十）

410000－2205－0000133　B61/24
欽定春秋左傳讀本三十卷　（清）英和等纂輯　清同治十一年（1872）刻本　十六冊

410000－2205－0000134　B61/25
春秋左氏傳賈服注輯述二十卷　（清）李貽德學　清同治五年（1866）刻本　六冊

410000－2205－0000135　B61/26
春秋左傳杜注三十卷首一卷　（清）姚培謙學　清同治五年（1866）刻本　十冊

410000－2205－0000136　B61/27
春秋左傳杜注三十卷首一卷　（清）姚培謙學　清光緒二十二年（1896）刻本　十六冊

410000－2205－0000137　B61/28
春秋左傳杜注三十卷首一卷　（清）姚培謙學　清刻本　五冊　存十五卷（八至二十二）

410000－2205－0000138　B61/29
春秋左傳綱目杜林詳註十四卷首一卷　（明）張岐然編輯　清光緒二十四年（1898）刻本　一冊　存二卷（一、首一卷）

410000－2205－0000139　B61/30
春秋左傳五十卷　（晉）杜預　（宋）林堯叟註釋　（唐）陸德明音義　清道光二十年（1840）刻本　五冊　存十四卷（一至二、二十一至二十九、四十五至四十七）

410000－2205－0000140　B61/34
太史張天如詳節春秋綱目左傳句解六卷　（清）韓菼重訂　清刻本　六冊

410000－2205－0000141　B61/37
如西所刻諸名家評點春秋綱目左傳句解彙雋六卷　（清）韓菼重訂　清光緒十年（1884）刻本　六冊

410000－2205－0000142　B61/36
太史張天如詳節春秋綱目左傳句解六卷　（清）韓菼重訂　清光緒刻本　六冊

410000－2205－0000143　B61/35
左傳易讀六卷　（清）司徒修輯　清光緒七年（1881）刻本　三冊

410000－2205－0000144　B61/33
春秋左傳注疏三十六卷　（晉）杜預註　（唐）孔穎達疏　清刻本　六冊　存十五卷（一至十五）

410000－2205－0000145　B61/32
春秋左傳三十卷首一卷　（晉）杜預注　（宋）林堯叟附註　（唐）陸德明音釋　（清）馮李驊集解　清光緒十二年（1886）刻本　九冊　存二十四卷（一至八、十二至二十六，首一卷）

410000－2205－0000146　B64/1
欽定春秋傳說彙纂三十八卷首二卷　（清）王掞等撰　清刻本　四冊　存九卷（八至十六）

410000－2205－0000147　B63/1
春秋穀梁注疏二十卷　（晉）范甯集解　（唐）陸德明音義　（唐）楊士勛疏　清刻本　五冊

410000－2205－0000148　B62/2
春秋公羊禮疏十一卷　(清)淩曙學　清光緒九年(1883)歸安姚氏刻咫進齋叢書本　一冊　存八卷(四至十一)

410000－2205－0000149　B62/3
公羊傳鈔一卷　(清)高梅亭集評　清乾隆五十三年(1788)刻本　一冊

410000－2205－0000150　B62/1
春秋公羊註疏二十八卷　(漢)何休注　(唐)陸德明音義　(□)□□疏　清刻本　八冊

410000－2205－0000151　B64/6
公羊傳選一卷穀梁傳選一卷　(清)儲欣評　清尺木堂刻本　一冊

410000－2205－0000152　B64/4
郝氏遺書三十三種　(清)郝懿行撰　清嘉慶至光緒間刻本　四冊　存二種十四卷

410000－2205－0000153　B64/5
春秋歸義十卷　(明)賀仲軾著　清末刻本　七冊　存七卷(三至五、七至十)

410000－2205－0000154　B64/3
董子春秋繁露十七卷　(漢)董仲舒撰　**附錄一卷**　清光緒二年(1876)浙江書局刻二十二子本　二冊

410000－2205－0000155　B64/2
春秋十六卷首一卷　(清)□□輯　**陸氏三傳釋文音義十六卷**　(唐)陸德明撰　清嘉慶十年(1805)揚州鮑氏樗園刻五經四書讀本本　十六冊

410000－2205－0000156　B7/2
孝經詳說六卷　(清)冉覲祖輯撰　清光緒七年(1881)大梁書局刻五經詳說本　四冊

410000－2205－0000157　B7/3
孝經一卷　(唐)玄宗李隆基注　清同治十一年(1872)刻本　一冊

410000－2205－0000158　B81/1
論語十卷　(宋)朱熹集注　清末善成堂刻本　二冊

410000－2205－0000159　B81/2
論語十卷　(宋)朱熹集註　清末刻本　一冊　存五卷(六至十)

410000－2205－0000160　B81/3
論語十卷　(宋)朱熹集註　清刻本　一冊　存二卷(六至七)

410000－2205－0000161　B81/10
增訂二論詳解四卷　(清)劉忠輯　清宣統元年(1909)上海章福記書莊石印本　四冊

410000－2205－0000162　B81/10(2)
增訂二論詳解四卷　(清)劉忠輯　清宣統元年(1909)上海章福記書莊石印本　二冊

410000－2205－0000163　B81/12
論語注疏解經二十卷　(三國魏)何晏集解　(宋)邢昺疏　**校勘記二十卷**　(清)阮元撰　(清)盧宣旬摘錄　清嘉慶二十年(1815)南昌府學刻重刊宋本十三經注疏附校勘記本　二冊　存十八卷(三至七、十一至十四,校勘記三至七、十一至十四)

410000－2205－0000164　B82/1
孟子七卷　(宋)朱熹集註　清刻本　五冊

410000－2205－0000165　B82/2
孟子七卷　(宋)朱熹集註　清刻本　三冊　存五卷(一至五)

410000－2205－0000166　B82/11
王評孟子四卷　(清)王源評訂　清咸豐二年(1852)刻本　二冊

410000－2205－0000167　B82/12
四書朱子本義滙叅四十三卷首四卷　(清)王步青輯　(清)王士鼇編　清刻本　八冊　存八卷(孟子一至七、首一卷)

410000－2205－0000168　B82/3
孟子七卷　(宋)朱熹集註　清刻本　二冊　存四卷(四至七)

410000－2205－0000169　B82/4
孟子七卷　(宋)朱熹集註　清末善成堂刻本　二冊　存五卷(一至三、六至七)

410000－2205－0000170　B85/1

新訂四書補註備旨十卷　(明)鄧林著　(清)鄧煜編次　(清)杜定基增訂　清道光十二年(1832)刻本　八册

410000－2205－0000171　B82/8

孟子注疏解經十四卷　(漢)趙岐注　(宋)孫奭疏并撰音義　**校勘記十四卷**　(清)阮元撰　(清)盧宣旬摘錄　清光緒十三年(1887)上海脈望仙館石印重刊宋本十三經注疏附校勘記本　一册

410000－2205－0000172　B82/9

讀孟會心紀略七卷　(清)翟芸生批點　清光緒三十三年(1907)刻朱墨套印本　三册

410000－2205－0000173　B85/2

新訂四書補註備旨十卷　(明)鄧林著　(清)鄧煜編次　(清)杜定基增訂　清光緒十九年(1893)寶興堂刻本　八册

410000－2205－0000174　B85/5

新訂四書補註備旨十卷　(明)鄧林著　(清)鄧煜編次　(清)祁文友重校　(清)杜定基增訂　清光緒二十一年(1895)刻本　六册　存十卷

410000－2205－0000175　B85/6

新訂四書補註備旨十卷　(明)鄧林著　(清)鄧煜編次　(清)杜定基增訂　清宣統元年(1909)刻本　七册　存九卷(一至八、十)

410000－2205－0000176　B85/8

新訂四書補註備旨十卷　(明)鄧林著　(清)鄧煜編次　(清)杜定基增訂　清光緒十六年(1890)善成堂刻本　八册

410000－2205－0000177　B85/25

四書集注十九卷　(宋)朱熹撰　清光緒二十年(1894)刻本　六册

410000－2205－0000178　B85/25(2)

四書集注十九卷　(宋)朱熹撰　清光緒二十年(1894)刻本　六册

410000－2205－0000179　B85/26

四書集注十九卷　(宋)朱熹撰　清光緒二十年(1894)刻本　六册

410000－2205－0000180　B85/27

四書章句集注十九卷　(宋)朱熹撰　清末刻本　六册

410000－2205－0000181　B85/37

增註四書便蒙十九卷　(宋)朱熹撰　清光緒二十四年(1898)寶興堂刻本　六册

410000－2205－0000182　B85/39

四書味根錄三十七卷　(清)金澂輯注　清光緒二年(1876)刻本　八册　缺二十二卷(論語二十卷、孟子十三至十四)

410000－2205－0000183　B85/41

四書述義家訓三十卷　(清)許淇園輯　清嘉慶八年(1803)刻本　二十四册

410000－2205－0000184　B85/38

增註四書便蒙十九卷　(宋)朱熹撰　清光緒十六年(1890)有益堂刻本　六册

410000－2205－0000185　B85/37(2)

增註四書便蒙十九卷　(宋)朱熹撰　清光緒二十四年(1898)寶興堂刻本　六册

410000－2205－0000186　B85/28

四書集注十九卷　(宋)朱熹撰　清末金陵狀元閣刻本　六册

410000－2205－0000187　B85/29

四書章句集註十九卷　(宋)朱熹撰　清光緒八年(1882)刻本　六册

410000－2205－0000188　B85/40

四書味根錄三十七卷　(清)金澂集注　清光緒二十年(1894)袖海山房石印本　八册

410000－2205－0000189　B85/30

四書章句集注二十六卷　(宋)朱熹撰　清嘉慶十六年(1811)潢川吳氏真意堂刻本　六册　缺五卷(論語一至五)

410000－2205－0000190　B85/32

四書集註十九卷　(宋)朱熹撰　清刻本　六册

410000－2205－0000191　B91/1
六經圖二十四卷源流一卷　(清)鄭之僑編輯　清乾隆九年(1744)刻本　十二册

410000－2205－0000192　B85/31
四書集註十九卷　(宋)朱熹撰　清末刻本　六册

410000－2205－0000193　B91/3
羣經義證八卷　(清)武億著　清道光二十三年(1843)偃師武氏刻授堂遺書本　一册

410000－2205－0000194　B91/3(2)
羣經義證八卷　(清)武億著　清道光二十三年(1843)偃師武氏刻授堂遺書本　一册

410000－2205－0000195　B85/45
四書説略四卷　(清)王筠撰　清刻本　一册　存三卷(一至三)

410000－2205－0000196　B91/5
新學僞經考十四卷　康有為撰　清光緒十七年(1891)望雲樓石印本　八册

410000－2205－0000197　B85/46
增補四書精繡圖像人物備考十二卷圖一卷　(明)陳仁錫增定　清嘉慶五年(1800)刻本　五册

410000－2205－0000198　B91/6
重訂五經旁訓讀本　(清)張□輯　清乾隆五十六年(1791)文會堂刻本　八册

410000－2205－0000199　B85/44
四書訓義三十八卷　(清)王夫之訓義　清光緒十九年(1893)刻本　二十七册

410000－2205－0000200　B85/47
張謇批選四書義六卷　(清)張謇撰　清光緒二十八年(1902)申江石印本　三册　存三卷(一、五至六)

410000－2205－0000201　B91/7
經讀考異八卷補一卷句讀敘述二卷補一卷　(清)武億著　**翟晴江四書考異内句讀一卷**　(清)翟灝撰　清道光二十三年(1843)偃師武氏刻授堂遺書本　二册

410000－2205－0000202　B91/7(2)
經讀考異八卷補一卷句讀敘述二卷補一卷　(清)武億著　**翟晴江四書考異内句讀一卷**　(清)翟灝撰　清道光二十三年(1843)偃師武氏刻授堂遺書本　二册

410000－2205－0000203　B85/48
張謇批選四書義六卷續六卷　(清)張謇撰　清光緒三十年(1904)上海書局石印本　十二册　存九卷(一、三至六,續一至三、五)

410000－2205－0000204　B85/49
四書釋文十九卷　(宋)朱熹撰　(清)王賡言增補　**四書字辨一卷疑字辨一卷音義辨一卷句辨一卷**　清光緒十四年(1888)天津文美齋刻本　二册　存六卷(大學一卷、中庸一卷,四書字辨一卷,疑字辨一卷,音義辨一卷,句辨一卷)

410000－2205－0000205　B85/50
四書釋文十九卷　(宋)朱熹撰　(清)王賡言增補　**四書字辨一卷疑字辨一卷音義辨一卷句辨一卷**　清光緒十四年(1888)天津文美齋刻本　一册　存四卷(四書字辨一卷、疑字辨一卷、音義辨一卷、句辨一卷)

410000－2205－0000206　B85/51
四書集註十九卷　(宋)朱熹撰　**圖説一卷四書字辨一卷**　清道光二十一年(1841)鄴郡聚業堂刻本　六册

410000－2205－0000207　B85/55
四書味根錄三十七卷　(清)金澂撰　清光緒七年(1881)刻本　十六册

410000－2205－0000208　B85/52
四書古註群義彙解　清光緒十六年(1890)上海珍藝書局鉛印本　六册　存三種四十七卷

410000－2205－0000209　B85/53
四書集註十九卷　(宋)朱熹撰　清刻本　五册　存十七卷(論語十卷、孟子七卷)

410000－2205－0000210　B85/54
新訂四書補註備旨十卷　(明)鄧林著　(清)鄧煜編次　(清)杜定基增訂　清刻本　四册

缺三卷(大學一卷、中庸一卷、孟子三)

410000－2205－0000211　B91/8
咫進齋叢書　(清)姚覲元輯　清光緒九年(1883)歸安姚氏刻本　一册　存二種三卷

410000－2205－0000212　B91/9
孝經一卷　(明)陳選集註　**忠經一卷**　(漢)鄭玄集註　清刻本　一册

410000－2205－0000213　B91/11
五經類編二十八卷　(清)周章成(周世樟)輯　清乾隆刻本　十册

410000－2205－0000214　B91/12
增廣五經備旨　(清)鄒聖脈纂輯　(清)鄒廷猷編次　清光緒十三年(1887)刻本　二十四册

410000－2205－0000215　C11/2
二十四史　清同治、光緒間五省官書局據汲古閣本合刻光緒五年(1879)湖北書局彙印本　五百九十三册

410000－2205－0000216　B92.1/6
爾雅郭注義疏二十卷　(清)郝懿行學　清光緒七年(1881)刻本　八册

410000－2205－0000217　B92.1/1
爾雅三卷　(晉)郭璞注　(唐)陸德明音釋　清同治十一年(1872)山東書局刻本　三册

410000－2205－0000218　B92.1/2
爾雅註疏十一卷　(晉)郭璞註　(宋)邢昺疏　清乾隆四十三年(1778)三樂齋刻本　四册　存七卷(一至七)

410000－2205－0000219　B92.1/7
廣雅疏證十卷博雅音十卷　(清)王念孫學　清光緒五年(1879)刻本　八册

410000－2205－0000220　B92.1/3
爾雅註疏十一卷　(晉)郭璞註　(宋)邢昺疏　清乾隆刻本　六册

410000－2205－0000221　B92.1/4
爾雅註疏十一卷　(晉)郭璞註　(宋)邢昺疏　清光緒十七年(1891)刻本　三册

410000－2205－0000222　B92.1/5
爾雅郭注義疏二十卷　(清)郝懿行學　清同治四年(1865)刻本　八册

410000－2205－0000223　B92.1/8
別雅五卷　(清)吴玉搢輯　清道光二十九年(1849)小蓬萊山館刻本　一册　存一卷(五)

410000－2205－0000224　B92.1/9
別雅五卷　(清)吴玉搢輯　清乾隆七年(1742)程氏督經堂刻本　五册

410000－2205－0000225　B92.1/10
爾雅三卷　(晉)郭璞注　清光緒十年(1884)上海同文書局石印本　一册　存二卷(一至二)

410000－2205－0000226　B92.1/11
分類韻錦十二卷　(清)郭化霖編　清道光二十三年(1843)刻本　一册　存二卷(一至二)

410000－2205－0000227　B92.2./1
說文通檢十四卷首一卷末一卷　(清)黎永椿編　清光緒二年(1876)刻本　二册

410000－2205－0000228　B92.2/2
說文釋例二十卷　(清)王筠學　清同治四年(1865)刻本　十册

410000－2205－0000229　B92.2/4
說文解字句讀三十卷　(清)王筠撰集　清光緒八年(1882)刻本　二十册

410000－2205－0000230　B92.2/3
說文釋例二十卷　(清)王筠學　清光緒十三年(1887)石印本　六册

410000－2205－0000231　B92.2/8
六書分類十二卷首一卷　(清)傅世垚輯篆　清乾隆五十四年(1789)傅應奎刻本　十三册

410000－2205－0000232　B92.2/7
六書分類十二卷首一卷　(清)傅世垚輯　清康熙四十四年(1705)周天健刻本　十四册

410000－2205－0000233　B92.2/5
說文解字句讀三十卷補正三十卷　(清)王筠撰集　清同治四年(1865)刻本　十六册

410000－2205－0000234　B92.2/9
十三經集字摹本不分卷　(清)彭玉雯輯　清刻本　七册　缺一册(第一册)

410000－2205－0000235　B92.2/6
説文繫傳校錄三十卷　(清)王筠撰　清道光刻本　四册

410000－2205－0000236　B92.2/10
康熙字典十二集三十六卷總目一卷檢字一卷辨似一卷等韻一卷補遺一卷備考一卷　(清)張玉書等纂修　清刻本　四十册

410000－2205－0000237　B92.2/11
康熙字典十二集三十六卷總目一卷檢字一卷辨似一卷等韻一卷補遺一卷備考一卷　(清)張玉書等纂修　清刻本　三十七册　缺三卷(子下、丑下、寅中)

410000－2205－0000238　B92.2/12
康熙字典十二集三十六卷總目一卷檢字一卷辨似一卷等韻一卷補遺一卷備考一卷　(清)張玉書等纂修　清刻本　四十册

410000－2205－0000239　B92.3/1
正譌六卷磨勘條例摘要一卷　(清)陳啓泰等輯　清末刻本　二册

410000－2205－0000240　B92.3/2
初學檢韻袖珍十二卷佩文詩韻一卷　(清)姚文登輯　清嘉慶七年(1802)刻本　四册

410000－2205－0000241　B92.3/5
佩文廣韻匯編五卷　(清)李元祺編輯　清同治十一年(1872)金陵書局刻本　二册

410000－2205－0000242　B92.2/14
康熙字典十二集三十六卷總目一卷檢字一卷辨似一卷等韻一卷補遺一卷備考一卷　(清)張玉書等纂修　清光緒二十八年(1902)上海積山書局石印本　六册

410000－2205－0000243　B92.2/13
康熙字典十二集三十六卷總目一卷檢字一卷辨似一卷等韻一卷補遺一卷備考一卷　(清)張玉書等纂修　清光緒二十八年(1902)同文書局石印本　四册　缺二集(巳、亥)

410000－2205－0000244　B92.3/7
隸韻十卷碑目一卷　(清)劉球纂　**隸韻考證二卷碑目考證一卷**　(清)翁方綱撰　清嘉慶十四年至十五年(1809－1810)秦恩復刻本　六册

410000－2205－0000245　B92.3/8
毛詩古音攷五卷　(明)陳第編輯　**屈宋古音義三卷**　(明)陳第著　清光緒六年(1880)刻本　六册

410000－2205－0000246　B92.2/30
鐘鼎款識不分卷　(清)周良謹摹　清嘉慶七年(1802)刻本　一册

410000－2205－0000247　B92.2/23
環地福分類字課圖説八卷　趙金壽編　清光緒三十一年(1905)石印本　八册

410000－2205－0000248　B92.3/9
五方元音二卷　(清)樊騰鳳撰　(清)年希堯增補　清同治八年(1869)刻本　二册

410000－2205－0000249　B92.2/18
康熙字典十二集三十六卷總目一卷檢字一卷辨似一卷等韻一卷補遺一卷備考一卷　(清)張玉書等纂修　清道光七年(1827)刻本　十四册　缺二十四卷(子上,丑上、下,寅中,卯上、中、下,辰上、中,巳上、中、下,午中,未上、中、下,申上、中、下,酉上、中,戌上,亥中、下)

410000－2205－0000250　B92.3/11
交泰韻一卷　(明)呂坤撰　明萬曆三十一年(1603)刻本　一册

410000－2205－0000251　B92.2/17
康熙字典十二集三十六卷總目一卷檢字一卷辨似一卷等韻一卷補遺一卷備考一卷　(清)張玉書等纂修　清刻本　十四册　缺二十二卷(子上,丑上、中,卯中、下,辰中、下,巳上、中、下,午中,未上、下,申上,酉中、下,戌至亥)

410000－2205－0000252　B92.3/13

五方元音二卷　(清)樊騰鳳撰　(清)年希堯增補　清光緒刻本　二册

410000－2205－0000253　B92.2/35

字彙四集　(明)梅膺祚撰　清光緒十八年(1892)有益堂刻本　四册

410000－2205－0000254　B92.3/3

韻海大全五卷　清光緒十三年(1887)石印本　六册

410000－2205－0000255　B92.2/26

說文通訓定聲十八卷　(清)朱駿聲記錄　**廣雅疏證十卷博雅音九卷**　(清)王念孫學　清光緒十九年(1893)上海鴻文書局石印本　二十册

410000－2205－0000256　B92.2/27

韻字略十二集　(清)毛謨識　清光緒元年(1875)刻本　一册　存六集(一至六)

410000－2205－0000257　B92.2/31

字彙十二卷首一卷　(明)梅膺祚集　清刻本　十三册

410000－2205－0000258　C12/1

史記一百三十卷　(漢)司馬遷撰　(南朝宋)裴駰集解　(唐)司馬貞索隱　(唐)張守節正義　明萬曆二十四年(1596)南京國子監刻明清遞修二十一史本　十九册　缺二卷(十三至十四)

410000－2205－0000259　C12/2

史記一百三十卷　(漢)司馬遷撰　(南朝宋)裴駰集解　(唐)司馬貞索隱　(唐)張守節正義　清同治五年至九年(1866－1870)金陵書局刻本　二十册

410000－2205－0000260　C12/3

史記一百三十卷　(漢)司馬遷撰　(明)歸有光評點　**方望溪平點史記四卷**　(清)方苞評點　清光緒二年(1876)武昌張裕釗刻本　十九册　缺六卷(一至六)

410000－2205－0000261　B92.2/32

康熙字典十二集三十六卷總目一卷檢字一卷辨似一卷等韻一卷補遺一卷備考一卷　(清)張玉書等纂修　清刻本　三十八册　缺二卷(子上、午上)

410000－2205－0000262　C12/4

史記一百三十卷　(漢)司馬遷撰　(南朝宋)裴駰集解　(唐)司馬貞索隱　(唐)張守節正義　清同治五年至九年(1866－1870)金陵書局刻本　二十册

410000－2205－0000263　C12/5

史記一百三十卷　(漢)司馬遷撰　(明)歸有光評點　**方望溪平點史記四卷**　(清)方苞評點　清光緒二年(1876)武昌張裕釗刻本　十册　存四十五卷(一至四十五)

410000－2205－0000264　C12/8

史記一百三十卷　(漢)司馬遷撰　(南朝宋)裴駰集解　(唐)司馬貞索隱　(唐)張守節正義　清同治五年至九年(1866－1870)金陵書局刻本　六册　存三十五卷(一至七、十八至十九、二十八至三十二、五十三至六十五、一百二十三至一百三十)

410000－2205－0000265　C12/9

函史上編八十一卷下編二十一卷　(明)鄧元錫纂　明崇禎七年(1634)鄧應瑞刻清順治、康熙遞修本　七十三册　缺五卷(下編十六、十八至二十一)

410000－2205－0000266　B92.2/33

康熙字典十二集三十六卷總目一卷檢字一卷辨似一卷等韻一卷補遺一卷備考一卷　(清)張玉書等纂修　清末影印本　六册

410000－2205－0000267　C12/10

史記一百三十卷　(漢)司馬遷撰　(明)歸有光評點　**方望溪平點史記四卷**　(清)方苞評點　清光緒二年(1876)武昌張裕釗刻本　二册　存十三卷(二十八至三十一、一百十九至一百二十七)

410000－2205－0000268　C12/11

史記一百三十卷　(漢)司馬遷撰　(南朝宋)裴駰集解　(唐)司馬貞索隱　(唐)張守節正

義　清光緒影印本　四册　存六十卷（七十一至一百三十）

410000－2205－0000269　C12/12
南史八十卷　（唐）李延壽撰　明萬曆十六年至十九年（1588－1591）南京國子監刻明清遞修二十一史本　十九册　缺五卷（三十六至四十）

410000－2205－0000270　C12/15
北史一百卷　（唐）李延壽撰　清同治十一年（1872）金陵書局刻二十四史本　二十册

410000－2205－0000271　C12/17
舊五代史一百五十卷附考證　（宋）薛居正等撰　清刻本　十六册

410000－2205－0000272　C12/18
舊五代史一百五十卷附考證　（宋）薛居正等撰　清同治十一年（1872）湖北崇文書局刻二十四史本　十六册

410000－2205－0000273　C12/16
北史一百卷　（唐）李延壽撰　清光緒六年（1880）刻本　二十四册

410000－2205－0000274　C12/19
五代史七十四卷　（宋）歐陽修撰　清同治十一年（1872）湖北崇文書局刻二十四史本　七册　缺七卷（五十二至五十八）

410000－2205－0000275　C12/21
遼金元三史語解　清光緒四年（1878）江蘇書局刻本　五册　缺二十二卷（金史一至七，元史五至八、十四至二十四）

410000－2205－0000276　C13/1
漢書一百卷　（漢）班固撰　（唐）顔師古注　清同治八年（1869）金陵書局刻二十四史本　十六册

410000－2205－0000277　C12/20
五代史七十四卷　（宋）歐陽修撰　（宋）徐無黨注　明萬曆四年至五年（1576－1577）南京國子監刻二十一史本　一册　存十卷（六十五至七十四）

410000－2205－0000278　C13/6
前漢書一百卷　（漢）班固撰　（唐）顔師古注　清光緒十年（1884）影印本　十七册　存六十二卷（二十九至四十、五十一至一百）

410000－2205－0000279　C13/2
漢書一百卷　（漢）班固撰　（唐）顔師古注　清同治八年（1869）金陵書局刻二十四史本　十六册

410000－2205－0000280　C13/7
前漢書一百卷　（漢）班固撰　（唐）顔師古注　清光緒影印本　二册　存二十卷（八十一至一百）

410000－2205－0000281　B92.2/36
康熙字典十二集三十六卷總目一卷檢字一卷辨似一卷等韻一卷補遺一卷備考一卷　（清）張玉書等纂修　清刻本　四十册

410000－2205－0000282　C13/9
前漢書一百卷　（漢）班固撰　（唐）顔師古注　清光緒十四年（1888）上海蜚英館石印本　四册　存二十卷（一至二十）

410000－2205－0000283　C13/8
後漢書九十卷　（南朝宋）范曄撰　（唐）李賢注　**志三十卷**　（晉）司馬彪撰　（南朝梁）劉昭注　明天啓六年（1626）雲林積秀堂刻本　三十二册

410000－2205－0000284　C13/97
明史三百三十二卷　（清）張廷玉等修　清乾隆刻本　六十四册　存一百九十一卷（二十五至九十九、一百十三至一百八十九、一百九十六至一百九十八、二百十二至二百十四、二百十八至二百二十三、二百八十一至三百七）

410000－2205－0000285　C12/14
南史八十卷　（唐）李延壽撰　清光緒六年（1880）刻本　十六册

410000－2205－0000286　C12/13
南史八十卷　（唐）李延壽撰　清同治十一年（1872）金陵書局刻二十四史本　十二册

410000－2205－0000287　C13/19
三國志六十五卷　(晉)陳壽撰　(南朝宋)裴松之注　清初古吳書業趙氏刻本　十二册

410000－2205－0000288　C13/32
宋書一百卷　(南朝梁)沈約撰　明萬曆二十二年(1594)南京國子監刻清順治、康熙遞修二十一史本　二十四册

410000－2205－0000289　C13/20
三國志六十五卷附考證　(晉)陳壽撰　(南朝宋)裴松之注　清刻本　十二册　缺六卷(魏志一至三、吳志一至三)

410000－2205－0000290　C13/21
三國志六十五卷附考證　(晉)陳壽撰　(南朝宋)裴松之注　清光緒十四年(1888)上海蜚英館石印本　八册

410000－2205－0000291　C13/33
宋書一百卷　(南朝梁)沈約撰　清同治十一年(1872)金陵書局刻二十四史本　十六册

410000－2205－0000292　C13/22
欽定三國志六十五卷附考證　(晉)陳壽撰　(南朝宋)裴松之注　清末影印本　三册　缺十五卷(蜀志一至十五)

410000－2205－0000293　C13/34
宋書一百卷　(南朝梁)沈約撰　明崇禎七年(1634)琴川毛氏汲古閣刻十七史本　八册　存四十九卷(三十八至八十六)

410000－2205－0000294　C13/29
晉書一百三十卷　(唐)房玄齡等撰　**音義三卷**　(唐)何超撰　清光緒影印本　五册　缺十八卷(一至十八)

410000－2205－0000295　C13/35
宋書一百卷　(南朝梁)沈約撰　清光緒影印本　三册　存七十九卷(二十二至一百)

410000－2205－0000296　C13/28
晉書一百三十卷　(唐)房玄齡等撰　**音義三卷**　(唐)何超撰　清同治十年(1871)金陵書局刻二十四史本　四册　存二十一卷(一至十、九十至一百)

410000－2205－0000297　C13/27
晉書一百三十卷　(唐)房玄齡等撰　明崇禎元年(1628)琴川毛氏汲古閣刻十七史本　二十四册

410000－2205－0000298　C13/38
南齊書五十九卷　(南朝梁)蕭子顯撰　(明)趙用賢　(明)張一桂校　明萬曆十六年至十七年(1588－1589)南京國子監刻明清遞修二十一史本　十册

410000－2205－0000299　C13/44
梁書五十六卷　(唐)姚思廉撰　清同治十三年(1874)金陵書局刻二十四史本　六册

410000－2205－0000300　C13/45
梁書五十六卷　(唐)姚思廉撰　清光緒二十八年(1902)上海文瀾書局石印本　一册

410000－2205－0000301　C13/39
南齊書五十九卷　(南朝梁)蕭子顯撰　明崇禎十年(1637)琴川毛氏汲古閣刻十七史本　十册

410000－2205－0000302　C13/40
南齊書五十九卷　(南朝梁)蕭子顯撰　清同治十三年(1874)金陵書局刻二十四史本　六册

410000－2205－0000303　C13/26
晉書一百三十卷　(唐)房玄齡等撰　**音義三卷**　(唐)何超撰　明正德、嘉靖、萬曆南京國子監刻清順治、康熙遞修二十一史本　二十八册　缺三十五卷(六十六至一百)

410000－2205－0000304　C13/41
南齊書五十九卷　(南朝梁)蕭子顯撰　清光緒刻本　一册　存三十二卷(二十八至五十九)

410000－2205－0000305　C13/11
後漢書九十卷　(南朝宋)范曄撰　(唐)李賢注　**志三十卷**　(晉)司馬彪撰　(南朝梁)劉昭注　清同治八年(1869)金陵書局刻二十四

史本　十四册

410000－2205－0000306　C13/48
陳書三十六卷　(唐)姚思廉撰　明萬曆十五年至十六年(1587－1588)南京國子監刻清順治十六年(1659)重修二十一史本　四册

410000－2205－0000307　C13/12
後漢書九十卷　(南朝宋)范曄撰　(唐)李賢注　**志三十卷**　(晉)司馬彪撰　(南朝梁)劉昭注　清同治八年(1869)金陵書局刻本　十四册

410000－2205－0000308　C13/13
後漢書九十卷　(南朝宋)范曄撰　(唐)李賢注　**志三十卷**　(晉)司馬彪撰　(南朝梁)劉昭注　清光緒十年(1884)上海同文書局影印本　二十册　缺三十四卷(二至六、四十一至六十九)

410000－2205－0000309　C13/49
陳書三十六卷　(唐)姚思廉撰　清同治十一年(1872)金陵書局刻二十四史本　四册

410000－2205－0000310　C13/14
後漢書九十卷　(南朝宋)范曄撰　(唐)李賢注　**志三十卷**　(晉)司馬彪撰　(南朝梁)劉昭注　清光緒影印本　八册　存七十五卷(四十六至九十、志三十卷)

410000－2205－0000311　C13/15
後漢書九十卷　(南朝宋)范曄撰　(唐)李賢注　**志三十卷**　(晉)司馬彪撰　(南朝梁)劉昭注　清光緒影印本　四册　存四十六卷(七十五至九十、志三十卷)

410000－2205－0000312　C13/50
陳書三十六卷　(唐)姚思廉撰　清光緒二十八年(1902)上海文瀾書局石印本　一册

410000－2205－0000313　C13/51
陳書三十六卷　(唐)姚思廉撰　清光緒十年(1884)上海同文書局石印本　六册

410000－2205－0000314　C13/54
魏書一百十四卷　(北齊)魏收撰　明萬曆二十四年(1596)南京國子監刻清順治、康熙遞修二十一史本　二十三册　缺三卷(十九至二十一)

410000－2205－0000315　C13/55
魏書一百十四卷　(北齊)魏收撰　清同治十一年(1872)金陵書局刻二十四史本　二十册

410000－2205－0000316　C13/59
北齊書五十卷　(唐)李百藥撰　明萬曆十六年至十七年(1588－1589)刻清順治、康熙遞修二十一史本　四册　存二十六卷(二十五至五十)

410000－2205－0000317　C13/56
魏書一百十四卷　(北齊)魏收撰　清光緒二十八年(1902)上海文瀾書局石印本　六册

410000－2205－0000318　C13/74
舊唐書二百卷　(五代)劉昫等撰　清同治十一年(1872)浙江書局刻二十四史本　三十八册　缺十二卷(一百二十一至一百二十九、一百八十五至一百八十七)

410000－2205－0000319　C13/60
北齊書五十卷　(唐)李百藥撰　明崇禎十一年(1638)琴川毛氏汲古閣刻十七史本　六册

410000－2205－0000320　C13/65
周書五十卷附考證　(唐)令狐德棻等撰　清光緒二十八年(1902)上海文瀾書局石印本　一册

410000－2205－0000321　C13/66
周書五十卷附考證　(唐)令狐德棻等撰　清光緒十年(1884)上海同文書局石印本　八册

410000－2205－0000322　C13/61
北齊書五十卷　(唐)李百藥撰　清同治十三年(1874)金陵書局刻二十四史本　四册

410000－2205－0000323　C13/64
周書五十卷　(唐)令狐德棻等撰　清同治十三年(1874)金陵書局刻二十四史本　四册

410000－2205－0000324　C13/69
隋書八十五卷　(唐)魏徵　(唐)長孫無忌等

撰　明萬曆二十二年至二十三年(1594－1595)南京國子監刻清順治、康熙遞修二十一史本　十册　存三十五卷(一至三十五)

410000－2205－0000325　C13/70
隋書八十五卷附考異　(唐)魏徵　(唐)長孫無忌等撰　(清)薛壽考異　清同治十年(1871)淮南書局刻二十四史本　十二册

410000－2205－0000326　C13/80
宋史四百九十六卷　(元)脱脱等撰　清光緒元年(1875)浙江書局刻二十四史本　七十五册　存三百五十九卷(七至三百六十五)

410000－2205－0000327　C13/81
宋史四百九十六卷目録三卷　(元)脱脱等修　明成化七年至十六年(1471－1480)朱英刻嘉靖、萬曆南京國子監清康熙、順治遞修二十一史本　三十四册　存一百二十五卷(一百六十九至一百七十二、一百八十二至一百八十六、二百四至二百九、二百四十二至二百四十四、三百三十五至三百八十六、四百十八至四百二十一、四百四十六至四百九十六)

410000－2205－0000328　C13/71
隋書八十五卷附考證　(唐)魏徵　(唐)長孫無忌等撰　清光緒二十八年(1902)上海文瀾書局石印本　四册

410000－2205－0000329　C13/76
唐書二百二十五卷　(宋)歐陽修　(宋)宋祁等撰　清同治十二年(1873)金陵書局刻二十四史本　三十九册　缺七卷(一百八十六至一百九十二)

410000－2205－0000330　C13/84
遼史一百十五卷　(元)托克托等修　清光緒二十九年(1903)上海點石齋石印本　六册

410000－2205－0000331　C13/77
唐書二百二十五卷　(宋)歐陽修　(宋)宋祁等撰　**釋音二十五卷**　(宋)董衝撰　明成化、嘉靖刻明清遞修二十一史本　二十一册　存一百七卷(五十至五十六、六十一至七十五、一百六十六至二百二十五,釋音二十五卷)

410000－2205－0000332　C13/85
遼史一百十六卷　(元)脱脱等撰　明嘉靖八年(1529)南京國子監刻明清遞修二十一史本　八册

410000－2205－0000333　C13/88
金史一百三十五卷　(元)托克托等修　清光緒二十九年(1903)點石齋石印本　八册

410000－2205－0000334　C13/89
金史一百三十五卷　(元)托克托等修　清刻本　一册　存七卷(九十二至九十八)

410000－2205－0000335　C13/90
金史一百三十五卷目録二卷　(元)脱脱等修　明嘉靖八年(1529)南京國子監刻清順治、康熙遞修二十一史本　九册　存五十六卷(一至二十四、三十二至三十八、四十至六十二,目録二卷)

410000－2205－0000336　C13/98
明史三百三十二卷　(清)張廷玉等撰　清光緒三年(1877)湖北崇文書局刻二十四史本　六十一册　存二百六十一卷(一至一百五十九、一百六十五至二百六十六)

410000－2205－0000337　C13/93
元史二百十卷　(明)宋濂修　(明)王禕等修　明洪武三年(1370)内府刻明南京國子監清順治、康熙遞修二十一史本　十九册　存六十五卷(四十八至六十一、六十七至六十八、一百五十五至一百五十七、一百六十二至一百六十四、一百六十八至二百十)

410000－2205－0000338　C21/1
資治通鑑綱目五十九卷　(宋)朱熹撰　明嘉靖二十五年(1546)刻本　五十七册　存五十七卷(二至八、十至五十九)

410000－2205－0000339　C21/2
訂正通鑑綱目前編二十五卷正編五十九卷續編二十七卷末一卷　(宋)朱熹等撰　(明)朱燮元記刻　明萬曆二十八年(1600)朱燮元蘇州刻本　六册　存二十五卷(前編二十五卷)

410000－2205－0000340　C21/4
資治通鑑綱目前編二十五卷　(明)南軒撰　(明)陳仁錫評閱　**資治通鑑綱目五十九卷**　(宋)朱熹撰　(明)陳仁錫評閱　**續資治通鑑綱目二十七卷**　(明)商輅等撰　(明)陳仁錫評閱　清康熙四十年(1701)王公行刻本　一百二十册

410000－2205－0000341　C13/94
元史二百十卷　(明)宋濂等修　清光緒二十九年(1903)上海點石齋石印本　十三册　缺十八卷(一百七十一至一百八十八)

410000－2205－0000342　C21/3
資治通鑑綱目前編二十五卷　(明)南軒撰　(明)陳仁錫評閱　**資治通鑑綱目五十九卷**　(宋)朱熹撰　(明)陳仁錫評閱　**續資治通鑑綱目二十七卷末一卷**　(明)商輅等撰　(明)陳仁錫評閱　清康熙六十一年(1722)四喜堂刻本　五十九册　存四十七卷(正編一至二、四至五、十二、二十一、二十四至二十八、三十七至五十、五十二至五十四、五十六至五十九,續編一至六、八至十三、十五至十七)

410000－2205－0000343　C13/95
元史二百十卷附考證　(明)宋濂等修　清刻本　三册　存十三卷(四至十二、十八至二十一)

410000－2205－0000344　C21/6
資治通鑑二百九十四卷通鑑釋文辯誤十二卷　(宋)司馬光編集　(元)胡三省音註　清嘉慶二十一年(1816)鄱陽胡氏刻同治八年(1869)江蘇書局修補本　九十八册　缺六卷(三十一至三十三、七十至七十二)

410000－2205－0000345　C22/1
明紀六十卷　(清)陳鶴撰　(清)孫克家參訂　清同治十年(1871)刻本　二十册

410000－2205－0000346　C22/2
明紀六十卷　(清)陳鶴撰　清影印本　二十三册

410000－2205－0000347　C21/7
資治通鑑二百九十四卷通鑑釋文辯誤十二卷　(宋)司馬光編集　(元)胡三省音註　清嘉慶二十一年(1816)鄱陽胡氏刻同治八年(1869)江蘇書局修補本　八十七册　缺三十六卷(一百七十五至一百九十二、二百六十五至二百八十二)

410000－2205－0000348　C22/4
尺木堂明鑑易知錄十五卷　(清)吳乘權輯　清光緒三十四年(1908)上海廣益書局鉛印本　二册

410000－2205－0000349　C22/3
御撰資治通鑑綱目三編二十卷　(清)張廷玉等撰　清刻本　三册　存十五卷(一至十五)

410000－2205－0000350　C22/6
東華錄八卷(天命朝至崇德朝)　王先謙編　清光緒十三年(1887)擷華書局鉛印本　六册

410000－2205－0000351　C22/11
東華續錄五十卷(嘉慶朝)　王先謙編　清光緒鉛印本　十八册

410000－2205－0000352　C22/12
東華續錄六十卷(道光朝)　王先謙編　清光緒鉛印本　十七册　缺二卷(十一至十二)

410000－2205－0000353　C22/7
東華錄三十六卷(順治朝)　王先謙編　清光緒影印本　十二册

410000－2205－0000354　C22/13
東華錄三十六卷(順治朝)　王先謙編　清光緒二十五年(1899)石印本　三册

410000－2205－0000355　C22/14
東華錄一百十卷(康熙朝)　王先謙編　清光緒二十五年(1899)石印本　五册　存八十四卷(一至十四、二十五至三十八、三十九至五十五、七十二至一百十)

410000－2205－0000356　C22/8
東華錄一百十卷(康熙朝)　王先謙編　清光緒鉛印本　二十四册

410000－2205－0000357　C22/15

東華錄二十六卷(雍正朝) 王先謙編 清光緒二十五年(1899)石印本 四冊 存十五卷(一至十五)

410000－2205－0000358 C22/9
東華錄二十六卷(雍正朝) 王先謙編 清光緒鉛印本 十八冊

410000－2205－0000359 C22/10
東華續錄一百二十卷(乾隆朝) 王先謙編 清光緒十三年(1887)擷華書局鉛印本 五十三冊 存一百二卷(一至七十六、九十五至一百二十)

410000－2205－0000360 C3/1
通鑑紀事本末二百三十九卷 (宋)袁樞撰 (明)張溥論證 清同治十二年至十三年(1873－1874)江西書局刻紀事本末五種本 八十冊

410000－2205－0000361 C22/16
東華續錄一百二十卷(乾隆朝) 王先謙編 清光緒影印本 五冊 存五十三卷(十二至二十四、三十一至四十一、四十七至六十八、七十五至八十一)

410000－2205－0000362 C22/17
東華錄五十卷(嘉慶朝) 王先謙編 清光緒二十五年(1899)石印本 四冊 存三十四卷(一至七、十八至二十三、三十至五十)

410000－2205－0000363 C22/18
東華續錄六十卷(道光朝) 王先謙編 清光緒二十五年(1899)石印本 三冊 存二十七卷(一至十、二十四至三十一、五十二至六十)

410000－2205－0000364 C22/5
明通鑑一百卷首一卷前編四卷附編六卷 (清)夏燮編輯 清光緒刻本 二十二冊 存六十一卷(明通鑑一至四十六、五十八至五十九、七十八至八十八,前編三至四)

410000－2205－0000365 C22/20
東華續錄一百卷(同治朝) 王先謙編 清光緒二十五年(1899)公記書莊石印本 二十四冊

410000－2205－0000366 C22/19
東華續錄一百卷(咸豐朝) 王先謙編 清光緒影印本 十五冊 缺二十卷(一至九、十六至十八、三十六至三十七、五十五至六十)

410000－2205－0000367 C22/21
東華續錄一百卷(咸豐朝) 王先謙編 清光緒十九年(1893)會稽籀三倉室石印本 二十一冊 缺三十九卷(二十至二十五、二十九至五十一、五十七至六十、七十三至七十八)

410000－2205－0000368 C22/22
東華續錄一百卷(同治朝) 王先謙編 清光緒影印本 十一冊 存四十四卷(十一至二十、二十四至五十七)

410000－2205－0000369 C22/23
東華續錄一百二十卷(乾隆朝) 王先謙編 清光緒影印本 一冊 存二卷(二十九至三十)

410000－2205－0000370 C3/2
左傳紀事本末五十三卷 (清)高士奇撰 清同治十二年至十三年(1873－1874)江西書局刻紀事本末五種本 十二冊

410000－2205－0000371 C3/3
宋史紀事本末一百九卷 (明)馮琦撰 (明)陳邦瞻增訂 (明)張溥論證 清同治十二年至十三年(1873－1874)江西書局刻紀事本末五種本 二十冊

410000－2205－0000372 C3/4
元史紀事本末二十七卷 (清)陳邦瞻撰 (清)張溥論證 清同治十二年至十三年(1873－1874)江西書局刻紀事本末五種本 四冊

410000－2205－0000373 C3/5
明史紀事本末八十卷 (清)谷應泰撰 清同治十二年至十三年(1873－1874)江西書局刻紀事本末五種本 二十冊

410000－2205－0000374 C3/9
平定粵寇紀略十八卷附記四卷 (清)杜文瀾撰 清光緒元年(1875)詒穀堂刻曼陀羅華閣

叢書本　十冊

410000－2205－0000375　C21/8
資治通鑑二百九十四卷通鑑釋文辯誤十二卷　（宋）司馬光編集　（元）胡三省音註　清嘉慶二十一年（1816）鄱陽胡氏刻同治八年（1869）江蘇書局修補本　二十五冊　存八十一卷（四十三至六十三、一百三至一百二十、一百三十九至一百五十六、二百八十三至二百九十四，釋文辯誤十二卷）

410000－2205－0000376　C4/2
國語二十一卷　（三國吳）韋昭解　**札記一卷**　（清）黄丕烈撰　**攷異四卷**　（清）汪遠孫撰　清光緒三年（1877）永康退補齋刻本　四冊

410000－2205－0000377　C4/1
國語二十一卷　（三國吳）韋昭解　**札記一卷**　（清）黄丕烈撰　**攷異四卷**　（清）汪遠孫撰　清同治八年（1869）湖北崇文書局刻本　五冊

410000－2205－0000378　C4/4
戰國策三十三卷　（漢）高誘注　**札記三卷**　（清）黄丕烈撰　清光緒三年（1877）永康退補齋刻本　六冊

410000－2205－0000379　C4/5
戰國策三十三卷　（漢）高誘注　**札記三卷**　（清）黄丕烈撰　清同治八年（1869）湖北崇文書局刻本　五冊

410000－2205－0000380　C4/3
國語二十一卷　（三國吳）韋昭解　**札記一卷**　（清）黄丕烈撰　**攷異四卷**　（清）汪遠孫撰　清同治八年（1869）湖北崇文書局刻本　五冊

410000－2205－0000381　C4/17
明史藁三百十卷首五卷　（清）王鴻緒撰　清刻本　十九冊　存七十四卷（列傳二十七至五十七、一百四十六至一百四十八，志二十八至六十三、七十一至七十四）

410000－2205－0000382　C4/7
戰國策十卷　清刻本　八冊　存八卷（三至十）

410000－2205－0000383　C4/8
戰國策三十三卷　（漢）高誘注　**札記三卷**　（清）黄丕烈撰　清刻本　一冊　存三卷（札記三卷）

410000－2205－0000384　C4/9
萬國通史前編十卷　（英國）李思倫白約翰輯譯　蔡爾康筆述　清光緒二十六年（1900）廣學會鉛印本　十冊

410000－2205－0000385　C4/10
日本維新三十年史十二編附進步表　（日本）東京博文館編輯　（清）上海廣智書局譯　清光緒上海廣智書局鉛印本　六冊

410000－2205－0000386　C4/11
拾遺記十卷　（晉）王嘉著　（晉）胡鳳藻校　清乾隆刻本　四冊

410000－2205－0000387　C4/12
重訂路史全本四十七卷　（宋）羅泌輯　（宋）羅蘋註　清刻本　十四冊

410000－2205－0000388　C4/13
南天痕二十六卷　（清）凌雪纂修　（清）汪成教　（清）江鏡清校訂　清宣統二年（1910）鉛印本　六冊

410000－2205－0000389　C4/14
南天痕二十六卷　（清）凌雪纂修　（清）汪成教　（清）江鏡清校訂　清末影印本　五冊

410000－2205－0000390　C4/18
小腆紀年坿攷二十卷　（清）徐鼒撰　清光緒刻本　二十冊

410000－2205－0000391　C4/19
分類歷代通鑑輯覽六十五卷　（清）陳善撰　（清）曹錦春校　清光緒二十九年（1903）石印本　二十四冊

410000－2205－0000392　C4/15
續漢志三十卷　（南朝梁）劉昭注補　清刻本　二冊

410000－2205－0000393　C4/16

續漢志三十卷　(南朝梁)劉昭注補　清刻本　四册

410000－2205－0000394　C4/26
尚史七十二卷　(清)李鍇纂　清乾隆三十八年(1773)刻本　二十四册

410000－2205－0000395　C4/27
尼羅海戰史不分卷　(美國)耶特瓦德斯邊著　(日本)越山平三郎譯述　清光緒二十九年(1903)上海商務印書館鉛印戰史叢書本　一册

410000－2205－0000396　C4/29
明季稗史彙編　題(清)留雲居士輯　清都城琉璃廠刻本　六册　存十四種十七卷

410000－2205－0000397　C4/20
潛菴先生擬明史稿二十卷　(清)湯斌擬　(清)田蘭芳評　清末刻本　十二册

410000－2205－0000398　C4/21
國朝柔遠記十八卷附編二卷　(清)彭玉麟定　(清)王之春編　清光緒十七年(1891)廣雅書局刻本　六册

410000－2205－0000399　C4/25
戰國策三十三卷　(漢)高誘注　**札記三卷**　(清)黄丕烈撰　清刻本　一册　存二卷(戰國策二至三)

410000－2205－0000400　C5/1
國朝耆獻類徵初編四百八十四卷首二百四卷述意一卷總目二十卷通檢十卷滿漢同姓名錄一卷　(清)李桓輯　清光緒十六年(1890)刻本　二百九十册　缺八卷(四百二十一至四百二十四、四百五十一至四百五十二、四百八十三至四百八十四)

410000－2205－0000401　C5/2
碑傳集一百六十卷首二卷　(清)錢儀吉纂錄　清光緒十九年(1893)刻本　六十册

410000－2205－0000402　C4/33
臺灣外記二卷　(清)江東旭撰　清光緒三十三年(1907)上海國學叢書社鉛印本　二册

410000－2205－0000403　C4/30
外國傳八卷　(清)尤侗纂　清刻本　二册

410000－2205－0000404　C4/34
山海經十八卷圖讚一卷訂譌一卷敘錄一卷　(晉)郭璞傳　(清)郝懿行箋疏　清光緒七年(1881)刻本　四册

410000－2205－0000405　C5/3
碑傳集一百六十卷首二卷　(清)錢儀吉纂錄　清光緒刻本　五十八册　缺五卷(三十至三十二、首二卷)

410000－2205－0000406　C5/9
歷代名臣言行錄二十四卷　(清)朱桓編輯　(清)潘永季　(清)許時庚重校　清光緒十五年(1889)石印本　十二册

410000－2205－0000407　C5/7
理學宗傳二十六卷　(清)孫奇逢撰　清康熙刻道光至光緒間遞刻重印孫夏峰全集本　十六册

410000－2205－0000408　C5/8
理學宗傳二十六卷　(清)孫奇逢撰　清康熙刻道光至光緒間遞刻重印孫夏峰全集本　四册　存七卷(一至七)

410000－2205－0000409　C5/6
理學宗傳二十六卷　(清)孫奇逢撰　清康熙刻道光至光緒間遞刻重印孫夏峰全集本　十六册

410000－2205－0000410　C5/4
函海　(清)李調元輯　清乾隆綿州李氏萬卷樓刻道光五年(1825)李朝夔補刻印本　一册　存二種四卷

410000－2205－0000411　C5/9(2)
歷代名臣言行錄二十四卷　(清)朱桓編輯　(清)潘永季校定　(清)許時庚重校　清光緒二十二年(1896)石印本　十二册

410000－2205－0000412　C5/10
歷代名臣言行錄二十四卷　(清)朱桓編輯　(清)潘永季校定　(清)邱與久重校　清光緒

二十四年(1898)上海宏文閣石印本　八册

410000－2205－0000413　C5/14
國朝先正事略六十卷　(清)李元度纂　清光緒二十八年(1902)上海點石齋石印本　八册

410000－2205－0000414　C5/11
歷代名臣言行錄二十四卷　(清)朱桓編輯　清光緒影印本　三册　存九卷(四至六、十七至十九、二十二至二十四)

410000－2205－0000415　C5/12
歷代名臣言行錄二十四卷　(清)朱桓編輯　(清)潘永季校定　(清)許時庚重校　清光緒十七年(1891)上海廣百宋齋鉛印本　二册　存四卷(一至二、十七至十八)

410000－2205－0000416　C5/17
國朝先正事略六十卷　(清)李元度纂　清同治五年(1866)循陔草堂刻本　十二册　存三十六卷(一至十、三十五至六十)

410000－2205－0000417　C5/15
國朝先正事略六十卷　(清)李元度纂　清同治五年(1866)循陔草堂刻本　二十三册　存五十八卷(一至十九、二十二至六十)

410000－2205－0000418　C5/13
洛學編五卷附乾坤兩卦解　(清)湯斌輯　清同治九年(1870)刻本　二册

410000－2205－0000419　C5/16
國朝先正事略六十卷　(清)李元度纂　清同治五年(1866)循陔草堂刻本　二十二册　存五十二卷(一至二十四、二十七至五十四)

410000－2205－0000420　C5/20
畿輔人物考八卷　(清)孫奇逢撰　清同治八年(1869)刻孫夏峰全集本　八册

410000－2205－0000421　C5/18
貳臣傳十二卷逆臣傳四卷　(清)國史館編　清琉璃厰半松居士刻本　八册

410000－2205－0000422　C5/26
崇祀孝子勵齊許公傳一卷附鍾元孫先生寄贈傳文手札　(清)孫奇逢撰　**崇祀孝子勵齊許公墓表一卷**　(清)張溍撰　清刻本　一册

410000－2205－0000423　C5/24
明儒學案六十二卷　(清)黄宗羲著　(清)萬言訂　清光緒八年(1882)上海文瑞樓石印本　十六册

410000－2205－0000424　C5/25
[河南安陽]朱氏家譜不分卷　(清)朱寬撰　清光緒三十二年(1906)刻本　一册

410000－2205－0000425　C5/27
明文百家小傳一卷别編一卷　(清)王介錫纂　清道光二十年(1840)春艸書屋抄本　一册

410000－2205－0000426　C5/26(2)
崇祀孝子勵齊許公傳一卷附鍾元孫先生寄贈傳文手札　(清)孫奇逢撰　**崇祀孝子勵齊許公墓表一卷**　(清)張溍撰　清刻本　一册

410000－2205－0000427　C5/25(2)
[河南安陽]朱氏家譜不分卷　(清)朱寬撰　清光緒三十二年(1906)刻本　一册

410000－2205－0000428　C5/25(3)
[河南安陽]朱氏家譜不分卷　(清)朱寬撰　清光緒三十二年(1906)刻本　一册

410000－2205－0000429　C5/22
史傳三編　(清)朱軾　(清)蔡世遠編輯　清同治三年(1864)刻本　十六册　存三種三十一卷

410000－2205－0000430　C5/29
宋元學案一百卷首一卷　(清)黄宗羲著　(清)黄百家纂輯　(清)全祖望次定　清刻本　七册　存二十卷(十七至三十六)

410000－2205－0000431　C5/31
增補泰西名人傳六卷　(清)徐心鏡增訂　清光緒二十九年(1903)鴻寶齋石印本　四册

410000－2205－0000432　C5/35
列女傳補注八卷敘錄一卷校正一卷　(清)王照圓撰　清嘉慶十七年(1812)刻本　四册

410000－2205－0000433　C5/36
校正尚友錄統編二十四卷　題(清)錢湖釣徒

編　清光緒二十九年(1903)通文書局石印本　十六冊

410000－2205－0000434　C5/33
國朝漢學師承記八卷經師經義目錄一卷宋學淵源記二卷附記一卷　(清)江藩纂　清光緒二十二年(1896)長沙周大文堂刻本　三冊

410000－2205－0000435　C5/38
校正古今人表九卷　(漢)班固撰　(唐)顏師古注　清道光東萊翟氏刻五經歲徧齋校書本　一冊

410000－2205－0000436　C5/39
十六國春秋一百卷　(北魏)崔鴻撰　清乾隆四十六年(1781)汪氏欣託山房刻本　十冊　存四十二卷(一至四十二)

410000－2205－0000437　C5/40
十六國春秋一百卷　(北魏)崔鴻撰　清刻本　八冊　存六十九卷(十四至三十八、五十七至一百)

410000－2205－0000438　C4/41
十國春秋一百十四卷　(清)吳任臣撰　(清)牛奐閱　**拾遺一卷備考一卷**　(清)周昂輯　清乾隆五十八年(1793)昭文周昂刻光緒十二年(1886)海虞陳氏重修本　二十四冊

410000－2205－0000439　C5/42
孫徵君日譜錄存三十六卷　(清)孫奇逢撰　清光緒十一年(1885)刻本　十二冊　存十七卷(一至十七)

410000－2205－0000440　C5/43
孫夏峰全集十二種附一種　(清)孫奇逢撰　清康熙刻道光至光緒間遞刻重印本　二十五冊　存二種三十七卷

410000－2205－0000441　C5/44
徵君孫先生[奇逢]年譜二卷　(清)湯斌等撰　清康熙十四年(1675)刻本　二冊

410000－2205－0000442　C5/48
雙楳景闇叢書十六種　葉德輝輯　清光緒、宣統間長沙葉氏郎園刻本　一冊　存二種六卷

410000－2205－0000443　C5/49
曾文正公大事記四卷　(清)王定安著　清刻本　二冊

410000－2205－0000444　C5/50
先船山公[王夫之]年譜前編一卷後編一卷　(清)王之春輯　清光緒十九年(1893)刻本　二冊

410000－2205－0000445　C5/45
闕里述聞十四卷　(清)鄭曉茹述　清刻本　五冊　存九卷(三、七至十四)

410000－2205－0000446　C5/46
出使英法義比四國日記六卷　(清)薛福成撰　清光緒十八年(1892)上海鴻寶齋石印本　三冊

410000－2205－0000447　C5/47
高士傳三卷　(晉)皇甫謐著　**英雄記鈔一卷**　(三國魏)王粲撰　清咸豐刻本　一冊

410000－2205－0000448　C6/2
史記菁華錄六卷　(清)苧田氏(姚祖恩)輯　清光緒二十八年(1902)上海書局石印本　六冊

410000－2205－0000449　C6/2(2)
史記菁華錄六卷　(清)苧田氏(姚祖恩)輯　清光緒二十八年(1902)上海書局石印本　六冊

410000－2205－0000450　C6/2(3)
史記菁華錄六卷　(清)苧田氏(姚祖恩)輯　清光緒二十八年(1902)上海書局石印本　六冊

410000－2205－0000451　C6/2(4)
史記菁華錄六卷　(清)苧田氏(姚祖恩)輯　清光緒二十八年(1902)上海書局石印本　六冊

410000－2205－0000452　C6/2(5)
史記菁華錄六卷　(清)苧田氏(姚祖恩)輯　清光緒二十八年(1902)上海書局石印本

六册

410000－2205－0000453　C6/2(6)
史記菁華錄六卷　(清)苧田氏(姚祖恩)輯　清光緒二十八年(1902)上海書局石印本　五册　存五卷(二至六)

410000－2205－0000454　C6/2(7)
史記菁華錄六卷　(清)苧田氏(姚祖恩)輯　清光緒二十八年(1902)上海書局石印本　二册　存二卷(二至三)

410000－2205－0000455　C6/2(8)
史記菁華錄六卷　(清)苧田氏(姚祖恩)輯　清光緒二十八年(1902)上海書局石印本　一册　存一卷(二)

410000－2205－0000456　C6/3
史記菁華錄六卷　(清)苧田氏(姚祖恩)輯　清光緒二十二年(1896)上海埽葉山房石印本　三册

410000－2205－0000457　C6/3(2)
史記菁華錄六卷　(清)苧田氏(姚祖恩)輯　清光緒二十二年(1896)上海埽葉山房石印本　二册　存四卷(一至二、五至六)

410000－2205－0000458　C6/3(3)
史記菁華錄六卷　(清)苧田氏(姚祖恩)輯　清光緒二十二年(1896)上海埽葉山房石印本　三册　存二卷(一至二)

410000－2205－0000459　C6/4
史記菁華錄六卷　(清)苧田氏(姚祖恩)輯　清光緒影印本　二册　存二卷(三、五)

410000－2205－0000460　C6/8
廿一史約編不分卷　(清)鄭元慶纂　清抄本　四册

410000－2205－0000461　C6/5
史記鈔四卷　(清)高嵣集評　清乾隆五十三年(1788)廣郡永邑培元堂楊氏刻高梅亭讀書叢鈔本　三册　存三卷(一、三至四)

410000－2205－0000462　C6/7
戰國策選四卷　(清)儲欣評　清乾隆尺木堂刻本　三册

410000－2205－0000463　C6/6
國語選四卷　(清)儲欣評　清乾隆尺木堂刻本　二册

410000－2205－0000464　C8/13
南巡盛典一百二十卷　(清)高晉等撰　清光緒八年(1882)上海點石齋縮印本　八册

410000－2205－0000465　C7/1
史通通釋二十卷　(清)浦起龍釋　清光緒十一年(1885)刻本　八册

410000－2205－0000466　C7/3
章氏遺書二種　(清)章學誠撰　清光緒三年(1877)貴陽刻本　五册

410000－2205－0000467　C7/4
讀史論畧二卷　(清)杜詔著　清光緒二十五年(1899)刻本　一册

410000－2205－0000468　C7/5
廿二史劄記三十六卷補遺一卷　(清)趙翼撰　清光緒二十七年(1901)上海文盛書局石印本　八册

410000－2205－0000469　C7/6
歷代史論十二卷　(明)張溥論正　(清)孫執升(孫琮)評點　清光緒二十四年(1898)善成堂刻本　一册　存三卷(一至三)

410000－2205－0000470　C7/7
宋史論三卷　(明)張溥論正　清光緒善成堂刻本　一册　存一卷(三)

410000－2205－0000471　C7/8
元史論一卷　(明)張溥論正　清光緒善成堂刻本　一册

410000－2205－0000472　C7/9
左傳史論二卷　(清)高士奇論正　清光緒善成堂刻本　一册

410000－2205－0000473　C7/10
明史論四卷　(清)谷應泰論正　清光緒善成堂刻本　二册

410000－2205－0000474　C7/11
南陵無雙譜不分卷　(清)金史撰　清末抄本　二册

410000－2205－0000475　C7/13
史論正鵠初集四卷二集四卷　(清)王樹敏點評　清光緒二十七年(1901)久敬齋石印本　八册

410000－2205－0000476　C7/14
古今史論觀海四編九十卷　題(清)恥不逮齋主人編輯　清光緒二十八年(1902)上海鴻文書局石印本　三十二册

410000－2205－0000477　C8/1
通典二百卷考證一卷　(唐)杜佑撰　清光緒二十七年(1901)上海圖書集成局鉛印九通本　十六册

410000－2205－0000478　C8/1(2)
通典二百卷考證一卷　(唐)杜佑撰　清光緒二十七年(1901)上海圖書集成局鉛印九通本　十六册

410000－2205－0000479　C8/2
皇朝通典一百卷　清光緒二十七年(1901)上海圖書集成局鉛印九通本　十二册

410000－2205－0000480　C8/2(2)
皇朝通典一百卷　清光緒二十七年(1901)上海圖書集成局鉛印九通本　三册　存三十三卷(六十三至八十四、九十至一百)

410000－2205－0000481　C8/3(2)
欽定續通典一百五十卷　清光緒二十七年(1901)上海圖書集成局鉛印九通本　十二册

410000－2205－0000482　C8/3
欽定續通典一百五十卷　清光緒二十七年(1901)上海圖書集成局鉛印九通本　十二册

410000－2205－0000483　C8/3(3)
欽定續通典一百五十卷　清光緒二十七年(1901)上海圖書集成局鉛印九通本　三册　存三十卷(一至三十)

410000－2205－0000484　C8/5
皇朝通志一百二十六卷　清光緒二十七年(1901)上海圖書集成局鉛印九通本　十二册

410000－2205－0000485　C8/4
通志二百卷附考證三卷　(宋)鄭樵撰　清光緒二十七年(1901)上海圖書集成局鉛印九通本　六十册

410000－2205－0000486　C8/4(2)
通志二百卷附考證三卷　(宋)鄭樵撰　清光緒二十七年(1901)上海圖書集成局鉛印九通本　二十九册　存九十一卷(一至十一、一百二十至一百九十九)

410000－2205－0000487　C8/4(3)
通志二百卷附考證三卷　(宋)鄭樵撰　清光緒二十七年(1901)上海圖書集成局鉛印九通本　六十册

410000－2205－0000488　C8/5(2)
皇朝通志一百二十六卷　清光緒二十七年(1901)上海圖書集成局鉛印九通本　十二册

410000－2205－0000489　C8/5(3)
皇朝通志一百二十六卷　清光緒二十七年(1901)上海圖書集成局鉛印九通本　二册　存十七卷(一至十七)

410000－2205－0000490　C8/9(2)
文獻通考三百四十八卷附考證三卷　(元)馬端臨撰　清光緒二十七年(1901)上海圖書集成局鉛印九通本　四十四册

410000－2205－0000491　C8/6
欽定續通志六百四十卷　清光緒二十七年(1901)上海圖書集成局鉛印九通本　六十册

410000－2205－0000492　C8/6(2)
欽定續通志六百四十卷　清光緒二十七年(1901)上海圖書集成局鉛印九通本　五十九册　存六百三十二卷(一至三百六十四、三百七十三至六百四十)

410000－2205－0000493　C8/6(3)
欽定續通志六百四十卷　清光緒二十七年(1901)上海圖書集成局鉛印九通本　五十三

冊　缺六十五卷(一百四十至一百五十一、三百四十九至三百八十八、五百一至五百十三)

410000－2205－0000494　C8/9

文獻通考三百四十八卷附考證三卷　(元)馬端臨撰　清光緒二十七年(1901)上海圖書集成局鉛印九通本　四十四冊

410000－2205－0000495　C8/9(3)

文獻通考三百四十八卷附考證三卷　(元)馬端臨撰　清光緒二十七年(1901)上海圖書集成局鉛印九通本　二十九冊　缺九十八卷(一至九十八)

410000－2205－0000496　C8/11

欽定續文獻通考二百五十卷　清光緒二十七年(1901)上海圖書集成局鉛印九通本　三十六冊

410000－2205－0000497　C8/11(2)

欽定續文獻通考二百五十卷　清光緒二十七年(1901)上海圖書集成局鉛印九通本　十八冊　存一百六卷(一至一百六)

410000－2205－0000498　C8/11(3)

欽定續文獻通考二百五十卷　清光緒二十七年(1901)上海圖書集成局鉛印九通本　十五冊　存一百八卷(一至六、五十六至六十二、六十五至一百五十九)

410000－2205－0000499　C8/8

文獻通考三百四十八卷　(元)馬端臨著　明末刻本　三十二冊　存一百二十六卷(二十八至五十四、八十三至一百四十四、二百三十四至二百三十九、三百十八至三百四十八)

410000－2205－0000500　C8/10

皇朝文獻通考三百卷　清光緒二十七年(1901)上海圖書集成局鉛印九通本　四十冊

410000－2205－0000501　C8/10(2)

皇朝文獻通考三百卷　清光緒二十七年(1901)上海圖書集成局鉛印九通本　五冊　存三十三卷(一至五、二十六至四十六、六十三至六十九)

410000－2205－0000502　C8/12

三通攷輯要　湯壽潛編輯　清光緒二十五年(1899)圖書集成局鉛印本　二十七冊　缺十二卷(文獻通考輯要十至十一上,皇朝文獻通考輯要十二至十六、二十下至二十四)

410000－2205－0000503　C8/14

南巡盛典一百二十卷　(清)高晉等撰　清光緒八年(1882)上海點石齋影印本　八冊

410000－2205－0000504　C8/21

大清律例增修統纂集成四十卷督捕則例附纂二卷首一卷末一卷　(清)陶東皋　(清)陶曉篔增修　清宣統元年(1909)上海文瑞樓石印本　二十四冊

410000－2205－0000505　C8/22

大清律例增修統纂集成四十卷督捕則例附纂二卷　(清)陶東皋　(清)陶曉篔增修　清宣統元年(1909)上海文淵山房鉛印本　二十三冊　存四十卷(大清律例增修統纂集成四十卷)

410000－2205－0000506　C8/23

大清律例刑案彙纂集成四十卷督捕則例附纂二卷　(清)姚雨薌纂輯　(清)胡仰山增修　清咸豐元年(1851)刻本　十二冊　存二十一卷(一至八、十一至二十二、二十六)

410000－2205－0000507　C8/26

處分則例圖要六卷　(清)蔡逢年撰　清同治八年(1869)刻本　二冊

410000－2205－0000508　C8/25

考察日本監獄筆記三卷　(清)宮毅等譯　清光緒三十三年(1907)影印本　三冊

410000－2205－0000509　C8/24

現行刑律簡明圖不分卷　(清)程繼元編訂　(清)朱奪魁校對　清宣統三年(1911)刻本　一冊

410000－2205－0000510　C8/29

洗冤錄集證彙纂五卷　(清)王又槐增輯　(清)孫光烈參閱　(清)王又梧校訂　(清)李觀瀾補輯　清嘉慶二年(1797)刻本　四冊

410000－2205－0000511　C8/27
律例便覽八卷　(清)蔡逢年撰　清同治八年(1869)刻本　四册　存六卷(一至六)

410000－2205－0000512　C8/30
重刊補註洗冤錄集證六卷　(清)王又槐增輯　(清)李觀瀾補輯　(清)孫光烈參閲　(清)阮其補註　(清)王又梧校訂　(清)張錫蕃重訂　清道光十二年(1832)六色套印本　六册

410000－2205－0000513　C8/31
重刊補註洗冤錄集證六卷　(清)王又槐增輯　(清)李觀瀾補輯　(清)孫光烈參閲　(清)阮其補註　(清)王又梧校訂　(清)張錫蕃重訂　清同治四年至十二年(1865－1873)四色套印本　六册

410000－2205－0000514　C8/34
實政錄七卷　(明)呂坤著　清同治七年(1868)湖北崇文書局刻本　三册　存五卷(一至三、六至七)

410000－2205－0000515　C8/36
從政遺規摘鈔二卷補鈔一卷　(清)陳弘謀編　清同治七年(1868)楚北崇文書局刻五種遺規摘鈔本　二册

410000－2205－0000516　C8/35
欽定學政全書八十六卷首一卷　(清)童璜等撰　清嘉慶十七年(1812)刻本　六册

410000－2205－0000517　C8/37
荒政輯要九卷首一卷　(清)汪志伊撰　清道光五年(1825)刻本　二册

410000－2205－0000518　C8/46
紀元編三卷末一卷　(清)李兆洛撰　清光緒十四年(1888)上海蜚英館石印本　三册

410000－2205－0000519　C8/40
周禮政要四卷　(清)孫詒讓著　清光緒二十八年(1902)瑞安普通學堂鉛印本　一册　存二卷(一至二)

410000－2205－0000520　C8/47
爵秩全覽不分卷　清光緒二十二年(1896)刻本　六册

410000－2205－0000521　C8/45
福惠全書三十二卷　(清)黃六鴻著　清濂溪書屋刻本　六册　存十六卷(一至十六)

410000－2205－0000522　C8/48
大清搢紳全書不分卷　清光緒二十四年(1898)榮錄堂刻本　四册

410000－2205－0000523　C8/49
大清搢紳全書不分卷　清光緒二十九年(1903)榮錄堂刻本　三册

410000－2205－0000524　C8/51
居官鏡不分卷　(清)剛毅纂輯　清光緒十八年(1892)刻本　一册

410000－2205－0000525　C8/56
孝肅奏議十卷　(宋)包拯撰　清同治二年(1863)李瀚章刻本　二册　存六卷(二至七)

410000－2205－0000526　C8/50
入幕須知五種附一種　(清)張廷驤輯　清光緒十八年(1892)浙江書局刻本　五册

410000－2205－0000527　C8/53
在官法戒錄摘鈔四卷　(清)陳弘謀編輯　(清)葛正笏　(清)張鳳孫訂　(清)李安民參校　清同治七年(1868)楚北崇文書局刻五種遺規摘鈔本　二册

410000－2205－0000528　C8/54
在官法戒錄摘鈔四卷　(清)陳弘謀編輯　(清)葛正笏　(清)張鳳孫訂　(清)李安民參校　清光緒二十八年(1902)上海古香閣石印本　一册

410000－2205－0000529　C8/55
籌海圖編十三卷　(明)胡宗憲輯議　(明)胡維極重校　明天啓四年(1624)胡維極刻本　七册　存十一卷(一至三、六至十三)

410000－2205－0000530　C5/14
國朝先正事略續編四卷　(清)朱孔彰撰　清光緒二十八年(1902)上海書局石印本　二册

410000－2205－0000531　C8/58
駱文忠公奏議十六卷　(清)駱秉章撰　清光緒四年(1878)刻本　十三冊　存十五卷(一至十五)

410000－2205－0000532　C8/62
明大司馬盧公奏議十卷　(明)盧象昇著　清道光九年(1829)刻本　一冊　存二卷(九至十)

410000－2205－0000533　C8/64
彭剛直公奏稿八卷　(清)彭玉麟撰　(清)俞樾署檢　清光緒十七年(1891)石印本　四冊

410000－2205－0000534　C8/65
宦海指南五種　(清)許乃普輯　清咸豐九年(1859)錢塘許氏刻本　五冊

410000－2205－0000535　C8/59
駱文忠公奏稿十一卷　(清)駱秉章撰　清光緒刻本　九冊

410000－2205－0000536　C8/60
唐陸宣公翰苑集二十四卷　(清)張佩芳注釋　(清)汪肇龍等參訂　清乾隆三十三年(1768)刻本　八冊

410000－2205－0000537　E1/68
續古文辭類纂三十四卷　王先謙纂集　清光緒十年(1884)行素草堂刻本　八冊

410000－2205－0000538　C93.1/5
李氏五種　(清)李兆洛撰　清同治九年(1870)合肥李鴻章刻本　十冊

410000－2205－0000539　C93.1/1
讀史方輿紀要一百三十卷　(清)顧祖禹著　清刻本　九冊　存八卷(一至二、四、六至十)

410000－2205－0000540　C93.1/2
皇朝中外一統輿圖中一卷南十卷北二十卷首一卷　(清)胡林翼　(清)嚴樹森纂修　(清)鄒世詒　(清)晏啓鎮編繪　(清)李廷簫　(清)汪士鐸核校　清同治二年(1863)湖北撫署刻本　九冊　存二十五卷(南一至七、北三至二十)

410000－2205－0000541　C8/67
皇朝謚法考五卷　(清)鮑康輯　**續編五卷**　(清)王鵬運輯　清同治三年(1864)刻光緒十七年(1891)續刻本　一冊

410000－2205－0000542　C93.1/3
天下郡國利病書一百二十卷　(清)顧炎武輯　(清)龍萬育訂　清道光刻光緒五年(1879)蜀南桐花書屋薛氏家塾重修本　七冊　存十五卷(一至十五)

410000－2205－0000543　C93.1/4
李氏五種　(清)李兆洛輯　清末上海蜚英館石印本　四冊　存二種二十二卷

410000－2205－0000544　C93.1/9
地球韻言四卷　(清)張士瀛撰　清光緒二十八年(1902)刻本　一冊

410000－2205－0000545　C93.1/6
歷代地理志韻編今釋二十卷　(清)李兆洛撰　清同治九年(1870)合肥李鴻章刻李氏五種本　五冊

410000－2205－0000546　C93.1/11
新編東亞三國地誌二卷　(日本)辻武雄著　清光緒鉛印本　二冊

410000－2205－0000547　C93.1/10
改正世界地理學六卷　(清)吳啟孫編譯　清光緒二十九年(1903)上海文明書局鉛印本　一冊　存五卷(二至六)

410000－2205－0000548　C93.2/1
[雍正]勅修浙江通志二百八十卷首三卷　(清)李衛等修　(清)傅王露等纂　清光緒二十五年(1899)浙江書局刻本　一百二十冊

410000－2205－0000549　C93.2/2
[道光]諸城縣續志二十三卷　(清)劉光斗修　(清)朱學海纂　清道光十四年(1834)刻本　四冊

410000－2205－0000550　C93.2/18
[雍正]河南通志八十卷　(清)田文鏡等修　(清)孫灝等纂　清雍正十三年(1735)刻本

四冊　存八卷(二十七至三十四)

410000－2205－0000551　C93.2/16
[乾隆]正定府志五十卷首一卷　(清)鄭大進纂修　清乾隆二十七年(1762)刻本　二十四冊　缺二十五卷(十八至四十二)

410000－2205－0000552　C93.2/10
[光緒]祥符縣志二十四卷首一卷　(清)沈傳義　(清)余紀瑞修　(清)黄舒昺纂　清光緒二十四年(1898)刻本　十九冊

410000－2205－0000553　C93.2/8
[乾隆]泰安府志三十卷前一卷首二卷　(清)顔希深修　(清)成城纂　清乾隆二十五年(1760)刻本　十冊　存十三卷(十八至三十)

410000－2205－0000554　C93.2/5
[光緒]束鹿鄉土志十二卷　(清)李中桂等纂修　清光緒三十二年(1906)京師官書局鉛印本　四冊　存十卷(一至三、五至九、十一至十二)

410000－2205－0000555　C93.2/4
[光緒]南樂縣志十卷首一卷　(清)施有方　(清)陸維炘修　(清)武勳朝纂　清光緒二十九年(1903)刻本　二冊　存七卷(一至二、七至十,首一卷)

410000－2205－0000556　C93.2/21
[乾隆]彰德府志三十二卷首一卷　(清)盧崧修　(清)江大鍵　(清)程煥纂　清乾隆五十二年(1787)刻本　十一冊　存十八卷(二至三、十六至十九、二十二至三十二,首一卷)

410000－2205－0000557　C93.2/20
[乾隆]彰德府志三十二卷首一卷　(清)盧崧修　(清)江大鍵　(清)程煥纂　清乾隆五十二年(1787)刻本　二十冊　存三十卷(一至十二、十六至三十二,首一卷)

410000－2205－0000558　C93.2/19
[乾隆]續河南通志八十卷首四卷　(清)阿思哈等纂修　清乾隆三十二年(1767)刻本　十六冊　存四十八卷(一至二十一、四十二至六十四,首四卷)

410000－2205－0000559　C93.2/23
[同治]中牟縣志十二卷首一卷末一卷　(清)吳若烺修　(清)路春林　(清)邢為翰纂　清同治九年(1870)刻本　六冊

410000－2205－0000560　C93.1/7
讀史方輿紀要一百三十卷輿圖要覽四卷　(清)顧祖禹輯著　(清)彭元瑞校定　清敷文閣刻本　七十八冊

410000－2205－0000561　C93.1/8
讀史方輿紀要一百三十卷輿圖要覽四卷　(清)顧祖禹輯著　(清)彭元瑞校定　清敷文閣刻本　四冊　存十一卷(九十八至一百八)

410000－2205－0000562　C93.2/25
[光緒]山西通志一百八十四卷首一卷　(清)曾國荃等修　(清)王軒　(清)楊篤纂　清光緒十八年(1892)刻本　七冊　存二十一卷(三十一至五十一)

410000－2205－0000563　C93.2/26
朔方備乘六十八卷首十二卷　(清)何秋濤撰　清刻本　二十一冊　缺八卷(六十一至六十八)

410000－2205－0000564　C93.2/24
[光緒]重修廣平府志六十三卷首一卷　(清)吳中彥修　(清)胡景桂纂　(清)余效衡等協修　清光緒二十年(1894)刻本　十二冊　存三十一卷(一至十三、三十四至五十,首一卷)

410000－2205－0000565　C93.2/27
華陽國志十二卷　(晉)常璩撰　**補華陽國志三州郡縣目錄一卷**　(清)廖寅撰　清光緒四年(1878)二酉山房刻本　六冊

410000－2205－0000566　C93.2/28
華陽國志十二卷　(晉)常璩撰　清嘉慶刻本　三冊　存七卷(一至四、十至十二)

410000－2205－0000567　C93.2/30
[嘉慶]安陽縣志二十八卷首一卷金石錄十二卷　(清)貴泰修　(清)武穆淳纂　清嘉慶二十四年(1819)刻本　十冊　缺十二卷(金石錄十二卷)

410000－2205－0000568　C93.3/4
南嶽總勝集三卷　(宋)陳田夫撰　清光緒三十二年(1906)長沙葉氏影宋刻麗廔叢書本　二冊

410000－2205－0000569　C93.4/2
水經注四十卷首一卷　(北魏)酈道元撰　清光緒元年(1875)湖北崇文書局刻三年(1877)印崇文書局彙刻書本　七冊

410000－2205－0000570　C93.3/5
西湖志纂十五卷首一卷　(清)梁詩正等纂　清乾隆刻本　八冊

410000－2205－0000571　C93.4/6
今水經一卷表一卷　(清)黃宗羲學　清光緒元年(1875)湖北崇文書局刻三年(1877)印崇文書局彙刻書本　一冊

410000－2205－0000572　C93.6/1
全地五大洲女俗通考十集二十一卷首一卷　(美國)林樂知輯譯　(清)任保羅譯述　清光緒二十九年(1903)上海華美書局鉛印本　二十一冊

410000－2205－0000573　C93.4/4
水經二卷　(漢)桑欽撰　清刻本　一冊

410000－2205－0000574　C93.4/9
泰山志二十卷　(清)金棨錄　清光緒二十四年(1898)刻本　十冊

410000－2205－0000575　C93.4/8
華嶽志十二卷首一卷　(清)姚遠翿纂　清乾隆二十七年(1762)刻本　五冊　存七卷(一至六、首一卷)

410000－2205－0000576　C93.6/2
采風記五卷紀程感事詩一卷時務論一卷　(清)宋育仁撰　清光緒二十二年(1896)袖海山房石印本　四冊

410000－2205－0000577　C94/1
訒葊集古印存三十二卷　(清)汪啓淑簽藏　清乾隆二十五年(1760)新安汪啓淑開萬樓刻鈐印本　二冊　存二卷(一至二)

410000－2205－0000578　C94/7
金石三跋十卷　(清)武億撰　(清)武穆淳編　清道光二十三年(1843)偃師武氏刻授堂遺書本　二冊

410000－2205－0000579　C94/3
金石索十二卷首一卷　(清)馮雲鵬　(清)馮雲鵷輯　清光緒三十二年(1906)上海文新局石印本　二十四冊

410000－2205－0000580　C94/8
授堂金石文字續跋十四卷　(清)武億著　清道光二十三年(1843)偃師武氏刻授堂遺書本　三冊

410000－2205－0000581　C94/4
金石索十二卷首一卷　(清)馮雲鵬　(清)馮雲鵷輯　清光緒三十三年(1907)上海文新局石印本　二十四冊

410000－2205－0000582　C94/6
金石例十卷　(元)潘昂霄撰　清光緒四年(1878)南海馮氏讀有用書局刻朱墨套印本十八年(1892)吳縣朱氏彙印金石全例本　二冊

410000－2205－0000583　C94/12
金石三例續編　(清)朱記榮輯　清光緒吳縣朱氏槐廬家塾刻槐廬叢書本　四冊

410000－2205－0000584　C94/13
行素草堂金石叢書　(清)朱記榮輯　清光緒吳縣朱氏刻十四年(1888)彙印本　四冊　存四種十四卷

410000－2205－0000585　C94/5
金石萃編一百六十卷　(清)王昶撰　清嘉慶十年(1805)刻本　五十七冊　缺三十九卷(四十五至四十七、八十七至一百十、一百四十二至一百五十三)

410000－2205－0000586　C94/18:1
古泉匯六十四卷　(清)李佐賢編輯　清同治三年(1864)利津李氏石泉書屋刻本　十六冊

410000－2205－0000587　C94/19
碑版文廣例十卷　(清)王芑孫輯　清道光二

十一年(1841)刻本　四冊

410000－2205－0000588　C94/20
碑版文廣例十卷　(清)王芑孫輯　清道光二十一年(1841)刻本　四冊

410000－2205－0000589　C94/21
墓銘舉例四卷　(明)王行撰　清光緒四年(1878)南海馮氏讀有用書局刻朱墨套印本十八年(1892)吳縣朱氏彙印金石全例本　二冊

410000－2205－0000590　C94/23
西清古鑑四十卷錢錄十六卷　(清)梁詩正等纂　清光緒影印本　十二冊　缺十九卷(一至六、九至二十一)

410000－2205－0000591　C95/11
郘亭知見傳本書目十六卷　(清)莫友芝撰　清宣統影印本　四冊

410000－2205－0000592　C94/26
吉金所見錄十六卷首一卷　(清)初尚齡纂輯　(清)初夏齡叅訂　清抄本　四冊

410000－2205－0000593　C95/1
欽定四庫全書總目二百卷首一卷　(清)紀昀等纂　清同治七年(1868)廣東書局刻本　一百二十冊

410000－2205－0000594　C95/9
西學書目表三卷附一卷讀西學書法一卷　(清)盧靖輯校　清光緒刻本　一冊

410000－2205－0000595　D1/4
中都四子集　(明)張登雲輯　明萬曆七年(1579)臨川朱東光刻本　九冊　存二種四十卷

410000－2205－0000596　D2/2
孔子家語十卷　(三國魏)王肅注　清敬儀堂刻本　四冊

410000－2205－0000597　D2/1
孔子家語十卷　(三國魏)王肅注　清刻本　一冊　存五卷(六至十)

410000－2205－0000598　D2/5
孔子集語十七卷　(清)孫星衍撰　清光緒三年(1877)浙江書局刻二十二子本　四冊

410000－2205－0000599　D2/10
大學衍義補一百六十卷首一卷　(明)丘濬撰　(明)陳仁錫評閱　清道光十七年(1837)芸香堂刻本　四十冊

410000－2205－0000600　D2/7
大學衍義四十三卷　(宋)真德秀彙輯　(明)陳仁錫評閱　明崇禎陳仁錫刻本　十二冊

410000－2205－0000601　D2/8
大學衍義四十三卷　(宋)真德秀彙輯　清同治十一年(1872)浙江書局刻本　十冊

410000－2205－0000602　D2/9
大學衍義四十三卷　(宋)真德秀彙輯　明刻本　五冊　存二十一卷(二十三至四十三)

410000－2205－0000603　D2/13
大學衍義續七十卷　(清)強汝詢編輯　清光緒十二年(1886)刻本　二十四冊

410000－2205－0000604　D2/14
大學衍義續七十卷　(清)強汝詢編輯　清宣統刻本　十二冊　存三十四卷(十九至三十六、五十五至七十)

410000－2205－0000605　D2/15
中庸衍義十七卷　(明)夏良勝撰　清同治十年(1871)刻本　十二冊

410000－2205－0000606　D2/16
中庸衍義十七卷　(明)夏良勝撰　清同治十年(1871)刻本　六冊　存八卷(十至十七)

410000－2205－0000607　D2/25
善成堂重訂幼學須知句解四卷　(清)程登吉撰　清末善成堂刻本　四冊

410000－2205－0000608　D1/6
子書百家一百一種　(清)崇文書局輯　清光緒元年(1875)湖北崇文書局刻本　一百五冊

410000－2205－0000609　D2/19
孝經衍義一百卷首二卷　(清)葉方藹等纂修　清康熙刻本　二十冊

410000－2205－0000610　D2/17

論語衍義十卷　(清)姚紹崇輯著　清同治十一年(1872)刻本　八册

410000－2205－0000611　D2/11

大學衍義補一百六十卷首一卷　(明)丘濬撰　(明)陳仁錫評閲　明崇禎陳仁錫刻本　二十四册　存八十六卷(十四至三十一、五十二至七十五、一百十七至一百六十)

410000－2205－0000612　D2/27

寄傲山房塾課新增幼學故事瓊林四卷首一卷　(清)程允升(程登吉)撰　(清)鄒聖脉增補　清光緒十一年(1885)文盛堂刻本　四册

410000－2205－0000613　D2/12

大學衍義補一百六十卷首一卷　(明)丘濬撰　(明)陳仁錫評閲　明崇禎陳仁錫刻本　二十三册　存五十卷(一至二十二、九十七至一百二十一、一百二十五至一百二十七)

410000－2205－0000614　D2/27(2)

寄傲山房塾課新增幼學故事瓊林四卷首一卷　(清)程允升(程登吉)撰　(清)鄒聖脉增補　清光緒十一年(1885)文盛堂刻本　四册

410000－2205－0000615　D2/30

蒙學課本二卷　(清)□□編　清光緒二十七年(1901)南洋公學鉛印本　一册

410000－2205－0000616　D2/31

小學集解六卷　(清)張伯行輯註　(清)李蘭汀校訂　清同治六年(1867)崇文書局刻本　二册　存三卷(一至二、六)

410000－2205－0000617　D2/32

小學集註六卷　(明)陳選撰　**忠經一卷**　(漢)馬融撰　(漢)鄭玄集註　**孝經一卷**　(明)陳選集註　清光緒三十二年(1906)鴻寶齋石印本　四册

410000－2205－0000618　D2/35

四書題鏡三十六卷總論一卷　(清)江鯉翔纂述　清乾隆刻本　四册　存十五卷(總論一卷、大學一、論語一至十三)

410000－2205－0000619　D2/32(2)

小學集註六卷　(明)陳選撰　**忠經一卷**　(漢)馬融撰　(漢)鄭玄集註　**孝經一卷**　(明)陳選集註　清光緒三十二年(1906)鴻寶齋石印本　四册

410000－2205－0000620　D2/36

四書題鏡三十六卷總論一卷　(清)江鯉翔纂述　清刻本　六册　存四卷(孟子四卷)

410000－2205－0000621　D2/34

四書翼註論文三十八卷　(清)張甄陶撰　清嘉慶十五年(1810)刻本　十二册

410000－2205－0000622　D2/40

文中子中説十卷　(隋)王通撰　(宋)阮逸注　清光緒二年(1876)浙江書局刻二十二子本　二册

410000－2205－0000623　D2/41

揚子法言十三卷　(漢)揚雄撰　(晉)李軌注　**音義一卷**　(宋)□□撰　清光緒二年(1876)浙江書局刻二十二子本　一册

410000－2205－0000624　D2/39

文中子中説一卷　(隋)王通撰　清光緒元年(1875)崇文書局刻子書百家本　一册

410000－2205－0000625　D2/42

荀子二十卷　(戰國)荀況撰　(唐)楊倞注　**校勘補遺一卷**　(清)盧文弨　(清)謝墉校　清光緒二年(1876)浙江書局刻二十二子本　六册

410000－2205－0000626　D2/37

廣漢魏叢書　(明)何允中輯　清嘉慶刻本　一册　存五種十二卷

410000－2205－0000627　E1/69

續古文辭類纂三十四卷　王先謙纂集　清光緒八年(1882)長沙王氏刻本　六册　存二十五卷(一至二十五)

410000－2205－0000628　D2/44

新書十卷　(漢)賈誼撰　(清)盧文弨校　清光緒元年(1875)浙江書局刻二十二子本

二册

410000－2205－0000629　D2/51
呻吟語六卷　（明）吕坤著　清乾隆五十九年（1794）刻本　六册

410000－2205－0000630　D2/48
雙節堂庸訓六卷　（清）龍莊居士（汪輝祖）纂　清光緒十二年（1886）山東書局刻本　一册

410000－2205－0000631　D2/50
性理易讀五種　（清）□□輯　清光緒三十二年（1906）善成堂刻本　二册

410000－2205－0000632　D2/53
繪圖增註朱子治家格言一卷　（宋）朱熹撰　清末彰德德盛書局影印本　一册

410000－2205－0000633　D2/52
吕語集萃四卷　（明）吕坤著　（清）陳弘謀評　清光緒鉛印本　一册

410000－2205－0000634　D2/59
增註八銘塾鈔二集　（清）吳蘭陔（吳懋政）編　（清）李文山註釋　（清）樊慶寅校訂　清好友堂刻本　四册

410000－2205－0000635　D2/56
西山先生真文忠公讀書記四十卷　（宋）真德秀輯　清康熙真氏家祠刻同治三年（1864）印真西山全集本　八册　存十三卷（一至十三）

410000－2205－0000636　D2/61
張子全書十五卷　（宋）張載撰　清刻本　五册　存十四卷（二至十五）

410000－2205－0000637　D2/60
二程全書六種　（宋）程顥　（宋）程頤撰　（宋）朱熹輯　清刻本　十六册　存五種六十一卷

410000－2205－0000638　D2/57
朱子原訂近思録十四卷　（清）江永集注　（清）王鼎校次　清同治七年（1868）楚北崇文書局刻本　四册

410000－2205－0000639　D2/65
教女遺規三卷　（清）陳弘謀撰　清培元堂刻本　一册

410000－2205－0000640　D2/62
訓俗遺規摘鈔四卷　（清）陳弘謀編　清同治七年（1868）楚北崇文書局刻五種遺規摘鈔本　二册

410000－2205－0000641　D2/71
晏子春秋七卷　（春秋）晏嬰撰　**音義二卷**　（清）孫星衍撰　**校勘記二卷**　（清）黄以周撰　清光緒元年（1875）浙江書局刻二十二子本　四册

410000－2205－0000642　C94/18:2
續泉匯十四卷首集一卷補遺二卷　（清）鮑康　（清）李佐賢編　清光緒元年（1875）刻本　四册

410000－2205－0000643　D8/3
數學精詳十一卷首一卷末一卷　（清）屈曾發輯　清光緒十六年（1890）刻本　六册

410000－2205－0000644　D2/63
養正遺規摘鈔一卷補抄一卷　（清）陳宏謀編　清同治七年（1868）楚北崇文書局刻五種遺規摘鈔本　一册

410000－2205－0000645　D2/64
五種遺規　（清）陳弘謀編輯　清光緒十年（1884）刻本　十册

410000－2205－0000646　D2/64（2）
五種遺規　（清）陳弘謀編輯　清光緒十年（1884）刻本　十册

410000－2205－0000647　D2/72
子書百家一百一種　（清）崇文書局輯　清光緒元年（1875）湖北崇文書局刻本　二册　存四種十七卷

410000－2205－0000648　D2/74
曾文正公家書十卷家訓二卷　（清）曾國藩撰　清光緒二年（1876）傳忠書局刻本　十一册　缺一卷（家訓上）

410000－2205－0000649　D2/77
梅叟閒評四卷　（清）郝培元撰　（清）郝懿行

注　清光緒十年(1884)東路廳署刻郝氏遺書本　二册

410000－2205－0000650　D2/78
答問一卷　(清)孫奇逢著　清刻本　一册

410000－2205－0000651　D2/79
雙節堂庸訓六卷　(清)龍莊居士(汪輝祖)纂　清刻本　一册

410000－2205－0000652　D2/80
詒穀堂家書二卷　(清)王子堅撰　清光緒二十四年(1898)刻本　一册

410000－2205－0000653　D2/76
日知錄集釋三十二卷　(清)顧炎武著　(清)黄汝成集釋　清刻本　四册　存八卷(九至十六)

410000－2205－0000654　D2/82
近思錄集注十四卷考訂朱子世家一卷　(清)江永撰　**校勘記一卷**　(清)王炳錄　清同治八年(1869)江蘇書局刻本　六册

410000－2205－0000655　D3/2
道德真經註四卷　(元)吴澄述　清嘉慶八年(1803)刻本　一册

410000－2205－0000656　D3/3
寶顏堂訂正老子解四卷　(宋)蘇轍註　(明)陳繼儒　(明)李肇亨校　明刻本　一册　存二卷(三至四)

410000－2205－0000657　D3/5
莊子十卷　(戰國)莊周撰　(晉)郭象注　(唐)陸德明音義　清光緒二年(1876)浙江書局刻二十二子本　四册

410000－2205－0000658　D3/6
列子八卷　(戰國)列禦寇撰　(晉)張湛注　(唐)殷敬順釋文　清光緒二年(1876)浙江書局刻二十二子本　二册

410000－2205－0000659　D2/83
小學集註四卷孝經集註一卷　(明)陳選撰　**忠經集註一卷**　(漢)鄭玄撰　清會文堂刻本　二册

410000－2205－0000660　D3/1
老子道德經二卷　(春秋)李耳撰　(三國魏)王弼注　**音義一卷**　(唐)陸德明撰　清光緒元年(1875)浙江書局刻二十二子本　一册

410000－2205－0000661　D3/7
文子纘義十二卷　(元)杜道堅撰　清光緒三年(1877)浙江書局刻二十二子本　二册

410000－2205－0000662　D4/1
管子二十四卷　(春秋)管仲撰　(唐)房玄齡注　(明)劉績增注　清光緒二年(1876)浙江書局刻二十二子本　六册

410000－2205－0000663　D3/8
南華真經解六卷　(清)宣穎著　清末懷義堂刻本　二册　存三卷(一至二、四)

410000－2205－0000664　D4/2
管子二十四卷　(春秋)管仲撰　(唐)房玄齡注　(明)劉績增注　清光緒二年(1876)浙江書局刻二十二子本　五册　存二十卷(五至二十四)

410000－2205－0000665　D3/9
新鋟葛稚川内篇四卷外篇四卷　(晉)葛洪撰　(明)張可大評校　(明)慎懋官閲　清刻本　八册

410000－2205－0000666　D4/3
管子二十四卷　(春秋)管仲撰　清光緒元年(1875)湖北崇文書局刻子書百家本　四册

410000－2205－0000667　D4/9
商君書五卷附考一卷　(戰國)商鞅撰　(清)嚴萬里校　清光緒二年(1876)浙江書局刻二十二子本　一册

410000－2205－0000668　D4/6
韓非子二十卷　(戰國)韓非撰　(□)□□注　**識誤三卷**　(清)顧廣圻撰　清光緒元年(1875)浙江書局刻二十二子本　六册

410000－2205－0000669　D4/8
韓非子二十卷　(戰國)韓非撰　(□)□□注　**識誤三卷**　(清)顧廣圻撰　清光緒二十三

年(1897)上海圖書集成局鉛印子書二十二種本　四册

410000－2205－0000670　D5/2
孫子十家註十三卷　(春秋)孫武撰　(宋)吉天保輯　(清)孫星衍　(清)吳人驥校　**敘錄一卷**　(清)畢以珣撰　**遺說一卷**　(宋)鄭友賢撰　清光緒三年(1877)浙江書局刻二十二子本　六册

410000－2205－0000671　D5/1
孫子十家註十三卷　(春秋)孫武撰　(宋)吉天保輯　(清)孫星衍　(清)吳人驥校　**敘錄一卷**　(清)畢以珣撰　**遺說一卷**　(宋)鄭友賢撰　清嘉慶二年(1797)孫氏刻本　六册

410000－2205－0000672　D5/4
子書百家一百一種　(清)崇文書局輯　清光緒元年(1875)湖北崇文書局刻本　一册　存三種四卷

410000－2205－0000673　D5/5
尸子二卷存疑一卷　(戰國)尸佼撰　(清)汪繼培輯　清光緒三年(1877)浙江書局刻二十二子本　一册

410000－2205－0000674　D5/6
讀史兵略四十六卷　(清)胡林翼纂　清咸豐十一年(1861)武昌節署刻本　十六册

410000－2205－0000675　D5/7
讀史兵略四十六卷　(清)胡林翼纂　清咸豐十一年(1861)武昌節署刻本　四册　存十一卷(一至十一)

410000－2205－0000676　D5/8
讀史兵略四十六卷　(清)胡林翼纂　清刻本　八册　存二十二卷(二十五至四十六)

410000－2205－0000677　D5/10
行軍測繪十卷首一卷　(英國)連提撰　(英國)傅蘭雅口譯　(清)趙元益筆述　清末刻本　二册

410000－2205－0000678　D5/11
列國陸軍制不分卷　(美國)歐潑登著　(美國)林樂知譯　(清)瞿昂來譯　清末刻本　三册

410000－2205－0000679　D5/12
臨陣管見九卷　(德國)斯拉弗司撰　(德國)金楷理口譯　(清)趙元益筆述　清同治刻本　四册

410000－2205－0000680　D5/18
治平勝算二十卷　(清)年羹堯輯　清抄本　二十册

410000－2205－0000681　D5/13
防海新論十八卷　(德國)希理哈撰　(英國)傅蘭雅口譯　(清)華蘅芳筆述　清同治十二年(1873)江南製造局刻本　六册

410000－2205－0000682　D5/17
火龍經全集　(三國蜀)諸葛亮編輯　清咸豐五年(1855)刻本　六册

410000－2205－0000683　D5/14
兵船炮法六卷　(美國)水師書院撰　(美國)金楷理口譯　(清)朱恩錫筆述　(清)李鳳苞删潤　清光緒刻本　三册

410000－2205－0000684　D5/16
水雷秘要五卷圖一卷　(英國)史理孟纂　(清)舒高第口譯　(清)鄭昌棪筆述　清光緒六年(1880)刻本　六册

410000－2205－0000685　D5/15
營城揭要二卷　(英國)儲意比撰　(英國)傅蘭雅口譯　(清)徐壽筆述　清光緒刻本　二册

410000－2205－0000686　D7/15
珍珠囊指掌補遺藥性賦四卷　(金)李杲編輯　(清)王晉三重訂　**雷公炮製藥性解六卷**　(明)李中梓編輯　(清)王晉三重訂　清嘉慶二十四年(1819)刻本　四册

410000－2205－0000687　D7/1
脈經十卷　(晉)王叔和(王熙)著　清抄本　四册

410000－2205－0000688　D7/2

本草原始十二卷 （明）李中立纂輯 （明）葛鼒校訂 清光緒善成堂刻本 四冊

410000－2205－0000689 D7/16

太醫院增補珍珠囊藥性賦直解四卷 （清）羅必煒參訂 清光緒十七年（1891）聚德堂刻本 一冊 存二卷（一至二）

410000－2205－0000690 D7/10

本草原始十二卷 （明）李中立纂輯 （明）葛鼒校訂 清光緒善成堂刻本 六冊

410000－2205－0000691 D7/3

本草從新十八卷 （清）吳儀洛撰 清光緒二十二年（1896）上海圖書集成局石印本 四冊

410000－2205－0000692 D7/20

新鐫本草醫方合編 （清）汪昂著輯 清文秀堂刻本 三冊 缺三卷（本草備要五、醫方集解下一至二）

410000－2205－0000693 D7/7

筆花醫鏡四卷 （清）江涵暾著 （清）宋昌期補 （清）高繼珩校 清光緒十八年（1892）琉璃廠刻本 一冊

410000－2205－0000694 D7/26

金匱要畧淺註十卷 （漢）張仲景（張機）撰 （清）陳念祖集註 清奎壁堂刻本 一冊 存一卷（二）

410000－2205－0000695 D7/23

陳修園先生晚餘弎書 （清）陳修園（陳念祖）著 清咸豐九年（1859）三山林氏刻本 二冊

410000－2205－0000696 D7/27

金匱要畧淺註十卷 （漢）張仲景（張機）撰 （清）陳念祖集註 **金匱方歌括六卷** （清）陳念祖定 清奎壁堂刻本 七冊

410000－2205－0000697 D7/24

傷寒醫訣串解六卷 （清）陳念祖著 （清）陳道著纂集 （清）林壽萱校訂 **十藥神書註解一卷** （清）葛可久編 （清）陳念祖註 （清）林壽萱韻 清味根齋刻本 二冊

410000－2205－0000698 D7/25

長沙方歌括六卷 （清）陳念祖著 清南雅堂刻本 二冊

410000－2205－0000699 D7/28

南雅堂醫書全集十六種 （清）陳念祖著 清南雅堂刻本 六冊 存二種八卷

410000－2205－0000700 D7/29

醫學三字經四卷 （清）陳念祖著 清福文堂刻本 二冊

410000－2205－0000701 D7/30

公餘醫錄五種 （清）陳念祖撰 清刻本 二冊 存二種四卷

410000－2205－0000702 D7/31

醫學實在易八卷 （清）陳念祖著 清陳心典刻本 三冊

410000－2205－0000703 D7/32

張仲景傷寒論原文淺註六卷長沙方歌括六卷 （清）陳念祖集註 清佛鎮連元閣刻本 四冊 存六卷（張仲景傷寒論原文淺註六卷）

410000－2205－0000704 D7/35

陳修園醫書□□種 （清）陳念祖撰 清光緒三十三年（1907）巴蜀善成堂刻本 七冊 存三種十八卷

410000－2205－0000705 D7/38

同仁堂藥目不分卷 （清）京都同仁堂編 清光緒十五年（1889）京都同仁堂刻本 一冊

410000－2205－0000706 D7/39

同仁堂藥目不分卷 （清）京都同仁堂編 清光緒十五年（1889）京都同仁堂刻本 一冊

410000－2205－0000707 D7/40

補注黃帝内經素問二十四卷素問遺篇一卷靈樞十二卷 （唐）啟玄子（王冰）注 （宋）林億等校正 （宋）孫兆重改誤 （宋）劉溫舒撰遺篇 清光緒三年（1877）浙江書局刻二十二子本 十冊

410000－2205－0000708 D7/41

補注黃帝内經素問二十四卷黃帝内經靈樞十二卷黃帝内經素問遺篇一卷 （唐）啟玄子

(王冰)注　(宋)林億等校正　(宋)孫兆重改誤　(宋)劉溫舒撰遺篇　清光緒二十三年(1897)三味堂刻本　十二册

410000－2205－0000709　D7/42
補注黄帝内經素問二十四卷黄帝内經素問遺篇一卷黄帝内經靈樞十二卷　(唐)啟玄子(王冰)注　(宋)林億等校正　(宋)孫兆重改誤　清光緒二十二年(1896)圖書集成局鉛印本　四册

410000－2205－0000710　D7/36
重鐫本草醫方合編　(清)汪昂著輯　清三益堂刻本　六册

410000－2205－0000711　D7/45
御纂醫宗金鑑九十卷首一卷　(清)吴謙等撰　清乾隆七年(1742)刻本　四十册

410000－2205－0000712　D7/44
素問靈樞類纂約註三卷　(清)汪昂纂輯　清光緒二十二年(1896)上海圖書集成局鉛印本　一册

410000－2205－0000713　D7/51
醫宗備要三卷　(清)曾鼎撰　清同治八年(1869)崇文書局刻本　一册

410000－2205－0000714　D7/53
辨證録十四卷胎產秘書二卷　(清)陳士鐸著述　(清)陶式玉參訂　清光緒十年(1884)善成堂刻本　十一册

410000－2205－0000715　D7/60
增補醫林狀元壽世保元十卷　(明)龔廷賢編　(清)周亮登校　清光緒三十二年(1906)上海圖書集成局石印本　一册　存二卷(一至二)

410000－2205－0000716　D7/61
痘科溫故集二卷　(清)唐維德著　(清)房子由參定　清乾隆十七年(1752)紹衣堂刻本　二册

410000－2205－0000717　D7/56
中西匯通醫書五種　唐宗海撰　清光緒三十四年(1908)上海千頃堂書局石印本　十二册

410000－2205－0000718　D7/56(2)
中西匯通醫書五種　唐宗海撰　清光緒三十四年(1908)上海千頃堂書局石印本　十一册　缺三卷(傷寒論淺註補正二至四)

410000－2205－0000719　D7/63
胎產集要三卷幼科摘要一卷　(清)黄惕齋輯　清道光三年(1823)刻本　一册

410000－2205－0000720　D7/64
婦科辨解備要不分卷　(清)郭玉柱著　清光緒二十五年(1899)刻本　一册

410000－2205－0000721　D7/62
婦科祕方一卷　(清)李長科輯　清光緒十四年(1888)直隸藩署刻本　一册

410000－2205－0000722　D7/71
醫林指月　(清)王琦輯　清光緒二十二年(1896)上海圖書集成印書局鉛印本　一册　存二種二卷

410000－2205－0000723　D7/83
時疫白喉捷要合編不分卷　(清)張紹修撰　清光緒五年(1879)刻本　一册

410000－2205－0000724　D7/84
圖註脉訣辨真四卷　(晉)王叔和(王熙)撰　(明)張世賢註　**圖註八十一難經辨真四卷**　(戰國)秦越人述　(明)張世賢註　清文成堂刻本　四册

410000－2205－0000725　D7/74
問心堂溫病條辨六卷首一卷　(清)吳瑭著　清嘉慶刻本　二册　存三卷(四至六)

410000－2205－0000726　D7/67
鼎鍥幼幼集成六卷　(清)陳復正辨訂　(清)劉一勷校正　(清)周宗頤參定　清宣統三年(1911)上海會文堂石印本　六册

410000－2205－0000727　D7/85
圖註脉訣辨真四卷　(晉)王叔和(王熙)撰　(明)張世賢註　清刻本　二册

410000－2205－0000728　D7/68

老老恒言五卷　(清)慈山居士(曹庭棟)著　清同治九年(1870)刻本　一冊

410000－2205－0000729　D7/81
秘傳眼科龍木醫書總論十卷首一卷　題(明)葆光道人撰　清大文堂刻本　四冊

410000－2205－0000730　D7/65
女科輯要二卷　(清)沈堯封輯　(清)徐政杰補注　清同治元年(1862)刻本　二冊

410000－2205－0000731　D7/66
丹溪女科□□卷　(□)□□撰　清刻本　四冊　存四卷(一至四)

410000－2205－0000732　D7/87
弦雪居重訂遵生八牋十九卷目錄一卷　(明)高濂撰　清光緒江左書林石印本　十二冊

410000－2205－0000733　D7/86
圖註八十一難經辨真四卷　(戰國)秦越人述　(明)張世賢註　清刻本　二冊

410000－2205－0000734　D7/93
鍼灸大成十卷　(明)楊繼洲編著　清光緒善成堂刻本　八冊　存九卷

410000－2205－0000735　D7/89
傷寒瘟疫條辯六卷　(宋)楊璿撰　清光緒二十九年(1903)有益堂刻本　六冊

410000－2205－0000736　D7/91
增補本草備要八卷　(清)汪昂著輯　清末影印本　一冊　存七卷(一至七)

410000－2205－0000737　D7/92
古吳童氏重校醫宗必讀十卷　(明)李中梓著　清光緒上海鴻文書局石印本　四冊

410000－2205－0000738　D7/90
新增脉學本草醫方全書十四卷首一卷　(清)汪昂著輯　清光緒善成堂刻本　四冊　缺四卷(增訂本草備要三至四、醫方集解三至四)

410000－2205－0000739　E1/70
續古文辭類纂三十四卷　王先謙纂集　清光緒八年(1882)王氏刻本　一冊　存三卷(一至三)

410000－2205－0000740　D8/7
佛山書院算課草十一卷　(清)劉國光考取　清光緒二十四年(1898)廣州刻本　四冊

410000－2205－0000741　D8/2
御製數理精蘊上編五卷下編四十卷表八卷　(清)允祉等撰　清刻本　二十三冊　存三十卷(下編一至二十四、三十八至四十,表一至三)

410000－2205－0000742　D8/6
九章算術細草圖說九卷海島算經細草圖說一卷　(晉)劉徽注　(唐)李淳風等注釋　(清)李潢撰　清嘉慶二十五年(1820)語鴻堂刻本　八冊

410000－2205－0000743　D8/4
重學二十卷圜錐曲線說三卷　(英國)艾約瑟口譯　(清)李善蘭筆述　清同治五年(1866)刻本　六冊

410000－2205－0000744　D8/5
幾何原本十五卷首一卷　(意大利)利瑪竇口譯　(明)徐光啟筆受　清同治四年(1865)金陵刻本　八冊

410000－2205－0000745　D91/2
歷代畫史彙傳七十二卷首一卷總目三卷附錄二卷　(清)彭蘊璨編　清道光五年(1825)吳門尚志堂彭氏刻本　三十二冊

410000－2205－0000746　D91/3
歷代畫史彙傳七十二卷首一卷總目三卷附錄二卷　(清)彭蘊璨編　清刻本　二十四冊

410000－2205－0000747　D91/9
國朝畫識十七卷　(清)馮金伯纂輯　(清)楊思永參訂　清刻本　二冊　存八卷(十至十七)

410000－2205－0000748　D91/7
國朝畫徵錄三卷續錄二卷　(清)張庚著　清乾隆四年(1739)刻本　四冊

410000－2205－0000749　D91/10
清河書畫舫十二卷　(明)張丑造　清乾隆二

十八年(1763)仁和吳氏池北草堂刻本　十二册

410000－2205－0000750　D91/12
佩文齋書畫譜一百卷　(清)孫岳頒等纂輯　清康熙刻本　八册　存十一卷(三十四至四十四)

410000－2205－0000751　D91/13
佩文齋書畫譜一百卷　(清)孫岳頒等纂輯　清光緒九年(1883)上海同文書局石印本　八册　存五十四卷(一至五十四)

410000－2205－0000752　D91/14
芥子園畫傳初集六卷二集九卷三集六卷　(清)王槩等輯　清光緒十三年(1887)上海文興書局石印本　十二册

410000－2205－0000753　D91/18
芥子園畫傳初集六卷　(清)王槩等輯　清光緒影印本　一册　存一卷(五)

410000－2205－0000754　D91/19
芥子園畫傳二集九卷　(清)王槩等輯　清光緒二十一年(1895)上海寶文書局石印本　一册　存二卷(一至二)

410000－2205－0000755　D91/20
芥子園畫傳三集六卷　(清)王槩等輯　清末影印本　一册　存一卷(五)

410000－2205－0000756　D91/17
芥子園畫傳初集六卷　(清)王槩等輯　清光緒十三年(1887)石印本　一册　存二卷(五至六)

410000－2205－0000757　D91/22
芥子園畫傳四集六卷　(清)王槩等輯　(清)巢勳摹　清宣統元年(1909)上海章福記石印本　三册　存五卷(二至六)

410000－2205－0000758　D91/24
點石齋叢畫十卷　題(清)尊聞閣主人輯　清光緒十一年(1885)上海點石齋石印本　八册

410000－2205－0000759　D91/26
甌鉢羅室書畫過目考四卷首一卷附一卷　(清)李玉棻編輯　清宣統三年(1911)北京晉華書局石印本　四册

410000－2205－0000760　D91/36
墨緣彙觀二種　(清)安岐撰　清光緒二十六年(1900)鉛印本　六册

410000－2205－0000761　D91/43
鐵網珊瑚二十卷　(明)都穆撰　清乾隆二十三年(1758)刻本　十二册

410000－2205－0000762　D91/31
冶梅竹譜一卷　(清)王寅述　清光緒刻本　一册

410000－2205－0000763　D91/42
積古齋鐘鼎彝器款識十卷　(清)阮元編錄　清嘉慶刻本　三册　存八卷(三至十)

410000－2205－0000764　D91/41
封泥攷略十卷　(清)吳式芬　(清)陳介祺藏并輯　清光緒三十年(1904)滬上石印本　十册

410000－2205－0000765　D91/40
麗廔叢書九種　葉德輝輯　清光緒長沙葉氏刻本　一册　存五種五卷

410000－2205－0000766　D93/1
墨子十六卷附篇目考一卷　(戰國)墨翟撰　清光緒元年(1875)湖北崇文書局刻子書百家本　四册

410000－2205－0000767　D93/3
墨子十六卷附篇目考一卷　(戰國)墨翟撰　(清)畢沅校注　清光緒二年(1876)浙江書局刻二十二子本　四册

410000－2205－0000768　D91/44
書法指南不分卷　(清)□□編　清末上海朝記書莊石印本　一册

410000－2205－0000769　D93/8
淮南子二十一卷　(漢)劉安撰　(漢)高誘注　(清)莊逵吉校　清光緒二年(1876)浙江書局刻二十二子本　六册

410000－2205－0000770　D92/1

二如亭群芳譜三十卷首十三卷 （明）王象晉纂輯 明末刻清印本 八册 存十三卷（蔬譜一、首一卷，果譜一至二、首一卷，桑麻葛譜一卷，棉譜一卷，藥譜三，花譜一、首一卷，卉譜一至二、首一卷）

410000－2205－0000771 D93/9
呂氏春秋二十六卷附考一卷 （秦）呂不韋撰 （漢）高誘注 （清）畢沅校 清光緒元年（1875）浙江書局刻二十二子本 六册

410000－2205－0000772 D92/2
秘傳花鏡六卷 （清）陳淏子訂輯 清刻本（有圖） 四册

410000－2205－0000773 D93/10
校訂困學紀聞集證二十卷 （宋）王應麟撰（清）屠繼序校補 清嘉慶刻本 六册 存十二卷（九至二十）

410000－2205－0000774 D93/11
古今註三卷 （晉）崔豹撰 清芝秀堂刻本一册

410000－2205－0000775 D93/15
池北偶談二十六卷 （清）王士禛著 清金谿李氏自怡草堂刻本 四册 存十四卷（一至十四）

410000－2205－0000776 D93/16
梁氏筆記三種 （清）梁章鉅撰 清宣統三年（1911）上海掃葉山房石印本 八册

410000－2205－0000777 D93/17
池北偶談二十六卷 （清）王士禛著 清光緒二十二年（1896）上海慎記書莊石印本 六册

410000－2205－0000778 D93/22
寄園寄所寄十二卷 （清）趙吉士輯 清宣統三年（1911）文盛書局石印本 八册

410000－2205－0000779 D93/23
唐代叢書十二集 （清）陳世熙輯 清宣統三年（1911）上海天寶書局石印本 十二册

410000－2205－0000780 D93/24
博物要覽十二卷 （清）谷應泰撰 （清）李調元輯 清抄本 二册

410000－2205－0000781 D93/25
新增格古要論十三卷 （明）曹昭著 （明）舒敏編校 （明）王佐校增 明萬曆新都黃正位刻清初淑躬堂重修本 四册

410000－2205－0000782 D93/26
清寤齋心賞編一卷 （明）王象晉輯 明末刻本 一册

410000－2205－0000783 D93/27
盾鼻餘瀋不分卷 （清）左宗棠撰 清刻本一册

410000－2205－0000784 D93/28
證俗文十九卷 （清）郝懿行著 清光緒十年（1884）東路廳署刻郝氏遺書本 六册

410000－2205－0000785 D93/29
凝香室鴻雪因緣圖記一集二卷二集二卷三集二卷 （清）麟慶著 清光緒二十二年（1896）上海點石齋石印本 六册

410000－2205－0000786 D93/33
池上草堂筆記八卷 （清）梁恭辰著 清同治十二年（1873）金陵刻本 七册 存七卷（一至二、四至八）

410000－2205－0000787 D93/36
日省吾齋日錄不分卷 （清）王德瑛撰 清刻本 一册

410000－2205－0000788 D93/39
隨園隨筆二十八卷 （清）袁枚著 清刻本六册

410000－2205－0000789 D93/40
譚苑醍醐八卷 （明）楊慎撰 （清）李調元校定 清刻本 四册

410000－2205－0000790 D93/41
說鈴 （清）吳震方輯 清康熙刻本 二十册 存五十八種七十五卷

410000－2205－0000791 D93/44
三教真傳六十章 （清）觀禮堂輯 清宣統三年（1911）天津聚文堂刻本 六册

410000－2205－0000792　D94/1
太玄十卷　(宋)司馬光撰　清宣統二年(1910)衍星社鉛印本　一冊

410000－2205－0000793　D94/2
皇極經世書八卷首一卷　(清)王植輯錄　清乾隆二十一年(1756)刻本　七冊

410000－2205－0000794　D94/3
易林四卷　(漢)焦贛撰　清刻本　二冊　存二卷(二至三)

410000－2205－0000795　D94/7
卜筮正宗十四卷　(清)王維德輯　清嘉慶十六年(1811)三槐堂刻本　六冊

410000－2205－0000796　D94/9
寶鏡圖不分卷　(三國蜀)諸葛亮著　清光緒十二年(1886)刻本　一冊

410000－2205－0000797　D94/10
羅經解定七卷問答一卷　(清)胡國楨著　清同治刻本　三冊

410000－2205－0000798　D94/11
陽宅都天發用全書一卷　(清)瞿天賚較　清同治元年(1862)刻本　一冊

410000－2205－0000799　D94/4
焦氏易林四卷　(漢)焦贛撰　清光緒元年(1875)湖北崇文書局刻子書百家本　二冊　存二卷(一至二)

410000－2205－0000800　D94/5
焦氏易林四卷　(漢)焦贛著　清康熙刻本　二冊

410000－2205－0000801　D94/6
焦氏易林校略十六卷　(清)翟云升撰　清道光二十八年(1848)刻本　五冊　存十四卷(一至十四)

410000－2205－0000802　D94/12
菊逸山房地理正書疑龍三卷　(唐)楊益著　**山法備收一卷**　(清)寇宗輯　**撼龍一卷**　(唐)楊益著　清道光十三年(1833)刻本　二冊

410000－2205－0000803　D94/13
三命通會十二卷　(明)育吾山人(萬民英)著　明萬曆刻清雍正十三年(1735)蔣國祥補刻本　五冊　存六卷(一至六)

410000－2205－0000804　D94/16
新編日用涓吉奇門五總龜四卷　(明)池本理(池紀)解注　**重刻萸元奇門遁甲句解煙波釣叟歌一卷**　(宋)趙普撰　(明)羅通遁法　清善成堂刻本　四冊

410000－2205－0000805　D95/10
赤水吟一卷　(清)傅金銓著　清刻本　一冊

410000－2205－0000806　D95/4
地藏菩薩本願經三卷　(唐)釋寶叉難陀譯　清光緒刻本　三冊

410000－2205－0000807　D95/1
大佛頂首楞嚴經正脈疏四十卷　(明)釋真鑑述　清刻本　一冊　存二卷(二十一至二十二)

410000－2205－0000808　D95/11
道書一貫真機易簡錄十二卷　(清)傅金銓彙輯　清刻本　一冊　存四卷(九至十二)

410000－2205－0000809　D95/12
新鐫道書樵陽經二卷丹經示讀一卷　(清)傅金銓輯　清刻本　一冊

410000－2205－0000810　D95/13
新鐫道書度人梯經八卷　(清)傅金銓釋　清師慎堂刻本　二冊　存六卷(一至六)

410000－2205－0000811　D95/14
御虛階功過格一卷　(清)黃正元輯　清天錫堂刻本　一冊

410000－2205－0000812　D95/18
陰隲文圖說四卷　(清)黃正元纂輯　清天錫堂刻本　三冊　存三卷(元、亨、利)

410000－2205－0000813　D95/19
伍柳僊宗四種　(清)程德燦輯　清宣統二年(1910)善成堂刻本　六冊

410000－2205－0000814　D95/20

伍柳僊宗四種　(清)程德燦輯　清宣統二年(1910)善成堂刻本　六冊

410000－2205－0000815　D95/21
心學三卷　(清)傅金銓彙編　清刻本　一冊

410000－2205－0000816　D96/1
佩文韻府一百六卷　(清)張玉書等輯　清刻本　一百七冊　存九十四卷(一至十三、十五至五十一、六十至六十三、六十七至一百六)

410000－2205－0000817　D96/2
佩文韻府一百六卷　(清)張玉書等輯　清光緒影印本　五十二冊

410000－2205－0000818　D96/3
佩文韻府一百六卷　(清)張玉書等輯　清刻本　四冊　存三卷(九十至九十二)

410000－2205－0000819　D96/4
佩文韻府一百六卷　(清)張玉書輯　清末影印本　一冊　存一卷(十三)

410000－2205－0000820　D96/5
韻府拾遺一百六卷　(清)張廷玉等編　清刻本　十八冊　存八十二卷(一至十八、三十八至一百一)

410000－2205－0000821　D96/6
子史精華一百六十卷　(清)允祿等纂修　清刻本　二十八冊　存九十二卷(一至二十、四十一至六十、六十八至一百十九)

410000－2205－0000822　D96/7
子史精華一百六十卷　(清)允祿等纂修　清聚錦堂刻本　四十八冊

410000－2205－0000823　D96/9
廣事類賦四十卷　(清)華希閔著　(清)鄒兆升系　清會成堂刻本　五冊　存三十五卷(一至十一、十七至四十)

410000－2205－0000824　D96/10
廣事類賦四十卷　(清)華希閔著　(清)鄒兆升系　清刻本　九冊　存三十六卷(一至二十四、二十九至四十)

410000－2205－0000825　D96/11
事類賦三十卷　(宋)吴淑撰註　清會成堂刻本　四冊　存二十一卷(十至三十)

410000－2205－0000826　D96/15
淵鑑類函四百五十卷目録四卷　(清)張英等纂輯　清光緒十三年(1887)上海同文書局石印本　四十八冊

410000－2205－0000827　D96/8
子史精華一百六十卷　(清)允祿等纂修　清聚錦堂刻本　四十冊

410000－2205－0000828　D96/17
格致鏡原一百卷　(清)陳元龍輯　清光緒十四年(1888)上海大同書局石印本　十六冊

410000－2205－0000829　D96/13
古愚老人消夏録　(清)汪汲撰　清乾隆、嘉慶間古愚山房刻本　十二冊　存五種四十四卷

410000－2205－0000830　D96/12
玉海二百卷辭學指南四卷　(宋)王應麟撰　清刻本　十二冊　存二十二卷(一百七十二至一百九十三)

410000－2205－0000831　D96/16
淵鑑類函四百五十卷目録四卷　(清)張英等纂　清刻本　十四冊　存四十八卷(二百七十一至二百七十九、三百三十三至三百三十八、三百四十三至三百五十五、三百七十五至三百七十六、四百二十五至四百四十二)

410000－2205－0000832　D96/20
賦學雞跖集三十卷　(清)張維城編　清道光三十年(1850)粲花吟館刻本　八冊　存十卷(十一至二十)

410000－2205－0000833　D96/21
分類字錦六十四卷　(清)何焯等纂　清刻本　五十八冊　存五十八卷(二至五十五、六十至六十二、六十四)

410000－2205－0000834　D96/22
韻府拾遺一百六卷　(清)張廷玉等編　清光緒十二年(1886)上海同文書局石印本　八冊

410000－2205－0000835　D96/23
巧對錄八卷　(清)梁章鉅輯　清道光二十二年(1842)刻本　二冊

410000－2205－0000836　E1/1
唐宋八家文讀本三十卷　(清)沈德潛批點　清乾隆十五年(1750)刻本　六冊　存十四卷(一至十四)

410000－2205－0000837　E1/3
樂府詩集一百卷目錄二卷　(宋)郭茂倩編次　明崇禎毛氏汲古閣刻本　二十冊

410000－2205－0000838　E1/4
文選六十卷　(南朝梁)蕭統選　(唐)李善注　清乾隆三十年(1765)周氏光霽堂刻本　十冊　存五十卷(一至十一、十七至二十五、三十一至六十)

410000－2205－0000839　D96/24
詩韻集成十卷　(清)余照輯　清同治六年(1867)經餘厚刻本　四冊

410000－2205－0000840　E1/7
文苑春秋四卷　(明)崔銑輯　明嘉靖十七年(1538)刻本　四冊

410000－2205－0000841　E1/5
古唐詩合解十六卷　(清)王堯衢註　(清)李模　(清)李桓校　清刻本　八冊

410000－2205－0000842　E1/6
古唐詩合解十六卷　(清)王堯衢註　(清)李模　(清)李桓校　清刻本　六冊

410000－2205－0000843　E1/9
全唐詩鈔八十卷補遺十六卷詩人爵里節署一卷　(清)吳成儀輯　清乾隆二十四年(1759)萬卷堂刻本　二十四冊

410000－2205－0000844　E1/14
古唐詩合解十六卷　(清)王堯衢註　(清)李模　(清)李桓校　清敬文堂刻本　三冊　存十一卷(唐詩一至七、古詩一至四)

410000－2205－0000845　E1/15
古唐詩合解十六卷　(清)王堯衢註　(清)李模　(清)李桓校　清善成堂刻本　二冊　存六卷(四至六、十至十二)

410000－2205－0000846　E1/16
古唐詩合解十六卷　(清)王堯衢註　(清)李模　(清)李桓校　清刻本　一冊　存三卷(六至八)

410000－2205－0000847　E1/13
唐詩三百首補註八卷　(清)陳婉俊輯　**續選不分卷**　(清)于慶元編　清光緒十二年(1886)善成堂刻本　八冊

410000－2205－0000848　E1/8
御定全唐詩錄一百卷首一卷　(清)徐倬(清)徐元正輯　清康熙四十五年(1706)刻本　四十八冊

410000－2205－0000849　E1/17
晚唐詩鈔二十六卷　(清)查克弘　(清)凌紹乾選　(清)楊兆璘校　清康熙四十二年(1703)十干詩塢刻本　六冊

410000－2205－0000850　E1/18
詩比興箋四卷　(清)陳沆撰　清咸豐四年(1854)刻本　五冊

410000－2205－0000851　E1/19
歷朝詩約選九十二卷　(清)劉大櫆輯　清刻本　四冊　存十六卷(三十三至三十五、五十七至六十一、七十七至八十一、八十六至八十八)

410000－2205－0000852　E1/20
二家詩選　(清)王士禛選輯　清刻王漁洋遺書本　一冊

410000－2205－0000853　C21/10
續資治通鑑二百二十卷　(清)畢沅撰　清乾隆鎮洋畢氏刻嘉慶六年(1801)桐鄉馮集梧補刻同治六年(1867)永康應寶時蘇松太道署八年(1869)江蘇書局遞修資治通鑑彙刻本　六十冊

410000－2205－0000854　E1/26
註釋唐詩三百首不分卷　(清)蘅塘退士(孫

洙)編　清李光明莊刻本　一冊

410000－2205－0000855　C21/11
續資治通鑑二百二十卷　(清)畢沅撰　清乾隆鎮洋畢氏刻嘉慶六年(1801)桐鄉馮集梧補刻同治六年(1867)永康應寳時蘇松太道署八年(1869)江蘇書局遞修資治通鑑彙刻本　三十六冊　存一百三十七卷(二十六至九十四、一百十五至一百三十七、一百七十六至二百二十)

410000－2205－0000856　E1/21
唐詩三百首補注八卷　(清)陳婉俊輯　清光緒十一年(1885)四籐吟社刻本　二冊　存四卷(一至四)

410000－2205－0000857　C21/12
續資治通鑑二百二十卷　(清)畢沅編　清三味堂刻本　十五冊　存五十二卷(三十至三十三、六十三至八十、八十八至一百十七)

410000－2205－0000858　C21/14
續資治通鑑二百二十卷　(清)畢沅撰　清乾隆鎮洋畢氏刻嘉慶六年(1801)桐鄉馮集梧補刻同治六年(1867)永康應寳時蘇松太道署八年(1869)江蘇書局遞修資治通鑑彙刻本　五十五冊　缺十八卷(五十九至六十一、六十九至七十二、一百十五至一百十八、一百七十六至一百七十八、一百八十三至一百八十六)

410000－2205－0000859　E1/35
歷代詩發四十二卷　(清)范大士評選　(清)邵幹輯　清康熙三十六年(1697)虚白山房刻本　九冊　存三十五卷(一至二十七、三十五至四十二)

410000－2205－0000860　C21/15
資治通鑑目録三十卷　(宋)司馬光撰　清同治八年(1869)江蘇書局刻資治通鑑彙刻本　十冊

410000－2205－0000861　C21/16
綱鑑會纂三十九卷首一卷　(明)王世貞編
御撰資治通鑑綱目三編六卷　(清)張廷玉撰　清光緒二十五年(1899)上海美華書局石印本　十二冊

410000－2205－0000862　C21/17
綱鑑會纂三十九卷首一卷　(明)王世貞編
御撰資治通鑑綱目三編六卷　(清)張廷玉撰　清光緒二十五年(1899)上海著易堂影印本　五冊　存三十八卷(綱鑑會纂八至三十九、御撰資治通鑑綱目三編六卷)

410000－2205－0000863　E1/36
重訂唐詩别裁集二十卷　(清)沈德潛選　清乾隆二十八年(1763)教忠堂刻本　十冊

410000－2205－0000864　C21/18
尺木堂綱鑑易知録九十二卷明鑑易知録十五卷　(清)吳乘權等輯　清光緒鉛印本　十二冊　存八十七卷(六至九十二)

410000－2205－0000865　C21/19
綱鑑擇言十卷　(清)司徒修選輯　清道光二十七年(1847)書業德刻本　五冊

410000－2205－0000866　E1/37
貫華堂選批唐才子詩甲集八卷　(清)金人瑞選批　清順治刻本　八冊

410000－2205－0000867　E1/38
貫華堂選批唐才子詩集八卷　(清)金人瑞選批　清宣統蘇州振新書社石印本　八冊

410000－2205－0000868　E1/39
惜抱軒今體詩選十八卷　(清)姚鼐輯　清同治五年(1866)金陵書局刻本　一冊　存九卷(五言今體詩鈔一至九)

410000－2205－0000869　E1/40
古詩源十四卷　(清)沈德潛選　清刻本　二冊　存八卷(四至十一)

410000－2205－0000870　E1/44
御選唐宋文醇五十八卷　(清)高宗弘曆選　(清)允祿等校　清光緒二十三年(1897)經綸元記刻本　十八冊　存四十六卷(一至四十六)

410000－2205－0000871　E1/41
古詩源十四卷　(清)沈德潛選　清刻本　二

冊　存七卷(五至十一)

410000－2205－0000872　E1/42
古詩源十四卷　(清)沈德潛選　清刻本　一冊　存二卷(十三至十四)

410000－2205－0000873　E1/45
文選六十卷　(南朝梁)蕭統輯　(唐)李善注　清乾隆十一年(1746)懷德堂刻本　八冊

410000－2205－0000874　E1/46
易堂九子文鈔　(清)彭玉雯輯　清道光十七年(1837)刻本　六冊　存六種十二卷

410000－2205－0000875　E1/48
唐宋八家文讀本三十卷　(清)沈德潛評點　清乾隆十五年(1750)刻本　十六冊

410000－2205－0000876　E1/47
易堂九子文鈔　(清)彭玉雯輯　清道光十七年(1837)刻本　十二冊

410000－2205－0000877　E1/49
唐宋八家文讀本三十卷　(清)沈德潛評點　清乾隆十五年(1750)刻本　六冊　存十六卷(十五至三十)

410000－2205－0000878　E1/50
唐宋八家文讀本三十卷　(清)沈德潛評點　清乾隆十五年(1750)刻本　八冊　存十五卷(十六至三十)

410000－2205－0000879　E1/51
唐宋八家文讀本十卷　(清)沈德潛評點　清光緒二十四年(1898)上海鴻文書局校印本　四冊

410000－2205－0000880　E1/52
國朝文鈔初編不分卷二編不分卷三編不分卷四編不分卷五編不分卷論文集鈔二卷　(清)高嵣編　清乾隆五十一年(1786)廣郡永邑培元堂刻本　二十九冊

410000－2205－0000881　E1/54
國朝文錄八十二卷　(清)姚春木輯　清光緒二十六年(1900)埽葉山房石印本　十六冊

410000－2205－0000882　E1/53
國朝文鈔初編不分卷　(清)高嵣編　清乾隆五十一年(1786)刻本　四冊

410000－2205－0000883　E1/55
陳太僕批選八家文抄　(清)陳兆崙輯　清光緒二十六年(1900)天津文美齋石印本　六冊

410000－2205－0000884　E1/56
古文辭類纂七十五卷　(清)姚鼐輯　**校勘記一卷**　(清)李承淵撰　清光緒二十七年(1901)滁州李氏求要堂刻本　十二冊

410000－2205－0000885　E1/55(2)
陳太僕批選八家文抄　(清)陳兆崙輯　清光緒二十六年(1900)天津文美齋石印本　六冊

410000－2205－0000886　C21/21
綱鑑擇語十卷　(清)司徒修輯　清光緒二十四年(1898)上海書局石印本　一冊　存二卷(一至二)

410000－2205－0000887　E1/57
古文辭類纂七十四卷　(清)姚鼐輯　清合河康氏家塾刻本　十五冊　存五十八卷(一至十五、三十二至七十四)

410000－2205－0000888　C21/24
尺木堂綱鑑易知錄九十二卷明鑑易知錄十五卷　(清)吳乘權等輯　清光緒三十年(1904)上海校經山房鉛印本　十冊　存六十三卷(一至四、二十六至四十六、五十四至六十六、七十四至九十二,明鑑易知錄一至六)

410000－2205－0000889　E1/61
續古文辭類纂二十八卷　(清)黎庶昌輯　清光緒二十一年(1895)金陵狀元閣刻本　十二冊

410000－2205－0000890　C21/25
資治通鑑綱目五十九卷首一卷前編二十五卷續編二十七卷末一卷　(宋)朱熹等撰　(明)陳仁錫評閱　清同治十二年(1873)刻本　六十七冊　缺三十八卷(正編一至六、十五至十七、二十八至三十六,續編一至十八、二十、二十七)

410000－2205－0000891　E1/62
續古文辭類纂十卷　王先謙輯　清鉛印本　二册　存六卷(五至十)

410000－2205－0000892　E1/65
古文辭類纂十五卷　(清)姚鼐纂集　**續古文辭類纂十卷**　王先謙纂集　清光緒二十年(1894)上海圖書集成印書局鉛印本　八册

410000－2205－0000893　E1/65(2)
古文辭類纂十五卷　(清)姚鼐纂集　**續古文辭類纂十卷**　王先謙纂集　清光緒二十年(1894)上海圖書集成印書局鉛印本　八册

410000－2205－0000894　E1/66
古文辭類纂十五卷　(清)姚鼐輯　**續古文辭類纂十卷**　王先謙輯　清末影印本　二册　存七卷(古文辭類纂五至十一)

410000－2205－0000895　E1/67
續古文辭類纂二十八卷　(清)黎庶昌輯　清光緒十六年(1890)金陵書局刻本　十二册

410000－2205－0000896　E1/74
古文喈鳳新編八卷　(清)汪基鈔輯　清光緒寶興堂刻本　八册

410000－2205－0000897　E1/75
古文喈鳳新編八卷　(清)汪基鈔輯　清光緒善成堂刻本　三册　存六卷(一至四、七至八)

410000－2205－0000898　E1/58
古文辭類纂七十四卷　(清)姚鼐輯　清掃葉山房刻本　九册　存六十四卷(一至四十四、五十五至七十四)

410000－2205－0000899　E1/76
古文喈鳳新編八卷　(清)汪基鈔輯　清光緒善成堂刻本　六册　存六卷(二至七)

410000－2205－0000900　E1/77
古文喈鳳新編八卷　(清)汪基鈔輯　清光緒善成堂刻本　四册

410000－2205－0000901　E1/84
繪圖增批古文觀止十二卷　(清)吳乘權編次　(清)吳大職手錄　清宣統元年(1909)刻本　三册

410000－2205－0000902　E1/59
古文辭類纂七十四卷　(清)姚鼐輯　清同治八年(1869)江蘇書局刻本　七册　存四十一卷(六至三十八、五十九至六十六)

410000－2205－0000903　C21/5
龍門綱鑑正編二十卷要箋四卷　(清)蔣先庚纂輯　清古吳致和堂刻本　二十四册

410000－2205－0000904　C21/26
御撰資治通鑑綱目三編二十卷　(清)張廷玉等編次　清刻本　八册

410000－2205－0000905　E1/89
寶興堂重訂古文釋義新編八卷　(清)余誠評註　清宣統二年(1910)刻本　八册

410000－2205－0000906　E1/89(2)
寶興堂重訂古文釋義新編八卷　(清)余誠評註　清宣統二年(1910)刻本　八册

410000－2205－0000907　C21/27
續資治通鑑二百二十卷　(清)畢沅編集　清末影印本　一册　存十卷(二百十一至二百二十)

410000－2205－0000908　C21/28
史鑑節要便讀六卷　(清)鮑東里編輯　清刻本　一册　存三卷(四至六)

410000－2205－0000909　E1/90
寶興堂重訂古文釋義新編八卷　(清)余誠評註　清光緒二十五年(1899)寶興堂刻本　八册　存六卷(一至二、四至六、八)

410000－2205－0000910　E1/91
泰山堂重訂古文釋義新編八卷　(清)余誠評註　清光緒三十年(1904)泰山堂刻本　八册

410000－2205－0000911　C21/30
綱鑑擇言十卷　(清)司徒修選輯　清光緒二十七年(1901)寶興堂刻本　六册

410000－2205－0000912　C21/31
資治通鑑外紀十卷目錄五卷　(清)劉恕編集

(清)胡克家注補　清同治十年(1871)江蘇書局刻本　十冊

410000－2205－0000913　C21/30(2)
綱鑑擇言十卷　(清)司徒修選輯　清光緒二十七年(1901)寶興堂刻本　六冊

410000－2205－0000914　C21/30(3)
綱鑑擇言十卷　(清)司徒修選輯　清光緒二十七年(1901)寶興堂刻本　六冊

410000－2205－0000915　E1/92
書業德重訂古文釋義新編八卷　(清)余誠評註　清同治十三年(1874)刻本　四冊

410000－2205－0000916　C21/32
綱鑑易知錄九十二卷明鑑易知錄十五卷　(清)吳乘權等輯　清三元堂刻本　四十八冊

410000－2205－0000917　E1/93
書業德重訂古文釋義新編八卷　(清)余誠評註　清刻本　二冊　存四卷(三至六)

410000－2205－0000918　C21/34
御批歷代通鑑輯覽一百二十卷　(清)傅恒等撰　清同治十三年(1874)湖南書局刻本　四十八冊

410000－2205－0000919　C21/35
御批歷代通鑑輯覽一百二十卷　(清)傅恒等撰　清光緒二十八年(1902)萃文齋石印本　十六冊　缺二十二卷(二十八至三十三、七十三至八十三、九十六至一百)

410000－2205－0000920　E1/97
古文眉詮七十九卷首一卷　(清)浦起龍輯　清乾隆九年(1744)三吳書院刻本　十八冊　存六十二卷(一至四十二、六十一至七十九,首一卷)

410000－2205－0000921　C21/36
御批歷代通鑑輯覽一百二十卷　(清)傅恒等撰　清光緒二十九年(1903)上海通元書局石印本　二十四冊

410000－2205－0000922　E1/98
重訂古文雅正十四卷　(清)蔡世遠編　清道光刻本　四冊

410000－2205－0000923　C21/37
御批歷代通鑑輯覽一百二十卷　(清)傅恒等撰　清光緒影印本　二十四冊　缺一卷(一百二十)

410000－2205－0000924　E1/103
盛世危言十四卷　(清)鄭觀應著　清光緒二十八年(1902)書業德記刻本　八冊

410000－2205－0000925　C21/38
御批歷代通鑑輯覽一百二十卷　(清)傅恒等撰　清光緒二十九年(1903)上海通元書局石印本　二十四冊　缺一卷(一百二十)

410000－2205－0000926　E1/104
盛世危言六卷二編四卷三編六卷　(清)鄭觀應　(清)杞憂生輯著　清光緒二十四年(1898)圖書集成局鉛印本　六冊

410000－2205－0000927　E1/105
盛世危言十四卷　(清)鄭觀應纂著　清光緒二十一年(1895)鉛印本　八冊

410000－2205－0000928　C21/40
尺木堂綱鑑易知錄九十二卷明鑑易知錄十五卷　(清)吳乘權等輯　清光緒鉛印本　八冊　存五十六卷(十二至十八、四十六至五十三、六十至六十六、七十四至九十二,明鑑易知錄十五卷)

410000－2205－0000929　E1/106
皇朝經世文編一百二十卷　(清)賀長齡輯　清刻本　八冊　存九卷(八十三至九十一)

410000－2205－0000930　C21/42
竹書紀年二卷　(南朝梁)沈約註　清光緒刻本　一冊

410000－2205－0000931　C21/43
竹書紀年校正十四卷通考一卷　(清)郝懿行撰　清光緒五年(1879)東路廳署刻郝氏遺書本　二冊

410000－2205－0000932　E1/107
皇朝經世文編一百二十卷　(清)賀長齡輯

清刻本　三十五册　存四十七卷(七至十四、五十八至六十五、七十六至一百六)

410000－2205－0000933　E1/108
皇朝經世文編一百二十卷　(清)賀長齡輯
清光緒二十五年(1899)石印本　二十四册

410000－2205－0000934　C21/44
尺木堂綱鑑易知錄九十二卷明鑑易知錄十五卷　(清)吳乘權等輯　清光緒影印本　五册
　存三十五卷(六十七至七十三、八十至九十二,明鑑易知錄十五卷)

410000－2205－0000935　C21/47
欽定明鑑二十四卷首一卷　(清)托津等撰
清嘉慶二十三年(1818)刻本　十二册

410000－2205－0000936　E1/110
皇朝經世文編一百二十卷　(清)賀長齡輯
清思補樓石印本　二十册　存四十三卷(五十八至一百)

410000－2205－0000937　C21/48
尺木堂綱鑑易知錄九十二卷明鑑易知錄十五卷　(清)吳乘權等輯　清康熙五十年(1711)刻本　四十二册　存九十二卷(綱鑑易知錄九十二卷)

410000－2205－0000938　C21/51
令德堂增定課兒鑑畧妥註善本五卷　(明)李廷機著　(明)張瑞圖校正　(清)鄒聖脈訂
清刻本　二册

410000－2205－0000939　E1/111
皇朝經世文編一百二十卷　(清)賀長齡輯
清影印本　八册　存四十一卷(七十四至八十七、九十四至一百二十)

410000－2205－0000940　C21/52
綱鑑擇語十卷　(清)司徒修選輯　(清)宣譽氏補註　清光緒二十四年(1898)刻本　四册

410000－2205－0000941　E1/112
皇朝經世文新編三十二卷　(清)麥仲華輯
清光緒二十七年(1901)上海書局石印本　十六册

410000－2205－0000942　E1/114
皇朝經世文新編二十一卷　(清)麥仲華輯
清光緒影印本　二册　存三卷(九至十上、十五上中)

410000－2205－0000943　E1/115
皇朝經世文新編二十一卷　(清)麥仲華輯
清光緒影印本　一册　存二卷(十一至十二)

410000－2205－0000944　E1/116
皇朝經世文新編二十一卷　(清)麥仲華輯
清光緒影印本　一册　存二卷(六至七)

410000－2205－0000945　E1/113
皇朝經世文新編二十一卷　(清)麥仲華輯
清末影印本　五册　存十卷(一下至四、六至七、十七至十八、二十至二十一)

410000－2205－0000946　E1/117
皇朝經世文新編二十一卷　(清)麥仲華輯
清光緒影印本　六册　存十一卷(六至十二、十四至十七)

410000－2205－0000947　E1/118
皇朝經世文新編二十一卷　(清)麥仲華輯
清光緒影印本　九册　存十三卷(四至八、十、十三至十九)

410000－2205－0000948　E1/119
皇朝經世文新編二十一卷　(清)麥仲華輯
清末影印本　四册　存七卷(五下至六、十下、十五至十六、十八至十九)

410000－2205－0000949　E1/119(2)
皇朝經世文新編二十一卷　(清)麥仲華輯
清末影印本　二册　存四卷(五下至六、十八至十九)

410000－2205－0000950　E1/114(2)
皇朝經世文新編二十一卷　(清)麥仲華輯
清光緒影印本　一册　存一卷(十五上中)

410000－2205－0000951　E1/117(2)
皇朝經世文新編二十一卷　(清)麥仲華輯
清光緒影印本　一册　存一卷(十四)

410000－2205－0000952　E1/119(3)

皇朝經世文新編二十一卷　(清)麥仲華輯　清末影印本　一冊　存二卷(十八下至十九)

410000－2205－0000953　E1/119(4)
皇朝經世文新編二十一卷　(清)麥仲華輯　清末影印本　一冊　存二卷(十八下至十九)

410000－2205－0000954　E1/123
皇朝經世文續編一百二十卷　(清)葛士濬輯　清光緒二十七年(1901)上海久敬齋鉛印本　二十四冊

410000－2205－0000955　E1/124
皇朝經世文續編一百二十卷　(清)葛士濬輯　清光緒二十七年(1901)廣百宋齋鉛印本　二十四冊

410000－2205－0000956　E1/120
皇朝經世文新編二十一卷　(清)麥仲華輯　清光緒二十七年(1901)石印本　七冊　存十一卷(一上中、六至七、十至十二、十五中下、二十至二十一)

410000－2205－0000957　E1/121
皇朝經世文新編三十二卷　(清)麥仲華輯　清末影印本　七冊　存十四卷(五至八、十三至二十二)

410000－2205－0000958　E1/125
皇朝經世文續編一百二十卷　(清)葛士濬輯　清光緒二十四年(1898)上海文盛書局石印本　二十冊

410000－2205－0000959　E1/121(2)
皇朝經世文新編三十二卷　(清)麥仲華輯　清末影印本　二冊　存四卷(十五至十六、二十一至二十二)

410000－2205－0000960　E1/126
皇朝經世文新增續編一百二十卷　(清)葛士濬輯　清末影印本　九冊　存四十三卷(十一至二十九、七十五至七十九、八十六至九十四、一百一至一百十)

410000－2205－0000961　E1/127
皇朝經世文三編八十卷　(清)陳忠倚輯　清光緒二十四年(1898)寶文書局石印本　十六冊

410000－2205－0000962　E1/122
皇朝經世文新編三十二卷　(清)麥仲華輯　清末影印本　四冊　存八卷(七至十、十五至十六、二十一至二十二)

410000－2205－0000963　E1/128
皇朝經世文三編八十卷　(清)陳忠倚輯　清光緒二十七年(1901)上海書局石印本　十六冊

410000－2205－0000964　E1/135
古文苑二十一卷　(宋)章樵注　清刻惜陰軒叢書本　三冊　存十六卷(六至二十一)

410000－2205－0000965　C21/50
資治通鑑彙刻　清光緒上海積山書局石印本　五十八冊　存五種五百八十六卷

410000－2205－0000966　E1/136
續古文苑二十卷　(清)孫星衍輯　清嘉慶十七年(1812)刻平津館叢書本　八冊

410000－2205－0000967　E1/137
續古文苑二十卷　(清)孫星衍撰　清光緒九年(1883)江蘇書局刻本　六冊

410000－2205－0000968　E1/139
文選六十卷　(南朝梁)蕭統輯　(唐)李善注　清刻本　六冊　存十九卷(十五至十七、三十三至四十一、四十五至五十一)

410000－2205－0000969　E1/140
文選六十卷　(南朝梁)蕭統輯　(唐)李善注　清光緒十八年(1892)上海廣百宋齋鉛印本　十冊

410000－2205－0000970　E1/141
文選集腋六卷　(清)胥斌纂輯　清嘉慶十八年(1813)刻本　四冊

410000－2205－0000971　E1/142
唐駢體文鈔十七卷　(清)陳均輯　清嘉慶二十五年(1820)刻本　四冊

410000－2205－0000972　E1/138

文苑英華選六十卷 （清）宫夢仁訂 清康熙刻本 十七册 存四十二卷（九至十、十六至四十二、四十五至五十三、五十七至六十）

410000－2205－0000973 E1/143
國朝駢體正宗十二卷 （清）曾燠輯 清光緒十三年（1887）上海蜚英館影印本 六册

410000－2205－0000974 E1/144
有正味齋駢體文二十四卷首一卷 （清）吴錫麒著 （清）王廣業箋 （清）葉聯芬注 清光緒十五年（1889）上海蜚英館石印本 四册

410000－2205－0000975 E1/145
欽定化治四書文不分卷 （清）方苞輯 清光緒二年（1876）崇文書局刻本 一册

410000－2205－0000976 E1/146
欽定本朝四書文六卷 （清）方苞輯 清刻本 七册 缺二卷（大學一卷、上論一卷）

410000－2205－0000977 E1/147
八賢手札八卷 瞿鴻禨輯 清光緒三十四年（1908）上洋海左書局石印本 四册

410000－2205－0000978 E1/151
應試新賦備要初集六卷二集六卷 （清）謝稼思評選 清刻本 五册 存十卷（初集三至六、二集六卷）

410000－2205－0000979 E1/153
關中書院課士賦四卷 （清）路潤生（路德）選 清道光二十三年（1843）聚錦堂刻本 四册

410000－2205－0000980 E1/149
時務報五十卷 梁啟超撰 清光緒二十三年（1897）影印本 三册 存十五卷（三十一至三十五、四十一至五十）

410000－2205－0000981 E1/155
普通尺牘全壁八卷 題（清）西湖俠漢輯 清宣統元年（1909）上海六藝書局影印本 八册

410000－2205－0000982 E1/156
新天花亂墜四卷 題（清）硯雲居士編纂 清宣統三年（1911）石印本 四册

410000－2205－0000983 E1/150
新增初學行文語類四卷首一卷 （清）孫埏編輯 清乾隆四十七年（1782）三多齋刻本 四册

410000－2205－0000984 E1/158
文章游戲四編八卷 （清）繆艮輯 清道光元年（1821）藕花館刻本 八册

410000－2205－0000985 E1/161
重編留青新集二十四卷 （清）伊□輯 清光緒十六年（1890）上海鉛印本 十二册

410000－2205－0000986 E1/157
文章遊戲二編八卷 （清）繆艮輯 清嘉慶二十一年（1816）藕花館刻本 四册

410000－2205－0000987 E1/162
明文才調集不分卷 （清）許振禕編集 清光緒十七年（1891）刻本 三册

410000－2205－0000988 E1/163
國朝文才調集不分卷 （清）許振禕編集 清光緒刻本 六册

410000－2205－0000989 E1/167
宋四六選二十四卷 （清）曹振鏞編 清同治四年（1865）青雲樓刻本 七册 存二十一卷（一至十四、十八至二十四）

410000－2205－0000990 E1/164
才調集補注十卷 （五代）韋縠輯 （清）殷元勳箋注 （清）宋邦綏補注 清乾隆五十八年（1793）思補堂刻本 八册

410000－2205－0000991 E1/168
唐詩試帖課蒙詳解十卷首一卷 （清）王錫侯編釋 清乾隆二十三年（1758）四賢堂刻本 六册

410000－2205－0000992 E1/166
賴古堂尺牘新鈔二選藏弆集十六卷 （清）周在浚等鈔 清道光十九年（1839）賴古堂刻本 八册

410000－2205－0000993 E1/170
新增七家試帖輯註彙鈔八卷 （清）王廷紹著 （清）張熙宇 （清）王植桂輯註 清光緒十

二年(1886)文華堂刻本　八冊

410000－2205－0000994　E1/171
新增七家試帖輯註彙鈔八卷　(清)王廷紹著　(清)張熙宇　(清)王植桂輯註　清光緒十二年(1886)文華堂刻本　七冊　存七卷(一至六、八)

410000－2205－0000995　E1/169
海棠七家詩七卷　(清)王廷紹等著　(清)張熙宇輯評　清光緒二年(1876)大文堂刻本　六冊

410000－2205－0000996　E1/172
檉華館試帖彙鈔輯註十卷　(清)路德輯　清道光二十七年(1847)刻本　八冊　存八卷(一至八)

410000－2205－0000997　E1/173
修竹齋試帖輯註一卷　(清)那清安撰　(清)王植桂輯註　(清)張熙宇輯評　清刻本　一冊

410000－2205－0000998　E1/180
明詩別裁集十二卷　(清)沈德潛　(清)周準輯　清刻本　四冊

410000－2205－0000999　E1/181
王于一文選二卷　(清)王猷定撰　(清)陳維崧選　**程崑崙文選四卷**　(清)程康莊著　(清)陳維崧選　清抄本　二冊

410000－2205－0001000　E1/182
篆江樓排律詩鈔四卷　(清)鄭爾齡編　清抄本　三冊　存三卷(一、三至四)

410000－2205－0001001　E1/174
館律萃珍三十三卷　(清)謝祖源編　清光緒二年(1876)刻本　六冊　存七卷(一至七)

410000－2205－0001002　E1/174(2)
館律萃珍三十三卷　(清)謝祖源編　清光緒二年(1876)刻本　六冊　存七卷(一至七)

410000－2205－0001003　E1/178
玉臺新詠箋注十卷　(清)徐陵編　(清)吳兆宜注　(清)程淡刪補　清光緒五年(1879)宏達堂刻本　一冊　存二卷(一至二)

410000－2205－0001004　E1/185
賦鈔六卷　(清)張惠言輯　清道光元年(1821)合河康氏家塾刻本　四冊

410000－2205－0001005　E1/179
遙集集前篇六卷後編十卷　(清)許貞幹輯　清光緒二十八年(1902)、三十四年(1908)味青龕刻本　十六冊

410000－2205－0001006　E1/186
唐四家詩集二十卷　(清)胡鳳丹輯　清宣統三年(1911)掃山房石印本　五冊

410000－2205－0001007　E1/187
明文鈔六編不分卷　(清)高嵣輯　清乾隆五十一年(1786)刻本　四冊

410000－2205－0001008　E1/188
二家詩鈔　(清)邵長蘅輯　清康熙三十四年(1695)刻本　六冊

410000－2205－0001009　E1/184
乾坤正氣集　(清)姚瑩等輯　清道光二十八年(1848)涇縣潘氏袁江節署刻同治五年(1866)新建吳坤修皖江印本　二百冊

410000－2205－0001010　E1/189
分韻試帖青雲集合註四卷　(清)楊逢春輯　(清)沈品華等注　清光緒十六年(1890)敬文堂刻本　四冊

410000－2205－0001011　E1/190
分韻試帖青雲集合註四卷　(清)楊逢春輯　(清)沈品華等注　清光緒十一年(1885)文英堂刻本　四冊

410000－2205－0001012　E1/191
分韻試帖青雲集合註四卷　(清)楊逢春輯　(清)沈品華等注　清光緒十五年(1889)書業德刻本　四冊

410000－2205－0001013　E1/192
西漚試帖輯註二卷　(清)李惺著　(清)張熙宇　(清)王植桂輯註　清刻本　一冊

410000－2205－0001014　E1/197

唐人五十家小集　(清)江標輯　清光緒二十一年(1895)元和江氏靈鶼閣影宋刻本　十六冊

410000－2205－0001015　E1/194
精選尺牘八卷　清抄本　七冊　存七卷(一至七)

410000－2205－0001016　E1/199
唱經堂才子書　(清)金人瑞撰　清刻本　七冊　缺一卷(杜詩解一)

410000－2205－0001017　E1/196
文選六十卷　(南朝梁)蕭統輯　(唐)李善等注　清刻本　八冊　存四十三卷(四至十四、二十至四十、五十至六十)

410000－2205－0001018　E1/193
重刻賴古堂尺牘新鈔三選結鄰集十六卷　(清)周亮工輯　(清)周在梁等鈔　清道光六年(1826)雷學淦刻本　八冊

410000－2205－0001019　E1/202
賦學正鵠十卷　(清)李元度輯　清同治十年(1871)刻本　四冊

410000－2205－0001020　E1/203
研香齋四六類腋二十四卷　題(清)研香齋主人輯　清道光二十八年(1848)研香齋刻本　六冊

410000－2205－0001021　E1/204
賦學雞跖集九卷　(清)張維城編　清道光三十年(1850)刻本　二冊

410000－2205－0001022　E1/205
重訂廣事類賦四十卷　(清)華希閔著　(清)鄒升恒参　(清)華希閎重訂　清道光二十七年(1847)宏德堂刻本　八冊

410000－2205－0001023　E1/206
重訂事類賦三十卷　(宋)吳淑撰註　清道光二十七年(1847)宏德堂刻本　六冊

410000－2205－0001024　E1/207
七家詩合註七卷　(清)張熙宇輯評　清同治十二年(1873)益友堂刻本　四冊

410000－2205－0001025　E1/208
七家試帖輯註彙鈔七卷　(清)張熙宇輯評　(清)王植桂輯註　清同治十一年(1872)京都琉璃廠刻本　八冊

410000－2205－0001026　E1/213
制藝簡摩集五卷　(清)司徒修輯　清刻本　十冊

410000－2205－0001027　E2/2
楚辭十七卷　(漢)王逸章句　(宋)洪興祖補注　清光緒二十一年(1895)昭陵經畬堂刻本　二冊　存三卷(一至三)

410000－2205－0001028　E2/3
楚辭八卷辯證二卷後語六卷　(宋)朱熹集註　清同治十年(1871)刻本　四冊

410000－2205－0001029　E1/212
正續文苑菁華十二卷　(清)孟廣居編　清光緒二年(1876)刻本　十二冊

410000－2205－0001030　E31/1
蔡中郎集十卷外集四卷外紀一卷末一卷　(漢)蔡邕撰　清咸豐二年(1852)東郡楊氏海源閣刻本　八冊

410000－2205－0001031　E1/209
古文嗜鳳新編八卷　(清)汪基輯　清光緒善成堂刻本　八冊

410000－2205－0001032　E31/3
庾子山全集十六卷　(北周)庾信撰　**庾子山[信]年譜一卷總釋一卷**　(清)倪璠編　清大文堂刻本　十二冊

410000－2205－0001033　E32/1
李太白文集三十卷　(唐)李白撰　清康熙五十六年(1717)吳門繆曰芑刻本　八冊

410000－2205－0001034　E1/210
大文堂重訂古文釋義新編八卷　(清)余誠評註　清刻本　四冊

410000－2205－0001035　E1/211
重訂古文釋義新編八卷　(清)余誠評註　清光緒十五年(1889)有益堂刻本　四冊

410000－2205－0001036　E32/2
杜詩詳註二十五卷首一卷附編二卷　（唐）杜甫撰　（清）仇兆鰲輯註　清康熙三十二年（1693）刻本　十七册　存十八卷（二至六、十四、十六至二十五，附編二卷）

410000－2205－0001037　E32/3
杜詩詳註二十五卷首一卷附編二卷　（唐）杜甫撰　（清）仇兆鰲輯註　清康熙三十二年（1693）刻本　二十八册

410000－2205－0001038　E32/5
杜工部詩集二十卷集外詩一卷文集二卷　（唐）杜甫撰　（清）朱鶴齡輯註　清刻本　二十册

410000－2205－0001039　E32/4
杜工部集二十卷　（唐）杜甫撰　清道光刻六色套印本　二册　存二卷（七至八）

410000－2205－0001040　E32/11
韓集點勘四卷　（清）陳景雲撰　清同治九年（1870）江蘇書局刻本　一册

410000－2205－0001041　E32/12
習之先生文集二卷　（唐）李翱撰　清宣統三年（1911）上海會文堂書局石印本　二册

410000－2205－0001042　E32/7
昌黎先生集四十卷集傳一卷外集十卷遺文一卷　（唐）韓愈撰　（唐）李漢編　清同治八年（1869）江蘇書局刻本　十册

410000－2205－0001043　E32/10
韓文四十卷外集十卷遺文一卷集傳一卷　（唐）韓愈撰　明嘉靖十六年（1537）南平游居敬刻韓柳文本　二册　存十一卷（韓文一至十、集傳一卷）

410000－2205－0001044　E32/14
溫飛卿詩集九卷　（唐）溫庭筠撰　（明）曾益注　（清）顧予咸補注　清宣統二年（1910）影印本　四册

410000－2205－0001045　E32/15
溫飛卿詩集九卷　（唐）溫庭筠撰　（明）曾益注　（清）顧予咸補注　清宣統二年（1910）影印本　一册　存一卷（一）

410000－2205－0001046　E32/16
玉溪生詩意八卷　（唐）李商隱撰　（清）屈復箋註　清道光十年（1830）刻本　四册

410000－2205－0001047　E32/17
唐女郎魚玄機詩一卷附一卷　（唐）魚玄機撰　清光緒二十五年（1899）刻本　一册

410000－2205－0001048　E32/6
杜工部集二十卷附録一卷　（唐）杜甫撰　清抄本　十二册

410000－2205－0001049　E33/2
安陽集五十卷　（宋）韓琦著　**别録三卷**　（宋）王巖叟　**遺事一卷**　（宋）强至編次　**家傳十卷**　清乾隆四年（1739）陳錫輅刻三十五年（1770）黄邦寧重修咸豐印本　十册

410000－2205－0001050　E33/3
安陽集五十卷　（宋）韓琦著　**别録三卷**　（宋）王巖叟　**遺事一卷**　（宋）强至編次　**家傳十卷**　清乾隆四年（1739）陳錫輅刻三十五年（1770）黄邦寧重修咸豐印本　十册

410000－2205－0001051　E33/5
王臨川全集一百卷目錄二卷　（宋）王安石撰　清光緒九年（1883）聽香館刻本　十六册　缺三十九卷（十一至四十九）

410000－2205－0001052　E33/6
河南先生文集二十七卷附録一卷　（宋）尹洙撰　清宣統二年（1910）守政書局木活字印本　四册

410000－2205－0001053　E33/7
山谷詩内集注二十卷外集詩注十七卷别集注二卷　（宋）黄庭堅撰　（宋）任淵等注　清乾隆刻本　五册　存十三卷（内集注十二至二十、外集注一至四）

410000－2205－0001054　E33/8
山谷詩内集注二十卷外集詩注十七卷别集注二卷　（宋）黄庭堅撰　（宋）任淵等注　清乾

隆刻本　九冊　存十九卷(外集注十七卷、別集注二卷)

410000－2205－0001055　E33/11

東坡集八十四卷目錄二卷　(宋)蘇軾著　清刻本　六冊　存十六卷(八至二十三)

410000－2205－0001056　E33/9

曾南豐先生文集四卷　(清)曾鞏撰　清宣統二年(1910)上海會文堂石印本　二冊

410000－2205－0001057　E33/12

施註蘇詩四十二卷總目二卷　(宋)蘇軾撰　(宋)施元之注　**蘇詩續補遺二卷**　(清)馮景補註　**東坡先生[蘇軾]年譜一卷**　(宋)王宗稷編　**王注正譌一卷**　(清)邵長蘅撰　清光緒二十九年(1903)刻本　十六冊

410000－2205－0001058　E33/10

三蘇全集　(清)弓翊清校　清道光十二年(1832)眉州三蘇祠刻本　七十九冊　缺四卷(嘉佑集四至七)

410000－2205－0001059　E33/15

朱子全集一百四卷目錄二卷　(宋)朱熹撰　清咸豐十年(1860)浙江紫霞洲祠堂刻本　四十二冊

410000－2205－0001060　E33/16

晦庵先生朱文公文集一百卷目錄二卷　(宋)朱熹撰　清道光三十年(1850)關中書院刻本　四十二冊　存七十二卷(一至三十九、五十七至六十九、七十二至九十一)

410000－2205－0001061　E32/8

昌黎先生全集五十卷　(唐)韓愈撰　(唐)李漢編　清宣統二年(1910)上海集成圖書公司鉛印本　八冊

410000－2205－0001062　E33/17

朱子文集十八卷　(宋)朱熹撰　(清)張伯行編訂　清康熙四十七年(1708)正誼堂刻本　十六冊

410000－2205－0001063　E33/20

岳忠武王文集八卷首一卷末一卷　(宋)岳飛撰　(清)黃邦寧輯　清刻本　二冊

410000－2205－0001064　E33/21

劍南詩鈔不分卷　(宋)陸游著　(清)楊大鶴選　清宣統二年(1910)掃葉山房石印本　六冊

410000－2205－0001065　E33/22

劍南詩鈔不分卷　(宋)陸游著　清刻本　一冊

410000－2205－0001066　E33/25

熊勿軒先生文集六卷　(宋)熊禾撰　(清)張伯行訂　清康熙四十八年(1709)正誼堂刻本　二冊

410000－2205－0001067　E33/26

文山別集四種　(宋)文天祥撰　清宣統二年(1910)東雅社鉛印本　四冊

410000－2205－0001068　E33/27

東萊博議四卷　(宋)呂祖謙撰　**增補虛字註釋一卷**　(清)馮泰松撰　清光緒二十四年(1898)寶興堂刻本　四冊

410000－2205－0001069　E33/27(1)

東萊博議四卷　(宋)呂祖謙撰　**增補虛字註釋一卷**　(清)馮泰松撰　清光緒二十四年(1898)寶興堂刻本　四冊

410000－2205－0001070　E33/29

東萊博議四卷　(宋)呂祖謙撰　清宣統元年(1909)上海章福記石印本　四冊

410000－2205－0001071　E33/34

安陽集五十卷　(宋)韓琦著　**別錄三卷**　(宋)王巖叟　**遺事一卷**　(宋)强至編次　**家傳十卷**　清乾隆四年(1739)陳錫輅刻三十五年(1770)黃邦寧重修書錦堂印本　五冊　存三十一卷(安陽集一至七、十八至二十五、三十五至三十九,別錄三卷,遺事一卷,家傳四至十)

410000－2205－0001072　E34/1

元遺山先生全集十種首一卷　(元)元好問撰　清光緒七年(1881)讀書房刻本　十七冊

存七種五十八卷

410000－2205－0001073　E35/1
至正集八十一卷　(元)許有壬著　清宣統三年(1911)河南教育總會石印本　十冊

410000－2205－0001074　E35/2
許文正公遺書十五種首一卷末二卷　(元)許衡撰　清乾隆五十五年(1790)刻本　八冊

410000－2205－0001075　E36/3
西隱文藁十卷附錄一卷　(明)宋訥著　清乾隆三年(1738)漢川譚養元刻本　四冊

410000－2205－0001076　E36/4
九愚山房詩集十三卷　(明)何東序著　(明)梁綱校　明萬曆刻清印本　六冊

410000－2205－0001077　E36/5
王陽明先生全集二十二卷首一卷　(明)王守仁撰　(清)俞嶙重編　清康熙刻本　二冊　存二卷(四至五)

410000－2205－0001078　E36/6
王文成公全書三十八卷　(明)王守仁撰　清宣統元年(1909)上海集成圖書公司鉛印本　十冊　存三十一卷(一至二十九、三十七至三十八)

410000－2205－0001079　E36/9
陶菴集十種　(明)黃淳耀撰　清光緒五年(1879)刻本　八冊

410000－2205－0001080　E36/11
文清公薛先生文集二十四卷首一卷　(明)薛瑄撰　(明)張鼎編輯　明萬曆四十二年(1614)刻本　五冊　存九卷(三至四、七至八、十七至二十一)

410000－2205－0001081　E36/8
青丘詩鈔五卷　(明)高啓著　(明)胡徵紹選　清乾隆抄本　二冊

410000－2205－0001082　E36/13
陳臥子先生安雅堂稿十五卷　(明)陳子龍撰　清宣統元年(1909)上海時中書局鉛印本　四冊　存十一卷(一至五、八至十三)

410000－2205－0001083　E36/15
寒石先生文集三卷漁鼓曲一卷　(明)理𡺾和撰　清刻本　二冊　存二卷(文集一、漁鼓曲一卷)

410000－2205－0001084　E36/19
呂新吾全集　(明)呂坤著　明萬曆刻清同治、光緒間修補印本　三十五冊　存十三種四十三卷

410000－2205－0001085　E36/20
震川先生集三十卷別集十卷　(明)歸有光撰　清光緒六年(1880)常熟歸氏刻本　二十冊

410000－2205－0001086　E36/21
震川先生集三十卷別集十卷　(明)歸有光著　清刻本　二冊　存四卷(別集一至四)

410000－2205－0001087　E36/22
震川大全集三十卷補集八卷餘集八卷附刻一卷　(明)歸有光撰　清宣統二年(1910)國學扶輪社影印本　二冊　存二十二卷(十四至十八、補集八卷、餘集八卷、附刻一卷)

410000－2205－0001088　E36/24
明張文忠公全集四十五卷　(明)張居正撰　清光緒二十七年(1901)刻本　十五冊

410000－2205－0001089　E36/25
午夢堂集八種　(明)葉紹袁撰　清刻本　四冊

410000－2205－0001090　E36/12
何大復先生集三十八卷附錄一卷　(明)何景明撰　清咸豐二年(1852)刻本　八冊

410000－2205－0001091　E36/29
午夢堂集　(明)葉紹袁輯　明崇禎九年(1636)刻本　六冊　存八種十五卷

410000－2205－0001092　E36/32
高陽集二十卷　(明)孫承宗著　清順治十二年(1655)刻本　六冊　存十二卷(一至十二)

410000－2205－0001093　E36/33
容城忠愍楊先生文集四卷　(明)楊繼盛撰　清刻本　一冊　存二卷(三至四)

410000－2205－0001094　E36/34
來禽館集二十九卷　（明）邢侗著　清刻本　一册　存二卷（六至七）

410000－2205－0001095　E36/35
剪桐載筆一卷　（明）王象晉撰　清刻本　一册

410000－2205－0001096　E36/36
蠛蠓集五卷　（明）盧柟著　清光緒刻本　六册

410000－2205－0001097　E37/1
船山遺書　（清）王夫之撰　清同治四年（1865）湘鄉曾國荃金陵刻本　一百六十册　存五十六種二百九十卷

410000－2205－0001098　E37/3
船山遺書　（清）王夫之撰　清同治四年（1865）湘鄉曾國荃金陵刻本　一百二十二册　存六十一種三百六卷

410000－2205－0001099　E37/8
朱九江先生集十卷首一卷　（清）朱次琦撰　清光緒二十三年（1897）讀書草堂刻本　四册

410000－2205－0001100　E37/2
船山遺書　（清）王夫之撰　清同治四年（1865）湘鄉曾國荃金陵刻本　一百十九册　存六十一種三百四卷

410000－2205－0001101　E37/9
席門集十六卷　（清）陳海霖著　清道光刻本　四册

410000－2205－0001102　E37/10
綿津山人詩集二十七卷　（清）宋犖撰　清康熙二十七年（1688）刻本　四册

410000－2205－0001103　E37/13
壯悔堂文集十卷遺稿一卷　（清）侯方域撰　（清）賈開宗　（清）徐作肅選　清刻本　二册　存二卷（九至十）

410000－2205－0001104　E37/11
壯悔堂文集十卷遺稿一卷　（清）侯方域撰　（清）賈開宗　（清）徐作肅選　清刻本　六册

410000－2205－0001105　E37/14
笠翁一家言全集十六卷　（清）李漁著　清雍正八年（1730）芥子園刻本　二十册

410000－2205－0001106　E37/15
天根詩鈔二卷文鈔四卷文法一卷文鈔續集一卷　（清）何家琪著　清光緒三十二年（1906）刻本　六册

410000－2205－0001107　E37/12
壯悔堂文集十卷四憶堂詩集六卷　（清）侯方域著　清宣統元年（1909）上海埽葉山房石印本　六册

410000－2205－0001108　E37/16
馬中丞遺集十卷首一卷　（清）馬丕瑤撰　清光緒二十四年（1898）馬氏家廟刻本　八册　缺二卷（珠溪存稾一、數讀一）

410000－2205－0001109　E37/17
胡文忠公遺集八十六卷首一卷　（清）鄭敦謹　（清）曾國荃纂輯　清光緒元年（1875）湖北崇文書局刻本　三十二册

410000－2205－0001110　E37/18
胡文忠公遺集八十六卷首一卷　（清）鄭敦謹　（清）曾國荃纂輯　清光緒元年（1875）湖北崇文書局刻本　二十四册　存六十四卷（二十三至八十六）

410000－2205－0001111　E37/19
胡文忠公遺集八十六卷首一卷　（清）鄭敦謹　（清）曾國荃纂輯　清光緒元年（1875）湖北崇文書局刻本　八册　存二十八卷（二十三至五十）

410000－2205－0001112　E37/20
逸德軒文集三卷詩集三卷　（清）田蘭芳著　（清）劉榛選　清康熙刻本　四册

410000－2205－0001113　E37/21
紀文達公遺集十六卷　（清）紀昀撰　（清）紀樹馨編校　清刻本　四册　存八卷（一至八）

410000－2205－0001114　E37/22
恥躬堂文鈔十卷詩鈔十六卷　（清）彭士望著

清刻本　八冊

410000－2205－0001115　E37/23

曾文正公全集十三種首一卷　（清）曾國藩撰　清同治、光緒間傳忠書局刻本　一百冊

410000－2205－0001116　E37/30

吳詩集覽二十卷　（清）吳偉業撰　（清）靳榮藩輯　清乾隆四十六年（1781）凌雲亭刻本　十八冊　存十七卷（一至十七）

410000－2205－0001117　E37/33

鈍翁文集十六卷　（清）汪琬著　清宣統二年（1910）國學扶輪社石印本　七冊　存十四卷（一至四、七至十六）

410000－2205－0001118　E37/31

梅村家藏藁五十八卷補遺一卷　（清）吳偉業撰　**梅村先生［吳偉業］年譜四卷世系一卷**　（清）顧師軾纂　清宣統三年（1911）武進董氏誦芬室刻誦芬室業刊本　八冊

410000－2205－0001119　E37/27

邵子湘全集三十卷　（清）邵長蘅纂　清康熙三十二年至三十八年（1693－1699）邵氏青門艸堂刻光緒二十二年（1896）合江李超瓊印本　十二冊

410000－2205－0001120　E37/32

誦芬室叢刊　（清）董康輯　清光緒至民國間武進董氏誦芬室刻本　八冊　存二種六十八卷

410000－2205－0001121　E37/28

梅村詩集箋注十八卷　（清）吳偉業撰　（清）吳翌鳳箋注　清嘉慶十九年（1814）嚴榮滄浪吟榭刻本　十二冊

410000－2205－0001122　E37/34

述學內編三卷外編一卷補遺一卷別錄一卷　（清）汪中撰　清刻本　二冊

410000－2205－0001123　E37/38

倭文端公遺書十一卷首二卷　（清）倭仁輯　清同治元年（1862）刻本　八冊

410000－2205－0001124　E37/41

曝書亭集詩註二十二卷　（清）朱彝尊撰　（清）楊謙注　**年譜一卷**　（清）楊謙纂　**墓誌一卷**　（清）陳廷敬撰　清木山閣刻本　八冊

410000－2205－0001125　E37/39

巢經巢詩鈔九卷後集四卷　（清）鄭珍撰　清咸豐四年（1854）刻本　四冊

410000－2205－0001126　E37/36

錢牧齋文鈔不分卷　（清）錢謙益撰　（清）黃人選　清宣統元年（1909）上海國學扶輪社鉛印本　四冊

410000－2205－0001127　E37/37

歸愚文鈔餘集七卷　（清）沈德潛撰　清乾隆刻本　一冊

410000－2205－0001128　E37/43

孟塗文集十卷前集十卷後集二十二卷駢體文二卷　（清）劉開撰　清道光六年（1826）姚氏檗山草堂刻本　八冊

410000－2205－0001129　E37/44

石笥山房文集六卷詩集十二卷　（清）胡天游著　清道光二十六年（1846）博平縣衙刻本　八冊

410000－2205－0001130　E37/45

湯子遺書十卷首一卷續編二卷　（清）湯斌著　清刻本　十六冊　缺一卷（六）

410000－2205－0001131　E37/46

午亭文編五十卷　（清）陳廷敬撰　（清）林佶輯錄　清康熙四十七年（1708）林佶刻乾隆印本　十六冊

410000－2205－0001132　E37/48

劉禮部集十一卷麟石文鈔一卷　（清）劉逢祿著　清光緒十八年（1892）刻本　六冊

410000－2205－0001133　E37/42

小謨觴館詩集八卷續二卷文集四卷續二卷　（清）彭兆蓀撰　清同治十三年（1874）吳縣潘氏滂喜齋刻本　四冊

410000－2205－0001134　E37/49

仰蕭樓文集一卷國朝經學名儒記一卷　（清）

張星鑑輯　清光緒刻本　一冊

410000－2205－0001135　E37/40
東洲草堂詩鈔二十七卷詞一卷　（清）何紹基撰　清同治六年（1867）刻本　六冊

410000－2205－0001136　E37/51
寒松堂全集十二卷　（清）魏象樞著　**寒松老人［魏象樞］年譜一卷**　清刻本　六冊　存六卷（八至十二、年譜一卷）

410000－2205－0001137　E37/52
校訂定盦全集十卷　（清）龔自珍撰　**年譜一卷**　（清）黃守恒撰　清宣統元年（1909）上海時中書局影印本　八冊

410000－2205－0001138　E37/53
善卷堂四六十卷　（清）陸繁弨撰　（清）吳自高注　清乾隆三十五年（1770）亦園刻本　六冊

410000－2205－0001139　E37/56
望溪先生文集十八卷集外文十卷集外文補遺二卷　（清）方苞撰　（清）戴鈞衡編纂　**年譜二卷**　（清）蘇惇元輯　清刻本　十冊　存二十六卷（文集二至九、十一至十五，集外文二至十，補遺二卷，年譜二卷）

410000－2205－0001140　E37/58
方望溪文鈔六卷首一卷　（清）方苞撰　清宣統二年（1910）影印本　六冊

410000－2205－0001141　E37/60
亭林文集六卷餘集一卷詩集五卷　（清）顧炎武著　清宣統二年（1910）掃葉山房石印本　四冊

410000－2205－0001142　E37/61
小倉山房詩集三十七卷附讀二卷　（清）袁枚撰　清晚期刻本　三冊　存十卷（一至六、二十至二十三）

410000－2205－0001143　E37/54
懷雅堂詩存四卷　（清）鄭鴻著　清光緒三十一年（1905）刻本　二冊

410000－2205－0001144　E37/62
袁文箋正十六卷附錄一卷　（清）袁枚著　（清）石韞玉箋　清嘉慶十七年（1812）吳縣石韞玉鶴壽山堂刻本　六冊

410000－2205－0001145　E37/63
袁文箋正十六卷補注一卷　（清）袁枚著　（清）石韞玉箋　清嘉慶十七年（1812）吳縣石韞玉鶴壽山堂刻本　六冊

410000－2205－0001146　E37/64
袁文箋正十六卷補注一卷　（清）袁枚著　（清）石韞玉箋　**增訂袁枚箋正四卷**　（清）魏大縉注　清光緒十四年（1888）上海蜚英館石印本　三冊

410000－2205－0001147　E37/65
魏叔子文集外篇二十二卷日錄三卷詩集八卷　（清）魏禧著　清刻本　十五冊　缺二卷（文集十、十七）

410000－2205－0001148　E37/66
魏昭士文集十卷　（清）魏世傚著　清刻本　三冊

410000－2205－0001149　E37/67
魏興士文集六卷　（清）魏世傑著　清刻本　一冊

410000－2205－0001150　E37/68
陳其年先生湖海樓全集　（清）陳維崧著　清刻本　十二冊

410000－2205－0001151　E37/69
陳其年先生湖海樓全集　（清）陳維崧著　清刻本　十二冊　缺五卷（迦陵詞二十一至二十五）

410000－2205－0001152　E39/70
陳其年先生湖海樓全集　（清）陳維崧著　清康熙宜興陳氏患立堂刻本　二冊　存二種九卷

410000－2205－0001153　E37/71
迦陵詞全集三十卷　（清）陳維崧著　清康熙宜興陳氏患立堂刻本　四冊

410000－2205－0001154　E37/72

陳檢討集二十卷 （清）陳維崧撰 （清）程師恭註 清康熙刻本 八冊

410000－2205－0001155 E37/75
夏峯先生集十四卷補遺二卷首一卷 （清）孫奇逢撰 清道光二十五年（1845）刻孫夏峰全集本 八冊

410000－2205－0001156 E37/73
授堂遺書八種 （清）武億撰 清道光二十三年（1843）偃師武氏刻本 六冊 存三種二十二卷

410000－2205－0001157 E37/74
授堂遺書八種 （清）武億撰 清道光二十三年（1843）偃師武氏刻本 五冊 存二種二十卷

410000－2205－0001158 E37/76
惜抱軒全集十種 （清）姚鼐撰 清光緒三十三年（1907）上海校經山房刻本 九冊 存九種六十卷

410000－2205－0001159 E37/77
簡學齋詩存一卷 （清）陳沆著 清刻本 一冊

410000－2205－0001160 E37/81
五色瓜廬尺牘叢殘四卷 （清）邵慶辰撰 清光緒九年（1883）皖省聚文書坊刻本 四冊

410000－2205－0001161 E37/82
槃薖文甲乙集五卷 （清）湯紀尚撰 清刻本 一冊 存三卷（槃薖文甲集三卷）

410000－2205－0001162 E37/84
天中許子政學合一集三卷續編二卷讀禮偶見二卷 （清）許三禮著 清光緒二十三年（1897）告天樓刻本 十冊

410000－2205－0001163 E37/83
偶更堂詩稿二卷 （清）徐作肅著 清康熙傳盛社刻本 一冊

410000－2205－0001164 E37/85
天中許子政學合一集三卷續編二卷讀禮偶見二卷 （清）許三禮著 清光緒二十三年（1897）告天樓刻本 十冊

410000－2205－0001165 E37/88
王漁洋遺書三十八種 （清）王士禛撰 清刻本 四十九冊 存二十二種一百四十三卷

410000－2205－0001166 E37/89
漁洋山人精華錄箋注十二卷補注一卷年譜一卷附錄一卷 （清）王士禛撰 （清）金榮箋注 （清）徐淮纂輯 清刻本 八冊

410000－2205－0001167 E37/90
夢月巖詩集二十卷詩餘一卷 （清）呂履恒著 清雍正三年（1725）新安呂憲曾刻本 四冊

410000－2205－0001168 E37/86
天中許子政學合一集三卷續編二卷讀禮偶見二卷 （清）許三禮著 清光緒二十三年（1897）告天樓刻本 十二冊

410000－2205－0001169 E37/91
郝氏遺書三十三種 （清）郝懿行撰 清嘉慶至光緒間刻本 二十二冊 存十二種三十五卷

410000－2205－0001170 E37/95
隨園三十種 （清）袁枚撰 清刻本 五冊 存八種二十六卷

410000－2205－0001171 E37/87
天中許子政學合一集三卷續編二卷讀禮偶見二卷 （清）許三禮著 清光緒二十三年（1897）告天樓刻本 十二冊

410000－2205－0001172 E37/92
西堂全集附一種 （清）尤侗著 清刻本 二十冊 存三種六十一卷

410000－2205－0001173 E37/102
館律分韻初編六卷 題（清）春暉閣主人編輯 清光緒十四年（1888）上海鴻寶齋石印本 六冊

410000－2205－0001174 E37/97
李文清公遺書八卷 （清）李棠階撰 清刻本 二冊 存六卷（三至八）

410000－2205－0001175 E37/98

吴文節公遺集八十卷 (清)吴文鎔撰 (清)吴養原編 清刻本 三册 存十六卷(二十五至二十八、五十八至六十三、六十九至七十四)

410000－2205－0001176 E37/105
目耕齋初集不分卷二集不分卷三集不分卷 (清)徐楷評註 (清)沈叔眉選 清光緒二十一年(1895)文苑山房刻本 六册

410000－2205－0001177 E37/103
秋笳集八卷補遺一卷 (清)吴兆騫撰 清宣統三年(1911)順德鄧氏鉛印風雨樓叢書本 三册

410000－2205－0001178 E37/93
西堂全集四種附一種 (清)尤侗撰 清光緒刻本 五册 存二種十二卷

410000－2205－0001179 E37/107
夏峯先生集十六卷首一卷 (清)孫奇逢著 清道光二十五年(1845)大梁書院刻本 十二册 存十二卷(一至十一、首一卷)

410000－2205－0001180 E37/104
清暉閣贈貽尺牘二卷 (清)王翬撰 清宣統三年(1911)順德鄧氏鉛印風雨樓叢書本 一册

410000－2205－0001181 E38/4
湘綺樓文集八卷詩集十四卷 王闓運撰 清刻本 六册 存十二卷(湘綺樓文集三、詩集四至十四)

410000－2205－0001182 E37/94
西堂餘集 (清)尤侗撰 清康熙刻西堂全集本 十七册 存十種五十五卷

410000－2205－0001183 E4/2
全史宫詞二十卷 (清)史夢蘭撰 清咸豐六年(1856)刻止園叢書本 四册

410000－2205－0001184 E4/5
清真集二卷集外詞一卷 (宋)周邦彦撰 清光緒十四年(1888)臨桂王氏家塾刻四印齋所刻詞本 一册

410000－2205－0001185 E4/3
詞名集解六卷續編二卷宋樂類編一卷南北詞名宫調彙錄二卷 (清)汪汲錄 清刻本 五册

410000－2205－0001186 E4/4
宋六十一家詞選十二卷 (清)馮煦輯 清宣統二年(1910)掃葉山房石印本 四册

410000－2205－0001187 E4/6
翠薇花館詞二十七卷 (清)戈載撰 清嘉慶二十三年(1818)刻本 一册 存四卷(一至四)

410000－2205－0001188 E4/7
心日齋十六家詞錄二卷 (清)周之琦輯 清道光二十四年(1844)刻本 二册

410000－2205－0001189 E4/8
草窗詞二卷詞補二卷 (宋)周密撰 清光緒二十六年(1900)刻本 一册

410000－2205－0001190 E4/1
詞律二十卷 (清)萬樹論次 清康熙二十六年(1687)萬樹堆絮園刻本 八册

410000－2205－0001191 E4/9
花間集十卷 (五代)趙崇祚輯 清光緒十四年(1888)臨桂王氏家塾刻四印齋所刻詞本 一册

410000－2205－0001192 E4/10
蕭閑老人明秀集注六卷 (金)蔡松年撰 (金)魏道明注 清光緒十四年(1888)臨桂王氏家塾刻四印齋所刻詞本 一册 存三卷(一至三)

410000－2205－0001193 E4/11
詞綜三十八卷 (清)朱彝尊輯 清嘉慶七年(1802)刻本 八册 存三十五卷(四至三十八)

410000－2205－0001194 E4/12
明詞綜十二卷 (清)王昶纂 清嘉慶七年(1802)刻本 二册

410000－2205－0001195 E4/13

國朝詞綜四十八卷國朝詞綜二集八卷 （清）王昶纂　清嘉慶七年(1802)刻本　十二册

410000－2205－0001196　E4/14
四印齋彙刻宋元三十一家詞 （清）王鵬運輯　清光緒十四年(1888)臨桂王氏家塾刻本　十二册

410000－2205－0001197　E4/15
四印齋所刻詞二十種 （清）王鵬運輯　清光緒十四年(1888)臨桂王氏家塾刻本　六册　存三種十六卷

410000－2205－0001198　E4/17
東坡樂府二卷 （宋）蘇軾撰　清光緒四印齋刻本　二册

410000－2205－0001199　E4/16
四印齋所刻詞二十種 （清）王鵬運輯　清光緒十四年(1888)臨桂王氏家塾刻本　二册　存四種十七卷

410000－2205－0001200　E4/18
東坡樂府二卷 （宋）蘇軾撰　清光緒刻四印齋所刻詞二十種本　一册

410000－2205－0001201　E4/21
東山寓聲樂府一卷補鈔一卷 （宋）賀鑄撰　清光緒四印齋刻本　二册

410000－2205－0001202　E4/22
花外集(碧山樂府)一卷 （宋）王沂孫撰　清光緒四印齋刻本　一册

410000－2205－0001203　E4/19
稼軒長短句十二卷 （宋）辛棄疾撰　清光緒四印齋刻本　六册

410000－2205－0001204　E4/20
稼軒長短句十二卷 （宋）辛棄疾撰　清光緒四印齋刻本　二册

410000－2205－0001205　E4/23
梅溪詞一卷 （宋）史達祖撰　清光緒四印齋刻本　一册

410000－2205－0001206　E4/24
夢窗甲乙丙丁稿四卷附補遺一卷 （宋）吳文英撰　清光緒四印齋刻本　一册

410000－2205－0001207　E4/26
斷腸詞一卷 （宋）朱淑真撰　清光緒十五年(1889)刻本　一册

410000－2205－0001208　E4/25
夢窗甲乙丙丁稿四卷附補遺一卷 （宋）吳文英撰　清光緒四印齋刻本　一册　存二卷(一至二)

410000－2205－0001209　E4/27
陽春集一卷補遺一卷 （南唐）馮延巳撰　（宋）陳世脩輯　清光緒四印齋刻本　一册

410000－2205－0001210　E4/28
南宋四名臣詞集一卷 （清）王鵬運輯　清光緒四印齋刻本　一册

410000－2205－0001211　E4/29
斷腸漱玉詞合刊二卷附金石錄後續 （明）毛晉輯　清末影印本　一册

410000－2205－0001212　E4/30
天籟集二卷 （元）白樸撰　清光緒四印齋刻本　二册

410000－2205－0001213　E4/31
蟻術詞選四卷 （元）邵亨貞著　清光緒十四年(1888)臨桂王氏家塾刻四印齋所刻詞本　二册

410000－2205－0001214　E4/39
濯絳宧存稿一卷 （清）劉毓盤撰　清宣統元年(1909)刻本　一册

410000－2205－0001215　E4/32
蟻術詞選四卷 （元）邵亨貞著　清光緒十四年(1888)臨桂王氏家塾刻四印齋所刻詞本　一册

410000－2205－0001216　E5/1
綴白裘新集合編十二集四十八卷 題（清）玩花主人　（清）錢德蒼輯　清乾隆五十二年(1787)嘉興增利堂刻道光十年(1830)印本　四十八册

410000－2205－0001217　E4/32(2)

蟻術詞選四卷　(元)邵亨貞著　清光緒十四年(1888)臨桂王氏家塾刻四印齋所刻詞本　一冊

410000-2205-0001218　E5/2
重訂綴白裘全編十二集四十八卷　題(清)玩花主人　(清)錢德蒼輯　清乾隆四十六年(1781)四教堂刻本　三十六冊　存三十六卷(初集四卷,二集一至二、四,三集四卷,四集一至三,五集一至三,六集四卷,七集一至二,八集四卷,九集二至三,十集二,十一集四卷,十二集一、四)

410000-2205-0001219　E4/33
薇省同聲集四種　(清)彭鑾輯　清光緒十六年(1890)刻本　四冊

410000-2205-0001220　E4/38
隱居官舍詞存五集　題(清)詞隱老人著　清同治至光緒間稿本　二冊　存四集(二至五)

410000-2205-0001221　E5/3
重訂綴白裘全編十二集四十八卷　題(清)玩花主人　(清)錢德蒼輯　清乾隆四十六年(1781)四教堂刻本　三冊　存六卷(五集一至二、九集三至四、十集三至四)

410000-2205-0001222　E5/4
樂府新編陽春白雪前集五卷後集五卷　(元)楊朝英選集　清嘉慶十四年(1809)刻本　一冊

410000-2205-0001223　E5/14
再生緣全傳二十卷　(清)陳端生撰　清光緒十七年(1891)學庫山房刻本　二十冊

410000-2205-0001224　E5/7
桂林霜二卷　(清)蔣士銓填詞　清刻本　二冊

410000-2205-0001225　E5/15
成裕堂繪像第六才子書八卷　(元)王德信撰　(清)金人瑞評　清成裕堂刻本　十二冊　存七卷(二至八)

410000-2205-0001226　E5/16
雲林別墅繪像妥註第六才子書六卷首一卷　(元)王德信撰　(清)金人瑞評　(清)鄒聖脈註　清道光二十九年(1849)揚州友于堂刻本　六冊

410000-2205-0001227　E5/17
綉像真八美圖十卷六十回　清刻本　十冊

410000-2205-0001228　E5/8
雪中人一卷　(清)蔣士銓撰　清刻本　一冊

410000-2205-0001229　E5/18
雙楳景闇叢書十六種　葉德輝輯　清光緒、宣統間長沙葉氏郎園刻本　一冊　存三種四卷

410000-2205-0001230　E61/1
秘書廿一種　(清)汪士漢輯　清刻本　一冊　存三種十二卷

410000-2205-0001231　E5/9
鈞天樂二卷　(清)龍侗撰　清刻本　一冊

410000-2205-0001232　E61/5
閱微草堂筆記五種首一卷　(清)紀昀撰　清同治五年(1866)連元閣刻本　十冊

410000-2205-0001233　E61/8
唐人說薈十六集　(清)陳世熙纂　清宣統三年(1911)埽葉山房石印本　十六冊

410000-2205-0001234　E61/6
閱微草堂筆記五種首一卷　(清)紀昀撰　清道光二十七年(1847)小蓬萊山館刻本　十冊　存三種十六卷

410000-2205-0001235　E61/17
醉茶誌怪四卷　(清)李慶辰著　清光緒十八年(1892)津門刻本　四冊

410000-2205-0001236　E61/32
繪圖醒世奇觀四卷　(清)汪道鼎著　清光緒影印本　二冊

410000-2205-0001237　E61/35
瓊林霏屑八卷　題(清)望海樓主人編輯　清光緒三十二年(1906)石印本　二冊

410000－2205－0001238　E61/21
拍案驚異記十八卷　(清)裴蓉鏡撰　清光緒二十二年(1896)石印本　四册

410000－2205－0001239　E61/38
姑妄聽之四卷　(清)紀昀撰　清道光二十七年(1847)刻本　一册

410000－2205－0001240　E61/39
燕山外史註釋八卷　(清)陳球著　(清)若騤子(傅聲穀)輯註　清光緒五年(1879)刻本　二册

410000－2205－0001241　E61/24
增廣智囊補二十八卷　(明)馮夢龍撰　清刻本　六册　存十五卷(十四至二十八)

410000－2205－0001242　E61/25
山海經十八卷　(晉)郭璞傳　(清)畢沅校　清光緒三年(1877)浙江書局刻二十二子本　三册

410000－2205－0001243　E61/36
唐語林八卷　(宋)王讜撰　**校勘記一卷**　(清)錢熙祚撰　清光緒十九年(1893)湖北官書處刻本　四册

410000－2205－0001244　E63/2
聊齋志異新評全註十六卷　(清)蒲松齡著　清光緒七年(1881)刻本　十六册

410000－2205－0001245　E64/2
增評加批金玉緣圖說十六卷一百二十回首一卷　(清)曹雪芹(曹霑)撰　題(清)蝶薌仙史評訂　清末石印本　十六册

410000－2205－0001246　E63/3
聊齋志異新評十六卷　(清)蒲松齡著　清道光二十二年(1842)廣順但氏刻同治九年(1870)重修朱墨套印本　八册　存八卷(一至八)

410000－2205－0001247　E63/5
今古奇觀四十卷　題(明)抱甕老人輯　清刻本　十四册　存三十七卷(二至三十二、三十五至四十)

410000－2205－0001248　E64/7
四大奇書第一種十九卷一百二十回首一卷　(明)金聖嘆(金人瑞)　(清)毛宗崗評　清善成堂刻本　二十册

410000－2205－0001249　E64/8
四大奇書第一種十九卷一百二十回首一卷　(明)金聖嘆(金人瑞)　(清)毛宗崗評　清埽葉山房刻本　十七册　存十八卷(一至十、十三至十九,首一卷)

410000－2205－0001250　E64/13
東周列國全志二十三卷一百八回　(清)蔡奡評點　清書葉德刻本　十册　存十二卷(十二至二十三)

410000－2205－0001251　E64/17
新鍥重訂出像通俗演義東西兩晉志傳題評十二卷圖一卷　(明)楊爾曾編　(明)陳氏尺蠖齋評釋　清帶月樓刻本　十二册

410000－2205－0001252　E61/40
新輯頤人奇談　(清)胡澹庵編　(清)錢慎齋重訂　清光緒三十二年(1906)海上書局影印本　四册

410000－2205－0001253　E61/41
客窗閒話初集四卷　(清)吳薌厈(吳熾昌)著　清光緒三十四年(1908)上海文明書局影印本　一册

410000－2205－0001254　E64/29
第九才子書斬鬼傳四卷十回　題(清)樵雲山人編次　清刻本　四册

410000－2205－0001255　E64/30
忠烈俠義傳一百二十回　(清)石玉崑述　清光緒五年(1879)刻本　六册　存三十回(一至四、十至二十五、三十六至四十五)

410000－2205－0001256　E64/33
繪圖新撰永慶昇平四集四卷四十四回　題(清)聽雨樓主人撰　清宣統二年(1910)影印本　一册

410000－2205－0001257　E64/34

希夷夢四十卷 (清)汪寄撰 清刻本 十二冊 存二十卷(二十一至四十)

410000－2205－0001258 E64/36
新刻粉粧樓傳記八卷八十回 題(清)竹溪山人撰 清光緒十九年(1893)錦文堂刻本 八冊

410000－2205－0001259 E64/41
繡像十三續濟公傳四卷四十回 (清)□□撰 清宣統二年(1910)上海校經山房石印本 三冊 存三卷(一、三至四)

410000－2205－0001260 E64/37
醒世姻緣傳一百回 題(清)西周生輯著 清同德堂刻本 二十四冊

410000－2205－0001261 E64/38
東周列國全志二十三卷一百八回 (清)蔡界評點 清刻本 十九冊 存十八卷(一至九、十一、十六至二十三)

410000－2205－0001262 E7/6
杜詩偶評四卷 (清)沈德潛纂 (清)潘承松校閱 清刻本 二冊

410000－2205－0001263 E7/15
明詩紀事三十卷 (清)陳田輯 清光緒二十五年(1899)陳氏聽詩齋刻本 十四冊

410000－2205－0001264 E7/16
甌北詩話十二卷 (清)趙翼撰 清宣統元年(1909)掃葉山房石印本 四冊

410000－2205－0001265 E7/24
北江詩話六卷 (清)洪亮吉撰 清光緒三年(1877)洪用懃授經堂刻洪北江全集本 一冊

410000－2205－0001266 E7/25
彙纂詩法度鍼十卷 (清)徐文弼編輯 清乾隆三十六年(1771)謙牧堂刻本 二冊

410000－2205－0001267 E5/19
箋註第六才子書釋解八卷 (元)王實甫撰 (清)金聖嘆(金人瑞)批點 清致和堂刻本 六冊

410000－2205－0001268 E1/43
文選六十卷 (南朝梁)蕭統撰 (唐)李善注 (清)葉樹藩參訂 **考異十卷體辨集說一卷姓氏小傳一卷** (清)胡克家撰 清光緒元年(1875)饒玉成雙峰書屋刻朱墨套印本 十六冊

410000－2205－0001269 E64/1
西遊真詮一百回 (清)陳士斌詮解 清刻本 二十冊

410000－2205－0001270 F5/8
增訂漢魏叢書八十六種 (清)王謨輯 清光緒二年(1876)紅杏山房刻本 九十六冊

410000－2205－0001271 F5/9
增訂漢魏叢書八十六種 (清)王謨輯 清乾隆五十六年(1791)金谿王氏刻本 九十四冊 存八十二種四百四十二卷

410000－2205－0001272 F5/10
滂喜齋叢書 (清)潘祖蔭輯 清同治、光緒間吳縣潘氏京師刻本 三十一冊

410000－2205－0001273 F5/11
功順堂叢書十八種 (清)潘祖蔭輯 清光緒吳縣潘氏刻本 三十二冊 缺二卷(音略一卷、音略攷證一卷)

410000－2205－0001274 F5/14
咫進齋叢書三十七種 (清)姚覲元輯 清光緒九年(1883)歸安姚氏刻本 二十二冊 存三十五種九十一卷

410000－2205－0001275 F5/15
校經山房叢書二十七種 (清)朱記榮輯 清光緒會稽章氏刻三十年(1904)孫谿朱氏槐廬家塾重編印式訓堂叢書本(乾道臨安志原缺卷四至十五) 三十三冊

410000－2205－0001276 F5/16
行素草堂金石叢書十六種 (清)朱記榮輯 清光緒吳縣朱氏刻十四年(1888)彙印本 二十八冊

410000－2205－0001277 F5/19
風雨樓叢書 鄧實輯 清宣統順德鄧氏鉛印

本　十六册　存十種五十六卷

410000－2205－0001278　F5/21
古逸叢書二十六種　(清)黎庶昌輯　清光緒遵義黎氏日本東京使署影刻本　二十六册　存十六種一百一卷

410000－2205－0001279　F5/23
荆駝逸史五十二種　題(清)陳湖逸士輯　清宣統三年(1911)中國圖書舘石印本　十六册

410000－2205－0001280　E64/4
增評補像全圖金玉緣一百二十回　(清)曹雪芹(曹霑)撰　(清)高鶚續撰　清末影印本　八册　存六十八回(五十三至一百二十)

410000－2205－0001281　E64/3
增評加批金玉緣圖説一百二十回　(清)曹雪芹(曹霑)撰　(清)高鶚續撰　題(清)蝶薌仙史評訂　清末影印本　八册　存七十一回(五十至一百二十)

410000－2205－0001282　F5/4
皇清經解一千四百八卷　(清)阮元輯　清道光九年(1829)廣東學海堂刻咸豐十一年(1861)補刻本　二百九十一册　存八十九種一千一百二十四卷

410000－2205－0001283　F5/2
武英殿聚珍版書　清乾隆四十二年(1777)福建刻道光、同治遞修光緒二十一年(1895)增刻本　一千十二册　存一百三十三種二千八百三十三卷

河南省焦作市圖書館古籍普查登記目録

全國古籍普查登記目録

國家圖書館出版社
National Library of China Publishing House

410000－2207－0000001　1.7.2/3
禮記十卷　(宋)朱熹章句　(清)任啟運附注　清乾隆三十八年(1773)刻本　十冊

410000－2207－0000002　1.10.2/1
樂律全書五種　(明)朱載堉撰　明萬曆鄭增修刻本　四冊　存六卷(律吕精義六、小舞鄉樂譜一、二佾綴兆圖一、旋宫合樂譜一、律學新說三至四)

410000－2207－0000003　1.15.5/1
四書近指二十卷　(清)孫奇逢纂　清康熙中州學署刻本　五冊

410000－2207－0000004　1.6.2/1
儀禮十七卷　(漢)鄭玄注　明嘉靖刻本　六冊

410000－2207－0000005　1.2.7/1
賀景瞻先生八卦餘生十八卷　(明)賀仲軾撰　清初抄本　四冊　存十四卷(一至三、八至十八)

410000－2207－0000006　2.2.2/1
五代史記七十四卷　(宋)歐陽修撰　(宋)徐無黨注　明萬曆四年(1576)南京國子監刻清順治、康熙遞修二十一史本　八冊

410000－2207－0000007　2.10.1/7
南陽人物志十卷南陽人物明志八卷　(清)馬海峯輯　(清)劉拱宸鑒定　(清)劉沛然編次　(清)馬至毅校勘　清同治九年(1870)刻本　十二冊

410000－2207－0000008　2.15.2/7
[正德]武功縣志三卷首一卷　(明)康海撰　(清)孫景烈評注　清乾隆二十六年(1761)長白瑪星阿刻本　一冊

410000－2207－0000009　1.15.5/2
吕晚邨先生四書講義四十三卷　(清)吕留良撰　(清)陳鏦編次　清康熙天蓋樓刻本　十冊

410000－2207－0000010　1.15.4/4
孟子集註七卷　(宋)朱熹撰　清刻本　一冊　存三卷(一至三)

410000－2207－0000011　1.11.4/2
春秋左傳釋人十二卷世系一卷年表一卷附錄一卷　(清)范照藜纂　清嘉慶八年(1803)如不及齋刻本　六冊

410000－2207－0000012　1.11.4/1
春秋左傳釋人十二卷世系一卷年表一卷附錄一卷　(清)范照藜纂　清嘉慶八年(1803)如不及齋刻本　五冊　存十三卷(一至八、十一至十二,世系一卷,年表一卷,附錄一卷)

410000－2207－0000013　1.15.5/31
三魚堂四書大全四十卷　(清)陸隴其輯　清嘉會堂刻本　十九冊　存三十八卷(大學一卷、或問一卷,中庸二卷、或問二卷,論語一至八、十一至二十,孟子十四卷)

410000－2207－0000014　1.1/1
萬充宗先生經學五書　(清)萬斯大撰　清嘉慶元年(1796)辨志堂刻本　六冊

410000－2207－0000015　1.15.5/30
批點四書讀本十九卷　(宋)朱熹章句　(清)高玲批點　清愷元堂刻朱墨套印本　五冊

410000－2207－0000016　1.2.2/10
新鐫增補周易備旨一見能解六卷上下篇義一卷圖一卷筮儀一卷　(明)黃淳耀撰　(清)嚴而寬增補　清刻本　六冊

410000－2207－0000017　1.1/3
重刊宋本十三經注疏附校勘記　(清)阮元撰　(清)盧宣旬摘錄　清光緒十三年(1887)上海脈望仙館石印本　三十二冊

410000－2207－0000018　1.1/6
御纂七經　清光緒二十六年(1900)煥文書局石印本　二十四冊

410000－2207－0000019　1.1/9
九經　(明)秦鏷訂正　清觀成堂刻本　十冊

410000－2207－0000020　1.11.3/2
東萊博議四卷增補虛字註釋一卷　(宋)吕祖謙撰　清光緒二十九年(1903)書業德刻本

四冊

410000－2207－0000021　1.18.2/4
詩韻集成十卷　(清)余照輯　清刻本　一冊　存二卷(三至四)

410000－2207－0000022　1.14.2/2
春秋四傳三十八卷綱領一卷提要一卷列國東坡圖一卷春秋二十國年表一卷諸國興廢說一卷　(宋)胡安國傳　(明)汪應魁句讀　明刻本　一冊　存十一卷(一至六、綱領一卷、提要一卷、列國東坡圖一卷、春秋二十國年表一卷、諸國興廢說一卷)

410000－2207－0000023　1.11.2/13
春秋左傳五十卷　(晉)杜預　(宋)林堯叟註釋　(唐)陸元朗(陸德明)音義　(明)鍾惺等評點　清文盛堂刻善成堂印本　十二冊

410000－2207－0000024　1.14.2/1
春秋三十卷綱領一卷列國圖說一卷諸國興廢說一卷提要一卷　(宋)胡安國傳　(宋)林堯叟音注　明金陵奎壁齋刻本　八冊

410000－2207－0000025　1.15.5/29
大學集註一卷中庸集註一卷　(宋)朱熹撰　清石印本　一冊

410000－2207－0000026　1.15.3/1
殖學齋編訂四書大全□□卷　(清)王文烜錄　清雍正三樂齋刻本　三冊　存三卷(論語一、三至四)

410000－2207－0000027　1.11.2/11
春秋左傳五十卷　(晉)杜預注釋　(宋)林堯叟注釋　(唐)陸元朗(陸德明)音義　(明)鍾惺等評點　清刻本　三冊　存十三卷(十九至二十二、二十六至三十、三十九至四十二)

410000－2207－0000028　1.14.2/6
春秋歸義十二卷　(明)賀仲軾著　(清)張縉彥　(清)范印心評　(清)范驤節　清道光八年(1828)刻本　十二冊

410000－2207－0000029　1.18.1/12
說文解字十五卷　(漢)許慎著　(宋)徐鉉校定　清刻本　八冊

410000－2207－0000030　1.18.1/3
說文釋例二十卷附補正二十卷　(清)王筠學　清道光刻本　九冊　存三十六卷(三至二十、補正三至二十)

410000－2207－0000031　1.15.5/21
四書題鏡味根錄三十七卷　(清)金澂撰　清光緒二十四年(1898)上海慎記書莊石印本　八冊

410000－2207－0000032　1.15.5/5
四書便蒙十九卷　(宋)朱熹章句　(清)俞長城等注　清乾隆五十二年(1787)自怡軒刻本　四冊　存九卷(大學一卷、中庸一卷、孟子七卷)

410000－2207－0000033　1.1/5
四書古注群義彙解　(清)□□輯　清光緒十九年(1893)上洋鴻寶齋同文書局石印本　十一冊　存八種八十四卷

410000－2207－0000034　1.15.5/36
四書題鏡三十六卷　(清)汪鯉翔纂述　清同人堂刻本　八冊　存十八卷(論語十七至二十、孟子十四卷)

410000－2207－0000035　1.18.1/5
康熙字典十二集三十六卷總目一卷檢字一卷辨似一卷等韻一卷補遺一卷備考一卷　(清)張玉書等撰　清光緒三十年(1904)上海文星書局石印本　一冊　存二集(酉、戌)

410000－2207－0000036　1.15.5/15
四書味根錄三十七卷　(清)金澂撰　清光緒十年(1884)韞玉山房刻本　十二冊　存二十四卷(大學一卷,中庸二卷,論語四至七、十一至十三,孟子十四卷)

410000－2207－0000037　1.18.1/6
康熙字典十二集三十六卷總目一卷檢字一卷辨似一卷等韻一卷補遺一卷備考一卷　(清)張玉書等撰　清光緒上海同文書局石印本　一冊　存五卷(亥上、中、下,補遺一卷,備考

一卷）

410000－2207－0000038　3.2.2/48
小學集注六卷　（明）陳選撰　清刻本　一册　存二卷（五至六）

410000－2207－0000039　1.18.3/3
爾雅註疏十卷　（晉）郭璞註　（宋）邢昺疏　清刻本　一册　存二卷（一至二）

410000－2207－0000040　1.15.3/4
論語集註序説二卷　（清）楊京元輯編　清道光十年（1830）研經堂刻本　一册　存一卷（一）

410000－2207－0000041　1.15.5/4
四書正韻一卷　（清）李若浩輯　清乾隆三十六年（1771）大盛堂刻本　一册

410000－2207－0000042　1.15.5/35
四書味根錄三十七卷　（清）金澂撰　清石印本　一册　存二卷（十一至十二）

410000－2207－0000043　3.2.2/22
小學六卷　（明）吳訥集解　清同治八年（1869）江蘇書局刻本　一册　存二卷（五至六）

410000－2207－0000044　1.15.3/5
論語最豁集四卷　（清）劉珍輯　清光緒三十四年（1908）上海章福記石印本　一册　存一卷（三）

410000－2207－0000045　1.15.5/14
四書析義大全□□卷　（清）杜定基訂　清光緒十年（1884）寶慶經文堂刻本　三册　存九卷（大學一、中庸一、論語六至十、孟子四至五）

410000－2207－0000046　1.4.7/1
詩經正韻四卷　（清）侯德馨彙輯　清乾隆二十七年（1762）樹本堂刻本　一册　存二卷（三至四）

410000－2207－0000047　1.15.5/34
四書析義大全□□卷　（清）杜定基訂　清文運書局刻本　四册　存十一卷（大學一、中庸一、論語六至十、孟子四至七）

410000－2207－0000048　1.15.5/6
四書講義困勉錄三十七卷續錄六卷　（清）陸隴其纂輯　清道光元年（1821）刻本　二十四册

410000－2207－0000049　1.15.5/3
四書朱子大全精言四十一卷諸儒講義及管見一卷　（清）周大璋編輯　清康熙五十六年（1717）寶旭齋刻本　二十册　存二十七卷（大學一至二，中庸三至四，論語一至三、八至十二、十四至十五、十八至二十，孟子二、四至六、八至十、十二至十四）

410000－2207－0000050　4.3.9/5
明文才調集不分卷國朝文才調集不分卷　（清）許振禕編集　清光緒十七年（1891）刻本　六册

410000－2207－0000051　1.15.5/8
抑抑齋藁不分卷　（清）馮君擢著　（清）馮繼照校　清道光二十一年（1841）刻本　一册

410000－2207－0000052　1.15.5/33
四書反身錄八卷首一卷　（清）李顒撰　清小嫏嬛山館刻本　四册

410000－2207－0000053　1.15.5/32
四書或問三十九卷　（宋）朱熹著　清刻本　八册

410000－2207－0000054　1.15.5/20
四書人物類典串珠四十卷　（清）臧志仁輯　清光緒十五年（1889）刻本　五册　存十六卷（一至十六）

410000－2207－0000055　1.15.3/9
增訂二論詳解四卷　（清）劉忠輯　清刻本　二册　存二卷（三至四）

410000－2207－0000056　1.15.3/7
論語集註十卷　（宋）朱熹撰　清三義堂刻本　一册　存五卷（六至十）

410000－2207－0000057　1.15.4/3
孟子集註七卷　（宋）朱熹撰　清聚三堂刻本

一册　存二卷(四至五)

410000－2207－0000058　1.15.4/2
孟子集註七卷　(宋)朱熹撰　清刻本　一册　存三卷(一至三)

410000－2207－0000059　1.15.3/8
論語集註十卷　(宋)朱熹撰　清刻本　一册　存五卷(六至十)

410000－2207－0000060　1.15.3/6
論語集註十卷　(宋)朱熹撰　清刻本　一册　存五卷(六至十)

410000－2207－0000061　1.15.4/7
孟子集註七卷　(宋)朱熹撰　清刻本　一册　存二卷(六至七)

410000－2207－0000062　1.18.1/4
隸辨八卷　(清)顧藹吉撰　清同治十二年(1873)刻本　八册

410000－2207－0000063　1.18.2/3
韻府約編二十四卷　(清)鄧愷輯　清刻本　六册　存六卷(十九至二十四)

410000－2207－0000064　1.18.3/1
爾雅正義二十卷　(清)邵晉涵撰集　**爾雅釋文三卷**　(唐)陸德明撰　清刻本　十二册

410000－2207－0000065　1.18.1/1
正字通十二卷首一卷　(明)張自烈撰　(清)廖文英輯　清康熙弘文書院刻本　七册　存四卷(午中、下,未上、中、下,酉上,亥上)

410000－2207－0000066　1.18.1/9
字彙十二卷首一卷末一卷韻法直圖一卷韻法橫圖一卷　(明)梅膺祚音釋　清天德堂刻本　十三册　存十三卷(字彙十二卷、首一卷)

410000－2207－0000067　1.18.3/2
字義分解一卷　(清)劉德長撰　清光緒二十六年(1900)刻本　一册

410000－2207－0000068　1.18.2/1
詩韻含英十八卷　(清)劉文蔚輯　清乾隆刻本　六册

410000－2207－0000069　1.18.2/2
詩韻題解十卷　(清)甘蘭友輯　清刻本　一册　存六卷(五至十)

410000－2207－0000070　1.18.1/11
字彙十二卷首一卷末一卷韻法直圖一卷韻法橫圖一卷　(明)梅膺祚音釋　清書林簡菴氏關西刻本　十二册　存十二卷(字彙十二卷)

410000－2207－0000071　1.3.2/20
欽定書經傳說彙纂二十一卷首二卷書序一卷　(清)王頊齡撰　清石印本　十六册

410000－2207－0000072　1.3.2/2
書經六卷　(宋)蔡沈集傳　清康熙十二年(1673)兩儀堂刻本　四册

410000－2207－0000073　1.3.4/1
尚書因文六卷首一卷末一卷　(清)武士選學　清約六山房刻本　三册　存七卷(一至三、五至六,首一卷,末一卷)

410000－2207－0000074　2.5.2/5
汲冢周書十卷　(晉)孔晁注　(清)周光霽校刊　清刻本　一册　存一卷(一)

410000－2207－0000075　1.3.2/12
書經六卷　(宋)蔡沈集傳　清上海廣益書局鉛印本　一册　存一卷(三)

410000－2207－0000076　1.3.2/18
尚書離句六卷　(清)錢在培輯解　清善成堂刻本　一册　存三卷(四至六)

410000－2207－0000077　1.3.2/1
書經大全十卷圖一卷　(明)胡廣纂修　明萬曆趙敬山德壽堂刻本　六册

410000－2207－0000078　1.3.2/8
書經體註大全合条六卷　(清)錢希祥參　(清)范翔鑒定　(清)張聖度訂　清忠信堂刻本　一册　存一卷(一)

410000－2207－0000079　1.3.2/7
書經體註大全合条六卷　(清)錢希祥纂輯　(清)范翔鑒定　清光緒二十七年(1901)成文信刻本　四册

410000－2207－0000080　1.3.2/15
書經六卷　(宋)蔡沈集傳　清刻本　一册　存二卷(五至六)

410000－2207－0000081　1.3.2/19
書經體註大全合彖六卷　(清)錢希祥纂輯　(清)范翔鑒定　清致和堂刻本　三册　存四卷(一至四)

410000－2207－0000082　1.3.2/3
漱芳軒合纂書經體註六卷　(清)范翔編訂　清康熙五十二年(1713)刻本　四册

410000－2207－0000083　1.3.2/9
書經體註大全合彖六卷　(清)錢希祥纂輯　(清)范翔鑒定　清刻本　二册　存三卷(二至四)

410000－2207－0000084　1.3.2/14
書經六卷　(宋)蔡沈集傳　清刻本　一册　存二卷(五至六)

410000－2207－0000085　1.3.2/13
書經六卷　(宋)蔡沈集傳　清刻本　一册　存一卷(四)

410000－2207－0000086　1.3.2/11
書經體注大全合彖六卷圖一卷　(清)范翔鑒定　(清)張聖度訂　(清)錢希祥參　清光緒十九年(1893)益元書局刻本　一册　存二卷(一、圖一卷)

410000－2207－0000087　1.3.2/17
書經體注六卷　(清)范翔鑒定　清刻本　三册　存三卷(四至六)

410000－2207－0000088　1.3.2/16
書集傳六卷　(宋)蔡沈撰　清刻本　一册　存一卷(四)

410000－2207－0000089　3.16.2/1
東坡遺意二卷　(清)顧杲　(清)鄒德基書　清刻本　一册

410000－2207－0000090　1.14.2/5
春秋體註大全合參四卷　(清)周熾纂輯　(清)范紫登(范翔)鑒定　清文光堂刻本　四册

410000－2207－0000091　1.11.3/1
春秋大事表五十卷輿圖一卷附錄一卷　(清)顧棟高輯　清乾隆十三年至十四年(1748－1749)萬卷樓刻本　十四册

410000－2207－0000092　1.14.2/4
春秋提要便考十卷　(明)賀仲軾輯　清刻本　三册

410000－2207－0000093　2.10.1/1
擬明代人物志十卷　(清)劉青芝擬　清乾隆十七年(1752)刻本　六册

410000－2207－0000094　2.10.1/15
理學宗傳二十六卷　(清)孫奇逢輯　(清)魏一鰲　(清)孫立雅編　清刻本　十六册

410000－2207－0000095　2.2.1/4
可恨人五卷人義二卷不義人一卷　(明)賀仲軾著　清康熙四十年(1701)獲嘉賀萬來刻本　四册

410000－2207－0000096　2.9.2/2
讀史論斷二十卷　(清)洪亮吉著　清光緒二十七年(1901)和記書莊石印本　六册

410000－2207－0000097　2.10.1/9
理學宗傳二十六卷　(清)孫奇逢輯　清光緒六年(1880)浙江書局刻本　九册　存十七卷(一至十一、十九至二十四)

410000－2207－0000098　2.10.1/6
歷代名臣傳節錄三十卷　(清)蕭培元錄訂　(清)完顏崇厚增輯　清同治九年(1870)雲蔭堂刻本　十册

410000－2207－0000099　2.16.1/2
金石續編二十一卷首一卷　(清)陸耀遹纂　(清)陸增祥校訂　清光緒十九年(1893)上海鴻寶齋石印本　六册

410000－2207－0000100　3.3/6
中州道學存真錄四卷　(清)劉宗泗輯　(清)劉青芝　(清)劉青蓮編次　清刻本　二册

410000－2207－0000101　2.10.2/1

湯文正公年譜定本一卷　(清)方苞考訂　(清)楊椿輯　清道光十九年(1839)刻本　一册

410000－2207－0000102　2.10.2/2
歷代名人年譜十卷存疑一卷無考一卷　(清)吴榮光撰　(清)瞿樹辰　(清)吴彌光編校　清光緒元年(1875)南海張蔭桓刻本　十册

410000－2207－0000103　4.3.9/7
河南鄉試硃卷□□卷　(清)□□撰　清刻本　一册　存一卷(光緒壬午科)

410000－2207－0000104　2.10.1/8
懷學編五卷　(清)王崇德撰　清光緒三十年(1904)刻本　一册

410000－2207－0000105　2.10.3/1
鴻雪因緣圖記六卷　(清)麟慶著　清光緒二十二年(1896)點石齋石印本　三册　存三卷(一至三)

410000－2207－0000106　2.8/5
廿一史約編八卷首一卷　(清)鄭元慶述　(清)姚淳蕃等參訂　清魚計亭刻本　一册　存三卷(一至三)

410000－2207－0000107　1.11.3/3
東萊博議四卷　(宋)吕祖謙撰　清刻本　一册　存一卷(三)

410000－2207－0000108　3.11/4
求闕齋日記類鈔二卷　(清)曾國藩隨筆　(清)王啟原編　清鴻章書局石印本　一册

410000－2207－0000109　2.10.1/2
洛學編五卷　(清)湯斌輯　清道光九年(1829)刻本　一册

410000－2207－0000110　2.3.2/1
孫徵君日譜錄存三十六卷　(清)孫奇逢撰　清光緒刻本　十六册　存二十四卷(一至十七、三十至三十六)

410000－2207－0000111　2.15.2/2
[乾隆]新修懷慶府志三十二卷首一卷　(清)唐侍陛修　清乾隆五十四年(1789)刻本(卷首、卷一配抄本)　十六册

410000－2207－0000112　2.15.2/1
[乾隆]新修懷慶府志三十二卷首一卷　(清)唐侍陛修　清乾隆五十四年(1789)刻本　六册　存十三卷(十九至二十三、二十五至三十二)

410000－2207－0000113　3.2.2/4
大學衍義四十三卷　(宋)真德秀彙輯　(明)陳仁錫評閲　明崇禎陳仁錫刻本　六册　存二十三卷(二十一至四十三)

410000－2207－0000114　3.2.2/3
大學衍義四十三卷　(宋)真德秀彙輯　(明)陳仁錫評閲　明崇禎陳仁錫刻清京都文錦堂印本　十册

410000－2207－0000115　3.2.2/2
大學衍義四十三卷　(宋)真德秀彙輯　(明)陳仁錫評閲　明崇禎陳仁錫刻本　七册　存三十六卷(一至十八、二十六至四十三)

410000－2207－0000116　3.2.2/46
大學衍義補一百六十卷補前書一卷首二卷　(明)丘濬撰　明崇禎陳仁錫刻本　十二册　存三十六卷(一至三十三、補前書一卷、首二卷)

410000－2207－0000117　1.5.2/3
周禮註疏刪翼三十卷　(明)葉培恕定　(明)王志長輯　清刻本　八册　存十七卷(十四至三十)

410000－2207－0000118　2.2.1/1
漢書一百卷　(漢)班固撰　(唐)顔師古注　清同治八年(1869)金陵書局刻二十四史本　十六册

410000－2207－0000119　2.2.1/3
三國志六十五卷　(晉)陳壽撰　(南朝宋)裴松之注　清光緒十三年(1887)江南書局刻本　八册

410000－2207－0000120　1.18.1/10
説文解字句讀三十卷補正三十卷　(清)王筠

撰　清刻本　十六册

410000－2207－0000121　2.11.1/3
欽定大清會典一百卷　(清)允祹等纂修　清光緒二十七年(1901)上海文林石印本　六册

410000－2207－0000122　2.16.1/1
金石萃編一百六十卷　(清)王昶撰　清光緒十九年(1893)鴻寶齋石印本　十八册

410000－2207－0000123　2.11.1/2
三通考輯要七十六卷　湯壽潛輯　清光緒二十五年(1899)圖書集成局鉛印本　三十册

410000－2207－0000124　2.11.1/1
文獻通考詳節二十四卷　(宋)馬貴與著　(清)嚴虞惇録　清光緒二十五年(1899)上海著易堂書局鉛印本　四册

410000－2207－0000125　2.15.2/4
[道光]修武縣志十卷首一卷　(清)馮繼照纂輯　清道光刻本　六册　存七卷(一至三、七至九,首一卷)

410000－2207－0000126　2.15.2/6
[同治]修武縣志十二卷首一卷　(清)孔繼中纂輯　清同治刻本　二册　存二卷(十一至十二)

410000－2207－0000127　2.8/2
通鑑摘録十四卷　(清)春帆彙輯　清光緒七年(1881)刻本　八册

410000－2207－0000128　2.11.1/4
熙朝紀政八卷　(清)王慶雲述　清光緒二十八年(1902)上海書局鉛印本　四册

410000－2207－0000129　2.3.1/4
尺木堂綱鑑易知録九十二卷明鑑易知録十五卷　(清)吳乘權等輯　清光緒二十七年(1901)上海商務印書館鉛印本　十六册

410000－2207－0000130　2.4.1/2
聖武記十四卷　(清)魏源譔　清道光二十四年(1844)古微堂刻本　六册

410000－2207－0000131　2.4.1/1
聖武記十四卷　(清)魏源譔　清光緒四年(1878)鉛印申報館叢書本　十册

410000－2207－0000132　2.3.1/3
尺木堂綱鑑易知録九十二卷明鑑易知録十五卷　(清)吳乘權等輯　清光緒二十四年(1898)鉛印本　十三册　存八十九卷(十九至九十二、明鑑易知録十五卷)

410000－2207－0000133　2.3.2/2
欽定明鑑二十四卷首一卷　(清)托津等撰　清嘉慶刻本　十二册

410000－2207－0000134　1.18.1/8
字彙十二卷首一卷末一卷　(明)梅膺祚音釋　清刻本　十四册

410000－2207－0000135　1.18.1/7
康熙字典十二集三十六卷總目一卷檢字一卷辨似一卷等韻一卷補遺一卷備考一卷　(清)張玉書等纂修　清刻本　二十七册　存二十九卷(丑上、中、下,寅上、下,卯上、中、下,辰上,巳上、中,午上、中、下,未上、中,申下、酉上、中、下,戌上,亥上、下;總目一卷;檢字一卷;辨似一卷;等韻一卷;補遺一卷;備考一卷)

410000－2207－0000136　2.3.1/10
重訂王鳳洲先生綱鑑會纂四十六卷續宋元二十三卷　(明)王世貞纂　(明)陳仁錫訂　(明)周用才較　清刻本　三十二册　存六十二卷(一至三十八、四十六,續宋元二十三卷)

410000－2207－0000137　2.8/4
史鑑節要便讀六卷　(清)鮑東里編輯　清刻本　一册　存三卷(四至六)

410000－2207－0000138　2.3.1/7
御批歷代通鑑輯覽一百二十卷附明唐桂二王本末四卷　(清)傅恒等編纂　清光緒三十年(1904)上海商務印書館鉛印本　三十九册　存一百二十卷(一至六十七、七十至一百十八,明唐桂二本末四卷)

410000－2207－0000139　2.9.2/1
綱鑑總論二卷　(清)□□撰　清光緒二十七年(1901)刻本　二册

410000－2207－0000140　2.17.4/1
書目答問四卷別錄一卷叢書目一卷國朝著述諸家姓名略一卷　(清)張之洞撰　清光緒十四年(1888)上海蜚英館石印本　一冊

410000－2207－0000141　2.9.2/4
綱鑑總論二卷　(清)□□撰　清光緒二十八年(1902)有益堂刻本　二冊

410000－2207－0000142　1.11.2/5
太史張天如詳節春秋綱目左傳句解六卷　(清)韓菼重訂　清光緒四年(1878)有益堂刻本　六冊

410000－2207－0000143　1.11.2/10
評點春秋綱目左傳句解彙雋六卷　(清)韓菼重訂　清令德堂刻本　六冊

410000－2207－0000144　2.3.1/5
御選資治通鑑綱目三編二十卷　(清)張廷玉等編　清書業德刻本　三冊　存三卷(四至六)

410000－2207－0000145　1.11.2/6
如酉所刻諸名家評點春秋綱目左傳句解彙雋六卷　(清)韓菼重訂　清光緒二十二年(1896)王四和記刻本　六冊

410000－2207－0000146　1.11.2/7
讀左補義五十卷首一卷　(清)姜炳璋輯　(清)毛昇增參　清光緒二十七年(1901)書業德刻本　十六冊

410000－2207－0000147　1.7.2/2
禮記十卷　(元)陳澔集說　清聚錦堂刻本　十冊

410000－2207－0000148　1.11.2/2
左繡三十卷首一卷　(清)馮李驊　(清)陸浩評輯　清道光五年(1825)華川書屋刻本　八冊　存十六卷(一至六、二十至二十五、二十八至三十,首一卷)

410000－2207－0000149　3.2.2/14
呻吟語六卷附陸清獻公呻吟語疑一卷　(明)呂坤著　清道光七年(1827)開封府署刻本　六冊

410000－2207－0000150　1.11.2/1
左繡三十卷首一卷　(清)馮李驊　(清)陸浩評輯　清道光五年(1825)華川書屋刻本　十二冊

410000－2207－0000151　1.6.2/2
欽定儀禮義疏四十八卷首二卷　(清)允祿撰　清刻本　八冊　存八卷(一至六、首二卷)

410000－2207－0000152　1.7.2/8
禮記體註大全合參四卷　(清)范紫登(范翔)鑒定　(清)徐旦參訂　清乾隆四十四年(1779)世德堂刻本　四冊

410000－2207－0000153　1.7.2/9
全本禮記體注十卷　(清)范紫登(范翔)原定　(清)徐旦參訂　(清)徐瑄補輯　清刻本　一冊　存一卷(五)

410000－2207－0000154　1.5.2/1
周官集注十二卷　(清)方苞撰　清乾隆桐城方氏抗希堂刻抗希堂十六種本　七冊

410000－2207－0000155　1.5.2/2
周禮十二卷　(漢)鄭玄注　(唐)陸德明音義　清同治刻本　六冊

410000－2207－0000156　1.4.2/1
仇滄柱先生增補詩經備旨十二卷首一卷　(清)仇兆鰲鑒定　清乾隆二十八年(1763)三樂齋刻本　八冊

410000－2207－0000157　1.5.3/1
周官辨一卷　(清)方苞著　清刻本　一冊

410000－2207－0000158　1.5.2/4
周禮精華六卷　(清)陳龍標編輯　清刻本　六冊

410000－2207－0000159　1.4.2/26
欽定詩經傳說彙纂二十一卷首二卷詩序二卷　(清)王鴻緒撰　清刻本　十一冊　存十一卷(一至四、十八至十九、二十一,首二卷,詩序二卷)

410000－2207－0000160　3.2.2/6

朱子晚年全論八卷　(清)李紱編　清無怒軒刻本　四册

410000－2207－0000161　3.2.2/8
讀書録十一卷續録十二卷　(明)薛瑄撰　清乾隆刻本　八册

410000－2207－0000162　3.2.2/16
聖學入門書三卷　(明)陳瑚著　清道光三十年(1850)刻本　一册

410000－2207－0000163　3.2.2/45
朱子原訂近思録十四卷　(清)江永集注　清刻本　四册

410000－2207－0000164　3.2.2/47
大學衍義輯要六卷　(宋)真德秀撰　(清)陳宏謀纂輯　清同治五年(1866)明德堂刻本　二册

410000－2207－0000165　3.2.2/44
大學衍義補輯要十二卷首一卷　(明)邱濬撰　(清)陳宏謀纂輯　清明德堂刻本　六册

410000－2207－0000166　3.2.2/32
批點大學衍義四十三卷　(宋)真德秀撰　(明)陳仁錫評閲　清光緒三十一年(1905)河南茹古山房石印本　六册

410000－2207－0000167　3.2.2/15
呂語集粹四卷　(明)呂坤著　(清)尹會一輯　清道光十一年(1831)刻本　一册

410000－2207－0000168　1.4.2/5
新增詩經補註附考備旨八卷　(清)鄒聖脉纂輯　清會元樓刻本　三册　存六卷(三至八)

410000－2207－0000169　3.2.2/29
北溪先生字義二卷補遺一卷　(明)陳淳撰　清光緒二十六年(1900)刻本　二册

410000－2207－0000170　3.2.2/43
強學録四卷　(清)夏錫疇著　清道光十四年(1834)仕學齋刻本　四册

410000－2207－0000171　3.2.2/42
大學衍義補一百六十卷首一卷　(明)丘濬撰　(明)陳仁錫評閲　明崇禎陳仁錫刻清京都文錦堂重修本　四十册

410000－2207－0000172　3.3/1
莊子因六卷　(清)林雲銘評述　清康熙五十五年(1716)刻本　六册

410000－2207－0000173　3.3/5
南華真經解三卷　(清)宣穎著　(清)王暉吉較　清寶旭齋刻本　六册

410000－2207－0000174　4.2.1/1
諸葛忠武侯文集不分卷　(清)張澍輯　清刻本　二册

410000－2207－0000175　3.9.3/1
泰西育蠶新法　(清)張坤德譯　清光緒二十四年(1898)強齋石印本　一册

410000－2207－0000176　3.8/1
韓非子二十卷　(戰國)韓非撰　(□)□□注　清光緒元年(1875)湖北崇文書局刻子書百家本　四册

410000－2207－0000177　3.3/3
文子纘義十二卷　(宋)杜道堅撰　清光緒二十三年(1897)新化三味書局刻本　二册

410000－2207－0000178　3.2.2/9
讀書録十一卷續録十二卷　(明)薛瑄撰　清刻本　九册　存二十一卷(讀書録一至四、七至十一,續録十二卷)

410000－2207－0000179　3.2.2/41
呂子節録四卷補遺二卷　(明)呂坤著　(清)陳弘謀評輯　清刻本　四册

410000－2207－0000180　3.3/4
莊子獨見三卷　(清)胡文英評釋　(清)武啟圖訂　清刻本　四册

410000－2207－0000181　2.11.6/2
洗冤録全纂六卷　(清)李觀瀾補輯　清刻本　四册

410000－2207－0000182　3.7.1/1
孫子十家註十三卷　(清)孫星衍　(清)吳人驥校　清上海會文堂石印本　一册　存三卷(十一至十三)

410000－2207－0000183　3.2.2/40
宋若昭女論語三卷　(清)王相箋註　清石印本　一册　存一卷(三)

410000－2207－0000184　3.2.2/31
程氏家塾讀書分年日程三卷綱領一卷　(元)程端禮述　清光緒二十九年(1903)刻本　一册

410000－2207－0000185　3.2.2/10
教諭語不分卷　(清)謝金鑾撰　清嘉慶二十三年(1818)刻本　一册

410000－2207－0000186　3.2.2/39
理學圖説彙編三卷　(清)何思永輯　清刻本　二册

410000－2207－0000187　3.2.2/33
四言閨鑑二卷　(清)馮樹森輯　清光緒三十四年(1908)刻女學七種本　一册

410000－2207－0000188　3.2.2/24
雙柏齋女史吟一卷續一卷　(清)劉世奇著　**女史吟一卷**　(清)楊秀芝著　清光緒三年(1877)傳經堂刻西京清麓叢書本　一册

410000－2207－0000189　2.11.6/1
補註洗冤録集證四卷增一卷　(宋)宋慈輯　(清)王又槐集證　(清)阮其新補註　**作吏要言一卷**　(清)葉鎮著　清刻三色套印本　四册　存五卷(集證四卷、作吏要言一卷)

410000－2207－0000190　3.10.4/3
金匱懸解二十二卷　(清)黄元御著　清刻本　五册

410000－2207－0000191　3.10.11/1
松峯説疫六卷　(清)劉奎著輯　(清)劉秉錦纂述　清刻本　四册

410000－2207－0000192　3.10.3/1
東醫寶鑑二十三卷目録二卷　(朝鮮)許浚撰　清道光十一年(1831)刻本　二十四册　存二十卷(内景篇一至四、外形篇一至四、雜病篇六至十一、湯液篇一至三、鍼灸篇一,目録二卷)

410000－2207－0000193　3.10.22/2
新刊醫林狀元壽世保元十卷　(明)龔廷賢編　清光緒三十年(1904)有益堂刻本　五册　存五卷(一、三至四、九至十)

410000－2207－0000194　3.10.22/7
醫門法律六卷　(清)喻昌著　清經綸堂刻本　六册

410000－2207－0000195　3.10.15/2
編輯外科心法要訣十六卷　(清)吴謙撰　清刻本　八册

410000－2207－0000196　3.10.22/5
醫林狀元壽世保元十卷　(明)龔廷賢編　清光華堂刻本　二册　存二卷(四至五)

410000－2207－0000197　3.10.22/4
新刊醫林狀元壽世保元十卷　(明)龔廷賢編　清致和堂刻本　十册

410000－2207－0000198　3.10.22/3
新刊醫林狀元壽世保元十卷　(明)龔廷賢編　清致和堂刻本　四册　存四卷(一、四、七至八)

410000－2207－0000199　3.10.22/6
嵩厓尊生書十五卷　(清)景日昣著　清刻本　六册

410000－2207－0000200　1.4.2/15
御纂詩義折中二十卷　(清)傅恆等撰　清刻本　六册

410000－2207－0000201　1.2.2/2
御纂周易述義十卷　(清)傅恆撰　清刻本　十册

410000－2207－0000202　1.2.2/1
御纂周易折中二十二卷首一卷　(清)李光地撰　清刻本　十册

410000－2207－0000203　1.1/2
張皐文箋易詮全集十六種　(清)张惠言學　清嘉慶、道光間刻本　四册　存二種十一卷

410000－2207－0000204　1.1/8
省吾堂四種　(清)蔣光弼輯　清常熟蔣氏省

吾堂刻本　六冊　存二種八卷

410000－2207－0000205　1.2.2/6
易經大全會解四卷　(清)來爾繩　(清)李兆賢纂輯　清光緒善成堂刻本　四冊

410000－2207－0000206　1.2.2/9
易經體註大全會解四卷　(清)來爾繩纂輯　清集義堂刻本　四冊

410000－2207－0000207　1.2.2/8
來瞿唐先生易註十五卷圖一卷首一卷末一卷　(明)來知德撰　清寧遠堂刻本　十二冊

410000－2207－0000208　1.2.2/4
易經增訂旁訓三卷　(清)徐立綱撰　清嘉慶二十一年(1816)刻本　一冊

410000－2207－0000209　1.2.2/3
周易述蘊四卷考義一卷圖說一卷卦歌一卷　(清)姜兆錫述　清乾隆十四年(1749)寅清樓刻本　三冊

410000－2207－0000210　1.2.2/5
易經增註十卷附易考一卷　(明)張鏡心學　清光緒雲隱堂刻本　二冊

410000－2207－0000211　1.2.2/7
易經體註大全合參四卷　(清)李兆賢輯著　(清)來爾繩參　清學源堂刻本　二冊

410000－2207－0000212　1.3.2/5
書經體註大全合參六卷　(清)范翔鑒定　(清)錢希祥纂輯　清光緒十年(1884)善成堂刻本　四冊

410000－2207－0000213　1.3.2/6
尚書體註約解合參六卷　(清)洪輔聖等著　清刻本　四冊　存四卷(一至四)

410000－2207－0000214　1.3.2/4
書經體註大全合參六卷　(清)范翔鑒定　(清)錢希祥纂輯　清同治七年(1868)刻本　四冊

410000－2207－0000215　1.3.2/10
欽定書經圖說五十卷　(清)孫家鼐撰　(清)詹秀林繪圖　清光緒三十一年(1905)内府石印本　十六冊

410000－2207－0000216　1.4.2/14
御纂詩義折中二十卷　(清)傅恆等撰　清文光堂刻本　十冊

410000－2207－0000217　1.4.2/13
御纂詩義折中二十卷　(清)傅恆等撰　清寶興堂刻本　六冊

410000－2207－0000218　1.4.2/12
御纂詩義折中二十卷　(清)傅恆等撰　清末文光堂刻本　十冊

410000－2207－0000219　1.4.2/7
詩經融註大全體要八卷　(清)高朝瓔定　(清)沈世楷輯　清光緒十三年(1887)書業德刻本　四冊

410000－2207－0000220　1.4.2/6
詩經融註大全體要八卷　(清)高朝瓔定　(清)沈世楷輯　清光緒十年(1884)刻本　四冊

410000－2207－0000221　1.4.2/11
御纂詩義折中二十卷　(清)傅恆等撰　清刻本　六冊

410000－2207－0000222　1.7.2/12
全本禮記體註十卷　(元)陳澔集說　(清)范翔定　(清)徐瑄補輯　清百尺樓刻本　四冊　存四卷(七至十)

410000－2207－0000223　1.4.2/25
詩經體註大全八卷　(清)高朝瓔定　(清)沈世楷輯　清致和堂刻本　四冊

410000－2207－0000224　1.4.2/24
詩經八卷　(宋)朱熹集傳　清永元堂刻本　三冊　存六卷(一、四至八)

410000－2207－0000225　1.4.2/2
毛詩說三十卷　(清)孫燾學　清嘉慶二十年(1815)刻本　三冊　存二十三卷(八至三十)

410000－2207－0000226　1.4.2/8
詩集傳八卷　(宋)朱熹撰　清光緒十四年(1888)寶興堂刻本　四冊

410000－2207－0000227　1.4.2/23
詩經增訂旁訓四卷　(宋)朱熹撰　清匠門書屋刻本　二册　存三卷(二至四)

410000－2207－0000228　1.4.2/20
詩經精華十卷　(清)薛嘉穎輯　清刻本　一册　存二卷(九至十)

410000－2207－0000229　1.7.2/10
禮記心典傳本三卷　(清)胡瑤光纂　清刻本　四册

410000－2207－0000230　1.7.2/11
全本禮記體註十卷　(清)范紫登(范翔)定　(清)徐旦糸訂　(清)徐瑄補輯　清書業德刻本　十册

410000－2207－0000231　1.7.2/5
禮記增訂旁訓六卷　(清)徐立綱撰　清嘉慶八年(1803)匠門書屋刻本　三册　存三卷(一至三)

410000－2207－0000232　1.7.2/4
全本禮記體註大全合条十卷　(清)范翔定　(清)徐瑄補輯　清刻本　四册　存四卷(一至四)

410000－2207－0000233　1.4.2/19
詩經八卷　(宋)朱熹集傳　清刻本　一册　存二卷(三至四)

410000－2207－0000234　1.4.2/21
詩經融註大全體要八卷　(清)高朝瓔定　(清)沈世楷輯　清刻本　一册　存二卷(一至二)

410000－2207－0000235　1.4.2/18
詩經八卷　(宋)朱熹集傳　清刻本　一册　存一卷(五)

410000－2207－0000236　1.4.2/17
詩經八卷　(宋)朱熹集傳　清刻本　一册　存二卷(三至四)

410000－2207－0000237　1.4.2/4
新增詩經補註附考備旨八卷　(清)鄒聖脉纂輯　清光緒十年(1884)澹雅局刻本　四册

410000－2207－0000238　1.4.2/9
詩經融註大全體要八卷　(清)高朝瓔定　(清)沈世楷輯　清光緒二十七年(1901)善成堂刻本　四册

410000－2207－0000239　1.7.2/1
禮記十卷　(元)陳澔集說　清乾隆三十八年(1773)敦化堂刻本　七册　存七卷(一至三、五、七至九)

410000－2207－0000240　1.7.2/7
全本禮記體註十卷　(清)范翔定　(清)徐瑄補輯　清三多齋刻本　五册　存五卷(六至十)

410000－2207－0000241　1.4.2/16
詩經嗜鳳詳解八卷圖說一卷　(清)陳抒孝輯著　(清)汪基增訂　清刻本　四册

410000－2207－0000242　1.7.2/6
禮記十卷　(元)陳澔集說　清慎詒堂刻本　十册

410000－2207－0000243　1.4.2/3
詩經嗜鳳詳解八卷圖說一卷　(清)陳抒孝輯著　(清)汪基增訂　清光緒十年(1884)有益堂刻本　四册

410000－2207－0000244　1.11.2/12
左繡三十卷首一卷　(清)馮李驊　(清)陸浩評輯　清善成堂刻本　十六册

410000－2207－0000245　1.11.2/9
左傳選十四卷　(清)儲欣評　清刻本　三册　存六卷(七至十、十三至十四)

410000－2207－0000246　1.11.2/8
左繡三十卷首一卷　(清)馮李驊　(清)陸浩評輯　清華川書屋刻本　九册　存十八卷(二至五、十至十三、十五至十六、二十三至三十)

410000－2207－0000247　1.14.2/3
春秋歸義三十二卷總說一卷　(明)賀仲軾著　清康熙二十七年(1688)刻本　十五册

410000－2207－0000248　4.3.9/6

八銘堂塾鈔初集四卷二集四卷 （清）吳懋政編次 清三讓堂刻本 六冊 存五卷（初集論語一、二集四卷）

410000－2207－0000249 1.15.5/23
類考典故四書便蒙十九卷 （宋）朱熹集註 清光緒善成堂刻本 六冊

410000－2207－0000250 2.3.1/1
御批歷代通鑑輯覽一百二十卷 （清）傅恆撰 清同治十一年（1872）湖北崇文書局刻本 六十冊

410000－2207－0000251 2.5.2/3
綏寇紀略十二卷補遺三卷 （清）吳偉業纂輯 清嘉慶照曠閣刻本 六冊

410000－2207－0000252 1.15.5/19
御製繙譯四書六卷 （□）□□譯 清光緒十四年（1888）京都聚珍堂刻本 六冊

410000－2207－0000253 2.13.2/3
曾文正公奏議補編四卷 （清）曾國藩撰（清）薛福成編次 清刻本 四冊

410000－2207－0000254 2.5.2/1
戰國策十卷 （宋）鮑彪校注 清乾隆二十七年（1762）文盛堂刻本 八冊

410000－2207－0000255 2.5.2/2
戰國策十卷 （宋）鮑彪校注 （元）吳師道校 清乾隆三十年（1765）刻本 十冊

410000－2207－0000256 2.5.1/1
國語二十一卷 （三國吳）韋昭解 （宋）宋庠補音 清乾隆二十七年（1762）刻本 六冊

410000－2207－0000257 1.1/7
紀元要略二卷補輯一卷 （清）陳景雲撰（清）陳黃中補 清刻本 一冊

410000－2207－0000258 5.2.1/13
祕書廿一種 （清）汪士漢輯 清嘉慶九年（1804）新安汪氏刻本 一冊 存三種四卷

410000－2207－0000259 2.13.2/2
彭剛直公奏稿八卷 （清）彭玉麟撰 清光緒十七年（1891）吳下鉛印本 四冊

410000－2207－0000260 1.15.3/3
鄉黨圖考十卷 （清）江永著 清集秀堂刻本 六冊

410000－2207－0000261 1.15.3/2
鄉黨圖考十卷 （清）江永著 清乾隆五十二年（1787）刻本 四冊

410000－2207－0000262 2.8/1
史鑑節要便讀六卷 （清）鮑東里編輯 清同治七年（1868）刻本 一冊

410000－2207－0000263 2.3.1/8
重訂王鳳洲先生會纂綱鑑四十六卷續宋元二十三卷 （明）王世貞纂 清書業德刻本 十八冊 存三十九卷（三至八、十二至十九、二十四至三十六、三十九至四十六，續宋元一至二、五至六）

410000－2207－0000264 2.8/3
經綸局增定課讀鑑略妥註善本五卷 （明）李廷機著 清刻本 一冊 存二卷（一至二）

410000－2207－0000265 2.10.1/12
歷代名臣言行錄二十四卷 （清）朱桓輯 清石印本 二冊 存十卷（十五至二十四）

410000－2207－0000266 2.13.2/1
曾文正公奏議十卷首一卷末一卷 （清）曾國藩撰 （清）薛福成編次 清同治十三年（1874）上海醉六堂刻本 十冊

410000－2207－0000267 2.10.1/14
貳臣傳十二卷 （清）國史館撰 清刻本 四冊 存八卷（三至八、十一至十二）

410000－2207－0000268 2.10.1/5
國朝先正事略六十卷 （清）李元度纂 清同治五年（1866）循陔艸堂刻本 二十四冊

410000－2207－0000269 2.10.1/11
歷代名臣言行錄二十四卷 （清）朱桓編輯 清光緒二十八年（1902）上海文林局石印本 八冊

410000－2207－0000270 2.10.1/4
宋名臣言行錄前集十卷後集十四卷 （宋）朱

熹纂　**續集八卷別集二十六卷外集十七卷**　(宋)李幼武纂集　清道光二十二年(1842)刻本　十六册

410000－2207－0000271　2.14/1
月令粹編二十四卷圖説一卷　(清)秦嘉謨編　清嘉慶十七年(1812)琳琅仙館刻本　六册　存十九卷(一至十二、十九至二十四,圖説一卷)

410000－2207－0000272　2.10.1/10
宋元學案一百卷首一卷考略一卷　(清)黄宗羲撰　(清)黄百家纂輯　(清)全祖望修定　清光緒五年(1879)長沙寄廬刻本　四十七册

410000－2207－0000273　2.1/1
李氏五種　(清)李兆洛輯　清光緒二十四年(1898)上海掃葉山房石印本　八册

410000－2207－0000274　2.10.1/16
闕里文獻考一百卷首一卷末一卷　(清)孔繼汾述　清末刻本　六册　存八十二卷(一至三十一、三十八至五十一、六十六至一百,首一卷,末一卷)

410000－2207－0000275　2.15.1/1
廣輿記二十四卷圖一卷提要一卷　(明)陸應陽纂　(清)蔡方炳增輯　清乾隆九年(1744)四美堂刻本　五册　存十卷(一、五至六、八至十、十三至十四,圖一卷,提要一卷)

410000－2207－0000276　2.10.1/3
明儒學案六十二卷師説一卷　(清)黄梨洲(黄宗羲)著　清道光二十二年(1842)刻本(卷三至六補配抄本)　二十四册

410000－2207－0000277　2.11.2/2
文廟祀位不分卷　清刻本　一册

410000－2207－0000278　2.15.5/1
迴瀾紀要二卷安瀾紀要二卷　(清)徐端撰　清道光二十三年(1843)刻本　四册

410000－2207－0000279　3.2.2/26
重訂小學纂注六卷文公朱子[熹]年譜一卷　(清)高愈撰　**忠經一卷**　(漢)鄭玄集註　**孝經一卷**　(明)陳選集註　清光緒二十年(1894)東昌書業德刻本　四册

410000－2207－0000280　4.2.3/4
朱子古文讀本六卷　(宋)朱熹撰　(清)周大璋編　清康熙五十六年(1717)寶旭齋刻本　十二册

410000－2207－0000281　3.2.2/38
朱子語類一百四十卷　(宋)朱熹撰　(宋)黎靖德編　清刻本　四十册　存一百十七卷(二十四至一百四十)

410000－2207－0000282　3.2.2/34
小學纂註六卷朱子[熹]年譜一卷　(清)高愈撰　**忠經一卷**　(漢)鄭玄集註　**孝經一卷**　(明)陳選集註　清光緒善成堂刻本　五册

410000－2207－0000283　3.2.2/19
小學韻語一卷　(清)羅澤南著　清咸豐六年(1856)刻本　一册

410000－2207－0000284　3.2.2/28
小學纂注六卷文公朱子[熹]年譜一卷　(清)高愈纂注　**忠經一卷**　(漢)鄭玄集注　**孝經一卷**　(元)陳選集注　清光緒二十四年(1898)寶興堂刻本　四册

410000－2207－0000285　3.2.2/37
孔氏家語十卷　(三國魏)王肅注　清刻本　一册　存二卷(九至十)

410000－2207－0000286　3.2.2/11
二程子集解十卷　(清)張伯行撰　清嘉慶二十四年(1819)四箴堂刻本　二册

410000－2207－0000287　3.1/2
二程全書七種　(清)朱熹編輯　清光緒三十四年(1908)澹雅局刻本　十六册

410000－2207－0000288　3.2.2/25
薛文清公讀書錄類編二十卷　(明)薛瑄撰　(明)侯鶴齡編　清光緒十九年(1893)解梁刻本　六册

410000－2207－0000289　3.2.2/36
五子近思錄發明十四卷　(清)施璜纂註　清

忠信堂刻本　八册

410000－2207－0000290　3.1/3
河南程氏全書七種　(宋)程顥撰　(宋)程頤撰　(宋)朱熹輯　清康熙石門吕氏寶誥堂刻本　二十册

410000－2207－0000291　3.10.1/1
丹溪心法附餘二十四卷首一卷　(明)方廣類集　清乾隆元年(1736)世德堂刻本　六册　存八卷(一、六至十一,首一卷)

410000－2207－0000292　3.10.9/4
本草綱目五十二卷首一卷附圖二卷　(明)李時珍撰　清同人堂刻本　四册　存九卷(三十九至四十七)

410000－2207－0000293　3.7/14
玉機微義五十卷　(明)徐用誠撰　(明)劉純續增　清刻本　一册　存六卷(四十四至四十九)

410000－2207－0000294　3.10.13/1
慈幼新書十二卷首一卷　(明)張介賓著　(清)程雲鵬輯　清乾隆十一年(1746)玉詔堂刻本　六册

410000－2207－0000295　3.10.15/1
新刊醫林類證集要八十八卷　(明)王璽集　清刻本　一册　存一卷(十四)

410000－2207－0000296　3.10.10/3
醫方捷徑指南全書二卷　(明)王宗顯輯　清刻本　一册

410000－2207－0000297　3.10.9/3
增補本草原始十二卷　(明)李中立纂輯　(清)周亮登校訂　清初刻本　一册　存三卷(五至七)

410000－2207－0000298　3.1/1
陳修園先生晚餘貳書十二卷　(清)陳念祖撰　清咸豐九年(1859)刻本　二册

410000－2207－0000299　3.11/2
癡説八卷　(清)紀蔭田著　清道光元年(1821)戈熾懷清堂刻本　八册

410000－2207－0000300　3.10.9/2
神農本草經讀四卷附錄一卷　(清)陳念祖撰　清南雅堂刻陳修園二十三種本　一册

410000－2207－0000301　3.10.4/2
訂正仲景全書金匱要畧註八卷　(清)吳謙撰　清刻御纂醫宗金鑑本　一册　存一卷(二)

410000－2207－0000302　3.10.10/2
集驗良方六卷　(清)梁文科編　(清)年希堯輯　清刻本　一册　存一卷(三下)

410000－2207－0000303　3.10.10/1
醫方集解六卷　(清)汪昂編　清刻本　一册　存一卷(五)

410000－2207－0000304　3.16.5/1
官子譜一卷　(清)□□撰　清石印本　一册

410000－2207－0000305　3.10.10/4
重訂驗方新編十八卷　(清)鮑相璈編　(清)張紹堂增輯　清鉛印本　一册　存八卷(十一至十八)

410000－2207－0000306　3.16.1/1
[榮寶齋箋譜]不分卷　題(清)榮寶主人繪　清光緒二十三年(1897)榮寶齋刻彩印本　一册

410000－2207－0000307　3.14.3/1
學算筆談十二卷　(清)華蘅芳學　清光緒二十八年(1902)算學館鉛印行素軒算稿本　六册

410000－2207－0000308　3.10.9/1
雷公炮製藥性解六卷　(明)李中梓編輯　清刻本　一册　存三卷(四至六)

410000－2207－0000309　3.14.1/1
天文歌略一卷　(清)葉瀾著　**地學歌略一卷**　(清)葉瀾著　(清)葉翰著　清光緒二十三年(1897)周氏刻本　一册

410000－2207－0000310　3.10.6/1
經絡歌訣一卷經絡圖説一卷脈訣歌一卷　(清)汪昂著　清刻本　一册

410000－2207－0000311　3.2.2/17

寄傲山房塾課新增幼學故事瓊林四卷首一卷 （明）程登吉撰 （清）鄒聖脉增補 清咸豐五年（1855）盐邑文林堂刻本 二冊

410000－2207－0000312 3.2.2/18
寄傲山房塾課新增幼學故事瓊林四卷首一卷 （明）程登吉撰 （清）鄒聖脈增補 清刻本 四冊

410000－2207－0000313 3.10.4/1
尚論張仲景傷寒論重編三百九十七法二卷首一卷後卷四卷 （清）喻昌撰 清竹秀山房刻本 四冊

410000－2207－0000314 3.2.2/30
福命轉移錄□□卷 （清）唐濆採輯 清光緒二十七年（1901）刻本 一冊 存一卷（下之三）

410000－2207－0000315 3.12.4/5
合鐫增補士材三書四種 （明）李中梓著 （清）尤乘增補 清文盛堂刻本 四冊 存六卷（診家正眼一、本草通元一至二、病機沙篆一、壽世青編一至二）

410000－2207－0000316 3.12.4/6
增補事類統編九十三卷首一卷 （清）黃葆真增輯 清末石印本 七冊 存五十七卷（二十八至六十六、七十六至九十三）

410000－2207－0000317 3.12.4/2
重訂廣事類賦四十卷 （清）華希閔著 （清）華希閎重訂 （清）鄒升恒參 清道光二十七年（1847）宏德堂刻本 十二冊

410000－2207－0000318 3.14.1/2
談天十八卷首一卷附表一卷 （英國）侯失勒著 （英國）偉烈亞力口譯 （清）李善蘭刪述 清光緒二十七年（1901）上海日新社石印本 四冊

410000－2207－0000319 4.4.3/1
初學行文語類四卷 （清）孫埏編輯 清嘉慶二年（1797）刻本 四冊

410000－2207－0000320 3.12.2/1
論衡三十卷 （漢）王充撰 清刻本 六冊

410000－2207－0000321 1.17.2/1
五經類編二十八卷 （清）周世樟撰 清穀詒堂刻本 十二冊

410000－2207－0000322 3.12.4/3
考古類編十二卷 （清）柴紹炳纂 清光緒二十八年（1902）上海鉛印本 三冊

410000－2207－0000323 3.2.2/21
訓俗遺規二卷補編二卷 （清）陳宏謀編 清同治五年（1866）刻本 三冊

410000－2207－0000324 3.2.2/20
育正堂重訂幼學須知句解四卷首一卷 （明）程登吉撰 清三多齋刻本 四冊

410000－2207－0000325 3.2.2/13
文中子中說十卷 （隋）王通撰 （宋）阮逸注 清道光五年（1825）敬忍居刻本 四冊

410000－2207－0000326 4.3.7/1
雨亭尺牘八卷 （清）林欽潤著 清刻本 二冊 存二卷（四、六）

410000－2207－0000327 3.11/1
痴學八卷 （清）黃本驥撰 清道光刻本 一冊 存二卷（四至五）

410000－2207－0000328 3.2.2/52
教女遺規三卷 （清）陳宏謀編輯 清刻本 一冊

410000－2207－0000329 3.12.4/4
類腋五十五卷 （清）姚培謙 （清）張卿雲輯 清刻本 一冊 存三卷（五至七）

410000－2207－0000330 3.18.1/1
金剛經詳釋二卷 （清）歐陽泰著 清抄本 二冊

410000－2207－0000331 3.15.7/1
入地眼全書十卷 （宋）釋靜道著 （清）萬樹華編 清光緒三十三年（1907）校經山房影印本 一冊 存五卷（一至五）

410000－2207－0000332 3.15.4/1

新刊校正增釋合併麻衣先生人相編五卷 (清)陸位崇編　清刻本　一冊　存二卷(四至五)

410000－2207－0000333　3.2.2/50
小兒語一卷女小兒語一卷 (明)呂得勝撰 **續小兒語三卷演小兒語一卷** (明)呂坤撰　清刻本　一冊

410000－2207－0000334　3.3/2
梓潼帝君陰騭文敷言二卷 (清)王士桓 (清)高錦瀾校刊　清道光十五年(1835)刻本　一冊　存一卷(一)

410000－2207－0000335　3.11/3
應酬帖式二卷 (清)□□撰　清刻本　一冊

410000－2207－0000336　2.12.2/1
從政遺規二卷 (清)陳宏謀編　清刻本　二冊

410000－2207－0000337　3.12.5/1
古今圖書集成一萬卷目錄四十卷 (清)陳夢雷 (清)蔣廷錫編　清末鉛印本　七冊　存四十四卷(一百八十九至二百三十二)

410000－2207－0000338　3.2.2/12
景贍論草一卷 (明)賀仲軾著　清道光二年(1822)刻本　一冊

410000－2207－0000339　3.2.2/7
寄傲山房塾課新增幼學故事瓊林四卷首一卷 (明)程登吉撰 (清)鄒聖脈增補　清刻本　一冊　存二卷(三至四)

410000－2207－0000340　3.12.4/1
重訂事類賦三十卷 (宋)吳淑撰註 (明)華麟祥校刊　清道光七年(1827)宏德堂刻本　六冊

410000－2207－0000341　4.3.2/42
唐詩金粉十卷 (清)沈炳震纂輯　清刻本　四冊

410000－2207－0000342　4.3.2/18
重訂古文雅正十四卷 (清)蔡世遠選評　清道光八年(1828)懷清書屋刻本　四冊

410000－2207－0000343　4.3.2/22
續古文辭類纂三十四卷 王先謙編　清光緒八年(1882)王氏虛受堂刻本　六冊　存二十九卷(一至六、七至九、十至十二、十八至三十四)

410000－2207－0000344　3.15.3/1
六壬經緯六卷 (清)毛志道著　清琴川閣刻本　二冊

410000－2207－0000345　4.3.2/17
試帖長城集八卷 (清)袁槼 (清)萬光嵐輯　清道光三年(1823)崇文堂刻本　八冊

410000－2207－0000346　4.3.2/24
國朝文棟八卷 (清)胡嘉銓輯　清宣統元年(1909)上海時中書局鉛印本　四冊

410000－2207－0000347　4.3.2/19
儒粹三編六卷 (清)王鈖編　清道光二十一年(1841)刻本　六冊

410000－2207－0000348　4.3.2/16
文選集腋六卷 (清)胥斌纂輯　清嘉慶二十一年(1816)聚錦書屋刻本　四冊

410000－2207－0000349　4.3.2/41
歷朝賦楷八卷首一卷 (清)王修玉輯 (清)顧豹文鑒定　清刻本　六冊

410000－2207－0000350　4.3.2/13
唐詩應試註釋十九卷 (清)聞式堂主人(臧岳)編　清嘉慶五年(1800)三樂齋刻本　四冊　存六卷(二至七)

410000－2207－0000351　4.3.2/15
國朝律賦新機初集一卷二集一卷續集一卷 (清)孫理評輯 (清)胡金栻 (清)胡玉樹箋注　清嘉慶十九年(1814)刻本　六冊

410000－2207－0000352　4.3.2/14
國朝律賦新機初集一卷二集一卷續集一卷 (清)孫理評輯 (清)胡金栻 (清)胡玉樹箋注　清刻本　三冊

410000－2207－0000353　4.3.2/2
文選六十卷 (南朝梁)蕭統輯　明末毛氏汲

古閣刻本　十五册　存五十六卷(一至八、十三至六十)

410000－2207－0000354　4.3.2/4
全唐詩九百卷　(清)彭定求等編　清康熙刻本　六十册　存四百七十四卷(第三函五十九卷、第四函十四卷、第五函七十一卷、第六函七十八卷、第八函六十八卷、第十一函九十二卷、第十二函九十二卷)

410000－2207－0000355　4.3.2/21
文選六十卷　(南朝梁)蕭統輯　(唐)李善注　清同治八年(1869)金陵書局刻本　二十册

410000－2207－0000356　4.1/16
古文釋義新編八卷　(清)余誠評注　清乾隆四十九年(1784)槐榮堂刻本　八册

410000－2207－0000357　4.3.3/1
國朝中州文徵五十四卷首一卷　(清)蘇源生編　清道光二十五年(1845)刻本　二十八册

410000－2207－0000358　4.3.2/20
桂芳齋重訂古文釋義新編八卷　(清)余誠評注　清道光二十八年(1848)刻本　七册　存七卷(一至六、八)

410000－2207－0000359　4.3.2/8
唐詩鼓吹十卷　(元)元好問輯　(元)郝天挺注　(明)廖文炳解　清乾隆十一年(1746)刻本　六册

410000－2207－0000360　4.3.2/12
古文釋義新編八卷　(清)余誠評註　清會友堂刻本　三册　存六卷(一至二、五至八)

410000－2207－0000361　4.3.2/11
古文釋義新編八卷　(清)余誠評註　清嘉慶元年(1796)二南堂刻本　二册　存二卷(一、七)

410000－2207－0000362　4.3.2/40
磁州張氏文徵二卷　(清)張榕端撰　清刻本　一册　存一卷(一)

410000－2207－0000363　4.3.2/9
疊山謝先生文章軌範七卷　(宋)謝枋得撰　清刻三色套印本　二册

410000－2207－0000364　4.3.2/36
古唐詩合解十二卷　(清)王堯衢註　清善成堂刻本　一册　存二卷(十一至十二)

410000－2207－0000365　4.3.2/39
善成堂重訂古文釋義新編八卷　(清)余誠評注　清善成堂刻本　四册　存四卷(三至四、六至七)

410000－2207－0000366　4.3.2/37
古唐詩合解十二卷　(清)王堯衢註　清刻本　一册　存三卷(八至十)

410000－2207－0000367　4.3.9/3
潞安詩鈔前編四卷　(清)程之招輯　清道光十九年(1839)寡過未能齋刻本　二册

410000－2207－0000368　4.3.2/38
古唐詩合解十六卷　(清)王堯衢注　清刻本　四册

410000－2207－0000369　4.3.2/35
佩文齋詠物詩選四百八十六卷　(清)張玉書　(清)汪霦等輯　清刻本　四册　存四十卷(三百十六至三百十九、三百六十六至三百七十七、四百十七至四百四十)

410000－2207－0000370　4.3.2/34
應試唐詩說詳八卷　(清)蘇寧亭註疏　清刻本　一册　存五卷(四至八)

410000－2207－0000371　4.3.2/33
中州集十卷首一卷中州樂府一卷　(元)元好問集　明末毛氏汲古閣刻本　十二册

410000－2207－0000372　4.3.2/32
古雋八卷　(明)楊慎輯　清刻本　二册

410000－2207－0000373　4.3.2/31
古文觀止十二卷　(清)吳乘權　(清)吳大職輯并評　清石印本　二册　存四卷(九至十二)

410000－2207－0000374　4.3.2/25
國朝名人書札二卷　(清)吳曾祺編輯　清宣統元年(1909)商務印書館鉛印本　四册

410000－2207－0000375　4.3.2/30

古文辭類纂七十五卷　(清)姚鼐編　清石印本　二冊　存七卷(三至九)

410000－2207－0000376　4.2.7/3

漁洋山人精華錄十卷　(清)王士禛撰　(清)林佶編　清康熙三十九年(1700)刻本　四冊

410000－2207－0000377　4.3.2/3

刪訂唐詩解二十四卷　(明)唐汝詢選釋　(清)吳昌祺評定　清康熙刻本　八冊

410000－2207－0000378　4.2.7/28

胡文忠公遺集八十六卷首一卷　(清)胡林翼撰　(清)曾國荃纂輯　(清)胡鳳丹重編　清光緒二十七年(1901)上海圖書集成印書局鉛印本　八冊

410000－2207－0000379　4.2.3/6

司馬溫公文集八十二卷首一卷　(宋)司馬光撰　清同治九年(1870)刻本　二十四冊

410000－2207－0000380　4.2.3/10

象山先生文集三十六卷　(宋)陸九淵撰　(清)李紱點次　**附錄少湖徐先生學則辯一卷**　(清)徐階著　清江左書林石印本　八冊

410000－2207－0000381　4.2.7/29

懷雅堂詩存四卷　(清)鄭鴻著　清光緒三十一年(1905)懷雅堂刻本　二冊

410000－2207－0000382　4.2.7/16

玉磬山房文集四卷　(清)劉大觀撰　清嘉慶二十年(1815)刻本　四冊

410000－2207－0000383　4.2.6/7

鹿忠節公集二十一卷　(明)鹿善繼撰　清刻本　六冊

410000－2207－0000384　4.2.7/18

觀獲堂文集一卷詩鈔二卷　(清)胡國濱著　(清)胡修萬等編輯　清道光十五年(1835)刻本　三冊

410000－2207－0000385　4.2.2/5

杜律通解四卷　(唐)杜甫撰　(清)李文煒釋　清刻本　四冊

410000－2207－0000386　4.2.7/1

壯悔堂文集十卷遺稿一卷　(清)侯方域著　(清)賈開宗等評點　清刻本　三冊　存四卷(八至十、遺稿一卷)

410000－2207－0000387　4.2.7/31

壯悔堂文集十卷遺稿一卷四憶堂詩集六卷　(清)侯方域著　(清)賈開宗等選注　清刻本　二冊　存七卷(遺稿一卷、四憶堂詩集六卷)

410000－2207－0000388　4.2.7/38

嶺南集七卷　(清)羅含章撰　清刻本　五冊

410000－2207－0000389　4.2.7/26

壯悔堂文集十卷遺稿一卷　(清)侯方域撰　(清)賈開宗　(清)徐作肅選　清光緒四年(1878)刻本　二冊

410000－2207－0000390　4.2.7/17

劉孟涂集四十四卷　(清)劉開撰　清道光六年(1826)桐城姚氏檗山草堂刻本　八冊　存四十三卷(一至二十九、三十一至四十四)

410000－2207－0000391　4.2.7/24

倭文端公遺書八卷首一卷末一卷續四卷　(清)倭仁撰　清光緒元年(1875)六安求我齋刻本　六冊

410000－2207－0000392　4.2.7/22

拙修集十卷　(清)吳廷棟撰　清同治十年(1871)六安求我齋刻本　四冊

410000－2207－0000393　4.2.7/4

三魚堂文集十二卷外集六卷附錄一卷　(清)陸隴其著　清康熙四十年(1701)琴川書屋刻本　九冊　存十七卷(一至七、十至十二,外集六卷,附錄一卷)

410000－2207－0000394　4.2.3/7

河南先生文集二十七卷附錄一卷　(宋)尹洙著　清宣統二年(1910)守政書局活字印本　四冊

410000－2207－0000395　4.2.7/2

湯子遺書十二卷附錄一卷　(清)湯斌撰　**潛**

菴先生[湯斌]年譜一卷 (清)王廷燦編輯 清乾隆二十九年(1764)樹德堂刻本 十二册

410000－2207－0000396 4.2.2/1
朱文公校昌黎先生文集四十卷外集十卷集傳一卷遺文一卷 (唐)韓愈著 (宋)朱熹考異 (明)朱吾弼編 明萬曆刻本 十六册

410000－2207－0000397 4.2.2/3
昌黎先生集四十卷外集十卷遺文一卷 (唐)韓昌黎(韓愈)撰 **朱子校昌黎先生集傳一卷** (宋)朱熹撰 **韓集點勘四卷** (清)陳景雲撰 清宣統二年(1910)埽葉山房石印本 十二册

410000－2207－0000398 4.2.6/3
文清公薛先生文集二十四卷 (明)薛瑄撰 (明)張鼎編校 明萬曆四十二年(1614)刻本 五册 存八卷(一至二、五至十)

410000－2207－0000399 5.2.5/3
李文清公遺書八卷首一卷志節編二卷 (清)李棠階撰 清光緒八年(1882)河北分守道署刻本 四册

410000－2207－0000400 5.2.5/1
湯文正公遺書六種 (清)湯斌著 清咸豐四年(1854)刻本 十一册 存四種八卷

410000－2207－0000401 5.2.5/2
楊園先生全集五十四卷 (清)張履祥撰 (清)姚璉輯 (清)萬斛泉編次 清同治十二年(1873)大成會刻本 二十册

410000－2207－0000402 5.2.5/4
李文清公遺書八卷首一卷志節編二卷 (清)李棠階著 清光緒八年(1882)河北分守道署刻本 四册

410000－2207－0000403 5.2.5/5
李文清公遺書八卷首一卷志節編二卷 (清)李棠階著 清光緒八年(1882)河北分守道署刻本 二册 存五卷(六至八、志節編二卷)

410000－2207－0000404 4.2.7/20
夏峯先生集十四卷首一卷補遺二卷 (清)孫奇逢著 (清)郭程先補輯 清道光二十五年(1845)大梁書院刻本 十六册

410000－2207－0000405 4.2.7/21
望溪先生全集 (清)方苞撰 清咸豐元年(1851)刻本 十六册

410000－2207－0000406 4.3.2/7
海秋詩集二十六卷後集二卷 (清)湯鵬撰 清同治十二年(1873)刻本 十册

410000－2207－0000407 5.2.4/1
馬文莊公文集選十五卷 (明)馬自強著 **敘述一卷** (明)魏學曾撰 清同治九年(1870)關中馬氏敦倫堂刻馬氏叢刻本 四册

410000－2207－0000408 4.2.7/36
兼濟堂文集二十四卷 (清)魏裔介著 清康熙刻本 十九册 存十九卷(三、七至二十四)

410000－2207－0000409 4.2.6/6
楊忠愍公全集四卷 (明)楊繼盛著 (清)毛奇齡鑒定 (清)章鈺輯 清光緒十二年(1886)刻本 四册

410000－2207－0000410 4.3.2/5
兼濟堂詩集八卷 (清)魏裔介著 清康熙兼濟堂刻本 四册

410000－2207－0000411 4.2.7/9
漁洋山人文略十四卷 (清)王士禛撰 清康熙刻本 五册

410000－2207－0000412 4.2.6/5
太師誠意伯劉文成公集二十卷首一卷 (明)劉基撰 清康熙四十六年(1707)劉孤嶼刻雍正八年(1730)萬里補刻乾隆十一年(1746)劉氏印本 五册 存十三卷(五至十五、十九至二十)

410000－2207－0000413 4.2.3/9
東坡先生全集七十五卷 (宋)蘇軾撰 清刻本 四册 存十二卷(五十至六十一)

410000－2207－0000414 4.2.3/5
韋齋集十二卷首一卷 (宋)朱松著 清雍正

七年(1729)朱玉刻本　四册

410000－2207－0000415　4.2.5/1
許文正公遺書十二卷首一卷末二卷　(元)許衡撰　清乾隆五十五年(1790)刻本　八册

410000－2207－0000416　4.2.7/25
曾文正公書札三十三卷　(清)曾國藩撰　清光緒二年至三年(1876－1877)傳忠書局刻曾文正公全集本　二册　存五卷(十五至十六、二十五至二十七)

410000－2207－0000417　4.2.7/19
介山文編二卷　(清)程林宗著　(清)霍孟勲等編次　清道光十九年(1839)刻本　一册　存一卷(一)

410000－2207－0000418　5.2.5/6
二曲全集二十六卷　(清)李顒著　清光緒二十六年(1900)湖南荷花池刻本　六册

410000－2207－0000419　4.2.7/30
通藝堂詩錄十卷　(清)陶濬宣撰　清光緒刻本　一册　存二卷(二至三)

410000－2207－0000420　4.2.5/2
許文正公遺書十二卷首一卷末二卷　(元)許衡撰　清乾隆五十五年(1790)刻本　七册　存十四卷(許文正公遺書十二卷、末二卷)

410000－2207－0000421　4.2.7/13
西霞文鈔二卷　(清)鄭光策撰　清嘉慶十年(1805)刻本　二册

410000－2207－0000422　4.2.2/2
唐陸宣公集二十二卷　(唐)陸贄撰　(清)年羹堯校訂　清乾隆五年(1740)雲林懷德堂刻本　八册

410000－2207－0000423　4.3.4/1
范文正公集五十三卷首一卷　(宋)范仲淹著　清康熙四十四年至四十六年(1705－1707)歲寒堂刻本　十册

410000－2207－0000424　4.2.3/3
屏山集二十卷　(宋)劉子翬著　清康熙三十九年(1700)刻本　四册

410000－2207－0000425　4.2.7/27
六大家箋注袁文大成六卷　(清)袁枚著　(清)石韞玉等箋　(清)周緝熙輯訂　清光緒八年(1882)碧梧山莊石印本　五册　存五卷(一至五)

410000－2207－0000426　4.2.7/7
賜書樓嶢山集四卷補刻一卷賜書堂嶢山集一卷　(清)田從典撰　清雍正九年(1731)賜書樓刻本　四册

410000－2207－0000427　4.2.7/11
述菴詩鈔十二卷　(清)王昶撰　(清)錢世錫等編校　清乾隆五十五年(1790)經訓堂刻本　四册

410000－2207－0000428　4.2.6/4
馮少墟集二十二卷續集五卷　(明)馮從吾撰　清康熙十二年(1673)洪琮刻光緒二十二年(1896)修補本　十八册

410000－2207－0000429　4.7.2/1
異方便淨土傳燈歸元鏡三祖實錄二卷　(清)釋智達撰　清乾隆四十九年(1784)刻本　二册

410000－2207－0000430　4.2.7/37
漁洋山人精華錄箋注十二卷年譜一卷補注一卷　(清)漁洋山人(王士禛)撰　(清)金榮箋注　(清)徐淮纂輯　清刻本　十二册

410000－2207－0000431　1.18.1/2
讀書作文譜十二卷父師善誘法二卷　(清)唐彪輯著　清嘉慶八年(1803)刻本　四册

410000－2207－0000432　4.2.7/10
榕村全集四十卷　(清)李光地撰　清刻本　十二册

410000－2207－0000433　4.8.1/1
新刻劍嘯閣批評西漢演義傳八卷　(明)甄偉撰　(明)鍾惺評　清刻本　七册　存七卷(一至四、六至八)

410000－2207－0000434　4.3.2/29
呂純陽先生編年詩集十卷　(唐)呂純陽(呂

巖)撰 (清)火鹵月編 清刻本 三冊 存九卷(二至十)

410000－2207－0000435 4.4.3/2
制義叢話二十四卷題名一卷 (清)梁章鉅撰 清咸豐九年(1859)知足知不足齋刻本 六冊

410000－2207－0000436 5.2.5/7
安雅堂全集七種 (清)宋琬著 清順治至乾隆間刻本 七冊 存四種九卷

410000－2207－0000437 4.2.7/15
寒松堂全集十二卷年譜一卷 (清)魏象樞著 清嘉慶十六年(1811)刻本 十三冊

410000－2207－0000438 4.3.9/4
試帖仙樣集裁詩十法三卷首一卷 題(清)麓峯居士輯評 清同治十三年(1874)刻本 一冊 存二卷(一、首一卷)

410000－2207－0000439 4.8.1/2
新刻劍嘯閣批評東漢演義傳十卷 (明)謝詔撰 (明)鍾惺評 清刻本 六冊

410000－2207－0000440 4.3.9/1
試帖百篇最豁解二卷 (清)王澤浤評註 清嘉慶十八年(1813)經緯堂刻本 一冊 存一卷(一)

410000－2207－0000441 4.3.9/2
試帖百篇最豁解二卷 (清)王澤浤評註 清同治十三年(1874)鮑乾元刻本 一冊 存一卷(一)

410000－2207－0000442 3.3/7
呂祖年譜海山奇遇七卷 (清)火西月編 清刻本 三冊 存五卷(二、四至七)

410000－2207－0000443 4.2.7/8
笠翁文集十卷 (清)李漁著 清雍正芥子園刻本 一冊 存一卷(一)

410000－2207－0000444 4.4.3/3
韓集點勘四卷 (清)陳景雲撰 清刻本 一冊

410000－2207－0000445 4.8.2/5
紅樓夢一百二十回 (清)曹雪芹(曹霑) (清)高鶚著 清忠信堂刻本 二十二冊 存八十六回(一至五十二、五十七至六十、九十一至一百二十)

410000－2207－0000446 4.8.2/1
東周列國全志二十三卷一百八回 (清)蔡奡評 清嘉慶二年(1797)令德堂刻本 十二冊

410000－2207－0000447 4.2.7/14
潛研堂文集五十卷 (清)錢大昕撰 清嘉慶十一年(1806)刻本 十二冊

410000－2207－0000448 4.8.2/4
鏡花緣二十卷一百回 (清)李汝珍著 清刻本 二十冊

410000－2207－0000449 3.13.2/1
聊齋志異新評十六卷 (清)蒲松齡著 (清)王士禛評 (清)但明倫評 清刻朱墨套印本 八冊 存八卷(九至十六)

410000－2207－0000450 4.8.2/3
新刻鍾伯敬先生批評封神演義十九卷一百回 (明)許仲琳撰 (明)鍾惺評 清刻本 一冊 存一卷(十)

410000－2207－0000451 4.3.2/6
桴亭先生文鈔六卷 (清)陸世儀撰 (清)葉裕仁編 **確庵先生文鈔六卷** (清)陳瑚撰 (清)葉裕仁編 清同治九年(1870)安道書院刻本 四冊

410000－2207－0000452 5.2.1/2
經史辨體十種 (清)楊爾茂鑒定 (清)邵瞻雨論政 (清)徐與喬評輯 清康熙敦化堂刻本 二十四冊

410000－2207－0000453 1.1/4
皇清經解一百九十卷 (清)阮元輯 清光緒十七年(1891)上海鴻寶齋石印本 二十四冊

410000－2207－0000454 5.2.1/3
三長物齋叢書二十六種 (清)黄本驥輯 清道光湘陰蔣環刻光緒四年(1878)古香書閣印本 九冊 存三種三十四卷

410000－2207－0000455　4.3.2/23
萃林詩賦不分卷　(清)張端卿等撰　清光緒十二年(1886)刻本　一册

410000－2207－0000456　2.11.2/1
探杏譜一卷磨勘條例摘要一卷　(清)馮文蔚著　清光緒十一年(1885)刻本　一册

410000－2207－0000457　5.2.1/4
[**翰苑臨文**]**四種**　(清)□□輯　清光緒十二年(1886)刻本　四册

410000－2207－0000458　5.2.1/6
海棠花館七家詩補註　(清)張熙宇輯評　(清)申珠　(清)杜炳南補註　清光緒十七年(1891)廣善堂刻本　三册　存六種六卷

410000－2207－0000459　5.2.1/1
昭代叢書九十種　(清)張潮輯　清康熙三十六年(1697)刻本　八册　存甲集五十種五十卷

410000－2207－0000460　5.2.3/1
徐州二遺民集十卷　(清)馮煦編　清光緒二十年(1894)刻本　五册

410000－2207－0000461　5.2.1/8
新輯各國政治藝學全書五十三種　題(清)東山主人輯　清光緒二十八年(1902)鴻寶書局石印本　八册　存十八種十八卷

410000－2207－0000462　5.2.1/9
五種遺規　(清)陳弘謀編輯　清刻本　十册

410000－2207－0000463　3.2.2/35
格致課藝彙編十三卷　(清)王韜輯　清光緒石印本　一册　存三卷(八至十)

410000－2207－0000464　5.2.1/7
西學二十種萃菁二十卷　(清)張之品著　清光緒二十三年(1897)上海鴻文書局石印本　八册

410000－2207－0000465　5.2.1/11
説鈴前集三十四卷後集二十二卷　(清)吳震方輯　清刻本　三十册　存五十三卷(前集二至二十九、三十二至三十四,後集二十二卷)

410000－2207－0000466　5.2.1/10
廣理學備考八十種　(清)范鄗鼎彙編　清康熙五經堂刻道光五年(1825)洪洞張恢等修補印本　四十册　存六十九種四十卷

410000－2207－0000467　2.9.2/3
綱鑑總論二卷　(清)□□撰　清石印本　一册

410000－2207－0000468　4.3.2/28
山左校士文新編一卷　(宋)尹志平輯　清刻本　一册

410000－2207－0000469　1.15.5/13
張謇批選四書新義三集六卷　(清)張謇撰　清光緒十年(1884)申江石印本　一册　存五卷(一至四、六)

410000－2207－0000470　3.15.2/1
五種秘竅全書　(明)甘霖著　明古吳上元唐鯉耀文林閣刻清郁郁堂王公行重修本　十一册　存四種十一卷

410000－2207－0000471　2.10.1/13
國朝名臣言行錄三十卷首一卷　(清)董壽纂輯　清石印本　一册　存三卷(十三至十五)

410000－2207－0000472　5.2.1/5
增補事類統編九十三卷首一卷　(清)黄葆真輯　清光緒十四年(1888)上海積山書局石印本　一册　存九卷(六十七至七十五)

410000－2207－0000473　4.2.7/12
午亭文編五十卷　(清)陳廷敬撰　(清)林佶輯錄　清康熙四十七年(1708)林佶刻乾隆印本　十六册

410000－2207－0000474　4.8.2/2
石渠閣精訂皇明雲合奇蹤□□卷　(明)徐渭編　明刻本　三册　存三卷(六至八)

410000－2207－0000475　4.2.6/1
宋學士文集七十五卷　(明)宋濂撰　明正德九年(1514)張縉刻本　四册　存十四卷(鑾坡前集一至三、六至十,翰苑别集三至五,翰

苑續集五至七)

410000-2207-0000476　4.3.1/1
楊晉菴文集三種　(明)楊東明著　明萬曆刻本　六册

410000-2207-0000477　4.3.2/1
新刻合併正續名世文宗評林十三卷　(明)胡時化選　明萬曆十九年(1591)閩建書林鄭以厚刻本　八册

410000-2207-0000478　4.2.3/2
古香齋鑒賞袖珍施註蘇詩四十二卷　(宋)蘇軾撰　(宋)施元之註　(清)邵長蘅刪補　**東坡先生[蘇軾]年譜一卷**　(清)王宗稷編　(清)邵長蘅重訂　**蘇詩續補遺二卷**　(清)馮景補註　清刻本　十四册　存三十八卷(一至九、十七至四十二,年譜一卷,蘇詩續補遺二卷)

410000-2207-0000479　2.15.2/8
[萬曆]朔方新志五卷　(明)楊壽纂修　明萬曆四十五年(1617)刻清初重修本　五册

410000-2207-0000480　3.10.22/1
醫經小學六卷　(明)劉純輯　明陝西布政使司刻本　二册

410000-2207-0000481　4.2.6/2
文清公薛先生文集二十四卷　(明)薛瑄撰　(明)張鼎校正編輯　明萬曆四十二年(1614)刻本　十册　存二十卷(一至六、十一至二十四)

410000-2207-0000482　3.2.2/1
大學衍義四十三卷　(宋)真德秀撰　明崇禎十一年(1638)楊鶚刻本　一册　存七卷(一至七)

410000-2207-0000483　1.15.5/9
四書說約三十三卷　(明)鹿善繼著　清道光二十八年(1848)刻本　四册

410000-2207-0000484　4.2.3/1
豫章黃先生文集三十卷外集十四卷別集二十卷簡尺二卷詞一卷　(宋)黃庭堅撰　**伐檀集二卷**　(宋)黃庶撰　**山谷先生[黃庭堅]年譜三十卷**　(宋)黃□撰　**山谷先生別傳一卷**　(明)周季鳳撰　明弘治葉天爵刻嘉靖六年(1527)余載仕重修本　一册　存七卷(文集一至七)

410000-2207-0000485　1.15.5/10
增訂四書大全摘要□□卷　(清)黃際飛鑒定　(清)李武纂輯　(清)李克嗣等校字　清刻本　六册　存七卷(大學一、中庸一至二、論語一至四)

410000-2207-0000486　1.15.5/7
四書朱子本義匯粂四十三卷首四卷　(清)王步青輯　清道光四年(1824)刻本　三十二册

410000-2207-0000487　1.15.5/18
四書朱子本義匯參二十卷首四卷　(清)王步青輯　清光緒十三年(1887)上海廣百宋齋鉛印本　十二册

410000-2207-0000488　1.15.5/28
四書述要十九卷　(清)楊玉緒著　清刻本　六册

410000-2207-0000489　1.15.5/16
致用精舍講語記略十六卷　(清)王輅撰　清光緒十一年(1885)致用精舍刻本　四册

410000-2207-0000490　1.15.5/17
致用精舍講語記略十六卷　(清)王輅撰　清光緒十一年(1885)致用精舍刻本　三册　存十四卷(論語類解一至二、孟子類解一至十二)

410000-2207-0000491　1.15.5/12
四書記悟十四卷　(清)王汝謙著　(清)李棠階評　清同治十年(1871)槐蔭書屋刻本　四册

410000-2207-0000492　1.15.5/27
新訂四書補注備旨十卷　(明)鄧林著　(清)杜定基增訂　清光緒二十八年(1902)寶興堂刻本　一册　存一卷(論語三)

410000-2207-0000493　1.15.4/1

孟子集註七卷 (宋)朱熹集註 清康熙三十年(1691)裹如堂刻本 一册 存三卷(一至三)

410000－2207－0000494 1.15.5/22
增廣新訂四書補注備旨十卷 (明)鄧林著 (清)杜定基增訂 清光緒二十八年(1902)寶興堂刻本 七册 存八卷(大學一卷、中庸一卷、論語三至四、孟子四卷)

410000－2207－0000495 1.15.5/26
松陽講義十二卷 (清)陸隴其著 清天德堂刻本 六册

410000－2207－0000496 1.15.4/5
四書朱子本義匯參四十三卷首四卷 (清)王步青輯 清乾隆敦復堂刻本 一册 存二卷(孟子四至五)

410000－2207－0000497 1.15.5/25
新訂四書補註備旨十卷 (明)鄧林撰 (清)杜定基增訂 清文誠堂刻本 六册

410000－2207－0000498 2.9.1/2
廿二史劄記三十六卷補遺一卷 (清)趙翼撰 清光緒二十六年(1900)石印本 六册 存二十八卷(五至三十二)

410000－2207－0000499 2.9.1/1
廿二史劄記三十六卷補遺一卷 (清)趙翼撰 清光緒二十六年(1900)石印本 二册 存十卷(五至十四)

410000－2207－0000500 2.2.1/2
後漢書九十卷 (唐)李賢注 (南朝宋)范曄撰 **續志三十卷** (晉)司馬彪撰 (南朝梁)劉昭注補 清同治八年(1869)金陵書局刻二十四史本 十六册

410000－2207－0000501 2.3.1/2
御批歷代通鑑輯覽一百二十卷 (清)傅恆等撰 清光緒二十八年(1902)上海埽葉山房石印本 三册 存十八卷(一至六、七十三至八十四)

410000－2207－0000502 1.15.5/24
新訂四書補注備旨十卷 (明)鄧林著 (清)鄧煜編次 (清)杜定基增訂 清石印本 一册 存一卷(論語三)

410000－2207－0000503 4.2.3/8
東坡先生全集錄九卷 (宋)蘇軾撰 (清)儲欣錄 清刻本 五册 存六卷(四至九)

410000－2207－0000504 4.2.7/33
小題別體不分卷 (清)李揆一輯 清文聚齋刻本 一册

410000－2207－0000505 4.2.7/32
試律淺説易知集四卷 (清)任兆松撰 清刻本 一册

410000－2207－0000506 4.2.7/23
曾文正公文集四卷 (清)曾國藩撰 (清)李瀚章編次 清同治十三年(1874)傳忠書局刻本 四册

410000－2207－0000507 4.3.9/8
明文小題傳薪八卷 (清)臧岳著 清刻本 一册 存一卷(下論)

410000－2207－0000508 3.10.14/2
痘疹摘錦四卷 (清)仝寅王著 清抄本 三册 存三卷(一至三)

410000－2207－0000509 2.15.5/2
居濟一得五卷 (清)張伯行著 清刻本 五册

410000－2207－0000510 1.4.2/10
御纂詩義折中二十卷 (清)傅恆等撰 清光緒三十四年(1908)有益堂刻本 六册

410000－2207－0000511 2.11.3/1
欽定康濟錄四卷 (清)陸曾禹撰 (清)倪國璉編 清刻本 六册

410000－2207－0000512 3.2.2/27
小學六卷文公朱子[熹]年譜一卷 (清)高愈撰 **忠經一卷** (漢)鄭玄集註 **孝經一卷** (明)陳選集註 清光緒二十年(1894)東昌書業德刻本 四册

410000－2207－0000513 1.15.5/11

四書記悟十四卷 (清)王汝謙著 (清)李棠階評 清同治十年(1871)刻本 三冊 存十卷(一至二、七至十四)

410000－2207－0000514 1.15.4/6
孟子讀本二卷 (清)王汝謙輯評 清刻本 二冊

410000－2207－0000515 1.11.2/4
增補左傳易讀六卷首一卷 (清)司徒修輯 清咸豐六年(1856)海清樓刻本 六冊

410000－2207－0000516 2.15.2/5
[道光]直隸定州志二十二卷首一卷 (清)寶琳纂修 (清)勞沅恩纂修 清道光三十年(1850)刻本 一冊 存二卷(十七至十八)

410000－2207－0000517 2.15.2/3
[道光]修武縣志十卷首一卷 (清)馮繼照纂輯 清道光二十年(1840)刻本 一冊 存一卷(三)

410000－2207－0000518 3.10.14/1
仝氏幼科指南四卷濟世書一卷 (清)仝兆龍著 清同治三年(1864)抄本 一冊

410000－2207－0000519 1.11.2/3
左繡三十卷首一卷 (清)馮李驊 (清)陸浩評輯 清華川書屋刻本 十六冊

410000－2207－0000520 1.7.2/13
禮記集註十卷 (元)陳澔撰 清刻本 二冊 存二卷(一至二)

河南省商丘市文化館古籍普查登記目録

全國古籍普查登記目録

國家圖書館出版社
National Library of China Publishing House

410000－2208－0000001　192　｜　**隸辨八卷**　（清）顧藹吉撰　清刻本　八冊

河南中醫藥大學圖書館古籍普查登記目録

全國古籍普查登記目録

國家圖書館出版社
National Library of China Publishing House

全國古籍普查登記目錄

古籍普查登記目錄

河南中醫藥大學圖書館

410000－2243－0000001　R2－51/124
東垣十書　（明）□□輯　明吳門德馨堂刻本　十二冊

410000－2243－0000002　R221/71
重廣補注黄帝内經素問二十四卷　（唐）王冰注　（宋）林億等校正　（宋）孫兆重改誤　明萬曆二十九年（1601）新安吳勉學刻古今醫統正脈全書本　十冊

410000－2243－0000003　R245/343
鍼灸大成十卷　（明）楊繼洲撰　明刻本　十二冊

410000－2243－0000004　R289.349/101
濟人自濟經驗諸方三卷　（清）王夢蘭　（清）梁憲纂輯　（清）蔣伊刊訂　清乾隆二十二年（1757）蔣洲刻本　二冊

410000－2243－0000005　R289.349/100
急救良方三卷　（明）芝園主人（張時徹）集　明嘉靖二十九年（1550）刻本　二冊

410000－2243－0000006　R281.3/139
重修政和經史證類備用本草三十卷　（宋）唐慎微證類　（宋）曹孝忠校勘　（金）張存惠校補　明嘉靖三十一年（1552）刻本　二十四冊

410000－2243－0000007　R2－51/127
東垣十書附二種　（明）□□輯　（明）王宇泰（王肯堂）訂正　明步月樓刻本　十六冊

410000－2243－0000008　R276.7/92
秘授眼科不分卷　（清）周贊亭傳　（清）王伯輿錄　清嘉慶十六年（1811）稿本　一冊

410000－2243－0000009　R272.2/21
痘治理辨二卷附方一卷　（明）汪機編輯　明嘉靖刻本　一冊

410000－2243－0000010　R249.47/6
醫經溯洄集一卷　（元）王履撰　明萬曆二十九年（1601）新安吳勉學刻古今醫統正脈全書本　二冊

410000－2243－0000011　R221.1/44
重廣補注黄帝内經素問二十四卷　（唐）王冰注　（宋）林億等校正　（宋）孫兆重改誤　明萬曆二十九年（1601）新安吳勉學刻古今醫統正脈全書本　五冊

410000－2243－0000012　R222.22/118
傷寒論三註十七卷傷寒醫方歌訣一卷　（清）周揚俊編注　（清）劉宏璧刪補　清乾隆八年（1743）世德堂刻本　六冊

410000－2243－0000013　R222.23/35
傷寒大白四卷　（清）秦之禎撰　清康熙五十三年（1714）其順堂刻本　四冊

410000－2243－0000014　R272/277
保嬰金鏡錄一卷　（明）薛己著　明嘉靖刻明重修本　一冊

410000－2243－0000015　R249.48/48
明醫雜著六卷　（明）王綸撰　（明）薛己註　明刻本　六冊

410000－2243－0000016　R26/133
外科精要三卷　（宋）陳自明編　（明）薛己註　（明）陸鶴校　明刻本　二冊

410000－2243－0000017　R2－51/282
醫林一致五卷　（清）駱登高輯著　（清）丁有曾　（清）丁有光編定　（清）駱以文較訂　清抄本　五冊

410000－2243－0000018　R271.1/86
濟陰綱目十四卷保生碎事一卷　（明）武之望輯著　（清）張志聰等訂正　（清）汪淇箋釋　清康熙四年（1665）刻本　六冊　存十四卷（綱目十四卷）

410000－2243－0000019　R2－51/283
傷寒證治準繩八帙　（明）王肯堂輯　（明）張綍校　明刻本（卷五補配清刻本）　十五冊　存八帙（一至三、四下至八）

410000－2243－0000020　H162/11
字彙十四卷　（明）梅膺祚集　清康熙二十七年（1688）致和堂刻本　十四冊

410000－2243－0000021　R249.49/158
葉選醫衡二卷　（清）葉桂編　清抄本　二冊

410000－2243－0000022　R26/169
申斗垣校正外科啓玄十二卷　（明）申拱宸撰　明萬曆留耕堂刻本　六册

410000－2243－0000023　R2－52/773
應氏家秘不分卷　（□）元善錄　清抄本　四册

410000－2243－0000024　R222.27/9
傷寒圖歌活人指掌五卷　（元）吳恕撰　明末致和堂刻本　一册

410000－2243－0000025　R249/48
赤水玄珠三十卷醫案五卷醫旨緒餘二卷　（明）孫一奎輯　明萬曆二十四年（1596）孫泰來、孫朋來刻本　一册　存一卷（醫案一）

410000－2243－0000026　R2－51/281
王宇泰先生訂補古今醫鑑十六卷　（明）龔信纂輯　（明）龔廷賢續編　（明）王肯堂訂補　明刻本　八册

410000－2243－0000027　R272.2/71
種痘心法要旨不分卷　（清）吳謙撰　（清）王珠集註　清乾隆四十六年（1781）刻本　一册

410000－2243－0000028　k290.48/1
廣輿記二十四卷　（清）陸應陽輯　明末刻清初重修本　十册

410000－2243－0000029　R221.9/32
難經直解二卷　（清）莫熺註　（清）范斯廉　（清）陳昺校　清乾隆刻本　一册

410000－2243－0000030　k204.4/8
繹史一百六十卷　（清）馬驌撰　清康熙刻本　四十八册

410000－2243－0000031　H163/45
康熙字典三十六卷總目一卷檢字一卷辨似一卷等韻一卷補遺一卷備考一卷　（清）張玉書等編　清刻本　四十册

410000－2243－0000032　k225－64/1
春秋大事表五十卷附錄一卷輿圖一卷　（清）顧棟高輯　清乾隆十三年至十四年（1748－1749）刻本　二十册

410000－2243－0000033　R222.23/75
陶節菴全生集四卷　（明）陶節菴（陶華）輯　（明）朱映璧校正　（明）何熿　（明）戈如壁重校　明崇禎十三年（1640）豫章長春堂刻本　八册

410000－2243－0000034　z121.5/4
昭代叢書甲集五十種　（清）張潮輯　清康熙三十六年（1697）刻本　七册

410000－2243－0000035　R2－52/861
濟陽綱目一百八卷　（明）武之望著　清嘉慶二十一年（1816）抄本　十册　存十卷（一至十）

410000－2243－0000036　R2－52/634
訂補明醫指掌十卷　（明）皇甫中撰註　（明）王肯堂訂補　清乾隆二十年（1755）刻本　五册

410000－2243－0000037　R2－51/218
古今醫統正脈全書四十一種　（明）王肯堂輯　明萬曆二十九年（1601）新安吳勉學刻本　五十册

410000－2243－0000038　R2－52/633
辨證錄十四卷　（清）陳士鐸著述　（清）陶式玉訂　清乾隆十三年（1748）刻本　十二册

410000－2243－0000039　R2－51/219
喻氏醫書三種　（清）喻昌著　清乾隆二十八年（1763）刻本　十八册

410000－2243－0000040　R2－52/815（1）
景岳全書十六種　（明）張介賓撰　（明）魯超訂　清乾隆三十三年（1768）越郡藜照樓刻本　二十四册

410000－2243－0000041　R2－51/216
張氏醫通十六卷　（清）張璐纂述　（清）張登　（清）張倬粲訂　清康熙刻本　二十册

410000－2243－0000042　R271.4/58
妙一齋醫學正印種子編四卷　（明）岳甫嘉著　（明）岳虞巒訂　明崇禎九年（1636）繡谷三樂齋刻本　四册

410000－2243－0000043　R2－52/848
儒門事親十五卷　(金)張從正撰　(明)吳勉學校　明萬曆二十九年(1601)新安吳勉學刻古今醫統正脈全書本　六冊

410000－2243－0000044　R2－52/815(2)
景岳全書十六種　(明)張介賓著　(明)魯超訂　清乾隆三十三年(1768)越郡藜照樓刻本　二十四冊

410000－2243－0000045　R222.24/1
傷寒分經十卷　(漢)張仲景(張機)著　(清)喻昌註　(清)吳儀洛訂　清乾隆三十一年(1766)硤川利濟堂刻本　六冊

410000－2243－0000046　R222.22/95
傷寒論註來蘇集八卷　(清)柯琴編注　清乾隆三十八年(1773)刻本　八冊

410000－2243－0000047　R222.23/50
新鐫陶節菴家藏秘授傷寒六書　(明)陶華撰　明書林遺德堂刻本　四冊

410000－2243－0000048　H163/46
康熙字典十二集三十六卷檢字一卷辨似一卷等韻一卷總目一卷補遺一卷備考一卷　(清)張玉書等纂修　清刻本　四十冊

410000－2243－0000049　R222.32/64
張仲景金匱要略二十四卷　(清)沈明宗編訂　清康熙致和堂刻本　六冊

410000－2243－0000050　R261/20
瘡瘍經驗全書六卷　(宋)竇漢卿輯著　(清)洪瞻巖　(清)陳友恭校　清康熙五十六年(1717)刻本　七冊

410000－2243－0000051　R2－51/10(2)
徐氏醫書八種　(清)徐靈胎(徐大椿)著　清光緒十五年(1889)上海江左書局刻本　十二冊

410000－2243－0000052　I222.749/1
道古堂詩集二十六卷　(清)杭世駿撰　清乾隆刻本　四冊

410000－2243－0000053　I214.22/4
韓文起十二卷　(唐)韓愈撰　(清)林雲銘評注　清康熙三十二年(1693)林雲銘刻本　八冊

410000－2243－0000054　R254.3/41
瘟疫論二卷補遺一卷　(明)吳有性著　(明)許永康校閱　清雍正三年(1725)刻本　四冊

410000－2243－0000055　R222.32/71
金匱心典三卷　(漢)張仲景(張機)著　(清)尤怡集注　清雍正十年(1732)刻本　一冊

410000－2243－0000056　R272/275
幼幼心裁二卷　(明)喬埰著　(明)吳駿重訂　清康熙四十七年(1708)刻本　四冊

410000－2243－0000057　R222.32/59
金匱要略直解三卷　(漢)張機述　(清)程林注　(清)吳景校　清康熙十二年(1673)刻本　五冊

410000－2243－0000058　I214.82/1
白沙子全集十卷　(明)陳獻章撰　清乾隆三十六年(1771)刻本　十二冊

410000－2243－0000059　R254.7/7
痧脹玉衡書三卷末一卷　(清)郭志邃著　清江左書林刻本　四冊

410000－2243－0000060　R2－51/54
沈氏尊生書五種　(清)沈金鰲撰　清乾隆四十九年(1784)無錫沈氏刻五十二年(1787)校修本　十六冊

410000－2243－0000061　B11
誠齋易傳二十卷　(宋)楊萬里著　明抄本　一冊　存六卷(一至六)

410000－2243－0000062　R249.48/37
名醫類案十二卷　(明)江瓘集　(清)余集等重校　清乾隆三十五年(1770)鮑廷博知不足齋刻本　十二冊

410000－2243－0000063　I224.82/1
何大復先生集三十八卷　(明)何大復(何景明)撰　清乾隆十五年(1750)何輝少刻本

八冊

410000－2243－0000064　R281.3
本草綱目五十二卷附圖二卷　(明)李時珍撰　清康熙二十三年(1684)刻本　二十四冊

410000－2243－0000065　R289.349/43
成方切用十二卷首一卷末一卷　(清)吳儀洛輯　(清)周蘭九等較　清乾隆二十六年(1761)硤川利濟堂刻本　十冊

410000－2243－0000066　R261/23
瘡瘍經驗全書六卷　(宋)竇漢卿輯著　清乾隆四年(1739)蔚文堂刻本　六冊

410000－2243－0000067　R281.3/93
東皐握靈本草十卷序例一卷補遺一卷　(清)王翃編輯　清康熙二十二年(1683)刻乾隆五年(1740)朱鐘勛補刻本　六冊

410000－2243－0000068　R222.32/63
金匱要略方論本義二十二卷　(清)何炫　(清)冀棟評定　(清)魏荔彤釋義　清乾隆金閶綠蔭堂刻本　四冊

410000－2243－0000069　R2－52/645
醫宗必讀十卷　(明)李中梓著　(明)吳肇廣參著　(明)李廷芳訂　明崇禎十年(1637)刻本　五冊

410000－2243－0000070　R289.344/21
類症普濟本事方十卷　(宋)許叔微著　(清)王陳梁校　清乾隆四十二年(1777)雲間王陳梁刻本　四冊

410000－2243－0000071　R254.3/50
瘟疫明辨四卷附方一卷　(清)戴天章撰　(清)鄭奠一編　清刻本　四冊

410000－2243－0000072　R261/28
瘍科選粹八卷　(明)陳文治輯　(明)繆希雍參校　清康熙四十六年(1707)潯溪達尊堂刻本　八冊

410000－2243－0000073　R2－52/696
醫宗説約五卷首一卷　(清)蔣示吉纂述　(清)計廉能　(清)嚴煜較訂　清康熙玉尺堂刻本　四冊

410000－2243－0000074　R222.32/63
金匱要略方論本義二十二卷　(清)何炫　(清)冀棟評定　(清)魏荔彤釋義　清乾隆金閶綠蔭堂刻本　四冊

410000－2243－0000075　R272.2/50
痘科扼要二卷　(清)陳奇生撰　清乾隆三十二年(1767)京都同文齋刻本　二冊

410000－2243－0000076　R272.2/51
痘科扼要不分卷　(清)陳奇生撰　清乾隆五十一年(1786)湘南袁信齋刻本　二冊

410000－2243－0000077　R272.3/33
痧痘集解六卷　(清)俞茂鯤集解　(清)於人龍參評　清雍正五年(1727)松蔭堂刻本　四冊

410000－2243－0000078　R222.22/73
傷寒論綱目十六卷首二卷　(清)沈金鰲輯　清乾隆三十九年(1774)刻本　四冊

410000－2243－0000079　I222.742/16
全唐詩九百卷目錄十二卷　(清)曹寅編纂　清康熙四十四年至四十六年(1705－1707)揚州詩局刻本　一百二十冊

410000－2243－0000080　R249.48/37
名醫類案十二卷　(明)江瓘集　(清)余集等重校　清乾隆三十六年(1771)知不足齋刻本　十二冊

410000－2243－0000081　R222.32/64
張仲景金匱要畧二十四卷　(漢)張仲景(張機)撰　(清)沈明宗編註　清康熙三十二年(1693)致和堂刻本　六冊

410000－2243－0000082　R272/249
幼科醫學指南四卷　(明)周震撰　清乾隆五十四年(1789)刻本　四冊

410000－2243－0000083　Z121.5/28
增訂漢魏叢書八十六種　(清)王謨輯　清乾隆五十六年(1791)金谿王氏刻本　八十冊

410000－2243－0000084　R289.349/43

成方切用十二卷首一卷末一卷 （清）吳儀洛輯　清乾隆刻本　四冊

410000－2243－0000085　R272/222
錢氏小兒藥證直訣三卷 （宋）錢乙撰　（宋）閻孝忠輯　清初刻本　二冊

410000－2243－0000086　R272.2/24
痘疹定論四卷 （清）朱純嘏編輯　清乾隆四十九年（1784）致和堂刻本　四冊

410000－2243－0000087　R2－52/734
蘭台軌範八卷 （清）徐靈胎（徐大椿）著　（清）徐爔校　清乾隆二十九年（1764）洄溪草堂刻本　四冊

410000－2243－0000088　R272.2/18
增補痘疹玉髓金鏡録四卷 （明）翁仲仁輯著　清刻本　一冊

410000－2243－0000089　R271.4/50
胎產心法三卷 （清）閻純璽撰　清雍正、乾隆間刻本　二冊

410000－2243－0000090　R289.344/21
類症普濟本事方十卷 （宋）許叔微著　（清）王陳梁校　清乾隆四十二年（1777）雲間王陳梁刻本　四冊

410000－2243－0000091　R281.3/108
本草求真九卷附主治二卷脈理求真三卷 （清）黃宮繡撰　清乾隆刻本　十二冊

410000－2243－0000092　R281.3/75
本草綱目五十二卷 （明）李時珍撰　（清）張鶴翥校訂　清乾隆四十九年（1784）書業堂刻本　四十八冊

410000－2243－0000093　P1/11
管窺輯要八十卷 （清）黃玉耳撰　（清）黃九命等閱　清順治九年（1652）刻本　三十二冊

410000－2243－0000094　R281.3/71
本草綱目五十二卷 （明）李時珍撰　（清）張鶴翥較訂　清乾隆四十九年（1784）書業堂刻本　四十八冊

410000－2243－0000095　B222.1/18
大學衍義四十三卷 （宋）真德秀撰　清乾隆二年（1737）刻本　十冊

410000－2243－0000096　Z429.49/2
閒情偶寄十六卷 （清）李漁著　（清）沈心友　（清）李將舒訂　清康熙翼聖堂刻本　六冊

410000－2243－0000097　R2/121
醫學入門七卷首一卷 （明）李梴編注　清末刻本　十八冊

410000－2243－0000098　R2/123
醫學入門七卷首一卷 （清）李梴編　清光緒二十年（1894）宏道堂刻本　十六冊

410000－2243－0000099　R2－09/4
醫學世界四卷 （清）□□撰　清宣統元年（1909）鉛印本　四冊

410000－2243－0000100　R2－51/8
徐氏醫書六種 （清）徐大椿著　清刻本　四冊　存三種四卷

410000－2243－0000101　R2/123
編註醫學入門七卷首一卷 （明）李梴編　明萬曆刻明清遞修本　十六冊

410000－2243－0000102　R2－51/9
徐氏醫書六種 （清）徐大椿撰　清同治十二年（1873）湖北崇文書局刻本　十冊

410000－2243－0000103　R2－09/97
醫說十卷續醫說十卷 （宋）張杲著　清宣統三年（1911）鉛印本　六冊

410000－2243－0000104　R2－51/10（3）
徐氏醫書八種 （清）徐大椿著　清光緒十五年（1889）掃葉山房刻本　十一冊

410000－2243－0000105　R2－51/12
徐氏醫書十二種 （清）徐大椿著　清刻本　十五冊　缺二種三卷

410000－2243－0000106　R2－52/10（1）
徐氏醫書八種 （清）徐靈胎（徐大椿）著　清光緒十五年（1889）掃葉山房刻本　十二冊

410000－2243－0000107　R2－51/13

徐氏醫書六種　(清)徐大椿撰　清同治三年(1864)刻本　十册

410000－2243－0000108　R2－51/16
徐氏醫書十二種　(清)徐大椿釋　清光緒二十三年(1897)江左書林昌記刻本　十三册

410000－2243－0000109　R2－51/15
徐氏醫書八種　(清)徐大椿著　清道光二十八年至同治十二年(1848－1873)刻光緒四年(1878)掃葉山房滙印本　十册

410000－2243－0000110　R2－51/14
徐氏醫書十二種　(清)徐大椿著　清刻本　十六册　缺一種二卷

410000－2243－0000111　R2－51/29
徐靈胎先生雜著五種　(清)徐大椿注　清光緒十四年(1888)江左書林刻本　二册

410000－2243－0000112　R2－51/30
聿修堂醫學叢書十三種　(日本)丹波元簡撰　楊守敬輯　清光緒十年(1884)楊守敬印本　五十册

410000－2243－0000113　R2－51/20
徐靈胎十二種全集　(清)徐大椿著　清同治三年(1864)吳江半松齋刻本　十四册

410000－2243－0000114　R2－51/32
陳修園先生晚餘弍書　(清)陳念祖著　(清)林壽萱校　清咸豐九年(1859)刻本　三册

410000－2243－0000115　R2－51/34
陳修園醫書三種　(清)陳念祖著　清光緒二十一年(1895)多文會刻本　六册

410000－2243－0000116　R2－51/36
陳修園先生晚餘弍書　(清)陳念祖著　清光緒二十四年(1898)刻本　二册

410000－2243－0000117　R2－51/37
陳修園醫書六種　(清)陳念祖撰　清光緒十三年(1887)刻本　五册

410000－2243－0000118　R2－51/41
陳修園醫書廿三種　(清)陳念祖撰　清光緒十七年(1891)席氏掃葉山房刻本　六册　存七種七卷

410000－2243－0000119　R2－51/43
沈氏尊生書五種　(清)沈金鰲撰　清同治十三年(1874)湖北崇文書局刻本　二十四册

410000－2243－0000120　R2－51/45
士材三書附一種　(明)李中梓著述　(清)尤乘增補　清嘉慶九年(1804)金閶書業堂刻本　八册

410000－2243－0000121　R2－51/43(2)
沈氏尊生書五種　(清)沈金鰲撰　清同治十三年(1874)湖北崇文書局刻本　二十六册

410000－2243－0000122　R2－51/44
公餘六種　(清)陳念祖著　清光緒二十七年(1901)新化三味書室刻本　八册

410000－2243－0000123　R2－51/46
南雅堂醫書全集　(清)陳念祖著　清宏道堂刻本　二十二册　存七種三十八卷

410000－2243－0000124　R2－51/47
南雅堂醫書全集二十一種　(清)陳念祖著　清光緒十八年(1892)敦厚堂刻本　三十六册

410000－2243－0000125　R2－51/48
士材三書附一種　(明)李中梓著述　(清)尤乘增補　清乾隆文盛堂刻本　八册

410000－2243－0000126　R2－51/49
士材三書附一種　(明)李中梓撰　(清)尤乘增補　清光緒十三年(1887)上海江左書林刻本　六册

410000－2243－0000127　R2－51/55
士材三書　(明)李中梓著　(清)尤乘增補　清刻本　五册

410000－2243－0000128　R2－51/51
沈氏尊生書五種　(清)沈金鰲撰　清光緒二十一年(1895)圖書集成印書局鉛印本　二十二册　缺一種六卷

410000－2243－0000129　R2－51/52
士材三書附一種　(明)李中梓撰　(清)尤乘

增輯　清光緒十三年(1887)江左書林刻本　八冊

410000－2243－0000130　R2－51/56
士材三書　(明)李中梓著　(清)尤乘增補　清光緒善成堂刻本　四冊

410000－2243－0000131　R2－51/53
陳修園醫學廿三種全集　(清)陳念祖撰　清光緒二十九年(1903)湖南益元書局刻本　三十六冊

410000－2243－0000132　R2－51/57
士材三書附一種　(明)李中梓著述　(清)尤乘增補　清文盛堂刻本　六冊

410000－2243－0000133　R2－51/59
醫方集解本草備要合刻六卷　(清)汪昂撰　清光緒十三年(1887)鴻文書局石印本　六冊

410000－2243－0000134　R2－51/58
陳修園廿三種　(清)陳念祖撰　清光緒三十四年(1908)寶慶經元書局刻本　二十四冊

410000－2243－0000135　R2－51/82
桃隝謝氏彙刻方書九種　(清)謝家福編　清光緒二十一年(1895)蘇州謝氏望炊樓重刻本　九冊

410000－2243－0000136　R2－51/61
陳修園醫學廿三種　(清)陳念祖著　清光緒二十九年(1903)湖南益元書局刻本　八冊　存七種四十四卷

410000－2243－0000137　R2－51/63
重鐫本草醫方合編十一卷　(清)汪昂著輯　清刻本　六冊

410000－2243－0000138　R2－51/91
壽世編三種　題(清)亟齋居士編　(清)顧奉璋增纂　清六息主人刻本　二冊

410000－2243－0000139　R2－51/64
南雅堂醫書全集四十八種　(清)陳念祖撰　(清)陳元豹　(清)陳元犀校　清光緒三十二年(1906)吳閶醫學書會石印本　二十四冊　缺四種四卷

410000－2243－0000140　R2－51/92
醫林指月三種　(清)王琦輯　清活字印本　二冊

410000－2243－0000141　R2－51/95
潛齋醫書三種　(清)王士雄撰　清光緒石印本　一冊

410000－2243－0000142　R2－51/96
潛齋醫書三種　(清)王士雄撰　清咸豐吟香書屋刻本　四冊

410000－2243－0000143　R2－51/69
活人精言二種　(清)席樹馨輯　清光緒二十七年(1901)崇義堂刻本　一冊

410000－2243－0000144　R2－51/97
婦嬰至寶八卷　(清)徐忕忓輯　清道光十一年(1831)紹興刻本　一冊　缺二卷(遂生編痘科治法一卷、推拿摘要辨證指南一卷)

410000－2243－0000145　R2－51/63
重鐫本草醫方合編十一卷　(清)汪昂著輯　清刻本　六冊

410000－2243－0000146　R2－51/66
重鐫本草醫方合編十一卷　(清)汪昂著輯　清西山堂刻本　三冊

410000－2243－0000147　R2－51/72
傅青主男科二卷　(清)傅山撰　清光緒十三年(1887)湖北官書處刻本　四冊

410000－2243－0000148　R2－51/99
潛齋醫書三種　(清)王士雄著　清道光趙善才刻本　四冊

410000－2243－0000149　R2－51/67
神農本草備要醫方合編十一卷　(清)汪昂著輯　清道光合德堂刻本　六冊

410000－2243－0000150　R2－51/70
神農本草備要醫方合編八卷　(清)汪昂著輯　清姑蘇延禧堂刻本　六冊

410000－2243－0000151　R2－51/71
重鐫本草醫方合編　(清)汪昂著輯　清令德堂刻本　六冊

410000－2243－0000152　R2－51/100
醫學切要全集六種附一種　(清)王錫鑫撰　清道光二十七年(1847)重慶饒氏刻光緒八年(1882)重修本　六册

410000－2243－0000153　R2－51/75
傅青主男女科二種附産後編　(清)傅山著　清同治八年(1869)湖北崇文書局刻本　四册

410000－2243－0000154　R2－51/75
傅青主男科二卷　(清)傅山著　清光緒十三年(1887)湖北官書處刻本　二册

410000－2243－0000155　R2－51/101(1)
潛齋醫書三種　(清)王士雄撰　清光緒十七年至十八年(1891－1892)蒲圻但氏刻本　四册

410000－2243－0000156　R2－51/102
潛齋醫書五種　(清)王士雄撰　清光緒十八年(1892)上海醉六堂刻本　十二册

410000－2243－0000157　R2－51/74
增訂本草備要四卷醫方集解六卷經絡歌訣一卷湯頭歌括一卷　(清)汪昂編　清康熙刻本　十二册

410000－2243－0000158　R2－51/101(2)
潛齋醫書三種　(清)王士雄撰　清光緒十七年至十八年(1891－1892)蒲圻但氏刻本　四册

410000－2243－0000159　R2－51/105
潛齋醫書五種　(清)王士雄撰　清光緒三十年(1904)上海鴻文書局石印本　一册　存二種七卷

410000－2243－0000160　R2－51/103
南雅堂醫書全集十六種　(清)陳念祖撰　清光緒十五年(1889)福建長樂書局刻本　四十二册

410000－2243－0000161　R2－51/181
韓園醫書六種附二種　(清)潘霨編　清同治至光緒年間刻本　十六册

410000－2243－0000162　R2－51/77
神農本草備要醫方合編　(清)汪昂著輯　清令德堂刻本　六册

410000－2243－0000163　R2－51/114
東垣十書附二種　(明)□□輯　清光緒三十四年(1908)成都肇經堂刻本　十六册

410000－2243－0000164　R2－51/78
本草醫方合編十四卷　(清)汪昂著輯　清刻本　六册

410000－2243－0000165　R2－51/115
劉河間醫學六書附二種　(金)劉完素撰　(明)吳勉學校　清同德堂刻本　八册　缺一種一卷

410000－2243－0000166　R2－51/116
南雅堂醫書全集四十種　(清)陳念祖著　清光緒三十二年(1906)上海飛鴻閣石印本　十六册　缺十一種三十一卷

410000－2243－0000167　R2－51/110
南雅堂醫書全集十六種　(清)陳念祖撰　清光緒二十四年(1898)成都多文會刻本　三十八册

410000－2243－0000168　R2－51/79
陳修園醫書五十種　(清)陳念祖撰　清光緒三十一年(1905)上海商務印書館鉛印本　二十八册

410000－2243－0000169　R2－51/112
劉河間傷寒三書　(金)劉完素撰　(明)吳勉學校　清新安程氏懷德堂刻本　九册

410000－2243－0000170　R2－51/145
新鐫丹溪心法附餘二十七卷　(明)方廣編　(明)吳中珩校　清鱣飛堂刻本　八册　缺一卷(脈訣指掌一卷)

410000－2243－0000171　R2－51/177
醫理元樞五種附二種　(清)朱音恬編輯　清三益堂刻本　八册

410000－2243－0000172　R2－51/146
黄氏醫書八種　(清)黄元御著　清七曲會刻本　十六册

410000 - 2243 - 0000173　R2 - 51/178
醫理元樞五種附二種　(清)朱音恬編　清三益堂刻本　七册　缺一種一卷(脈法心參一卷)

410000 - 2243 - 0000174　R2 - 51/183
韓園醫學六種　(清)潘霨編輯　清光緒九年至十年(1883 - 1884)江西書局刻本　十二册

410000 - 2243 - 0000175　R2 - 51/179
醫理元樞五種附二種　(清)朱音恬編　清三益堂刻本　十册

410000 - 2243 - 0000176　R2 - 51/117
劉河間傷寒六書附二種　(清)劉守真編　(清)吳勉學校　清刻本　七册　缺一種十六卷

410000 - 2243 - 0000177　R2 - 51/118
東垣十書附二種　(明)□□輯　清敦化堂刻本　十六册

410000 - 2243 - 0000178　R2 - 51/147
汪石山醫書七種　(明)汪機撰　明嘉靖刻明清遞修本　十一册　缺一種九卷

410000 - 2243 - 0000179　R2 - 51/148
新鐫丹溪心法附餘二十七卷　(明)方廣編　清鱣飛堂刻本　六册

410000 - 2243 - 0000180　R2 - 51/187
六科證治準繩六種　(明)王肯堂輯　清光緒十八年(1892)上海圖書集成印書局鉛印本　四十册

410000 - 2243 - 0000181　R2 - 51/120
陳修園公餘醫錄六種合刻　(清)陳念祖撰　清光緒十三年(1887)刻本　六册　缺二卷(醫學三字經三至四)

410000 - 2243 - 0000182　R2 - 51/186
醫學摘粹八卷　(清)慶恕編　清光緒二十三年(1897)上海著易堂鉛印本　四册

410000 - 2243 - 0000183　R221.2/14
黄帝内經靈樞注證發微九卷補遺一卷　(明)馬蒔撰　清嘉慶十年(1805)古歙鮑氏慎餘堂刻本　六册

410000 - 2243 - 0000184　R2 - 51/151
當歸草堂醫學叢書初編十種附二種　(清)丁丙輯　清光緒四年(1878)錢塘丁氏當歸草堂刻本　八册

410000 - 2243 - 0000185　R2 - 51/121
劉河間醫學六書附二種　(金)劉守真撰　(明)吳勉學校　明萬曆二十九年(1601)步月樓刻本　七册

410000 - 2243 - 0000186　R2 - 51/190
薛氏醫案二十四種　(明)吳琯輯　清末上海朱氏煥文書局石印本　二十四册

410000 - 2243 - 0000187　R222.27/17
傷寒真方歌括六卷　(清)陳念祖著　清光緒十五年(1889)務本堂刻陳修園先生晚餘三書本　一册

410000 - 2243 - 0000188　R2 - 51/193
薛氏醫案二十四種　(明)薛己撰　明刻本　三册　存五種七卷

410000 - 2243 - 0000189　R2 - 51/122
南雅堂醫書全集十六種　(清)陳念祖撰　清大文堂刻本　四十五册

410000 - 2243 - 0000190　R221.2/16
黄帝内經靈樞素問九卷補遺一卷　(清)張志聰集註　清刻本　八册

410000 - 2243 - 0000191　R222.23/40
傷寒證治明條三卷首一卷　(清)□□撰　清抄本　二册

410000 - 2243 - 0000192　R2 - 51/195
六科證治準繩　(明)王肯堂輯　清乾隆五十八年(1793)修敬堂刻本　八十册

410000 - 2243 - 0000193　R2 - 51/196
薛氏醫案二十四種　(明)薛己著　(明)吳琯輯　清漁古山房刻本　六十四册

410000 - 2243 - 0000194　R2 - 51/123
劉河間傷寒三書　(金)劉完素撰　(明)吳繼宗校　明萬曆刻清懷德堂重修本　七册

410000－2243－0000195　R222.23/68
傷寒論類纂十二卷　(清)周廷華編輯　清光緒抄本　二册

410000－2243－0000196　R222.23/71
傷寒新書　(清)蘇惠菴撰　清從郁抄本　一册

410000－2243－0000197　R289.5/398
良方輯要一卷　(清)鄭先根編　清光緒十五年(1889)書帶草堂活字印本　一册

410000－2243－0000198　R224.1/43
經絡總括　(清)□□撰　清抄本　一册

410000－2243－0000199　R22/140
中醫學堂講義　何仲皋講　汪則明筆述　賴鴻贊書　清宣統三年(1911)抄本　一册

410000－2243－0000200　R272/276
小兒諸經等症一卷　(明)周子番釋　(明)孫伯堅訂　清抄本　一册

410000－2243－0000201　R289.5/418
古今普天萬靈方六卷　(清)□□撰　清抄本　五册　存五卷(二至六)

410000－2243－0000202　R272.2/59
痘症指南一卷　(清)□□撰　清抄本　一册

410000－2243－0000203　R272.2/17
全氏痘疹摘錦十二卷　(清)全賓王著　清抄本　四册　存十卷(一至四、七至十二)

410000－2243－0000204　R2－49/39
中醫學堂講錄三卷　何仲皋撰　清何育驥抄本　三册

410000－2243－0000205　R249.49/117
三家醫案二卷　(清)丁壽堂等撰　清抄本　一册

410000－2243－0000206　R2－52/757
石天基傳家寶摘錄四卷　(清)石天基著　清光緒五年(1879)錢塘邢祖愉抄本　四册

410000－2243－0000207　R222.27/18(1)
傷寒審症表一卷　(清)包誠纂輯　清同治十年(1871)湖北崇文書局刻本　一册

410000－2243－0000208　R222.27/18(2)
傷寒審症表一卷　(清)包誠纂輯　清同治十年(1871)湖北崇文書局刻本　一册

410000－2243－0000209　R221.2/15
黄帝内經靈樞注證發微九卷補遺一卷　(明)馬蒔撰　清光緒五年(1879)太醫院刻本　十二册

410000－2243－0000210　R2－51/197
張氏醫書七種　(清)張璐　(清)張登撰　清光緒三十三年(1907)上海書局石印本　一册　缺二種二十卷

410000－2243－0000211　R2－51/125
東垣十書　(明)□□輯　清文奎堂刻本　十六册

410000－2243－0000212　R2－51/200
張氏醫書七種　(清)張璐　(清)張登撰　清光緒三十三年(1907)上海書局石印本　十六册

410000－2243－0000213　R2－51/199
張氏醫書七種　(清)張璐　(清)張登撰　清光緒二十五年(1899)浙江官書局印本　二十六册

410000－2243－0000214　R2－51/215
費氏全集　(清)費伯雄著　清光緒三年(1877)刻本　六册　存二種八卷

410000－2243－0000215　R2－51/126
陳修園醫書全集十六種附九種　(清)陳念祖著　清光緒十九年(1893)校經堂刻本　四十七册

410000－2243－0000216　R2－51/128
東垣十書附二種　(明)□□輯　明步月樓刻本　十册　缺三種八卷

410000－2243－0000217　R2－51/201
馮氏錦囊秘錄八種　(清)馮兆張纂輯　清嘉慶十八年(1813)會成堂刻本　二十四册　缺一種十五卷

410000－2243－0000218　R2－51/130
東垣十書　（明）□□輯　（明）王肯堂訂正　清萃華堂刻本　六册

410000－2243－0000219　R2－51/202
六科證治準繩　（明）王肯堂輯　清嘉興九思堂刻本　四十六册

410000－2243－0000220　R2－51/129
黄帝素問宣明方論十五卷　（金）劉完素撰（明）吳勉學校　清刻本　四册

410000－2243－0000221　R2－51/132
雷氏慎修堂醫書三種　（清）雷豐著　清光緒十年至十三年（1884－1887）三衢雷慎修堂刻本　十册

410000－2243－0000222　R2－51/205
馮氏錦囊秘錄八種　（清）馮兆張纂輯　清康熙四十一年（1702）刻本　二十四册

410000－2243－0000223　R2－51/133
雷氏慎修堂醫書三種　（清）雷豐撰　清光緒十年至十三年（1884－1887）三衢雷慎修堂刻本　九册

410000－2243－0000224　R2－51/134
黄氏醫書八種　（清）黄元御撰　清咸豐十年（1860）長沙徐樹銘燮龢精舍刻本　十六册

410000－2243－0000225　R2－51/136
黄氏醫書八種　（清）黄元御撰　清咸豐十年（1860）長沙徐樹銘燮龢精舍刻本　十六册

410000－2243－0000226　R2－51/206
薛氏醫案二十四種　（明）薛己撰　（明）吳琯輯　明陳長卿刻本　四十七册

410000－2243－0000227　R2－51/137
陳修園醫書全集十六種附九種　（清）陳念祖撰　清光緒十九年（1893）掃葉山房刻本（江左書林藏版）　二十册　缺二種二卷

410000－2243－0000228　R2－51/207
六科證治準繩　（明）王肯堂輯　清嘉興九思堂刻本　三十六册

410000－2243－0000229　R2－51/138（1）
醫林指月十二種　（清）王琦輯　清光緒二十二年（1896）上海圖書集成印書局鉛印本　八册

410000－2243－0000230　R2－51/208（1）
徐氏醫書六種　（清）徐大椿撰　清乾隆半松齋刻本　十册

410000－2243－0000231　R2－51/208（2）
徐氏醫書六種　（清）徐大椿撰　清刻本　十册

410000－2243－0000232　R2－51/209
張氏醫書七種　（清）張璐　（清）張登撰　清光緒二十五年（1899）浙江官書局印本　二十六册

410000－2243－0000233　R2－51/138（2）
醫林指月十二種　（清）王琦輯　清光緒二十二年（1896）上海圖書集成印書局鉛印本　八册

410000－2243－0000234　R2－51/139
黄氏醫書八種　（清）黄元御著　清咸豐十年（1860）長沙徐樹銘燮龢精舍刻本　二十册

410000－2243－0000235　R2－51/210
張氏醫通十六卷　（清）張璐撰　清光緒二十五年（1899）浙江官書局印張氏醫書七種本　八册

410000－2243－0000236　R2－51/211
張氏醫書七種　（清）張璐撰　清光緒二十五年（1899）浙江官書局印本　二十册　存二種二十卷

410000－2243－0000237　R2－51/138（4）
醫林指月十二種　（清）王琦輯　清光緒二十二年（1896）上海圖書集成印書局鉛印本　八册

410000－2243－0000238　R2－51/213
女科證治準繩五卷　（明）王肯堂編　清嘉興九思堂刻六科證治準繩本　五册

410000－2243－0000239　R2－51/138（3）
醫林指月十二種　（清）王琦輯　清光緒二十

二年(1896)上海圖書集成印書局鉛印本　八册

410000－2243－0000240　R2－51/138(5)
醫林指月十二種　(清)王琦輯　清光緒二十二年(1896)上海圖書集成印書局鉛印本　八册

410000－2243－0000241　R2－51/214
雜癥準繩八卷　(明)王肯堂輯　清嘉興九思堂刻六科證治準繩本　八册

410000－2243－0000242　R2－51/141
醫林指月十二種　(清)王琦輯　清光緒二十二年(1896)上海圖書集成印書局鉛印本　四册

410000－2243－0000243　R2－51/217
費氏全集二種　(清)費伯雄撰　(清)費應蘭編次　清光緒十四年(1888)上洋掃葉山房刻本　六册

410000－2243－0000244　R2－51/220
喻氏醫書三種　(清)喻昌撰　清光緒三十一年(1905)新化三味書局刻本　十二册

410000－2243－0000245　R2－51/142
黄氏醫書八種　(清)黄元御著　清刻本　十五册　缺一種十一卷

410000－2243－0000246　R2－51/140
黄氏醫書八種　(清)黄元御撰　清黄氏家塾刻本　十二册

410000－2243－0000247　R2－51/221
喻氏醫書三種　(清)喻昌著　清光緒三十一年(1905)經元書室刻本　十六册

410000－2243－0000248　R2－51/154(1)
當歸草堂醫學叢書初編十種附二種　(清)丁丙輯　清光緒四年(1878)錢塘丁氏當歸草堂刻本　二十册　缺二種十七卷

410000－2243－0000249　R2－51/222
六醴齋醫書十種　(清)程永培編　清光緒十七年(1891)廣州儒雅堂刻本　二十四册

410000－2243－0000250　R2－51/226
中西匯通醫書五種　唐宗海著　清光緒三十四年(1908)千頃堂書局石印本　十册

410000－2243－0000251　R2－51/223
喻氏醫書三種　(清)喻昌撰　清光緒三十一年(1905)經元書室刻本　十六册

410000－2243－0000252　R2－51/156(2)
當歸草堂醫學叢書十種附二種　(清)丁丙輯　清光緒四年(1878)錢塘丁氏當歸草堂刻本　十二册　缺二種十七卷

410000－2243－0000253　R2－51/154(2)
當歸草堂醫學叢書十種附二種　(清)丁丙輯　清光緒四年(1878)錢塘丁氏當歸草堂刻本　十册　缺二種十七卷

410000－2243－0000254　R2－51/225
中西匯通醫書六種　唐宗海撰　清宣統二年(1910)文倫書局鉛印本　二十册

410000－2243－0000255　R2－51/156(1)
當歸草堂醫學叢書初編十種附二種　(清)丁丙輯　清光緒四年(1878)錢塘丁氏當歸草堂刻本　十二册　缺二種十七卷

410000－2243－0000256　R2－51/227
六醴齋醫書十種　(清)程永培輯　清光緒十七年(1891)廣州儒雅堂刻本　二十册

410000－2243－0000257　R2－51/158
丹溪心法附餘二十四卷首一卷　(明)方廣編　清光緒二十五年(1899)古越徐氏石印本　十二册

410000－2243－0000258　R2－51/228
中西匯通醫書五種　唐宗海著　清光緒三十四年(1908)千頃堂書局石印本　十二册

410000－2243－0000259　R2－51/160
丹溪心法附餘二十四卷首一卷　(明)方廣編　清光緒二十五年(1899)古越徐氏石印本　十二册

410000－2243－0000260　R2－51/230
中西匯通醫書五種　唐宗海著　清光緒三十四年(1908)千頃堂書局石印本　十二册

410000－2243－0000261　R2－51/162
丹溪心法附餘二十四卷首一卷　(明)方廣編　清光緒二十五年(1899)古越徐氏石印本　十二册

410000－2243－0000262　R2－51/163
丹溪心法附餘二十四卷首一卷　(明)方廣編　清光緒二十五年(1899)古越徐氏石印本　四册

410000－2243－0000263　R2－51/232
中西醫學羣書國粹部第一集　(清)陳俠君編　清光緒三十三年(1907)六藝書局石印本　五册

410000－2243－0000264　R2－51/164
當歸草堂醫學叢書十種附二種　(清)丁丙輯　清光緒四年(1878)錢塘丁氏當歸草堂刻本　六册　存三種八卷

410000－2243－0000265　R2－51/233
豫醫雙璧二種　(清)吴重憙編　清宣統元年(1909)海豐吴氏梁園節署鉛印本　二十四册

410000－2243－0000266　R2－51/234(1)
喻氏醫書三種　(清)喻昌著　清光緒二十年(1894)上海圖書集成印書局鉛印本　八册

410000－2243－0000267　R2－51/234(2)
喻氏醫書三種　(清)喻昌撰　清光緒二十年(1894)上海圖書集成印書局鉛印本　八册

410000－2243－0000268　R2－51/165
邵氏醫書三種附一種　(清)邵登瀛撰　清光緒六年(1880)刻本　五册　存二種十五卷

410000－2243－0000269　R2－51/235
中外醫書八種合刻　(清)□□撰　清光緒石印本　八册

410000－2243－0000270　R2－51/169(1)
醫學五則　(清)廖雲溪撰　清光緒十三年(1887)刻本　五册

410000－2243－0000271　R2－51/236
喻氏醫書三種　(清)喻昌著　清光緒上海掃葉山房石印本　六册

410000－2243－0000272　R2－51/169(2)
醫學五則　(清)廖雲溪撰　清光緒十三年(1887)刻本　五册

410000－2243－0000273　R2－51/240
喻氏醫書三種　(清)喻昌著　清刻本　十四册

410000－2243－0000274　R2－51/169(3)
醫學五則　(清)廖雲溪撰　清光緒十三年(1887)刻本　五册

410000－2243－0000275　R2－51/172
醫學五則　(清)廖雲溪撰　清光緒十三年(1887)刻本　一册

410000－2243－0000276　R2－51/241
六種新編　(清)文晟編　清同治四年(1865)文延慶堂刻本　六册

410000－2243－0000277　R2－51/172
醫學五則　(清)廖雲溪撰　清光緒十三年(1887)刻本　一册

410000－2243－0000278　R2－51/249(1)
世補齋醫書　(清)陸懋修著　清光緒十年(1884)刻本　八册

410000－2243－0000279　R2－51/173
周氏醫學叢書三十二種　(清)周學海撰輯　清光緒十七年至宣統二年(1891－1910)周氏福慧雙修館刻本　七十二册

410000－2243－0000280　R2－51/249(2)
世補齋醫書　(清)陸懋修著　清光緒十年(1884)刻本　八册

410000－2243－0000281　R2－51/252(1)
世補齋醫書　(清)陸懋修著　清光緒十年(1884)刻本　十册

410000－2243－0000282　R2－51/252(2)
世補齋醫書　(清)陸懋修著　清光緒十年(1884)刻本　十册

410000－2243－0000283　R2－51/253
世補齋醫書　(清)陸懋修著　清光緒十年(1884)刻十二年(1886)山左書局重印宣統二

年(1910)陸潤庠增刻本　十八册

410000－2243－0000284　R2－51/254
世補齋醫書　(清)陸懋修著　清光緒十年(1884)刻十二年(1886)山左書局重印本　十六册

410000－2243－0000285　R2－52/742
脈因證治四卷　(元)朱丹溪著　(清)湯望久校　清光緒十七年(1891)池陽周氏刻本　二册

410000－2243－0000286　R2－51/255
世補齋醫書　(清)陸懋修著　清光緒十年(1884)刻本　十二册

410000－2243－0000287　R2－52/743
醫學指歸二卷　(清)趙術堂撰　(清)趙奏言等校　清咸豐元年(1851)刻本　二册

410000－2243－0000288　R2－51/257(1)
世補齋醫書　(清)陸懋修著　清光緒十年(1884)刻十二年(1886)山左書局重印本　八册

410000－2243－0000289　R2－51/257(2)
世補齋醫書　(清)陸懋修著　清光緒十年(1884)刻十二年(1886)山左書局重印本　八册

410000－2243－0000290　R2－51/285
南雅堂醫書全集十六種　(清)陳念祖撰　清大文堂刻本　四十七册

410000－2243－0000291　R2－52/744
醫通纂要　(清)張璐纂述　清抄本　六册

410000－2243－0000292　R2－52/750
醫方彙編四卷　(英國)梅滕更口譯　(清)劉廷楨筆述　(清)陳子耕等校　清光緒二十五年(1899)上海廣學會鉛印本　六册

410000－2243－0000293　R2－52/751
證治分類一卷　(清)□□撰　清抄本　一册

410000－2243－0000294　R2－52/753
蒼生司命八卷首一卷藥性一卷　(明)虞摶編　清抄本　一册　存二卷(二、首一卷)

410000－2243－0000295　R2－51/259
圖注難經脈訣附校正瀕湖脈學一卷奇經八脈考一卷　(明)張世賢圖注　清光緒三十一年(1905)上海鴻寶齋石印本　四册

410000－2243－0000296　R2－52/752
醫臨撮要一卷　(清)□□撰　清光緒十七年(1891)抄本　一册

410000－2243－0000297　R2－51/260(1)
圖注難經脈訣　(明)張世賢圖注　清光緒八年(1882)儒興堂刻本　四册

410000－2243－0000298　R2－51/260(2)
圖注難經脈訣　(明)張世賢圖注　清光緒八年(1882)儒興堂刻本　四册

410000－2243－0000299　R2－52/754
治病則例歌一卷　(清)□□撰　清抄本　一册

410000－2243－0000300　R2－51/263
王叔和圖注難經脈訣　(明)張世賢圖注　清乾隆四十五年(1780)刻本　四册

410000－2243－0000301　R2－52/755
博約總論六卷　(清)□□撰　清向燮堂抄本　六册

410000－2243－0000302　R2－52/756
醫方簡義六卷　(清)王清源著　清光緒二十六年(1900)刻本　四册

410000－2243－0000303　R2－51/264
齊氏醫書四種　(清)齊秉慧撰　清刻本　七册　缺一種一卷

410000－2243－0000304　R2－51/265
圖注難經脈訣　(明)張世賢圖注　明刻本　四册

410000－2243－0000305　R2－52/758
奉時旨要七卷　(清)江涵暾輯　(清)韓之幾校　清抄本　四册

410000－2243－0000306　R2－52/760
簡易醫訣四卷　(清)周雲章著　清宣統元年(1909)刻本　四册

410000－2243－0000307　R2－52/760(2)
簡易醫訣四卷　(清)周雲章著　清宣統元年(1909)刻本　四册

410000－2243－0000308　R2－51/267
圖注難經脈訣　(明)張世賢圖注　清善成堂刻本　六册

410000－2243－0000309　R2－51/266
圖注難經脈訣　(明)張世賢圖注　清刻本　四册

410000－2243－0000310　R2－52/763
醫學篇四卷　(清)曾懿著　清光緒三十三年(1907)長沙刻本　二册

410000－2243－0000311　R2－52/764
醫學真傳二卷陳氏醫案一卷　(清)高士宗撰　清光緒三十二年(1906)望海堂刻本　一册

410000－2243－0000312　R2－51/269
圖注難經脈訣　(明)張世賢圖注　清光緒三十二年(1906)上海福記書局石印本　三册

410000－2243－0000313　R2－52/765
醫學匯參十卷　(清)林楓輯　清同治十一年(1872)樂素堂刻本　十册

410000－2243－0000314　R2－52/667
醫學心悟五卷華佗外科十法一卷　(清)程國彭著　清光緒三十四年(1908)成都藜照書屋刻本　六册

410000－2243－0000315　R2－52/766
新鐫何氏附方濟生論必讀十二卷　(清)何鎮纂集　(清)何金瑄參訂　(清)李沛校訂　(清)何衍編次　清康熙十五年(1676)毓麟堂刻本　三册

410000－2243－0000316　R2－51/270
圖注難經脈訣　(明)張世賢圖注　清刻本　四册

410000－2243－0000317　R2－52/768
素靈微藴四卷　(清)黄元御撰　(清)徐樹銘校　清咸豐十年(1860)長沙徐樹銘燮龢精舍刻本　一册

410000－2243－0000318　R2－51/271
圖注難經脈訣　(明)張世賢圖注　清書業堂刻本　六册

410000－2243－0000319　R2－52/768
素靈微藴四卷　(清)黄元御撰　(清)徐樹銘校　清咸豐十年(1860)長沙徐樹銘燮龢精舍刻本　一册

410000－2243－0000320　R2－52/770
抄本醫書二卷　清抄本　二册

410000－2243－0000321　R2－52/769
金匱鉤玄三卷　(元)朱震亨撰　(清)周學海評注　清刻本　三册

410000－2243－0000322　R2－51/272
圖注難經脈訣　(明)張世賢圖注　清善成堂刻本　三册

410000－2243－0000323　R2－52/771
名醫雜著六卷　(明)王綸集　(明)薛己注　清抄本　一册

410000－2243－0000324　R2－52/777
雲林神彀四卷　(明)龔廷賢著　清光緒十二年(1886)刻本　四册

410000－2243－0000325　R2－51/273(1)
周澂之脈學四種　(清)周學海撰　清光緒二十二年(1896)池陽周氏刻本　八册

410000－2243－0000326　R2－52/775
普救回生草一卷　題(清)憫人居士纂輯　清同治十三年(1874)刻本　一册

410000－2243－0000327　R2－51/273(2)
周澂之脈學四種　(清)周學海撰　清光緒二十二年(1896)池陽周氏刻本　八册

410000－2243－0000328　R2－52/779
新刻指迷醫碑二十卷　(清)蔡玉美著　清咸豐七年(1857)友杜山房刻本　三册　存五卷(一至五)

410000－2243－0000329　R2－52/784
醫宗備要三卷　(清)曾鼎撰　清同治八年(1869)楚北崇文書局刻本　一册

410000－2243－0000330　R2－52/786
醫宗備要三卷　(清)曾鼎撰　清同治八年(1869)楚北崇文書局刻光緒元年(1875)湖北崇文書局印本　一册

410000－2243－0000331　R2－52/787
醫宗金鑑外科十六卷首一卷　(清)吳謙撰　清刻本　四十八册

410000－2243－0000332　R2－52/788(1)
醫林纂要探源十卷　(清)汪紱編　清光緒二十七年(1901)江蘇書局刻本　十册

410000－2243－0000333　R2－52/788(2)
醫林纂要探源十卷　(清)汪紱編　清光緒二十七年(1901)江蘇書局刻本　十册

410000－2243－0000334　R2－52/788(3)
醫林纂要探源十卷　(清)汪紱編　清光緒二十七年(1901)江蘇書局刻本　十册

410000－2243－0000335　R2－51/274
徐氏醫書六種　(清)徐大椿撰　清刻本　一册　存二種三卷

410000－2243－0000336　R2－62/789
聖濟總録二百卷　(宋)太醫院編　清乾隆五十四年(1789)震澤汪氏燕遠堂刻本　六十四册　缺三十一卷(一至四、四十六至四十七、六十二至六十四、一百四十六至一百五十九、一百九十三至二百)

410000－2243－0000337　R2－51/275
劉河間傷寒六書　(金)劉完素撰　清宣統元年(1909)上海千頃堂書局石印本　八册

410000－2243－0000338　R2－52/790
醫法圓通四卷　(清)鄭壽全編　清光緒二十九年(1903)七星會刻本　一册

410000－2243－0000339　R2－52/791
醫法圓通四卷　(清)鄭壽全編　清光緒十七年(1891)宏道堂刻本　四册

410000－2243－0000340　R2－51/280
世補齋醫書　(清)陸懋修撰　清宣統二年(1910)刻本　二册　存二種三卷

410000－2243－0000341　R2－51/276
張氏醫書七種　(清)張璐　(清)張登撰　清光緒二十五年(1899)浙江官書局印本　六册　缺二種二十卷

410000－2243－0000342　R2－52/793、796
醫理傳真四卷醫法圓通四卷　(清)鄭壽全著　清同治十三年(1874)成都刻本　八册

410000－2243－0000343　R2－51/288(1)
金匱悬解二十二卷首一卷末一卷　(清)黄元御撰　清有弗學齋抄本　四册

410000－2243－0000344　R2－52/79794、797
醫理傳真四卷醫法圓通四卷　(清)鄭壽全著　清光緒十七年(1891)宏道堂刻本　二册

410000－2243－0000345　R2－51/288(2)
黄氏醫書八種　(清)黄元御著　清抄本　一册　存二種十卷

410000－2243－0000346　R2－52/636
辨證録十四卷脈訣闡微一卷　(清)陳士鐸撰　清光緒三十年(1904)兩儀堂刻本　八册　存八卷(辨證録一至七、脈訣闡微一卷)

410000－2243－0000347　R2－52/798
中西醫粹四種　(清)羅定昌撰　清光緒二十年(1894)刻本　四册　存二種四卷

410000－2243－0000348　R2－52/799(1)
醫門初學萬全一統要訣十卷　(清)羅必煒參訂　清光緒十九年(1893)澹雅書局刻本　四册

410000－2243－0000349　R2－52/638
訂補明醫指掌十卷診家樞要一卷　(明)皇甫中撰　(明)王肯堂訂補　清嘉慶十六年(1811)詩業堂刻本　六册

410000－2243－0000350　R2－52/799(2)
醫门初學萬全一統要訣十卷　(清)羅必煒參訂　清光緒十九年(1893)澹雅書局刻本　四册

410000－2243－0000351　R2－52/800

醫門初學萬全一統要訣十卷 (清)羅必煒參訂 清光緒二十年(1894)三讓堂刻本 四冊

410000－2243－0000352 R2－52/801(1)
醫門初學萬全一統要訣十卷首一卷 (清)羅必煒參訂 清光緒三十年(1904)寶慶祥隆書舍刻本 二冊

410000－2243－0000353 R2－52/640
壽世保元十卷 (明)龔廷賢編 清道光十一年(1831)成都書林文發堂刻本 十冊

410000－2243－0000354 R2－52/801(2)
醫門初學萬全一統要訣十卷首一卷 (清)羅必煒參訂 清光緒三十年(1904)寶慶祥隆書舍刻本 二冊

410000－2243－0000355 R2－52/801(3)
醫門初學萬全一統要訣十卷首一卷 (清)羅必煒參訂 清光緒三十年(1904)寶慶祥隆書舍刻本 二冊

410000－2243－0000356 R2－52/641
壽世保元十卷 (明)龔廷賢編 清經綸堂刻本 十冊

410000－2243－0000357 R2－52/802
醫門初學萬全一統要訣十卷首一卷 (清)羅必煒參訂 清光緒三十年(1904)寶慶祥隆書舍刻本 四冊

410000－2243－0000358 R2－52/803
醫門初學萬全一統要訣十卷首一卷 (清)羅必煒參訂 清光緒三十年(1904)寶慶勸學堂書舍刻本 二冊

410000－2243－0000359 R2－52/642
壽世保元十卷 (明)龔廷賢編 清務本堂刻本 十冊

410000－2243－0000360 R2－52/804
醫門初學萬全一統要訣十卷首一卷 (清)羅必煒參訂 清光緒十四年(1888)南京李光明莊刻本 四冊

410000－2243－0000361 R2－52/643
壽世保元十卷 (明)龔廷賢編 清慶雲樓刻本 十冊

410000－2243－0000362 R2－52/644(1)
壽世保元十卷 (明)龔廷賢編 清宣統三年(1911)上海錦章書局石印本 六冊

410000－2243－0000363 R2－52/805
醫學匯海三十六卷首一卷 (清)孫德潤著輯 清道光六年(1826)漢陽蕭良翼刻本 三十六冊

410000－2243－0000364 R2－52/644(2)
壽世保元十卷 (明)龔廷賢編 清宣統上海錦章書局石印本 二冊

410000－2243－0000365 R2－52/646
醫宗必讀十卷首一卷 (明)李中梓著 (明)吳肇廣參著 (明)李廷芳訂 清大興堂刻本 六冊 存六卷(一至五、首一卷)

410000－2243－0000366 R2－52/804
醫門初學萬全一統要訣分類八卷首一卷末一卷 (清)羅必煒參訂 清光緒李光明莊刻本 四冊

410000－2243－0000367 R2－52/647
醫宗必讀十卷 (明)李中梓著 (明)吳肇廣參著 (明)李廷芳訂 清光緒十五年(1889)廣陵邱氏刻本 六冊

410000－2243－0000368 R2－52/807
御纂醫宗金鑑十五種 (清)吳謙等輯 清刻本 四十冊

410000－2243－0000369 R2－52/648(1)
醫宗必讀十卷 (明)李中梓著 (明)吳肇廣參著 (明)李廷芳訂 清光緒二十四年(1898)常郡宛委山莊刻本 六冊

410000－2243－0000370 R2－52/808
醫學匯海三十六卷首一卷 (清)孫德潤著 清光緒五年(1879)刻本 三十六冊

410000－2243－0000371 R2－52/648(2)
醫宗必讀十卷 (明)李中梓著 (明)吳肇廣參著 (明)李廷芳訂 清光緒二十四年(1898)常郡宛委山莊刻本 六冊

410000－2243－0000372　R2－52/811
景岳全書發揮四卷　(清)葉桂著　清光緒五年(1879)吳氏醉六堂刻本　四册

410000－2243－0000373　R2－52/650
醫宗必讀十卷　(明)李中梓著　(明)吳肇廣參著　(明)李廷芳訂　清光緒三十三年(1907)富記書局刻本　五册

410000－2243－0000374　R2－52/651(1)
醫宗必讀十卷　(明)李中梓著　(明)吳肇廣參著　(明)李廷芳訂　清善成堂刻本　六册

410000－2243－0000375　R2－52/651(2)
醫宗必讀十卷　(明)李中梓著　(明)吳肇廣參著　(明)李廷芳訂　清善成堂刻本　六册

410000－2243－0000376　R2－52/812
景岳全書十六種　(明)張介賓撰　清嘉慶二十四年(1819)金閶書業堂刻本　三十六册

410000－2243－0000377　R2－52/652
醫宗必讀十卷首一卷　(明)李中梓著　(明)吳肇陵fa　(明)李廷芳訂　清刻本　六册　存六卷(一至五、首一卷)

410000－2243－0000378　R2－52/654
瀛經堂詳校醫宗必讀十卷　(明)李中梓著　(明)吳肇廣叅　(明)李廷芳訂　清刻本　五册

410000－2243－0000379　R2－52/814
御纂醫宗金鑑十五種　(清)吳謙撰　清刻本　四十八册

410000－2243－0000380　R2－52/656
新刊增補萬病回春原本八卷　(明)龔廷賢編　(清)周亮登校　清經國堂刻本　八册

410000－2243－0000381　R2－52/655
新刊增補萬病回春原本八卷　(明)龔廷賢編　(清)周亮登校　清綠慎堂刻本　四册

410000－2243－0000382　R2－52/657
新刊增補萬病回春原本八卷　(明)龔廷賢編　(清)周亮登校　清刻本　八册

410000－2243－0000383　R2－52/660
扁鵲心書三卷首一卷神方一卷　(宋)竇材重集　清浙江衢州三餘堂刻本　二册

410000－2243－0000384　R2－52/662
扁鵲心書三卷首一卷神方一卷　(宋)竇材重集　清上洋江左書林刻本　四册

410000－2243－0000385　R2－52/816
景岳全書十六種　(明)張介賓著　(明)魯超訂　清同文堂刻本　二十四册

410000－2243－0000386　R2－52/819
御纂醫宗金鑑十五種　(清)吳謙撰　清光緒十八年(1892)上海圖書集成印書局鉛印本　二十四册

410000－2243－0000387　R2－52/663
醫學心悟五卷　(清)程國彭著　清乾隆十三年(1748)休寧汪氏敬承堂刻本　四册

410000－2243－0000388　R2－52/664
醫學心悟五卷　(清)程國彭著　清乾隆十三年(1748)休寧汪氏敬承堂刻本　四册

410000－2243－0000389　R2－52/665
醫學心悟五卷外科十法一卷　(清)程國彭著　清嘉慶二十四年(1819)掃葉山房刻本　四册

410000－2243－0000390　R2－52/821
景岳全書十六種　(明)張介賓撰　(明)魯超訂　清刻本　十八册　缺三種八卷)

410000－2243－0000391　R2－52/820
景岳全書十六種　(明)張介賓撰　(清)魯超訂　清光緒九年(1883)浙甯三味仁記刻本　三十二册

410000－2243－0000392　R2－52/666
醫學心悟五卷外科十法一卷　(清)程國彭著　清翼聖堂刻本　三册

410000－2243－0000393　R2－52/668
醫學心悟五卷外科十法一卷　(清)程國彭著　清刻本　四册

410000－2243－0000394　R2－52/669(1)
醫家四要四種　(清)程曦等撰　清光緒十二

年(1886)三衢雷慎修堂刻醫學三書本　四冊

410000－2243－0000395　R2－52/822
景岳全書十六種　(明)張介賓著　(清)雲志高訂　清刻本　二十四冊

410000－2243－0000396　R2－52/669(2)
醫家四要四種　(清)程曦等撰　清光緒十二年(1886)三衢雷慎修堂刻醫學三書本　四冊

410000－2243－0000397　R2－52/823
御纂醫宗金鑑十五種　(清)吳謙撰　清光緒二十九年(1903)上海飛鴻閣書林石印本　十冊

410000－2243－0000398　R2－52/669(3)
醫家四要四種　(清)程曦等撰　清光緒十二年(1886)三衢雷慎修堂刻醫學三書本　四冊

410000－2243－0000399　R2－52/825
御纂醫宗金鑑十五種　(清)吳謙等輯　清光緒二十九年(1903)上海經香閣石印本　二十四冊

410000－2243－0000400　R2－52/826
景岳全書十六種　(明)張介賓著　(明)魯超訂　清刻本　三十二冊

410000－2243－0000401　R2－51/233(2)
豫醫雙璧二種　(清)吳重憙輯　清宣統元年(1909)海豐吳氏梁園節署鉛印本　八冊

410000－2243－0000402　R2－51/233(3)
豫醫雙璧二種　(清)吳重憙輯　清宣統元年(1909)海豐吳氏梁園節署鉛印本　八冊

410000－2243－0000403　R222.23/52
傷寒緒論二卷　(清)張璐纂述　(清)張登(清)張倬參訂　清康熙刻本　三冊

410000－2243－0000404　R2－52/827
醫宗金鑑十五種　(清)吳謙纂　清刻本　二十四冊　存五種二十五卷

410000－2243－0000405　Z224/4
廣博物志五十卷　(明)董斯張纂　(明)楊鶴訂　清光緒五年(1879)學海堂刻本　三十二冊

410000－2243－0000406　K928.3/8
說嵩三十二卷例目一卷　(清)景日昣撰　清康熙六十年(1721)嶽生堂刻本　九冊　存三十卷(一至二十九、例目一卷)

410000－2243－0000407　P1/12
管窺輯要八十卷　(清)黃鼎撰　(清)黃九命等閱　清刻本　四十八冊

410000－2243－0000408　I242.1＝44/2
夢溪筆談二十六卷補筆談三卷續筆談一卷　(宋)沈括撰　明崇禎四年(1631)馬元調刻本　八冊　存二十六卷(夢溪筆談二十六卷)

410000－2243－0000409　Z225/2
格致鏡原一百卷　(清)陳元龍撰　清刻本　三十二冊

410000－2243－0000410　I242.1＝44/3
夢溪筆談二十六卷補筆談三卷續筆談一卷　(宋)沈括撰　明崇禎四年(1631)馬元調刻本　四冊

410000－2243－0000411　I214.82/3
西陂類稿五十卷　(清)宋犖撰　(清)周龍藻編　清抄本　十六冊

410000－2243－0000412　I214.92/5
西堂全集附一種　(清)尤侗撰　清刻本　二十四冊

410000－2243－0000413　I214.82/3
太史升菴全集六十卷目錄二卷　(清)楊慎著　(清)楊友仁錄　(清)陳大科校　清乾隆六十年(1795)養拙山房刻本　四冊　存二十二卷(一至二十、目錄二卷)

410000－2243－0000414　I211/76
昭明文選六十卷　(南朝梁)蕭統撰　(明)李善注　清刻本　八冊　存三十一卷(三十至六十)

410000－2243－0000415　I211/77
昭明文選集成六十卷首二卷　(南朝梁)蕭統選編　(清)方廷珪評點　清乾隆倣范軒刻本　二十四冊

410000－2243－0000416　Z225/11
淵鑑類函四百五十卷目錄四卷　(清)張英等纂修　清康熙刻本　一百六十册

410000－2243－0000417　R2－52/674
醫學集成四卷　(清)劉仕廉纂輯　清光緒十二年(1886)益元堂刻本　四册

410000－2243－0000418　R2－52/672(1)
醫學集成四卷　(清)劉仕廉纂輯　清同治十二年(1873)刻本　四册

410000－2243－0000419　R2－52/672(2)
醫學集成四卷　(清)劉仕廉纂輯　清同治十二年(1873)醉吟山房刻本　四册

410000－2243－0000420　R2－52/672(3)
醫學集成四卷　(清)劉仕廉纂輯　清刻本　四册

410000－2243－0000421　R2－52/830
御纂醫宗金鑑十五種　(清)吳謙撰　清光緒九年(1883)掃葉山房刻本　四十二册

410000－2243－0000422　R2－52/679
辨證奇聞十卷　(清)錢松著　清道光三年(1823)京都南文琳堂刻本　十册

410000－2243－0000423　R2－52/676
辨證奇聞十卷　(清)錢松著　清光緒三十一年(1905)上海寶善齋書莊石印本　六册

410000－2243－0000424　R2－52/683
醫學從衆錄八卷　(清)陳念祖著　(清)陳元犀參訂　清光緒十五年(1889)遂甯務本堂刻本　四册

410000－2243－0000425　R2－52/684(1)
醫學從衆錄八卷　(清)陳念祖著　(清)陳元犀參訂　清光緒二十一年(1895)刻本　四册

410000－2243－0000426　R2－52/684(2)
醫學從衆錄八卷　(清)陳念祖著　(清)陳元犀參訂　清光緒二十一年(1895)刻本　四册

410000－2243－0000427　R2－52/680
辨證奇聞十卷　(清)錢松著　清末石印本　二册

410000－2243－0000428　R2－52/684(3)
醫學從衆錄八卷　(清)陳念祖著　(清)陳元犀參訂　清光緒二十一年(1895)刻本　四册

410000－2243－0000429　R2－52/681
辨證奇聞十五卷　(清)陳士鐸撰　清同治六年(1867)經元堂刻本　十二册

410000－2243－0000430　R2－52/686
醫學從衆錄八卷　(清)陳念祖著　(清)陳元犀參訂　清刻本　四册

410000－2243－0000431　R2－52/687
醫學從衆錄八卷　(清)陳念祖著　(清)陳元犀參訂　清陳氏南雅堂刻本　四册

410000－2243－0000432　R2－52/688
醫學從衆錄八卷　(清)陳念祖著　(清)陳元犀叅訂　清刻本　四册

410000－2243－0000433　R2－52/689
濟陽綱目一百八卷　(明)武之望編輯　清咸豐六年(1856)姚氏刻本　二十六册　存四十七卷(一至二十二、二十九至三十六、四十至四十一、六十六至六十七、七十二至七十六、一百一至一百八)

410000－2243－0000434　R2－52/690
醫學從衆錄八卷　(清)陳念祖著　(清)陳元犀參訂　清光緒三十年(1904)上海經香閣書莊石印本　一册

410000－2243－0000435　R2－52/836
御纂醫宗外科金鑑　(清)吳謙撰　清光緒十八年(1892)上海圖書集成印書局鉛印本　三册

410000－2243－0000436　R2－52/691
醫學從衆錄八卷　(清)陳念祖著　(清)陳元犀叅訂　清刻本　一册

410000－2243－0000437　R2－52/834
編輯外科心法要訣十六卷　(清)吳謙撰　清刻御纂醫宗金鑑本　六册

410000－2243－0000438　R2－52/832
御製醫宗金鑑十五種　(清)吳謙撰　清刻本

四十六册　缺三卷(外科心法一、十三至十四)

410000－2243－0000439　R2－52/692(1)
醫門補要三卷附一卷治霍亂痧秘要一卷青囊立效秘方一卷　(清)趙濂著　清光緒九年(1883)刻二十三年(1897)馬培之增刻本　四册

410000－2243－0000440　R2－52/692(2)
醫門補要三卷附一卷治霍亂痧秘要一卷青囊立效秘方一卷　(清)趙濂著　清光緒九年(1883)刻二十三年(1897)馬培之增刻本　四册

410000－2243－0000441　R2－52/837
嵩厓尊生書十五卷　(清)景日昣著　清刻本　七册　缺二卷(十至十一)

410000－2243－0000442　R2－52/693
醫門補要三卷採集先哲察生死秘法一卷喉症要法三方一卷青囊立效秘方一卷　(清)趙濂著　清光緒九年(1883)刻本　二册

410000－2243－0000443　R2－52/838
欽定古今圖書集成醫部全錄五百二十卷　(清)蔣廷錫等編　清光緒二十年至二十三年(1894－1897)影印本　六十册

410000－2243－0000444　R2－52/694
醫宗説約六卷　(清)蔣示吉纂述　(清)嚴煜較訂　清漁古山房刻本　四册

410000－2243－0000445　R2－52/695(1)
醫宗説約四卷　(清)蔣示吉纂述　(清)計廉能grains　(清)嚴煜較訂　清文奎堂刻本　四册

410000－2243－0000446　R2－52/695(2)
醫宗説約四卷　(清)蔣示吉纂述　(清)計廉能忝　(清)嚴煜較訂　清文奎堂刻本　四册

410000－2243－0000447　R2－52/841
嵩厓尊生書十五卷　(清)景日昣纂著　清刻本　十二册　缺二卷(十至十一)

410000－2243－0000448　R2－52/697
醫宗説約五卷首一卷　(清)蔣示吉纂述　(清)計廉能等訂　清得月樓刻本　四册

410000－2243－0000449　R2－52/843
醫門棒喝四卷二集傷寒論本旨九卷　(清)章楠著　(清)孫廷銓參校　(清)田晉元評點　清同治六年(1867)海甯應澍、河間紀樹馥刻本　十六册

410000－2243－0000450　R2－52/845
御纂醫宗金鑑十五種　(清)吳謙撰　清刻本　四十八册

410000－2243－0000451　R2－52/844
醫門棒喝四卷二集傷寒論本旨九卷　(清)章楠著　(清)孫廷銓參訂　(清)田晉元評點　(清)王孟英增批評點　清宣統元年(1909)蠡城三友齋石印本　十册

410000－2243－0000452　R2－52/701
類證治裁八卷首一卷附一卷　(清)林珮琴著　(清)林芝本校　清光緒十年(1884)丹陽林氏研經堂刻本　十册

410000－2243－0000453　R2－52/847
醫門棒喝四卷二集傷寒論本旨九卷　(清)章楠著　(清)孫廷銓參校　(清)田晉元評點　清同治六年(1867)海甯應澍、河間紀樹馥刻本　十二册

410000－2243－0000454　R2－52/702
類證治裁八卷首一卷附一卷　(清)林珮琴著　(清)林芝本校　清光緒十年(1884)丹陽林氏研經堂刻本　八册

410000－2243－0000455　R2－52/846
醫門棒喝四卷二集傷寒論本旨九卷　(清)章楠著　(清)孫廷銓參校　(清)田晉元評點　清同治六年(1867)海甯應澍、河間紀樹馥刻本　四册　存四卷(醫門棒喝四卷)

410000－2243－0000456　R2－52/704
醫醇賸義四卷　(清)費伯雄著　(清)費應蘭編次　清光緒十四年(1888)掃葉山房刻本　四册

410000－2243－0000457　R2－52/705

醫醇賸義四卷　(清)費伯雄著　(清)費應蘭編次　清光緒三年(1877)刻本　四册

410000－2243－0000458　R2－52/849
儒門事親十五卷　(金)張子和(張從正)著　(明)吳勉學校　明步月樓刻本　六册

410000－2243－0000459　R2－52/850
儒門事親十五卷　(金)張子和(張從正)著　(明)吳勉學校　清宣統二年(1910)寧波汲綆齋書局石印本　四册

410000－2243－0000460　R2－52/709
醫門法律六卷　(清)喻昌著　清經綸堂刻本　八册

410000－2243－0000461　R2－52/851
儒門事親十五卷　(金)張子和(張從正)著　(明)吳勉學校　清宣統二年(1910)寧波汲綆齋書局石印本　六册

410000－2243－0000462　R2－52/711
醫門法律六卷　(清)喻昌著　清光緒三十三年(1907)上海簡青齋書局石印本　一册

410000－2243－0000463　R2－52/852
儒門事親十五卷　(金)張子和(張從正)著　(明)吳勉學校　清宣統二年(1910)寧波汲綆齋書局石印本　二册

410000－2243－0000464　R2－52/852
儒門事親十五卷　(金)張子和(張從正)著　(明)吳勉學校　清宣統二年(1910)寧波汲綆齋書局石印本　二册

410000－2243－0000465　R2－52/853
儒門事親十五卷　(金)張子和(張從正)著　(明)吳勉學校　清宣統二年(1910)上海千頃堂書局石印本　二册

410000－2243－0000466　R2－52/718
東醫寶鑑二十三卷目錄二卷　(朝鮮)許浚撰　清嘉慶二年(1797)刻本　二十五册

410000－2243－0000467　R2－52/854
醫宗己任編四種　(清)楊乘六輯　清光緒十七年(1891)南京李光明莊刻本　四册

410000－2243－0000468　R2－52/855(1)
醫宗己任編四種　(清)楊乘六輯　清道光十年(1830)涵古堂刻本　四册

410000－2243－0000469　R2－52/719
筆花醫鏡四卷　(清)江涵暾著　(清)劉宣齋　(清)謝菊坪校　清光緒九年(1883)刻本　一册　存二卷(一至二)

410000－2243－0000470　R2－52/720
筆花醫鏡四卷　(清)江涵暾著　(清)江彤勳校　清光緒三十年(1904)石印本　一册　存二卷(一至二)

410000－2243－0000471　R2－52/855(2)
醫宗己任編四種　(清)楊乘六輯　清道光十年(1830)涵古堂刻本　四册

410000－2243－0000472　R2－52/721
筆花醫鏡四卷　(清)江涵暾著　(清)江彤勳校　清道光二十年(1840)刻本　一册

410000－2243－0000473　R2－52/723
醫門八法四卷　(清)劉鴻恩著　(清)劉錤德等校訂　清光緒石印本　四册

410000－2243－0000474　R2－52/722
醫門八法四卷　(清)劉鴻恩著　清抄本　四册

410000－2243－0000475　R2－52/856
醫書匯參輯成二十四卷　(清)蔡宗玉輯　清道光十九年(1839)崇讓堂刻本　十八册　缺六卷(十三至十八)

410000－2243－0000476　R2－52/724
醫門八法四卷　(清)劉鴻恩著　(清)劉錤德等校訂　清光緒石印本　一册

410000－2243－0000477　R2－52/725
東醫寶鑑二十三卷目錄二卷　(朝鮮)許浚撰　清刻本　二十四册

410000－2243－0000478　R2－52/858
醫書滙叅輯成二十四卷　(清)蔡宗玉輯　清嘉慶十二年(1807)次知齋刻本　十二册　存十二卷(十三至二十四)

410000－2243－0000479　R2－52/726(1)
醫學金鍼八卷　(清)陳念祖撰　(清)潘霨增輯　清光緒四年(1878)潘氏敏德堂刻本　四冊

410000－2243－0000480　R2－52/866
景岳全書　(明)張介賓著　(明)魯超訂　清乾隆三十三年(1768)越郡藜照樓刻本　二十冊　缺四種九卷

410000－2243－0000481　R2－52/726(2)
醫學金鍼八卷　(清)陳念祖撰　(清)潘霨增輯　清光緒四年(1878)潘氏敏德堂刻本　四冊

410000－2243－0000482　R2－52/727
東醫寶鑑二十三卷目録二卷　(朝鮮)許浚撰　清道光十一年(1831)富春堂刻本　二十四冊

410000－2243－0000483　R2－52/728
醫學實在易八卷　(清)陳念祖著　(清)陳元犀參訂　清善成堂刻本　五冊

410000－2243－0000484　R212/117
弦雪居重訂遵生八牋十九卷目録一卷　(明)高濂編　(明)鍾惺校閲　明刻清嘉慶八年(1803)印本　十六冊

410000－2243－0000485　R2－52/729
醫學實在易八卷　(清)陳念祖著　(清)陳元犀參訂　清光緒二十四年(1898)聚文書局刻本　三冊

410000－2243－0000486　R2－52/730
東醫寶鑑二十三卷目録二卷　(朝鮮)許浚撰　清光緒三十四年(1908)埽葉山房鉛印本　十七冊

410000－2243－0000487　R212/118
弦雪居重訂遵生八牋十九卷目録一卷　(明)高濂編　(明)鍾惺校閲　明刻本　十六冊

410000－2243－0000488　R212/119
弦雪居重訂遵生八牋十九卷目録一卷　(明)高濂編　(明)鍾惺校閲　明刻本　十六冊

410000－2243－0000489　R2－52/736
弄丸心法八卷　(清)楊鳳庭撰　清宣統三年(1911)成都張興龍刻本　八冊

410000－2243－0000490　R2－52/732
黄氏醫書八種　(清)黄元御著　清咸豐十年(1860)長沙燮龢精舍刻本　六冊　存二種十四卷

410000－2243－0000491　R2－52/735
東醫寶鑑二十三卷目録二卷　(朝鮮)許浚撰　清光緒上海校經山房石印本　二十四冊

410000－2243－0000492　R212/123
中外衛生要旨四卷續編一卷　(清)鄭官應編　清光緒十六年(1890)居易山房鉛印本　五冊

410000－2243－0000493　R2－52/867
醫方一盤珠十卷　(清)洪金鼎纂　清錦盛堂刻本　四冊　存四卷(六至九)

410000－2243－0000494　R212/124
中外衛生要旨四卷　(清)鄭官應編　清光緒十九年(1893)刻本　四冊

410000－2243－0000495　R221/68
重廣補注黄帝内經素問二十四卷　(唐)王冰注　(宋)高保衡　(宋)林億校正補注　清光緒十年(1884)京口文成堂刻本　十冊

410000－2243－0000496　R2－52/737
訂正東醫寶鑑二十三卷目録二卷　(朝鮮)許浚撰　清光緒上海錦章圖書局石印本　十六冊

410000－2243－0000497　R2－52/739
黄氏醫緒八卷救傷集成一卷解毒集成一卷　(清)黄皖撰　清光緒經鏗家塾存幾堂刻本　十冊

410000－2243－0000498　R212/140
養生濟世便易經驗合編五卷　(清)毛世洪輯　清光緒二十年(1894)舊金石齋刻本　一冊

410000－2243－0000499　R221/70
補注黄帝内經素問二十四卷補遺一卷　(唐)

王冰注　（宋）高保衡等校正補注　（宋）孫兆重改誤　清光緒三年（1877）浙江書局刻本　十冊

410000－2243－0000500　R222.22/136
傷寒論集注四卷　（清）熊壽試編　清同治三年（1864）瑞靄堂刻本　六冊

410000－2243－0000501　R222.22/135
傷寒論集注六卷本義一卷　（清）張志聰註釋　（清）高世栻纂集　清光緒二十五年（1899）石印本　四冊

410000－2243－0000502　R242/114
石室秘籙六卷　（清）陳士鐸習　清刻本　二冊　存二卷（五至六）

410000－2243－0000503　R241.13/9
丹溪脈訣一卷　（□）□□撰　清抄本　一冊

410000－2243－0000504　R212/125
養達奇要七卷吳又可辨明傷寒時疫論一卷　（□）□□撰　清抄本　八冊

410000－2243－0000505　R241.13/10
脈訣采真三卷　（清）王鴻驥編輯　（清）馬世儒等校　清宣統二年（1910）閑存齋刻本　一冊　存二卷（一至二）

410000－2243－0000506　R221/74
黄帝内經素問集注九卷靈樞經集注九卷　（清）張志聰撰　清光緒十六年（1890）浙江書局刻本　十三冊

410000－2243－0000507　R222.22/138
萬氏家傳傷寒摘錦二卷　（明）萬全編著　清康熙五十一年（1712）忠信堂刻乾隆四十三年（1778）印本　二冊

410000－2243－0000508　R222.22/146
喻氏醫書三種　（清）喻昌著　清竹秀山房刻本　八冊　存二種十卷

410000－2243－0000509　R221/73
靈樞經九卷　（清）張志聰集注　（清）張文起參訂　清光緒十六年（1890）浙江書局刻本　八冊

410000－2243－0000510　R241.13/15
圖註難經脈訣四卷　（晉）王叔和（王熙）譔　（明）張世賢註　清刻本　二冊

410000－2243－0000511　R221/75
黄帝内經素問集注九卷靈樞經集注九卷　（清）張志聰撰　清光緒十六年（1890）浙江書局刻本　十四冊

410000－2243－0000512　R241.13/19
脈訣彙辨十卷　（清）李延昰輯著　（清）陸圻閱　清康熙六十一年（1722）刻本　四冊

410000－2243－0000513　R2221/77
黄帝内經素問注證發微九卷靈樞注證發微九卷補遺一卷　（明）馬蒔注證　清光緒十四年（1888）廣陵邱氏刻本　二十冊

410000－2243－0000514　R222.23/18
活人書二十卷　（宋）朱肱撰　清光緒二十三年（1897）儒林堂刻本　六冊

410000－2243－0000515　R241.2/26
舌鑑辨正二卷　（清）梁玉瑜傳　（清）陶保廉錄　清光緒三十一年（1905）鉛印本　一冊

410000－2243－0000516　R222.23/20
增注類證活人書二十二卷　（宋）朱肱撰　（明）吳勉學校　明刻本　七冊

410000－2243－0000517　R242/107
石室秘籙六卷　（清）陳士鐸習　清嘉慶三年（1798）崇文堂刻本　六冊

410000－2243－0000518　R22/142
醫無間子醫貫六卷　（明）趙獻可纂著　清經業堂刻本　六冊

410000－2243－0000519　R242/108
石室秘籙六卷　（清）陳士鐸習　清江寧寶善堂刻本　六冊

410000－2243－0000520　R222.23/21(1)
增注類證活人書二十二卷　（宋）朱肱撰　（明）吳勉學校　清光緒十二年（1886）刻本　六冊

410000－2243－0000521　R222.23/21(2)

增注類證活人書二十二卷　(宋)朱肱撰　(明)吳勉學校　清光緒十二年(1886)刻本　六册

410000－2243－0000522　R222.23/22(1)
增注類證活人書二十二卷　(宋)朱肱撰　(明)吳勉學校　清光緒十二年(1886)刻本　四册

410000－2243－0000523　R242/109
石室秘籙六卷　(清)陳士鐸習　清刻本　二册

410000－2243－0000524　R222.23/22(2)
增注類證活人書二十二卷　(宋)朱肱撰　(明)吳勉學校　清光緒十二年(1886)刻本　四册

410000－2243－0000525　R242/110
石室秘籙六卷　(清)陳士鐸習　清刻本　四册

410000－2243－0000526　R222.23/24
增注類證活人書二十二卷　(宋)朱肱撰　(明)吳勉學校　明刻本　四册

410000－2243－0000527　R221/78
黄帝内經素問靈樞合編　(明)馬蒔　(清)張志聰注　清宣統二年(1910)上海掃葉山房石印本　十六册

410000－2243－0000528　R222.23/23
增注類證活人書二十二卷　(宋)朱肱撰　(明)吳勉學校　明刻本　四册

410000－2243－0000529　R244.1/282
推拿秘訣　(□)□□撰　清黄庭堅抄本　一册

410000－2243－0000530　R244.1/285
述古齋幼科新書三種　(清)張振鋆纂輯　清光緒十八年(1892)上海思求闕齋刻本　六册

410000－2243－0000531　R221/79
黄帝内經素問靈樞集注十八卷　(清)張志聰注　清光緒北京琉璃廠刻本　十九册　缺一卷(靈樞三)

410000－2243－0000532　R244.1/288
釐正按摩要術四卷　(清)張振鋆纂輯　清光緒三十三年(1907)瀘州文滙堂刻述古齋幼科新書本　四册

410000－2243－0000533　R222.23/25(1)
陶節菴傷寒全生集四卷　(明)陶華撰　清嘉慶眉壽堂刻本　四册

410000－2243－0000534　R221/80
黄帝内經素問靈樞集注十八卷　(清)張志聰注　(清)莫承藝參訂　(清)朱景韓校正　清瀛洲書屋刻本　十六册

410000－2243－0000535　R222.23/25(2)
陶節菴傷寒全生集四卷　(明)陶華著　清嘉慶眉壽堂刻本　四册

410000－2243－0000536　R222.23/25(3)
陶節菴傷寒全生集四卷　(明)陶華撰　清嘉慶眉壽堂刻本　四册

410000－2243－0000537　R244.1/289
推拿廣意三卷　(清)陳世凱重訂　(清)王元璐參閲　(清)熊應雄輯　清刻本　一册

410000－2243－0000538　R221/81
重廣補注黄帝内經素問二十四卷靈樞十二卷　(唐)王冰注　(宋)高保衡　(宋)林億校正補注　(宋)孫兆重改誤　清宣統三年(1911)上海錦章書局石印本　三册

410000－2243－0000539　R244.1/297
推拿廣意三卷　(清)陳世凱重訂　(清)王元璐參閲　(清)熊應雄輯　清澹雅堂刻本　一册

410000－2243－0000540　R244.1/298
推拿廣意三卷　(清)陳世凱重訂　(清)王元璐參閲　(清)熊應雄輯　清光緒蘇州緑蔭堂刻本　二册

410000－2243－0000541　R2221/83
黄帝内經素問注證發微九卷靈樞注證發微九卷補遺一卷　(明)馬蒔注　清嘉慶十年(1805)經緯堂刻本　二十册

410000－2243－0000542　R222.23/27
陶節菴傷寒全生集四卷　(明)陶華著　清嘉慶眉壽堂刻本　四册

410000－2243－0000543　R222.23/26
陶節菴傷寒全生集四卷　(明)陶華撰　清嘉慶眉壽堂刻本　四册

410000－2243－0000544　R221/84
黄帝内經素問注證發微九卷靈樞注證發微九卷補遺一卷　(明)馬蒔注　清嘉慶十年(1805)善成堂刻本　二十三册

410000－2243－0000545　R244.1/324
小兒推拿秘旨二卷　(明)龔廷賢撰　(明)姚國禎補輯　(明)胡連璧校正　清致盛堂刻本　一册

410000－2243－0000546　R244.9/57
理瀹駢文摘要不分卷　(清)吴師機著　清光緒元年(1875)江蘇書局刻本　二册

410000－2243－0000547　R244.9/59
重刊理瀹駢文廿一膏良方不分卷　(清)吴師機著　清光緒七年(1881)王宗壽刻本　一册

410000－2243－0000548　R222.23/32
傷寒明理論四卷　(金)成無己撰　清刻本　二册

410000－2243－0000549　R222.23/33
傷寒明理論四卷　(金)成無己撰　清刻本　一册

410000－2243－0000550　R222.23/39
傷寒論類方四卷長沙方歌括一卷　(清)徐大椿編釋　(清)陳念祖著　(清)潘霨增輯　清同治五年(1866)古吴潘氏刻韡園醫學六種本　四册

410000－2243－0000551　R2221/85
黄帝内經素問注證發微九卷靈樞注證發微九卷補遺一卷　(明)馬蒔注　清太醫院刻本　二十二册

410000－2243－0000552　R245/307
鍼灸大成十卷　(明)楊繼洲撰　清光緒元年(1875)經國堂刻本　十册

410000－2243－0000553　R245/309
鍼灸大成十卷　(明)楊繼洲撰　清道光二十九年(1849)德燐軒刻本　十册

410000－2243－0000554　R222.23/41
余注傷寒論翼四卷　(清)柯琴著　清光緒十九年(1893)會稽孫思恭刻本　四册

410000－2243－0000555　R245/311
鍼灸大成十卷　(明)楊繼洲撰　清嘉慶十七年(1812)函三堂刻本　十册

410000－2243－0000556　R221/96
内經評文素問二十四卷靈樞十二卷　(清)周學海注　清光緒二十四年(1898)皖南建德周氏刻本　六册

410000－2243－0000557　R222.23/42
醫效秘傳三卷　(清)葉桂述　(清)吴金壽校　清刻本　三册

410000－2243－0000558　R222.23/43(1)
醫效秘傳三卷　(清)葉桂述　(清)吴金壽校　清道光十一年(1831)吴氏貯春僊館刻本　一册

410000－2243－0000559　R222.23/43(2)
醫效秘傳三卷　(清)葉桂述　(清)吴金壽校　清道光十一年(1831)吴氏貯春僊館刻本　一册

410000－2243－0000560　R245/314
鍼灸大成十卷　(明)楊繼洲撰　清道光十四年(1834)善成堂刻本　十册

410000－2243－0000561　R222.23/44
傷寒尋源三卷　(清)吕震名著　清光緒七年(1881)刻本　三册

410000－2243－0000562　R245/317
鍼灸大成十卷　(明)楊繼洲撰　(清)章廷珪重修　清道光二十三年(1843)經餘堂刻本　十册

410000－2243－0000563　R245/319
鍼灸大成十卷　(明)楊繼洲撰　清綠蔭山房

刻本　十册

410000－2243－0000564　R222.23/45
陰證略例一卷　(元)王好古撰　清光緒五年(1879)吳興陸氏十萬卷樓刻本　四册

410000－2243－0000565　R221/100
靈樞素問節要淺注十二卷　(清)陳念祖注　清同治四年(1865)敦厚堂刻本　四册

410000－2243－0000566　R221/103
靈素提要淺注十二卷　(清)陳念祖著　清光緒二十四年(1898)刻本　六册

410000－2243－0000567　R221/102
靈素提要淺注十二卷　(清)陳念祖集注　(清)陳元犀參訂　清光緒元年(1875)善成堂刻本　七册

410000－2243－0000568　R222.23/46
新刻陶節菴家藏秘授傷寒六書　(明)陶華撰　(明)吳勉學校　清保寧堂刻本　四册

410000－2243－0000569　R221.1/24
黄帝内經素問九卷　(清)張志聰注　(清)莫承藝參訂　(清)朱景韓校正　清刻本　八册

410000－2243－0000570　R221/104
靈素提要淺注十二卷　(清)陳念祖集注　(清)陳元犀參訂　清光緒二十四年(1898)刻本　四册

410000－2243－0000571　R221/105
内經纂要二卷　(清)馮兆張撰　清抄本　二册

410000－2243－0000572　R221/111
内經知要二卷　(明)李中梓輯注　清光緒十六年(1890)常郡振玉山房刻本　二册

410000－2243－0000573　R222.23/47
新刻陶節菴家藏秘授傷寒六書　(明)陶華撰　(明)吳勉學校　清道光十三年(1833)文發堂刻本　二册

410000－2243－0000574　R222.23/49
新刻陶節菴家藏秘授傷寒六書　(明)陶華撰　(明)吳勉學校　清黎照書屋刻本　四册

410000－2243－0000575　R221.1/27
黄帝内經素問注證發微九卷　(明)馬蒔注　清善成堂刻本　十册

410000－2243－0000576　R221.1/28
黄帝内經素問注證發微九卷　(明)馬蒔注　清善成堂刻本　十二册

410000－2243－0000577　R221.1/32
素問釋義十卷　(清)張琦撰　清道光十年(1830)陽湖張氏苑鄰書屋刻本　四册

410000－2243－0000578　R221.1/33
素問懸解十三卷　(清)黄元御撰　清同治十一年(1872)陽湖馮氏刻本　七册

410000－2243－0000579　R221.1/35
黄帝素問直解九卷　(清)高世栻注解　清光緒十三年(1887)浙江書局刻本　八册

410000－2243－0000580　R222.23/53
傷寒懸解十四卷首一卷末一卷　(清)黄元御撰　清道光十二年(1832)刻本　四册　存五卷(一至四、首一卷)

410000－2243－0000581　R221.1/35(2)
黄帝素問直解九卷　(清)高世栻注解　清光緒十三年(1887)浙江書局刻本　八册

410000－2243－0000582　R221.1/35(3)
黄帝素問直解九卷　(清)高世栻注解　清光緒十三年(1887)浙江書局刻本　八册

410000－2243－0000583　R221.1/35(4)
黄帝素問直解九卷　(清)高世栻注解　清光緒十三年(1887)浙江書局刻本　八册

410000－2243－0000584　R222.23/51(1)
傷寒緒論二卷　(清)張璐撰　清道光十五年(1835)刻本　六册

410000－2243－0000585　R222.23/51(2)
傷寒緒論二卷　(清)張璐撰　清光緒二十五年(1899)浙江官書局印張氏醫書七種本　二册

410000－2243－0000586　R222.23/56(1)
傷寒補天石二卷續二卷　(明)戈維城著　清

金閶經義堂刻本　一冊

410000－2243－0000587　R222.23/56(2)
傷寒補天石二卷續二卷　(明)戈維城著　清刻本　一冊

410000－2243－0000588　R222.23/55
傷寒補天石二卷續二卷　(明)戈維城著　(清)朱陶性校　清金閶經義堂刻本　二冊

410000－2243－0000589　R222.23/54
傷寒補天石二卷續二卷　(明)戈維城著　(清)朱陶性校　清寧波汲綆齋刻本　四冊

410000－2243－0000590　R221.1/37
黃帝内經素問二十四卷　(明)吳崐注　(明)江子振參閲　清宏道堂刻本　六冊

410000－2243－0000591　R222.23/62
傷寒論通論一卷金匱通論一卷　丁福保編　清宣統元年(1909)上海文明書局鉛印本　一冊

410000－2243－0000592　R221.1/38
黃帝内經素問二十四卷　(明)吳崐注　(明)江子振參閲　清巴川儒興勳記刻本　八冊

410000－2243－0000593　R221.1/40
黃帝内經素問二十四卷　(明)吳崐注　(明)江子振參閲　清正學齋刻本　六冊

410000－2243－0000594　R221.1/39
黃帝内經素問二十四卷　(明)吳崐注　(明)江子振參閲　清正學齋刻本　四冊

410000－2243－0000595　R222.23/69
傷寒說意十卷首一卷　(清)黃元御著　清刻本　二冊

410000－2243－0000596　R222.23/70
傷寒說意十卷首一卷　(清)黃元御著　清刻本　一冊

410000－2243－0000597　R222.26/15
傷寒附翼二卷　(清)柯琴編　(清)馬中驊較　清刻本　二冊

410000－2243－0000598　R222.26/16
傷寒附翼二卷　(清)柯琴編　(清)馬中驊較　清刻本　二冊

410000－2243－0000599　R222.26/14
張仲景傷寒論方六卷首一卷　(清)許宗正合解　清宣統三年(1911)潼郡許氏刻本　四冊

410000－2243－0000600　R221.1/41
黃帝内經素問二十四卷　(明)吳崐注　(明)江子振參閲　清光緒二十五年(1899)績溪程氏刻本　八冊

410000－2243－0000601　R222.26/10
傷寒古方通六卷　(清)王子接註　(清)葉桂校　清雍正九年(1731)刻光緒上海樂善堂補刻本　二冊

410000－2243－0000602　R222.23/74(1)
傷寒醫訣串解六卷十藥神書一卷　(清)陳念祖撰　清光緒十五年(1889)務本堂刻本　一冊

410000－2243－0000603　R221.1/42
黃帝内經素問二十四卷　(明)吳崐注　(明)江子振參閲　清隆文堂刻本　六冊

410000－2243－0000604　R221.1/43
補注黃帝内經素問二十四卷補遺一卷　(唐)王冰注　(宋)高保衡　(宋)林億校正補注　清光緒三年(1877)浙江書局刻本　八冊

410000－2243－0000605　R222.23/77
東垣先生此事難知二卷　(元)王好古撰　明刻東垣十書本　一冊

410000－2243－0000606　R222.27/16
仲景存真集二卷　(清)吳蓬萊編輯　清同治五年(1866)合州懷德堂刻本　一冊

410000－2243－0000607　R222.27/15
長沙方歌括六卷　(清)陳念祖著　(清)陳蔚擬註　(清)陳元犀糸訂　清光緒二十四年(1898)多文會刻本　二冊

410000－2243－0000608　R222.27/14
十萬卷樓叢書五十一種　(清)陸心源輯　清光緒歸安陸氏刻本　二冊　存二種七卷

410000－2243－0000609　R222.27/8
張仲景注解傷寒百證歌五卷　（宋）許叔微述　（清）王訒菴註輯　**經絡歌訣一卷**　（清）汪昂撰　**六經定法一卷傷寒問答一卷**　（清）舒詔著　清咸豐二年（1852）藏修書屋刻本　四冊

410000－2243－0000610　R222.27/10
校刻傷寒圖歌活人指掌五卷　（宋）吳恕撰　清刻本　一冊

410000－2243－0000611　R222.32/43
金匱要略淺注十卷　（清）陳念祖集註　清光緒二十四年（1898）刻本　四冊

410000－2243－0000612　R222.32/44
金匱要略淺注十卷　（清）陳念祖集註　清道光十年（1830）刻本　四冊

410000－2243－0000613　R221.2/17
黃帝内經靈樞注證發微九卷補遺一卷　（清）張志聰注　清光緒五年（1879）太醫院刻本　十冊

410000－2243－0000614　R222.32/46
金匱要略淺注十卷　（清）陳念祖集註　清道光十七年（1837）南雅堂刻本　十冊

410000－2243－0000615　R221.2/18
黃帝内經靈樞注證發微九卷補遺一卷　（明）馬蒔撰　清嘉慶十年（1805）古歙鮑氏慎餘堂刻本　十冊

410000－2243－0000616　R222.32/45（1）
金匱要略淺注十卷　（清）陳念祖集註　清咸豐五年（1855）重慶閆書業堂刻陳修園醫書十五種本　四冊

410000－2243－0000617　R222.32/45（2）
金匱方歌括六卷　（清）陳念祖定　清道光十六年（1836）南雅堂刻本　二冊

410000－2243－0000618　R221.3/12
醫經原旨六卷　（清）薛雪集注　清刻本　六冊

410000－2243－0000619　R221.3/15
醫經原旨六卷　（清）薛雪集注　清宣統元年（1909）同文會刻本　六冊

410000－2243－0000620　R221.3/16（1）
醫經原旨六卷　（清）薛雪集注　清寧郡簡香齋刻本　六冊

410000－2243－0000621　R221.3/16（2）
醫經原旨六卷　（清）薛雪集注　清寧郡簡香齋刻本　六冊

410000－2243－0000622　R222.32/48
張仲景金匱要略論註二十四卷　（清）徐彬著　（清）朱鼒較　清光緒五年（1879）掃葉山房刻本　六冊

410000－2243－0000623　R222.32/49
張仲景金匱要略論註二十四卷首一卷　（清）徐彬著　（清）吳景彰較　清刻本　五冊　存二十二卷（三至二十四）

410000－2243－0000624　R222.32/47
金匱懸解二十二卷　（清）黃元御著　清刻本　四冊

410000－2243－0000625　R221.3/17
醫經原旨六卷　（清）薛雪集注　清刻本　六冊

410000－2243－0000626　R221.3/18
醫經原旨六卷　（清）薛雪集注　清刻本　六冊

410000－2243－0000627　R2221.3/20
素問靈樞類纂約註三卷　（清）汪昂纂輯　（清）汪桓訂定　清咸豐十年（1860）善成堂刻本　一冊

410000－2243－0000628　R222.32/50
張仲景金匱要略論註二十四卷　（清）徐彬著　清康熙十年（1671）刻本　六冊

410000－2243－0000629　R221.3/19（1）
醫經原旨六卷　（清）薛雪集注　清刻本　六冊

410000－2243－0000630　R2221.3/21
素問靈樞類纂約註三卷　（清）汪昂纂輯

(清)汪端　(清)汪桓訂定　清光緒十三年(1887)掃葉山房刻本　三册

410000－2243－0000631　R221.3/19(2)
醫經原旨六卷　(清)薛雪集注　清乾隆刻本　六册

410000－2243－0000632　R222.32/54
金匱翼八卷　(清)尤怡集　(清)徐錦讀　清宏道堂刻本　八册

410000－2243－0000633　R222.32/53(1)
金匱心典三卷　(漢)張仲景(張機)著　(清)尤怡集註　清同治八年(1869)常郡陸氏雙白燕堂刻本　三册

410000－2243－0000634　R222.32/53(2)
金匱心典三卷　(漢)張仲景(張機)著　(清)尤怡集註　清同治八年(1869)常郡陸氏雙白燕堂刻本　三册

410000－2243－0000635　R2221.3/28
素問靈樞類纂約註三卷　(清)汪昂纂輯　(清)汪端　(清)汪桓訂定　清日新書莊刻本　三册

410000－2243－0000636　R222.32/58
中西匯通醫書五種　唐宗海撰　清光緒三十四年(1908)上海千頃堂書局石印本　五册　存三種二十五卷

410000－2243－0000637　R222.32/52(1)
金匱心典三卷　(漢)張仲景(張機)著　(清)尤怡集註　清光緒七年(1881)刻本　三册

410000－2243－0000638　R222.32/52(2)
金匱心典三卷　(漢)張仲景(張機)著　(清)尤怡集註　清光緒七年(1881)刻本　三册

410000－2243－0000639　R331.3/25
類經三十二卷圖翼十一卷附翼四卷　(明)張介賓類注　明金閶童涌泉刻本　二十四册

410000－2243－0000640　R222.32/66(1)
金匱玉函經二註二十二卷補方一卷十藥神書一卷　(元)趙以德衍義　(清)周揚俊補註　(清)葉萬青校　清道光十八年(1838)元和李清俊養恬齋刻同治二年(1863)印本　六册

410000－2243－0000641　R222.32/66(2)
金匱玉函經二註二十二卷補方一卷十藥神書一卷　(元)趙以德衍義　(清)周揚俊補註　(清)葉萬青校　清道光十八年(1838)元和李清俊養恬齋刻同治二年(1863)印本　六册

410000－2243－0000642　R222.32/65
金匱玉函經二註二十二卷補方一卷十藥神書一卷　(元)趙以德衍義　(清)周揚俊補註　(清)葉萬青校　清道光十八年(1838)元和李清俊養恬齋刻本　八册

410000－2243－0000643　R222.32/68(1)
金匱要略闕疑二卷　(清)葉子雨著　清抄本　二册

410000－2243－0000644　R222.32/68(2)
金匱要略闕疑二卷　(清)葉子雨著　清抄本　二册

410000－2243－0000645　R331.3/30
類經三十二卷圖翼十一卷附翼四卷　(明)張介賓類注　明刻本　十八册

410000－2243－0000646　R331.3/29
類經三十二卷圖翼十一卷附翼四卷　(明)張介賓類注　清刻本　二十册

410000－2243－0000647　R222.32/68(3)
金匱要略闕疑二卷　(清)葉子雨著　清抄本　二册

410000－2243－0000648　R222.32/68(4)
金匱要略闕疑二卷　(清)葉子雨著　清抄本　二册

410000－2243－0000649　R221.8/5
中藏經八卷　(漢)華佗撰　(清)徐舜山重校　清光緒六年(1880)上虞蘭蘭山房徐氏刻本　二册

410000－2243－0000650　R223/19
生理學講義一卷　(清)徐駿述　清抄本

一册

410000－2243－0000651　R223/18
臟腑選論一卷　(清)□□撰　清抄本　一冊

410000－2243－0000652　R223/17
臟象選論一卷　何仲臯撰　清抄本　一冊

410000－2243－0000653　R223/15(3)
中西匯參醫學二卷　(清)王有忠撰　(清)章秉鉞校閲　清光緒三十二年(1906)上海廣益書局石印本　四冊

410000－2243－0000654　R223/15(2)
中西匯參醫學二卷　(清)王有忠撰　(清)章秉鉞校閲　清光緒三十二年(1906)上海廣益書局石印本　四冊

410000－2243－0000655　R223/15(1)
中西匯參醫學二卷　(清)王有忠撰　(清)章秉鉞校閲　清光緒三十二年(1906)上海廣益書局石印本　四冊

410000－2243－0000656　R222.37/4
金匱方歌括六卷　(清)陳念祖定　(清)陳蔚參訂　(清)陳元犀韻註　清光緒二十四年(1898)刻本　四冊

410000－2243－0000657　R222.37/3
金匱方歌括六卷　(清)陳念祖定　(清)陳蔚參訂　(清)陳元犀韻註　清道光十六年(1836)南雅堂刻本　六冊

410000－2243－0000658　R221.8/6
華氏中藏經二卷　(漢)華佗撰　(清)徐舜山重校　清嘉慶五年(1800)掃葉山房刻本　一冊

410000－2243－0000659　R223/20
中西臟腑圖象合纂三卷首一卷　(清)朱沛文編輯　清光緒二十三年(1897)宏文閣石印本　四冊

410000－2243－0000660　R223.7/2
中西骨格辯正六卷圖説一卷　(清)劉廷楨輯　清光緒二十九年(1903)上海廣學會鉛印本　二冊

410000－2243－0000661　R223/23
醫林改錯二卷　(清)王清任著　清光緒京都善成堂刻本　二冊

410000－2243－0000662　R223/24
醫林改錯二卷　(清)王清任著　清光緒二十六年(1900)善成堂刻本　一冊

410000－2243－0000663　R223/25
醫林改錯二卷　(清)王清任著　清宣統元年(1909)仁記書莊刻本　二冊

410000－2243－0000664　R221.9/23
圖注八十一難經辨真四卷　(明)張世賢注　明刻本　一冊

410000－2243－0000665　R221.9/24
圖注八十一難經四卷　(明)張世賢注　清刻本　二冊

410000－2243－0000666　R221.9/25
圖注八十一難經四卷　(明)張世賢注　清刻本　一冊

410000－2243－0000667　R221.9/30
增輯難經本義二卷　(元)滑壽本義　(清)周學海增輯　清光緒十七年(1891)池陽周氏刻本　二冊

410000－2243－0000668　R221.9/29(1)
增輯難經本義二卷　(元)滑壽本義　(清)周學海增輯　清光緒十七年(1891)池陽周氏刻本　二冊

410000－2243－0000669　R221.9/29(2)
增輯難經本義二卷　(元)滑壽本義　(清)周學海增輯　清光緒十七年(1891)池陽周氏刻本　二冊

410000－2243－0000670　R222.22/72
傷寒第一書四卷附餘二卷　(清)車宗輅　(清)胡憲豐述　清光緒十一年(1885)浙紹奎照樓刻本　六冊

410000－2243－0000671　R222.22/76
注解傷寒論十卷　(金)成無己注解　(明)吳勉學閲　清大文堂刻本　六冊

410000－2243－0000672　R222.2/78
舒氏傷寒集注十卷附録五卷　(清)舒詔著　清文勝堂刻本　四冊

410000－2243－0000673　R222.2/79
舒氏傷寒集注十卷附録五卷　(清)舒詔著　清乾隆三十五年(1770)英德堂刻本　六冊

410000－2243－0000674　R222.2/80
舒氏傷寒集注十五卷　(清)舒詔著　清刻本　六冊

410000－2243－0000675　R224.1/45
奇經八脈考一卷　(明)李時珍撰　清刻本　一冊

410000－2243－0000676　R226/19
運氣摘要一卷　(清)嚴潔撰　清抄本　一冊

410000－2243－0000677　R222.22/91
傷寒貫珠集八卷　(清)尤怡注　(清)朱陶性校　清蘇州來青閣刻本　四冊

410000－2243－0000678　R222.22/90
傷寒貫珠集八卷　(清)尤怡注　(清)朱陶性校　清廣州惠濟倉刻本　四冊

410000－2243－0000679　R226/18
内經運氣表一卷　(清)陸懋修輯　(清)陸潤庠參校　清光緒十年(1884)刻本　一冊

410000－2243－0000680　R245/321(1)
備急灸法一卷鍼灸擇日編集一卷　(宋)聞人耆年述　清光緒十七年(1891)刻本　二冊

410000－2243－0000681　R222.22/94
傷寒貫珠集八卷　(清)尤怡注　(清)朱陶性校　清蘇州緑潤堂刻本　四冊

410000－2243－0000682　R245/321(2)
備急灸法一卷鍼灸擇日編集一卷　(宋)聞人耆年述　清光緒十七年(1891)刻本　二冊

410000－2243－0000683　R245/321(3)
備急灸法一卷鍼灸擇日編集一卷　(宋)聞人耆年述　清光緒十七年(1891)刻本　二冊

410000－2243－0000684　R245/321(4)
備急灸法一卷鍼灸擇日編集一卷　(宋)聞人耆年述　清光緒十七年(1891)刻本　二冊

410000－2243－0000685　R222.22/93
傷寒貫珠集八卷　(清)尤怡注　(清)朱陶性校　清蘇州緑潤堂刻本　四冊

410000－2243－0000686　R222.22/96
傷寒來蘇全集三種　(清)柯琴編注　清乾隆二十二年(1757)昆山馬氏刻本　六冊

410000－2243－0000687　R226/17
羲農秘符一卷　何仲皋纂輯　清抄本　一冊

410000－2243－0000688　R222.1/1
仲景全書五種　(漢)張機撰　清光緒二十年(1894)成都鄧氏崇文齋刻本　八冊

410000－2243－0000689　R226/16
醫學運氣治譜二卷　(清)邱大成集并著　清光緒十二年(1886)忠實堂抄本　三冊

410000－2243－0000690　R222.1/2
仲景全書五種　(漢)張機撰　清光緒二十年(1894)成都鄧氏崇文齋刻本　十冊

410000－2243－0000691　R224.1/46
六經標本一卷　(□)□□撰　清抄本　一冊

410000－2243－0000692　R224/21
經脈圖考四卷　(清)陳惠疇著　清光緒二十年(1894)刻本　四冊

410000－2243－0000693　R229/11(2)
重刊補注洗冤録集證六卷　(宋)宋慈撰　(清)王又槐增輯　(清)李觀瀾補輯　(清)孫光烈參閲　(清)阮其新補注　(清)王又梧校訂　(清)張錫蕃重訂加丹　清道光二十四年(1844)廣東刻四色套印本　六冊

410000－2243－0000694　R245/322
備急灸法一卷鍼灸擇日編集一卷　(宋)聞人耆年述　清光緒十六年(1890)刻本　一冊

410000－2243－0000695　R222.22/97(1)
傷寒論淺注六卷長沙方歌括六卷　(清)陳念祖集注　清光緒二十四年(1898)多文會刻本　六冊

410000－2243－0000696　R229/11(1)
重刊補注洗冤錄集證六卷　(宋)宋慈撰　(清)王又槐增輯　(清)李觀瀾補輯　(清)孫光烈參閱　(清)阮其新補注　(清)王又梧校訂　(清)張錫蕃重訂加丹　清道光二十四年(1844)廣東刻四色套印本　六冊

410000－2243－0000697　R245/323
鍼灸大成十二卷　(明)楊繼洲撰　清光緒三十三年(1907)振茂書局石印本　八冊

410000－2243－0000698　R222.22/97(2)
傷寒論淺注六卷長沙方歌括六卷　(清)陳念祖集注　清光緒二十四年(1898)多文會刻本　六冊

410000－2243－0000699　R229/9
醫易通說二卷　唐宗海撰　清光緒二十七年(1901)刻本　二冊

410000－2243－0000700　R222.22/97(3)
傷寒論淺注六卷長沙方歌括六卷　(清)陳念祖集注　清光緒二十四年(1898)多文會刻本　六冊

410000－2243－0000701　R222.22/98
傷寒論淺注六卷長沙方歌括六卷　(清)陳念祖集注　清光緒二十四年(1898)多文會刻本　三冊　存六卷(傷寒論淺注六卷)

410000－2243－0000702　R222.22/102
傷寒論淺注六卷　(清)陳念祖集注　清光緒二年(1876)懿惠堂刻本　一冊

410000－2243－0000703　R228/40
巢氏諸病源候總論五十卷　(隋)巢元方撰　(清)胡益謙校　清嘉慶十四年(1809)吳門經義齋胡益謙刻本　十二冊

410000－2243－0000704　R222.22/100
傷寒論淺注六卷　(清)陳念祖集注　清刻本　六冊

410000－2243－0000705　R228/39
醫論彙選一卷　(清)羅美節　清康熙稿本　一冊

410000－2243－0000706　R222.22/101
傷寒論淺注六卷　(清)陳念祖集注　清同治元年(1862)懿惠堂刻本　六冊

410000－2243－0000707　R222.22/99
傷寒論淺注六卷　(清)陳念祖集注　清刻本　四冊

410000－2243－0000708　R228/38
醫學教科書二卷　何仲皋著　清抄本　一冊

410000－2243－0000709　R222.22/103
傷寒論淺註補正七卷首一卷　(清)陳念祖注　唐宗海補正　清光緒三十二年(1906)善成堂刻本　六冊

410000－2243－0000710　R222.22/104
傷寒來蘇集三種　(清)柯琴編注　清刻本　八冊

410000－2243－0000711　R222.22/105
傷寒來蘇集三種　(清)柯琴編注　清刻本　八冊

410000－2243－0000712　R222.22/106
傷寒來蘇集三種　(清)柯琴編注　清金閶經義堂刻本　六冊

410000－2243－0000713　R222.22/109
傷寒來蘇集三種　(清)柯琴編注　清金閶綠慎堂刻本　六冊　存二種六卷

410000－2243－0000714　R222.22/107
傷寒來蘇集三種　(清)柯琴編注　清文富堂刻本　六冊　存二種六卷

410000－2243－0000715　R245/325
鍼灸便用圖考一卷藥性良方一卷　(清)張希純撰　(清)蘇元箴編　清光緒十三年(1887)聚元堂刻本　一冊

410000－2243－0000716　R222.22/108
傷寒來蘇集三種　(清)柯琴編注　清蘇州掃葉山房刻本　六冊　存二種六卷

410000－2243－0000717　R24/97
證治心得十二卷　(清)吳炳撰　清抄本　六冊

410000－2243－0000718　R229/19
軒轅碑記醫學祝由十三科二卷增補一卷　(□)□□撰　清善成堂刻本　一冊

410000－2243－0000719　R245/329
鍼灸全生二卷　(清)蕭福庵撰　清同治八年(1869)貴文堂刻本　一冊

410000－2243－0000720　R245/332
繪圖鍼灸易學二卷　(清)李守先著　清宣統元年(1909)上海修竹齋石印本　三冊

410000－2243－0000721　R222.22/115
注解傷寒論十卷傷寒明理論四卷　(漢)張仲景(張機)述　(晉)王叔和(王熙)撰次　(金)成無己注解　(明)吳勉學閱　清刻本　六冊

410000－2243－0000722　R229/18
洗冤錄補注全纂六卷集證二卷　(清)李虛舟補緝　清道光十五年(1835)浙江三善堂刻本　六冊

410000－2243－0000723　R245/333
鍼灸癥治訣要一卷經穴講義二卷　(□)□□撰　清抄本　三冊

410000－2243－0000724　R222.22/114
注解傷寒論十卷　(漢)張仲景(張機)述　(晉)王叔和(王熙)撰次　(金)成無己注解　(明)吳勉學閱　清光緒二十二年(1896)益元書局刻本　四冊

410000－2243－0000725　R229/16
洗冤錄詳義四卷首一卷摭遺二卷摭遺補一卷　(清)許槤編　清光緒十三年(1887)京都榮錄堂刻本　六冊

410000－2243－0000726　R229/17
洗冤錄詳義四卷首一卷摭遺二卷摭遺補一卷　(清)許槤編　清刻本　四冊　缺二卷(一、首一卷)

410000－2243－0000727　R229/12
重刊補注洗冤錄集證五卷檢骨圖格一卷寶鑑編一卷石香秘籙一卷　(宋)宋慈撰　(清)王又槐增輯　(清)李觀瀾補輯　(清)孫光烈參閱　(清)阮其新補注　(清)王又梧校訂　(清)張錫蕃重訂加丹　**續增洗冤錄辨正參考一卷**　(清)瞿中溶撰　(清)李璋煜重訂　清道光二十四年(1844)廣東刻四色套印本　五冊

410000－2243－0000728　R229/13
重刊補注洗冤錄集證六卷　(宋)宋慈撰　(清)王又槐增輯　(清)李觀瀾補輯　(清)孫光烈參閱　(清)阮其新補注　(清)王又梧校訂　(清)張錫蕃重訂加丹　清道光二十四年(1844)廣東刻四色套印本　四冊　存五卷(一至五)

410000－2243－0000729　R222.22/120
傷寒論三註十六卷　(清)周揚俊編注　清光緒十三年(1887)味經堂刻本　六冊

410000－2243－0000730　R222.22/119
傷寒論三註十六卷　(清)周揚俊編注　清宣統二年(1910)刻本　一冊

410000－2243－0000731　R241.1/52
三指禪三卷　(清)周學霆著　清刻本　一冊

410000－2243－0000732　R222.22/116
傷寒論注四卷　(漢)張機撰　(清)柯琴編注　清刻本　四冊

410000－2243－0000733　R241.1/58
三指禪三卷　(清)夢覺道人(周學霆)著　(清)歐陽輯瑞評註　清道光三十年(1850)志遠堂刻本　一冊

410000－2243－0000734　R241.1/59
三指禪三卷　(清)夢覺道人(周學霆)著　(清)歐陽輯瑞評註　清道光三十年(1850)志遠堂刻本　一冊

410000－2243－0000735　R241.1/60
醫燈續焰二十一卷　(明)王紹隆傳　(清)潘楫註　清抄本　十二冊

410000－2243－0000736　R241.1/62
衛生彈求集一卷　(清)汪文綺撰註　清刻本

一冊

410000－2243－0000737　R241.11/6
脈神章二卷　（明）張景嶽編　清抄本　一冊

410000－2243－0000738　R245/334
太乙神鍼方一卷　（清）范毓錡編　清光緒二十三年（1897）梓文齋刻本　一冊

410000－2243－0000739　R222.22/121
訂正仲景傷寒論釋義不分卷　（清）李贊文補注　清宣統元年（1909）上海文瑞樓刻本　六冊

410000－2243－0000740　R245/335
新刊補注銅人腧穴鍼灸圖經五卷　（宋）王惟一編修　清光緒三十三年至宣統元年（1907－1909）貴池劉氏玉海堂影宋刻本　二冊

410000－2243－0000741　R222.22/122
傷寒論條辯八卷附三卷　（明）方有執撰（明）陳友恭校　清康熙浩然樓刻本　八冊

410000－2243－0000742　R241.11/9
脈經十卷　（晉）王叔和（王熙）撰　（宋）林億類次　清光緒十九年（1893）宜都楊守敬景蘇園影宋刻本　二冊

410000－2243－0000743　R241.11/11
脈經十卷刊誤二卷附錄一卷　（晉）王叔和（王熙）撰　清宣統元年（1909）借月山房刻本　六冊

410000－2243－0000744　R241.11/15
脈經十卷　（晉）王叔和（王熙）撰　（宋）林億類次　清光緒三十一年（1905）長沙徐氏橘隱園刻本　四冊

410000－2243－0000745　R241.11/14
脈經真本十卷首一卷　（晉）王叔和（王熙）撰　清咸豐六年（1856）宏道書院刻本　四冊

410000－2243－0000746　R241.11/12
脈經十卷　（晉）王叔和（王熙）撰　清宣統元年（1909）刻本　四冊

410000－2243－0000747　R272.22/16
痲科活人全書四卷　（清）謝玉瓊纂輯　清光緒十九年（1893）豐城李福田刻本　四冊

410000－2243－0000748　R222.22/126
傷寒論後條辯十五卷　（明）程應旄撰　清乾隆九年（1744）致和堂刻本　十冊

410000－2243－0000749　R222.22/129
傷寒論集注六卷　（清）張志聰註釋　（清）高世栻纂集　清平遠樓刻本　六冊

410000－2243－0000750　R241.11/8
脈經十卷　（晉）王叔和（王熙）撰　清光緒二十二年（1896）新化三味堂刻本　四冊

410000－2243－0000751　R25/197
不居集上集三十卷首一卷下集二十卷首一卷　（清）吳澄撰　清道光十三年（1833）芸香閣刻本　六冊　存二十一卷（下集二十卷、首一卷）

410000－2243－0000752　R222.22/128
傷寒論集注六卷　（清）張志聰註釋　（清）高世栻纂集　清京都琉璃廠刻本　六冊

410000－2243－0000753　R241.11/7
脈經真本十卷首一卷　（晉）王叔和（王熙）撰　清道光二十五年（1845）來鹿堂刻本　四冊

410000－2243－0000754　R222.22/127
傷寒論集注六卷　（清）張志聰註釋　（清）高世栻纂集　清同治九年（1870）內邑公局刻本　六冊

410000－2243－0000755　R25/200
證治彙補八卷　（清）李惺菴著　清光緒二十八年（1902）簡玉山房刻本　四冊

410000－2243－0000756　R25/198（2）
證治彙補八卷　（清）李惺菴著　清光緒九年（1883）萬卷樓刻本　八冊

410000－2243－0000757　R245/339
鍼灸甲乙經十二卷　（晉）皇甫謐撰　（宋）林億校　清光緒十一年（1885）四明存存軒刻本　六冊

410000－2243－0000758　R272.22/16（2）
痲科活人全書四卷　（清）謝玉瓊纂輯　清光

緒十九年(1893)豐城李福田刻本　四册

410000－2243－0000759　R272.22/16(3)
痲科活人全書四卷　(清)謝玉瓊纂輯　清光緒十九年(1893)豐城李福田刻本　四册

410000－2243－0000760　R245/340
鍼灸甲乙經十二卷　(晉)皇甫謐撰　(宋)林億校　清光緒十三年(1887)行素草堂刻本　四册

410000－2243－0000761　R25/198(1)
證治彙補八卷　(清)李惺菴著　清光緒九年(1883)萬卷樓刻本　八册

410000－2243－0000762　R272.22/16(4)
痲科活人全書四卷　(清)謝玉瓊纂輯　清光緒十九年(1893)豐城李福田刻本　四册

410000－2243－0000763　R245/341
鍼灸甲乙經十二卷　(晉)皇甫謐撰　(宋)林億校　清光緒十一年(1885)四明存存軒刻本　四册

410000－2243－0000764　R272.22/16(6)
痲科活人全書四卷　(清)謝玉瓊纂輯　清光緒十七年(1891)刻本　四册

410000－2243－0000765　R25/201
活人方彙編七卷　(清)林開燧撰　清同治八年(1869)貴州羅大春刻本　七册

410000－2243－0000766　R272.22/16(5)
痲科活人全書四卷　(清)謝玉瓊纂輯　清光緒十九年(1893)豐城李福田刻本　四册

410000－2243－0000767　R25/202
林氏活人録彙編六卷　(清)林開燧纂輯　清同治六年(1867)資州刻本　六册

410000－2243－0000768　R272.22/17
痲科活人全書四卷　(清)謝玉瓊纂輯　清光緒二十五年(1899)安福劉知不足齋刻本　四册

410000－2243－0000769　R25/203
逐病論治二卷　何仲皋著　清光緒三十三年(1907)抄本　二册

410000－2243－0000770　R272.22/18
痲科活人全書四卷　(清)謝玉瓊纂輯　清咸豐八年(1858)刻本　四册

410000－2243－0000771　R272.22/22
痲科活人全書四卷　(清)謝玉瓊纂輯　清光緒十五年(1889)養片雲齋刻本　四册

410000－2243－0000772　R25/213
愼柔五書五卷　(明)胡愼柔撰　(清)石震訂正　(清)程永培校　(清)顧元交編次　(清)周學海評註　清刻本　一册

410000－2243－0000773　R247.3/8
易筋經一卷附錄一卷　(西竺)釋達摩著　(唐)釋般剌密諦譯義　題(清)海岱遊人訂正　清刻本　一册

410000－2243－0000774　R272.22/21
痲科活人全書四卷　(清)謝玉瓊纂輯　清光緒三年(1877)刻本　四册

410000－2243－0000775　R25/207
醫學發明一卷　(元)朱震亨撰　明萬曆二十九年(1601)新安吳勉學刻古今醫統正脈全書本　一册

410000－2243－0000776　R272.22/20
痲科活人全書四卷　(清)謝玉瓊纂輯　清咸豐十一年(1861)瓊賢書局刻本　四册

410000－2243－0000777　R247.4/207
衛生要術　(清)徐鳴峰撰　(清)潘霨編　清光緒二年(1876)刻本　一册

410000－2243－0000778　R25/206
十藥神書註解一卷　(元)葛可久編　(清)陳念祖注　(清)林壽萱音　清敦厚堂刻本　一册

410000－2243－0000779　R247.4/208
衛生要術　(清)徐鳴峰撰　(清)潘霨編　清光緒十八年(1892)刻本　一册

410000－2243－0000780　R272.22/30(1)
痲科合璧一卷　(清)楊開泰彙編　清宣統三年(1911)文倫書局鉛印本　一册

410000 - 2243 - 0000781　R25/204
醫學證治發微六卷　(清)徐澹庵著　(清)謝師昌閱　(清)石楷　(清)李延昰校　清康熙活字印本　六册

410000 - 2243 - 0000782　R254/29
時病論八卷　(清)雷豐撰　清刻本　四册

410000 - 2243 - 0000783　R254/30
時病論八卷　(清)雷豐撰　清光緒十年(1884)三衢雷慎修堂刻本　四册

410000 - 2243 - 0000784　R249.1/118
萬病春回丹一卷　(□)□□撰　清抄本　一册

410000 - 2243 - 0000785　R254/32
時病論八卷　(清)雷豐撰　清種杏山房竹軒氏抄本　四册

410000 - 2243 - 0000786　R249.1/119
三家醫案合刻三種附二種　(清)吴金壽輯　清道光十一年(1831)吴氏貯春僊館刻本　六册

410000 - 2243 - 0000787　R272.22/23
鄭氏瘄略一卷　(清)鄭啟壽著　清同治九年(1870)汲綆齋刻本　一册

410000 - 2243 - 0000788　R254/37
寒疫合編歌括四卷　(清)王春田編輯　清光緒二十二年(1896)崇善堂刻本　四册

410000 - 2243 - 0000789　R249.1/121
三家醫案合刻三種　(清)吴金壽輯　清誠德堂刻本　二册

410000 - 2243 - 0000790　R254/38
四時病機十四卷　(清)邵登瀛輯　清宣統元年(1909)上海文瑞樓石印本　一册

410000 - 2243 - 0000791　R254/39
四時病機十四卷　(清)邵登瀛輯　清光緒六年(1880)刻本　四册

410000 - 2243 - 0000792　R272.22/25
痲瘄秘傳六卷　(清)張石頑　(清)俞中和著　(清)黄大霖彙輯　清光緒十五年(1889)灣沚鎮愛蓮書屋刻本　二册

410000 - 2243 - 0000793　R254/40
傷寒瘟疫摘抄一卷　(□)□□輯　清抄本　一册

410000 - 2243 - 0000794　R272.3/2
遂生福幼合編一卷　(清)莊一夔著　(清)恆敏訂　清光緒十年(1884)刻本　一册

410000 - 2243 - 0000795　R272.3/4
遂生福幼合編一卷莊扗田先生福幼廣生二編一卷　(清)莊一夔著　(清)恆敏訂　清刻本　一册

410000 - 2243 - 0000796　R249.1/120
三家醫案合刻三種附二種　(清)吴金壽輯　清道光蘇州緑潤堂刻本　六册

410000 - 2243 - 0000797　R272.3/7(1)
遂生福幼合編一卷　(清)莊一夔著　(清)海慶校　清道光十二年(1832)刻本　一册

410000 - 2243 - 0000798　R249.1/123
三家醫案合刻三種附二種　(清)吴金壽輯　清道光十一年(1831)吴氏刻本　六册

410000 - 2243 - 0000799　R272.3/7(2)
遂生福幼合編一卷　(清)莊一夔著　(清)海慶校　清道光十二年(1832)刻本　一册

410000 - 2243 - 0000800　R249.1/122(1)
三家醫案合刻三種　(清)吴金壽輯　清姑蘇緑慎堂刻本　一册

410000 - 2243 - 0000801　R272.3/6
遂生福幼合編一卷　(清)莊一夔著　清光緒三年(1877)甘涼道署刻本　一册

410000 - 2243 - 0000802　R249.1/122(2)
三家醫案合刻三種　(清)吴金壽輯　清姑蘇緑慎堂刻本　二册

410000 - 2243 - 0000803　R249.1/122(3)
三家醫案合刻三種　(清)吴金壽輯　清姑蘇緑慎堂刻本　一册

410000 - 2243 - 0000804　R272.22/26

天花精言六卷　(清)袁句著　清乾隆五十二年(1787)刻本　四册

410000－2243－0000805　R249.48/34(2)
續名醫類案三十六卷　(清)魏之琇輯　(清)王孟英　(清)楊素園校　清同治二年(1863)刻本　三十六册

410000－2243－0000806　R254/41
重訂醫門普度六卷　(明)吳又可撰　(清)孔毓禮評　清刻本　四册

410000－2243－0000807　R276.1/16
白喉治法忌表抉微一卷　題(清)耐修子錄并注　清光緒十八年(1892)春簪花館刻本　一册

410000－2243－0000808　R276.1/19
白喉治法忌表抉微一卷　題(清)耐修子錄并注　清光緒十九年(1893)一辦香堂刻本　一册

410000－2243－0000809　254.1/4
擬張令韶傷寒直解辨證歌一卷　(清)薛承基輯著　清抄本　一册

410000－2243－0000810　R254.2/95
增訂傷暑全書二卷　(明)張鶴騰撰　(清)葉霖增訂　清抄本　二册

410000－2243－0000811　R276.1/20
白喉治法忌表抉微一卷　題(清)耐修子錄并注　清光緒二十三年(1897)蘇城積善局刻本　一册

410000－2243－0000812　R276.1/21
白喉治法忌表抉微一卷　題(清)耐修子錄并注　清末影印本　一册

410000－2243－0000813　R254.2/96
治瘟提要一卷溫癥斑疹辨證一卷　(清)曹華峯編　清光緒十五年(1889)文集堂刻本　一册

410000－2243－0000814　R276.1/22(1)
白喉治法忌表抉微一卷　題(清)耐修子錄并注　清刻本　一册

410000－2243－0000815　R254.2/97
問心堂溫病條辨六卷首一卷　(清)吳瑭著　清光緒四年(1878)河南撫署刻本　四册

410000－2243－0000816　R254.2/98
問心堂溫病條辨六卷首一卷雜溫須知一卷　(清)吳瑭著　清同治四年(1865)一得齋刻本　六册

410000－2243－0000817　R276.1/17
喉科指南一卷　(清)鄭宏綱撰　清抄本　一册

410000－2243－0000818　R249.48/35
名醫類案十二卷　(明)江瓘集　(清)余集等重校　清乾隆三十五年(1770)知不足齋刻本　十二册

410000－2243－0000819　R249.48/36
名醫類案十二卷　(明)江瓘集　(清)余集等重校　清同治二年(1863)刻本　十二册

410000－2243－0000820　R275.4/4
黴瘡秘錄二卷　(明)陳司成著　清光緒十一年(1885)刻本　二册

410000－2243－0000821　R275/26
瘋門全書二卷　(清)肖曉亭著　清刻本　二册

410000－2243－0000822　R276.1/22(2)
白喉治法忌表抉微一卷　題(清)耐修子錄并注　清光緒十七年(1891)刻本　一册

410000－2243－0000823　R276.1/23(1)
白喉治法忌表抉微一卷　題(清)耐修子錄并注　清刻本　一册

410000－2243－0000824　R276.1/23(2)
白喉治法忌表抉微一卷　題(清)耐修子錄并注　清刻本　一册

410000－2243－0000825　R276.1/23(3)
白喉治法忌表抉微一卷　題(清)耐修子錄并注　清刻本　一册

410000－2243－0000826　R276.1/23(4)
白喉治法忌表抉微一卷　題(清)耐修子錄并

注　清刻本　一册

410000－2243－0000827　R249.48/38(1)
名醫類案十二卷　(明)江瓘集　(清)余集等重校　清同治十年(1871)藏修堂刻本　十二册

410000－2243－0000828　R276.1/25(1)
洞主仙師白喉治法忌表抉微一卷　題(清)耐修子錄并注　清石印本　一册

410000－2243－0000829　R276.1/25(2)
洞主仙師白喉治法忌表抉微一卷　題(清)耐修子錄并注　清石印本　一册

410000－2243－0000830　R276.1/25(3)
洞主仙師白喉治法忌表抉微一卷　題(清)耐修子錄并注　清石印本　一册

410000－2243－0000831　R249.48/38(2)
名醫類案十二卷　(明)江瓘集　(清)余集等重校　清同治十年(1871)藏修堂刻本　十二册

410000－2243－0000832　R276.1/25(4)
洞主仙師白喉治法忌表抉微一卷　題(清)耐修子錄并注　清石印本　一册

410000－2243－0000833　R276.1/25(5)
洞主仙師白喉治法忌表抉微一卷　題(清)耐修子錄并注　清石印本　一册

410000－2243－0000834　R276.1/25(6)
洞主仙師白喉治法忌表抉微一卷　題(清)耐修子錄并注　清石印本　一册

410000－2243－0000835　R276.1/25(7)
洞主仙師白喉治法忌表抉微一卷　題(清)耐修子錄并注　清石印本　一册

410000－2243－0000836　R276.1/25(8)
洞主仙師白喉治法忌表抉微一卷　題(清)耐修子錄并注　清石印本　一册

410000－2243－0000837　R276.1/25(9)
洞主仙師白喉治法忌表抉微一卷　題(清)耐修子錄并注　清石印本　一册

410000－2243－0000838　R276.1/25(10)
洞主仙師白喉治法忌表抉微一卷　題(清)耐修子錄并注　清石印本　一册

410000－2243－0000839　R276.1/29
重樓玉鑰二卷　(清)鄭宏綱撰　清道光十九年(1839)蘇城喜墨齋刻本　二册

410000－2243－0000840　R249.48/39
名醫類案十二卷續名醫類案三十六卷　(明)江瓘集　(清)余集等重校　清光緒十一年(1885)信述堂刻本　四十八册

410000－2243－0000841　R249.48/41
名醫類案十二卷　(明)江瓘集　(清)余集等重校　清光緒二十二年(1896)上海著易堂鉛印本　六册

410000－2243－0000842　R276.1/32
白喉證治通考一卷　(清)張采田撰　(清)張萬田參校　清光緒二十九年(1903)刻本　一册

410000－2243－0000843　R276.1/33
重訂囊秘喉書一卷　(清)楊龍九著　(清)王景華重訂　清光緒二十八年(1902)王景華重訂稿本　一册

410000－2243－0000844　R254.2/106
吳王二溫合刻　(清)吳鞠通著　(清)王士雄著　清光緒二十八年(1902)文來書局石印本　一册　存六卷(溫病條辨六卷)

410000－2243－0000845　R254.2/101
溫病條辨六卷首一卷　(清)吳瑭著　清宣統元年(1909)渭南嚴氏孝義家塾成都刻本　四册

410000－2243－0000846　R254.2/100
問心堂溫病條辨六卷首一卷　(清)吳瑭著　清光緒二十一年(1895)學庫山房刻本　四册

410000－2243－0000847　R254.2/99
問心堂溫病條辨六卷首一卷　(清)吳瑭著　清光緒十年(1884)京都二酉齋刻本　四册

410000－2243－0000848　R276.1/37

時疫白喉捷要一卷　(清)張邵修撰　清光緒二十七年(1901)鉛印本　一册

410000－2243－0000849　R276.1/38
咽喉脈證通論一卷　(清)姚晏撰　清道光三十年(1850)粤東撫署刻本　一册

410000－2243－0000850　R249.49/73
臨證指南醫案十卷　(清)葉桂著　(清)李大瞻等校　清光緒二十二年(1896)實善書局石印本　一册　缺四卷(三至六)

410000－2243－0000851　R249.49/72
臨證指南醫案八卷　(清)葉桂著　(清)李大瞻等校　清光緒三十二年(1906)上海龍文書局石印本　八册

410000－2243－0000852　R254.2/109
溫熱經緯五卷　(清)王士雄撰　清同治二年(1863)刻本　四册

410000－2243－0000853　R249.49/76
種福堂公選溫熱論醫案一卷良方三卷　(清)葉桂著　(清)華岫雲校　清光緒十四年(1888)蒲圻但氏刻本　二册

410000－2243－0000854　R254.2/113
吴王二溫合刻　(清)王士雄著　(清)吳瑭著　清光緒二十八年(1902)文來書局石印本　一册　存七卷(溫熱經緯五卷、達生編二卷)

410000－2243－0000855　R249.49/78
臨證指南醫案十卷種福堂公選醫案一卷良方三卷　(清)葉桂著　(清)李大瞻等校　清乾隆三十三年(1768)衛生堂刻本　十二册

410000－2243－0000856　R254.2/117
溫病條辨醫方撮要二卷　(清)楊璿撰　(清)黄德濂纂　清光緒二十八年(1902)雲南刻本　一册

410000－2243－0000857　R254.2/110
溫熱經緯五卷　(清)王士雄撰　清同治十三年(1874)湖北崇文書局刻本　四册

410000－2243－0000858　R254.2/111(1)
溫熱經緯五卷　(清)王士雄撰　清光緒八年(1882)四川新繁東湖刻本　四册

410000－2243－0000859　R254.2/111(2)
溫熱經緯五卷　(清)王士雄撰　清光緒八年(1882)四川新繁東湖刻本　四册

410000－2243－0000860　R254.2/112
溫熱經緯五卷　(清)王士雄撰　清光緒二十三年(1897)萬縣周氏刻本　四册

410000－2243－0000861　R276.1/39
喉科指掌六卷　(清)張宗良撰　清同治十二年(1873)河南聚文齋刻本　一册

410000－2243－0000862　R249.49/79
臨證指南醫案十卷種福堂公選醫案一卷良方三卷　(清)葉桂著　(清)李大瞻等校　清光緒十年(1884)古吳埽葉山房朱墨套印本　十二册

410000－2243－0000863　R254.2/128
溫病審證表一卷　何仲臯著　清抄本　四册

410000－2243－0000864　R276.1/41
喉科指掌六卷　(清)張宗良撰　清抄本　一册

410000－2243－0000865　R249.49/80
臨證指南醫案十卷種福堂公選醫案一卷良方三卷　(清)葉桂著　(清)李大瞻等校　清末刻朱墨套印本　十二册

410000－2243－0000866　R254.2/126
葉氏溫熱病撮要一卷　(清)□□著　清抄本　一册

410000－2243－0000867　R276.1/51
咽喉秘集二卷　(清)海山仙館編　清同治元年(1862)海山仙館刻本　一册

410000－2243－0000868　R254.2/124
溫熱暑疫全書四卷　(清)周揚俊輯　(清)薛雪　(清)吳蒙重校　清光緒十五年(1889)埽葉山房刻本　一册

410000－2243－0000869　R276.7/66
審視瑤函六卷首一卷　(清)傅仁宇撰　清經國堂刻本　六册

410000－2243－0000870　R254.2/122

溫熱贅言一卷　題(清)寄瓢子述　題(清)天倪室道人校　清道光十一年(1831)吳氏貯春僊館刻本　一册

410000－2243－0000871　R254.2/119

溫病集腋六卷　(清)朱瑞生撰　清宣統三年(1911)濟南啟明石印本　三册

410000－2243－0000872　R254.2/121

溫熱贅言一卷　題(清)寄瓢子述　題(清)天倪室道人校　清道光十一年(1831)吳氏貯春僊館刻本　一册

410000－2243－0000873　R276.7/70

審視瑤函六卷首一卷　(清)傅仁宇撰　清濟世堂刻本　六册

410000－2243－0000874　R249.49/81

臨證指南醫案十卷種福堂公選醫案一卷良方三卷　(清)葉桂著　(清)李大瞻等校　清道光二十四年(1844)蘇州經鉏堂刻朱墨套印本　十二册

410000－2243－0000875　R254.3/25

傷寒溫疫條辨七卷　(清)楊璿撰　(清)楊鼎編次　清光緒三十三年(1907)重慶同經閣刻本　六册

410000－2243－0000876　R254.3/24

傷寒溫疫條辨六卷　(清)楊璿撰　(清)楊鼎編次　清光緒十五年(1889)上海千頃堂書局刻本　六册

410000－2243－0000877　R276.7/71(1)

審視瑤函六卷首一卷　(清)傅仁宇撰　清光緒十年(1884)善成堂刻本　六册

410000－2243－0000878　R249.49/82

臨證指南醫案十卷　(清)葉桂著　(清)徐靈胎(徐大椿)評　(清)李大瞻等校　清光緒十四年(1888)蒲圻但氏刻本　十册

410000－2243－0000879　R249.49/83

臨證指南醫案十卷　(清)葉桂著　(清)李大瞻等校　清乾隆四十年(1775)崇德書院刻本　十册

410000－2243－0000880　R254.3/23

傷寒溫疫條辨四卷　(清)楊璿撰　(清)楊鼎編次　清同治二年(1863)刻光緒二十二年(1896)印本　四册

410000－2243－0000881　R276.7/71(2)

審視瑤函六卷首一卷　(清)傅仁宇撰　清光緒十年(1884)善成堂刻本　六册

410000－2243－0000882　R254.3/22

傷寒溫疫條辨六卷　(清)楊璿撰　清光緒元年(1875)湘潭黎氏黔陽藩署刻本　六册

410000－2243－0000883　R276.7/72

審視瑤函六卷首一卷　(清)傅仁宇撰　清文成堂刻本　六册

410000－2243－0000884　R276.7/73

審視瑤函六卷首一卷　(清)傅仁宇撰　清小酉堂刻本　三册

410000－2243－0000885　R254.3/21

傷寒溫疫條辨六卷　(清)楊璿撰　(清)楊鼎編次　清同治八年(1869)刻本　四册

410000－2243－0000886　R254.3/20

傷寒溫疫條辨七卷　(清)楊璿撰　(清)楊鼎編次　清同治九年(1870)萬邑衛永豐刻本　四册

410000－2243－0000887　R254.3/19

濟眾錄二種附蠱脹腳氣兩證良方　(清)勞守慎輯　(清)勞應根等校　清光緒三十二年(1906)南海勞禮安堂刻本　一册

410000－2243－0000888　R249.49/84

臨證指南醫案十卷　(清)葉桂著　(清)李大瞻等校　清刻本　十册

410000－2243－0000889　R249.49/87

古今醫案按十卷　(清)俞震纂輯　(清)李齡壽重較輯　清宣統元年(1909)上海會文堂書局石印本　十册

410000－2243－0000890　R254.3/44

瘟疫論類編五卷　(明)吳有性撰　(清)劉奎

訂正　(清)劉秉錦編釋　(清)劉嗣宗參閲　清嘉慶四年(1799)刻本　一册

410000－2243－0000891　R249.49/89
古今醫案按十卷　(清)俞震纂輯　(清)李齡壽重較輯　清光緒九年(1883)吳江李氏刻本　十册

410000－2243－0000892　R276.6/74
一草亭眼科全集四卷　(清)文永周重編　清道光十七年(1837)刻本　四册

410000－2243－0000893　R254.3/39(1)
瘟疫論補註二卷　(明)吳有性著　(清)鄭重光補註　清光緒三十三年(1907)上海校經山房石印本　一册

410000－2243－0000894　R254.3/39(2)
瘟疫論補註二卷　(明)吳有性著　(清)鄭重光補註　清光緒三十三年(1907)上海校經山房石印本　二册

410000－2243－0000895　R254.3/34(1)
瘟疫論二卷　(明)吳有性撰　清康熙四十八年(1709)劉敞刻本　二册

410000－2243－0000896　R254.3/34(2)
瘟疫論二卷　(明)吳有性撰　(清)許永康校閲　清乾隆五十六年(1791)川北蓬溪羽人彭教謙刻醒醫六書本　二册

410000－2243－0000897　R254.3/35
瘟疫論二卷　(明)吳有性撰　(清)許永康校閲　清同治元年(1862)集古堂刻本　二册

410000－2243－0000898　R254.3/32
傷寒溫疫條辨六卷　(清)楊璿撰　(清)楊鼎編次　清刻本　六册

410000－2243－0000899　R254.3/31
傷寒溫疫條辨六卷　(清)楊璿撰　(清)楊鼎編次　清刻本　六册

410000－2243－0000900　R254.3/27
傷寒溫疫條辨七卷　(清)楊璿撰　(清)楊鼎編次　清同治九年(1870)宏道堂刻本　一册　存一卷(一)

410000－2243－0000901　R276.7/82
林氏眼科簡便驗方一卷　(清)林士綸著　清光緒十九年(1893)錫山林敬堂刻本　一册

410000－2243－0000902　R276.7/81
眼科良方一卷　(清)葉桂著　清光緒二十年(1894)刻本　一册

410000－2243－0000903　R254.3/26
抄補瘟疫合璧論二卷　(清)王嘉謨輯　清道光四年(1824)蔚文堂刻本　一册

410000－2243－0000904　R254.3/45
瘟疫論類編五卷　(明)吳有性撰　(清)劉秉錦編釋　**松峯説疫六卷**　(清)劉奎撰　清嘉慶四年(1799)刻本　六册

410000－2243－0000905　R254.3/46
松峯説疫六卷　(清)劉奎著輯　(清)劉秉錦述較　(清)劉嗣宗參閲　(清)李逢虔錄　清刻本　四册

410000－2243－0000906　R276.7/76
原機啟微二卷附錄一卷　(元)倪維德　(明)薛己著　(明)郭顯恩校　明刻本　一册　缺一卷(附錄一卷)

410000－2243－0000907　R254.3/47
瘟疫條辨摘要一卷　(清)陳良佐　(清)楊璿論　清同治十年(1871)願學堂刻本　一册

410000－2243－0000908　R249.49/91
葉氏醫案存真三卷馬氏醫案一卷　(清)葉桂撰　清光緒十二年(1886)常熟抱芳閣刻本　四册

410000－2243－0000909　R254.3/48
瘟疫明辨四卷附方一卷　(清)戴天章辨正　清光緒三十三年(1907)瑟齋鉛印陳修園醫書五十種本　一册

410000－2243－0000910　R254.3/49
瘟疫明辨四卷附方一卷　(清)戴天章辨正　清上海江左書林刻陳修園醫書五十種本　一册

410000－2243－0000911　R276.7/79

秘傳眼科龍木醫書總論十卷葆光道人秘傳眼科一卷 題(明)葆光道人撰 清黎照書屋刻本 四册

410000－2243－0000912 R249.49/92
齊氏醫案崇正辨訛六卷 (清)齊秉慧纂著 清道光十三年(1833)刻本 六册

410000－2243－0000913 R276.7/79(2)
秘傳眼科龍木醫書總論十卷葆光道人秘傳眼科一卷 題(明)葆光道人撰 清黎照書屋刻本 四册

410000－2243－0000914 R249.49/93
齊氏醫案崇正辨訛六卷 (清)齊秉慧纂著 清刻本 六册

410000－2243－0000915 R254.3/51
廣瘟疫論四卷末一卷 (清)戴麟郊(戴天章)撰 清光緒三十二年(1906)漢川劉氏果育軒鉛印本 一册

410000－2243－0000916 R254.3/52
廣瘟疫論四卷增補一卷 (清)戴麟郊(戴天章)撰 清同治十一年(1872)慎修堂刻本 二册

410000－2243－0000917 R254.3/53
廣瘟疫論四卷末一卷 (清)戴麟郊(戴天章)撰 清光緒十三年(1887)長沙曹氏刻本 二册

410000－2243－0000918 R254.3/55
廣瘟疫論四卷末一卷 (清)戴麟郊(戴天章)撰 清賜書堂刻本 一册 存四卷(廣瘟疫論四卷)

410000－2243－0000919 R254.3/56
疫疹一得二卷 (清)余霖輯著 清光緒十年(1884)敬直堂刻本 二册

410000－2243－0000920 R254.3/57
瘟疫要編一卷 (清)韓沖著 (清)王鳴鴻校 清光緒二年(1876)山左招遠縣小諸流村刻本 一册

410000－2243－0000921 R254.3/58
韓凌霄溫痧要編四卷 (清)韓凌霄撰 清光緒七年(1881)刻本 一册

410000－2243－0000922 R254.3/60
瘟疫論二卷 (明)吳有性撰 (清)許永康校閱 清乾隆二十九年(1764)雙桂堂刻本 二册

410000－2243－0000923 R254.3/61
瘟疫辨論一卷 (清)馬印麟纂 (清)張廷壁校 清咸豐九年(1859)聚奎堂刻本 一册

410000－2243－0000924 R249.49/94
齊氏醫案崇正辨訛六卷 (清)齊秉慧纂著 清道光十三年(1833)安懷堂刻本 六册

410000－2243－0000925 R249.49/95
齊氏醫案崇正辨訛六卷 (清)齊秉慧纂著 清刻本 六册

410000－2243－0000926 R254.5/8
疫痧二症合編八卷 (清)劉奎著輯 (清)劉秉錦纂述 (清)劉嗣宗參閱 清道光二十六年(1846)廣安九皇宮刻本 八册

410000－2243－0000927 R254.5/9
疫痧二症合編八卷 (清)劉奎著輯 (清)劉秉錦纂述 (清)劉嗣宗參閱 清道光二十六年(1846)廣安九皇宮刻本 八册

410000－2243－0000928 R281/70
本草詩箋十卷 (清)朱鑰著 清乾隆刻本 四册

410000－2243－0000929 R281/69
本草詩箋十卷 (清)朱鑰著 清乾隆刻本 四册

410000－2243－0000930 R249.49/97
王氏醫案四卷 (清)王旭高(王泰林)著 (清)方仁淵參訂 清光緒二十四年(1898)琴川方氏倚雲吟館活字印本 四册

410000－2243－0000931 R254.5/11
治瘧奇方妙論一卷 (清)倪涵初撰 清光緒二十一年(1895)刻本 一册

410000－2243－0000932 R254.5/12

痢疾論四卷時疫白喉捷要一卷　(清)孔毓禮著輯　(清)楊大任參閱　清道光二十七年(1847)謙益堂刻本　一冊

410000－2243－0000933　R254.5/15
痢證滙条十卷　(清)吳道源纂輯　(清)王式金評定　(清)劉文思參訂　清經綸堂刻本　四冊

410000－2243－0000934　R254.5/18
痢證滙条十卷　(清)吳道源纂輯　(清)王式金評定　(清)劉文思參訂　清刻本　四冊

410000－2243－0000935　R281.2/18
本草疏證十二卷　(清)鄒澍學　清同治十二年(1873)反經堂刻本　八冊

410000－2243－0000936　R254.5/16
痢證滙条十卷　(清)吳道源纂輯　(清)王式金評定　(清)劉文思參訂　清經綸堂刻本　一冊

410000－2243－0000937　R254.5/19
痢證滙条十卷　(清)吳道源纂輯　(清)王式金評定　(清)劉文思參訂　清乾隆三十八年(1773)刻本　四冊

410000－2243－0000938　R281/68
長沙藥解四卷　(清)黃元御著　清刻本　一冊

410000－2243－0000939　R254.5/20
痢疾論四卷時疫白喉捷要一卷　(清)孔毓禮著輯　(清)楊大任參閱　清道光二十七年(1847)謙益堂刻本　三冊

410000－2243－0000940　R249.49/103
醫案初集三卷　(清)程文囿著　(清)程光庭　(清)程光庠錄　清光緒十七年(1891)琴溪梅村家塾漢上刻本　二冊

410000－2243－0000941　R277.57/8
傅青主男科二卷　(清)傅山著　(清)王道平校字　清光緒十三年(1887)湖北官書處刻本　一冊

410000－2243－0000942　R249.49/104
葉氏醫案存真三卷馬氏醫案一卷　(清)葉桂撰　清光緒九年(1883)刻本　三冊

410000－2243－0000943　R281.2/20
本經疏證十二卷續疏六卷序疏要八卷　(清)鄒澍學　清道光二十九年(1849)常州長年醫局刻本　八冊

410000－2243－0000944　R249.49/111
王氏醫案二卷續編八卷　(清)王世雄著　(清)籽萸居士參訂　(清)周鑅輯　(清)楊照藜評　清光緒十七年(1891)蒲圻但氏校刻本　三冊

410000－2243－0000945　R281.2/21
本經疏證十二卷續疏六卷序疏要八卷　(清)鄒澍學　清道光二十九年(1849)常州長年醫局刻咸豐八年(1858)日升山房印本　八冊

410000－2243－0000946　R281.2/22
本經疏證十二卷續疏六卷序疏要八卷　(清)鄒澍學　清道光二十九年(1849)常州長年醫局刻咸豐八年(1858)日升山房印本　十二冊

410000－2243－0000947　R249.49/120
醫學尋源易簡錄一卷　(清)陳念祖撰　清刻本　一冊

410000－2243－0000948　R281.2/23(1)
本草綱目拾遺十卷　(清)趙學敏輯　清同治十年(1871)錢塘張應昌吉心堂刻本　十冊

410000－2243－0000949　R281.2/23(2)
本草綱目拾遺十卷　(清)趙學敏輯　清同治十年(1871)錢塘張應昌吉心堂刻本　十冊

410000－2243－0000950　R249.49/123
醫驗錄一卷　(清)葉桂撰　清嘉慶五年(1800)朱隱淇抄本　一冊

410000－2243－0000951　R281.2/23(3)
本草綱目拾遺十卷　(清)趙學敏輯　清同治十年(1871)錢塘張應昌吉心堂刻本　十冊

410000－2243－0000952　R249.49/124
洄溪醫案一卷洄溪論醫劄一卷許辛木農部劄一卷　(清)徐大椿著　(清)王士雄編　清咸

豐七年(1857)海昌蔣氏衍芬草堂刻本　一冊

410000－2243－0000953　R281.2/27(1)
本草三家合注六卷　(清)郭汝聰集注　(清)袁浩閱定　清兩儀堂刻本　六冊

410000－2243－0000954　R281.2/27(2)
本草三家合注六卷　(清)郭汝聰集注　(清)袁浩閱定　清兩儀堂刻本　六冊

410000－2243－0000955　R281.2/28
本草三家合注六卷　(清)郭汝聰集注　(清)袁浩閱定　清兩儀堂刻本　六冊

410000－2243－0000956　R249.49/125
問齋醫桉五卷　(清)蔣寶素著　(清)蔣小素校正　清道光三十年(1850)鎮江蔣氏快志堂刻本　六冊

410000－2243－0000957　R281.2/29
本草三家合注六卷　(清)郭汝聰集注　(清)袁浩閱定校刻　清兩儀堂刻本　一冊

410000－2243－0000958　R249.49/126
問齋醫桉五卷　(清)蔣寶素著　(清)蔣小素校正　清道光三十年(1850)鎮江蔣氏快志堂刻本　五冊

410000－2243－0000959　R249.49/127
曹樂山先生方案一卷　(清)曹存心撰　清抄本　二冊

410000－2243－0000960　R249.49/129
葉氏醫案存真三卷馬氏醫案一卷　(清)葉桂撰　清光緒九年(1883)刻本　四冊

410000－2243－0000961　R249.49/130
歸硯錄四卷　(清)王士雄撰　清同治元年(1862)歸硯草堂刻本　四冊

410000－2243－0000962　R281.2/31
神農本草經讀四卷　(清)陳念祖著　(清)陳元豹　(清)陳元犀校　清連元閣刻本　一冊

410000－2243－0000963　R249.49/132
醫學答問四卷　(清)梁玉瑜傳　(清)陶保廉錄　清光緒二十三年(1897)任振基刻本　四冊

410000－2243－0000964　R281.2/37
本草三家合注六卷　(清)郭汝聰集注　(清)袁浩閱定　清宣統元年(1909)益元書屋刻本　六冊

410000－2243－0000965　R249.49/134
吳門治驗錄四卷　(清)顧金壽著　(清)徐玉書等較　清光緒二十年(1894)揚州文富堂刻本　四冊

410000－2243－0000966　R254.7/5
痧癥全書三卷痧疫論一卷　(清)林森傳授　(清)王凱編輯　(清)胡傑校訂　清光緒二年(1876)刻本　一冊　存二卷(上、痧疫論一卷)

410000－2243－0000967　R249.49/135(1)
吳門治驗錄四卷　(清)顧金壽著　(清)徐玉書等較　清道光五年(1825)澄懷堂刻本　四冊

410000－2243－0000968　R254.7/11
痧癥全書三卷　(清)林森傳授　(清)王凱編輯　(清)何汾　(清)何湘刪訂　清光緒四年(1878)都門慈幼堂刻本　二冊

410000－2243－0000969　R249.49/135(2)
吳門治驗錄四卷　(清)顧金壽著　(清)徐玉書等較　清道光五年(1825)澄懷堂刻本　四冊

410000－2243－0000970　R249.49/136
吳門治驗錄四卷　(清)顧金壽著　(清)徐玉書等較　清道光五年(1825)澄懷堂刻本　二冊

410000－2243－0000971　R281.2/36
本草三家合注六卷　(清)郭汝聰集注　(清)袁浩閱定　清聚經閣刻本　三冊

410000－2243－0000972　R254.7/6
痧癥指微六卷經穴圖一卷　(清)釋普淨著　(清)奚佳棟述　(清)邱天序輯　(清)孫玘訂　清抄本　一冊

410000－2243－0000973　R281.2/35

神農本草經三卷　（北魏）吳普述　（清）孫星衍　（清）孫鴻翼輯　清光緒十七年(1891)池陽周學海刻本　二冊

410000－2243－0000974　R254.7/8(1)
痧脹玉衡書三卷後卷一卷　（清）郭志遂著　清康熙十四年(1675)東書業堂刻本　四冊

410000－2243－0000975　R249.49/137(1)
醫粹精言四卷醫醫瑣言三卷　（清）徐延祚著　（清）陳鴻壽等參訂　清光緒二十二年(1896)奉天徐氏鐵如意軒刻本　五冊

410000－2243－0000976　R249.49/137(2)
醫粹精言四卷醫醫瑣言三卷　（清）徐延祚著　（清）陳鴻壽等參訂　清光緒二十二年(1896)奉天徐氏鐵如意軒刻本　五冊

410000－2243－0000977　R254.7/8(2)
痧脹玉衡書三卷後卷一卷　（清）郭志遂著　清康熙十四年(1675)東書業堂刻本　四冊

410000－2243－0000978　R281.2/34
神農本草經讀四卷　（清）陳念祖著　（清）陳元豹　（清）陳元犀校　清光緒十三年(1887)刻本　二冊

410000－2243－0000979　R254.7/10
急救痧癥全集三卷　（清）費山壽輯纂　清光緒九年(1883)笠澤三省書屋刻本　三冊

410000－2243－0000980　R254.7/12
痧脹源流一卷　（清）沈金鰲撰　清咸豐四年(1854)來鹿堂刻本　一冊

410000－2243－0000981　R281.2/33(1)
神農本草經釋二卷　（清）姜國伊著　清光緒十八年(1892)成都黃氏茹古書局刻本　二冊

410000－2243－0000982　R281.2/33(2)
神農本草經釋二卷　（清）姜國伊著　清光緒十八年(1892)成都黃氏茹古書局刻本　二冊

410000－2243－0000983　R254.7/13
隨息居重訂霍亂論四卷　（清）王士雄纂　（清）陳亨校　清同治二年(1863)上海陳氏崇本堂刻本　二冊

410000－2243－0000984　R254.8/1
鼠疫良方彙編一卷　（清）沈敦和輯　清宣統三年(1911)上海中國公立醫院鉛印本　一冊

410000－2243－0000985　R254.8/2
鼠疫抉微四卷　（清）余德壎輯　（清）陳麗江校　清宣統二年(1910)滬瀆素盦鉛印本　一冊

410000－2243－0000986　R281.2/38
本草三家合注六卷　（清）郭汝聰集注　（清）袁浩閱定　清青雲閣刻本　四冊

410000－2243－0000987　R222.23/74(2)
傷寒醫訣串解六卷十藥神書一卷　（清）陳念祖撰　清光緒十五年(1889)務本堂刻本　一冊

410000－2243－0000988　R2281.3/26
神農本草經九卷　（北魏）吳普述　（清）孫星衍　（清）孫鴻翼合輯　清抄本　十冊

410000－2243－0000989　R255.5/17(1)
理虛元鑑二卷　題(明)綺石先生著　（清）陸懋修重訂　清宣統元年(1909)京華印書局冰黿鉛印本　一冊

410000－2243－0000990　R26/128(2)
王洪緒先生外科證治全生一卷　（清）王洪緒著　清咸豐十一年(1861)武昌節署刻本　一冊

410000－2243－0000991　R249.49/140
冷廬醫話五卷　（清）陸以湉著　清光緒二十三年(1897)烏程龐氏刻本　四冊

410000－2243－0000992　R249.49/141
醫學源流論二卷　（清）徐大椿著　清刻本　二冊

410000－2243－0000993　R255.7/19
血證論八卷　唐宗海著　（清）鄧其章參校　清光緒三十四年(1908)上海千頃堂書局石印本　二冊

410000－2243－0000994　R255.7/20
血證論八卷　唐宗海著　（清）鄧其章參校

清光緒三十三年(1907)朱氏煥文書局石印本　一册

410000－2243－0000995　R249.49/145
醫原二卷　(清)石壽棠學　清咸豐十一年(1861)留耕書屋刻本　四册

410000－2243－0000996　R281.2/44(1)
本草崇原集說三卷　(清)張志聰撰　(清)高世栻編訂　(清)仲學輅集說　清宣統二年(1910)錢塘仲氏刻本　三册

410000－2243－0000997　R281.2/44(2)
本草崇原集說三卷　(清)張志聰撰　(清)高世栻編訂　(清)仲學輅集說　清宣統二年(1910)錢塘仲氏刻本　四册

410000－2243－0000998　R281.2/43
本草崇原集說三卷　(清)張志聰撰　(清)高世栻編訂　(清)仲學輅集說　清宣統二年(1910)錢塘仲氏刻本　四册

410000－2243－0000999　R256.3/22
脾胃總論一卷　(清)楊鳳庭撰　清抄本　一册

410000－2243－0001000　R249.49/146
吴醫彙講十一卷　(清)唐大烈纂輯　清乾隆五十七年(1792)校經山房刻嘉慶十九年(1814)印本　四册

410000－2243－0001001　R249.49/147
吴醫彙講十一卷　(清)唐大烈纂輯　清乾隆五十七年(1792)校經山房刻嘉慶十九年(1814)印本　四册

410000－2243－0001002　R249.49/148
吴醫彙講十一卷　(清)唐大烈纂輯　清乾隆五十七年(1792)校經山房刻嘉慶十九年(1814)印本　四册

410000－2243－0001003　R26/117
外科正宗一卷幼幼集成一卷　(明)陳實功撰　清抄本　一册

410000－2243－0001004　R26/118
外科正宗十二卷附録一卷　(明)陳實功撰　(清)許楣訂　(清)徐大椿評　(清)蔣光焴校　清咸豐十年(1860)海寧許氏刻本　六册

410000－2243－0001005　R26/119
外科正宗十二卷　(明)陳實功撰　(清)許楣訂　(清)徐大椿評　(清)蔣光焴校　清光緒三十三年(1907)成都書局正字山房刻本　十二册

410000－2243－0001006　R26/120
外科正宗十二卷　(明)陳實功撰　清光緒二十年(1894)掃葉山房刻本　六册

410000－2243－0001007　R26/122
重訂外科正宗十二卷　(明)陳實功撰　(清)張鷟翼重訂　清正學齋刻本　四册

410000－2243－0001008　R26/123
重訂外科正宗十二卷　(明)陳實功撰　(清)張鷟翼重訂　清光緒十四年(1888)京都泰山堂刻本　六册

410000－2243－0001009　R249.49/149(1)
醫法心傳一卷　(清)程芝田著　清光緒十三年(1887)養鶴山房刻本　二册

410000－2243－0001010　R26/124
王洪緒先生外科證治全生一卷增補跌打損傷一卷治癲狗咬方一卷　(清)王洪緒著　清末二酉山房刻本　二册

410000－2243－0001011　R26/127
外科證治全生六卷新增馬氏經驗秘方一卷　(清)王維德著　(清)馬培之評　清光緒十年(1884)吳門掃葉山房刻本　二册

410000－2243－0001012　R249.49/149(2)
醫法心傳一卷　(清)程芝田著　清光緒十三年(1887)養鶴山房刻本　一册

410000－2243－0001013　R26/128(1)
王洪緒先生外科證治全生一卷　(清)王洪緒著　清咸豐十一年(1861)武昌節署刻本　一册

410000－2243－0001014　R26/128(3)
王洪緒先生外科證治全生一卷　(清)王洪緒

著　清咸豐十一年(1861)武昌節署刻本　一册

410000－2243－0001015　R281.3/67
本草綱目五十二卷首一卷圖二卷　(明)李時珍撰　清福文堂刻本　四十九册　缺一卷(四十四)

410000－2243－0001016　R281.3/70
本草綱目五十二卷　(明)李時珍撰　明刻本　三十三册

410000－2243－0001017　R26/130
外科證治全書五卷末一卷　(清)許克昌　(清)畢法輯　清同治六年(1867)四川省城鐵筆齋刻本　五册

410000－2243－0001018　R249.49/152
醫砭一卷　(清)徐大椿著　(清)張鴻補輯　(清)王士雄參訂　清潛齋刻本　一册

410000－2243－0001019　R26/131
外科證治全書五卷末一卷　(清)許克昌　(清)畢法輯　清同治六年(1867)四川省城鐵筆齋刻本　五册

410000－2243－0001020　R249.49/154
醫學讀書記三卷續記一卷　(清)尤怡著　清光緒十四年(1888)行素草堂刻本　一册

410000－2243－0001021　R249.49/155
王氏醫存十七卷　(清)王燕昌述　清同治十三年(1874)皖城黄竹友齋刻本　二册

410000－2243－0001022　R249.49/156
王氏醫存十七卷　(清)王燕昌述　清同治十三年(1874)皖城黄竹友齋刻本　四册

410000－2243－0001023　R281.3/78
本草綱目五十二卷首一卷圖三卷　(明)李時珍編輯　清光緒十一年(1885)合肥張氏味古齋刻本　四十八册

410000－2243－0001024　R－51/1
西醫五種　(英國)合信氏著　(清)陳修堂同撰　清末鉛印本　五册

410000－2243－0001025　R26/134
外科精義二卷　(元)齊德之纂集　(明)吴勉學校正　清光緒七年(1881)雲林閣刻本　二册

410000－2243－0001026　R26/135
外科精義二卷　(元)齊德之纂集　(明)吴勉學校正　清刻本　二册

410000－2243－0001027　R281.3/79
本草述三十二卷首一卷　(清)劉若金撰　清光緒二年(1876)還讀山房刻本　二十二册

410000－2243－0001028　R281.3/74
本草綱目五十二卷萬方鍼線八卷圖三卷脈學奇經攷一卷　(明)李時珍撰　(清)張鶴翥重訂　(清)張鶱翼參　清乾隆四十九年(1784)書業堂刻本　五十一册

410000－2243－0001029　R26/136
洞天奥旨十六卷附十二經絡圖　(清)陳士鐸著　(清)陶式玉評　(清)陶增方校　清光緒善成堂刻本　六册

410000－2243－0001030　R163/12
鴉片癮戒除法二卷　(清)曹炳章撰述　清宣統三年(1911)浙東印刷局鉛印本　二册

410000－2243－0001031　R281.3/76
本草綱目五十二卷首一卷圖三卷　(明)李時珍編輯　清光緒十一年(1885)合肥張氏味古齋刻本　四十册

410000－2243－0001032　R17/25
育嬰淺講一卷　(清)顧保圻演　清末鉛印本　一册

410000－2243－0001033　R281.3/72
本草綱目五十二卷首一卷圖三卷　(明)李時珍編輯　(清)張士瑜　(清)張士珩審定　清光緒二十年(1894)上海圖書集成印書局鉛印本　二十四册

410000－2243－0001034　R26/144
外科大成四卷　(清)祁坤輯著　(清)祁嘉錫等正字　清善成堂刻本　六册

410000－2243－0001035　R32/14

全體闡微六卷 (美國)柯為良撰 清光緒七年(1881)福州聖教醫館刻本 六册

410000－2243－0001036 R26/148
外科理例七卷附方一卷 (明)汪機編輯 (明)陳桷較正 明嘉靖刻本 三册

410000－2243－0001037 R26/149
外科心法真驗指掌四卷首一卷 (清)劉濟川撰 清光緒十三年(1887)天津全順堂劉氏刻本 四册

410000－2243－0001038 R26/150
外科心法真驗指掌四卷首一卷 (清)劉濟川撰 清光緒十三年(1887)天津全順堂劉氏刻本 二册

410000－2243－0001039 R26/166
洞天奥旨十六卷附十二經絡圖 (清)陳士鐸著 (清)陶式玉評 (清)陶增方校 清光緒二十五年(1899)輔文堂刻本 四册

410000－2243－0001040 R281.3/80
本草綱目五十二卷首一卷圖三卷 (明)李時珍編輯 (清)張士瑜 (清)張士珩審定 清光緒十一年(1885)合肥張氏味古齋刻本 二十册

410000－2243－0001041 R32/15
全體闡微三卷 (美國)柯為良撰 清光緒二十四年(1898)福州聖教醫館石印本 三册

410000－2243－0001042 R26/155
編輯外科心法要訣十六卷 (清)吳謙纂修 清宣統元年(1909)上海章福記書局石印御纂醫宗金鑑本 四册

410000－2243－0001043 R26/154
外科明隱集四卷醫案錄彙二卷 (清)何景才著 (清)王懿生等較 清光緒何氏刻本 四册

410000－2243－0001044 R26/156
編輯外科心法要訣十六卷 (清)吳謙纂修 清宣統元年(1909)上海章福記書局石印御纂醫宗金鑑本 二册

410000－2243－0001045 R281.3/81
本草述三十二卷首一卷 (清)劉若金撰 清光緒二年(1876)還讀山房刻本 二十册

410000－2243－0001046 R32/16(1)
全體新論一卷 (英國)合信氏著 (清)陳修堂同撰 清咸豐三年(1853)上海墨海書館刻本 一册

410000－2243－0001047 R32/16(2)
全體新論一卷 (英國)合信氏著 (清)陳修堂同撰 清咸豐三年(1853)上海墨海書館刻本 二册

410000－2243－0001048 R32/16(3)
全體新論一卷 (英國)合信氏著 (清)陳修堂同撰 清咸豐三年(1853)上海墨海書館刻本 一册

410000－2243－0001049 R32/16(4)
全體新論一卷 (英國)合信氏著 (清)陳修堂同撰 清咸豐三年(1853)上海墨海書館刻本 一册

410000－2243－0001050 R281.3/82(1)
本草綱目五十二卷奇經八脈考一卷 (明)李時珍編輯 清衣德堂刻本 六册 存七卷(四十七至五十二、奇經八脈考一卷)

410000－2243－0001051 R32/17
全體通考十八卷圖二卷 (英國)德貞著 清光緒十三年(1887)同文館鉛印本 十五册 缺一卷(圖一)

410000－2243－0001052 R281.3/82(2)
本草求真八卷主治二卷 (清)黄宫繡撰 清學源堂刻本 十册 缺一卷(九)

410000－2243－0001053 R32/18
全體圖說二卷 (英國)稻惟德譯 清光緒十年(1884)益智書會刻本 一册

410000－2243－0001054 R26/163
正體類要二卷 (明)薛己著 (明)顧凌霄校 明末刻本 一册

410000－2243－0001055 R26/171

外科樞要四卷　(明)薛己著　(明)周南校　明末刻本　二冊

410000－2243－0001056　R32/19
省身指掌九卷　(美國)博恒理著　清光緒三十四年(1908)上海美華書館鉛印本　一冊

410000－2243－0001057　R261/12
瘍科心得集三卷　(清)高秉鈞纂輯　(清)吳辰燦參訂　(清)高觀海校　清光緒二十七年(1901)無錫日升山房刻本　一冊

410000－2243－0001058　R329/34
體用十章四卷　(英國)哈士烈譔　(清)孔慶高譯　(美國)嘉約翰校正　清光緒十年(1884)羊城博濟醫局刻本　四冊

410000－2243－0001059　R261/15
片石居瘍科治法輯要二卷　(清)沈志裕纂　(清)沈保銘校訂　清道光八年(1828)志古堂刻本　一冊

410000－2243－0001060　R281.3/88
本草述鉤元三十二卷　(清)楊時泰輯　清道光二十二年(1842)毘陵涵雅堂刻本　十冊

410000－2243－0001061　R261/17
瘍醫大全四十卷　(清)顧世澄纂輯　(清)錢之栢　(清)顧槑孌校　清光華堂刻本　三十二冊

410000－2243－0001062　R261/16
瘍醫大全四十卷　(清)顧世澄纂輯　(清)錢之栢　(清)顧槑孌校　清同治九年(1870)敦仁堂刻本　四十冊

410000－2243－0001063　R36/102
病理撮要一卷　(清)尹端模譯　清光緒十八年(1892)羊城博濟醫局刻本　二冊

410000－2243－0001064　R281.3/89
本草述鉤元三十二卷　(清)楊時泰輯　清道光二十二年(1842)毘陵涵雅堂刻本　十冊

410000－2243－0001065　R4/75(1)
西醫略論三卷　(英國)合信氏著　(清)管茂材同撰　清咸豐七年(1857)江蘇上海仁濟醫館刻本　一冊

410000－2243－0001066　R4/75(2)
西醫略論三卷　(英國)合信氏著　(清)管茂材同撰　清咸豐七年(1857)江蘇上海仁濟醫館刻本　四冊

410000－2243－0001067　R4/75(3)
西醫略論三卷　(英國)合信氏著　(清)管茂材同撰　清咸豐七年(1857)江蘇上海仁濟醫館刻本　一冊

410000－2243－0001068　R281.3/91
本草衍義二十卷　(宋)寇宗奭撰　清光緒三年(1877)歸安陸心源刻本　二冊

410000－2243－0001069　R5/141
内科理法前編六卷後編六卷　(英國)虎伯撰　(清)舒高第口譯　(清)趙元益筆述　清江南製造總局刻本　六冊

410000－2243－0001070　R5/142
内科新說二卷　(英國)合信氏著　(清)管茂材同撰　清咸豐八年(1858)江蘇上海仁濟醫館刻本　一冊

410000－2243－0001071　R5/143
内科新說二卷　(英國)合信氏著　(清)管茂材同撰　清咸豐八年(1858)江蘇上海仁濟醫館刻本　二冊

410000－2243－0001072　R5/144
内科新說二卷　(英國)合信氏著　(清)管茂材同撰　清咸豐八年(1858)江蘇上海仁濟醫館刻本　四冊

410000－2243－0001073　R5/145(1)
内科新說二卷　(英國)合信氏著　(清)管茂材同撰　清咸豐八年(1858)江蘇上海仁濟醫館刻本　一冊

410000－2243－0001074　R5/145(2)
内科新說二卷　(英國)合信氏著　(清)管茂材同撰　清咸豐八年(1858)江蘇上海仁濟醫館刻本　一冊

410000－2243－0001075　R5/145(3)

内科新説二卷 (英國)合信氏著 (清)管茂材同撰 清咸豐八年(1858)江蘇上海仁濟醫館刻本 一册

410000－2243－0001076 R6/138
割症全書七卷 (美國)嘉約翰撰 清光緒十六年(1890)羊城博濟醫局刻本 七册

410000－2243－0001077 R71/194(1)
婦科精蘊圖説五卷 (美國)妥瑪氏撰 (清)孔慶高筆譯 (美國)嘉約翰校正 清光緒十五年(1889)羊城博濟醫局刻本 五册

410000－2243－0001078 R71/194(2)
婦科精蘊圖説五卷 (美國)妥瑪氏撰 (清)孔慶高筆譯 (美國)嘉約翰校正 清光緒十五年(1889)羊城博濟醫局刻本 四册 存四卷(一至四)

410000－2243－0001079 R281.3/102
本草求真九卷主治二卷脈理求真三卷 (清)黄宫繡撰 清乾隆緑圃齋刻本 八册

410000－2243－0001080 R261/21
瘡瘍經驗全書六卷 (宋)竇漢卿輯著 (清)洪瞻巖 (清)陳友恭校 清宣統二年(1910)上海掃葉山房石印本 二册

410000－2243－0001081 R261/22
瘡瘍經驗全書六卷 (宋)竇漢卿輯著 (清)洪瞻巖 (清)陳友恭校 清善德堂刻本 五册 存五卷(二至六)

410000－2243－0001082 R281.3/95
本草求真九卷脈理求真二卷 (清)黄宫繡撰 清學源堂刻本 八册 缺二卷(本草求真二、九)

410000－2243－0001083 R759/43
增訂花柳指迷一卷 (美國)嘉約翰輯譯 (清)林應祥筆述 (清)尹端模參訂 清光緒十五年(1889)羊城博濟醫局重刻本 一册

410000－2243－0001084 R261/24
瘡瘍經驗全書六卷 (宋)竇漢卿輯著 (清)洪瞻巖 (清)陳友恭校 清同文堂刻本 六册

410000－2243－0001085 R281.3/94
本草從新六卷 (清)吴儀洛撰 清光緒六年(1880)掃葉山房刻本 六册

410000－2243－0001086 R9/40
西藥大成十卷首一卷 (英國)來拉 (英國)海得蘭撰 (英國)傅蘭雅口譯 (清)趙元益筆述 清光緒十年(1884)刻本 十六册

410000－2243－0001087 R261/25
瘡瘍經驗全書十三卷 (宋)竇漢卿輯著 (清)洪瞻巖 (清)陳友恭校 清抄本 十三册

410000－2243－0001088 R281.3/98
本草從新六卷 (清)吴儀洛撰 清刻本 六册

410000－2243－0001089 R261/29
頭疾圖翼一卷 (□)□□撰 清抄本 二册

410000－2243－0001090 R281.3/97
本草問答二卷 唐宗海著 (清)張士讓參 清光緒三十二年(1906)精宏書局鉛印本 一册

410000－2243－0001091 R261/31
瘍科心得集三卷方彙三卷家用膏丹丸散方一卷 (清)高秉鈞纂輯 (清)吴辰燦參訂 (清)高觀海校 清嘉慶十四年(1809)盡心齋刻本 三册

410000－2243－0001092 R281.3/96
本草問答二卷 唐宗海著 (清)張士讓參 清光緒三十四年(1908)千頃堂書局石印本 一册

410000－2243－0001093 R261/32
瘍科心得集三卷方彙三卷家用膏丹丸散方一卷 (清)高秉鈞纂輯 (清)吴辰燦參訂 (清)高觀海校 清光緒二十七年(1901)無錫日升山房刻本 三册

410000－2243－0001094 R262/6
刺疔捷法一卷 (清)張鏡著 清光緒五年

(1879)長洲王鋆刻本　一冊

410000－2243－0001095　R289.349/23
醫方集解三卷　(清)汪昂撰　清道光二十五年(1845)瓶花書屋刻本　四冊

410000－2243－0001096　R289.349/25
醫方集解三卷　(清)汪昂著輯　(清)汪端　(清)汪惟寵較　清康熙三槐堂刻本　八冊

410000－2243－0001097　R289.349/26
醫方集解六卷　(清)汪昂著輯　(清)汪端　(清)汪惟寵較　清三多齋刻本　六冊

410000－2243－0001098　R262/7
刺疔捷法一卷　(清)張鏡著　清光緒五年(1879)長洲王鋆刻本　一冊

410000－2243－0001099　R289.349/30
醫方集解六卷合訂本草備要一卷湯頭歌括一卷　(清)汪昂著輯　(清)汪端　(清)汪惟寵較　清光緒益元堂刻本　四冊　缺二卷(二、四)

410000－2243－0001100　R262/10
增訂治疔彙要三卷補遺一卷　(清)過鑄著　(清)甯本瑜　(清)倪望重校　清光緒三十年(1904)成都官報書局鉛印本　二冊

410000－2243－0001101　R262/11
增訂治疔彙要三卷補遺一卷　(清)過鑄著　(清)甯本瑜　(清)倪望重校　清光緒二十四年(1898)武林刻本　四冊

410000－2243－0001102　R262/12
增訂治疔彙要三卷補遺一卷　(清)過鑄著　(清)甯本瑜　(清)倪望重校　清光緒二十四年(1898)武林刻本　四冊

410000－2243－0001103　R271/191
萬氏婦女科三卷　(明)萬全撰　清光緒十五年(1889)守經堂刻本　一冊

410000－2243－0001104　R271/192
萬氏女科三卷　(明)萬全撰　(清)裘琅訂　清嘉慶十年(1805)友益堂刻本　一冊

410000－2243－0001105　R271/193(1)
婦嬰新説一卷　(英國)合信氏著　(清)管茂材同撰　清咸豐八年(1858)江蘇上海仁濟醫館刻本　一冊

410000－2243－0001106　R289.349/20
醫方集解三卷　(清)汪昂著輯　(清)汪端　(清)汪惟寵較　清宏道堂刻本　六冊

410000－2243－0001107　R271/193(2)
婦嬰新説一卷　(英國)合信氏著　(清)管茂材同撰　清咸豐八年(1858)江蘇上海仁濟醫館刻本　一冊

410000－2243－0001108　R289.349/21
醫方集解六卷救急良方一卷勿藥元詮一卷　(清)汪昂撰　清光緒十三年(1887)姑蘇掃葉山房刻本　六冊

410000－2243－0001109　R271/193(3)
婦嬰新説一卷　(英國)合信氏著　(清)管茂材同撰　清咸豐八年(1858)江蘇上海仁濟醫館刻本　一冊

410000－2243－0001110　R271/193(4)
婦嬰新説一卷　(英國)合信氏著　(清)管茂材同撰　清咸豐八年(1858)江蘇上海仁濟醫館刻本　一冊

410000－2243－0001111　R271/193(5)
婦嬰新説一卷　(英國)合信氏著　(清)管茂材同撰　清咸豐八年(1858)江蘇上海仁濟醫館刻本　一冊

410000－2243－0001112　R271.1/32
婦人良方二十四卷　(宋)陳自明編　(明)薛己註　(明)閔道政校　明末刻本　十二冊

410000－2243－0001113　R289.349/22
醫方集解二十三卷　(清)汪昂撰　清光緒十三年(1887)姑蘇掃葉山房刻本　四冊

410000－2243－0001114　R289.349/16
古方彙精五卷　題(清)愛虛老人編　清嘉慶九年(1804)京江尊仁堂刻本　四冊

410000－2243－0001115　R271.1/31
婦人良方二十四卷　(宋)陳自明編　(明)薛

己註　(明)閔道政校　清刻本　八冊

410000－2243－0001116　R271.1/36
婦人良方二十四卷　(宋)陳自明編　(明)薛己註　(明)閔道政校　明末刻本　六冊　存十二卷(一至十二)

410000－2243－0001117　R289.349/17
賽金丹二卷　(清)徐半峰編　清刻本　一冊

410000－2243－0001118　R271.1/34
婦人良方二十四卷　(宋)陳自明編　(明)薛己註　(明)閔道政校　明末刻本　八冊

410000－2243－0001119　R271.1/33
婦人良方二十四卷　(宋)陳自明編　(明)薛己校註　(清)唐富春梓　清嘉慶六年(1801)郁文堂刻本　八冊

410000－2243－0001120　R271.1/45(1)
女科經綸八卷　(清)蕭壎纂著　(清)蕭鉉等校　清光緒十六年(1890)掃葉山房刻本　四冊

410000－2243－0001121　R289.349/32
醫方集解六卷救急良方一卷勿藥元詮一卷　(清)汪昂撰　清光緒十二年(1886)鎮江文成堂刻本　六冊

410000－2243－0001122　R271.1/45(2)
女科經綸八卷　(清)蕭壎纂著　(清)蕭鉉等校　清光緒十六年(1890)掃葉山房刻本　四冊

410000－2243－0001123　R271.1/45(3)
女科經綸八卷　(清)蕭壎纂著　(清)蕭鉉等校　清光緒十六年(1890)掃葉山房刻本　四冊

410000－2243－0001124　R289.349/33
醫方集解三卷救急良方一卷勿藥元詮一卷附錄一卷　(清)汪昂撰　清道光五年(1825)德馨堂刻本　六冊

410000－2243－0001125　R271.1/45(4)
女科經綸八卷　(清)蕭壎纂著　(清)蕭鉉等校　清光緒十六年(1890)掃葉山房刻本　四冊

410000－2243－0001126　R289.349/34
醫方集解二十一卷救急良方一卷勿藥元詮一卷　(清)汪昂撰　清光緒五年(1879)掃葉山房刻本　六冊

410000－2243－0001127　R271.1/38
女科輯要八卷單養賢胎產全書一卷　(清)周紀常纂輯　清同治四年(1865)奎照樓刻本　四冊

410000－2243－0001128　R271.1/40
女科輯要二卷　(清)沈堯封輯　(清)王士雄參　(清)徐政杰補注　(清)沈之藩校　清同治元年(1862)刻本　二冊

410000－2243－0001129　R271.1/43
女科輯要二卷　(清)沈堯封輯　(清)王士雄參　(清)徐政杰補注　(清)沈之藩校　清末刻本　二冊

410000－2243－0001130　R289.349/35
萬方類纂八卷　(清)宋穆撰次　清光緒二十五年(1899)桂林毓蘭書屋刻本　六冊

410000－2243－0001131　R289.349/36
醫方集解二十一卷救急良方一卷勿藥元詮一卷　(清)汪昂撰　清光緒十七年(1891)珍藝書局鉛印本　四冊

410000－2243－0001132　R289.349/37
醫方集解三卷救急良方一卷勿藥元詮一卷　(清)汪昂撰　清初還讀齋刻本　六冊

410000－2243－0001133　R289.349/38
醫方集解二十一卷救急良方一卷勿藥元詮一卷　(清)汪昂撰　清光緒十六年(1890)上洋江左書林刻本　六冊

410000－2243－0001134　R271.1/46
竹林寺秘方錄遺一卷　(清)□□輯　清抄本　一冊

410000－2243－0001135　R289.349/42
醫方集署二卷　(清)□□撰　清抄本　二冊

410000－2243－0001136　R289.349/45

成方切用十二卷首一卷末一卷　（清）吴儀洛輯　（清）周蘭九等較　清乾隆二十六年（1761）硤川利濟堂刻本　八册

410000－2243－0001137　R271.1/51
竹林女科證治四卷　（清）竹林寺僧撰　清光緒十七年（1891）皖江節署重刻本　二册　存二卷（二至三）

410000－2243－0001138　R289.349/46
歌方集論四卷人身譜一卷　（清）祝源纂述　（清）徐佑校　清光緒十七年（1891）棱香館刻本　五册

410000－2243－0001139　R289.349/47
歌方集論四卷人身譜一卷　（清）祝源纂述　（清）徐佑校　清光緒十七年（1891）棱香館刻本　四册

410000－2243－0001140　R271.1/52
竹林女科證治四卷　（清）竹林寺僧撰　清光緒十七年（1891）皖江節署刻本　四册

410000－2243－0001141　R289.349/48
種福堂公選良方兼刻古吴名醫精論四卷　（清）葉桂論　清刻本　二册

410000－2243－0001142　R289.349/49
種福堂公選良方兼刻古吴名醫精論四卷　（清）葉桂論　清乾隆四十二年（1777）衛生堂刻本　二册

410000－2243－0001143　R271.1/54
胎產新書二十卷　（清）吴煜校訂　清光緒十二年（1886）漢皋成媄堂刻本　四册

410000－2243－0001144　R289.349/50
種福堂公選良方四卷　（清）葉桂論　清維揚文富堂刻本　四册

410000－2243－0001145　R271.1/54
胎產新書二十卷　（清）吴煜校訂　清光緒十二年（1886）漢皋成媄堂刻本　二册　缺八卷（一至八）

410000－2243－0001146　R289.349/51
醫方易簡新編六卷　（清）龔自璋彙輯　清刻本　四册

410000－2243－0001147　R289.349/52（1）
醫方易簡新編六卷　（清）龔自璋彙輯　清同治五年（1866）京都篆雲齋刻本　四册

410000－2243－0001148　R271.1/58
寧坤秘笈三卷附一卷　（清）竹林寺僧撰　清刻本　二册

410000－2243－0001149　R289.349/52（3）
醫方易簡新編六卷　（清）龔自璋彙輯　清同治五年（1866）京都篆雲齋刻本　四册

410000－2243－0001150　R271.1/61
女科要旨四卷　（清）陳念祖著　（清）陳元蔚參訂　（清）陳元犀韻註　清光緒十三年（1887）務本堂刻本　二册

410000－2243－0001151　R271.1/60
女科要旨四卷　（清）陳念祖著　（清）陳元蔚參訂　（清）陳元犀韻註　清光緒三十四年（1908）寶慶富記書局刻本　二册

410000－2243－0001152　R271.1/59
女科要旨四卷　（清）陳念祖著　（清）陳元蔚參訂　（清）陳元犀韻註　清光緒二十一年（1895）成都多文會刻本　二册

410000－2243－0001153　R271.1/76
濟陰綱目十四卷　（明）武之望輯著　（清）張志聰訂正　（清）汪淇箋釋　（清）查望參閲　清紫文閣刻本　八册

410000－2243－0001154　R271.1/75
濟陰綱目十四卷保生碎事一卷　（明）武之望輯著　（清）張志聰訂正　（清）汪淇箋釋　（清）查望參閲　清天德堂刻本　六册

410000－2243－0001155　R289.349/53（1）
醫方易簡新編六卷　（清）龔自璋彙輯　清咸豐四年（1854）刻本　四册

410000－2243－0001156　R271.1/74
濟陰綱目十四卷保生碎事一卷　（明）武之望輯著　（清）張志聰訂正　（清）汪淇箋釋　（清）查望參閲　清金閶書業堂刻本　八册

410000－2243－0001157　R289.349/53(2)
醫方易簡新編六卷　(清)龔自璋彙輯　清咸豐四年(1854)刻本　四册

410000－2243－0001158　R289.349/54
易簡方便醫書六卷　(清)周茂五編　清光緒二十一年(1895)石陽周三元堂刻本　六册

410000－2243－0001159　R289.349/55
易簡方便醫書六卷　(清)周茂五編　清同治十三年(1874)刻本　六册

410000－2243－0001160　R289.349/56
醫方易簡新編六卷　(清)龔自璋彙輯　清咸豐六年(1856)順德羅葉祥刻本　四册

410000－2243－0001161　R271.1/79
女科仙方四卷　(清)傅青主(傅山)著　清同治十三年(1874)孝友堂刻本　四册

410000－2243－0001162　R271.1/80
女科仙方四卷　(清)傅青主(傅山)著　清道光二十六年(1846)刻本　四册

410000－2243－0001163　R271.1/81
女科仙方四卷　(清)傅青主(傅山)著　清咸豐二年(1852)簡州鳳山書院李述古齋刻本　四册

410000－2243－0001164　R271.1/82
女科仙方四卷　(清)傅青主(傅山)著　清成都正古堂刻本　四册

410000－2243－0001165　R289.349/57
平易方四卷補遺經驗良方一卷痧喉論一卷福幼編一卷　(清)葉香侶編　清刻本　四册

410000－2243－0001166　R289.349/58
厚德堂集驗方萃編四卷　(清)奇克唐阿編　清光緒七年至九年(1881－1883)刻本　六册

410000－2243－0001167　R271.1/66
新編女科指掌五卷　(清)葉其蓁編輯　清刻本　四册

410000－2243－0001168　R289.349/59
厚德堂集驗方萃編四卷　(清)奇克唐阿編　清光緒二十二年(1896)上海珍藝書局石印本　四册

410000－2243－0001169　R271.1/65(2)
女科二卷產後編二卷　(清)傅山著　清光緒元年(1875)湖北崇文書局刻本　二册

410000－2243－0001170　R271.1/65(1)
女科二卷產後編二卷　(清)傅山著　清光緒元年(1875)湖北崇文書局刻本　二册

410000－2243－0001171　R271.1/64
傅徵君女科二卷產後編二卷　(清)傅山撰　清光緒二年(1876)傅氏大梁刻本　四册

410000－2243－0001172　R289.349/60
濟世良方合編六卷首一卷補遺四卷　(清)周其芬編　清同治四年至七年(1865－1868)湖北衡善堂刻本　八册

410000－2243－0001173　R271.4/14
經效產寶三卷續編一卷　(唐)昝殷撰集　清光緒七年(1881)影宋刻本　一册

410000－2243－0001174　R289.349/61
同壽錄四卷尾一卷　(清)項天瑞撰　清道光二十八年(1848)京都琉璃廠篆云齋刻本　四册

410000－2243－0001175　R271.4/15
胎產心法三卷續胎產心法一卷經驗雜方一卷　(清)閻純璽撰　清同治元年(1862)曾三省堂刻本　七册

410000－2243－0001176　R271.4/16(1)
閻誠齋先生胎產心法三卷　(清)閻純璽著　(清)李廷璋編訂　清光緒二十一年(1895)上海文瑞樓刻本　六册

410000－2243－0001177　R289.349/62
醫方簡易四卷　(清)虞仲倫述　(清)周啟明訂　清刻本　二册

410000－2243－0001178　R271.4/16(2)
閻誠齋先生胎產心法三卷　(清)閻純璽著　(清)李廷璋編訂　清光緒二十一年(1895)上海文瑞樓刻本　六册

410000－2243－0001179　R289.349/63

衛生鴻寶六卷　(清)祝補齋編　清光緒十一年(1885)滬上刻本　四册

410000－2243－0001180　R271.4/17
胎產心法三卷　(清)閻純璽著　清咸豐五年(1855)西昌三官會刻本　六册

410000－2243－0001181　R289.349/64
衛生鴻寶六卷　題(清)西溪外史編輯　清道光二十六年(1846)袁續薪堂刻本　四册

410000－2243－0001182　R289.349/65
醫方集解不分卷　(清)汪昂撰　清光緒五年(1879)掃葉山房刻本　六册

410000－2243－0001183　R271.4/20
增廣大生要旨五卷　(清)唐千頃纂著　(清)葉灝增訂　清光緒十五年(1889)潘約禮堂刻本　二册

410000－2243－0001184　R271.4/22
增廣大生要旨五卷　(清)唐千頃纂著　(清)葉灝增訂　清光緒十年(1884)掃葉山房刻本　二册

410000－2243－0001185　R289.349/66
良方集腋二卷續附一卷　(清)謝元慶編　(清)王慶霄校　清同治二年(1863)留耕堂刻本　二册

410000－2243－0001186　R289.349/67(1)
良方集腋二卷續附一卷　(清)謝元慶編　(清)王慶霄校　清道光二十二年(1842)留耕堂刻本　二册

410000－2243－0001187　R271.4/23
增廣大生要旨五卷　(清)唐千頃纂著　(清)葉灝增訂　清光緒十年(1884)掃葉山房刻本　一册

410000－2243－0001188　R289.349/67(2)
良方集腋二卷續附一卷　(清)謝元慶編　(清)王慶霄校　清道光二十二年(1842)留耕堂刻本　二册

410000－2243－0001189　R289.349/68
新刊良朋彙集五卷　(清)孫偉較輯　清康熙廣惠堂刻本　五册

410000－2243－0001190　R289.349/69
新刊良朋彙集五卷　(清)孫偉較輯　清道光四年(1824)姑蘇崇德書院刻本　六册

410000－2243－0001191　R271.4/26
達生編三卷附錄一卷大士救產真言真印一卷保赤編一卷　題(清)亟齋居士撰　清光緒十三年(1887)刻本　一册

410000－2243－0001192　R289.349/70
新刊良朋彙集五卷補遺一卷　(清)孫偉較輯　清善成堂刻本　六册

410000－2243－0001193　R271.4/29
胎產秘書三卷首一卷　(清)陳笏庵傳　(清)何榮編　清宣統三年(1911)成都蔣氏刻本　一册

410000－2243－0001194　R289.349/71(1)
新刊良朋彙集五卷補遺一卷　(清)孫偉較輯　清光緒九年(1883)上洋埽葉山房刻本　六册

410000－2243－0001195　R271.4/30
胎產金針三卷續要一卷　(清)何榮撰　(清)浦齡編校　清光緒二年(1876)劉暢園刻本　二册

410000－2243－0001196　R289.349/71(2)
新刊良朋彙集五卷補遺一卷　(清)孫偉較輯　清光緒九年(1883)上洋校經山房刻本　六册

410000－2243－0001197　R289.349/71(3)
新刊良朋彙集五卷補遺一卷　(清)孫偉較輯　清光緒九年(1883)上洋校經山房刻本　六册

410000－2243－0001198　R271.4/51
胎產心法三卷　(清)閻純璽撰　清光緒四年(1878)長沙刻本　五册

410000－2243－0001199　R271.4/48
胎產心法三卷　(清)閻純璽撰　清道光二十七年(1847)書業德記刻本　六册

410000－2243－0001200　R289.349/73
絳雪園古方選註不分卷附得宜本草　(清)王子接註　(清)葉桂校　清雍正刻本　三冊

410000－2243－0001201　R289.349/74(1)
絳雪園古方選註不分卷附得宜本草　(清)王子接註　(清)葉桂校　清乾隆二年(1737)介景樓刻本　四冊

410000－2243－0001202　R271.4/49
胎產心法三卷　(清)閻純璽撰　清刻本　四冊

410000－2243－0001203　R289.349/74(2)
絳雪園古方選註不分卷附得宜本草　(清)王子接註　(清)葉桂校　清乾隆二年(1737)介景樓刻本　四冊

410000－2243－0001204　R289.349/75(1)
絳雪園古方選註不分卷附得宜本草　(清)王子接註　(清)葉桂校　清埽葉山房刻本　四冊

410000－2243－0001205　R289.349/75(2)
絳雪園古方選註不分卷附得宜本草　(清)王子接註　(清)葉桂校　清埽葉山房刻本　四冊

410000－2243－0001206　R271.4/33(2)
產科心法二卷　(清)汪喆撰　清刻本　二冊

410000－2243－0001207　R271.4/33(1)
產科心法二卷　(清)汪喆撰　清刻本　二冊

410000－2243－0001208　R289.349/75(3)
絳雪園古方選註不分卷附得宜本草　(清)王子接註　(清)葉桂校　清埽葉山房刻本　四冊

410000－2243－0001209　R289.349/76
絳雪園古方選註不分卷附得宜本草　(清)王子接註　(清)葉桂校　清埽葉山房刻本　六冊

410000－2243－0001210　R271.4/46
重訂胎產方書二卷　(明)鄭五全著　(清)王家璋參　(清)王昌祉編次　清嘉慶六年(1801)刻本　二冊

410000－2243－0001211　R289.349/77
驗方新編二十四卷　(清)鮑相璈編輯　(清)鮑相壁校　清光緒四年(1878)梅□刻本　十六冊

410000－2243－0001212　R271.4/44
產孕集二卷　(清)張曜孫著　(清)潘希甫校　清道光二十六年(1846)京師養閑草堂刻本　一冊

410000－2243－0001213　R271.4/43
胎產秘書三卷　(清)陳笏庵傳　(清)金庸校對　清光緒十八年(1892)永盛齋刻本　一冊

410000－2243－0001214　R271.4/42
胎產合璧三卷種子心法一卷保產心法一卷全嬰心法一卷　題(清)永思堂主人編　清同治元年(1862)古歙永思堂刻本　二冊

410000－2243－0001215　R271.4/39
難產神驗繡閣保產良方一卷　(清)姚文僖撰　清光緒十九年(1893)碑硯齋刻本　一冊

410000－2243－0001216　R271.4/37
胎產集要三卷　(清)黃惕齋輯　清同治七年(1868)常州培本堂善書局刻本　一冊

410000－2243－0001217　R271.4/35
產科心法二卷　(清)汪喆撰　清光緒六年(1880)刻本　二冊

410000－2243－0001218　R271.4/34
產科心法二卷福幼編一卷　(清)汪喆撰　清光緒十七年(1891)浙江嘉興刻本　二冊

410000－2243－0001219　R272/217
保赤彙編七種　(清)朱之榛輯　清光緒五年(1879)蘇州刻本　四冊

410000－2243－0001220　R289.349/81
驗方新編正集十六卷痧癥全書三卷咽喉秘集二卷　(清)鮑相璈編輯　(清)鮑相壁校　清光緒三年(1877)刻本　十五冊　缺一卷(咽喉秘集上)

410000－2243－0001221　R272/218

鬻嬰提要説一卷痧喉正義一卷 （清）張振鋆輯 清光緒十五年(1889)刻本 一冊

410000－2243－0001222 R272/221
許氏幼科七種 （清）許豫和撰 清乾隆、嘉慶間顧行堂刻本 八冊 缺一種二卷

410000－2243－0001223 R289.349/86
不藥良方二卷續集十卷 （清）王桂舟編 清光緒七年(1881)京都紹衣堂刻本 四冊 存二卷(不藥良方二卷)

410000－2243－0001224 R289.349/87
驗方新編十八卷 （清）鮑相璈編輯 清光緒十年(1884)信述堂刻本 一冊

410000－2243－0001225 R272/223
錢氏小兒直訣四卷 （宋）錢乙著 （宋）閻孝忠集 （明）薛鎧註 （明）蔣宗澹校 明刻本 三冊

410000－2243－0001226 R289.349/88
景岳新方砭四卷 （清）陳念祖著 清光緒十三年(1887)務本堂刻本 一冊

410000－2243－0001227 R289.349/90(1)
景岳新方砭四卷 （清）陳念祖著 清光緒二十一年(1895)多文會刻本 二冊

410000－2243－0001228 R272/225
類證註釋錢氏小兒方訣十卷 （宋）閻孝忠集 （明）熊宗立註 （明）吳勉學閱 （明）樊應乾校 明刻本 一冊

410000－2243－0001229 R289.349/90(2)
景岳新方砭四卷 （清）陳念祖著 清光緒二十一年(1895)多文會刻本 二冊

410000－2243－0001230 R272/226
錢氏小兒直訣四卷 （宋）錢乙撰 （宋）閻孝忠集 （明）薛鎧附註 （清）梁忠較刻 清光緒二十一年(1895)華西草堂刻本 一冊

410000－2243－0001231 R289.349/102
彙集金鑑二卷 （清）釋本圓編 清道光二十二年(1842)西蜀文殊院刻本 一冊

410000－2243－0001232 R289.349/91
景岳新方砭四卷 （清）陳念祖著 清光緒二十一年(1895)多文會刻本 一冊

410000－2243－0001233 R289.349/92
仙拈集四卷 （清）李文炳纂 清乾隆三槐堂刻本 四冊

410000－2243－0001234 R271.4/59
廣嗣五種備要 （清）王實穎著輯 （清）張書參訂 清道光元年(1821)耘苗主人刻本 二冊

410000－2243－0001235 R289.349/93
仙拈集四卷 （清）李文炳纂 清嘉慶十五年(1810)書業堂刻本 六冊

410000－2243－0001236 R272/227
錢氏小兒藥證直訣三卷 （宋）閻孝忠集 清光緒十八年(1892)姚江黃氏五桂樓刻本 二冊

410000－2243－0001237 R289.349/94
經驗廣集四卷 （清）李文炳纂 清道光二年(1822)嘉興錦繡閣刻本 四冊

410000－2243－0001238 R272/228
小兒藥證直訣三卷閻氏小兒方論一卷董氏斑疹方論一卷 （宋）錢乙著 （宋）閻孝忠編次 清光緒十七年(1891)池陽周氏刻本 一冊

410000－2243－0001239 R289.349/96
絳囊撮要五卷 題(清)雲川道人編 清咸豐三年(1853)漢陽葉氏兩廣督署刻本 一冊

410000－2243－0001240 R272/229
小兒藥證直訣三卷 （宋）錢乙著 清刻本 一冊

410000－2243－0001241 R272/230
活幼心書 （元）曾世榮編次 清宣統二年(1910)武昌醫館刻本 四冊

410000－2243－0001242 R272/231
活幼心書 （元）曾世榮編次 清宣統二年(1910)武昌醫館刻本 二冊

410000－2243－0001243 R289.349/98
增輯普濟應驗良方八卷 （清）祝韻梅輯 清

光緒十九年(1893)四川犍為縣刻壽世彙編本　二册　存六卷(一至六)

410000－2243－0001244　R272/233
保嬰易知錄二卷　(清)吴溶堂撰　清道光十七年(1837)經飴山房刻本　四册

410000－2243－0001245　R272/234
保嬰易知錄二卷　(清)吴溶堂撰　清道光十六年(1836)浙江官書局刻本　一册

410000－2243－0001246　R289.349/103
醫方論四卷　(清)費伯雄著　清光緒三年(1877)刻本　一册

410000－2243－0001247　R289.349/104
醫方論四卷　(清)費伯雄著　清光緒三年(1877)刻本　二册

410000－2243－0001248　R271.4/57
萬氏家傳廣嗣紀要十六卷　(明)萬全編著　(清)胡署校訂　(清)胡廷佐編次　清康熙五十一年(1712)忠信堂刻本　一册

410000－2243－0001249　R289.349/107(1)
串雅内編四卷　(清)趙學敏纂輯　清光緒四年(1878)榆園刻本　二册

410000－2243－0001250　R271.4/55
敬信録四卷達生篇一卷慈幼篇一卷遂生篇一卷福幼篇一卷海上方一卷痢疾奇方一卷　(清)徐榮編　清道光二十七年(1847)河南省城朱聚文齋刻本　四册

410000－2243－0001251　R289.349/107(2)
串雅内編四卷　(清)趙學敏纂輯　清光緒四年(1878)榆園刻本　二册

410000－2243－0001252　R289.349/107(3)
串雅内編四卷　(清)趙學敏纂輯　清光緒四年(1878)榆園刻本　二册

410000－2243－0001253　R289.4/58
湯頭歌括新編二卷　(清)汪昂撰　(清)吴華卿訂　清抄本　一册

410000－2243－0001254　R272/254
保赤新編二卷補遺一卷　(清)任贊纂集　清末鉛印本　二册

410000－2243－0001255　R289.4/61
太醫院增補青囊藥性賦直解四卷　(清)羅必煒參訂　清書林楊能儒刻本　三册　存三卷(二至四)

410000－2243－0001256　R289.4/60
珍珠囊指掌補遺藥性賦四卷雷公炮製藥性解六卷　(金)李杲　(明)李中梓編輯　(清)王晉三重訂　清末石印本　二册　存五卷(珍珠囊指掌補遺藥性賦三至四、雷公炮製藥性解四至六)

410000－2243－0001257　R272/251
幼科醫學指南四卷　(明)周震撰　清乾隆五十四年(1789)刻本　四册

410000－2243－0001258　R272/242
幼科三種　(清)□□編　清宣統元年(1909)上海廣益書局石印本　六册

410000－2243－0001259　R272/241
幼科三種　(清)□□編　清光緒三十三年(1907)上海醉經堂石印本　二册

410000－2243－0001260　R289.5/420
玉歷金方合編四卷　題(清)蘭玉居士編　清同治五年(1866)葛氏刻本　四册

410000－2243－0001261　R272/240
幼科三種　(清)□□編　清光緒三十三年(1907)上海醉經堂石印本　六册

410000－2243－0001262　R289.5/421
急救經驗良方一卷　(清)陳念祖評　清光緒十四年(1888)上洋江左書林刻本　一册

410000－2243－0001263　R272/238
述古齋幼科新書三種　(清)張振鋆輯　清光緒十九年(1893)聚昌公司鉛印本　六册

410000－2243－0001264　R271.4/52
錢醫産秘傳一卷　(清)□□撰　清抄本　一册

410000－2243－0001265　R289.5/395(1)
普濟應驗良方八卷末一卷　(清)德軒氏纂輯

清嘉慶十四年(1809)刻本　一冊

410000－2243－0001266　R289.5/395(2)
普濟應驗良方八卷末一卷　(清)德軒氏纂輯　清嘉慶十四年(1809)刻本　一冊

410000－2243－0001267　R289.5/395(3)
普濟應驗良方八卷末一卷　(清)德軒氏纂輯　清嘉慶十四年(1809)刻本　一冊

410000－2243－0001268　R271.4/53
產後編二卷　(清)傅山撰　清山西文興齋刻本　一冊　存一卷(下)

410000－2243－0001269　R289.5/400
經驗選秘六卷　(清)胡增彬輯訂　清刻本　一冊

410000－2243－0001270　R271.4/54
竹林產科一卷　(清)竹林寺僧撰　題(清)夢和居士校　清光緒五年(1879)浙江瑪瑙寺刻本　一冊

410000－2243－0001271　R289.5/401
是亦良方不分卷　題(清)醫俗子編　清光緒十五年(1889)刻本　一冊

410000－2243－0001272　272/235(1)
萬氏家傳育嬰秘訣四卷　(明)萬全編著　(清)胡署校定　(清)胡廷佐編次　清康熙三十一年(1692)忠信堂刻乾隆四十三年(1778)印本　四冊

410000－2243－0001273　R289.5/403
不藥良方不分卷　(清)潘志裘輯　清光緒二十五年(1899)上海李氏刻本　一冊

410000－2243－0001274　272/235(2)
萬氏家傳幼科發揮二卷　(明)萬全編著　(清)張伯宗校定　(清)張坦議正訛　清康熙三十一年(1692)忠信堂刻乾隆四十三年(1778)印本　二冊

410000－2243－0001275　R289.5/404
幾希錄良方合璧不分卷　(清)張維善編　清同治八年(1869)姑蘇得見齋刻本　一冊

410000－2243－0001276　272/235(3)
萬氏家傳片玉心書五卷　(明)萬全編著　(清)張伯宗校定　(清)張坦議正訛　清康熙三十一年(1692)忠信堂刻乾隆四十三年(1778)印本　二冊

410000－2243－0001277　R272/256
萬氏醫貫三卷　(清)萬寧撰　清光緒二十九年(1903)香港中華印務公司鉛印本　一冊

410000－2243－0001278　R272/257
幼科撮要　(□)□□撰　清同治元年(1862)省垣天主堂刻本　一冊

410000－2243－0001279　R289.5/405
急治彙編不分卷附徐俞二先生吊脚痧方論　(清)張龢棻著　清宣統元年(1909)存存齋石印本　一冊

410000－2243－0001280　R272/258
幼科要畧論一卷　(□)□□撰　清抄本　一冊

410000－2243－0001281　R289.5/406
應驗簡易良方不分卷　(清)長年醫局輯　清光緒七年(1881)常州長年醫局刻本　一冊

410000－2243－0001282　R272/259
幼科必讀一卷　(□)□□撰　清抄本　一冊

410000－2243－0001283　R289.5/407
普濟應驗良方八卷末一卷附福幼篇　(清)德軒氏纂輯　清道光十六年(1836)積善堂刻本　二冊

410000－2243－0001284　R272/260
幼科釋謎六卷　(清)沈金鰲輯　清同治元年(1862)醉六堂刻沈氏尊生書本　一冊

410000－2243－0001285　R272/261
幼科醫案一卷　(明)秦昌遇著　清光緒十四年(1888)抄本　一冊

410000－2243－0001286　R289.5/408
經驗百方不分卷　(清)□□撰　清同治七年(1868)仁和金肖農刻本　一冊

410000－2243－0001287　R289.5/409
經驗良方不分卷　(清)盧由鈞編　清光緒四

年(1878)金陵刻本　一册

410000－2243－0001288　R272/295
幼科鐵鏡六卷　(清)夏鼎著　(清)鐸禹懸等參　清兩儀堂刻本　二册

410000－2243－0001289　R272/294
幼科鐵鏡二卷　(清)夏鼎著　(清)鐸禹懸等參　清宣統元年(1909)文元書莊石印本　一册

410000－2243－0001290　R272/293
幼科鐵鏡六卷　(清)夏鼎著　(清)鐸禹懸等參　清道光九年(1829)掃葉山房刻本　二册

410000－2243－0001291　R272/279
幼科鐵鏡六卷　(清)夏鼎著　(清)鐸禹懸等參　清光緒二十一年(1895)貴池劉氏信天堂刻本　二册

410000－2243－0001292　R289.5/410
洪氏集驗方五卷　(宋)洪遵撰　清光緒元年(1875)杉直懷清之館刻本　一册

410000－2243－0001293　R272/278
幼科鐵鏡六卷　(清)夏鼎著　清宣統元年(1909)海豐吳氏刻本　二册

410000－2243－0001294　R289.5/411
濟世經驗彙編不分卷　(清)毛世洪輯　清光緒三年(1877)蕭山願賢堂刻本　一册

410000－2243－0001295　R289.5/413
治癲狗咬傷經驗救急神效方不分卷　(□)□□撰　清光緒十八年(1892)刻本　一册

410000－2243－0001296　R272/266(1)
幼幼集成六卷　(清)陳復正輯　題(清)耔莫居士評點　(清)劉一勷校　(清)周宗頤參　清紫英仙館刻本　六册

410000－2243－0001297　R272/266(2)
幼幼集成六卷　(清)陳復正輯　題(清)耔莫居士評點　(清)劉一勷校　(清)周宗頤參　清紫英仙館刻本　六册

410000－2243－0001298　R272/274
幼幼集成六卷　(清)陳復正輯訂　(清)劉一勷校正　(清)周宗頤參定　清刻本　二册　存三卷(四至六)

410000－2243－0001299　R289.5/414
集驗良方拔萃二卷續補一卷　題(清)恬素氏輯　清咸豐九年(1859)寄漚氏刻本　二册

410000－2243－0001300　R272/273
幼幼集成六卷　(清)陳復正輯　(清)劉一勷校　(清)周宗頤參　清學庫山房刻本　六册

410000－2243－0001301　R272/271
幼幼集成六卷　(清)陳復正輯　題(清)耔莫居士評點　(清)劉一勷校　(清)周宗頤參　清光緒二十六年(1900)藜照書屋刻本　六册

410000－2243－0001302　R272/272
幼幼集成六卷　(清)陳復正輯　題(清)耔莫居士評點　(清)劉一勷校　(清)周宗頤參　清光緒二十六年(1900)成都達道會刻本　六册

410000－2243－0001303　R289.5/415
集驗良方拔萃二卷　題(清)恬素氏輯　清吳郡陸茂林刻本　一册

410000－2243－0001304　R272/270
幼幼集成六卷　(清)陳復正輯訂　(清)劉一勷校正　(清)周宗頤參定　清乾隆三讓堂刻本　六册

410000－2243－0001305　R289.5/416
經驗秘方不分卷　(清)楊舒和　(清)潘之偉採輯　清光緒二十年(1894)杭城聚文堂刻本　一册

410000－2243－0001306　R272/268
鼎鍥幼幼集成六卷　(清)陳復正輯訂　(清)劉勷校正　(清)周宗頤參定　清翰墨園刻本　六册

410000－2243－0001307　R289.5/423
壽世良方四卷首一卷　(清)陳勱編輯　清光緒十四年(1888)四明積善堂刻本　一册

410000－2243－0001308　R272/267
鼎鍥幼幼集成六卷　(清)陳復正輯訂　(清)

劉一勷校正 (清)周宗頤參定 清郁文堂刻本 六冊

410000－2243－0001309 R289.5/425
文堂集驗方四卷 (清)何京輯 清刻本 四冊

410000－2243－0001310 R272.2/16
痘疹正宗三卷 (清)宋麟祥著 清光緒十年(1884)吳縣朱記榮校經山房刻本 二冊

410000－2243－0001311 R272.2/15
痘疹正宗二卷 (清)宋麟祥著 清宣統元年(1909)掃葉山房石印本 二冊

410000－2243－0001312 R289.5/435
經驗方二卷 (清)沈善兼輯 清光緒二十二年(1896)柞谿沈氏擇古齋刻本 一冊

410000－2243－0001313 R289.5/449(1)
良方集要不分卷 (清)周鶴群纂輯 清末上海錦章書局石印本 一冊

410000－2243－0001314 R289.5/449(2)
良方集要不分卷 (清)周鶴群纂輯 清末上海錦章書局石印本 一冊

410000－2243－0001315 R289.5/450
賽金丹二卷 (清)徐半峰編 清曾氏刻本 一冊

410000－2243－0001316 R272.2/14
種痘新書十二卷 (清)張琰編輯 (清)曾衡波彔 清同治十年(1871)大道堂刻本 六冊

410000－2243－0001317 R272.2/13
種痘新書十二卷 (清)張琰編輯 (清)曾衡波彔 清同治十年(1871)善成堂刻本 五冊

410000－2243－0001318 R289.5/452
英神普救丸不分卷 (□)□□撰 清修德堂刻本 一冊

410000－2243－0001319 R272.2/12
種痘新書十二卷 (清)張琰編輯 (清)曾衡波彔 清乾隆六年(1741)刻本 六冊

410000－2243－0001320 R272.2/11
中西痘科合璧十二卷首一卷 (清)張琰編輯 (清)曾衡波彔 清光緒三十二年(1906)上海書局石印本 六冊

410000－2243－0001321 B221/29
易經精華六卷首一卷末一卷 (清)薛嘉穎輯 清光緒十六年(1890)宏道堂刻本 六冊

410000－2243－0001322 R272.2/10
種痘新書十二卷 (清)張琰編輯 (清)曾衡波彔 清寶慶祥隆刻本 五冊

410000－2243－0001323 B221/30
周易恒解五卷首一卷 (清)劉沅註釋 清光緒三十一年(1905)豫誠堂刻本 六冊

410000－2243－0001324 R272.2/8
重刻活幼心法大全二卷 (明)聶尚恒著 (清)黃光會校 清光緒二年(1876)凝善堂刻本 一冊

410000－2243－0001325 R272.2/7
活幼心法九卷 (明)聶尚恒著 (清)張庚泰校閱 清婺源俞鎔刻本 一冊

410000－2243－0001326 R272.2/6
重刻活幼心法大全二卷 (明)聶尚恒著 (清)黃光會校 清道光二十二年(1842)刻本 一冊

410000－2243－0001327 R272.2/5
治痘藥性說要二卷 (清)孫豐年著 清刻本 二冊

410000－2243－0001328 B221/45
周易本義四卷 (宋)朱熹撰 清刻本 四冊

410000－2243－0001329 B221/32
周易爻徵廣義六卷首一卷末一卷 (清)閻汝弼編輯 清刻本 八冊

410000－2243－0001330 R272.2/30
痘疹定論四卷 (清)朱純嘏編輯 (清)朱兆漢等參校 清道光七年(1827)致盛堂刻本 三冊 存三卷(一至三)

410000－2243－0001331 B221/33
來瞿唐先生易註十五卷圖像一卷首一卷末一

卷 (明)來知德撰 清寧遠堂刻本 十九冊

410000－2243－0001332 R272.2/29
痘疹定論四卷 (清)朱純嘏編輯 (清)朱兆漢等參校 清咸豐三年(1853)務本堂刻本 一冊

410000－2243－0001333 R272.2/28
痘疹定論四卷 (清)朱純嘏編輯 (清)朱兆漢等參校 清刻本 一冊

410000－2243－0001334 B222.1/8
四書典故辨正二十卷附錄一卷 (清)周柄中著 清嘉慶敬儀堂刻本 五冊

410000－2243－0001335 R272.2/27
痘疹定論四卷 (清)朱純嘏編輯 (清)朱兆漢等參校 清善成堂刻本 二冊

410000－2243－0001336 R272.2/26
痘疹定論四卷 (清)朱純嘏編輯 (清)朱兆漢等參校 清咸豐三年(1853)文成堂刻本 二冊

410000－2243－0001337 R272.2/25
痘疹定論四卷 (清)朱純嘏編輯 清文盛堂刻本 二冊

410000－2243－0001338 B222.1/9
新增四書備旨靈捷解八卷 (清)張素存(張玉書)著 (清)鄒蒼崖增補 清宏道堂刻本 八冊

410000－2243－0001339 R272.2/23
痘證寶筏六卷 (清)強健纂著 清同治元年(1862)醉六堂刻本 三冊

410000－2243－0001340 R272.2/22
痘證寶筏六卷 (清)強健纂著 清刻本 六冊

410000－2243－0001341 B222.1/9(2)
四書集註十九卷 (宋)朱熹撰 清刻本 一冊 存二卷(大學一卷、中庸一卷)

410000－2243－0001342 R272.2/20
豆醫蠡酌錄三卷 (清)曹禾學 清道光二十四年(1844)惜陰書屋木活字印本 三冊

410000－2243－0001343 B222.1/13
四書考異七十二卷 (清)翟灝撰 清乾隆三十四年(1769)無不宜齋刻本 十二冊

410000－2243－0001344 B222.1/14
四書恒解十卷 (清)劉沅輯注 清同治十三年(1874)樂善堂刻本 十冊

410000－2243－0001345 R272.2/31
痘科辨證二卷 (清)陳堯道編集 清康熙二十二年(1683)刻本 二冊

410000－2243－0001346 B222.1/16
新訂四書補註備旨十卷 (明)鄧林著 (清)鄧煜編次 (清)杜定基增訂 清光緒十二年(1886)上海點石齋影印本 八冊

410000－2243－0001347 R272.2/32
痘疹會通五卷 (清)曾鼎纂述 (清)曾炳等校正 清乾隆五十一年(1786)忠恕堂刻本 三冊

410000－2243－0001348 B222.2/2
論語注疏解經十卷 (三國魏)何晏集解 (宋)邢昺疏 **札記一卷** 劉世珩撰 清光緒三十三年(1907)貴池劉氏玉海堂影宋刻本 二冊

410000－2243－0001349 R272.2/34
翁仲仁先生痘科金鏡賦六卷 (清)俞茂鯤集解 (清)於人龍參評 清嘉慶二十一年(1816)刻本 四冊

410000－2243－0001350 R272.2/35
痘科類編釋意三卷 (清)翟良輯 清乾隆三十七年(1772)敬業堂刻本 四冊

410000－2243－0001351 R272.2/36
痘科類編釋意三卷疹科纂要一卷 (清)翟良輯 清雍正六年(1728)天都事守堂刻本 二冊

410000－2243－0001352 R272.2/37
秘授痘疹活幼心法之寶九卷 (清)聶久吾著 (清)周雨郇編 清道光十八年(1838)海陽張汝英刻本 二冊

410000－2243－0001353　R272.2/38
痘疹幼幼全書十七卷　（明）呂獻策著　（明）呂獻禎　（明）呂獻璠較　明崇禎十四年（1641）刻本　四册

410000－2243－0001354　R272.2/39
痘科類編釋意三卷疹科纂要胎産秘書一卷　（清）翟良輯　清咸豐元年（1851）務本堂刻本　一册

410000－2243－0001355　B223.1/4
老子翼八卷首一卷　（明）焦竑輯　清光緒二十一年（1895）漸西村舍刻本　四册

410000－2243－0001356　R272.2/45
痘疹傳心録十八卷　（明）朱惠明著　**種痘一卷**　（清）朱純嘏輯　清乾隆五十九年（1794）修敬堂刻六醴齋醫書本　八册

410000－2243－0001357　B223.5/4
莊子集解八卷　（戰國）莊周撰　王先謙注　清宣統元年（1909）思賢書局刻本　三册

410000－2243－0001358　R272.2/44
痘疹傳心録十八卷　（明）朱惠明著　**種痘一卷**　（清）朱純嘏輯　清乾隆五十九年（1794）修敬堂刻六醴齋醫書本　四册

410000－2243－0001359　B223.5/5
莊子集釋十卷　（戰國）莊周撰　（清）郭慶藩輯　清光緒思賢講舍刻本　十册

410000－2243－0001360　B234.99/2
太玄十卷　（漢）揚雄撰　（明）趙如源輯注　清宣統二年（1910）衍星社鉛印本　一册

410000－2243－0001361　R272.2/43
救偏瑣言五卷備用良方一卷　（清）費啟泰著　（清）費度等訂　清康熙二十七年（1688）惠迪堂刻本　四册

410000－2243－0001362　R272.2/42
救偏瑣言十卷附備用良方一卷　（清）費啟泰著　（清）費度等訂　清嘉慶十二年（1807）晉祁書業堂刻本　六册

410000－2243－0001363　R272.2/40
聶氏痘門方旨八卷　（清）聶尚恒著　（清）邱生華重校　清刻本　二册

410000－2243－0001364　B244/13
宋元學案一百卷首一卷　（清）黄宗羲撰　（清）全祖望修訂　清光緒五年（1879）長沙寄廬刻本　四十八册

410000－2243－0001365　R272.2/41
摘星樓治痘全書十八卷　（明）朱一麟著　清道光六年（1826）上海耕樂堂刻本　十册

410000－2243－0001366　R272.2/57
保赤全書二卷　（明）管橓編輯　清光緒三十三年（1907）上海朱氏焕文書局石印本　一册

410000－2243－0001367　R272.2/56
痘疹心印二卷　（明）孫一奎著輯　清宣統元年（1909）劉氏果育軒朱印本　二册

410000－2243－0001368　B248/14
明儒學案六十二卷師説一卷　（清）黄宗羲著　清上海文瑞樓石印本　十六册

410000－2243－0001369　R272.2/55(1)
鄭氏瘄科保赤金丹四卷　（清）謝玉瓊撰　（清）鄭啟壽　（清）鄭行彰傳　清光緒二十六年（1900）鄭行彰刻本　四册

410000－2243－0001370　R272.2/55(2)
鄭氏瘄科保赤金丹四卷　（清）謝玉瓊撰　（清）鄭啟壽　（清）鄭行彰傳　清光緒二十六年（1900）鄭行彰刻本　四册

410000－2243－0001371　B248/15
薛子條貫篇十三卷　（明）薛瑄撰　（清）戴楫輯　清光緒十九年（1893）廣州府署刻本　四册

410000－2243－0001372　R272.2/53
痘科切要一卷　（清）王文選輯　清道光二十七年（1847）善成堂刻本　一册

410000－2243－0001373　B248.92/2
呻吟語六卷　（明）呂坤著　（清）栗毓美校訂　**呻吟語疑一卷**　（清）陸隴其撰　**呂書四種合刻一卷**　（清）呂得勝著　清道光七年

(1827)刻本　六冊　缺一卷(呻吟語四)

410000－2243－0001374　R272.2/52
增訂痘疹輯要四卷　(清)白振斯撰　清同治六年(1867)京都琉璃廠龍文閣刻本　二冊

410000－2243－0001375　R272.2/49
引痘略一卷　(清)邱熺輯　清道光十五年(1835)刻本　一冊

410000－2243－0001376　B246/1
述學内篇三卷外篇一卷補遺一卷別錄一卷　(清)汪中撰　**校勘記一卷**　(清)方濬頤撰　**附錄一卷**　清同治八年(1869)揚州書局刻本　一冊

410000－2243－0001377　R272.2/48
引痘略一卷　(清)邱熺輯　清末蘭州官書局鉛印本　一冊

410000－2243－0001378　R272.2/47(1)
引痘略一卷　(清)邱熺輯　清末石印本　一冊

410000－2243－0001379　B244/15
御纂性理精義十二卷　(清)李光地等撰　清刻本　六冊

410000－2243－0001380　R272.2/47(2)
引痘略一卷　(清)邱熺輯　清末石印本　一冊

410000－2243－0001381　R272.2/46
引痘略一卷　(清)邱熺輯　清刻本　一冊

410000－2243－0001382　R272.2/70
華佗痘圖二卷　(□)□□撰　清抄本　一冊

410000－2243－0001383　R272.2/72
救偏瑣言五卷備用良方一卷　(清)費啟泰著　(清)費度等訂　清道光二十一年(1841)大文堂刻本　四冊

410000－2243－0001384　R272.2/69
痘症科一卷　(□)□□撰　清抄本　一冊

410000－2243－0001385　272.2/68
萬氏秘傳片玉痘疹十三卷　(明)萬全編著　(清)胡畧校定　(清)胡廷佐編次　清乾隆四十三年(1778)忠信堂刻本　三冊

410000－2243－0001386　R272.2/67
痘疹心法秘本三卷　(清)吳學損校訂　清刻本　一冊

410000－2243－0001387　272.2/65
引痘略一卷　(清)邱熺輯　清光緒二年(1876)皖省痘局刻本　一冊

410000－2243－0001388　R272.2/64
看痘論一卷摘錦醫案一卷　(□)□□撰　清抄本　一冊

410000－2243－0001389　R272.2/60
痘證慈航一卷　(明)歐陽調律撰　(清)郭士珩編輯　清刻本　一冊

410000－2243－0001390　R281.3/135
本草求真八卷　(清)黃宮繡撰　清抄本　一冊　存一卷(一)

410000－2243－0001391　R281.3/134
本草原始合雷公炮製十二卷　(明)李中立撰　清青藜閣刻本　一冊

410000－2243－0001392　R281.3/133
本草原始合雷公炮製十二卷　(明)李中立撰　清青藜閣刻本　四冊

410000－2243－0001393　R281.3/127
本草原始十二卷　(明)李中立撰　清光緒善成堂刻本　六冊

410000－2243－0001394　R281.3/126
本草備要八卷　(清)汪昂輯　清道光二十五年(1845)瓶花書屋刻本(有圖)　二冊

410000－2243－0001395　R281.3/123
本草備要八卷湯頭歌訣一卷　(清)汪昂輯　清刻本(有圖)　五冊

410000－2243－0001396　R281.3/113
本草求真九卷主治二卷脈理求真三卷　(清)黃宮繡撰　清寶光閣刻本　十二冊

410000－2243－0001397　R281.3/122

本草求真九卷主治二卷脈理求真三卷　（清）黄宫繡撰　清光緒三十四年（1908）上海緯文閣石印本　六冊

410000－2243－0001398　R281.3/118
盤珠集得配本草十卷　（清）嚴潔等纂著　清嘉慶九年（1804）小眉山館刻本　四冊

410000－2243－0001399　B259.9/1
知本提綱十卷　（清）楊屾著　（清）鄭世鐸註解　（清）楊生枀註　清乾隆十二年（1747）崇本齋刻光緒三十年（1904）重修本　八冊

410000－2243－0001400　R281.3/112
本草萬方鍼線八卷　（清）蔡烈先輯　清道光十五年（1835）務本堂刻本　四冊

410000－2243－0001401　R281.3/104
本草思辨錄四卷首一卷　（清）周嚴著　清光緒三十年（1904）山陰周氏微尚室刻本　四冊

410000－2243－0001402　R281.3/105
湯液本草三卷　（元）王好古類集　（明）吳中珩校正　清光緒七年（1881）廣州雲林閣刻本　三冊

410000－2243－0001403　B942.1/14
大方廣佛華嚴經疏鈔懸談二十八卷首一卷　（唐）釋澄觀撰　清光緒三十三年（1907）金陵刻經處刻本　八冊

410000－2243－0001404　R283.6/8
萬承志堂丸散膏丹全集十四卷　題（清）萬承志堂主人編　清光緒十一年（1885）杭州萬承志堂刻本　一冊

410000－2243－0001405　B942.1/15
大佛頂首楞嚴經正脈疏四十卷首一卷　（明）釋真鑑述　（明）釋福登校　清刻本　十二冊

410000－2243－0001406　R283.6/10
許廣和號丸丹集錄十二卷　題（清）許廣和號主人撰　清同治十一年（1872）刻本　一冊

410000－2243－0001407　R285.1/67
新刻校正大字李東垣先生珍珠囊二卷　（金）李東垣撰　清本立堂刻本　二冊

410000－2243－0001408　R285.1/70
宏道堂校刊李東垣珍珠囊二卷　（金）李東垣撰　清宏道堂刻本　一冊　存一卷（上）

410000－2243－0001409　B951/1
閱藏知津四十四卷總目四卷　（明）釋智旭彙輯　清光緒十八年（1892）金陵刻經處刻本　十冊

410000－2243－0001410　R285.1/72
珍珠囊指掌補遺藥性賦四卷　（金）李杲編輯　（清）王晉三重訂　**雷公炮製藥性解六卷**　（明）李中梓編輯　清乾隆五十年（1785）金閶傳萬堂刻本　四冊

410000－2243－0001411　R285.1/73
雷公炮製藥性解六卷　（明）李中梓編輯　（清）王晉三重訂　清刻本　二冊

410000－2243－0001412　R289.1/53
名醫方論四卷　（清）羅東逸（羅美）評定　清康熙十四年（1675）古懷堂刻本　四冊

410000－2243－0001413　R289.1/52
名醫方論四卷　（清）羅東逸（羅美）評定　清康熙十四年（1675）古懷堂刻本　四冊

410000－2243－0001414　B951/2
重刊道藏輯要二十八集二百十八卷　（清）彭定求輯　**總目一卷子目初編四卷續編一卷道門一切經總目四卷**　（清）賀龍驤撰　清光緒三十二年（1906）成都二仙庵刻本　二百四十三冊

410000－2243－0001415　B952/10
道統大成七種　（清）汪啟濩輯　清光緒二十六年（1900）申江刻本　十冊

410000－2243－0001416　R289.1/51
名醫方論四卷　（清）羅東逸（羅美）評定　清刻本　三冊　存三卷（二至四）

410000－2243－0001417　R289.1/50
三朝名醫方論三種　（□）□□輯　清光緒二十六年（1900）上海千頃堂書局石印本　三冊

410000－2243－0001418　B992.1/1

詒謀一寶五卷　(清)宣元仁述　清康熙刻本　京都中和堂印本　四冊

410000－2243－0001419　B992.2/2
太乙數統宗大全四十卷　(清)李自明編　(清)羅集福重訂　清集福堂刻朱墨套印本　十二冊

410000－2243－0001420　R289.1/49
景岳新方砭四卷　(清)陳念祖著　(清)葛元煦校訂　清光緒三年(1877)上海縣東目耕齋刻本　四冊

410000－2243－0001421　R289.1/44
景岳新方砭四卷　(清)陳念祖著　清光緒二十一年(1895)多文會刻本　一冊　存二卷(一至二)

410000－2243－0001422　R285.1/76
藥性選要四卷　(清)王鴻驥編輯　清宣統二年(1910)成都閑存齋刻利溥集本　二冊

410000－2243－0001423　B992.4/1
玄女氏三字青囊經不分卷　(元)釋無着禪師著　清抄本　一冊

410000－2243－0001424　D691.42/1
欽定歷代職官表七十二卷首一卷　(清)永瑢等修　(清)紀昀等纂　清光緒二十二年(1896)廣雅書局刻本　二十四冊

410000－2243－0001425　G933/1
宦海指南五種　(清)許乃普輯　清咸豐九年(1859)錢唐許氏刻本　五冊

410000－2243－0001426　R285.1/74
醫方捷徑指南全書四卷　(明)王宗顯輯　(明)錢允治校　珍珠囊藥性賦四卷　(金)李東垣撰　清文發堂刻本　一冊　存二卷(醫方捷徑上、珍珠囊藥性賦上)

410000－2243－0001427　R289.2/44
京師藥行商會配方　(清)京師藥行商會編　清宣統二年(1910)鉛印本　六冊

410000－2243－0001428　R289.3/3
時方妙用四卷　(清)陳念祖著　清稽古堂刻本　一冊

410000－2243－0001429　R289.3/4
時方妙用四卷　(清)陳念祖著　清光緒十三年(1887)多文會刻本　二冊　存三卷(一至二、四)

410000－2243－0001430　R289.337/2
葛仙翁肘後備急方八卷　(晉)葛洪撰　清道光十年(1830)依雲堂刻本　三冊

410000－2243－0001431　R289.342/11
千金翼方三十卷　(唐)孫思邈撰　(宋)林億校正　(明)王肯堂重校　清乾隆二十八年(1763)金匱華希閎刻本　十冊

410000－2243－0001432　R289.342/18
重刊孫真人備急千金要方三十卷　(唐)孫思邈撰　(宋)林億等校正　清影元刻本　三十一冊

410000－2243－0001433　D919/17(1)
法律醫學二十四卷首一卷附一卷　(英國)該惠連　(英國)弗里愛撰　(英國)傅蘭雅口譯　清光緒二十五年(1899)江南製造局刻本　十冊

410000－2243－0001434　R289.342/20
千金方衍義三十卷　(清)張璐著　(清)席世臣校　清嘉慶六年(1801)掃葉山房刻本　三十二冊

410000－2243－0001435　D919/17(2)
法律醫學二十四卷首一卷附一卷　(英國)該惠連　(英國)弗里愛撰　(英國)傅蘭雅口譯　清光緒二十五年(1899)江南製造局刻本　十冊

410000－2243－0001436　R289.342/21
千金方衍義三十卷　(清)張璐著　(清)席世臣校　清嘉慶六年(1801)掃葉山房刻本　二十二冊

410000－2243－0001437　R289.342/22
千金方衍義三十卷　(清)張璐著　(清)席世臣校　清嘉慶六年(1801)掃葉山房刻本　三

十一册

410000－2243－0001438　H131.7/4
經籍籑詁一百六卷首一卷　(清)阮元撰集　清光緒上海漱六山莊石印本　十二册

410000－2243－0001439　R289.342/23(1)
千金方衍義三十卷　(清)張璐著　(清)席世臣校　清嘉慶六年(1801)掃葉山房刻本　三十二册

410000－2243－0001440　R289.342/23(2)
千金方衍義三十卷　(清)張璐著　(清)席世臣校　清嘉慶六年(1801)掃葉山房刻本　三十二册

410000－2243－0001441　R289.342/25
千金方衍義三十卷　(清)張璐著　(清)席世臣校　清同治六年(1867)寶邑下明月鄉利濟裕號刻本　三十二册

410000－2243－0001442　R289.342/26
千金翼方三十卷　(唐)孫思邈撰　(宋)林億校正　清光緒四年(1878)獨山莫氏影印本　八册

410000－2243－0001443　H123/8
漢隸字源五卷碑目一卷　(宋)婁機輯　清光緒三年(1877)歸安姚覲元咫進齋刻本　六册

410000－2243－0001444　R289.342/27
千金翼方三十卷　(唐)孫思邈撰　(宋)林億校正　清光緒四年(1878)獨山莫氏影印本　十二册

410000－2243－0001445　R289.342/29
唐王燾先生外臺秘要方四十卷　(唐)王燾著　(宋)林億校　清同治十三年(1874)廣東翰墨園刻本　四十册

410000－2243－0001446　H131.2/1
爾雅注疏十一卷　(晉)郭璞註　(宋)邢昺疏　清光緒八年(1882)崇德書院刻本　六册

410000－2243－0001447　R289.342/30
唐王燾先生外臺秘要方四十卷　(唐)王燾著　(宋)林億校　清同治十三年(1874)廣東翰墨園刻本　三十九册　缺一卷(二十四)

410000－2243－0001448　H131.2/2
爾雅郭註補正九卷　(清)戴瑩撰　清光緒十一年(1885)海陽韓氏刻本　六册

410000－2243－0001449　R289.342/31
唐王燾先生外臺秘要方四十卷　(唐)王燾著　(宋)林億校　明崇禎十三年(1640)新安程衍道經餘居刻本　二十册

410000－2243－0001450　H131.2/3
爾雅郭注義疏二十卷　(晉)郭璞注　(清)郝懿行學　清光緒十四年(1888)湖北官書處刻本　八册

410000－2243－0001451　R289.342/36
唐王燾先生外臺秘要四十卷　(唐)王燾著　(宋)林億校　(宋)陸錫明校閲　清光緒二十四年(1898)上海圖書集成印書局鉛印本　八册

410000－2243－0001452　H161/717
説文解字注三十卷六書音均表二卷　(清)段玉裁撰　清光緒三年(1877)成都尊經書院刻本　十六册

410000－2243－0001453　R289.342/37
唐王燾先生外臺秘要四十卷　(唐)王燾著　(宋)林億校　(宋)陸錫明校閲　清光緒二十四年(1898)上海圖書集成印書局鉛印本　十五册　存三十九卷(二至四十)

410000－2243－0001454　H161/719
説文解字句讀三十卷　(漢)許慎記　(清)王筠撰集　清光緒八年(1882)四川尊經書局刻本　十四册

410000－2243－0001455　R289.344/26
蘇沈内翰良方十卷　(宋)蘇軾　(宋)沈括編　清光緒二十三年(1897)武強賀氏刻本　四册

410000－2243－0001456　H161/720
説文通訓定聲十八卷柬韻一卷説雅一卷古今韻準一卷行狀一卷　(清)朱駿聲撰　清道光

臨嘯閣刻同治九年(1870)補刻本　二十四冊

410000－2243－0001457　R289.344/19
類證普濟本事方十卷　(清)葉桂釋義　清嘉慶十九年(1814)姑蘇掃葉山房刻本　五冊

410000－2243－0001458　R289.344/22(1)
類證普濟本事方十卷　(清)葉桂釋義　清嘉慶十九年(1814)姑蘇掃葉山房刻本　四冊

410000－2243－0001459　H161/721
說文通訓定聲五卷　(清)朱駿聲撰　清道光臨嘯閣刻同治九年(1870)補刻本　五冊

410000－2243－0001460　R289.344/22(2)
類證普濟本事方十卷　(清)葉桂釋義　清嘉慶十九年(1814)姑蘇掃葉山房刻本　四冊

410000－2243－0001461　R289.344/22(3)
類證普濟本事方十卷　(清)葉桂釋義　清嘉慶十九年(1814)姑蘇掃葉山房刻本　四冊

410000－2243－0001462　H161/724
說文解字義證五十卷　(清)桂馥學　清同治九年(1870)湖北崇文書局刻本　三十二冊

410000－2243－0001463　R289.344/23(1)
類證普濟本事方十卷　(清)葉桂釋義　清嘉慶十九年(1814)姑蘇掃葉山房刻本　六冊

410000－2243－0001464　R289.344/23(2)
類證普濟本事方十卷　(清)葉桂釋義　清嘉慶十九年(1814)姑蘇掃葉山房刻本　六冊

410000－2243－0001465　R289.344/23(3)
類證普濟本事方十卷　(清)葉桂釋義　清嘉慶十九年(1814)姑蘇掃葉山房刻本　二冊

410000－2243－0001466　H161/718
說文解字注三十卷六書音均表二卷　(清)段玉裁撰　清乾隆、嘉慶間段氏經韻樓刻同治六年至十一年(1867－1872)蘇州保息局補刻本　十六冊

410000－2243－0001467　R289.344/24
類證普濟本事方十卷　(清)葉桂釋義　清嘉慶十九年(1814)姑蘇掃葉山房刻本　六冊

410000－2243－0001468　H161/726
說文新附攷六卷續攷一卷　(清)鈕樹玉撰　清嘉慶六年(1801)非石居刻同治七年(1868)碧螺山館補刻本　二冊

410000－2243－0001469　H161/727
說文字通十四卷　(清)高翔麟著　清道光十八年(1838)刻本　八冊

410000－2243－0001470　H161/732
說文解字通釋四十卷　(宋)徐鍇撰　清道光十九年(1839)刻本　六冊

410000－2243－0001471　H163/47
康熙字典十二集三十六卷檢字一卷辨似一卷等韻一卷總目一卷補遺一卷備考一卷　(清)張玉書等纂修　清道光七年(1827)刻本　四十冊

410000－2243－0001472　H161/737
說文引經證例二十四卷　(清)承培元撰　清光緒二十一年(1895)廣雅書局刻本　六冊

410000－2243－0001473　H163/48
康熙字典十二集三十六卷檢字一卷辨似一卷等韻一卷總目一卷補遺一卷備考一卷　(清)張玉書等纂修　清道光七年(1827)刻本　三十二冊

410000－2243－0001474　H194.1/54
古文喈鳳新編八卷　(清)汪基鈔輯　清刻本　一冊　存一卷(八)

410000－2243－0001475　H194.1/57
寶興堂重訂古文釋義新編八卷　(清)余誠評註　(清)余芝参校　清光緒十五年(1889)敬文堂刻本　四冊

410000－2243－0001476　H162/10
新編字類摘要不分卷　(清)周絅齋編　清汲綆齋刻本　一冊

410000－2243－0001477　H194.1/58
評點春秋綱目左傳句解彙雋六卷　(清)韓菼重訂　清宏道堂刻本　四冊　存四卷(一至二、五至六)

410000－2243－0001478　H194.1/61
周易四卷　(宋)程頤傳　清光緒十三年(1887)文運山房刻本　二冊

410000－2243－0001479　I211/78
文選六十卷　(南朝梁)蕭統選　(唐)李善注　清光緒十一年(1885)鄄郡于氏刻本　二十冊

410000－2243－0001480　I214.91/3
有正味齋駢體文二十四卷詩集十六卷詩續集八卷外集五卷詞集八卷詞續集二卷外集二卷　(清)吳錫麒撰　清嘉慶刻本　十九冊

410000－2243－0001481　I222.2/11
詩經恒解六卷　(清)劉沅輯注　清光緒三十一年(1905)豫誠堂刻本　五冊　存五卷(一至五)

410000－2243－0001482　I207.62/1
續古文辭類纂二十八卷　(清)黎庶昌輯　清光緒十六年(1890)金陵書局刻本　八冊

410000－2243－0001483　I207.2/196
歷代詩話八十卷　(清)吳景旭著　清咸豐四年(1854)吳興劉氏嘉業堂刻本　十六冊

410000－2243－0001484　I211/73
古文淵鑒六十四卷　(清)徐乾學編注　清刻五色套印本　三十二冊

410000－2243－0001485　I222.2/7
詩經八卷　(宋)朱熹集傳　清同治七年(1868)楚北崇文書局刻本　四冊

410000－2243－0001486　I214.91/2
曝書亭集八十卷附錄一卷　(清)朱彝尊撰　**笛漁小稿十卷**　(清)朱昆田撰　清康熙刻本　十六冊

410000－2243－0001487　I222.742/17
白香山詩長慶集二十卷後集十七卷别集一卷補遺二卷年譜一卷　(唐)白居易撰　(清)汪立名編訂　清康熙四十二年(1703)一隅草堂刻本　十二冊

410000－2243－0001488　K221.04/6
古文尚書撰異三十三卷　(清)段玉裁學　清乾隆道光間刻本　七冊　缺一卷(上)

410000－2243－0001489　K221.04/5
書經精華十卷首一卷　(清)薛嘉穎輯　清刻本　六冊

410000－2243－0001490　I222.742/19
杜工部集二十卷首一卷　(唐)杜甫撰　(明)王世貞等評　清道光十四年(1834)芸葉盦刻六色套印本　八冊

410000－2243－0001491　K221.04/3
書經六卷　(宋)蔡沈集傳　清光緒五年(1879)山西濬文書局刻本　四冊

410000－2243－0001492　K221.04/7(1)
書經恒解六卷　(清)劉沅輯註　清光緒豫誠堂刻本　六冊

410000－2243－0001493　I222.744/1
蘇文忠公詩集五十卷　(宋)蘇軾撰　(清)紀昀評點　清道光十四年(1834)兩廣節署刻朱墨套印本　十二冊

410000－2243－0001494　I222.746/1(1)
中州集十卷首一卷中州樂府一卷　(元)元好問輯　清光緒七年(1881)讀書山房刻本　十一冊

410000－2243－0001495　I222.746/1(2)
中州集十卷首一卷中州樂府一卷　(元)元好問輯　清光緒七年(1881)讀書山房刻本　十一冊

410000－2243－0001496　I222.748/2
全史宫詞二十卷　(清)史夢蘭撰　清咸豐六年(1856)刻止園叢書二十九種本　十六冊

410000－2243－0001497　K221.04/7(2)
書經恒解六卷　(清)劉沅輯註　清光緒豫誠堂刻本　六冊

410000－2243－0001498　J292.21/1
雙清堂石刻不分卷　(清)劉樹堂書　清光緒二十年(1894)石印本　二冊

410000－2243－0001499　K221.04/9

欽定書經傳説彙纂二十一卷首二卷書序一卷　（清）王頊齡等撰　清同治七年（1868）馬新貽、李瀚章刻本　十二冊

410000－2243－0001500　K221.04/8
書經六卷　（宋）蔡沈集傳　清同治七年（1868）楚北崇文書局刻本　四冊

410000－2243－0001501　I269/28
思不辱齋文集　（清）萬承風撰　清刻本　二冊

410000－2243－0001502　I264.9/2
池北偶談二十六卷　（清）王士禛撰　清汀州張氏勵志齋刻本　十二冊

410000－2243－0001503　K225/3
春秋公羊經傳解詁十二卷　（漢）何休學　清道光四年（1824）揚州汪氏問禮堂影宋刻本　六冊

410000－2243－0001504　K204.3/20
御批歷代通鑑輯覽一百二十卷　（清）傅恒編纂　清光緒二十九年（1903）上海官書局石印本　二十冊

410000－2243－0001505　K225/4
春秋經傳集解三十卷春秋二十國年表一卷春秋年表考證一卷春秋名號歸一圖二卷　（晉）杜預集解　清光緒二年（1876）江南書局刻仿宋相臺五經附考證本　十四冊

410000－2243－0001506　K225.04/7
春秋左傳三十卷　（晉）杜預注　（宋）林堯叟附註　（唐）陸德明音釋　（清）馮李驊集解　清同治七年（1868）楚北崇文書局刻本　十二冊

410000－2243－0001507　K204.3/22
校刊資治通鑑全書八種　（清）胡元常輯　清光緒十四年至十七年（1888－1891）長沙楊氏刻本　一百冊

410000－2243－0001508　K204.2/25
小腆紀年坿攷二十卷　（清）徐鼒撰　清刻本　十二冊

410000－2243－0001509　K225.04/2
國語二十一卷　（三國吳）韋昭注　清光緒二年（1876）尊經書院刻本　四冊

410000－2243－0001510　K204.2/23
史記索隱三十卷　（唐）司馬貞撰　清光緒十九年（1893）廣州廣雅書局刻本　四冊

410000－2243－0001511　K225/1
春秋恒解八卷　（清）劉沅輯註　清咸豐豫誠堂刻本　八冊

410000－2243－0001512　I242.1＝49/1
聊齋志異新評十六卷　（清）蒲松齡著　（清）王士正　（清）但明倫評　清光緒三年（1877）廣順但氏刻朱墨套印本　十二冊　缺四卷（七、十、十三、十五）

410000－2243－0001513　K224/1
周官恒解六卷　（清）劉沅輯註　清道光元年（1821）豫誠堂刻本　六冊

410000－2243－0001514　I222.849/1
清綺軒詞選十三卷　（清）夏秉衡選　清文萃堂刻本　六冊

410000－2243－0001515　K224.06/1
周禮精華六卷首一卷　（清）陳龍標編輯　清光緒古香閣魏氏刻本　六冊

410000－2243－0001516　I222.748/4
明詩綜一百卷　（清）朱彝尊錄　（清）汪森緝評　清康熙刻乾隆西泠清來堂吳氏印本　三十二冊

410000－2243－0001517　K231.04/1
戰國策三十三卷　（漢）高誘注　清光緒二年（1876）尊經書院刻本　五冊

410000－2243－0001518　K234.1/1
漢書一百卷　（漢）班固撰　（唐）顏師古注　清光緒十三年（1887）金陵書局刻本　三十二冊

410000－2243－0001519　K234.2/1
後漢書九十卷　（南朝宋）范曄撰　（唐）李賢注　**續志三十卷**　（晉）司馬彪撰　（南朝梁）

劉昭注　清光緒十三年(1887)金陵書局刻本　二十四册

410000－2243－0001520　K236/2
三國志六十五卷　(晉)陳壽撰　(南朝宋)裴松之注　清光緒十三年(1887)江南書局刻本　十六册

410000－2243－0001521　K24/147
宋史紀事本末一百九卷　(明)陳邦瞻編輯　(明)張溥論正　清光緒二十一年(1895)上海積山書局石印本　八册

410000－2243－0001522　K247/2
元書一百二卷首一卷　曾廉撰　清宣統三年(1911)層漪堂刻本　二十册

410000－2243－0001523　K248/3
明史紀事本末八十卷　(清)谷應泰編輯　清光緒二十一年(1895)上海積山書局石印本　八册

410000－2243－0001524　K248/4
明季稗史彙編十六種　題(清)留雲居士輯　清掃葉山房刻本　十六册

410000－2243－0001525　I242.1＝44/9
容齋隨筆十六卷續筆十六卷三筆十六卷四筆十六卷五筆十卷　(宋)洪邁撰　清洪氏刻本　十六册

410000－2243－0001526　K877.2/6
安陽縣金石録十二卷　(清)武虚谷著　清刻本　四册

410000－2243－0001527　I242.1＝49/3
試場異聞録五種　(清)吕相燮輯　清同治九年(1870)味經堂刻本　八册　缺四卷(直省科場異聞録二至四、小試異聞録一卷)

410000－2243－0001528　K820.9/3
病榻夢痕録二卷夢痕録餘一卷　(清)汪輝祖著　(清)方宗誠輯　清刻本　三册

410000－2243－0001529　K820.49/2
歷代循吏傳八卷　(清)朱軾　(清)蔡世遠訂　(清)張福昶分纂　清光緒二十三年(1897)朱衡等刻朱文端公藏書本　四册

410000－2243－0001530　I242.4＝48/1
東周列國全志二十三卷一百八回　(明)馮夢龍改編　(清)蔡昇評點　清崇文堂刻本　二十四册

410000－2243－0001531　K892.9/8
禮記集説十卷　(元)陳澔集説　清同治七年(1868)楚北崇文書局刻本　十册

410000－2243－0001532　I242.4＝48/2
繪圖增像第五才子書水滸全傳十卷七十回　(明)施耐庵撰　(清)金人瑞評釋　清光緒三十二年(1906)粤海書莊石印本　四册

410000－2243－0001533　I242.4＝48/4
四大奇書第一種十九卷一百二十回　(明)羅貫中(羅本)撰　(清)金人瑞　(清)毛宗岡評　清刻本　一册　存二卷(二至三)

410000－2243－0001534　I242.4＝49/1
增評補像全圖金玉緣一百二十回首一卷　(清)曹雪芹(曹霑)撰　清光緒三十四年(1908)求不負齋石印本　十六册

410000－2243－0001535　K892.9/7
漱芳軒合纂禮記體注四卷　(清)范翔彔訂　清道光十五年(1835)文發堂刻本　四册

410000－2243－0001536　K892.9/3
禮記恒解四十九卷　(清)劉沅輯註　清咸豐豫誠堂刻本　十册

410000－2243－0001537　K892.9/6
儀禮恒解十六卷　(清)劉沅輯註　清道光二十二年(1842)豫誠堂刻本　六册

410000－2243－0001538　K204.4/3
遼史紀事本末四十卷　(清)李有棠編纂　清光緒二十五年(1899)慎記書莊石印本　二册

410000－2243－0001539　K892.9/4
禮記精華十八卷　(清)魏朝俊撰　清光緒二十五年(1899)古香閣魏氏刻本　十八册

410000－2243－0001540　K204.4/4
金史紀事本末五十二卷　(清)李有棠編纂

清光緒二十五年(1899)慎記書莊石印本　四冊

410000－2243－0001541　K204.4/5
西夏史紀事本末三十六卷首二卷　(清)張鑑著　清光緒二十一年(1895)上海積山書局石印本　二冊

410000－2243－0001542　K204.4/6
元史紀事本末二十七卷　(明)陳邦瞻編輯　清光緒二十一年(1895)上海積山書局石印本　二冊

410000－2243－0001543　K204.4/7
通鑑紀事本末二百三十九卷　(宋)袁樞編輯　清光緒二十一年(1895)上海積山書局石印本　二十四冊

410000－2243－0001544　K206/39
三通攷輯要七十六卷　湯壽潛編輯　清光緒二十五年(1899)上海圖書集成局鉛印本　三十冊

410000－2243－0001545　K928.637/1
山海經十八卷圖五卷圖讚一卷訂譌一卷　(晉)郭璞傳　(清)郝懿行箋疏　清光緒十八年(1892)上海中新書局石印本　六冊

410000－2243－0001546　K928.637/2
山海經十八卷圖五卷圖讚一卷訂譌一卷　(晉)郭璞傳　(清)郝懿行箋疏　清光緒十九年(1893)五彩公司石印本　六冊

410000－2243－0001547　K207/29
歷代史論十四卷　(明)張溥論正　**左傳史論二卷**　(清)高士奇論正　清光緒十三年(1887)埽葉山房刻本　十冊

410000－2243－0001548　K221.04/1
欽定書經圖說五十卷　(清)孫家鼐等撰　清光緒三十一年(1905)石印本　十六冊

410000－2243－0001549　K928.3/6
華嶽志八卷首一卷　(清)李榕纂輯　清道光十一年(1831)玉泉院刻光緒九年(1883)補刻本　四冊

410000－2243－0001550　K928.637/3
山海經十八卷圖讚一卷訂譌一卷　(晉)郭璞傳　(清)郝懿行箋疏　清嘉慶十四年(1809)阮氏琅嬛仙館刻本　四冊

410000－2243－0001551　K928.637/4
山海經十八卷　(晉)郭璞傳　清咸豐元年(1851)藜照書屋刻本　四冊

410000－2243－0001552　K928.637/5
山海經十八卷圖五卷　(晉)郭璞傳　(清)畢沅校正　清光緒十六年(1890)學庫山房刻本　六冊

410000－2243－0001553　K928.649/1
李氏五種　(清)李兆洛撰　清同治九年(1870)合肥李鴻章刻本　十冊

410000－2243－0001554　K928.649/3
李氏五種　(清)李兆洛撰　清同治九年(1870)合肥李鴻章刻本　十二冊

410000－2243－0001555　Z121.5/26
古逸叢書二十六種　(清)黎庶昌輯　清光緒遵義黎氏日本東京使署影刻本　四十九冊

410000－2243－0001556　S－092/2
三農紀十卷　(清)張宗法著　清乾隆二十五年(1760)三讓堂刻本　十冊

410000－2243－0001557　S6/7
廣群芳譜一百卷　(明)王象晉著　清同治七年(1868)江左書林刻本　三十六冊

410000－2243－0001558　S6/8
二如亭群芳譜二十八卷首一卷　(明)王象晉纂輯　(明)毛鳳苞等較　(明)王與胤等詮次　明末刻本　二十四冊

410000－2243－0001559　S6/9
二如亭群芳譜二十八卷首一卷　(明)王象晉纂輯　(明)毛鳳苞等較　(明)王與胤等詮次　明末刻本　二十八冊

410000－2243－0001560　Z121.5/27
玉函山房輯佚書附目耕帖三十一卷　(清)馬國翰輯　清光緒九年(1883)長沙嫏嬛館刻本

一百册

410000－2243－0001561　Z121.5/10
海山仙館叢書五十六種　(清)潘仕成輯　清道光、咸豐間番禺潘氏刻光緒補刻本　一百二十册

410000－2243－0001562　S858.2/1
新輯纂圖元亨療馬集六卷牛經二卷駝經一卷　(明)喻本元　(明)喻本亨著　清宣統元年(1909)上海江左書局石印本　四册

410000－2243－0001563　S858.2/2
新輯纂圖元亨療馬集六卷牛經二卷駝經一卷　(明)喻本元　(明)喻本亨著　清寶仁堂刻本　六册

410000－2243－0001564　S85/46
新刻繡像療牛經一卷　(明)喻本元　(明)喻本亨著　清刻本　一册

410000－2243－0001565　Z121.5/21
崔東壁先生遺書前編二十五種　(清)崔述著　清光緒元年(1875)刻本　十六册

410000－2243－0001566　Z121.5/22
焦氏遺書十種　(清)焦循學　清嘉慶、道光間江都焦氏雕菰樓刻本　四十册

410000－2243－0001567　Z121.5/29
春秋穀梁傳十二卷　(晉)范甯集解　(唐)陸德明音義　**考異一卷**　楊守敬撰　清光緒九年(1883)遵義黎氏日本東京使署影宋刻古逸叢書本　二册

410000－2243－0001568　Z121.5/11
十萬卷樓叢書五十一種　(清)陸心源輯　清光緒歸安陸氏刻本　一百十二册

410000－2243－0001569　P193/1
月令粹編二十四卷圖説一卷　(清)秦嘉謨編　清嘉慶十七年(1812)江都秦氏琳琅仙館刻本(有圖)　四册

410000－2243－0001570　Q94/35(1)
植物名實圖考三十八卷長編二十二卷　(清)吳其濬著　清道光二十八年(1848)蒙自陸應穀刻本　六十册

410000－2243－0001571　Z121.5/15
平津館叢書四十二種　(清)孫星衍輯　清嘉慶孫氏刻本　四十八册

410000－2243－0001572　Q94/35(2)
植物名實圖考三十八卷長編二十二卷　(清)吳其濬著　清道光二十八年(1848)蒙自陸應穀刻本　二十二册　存二十二卷(長編二十二卷)

410000－2243－0001573　Z121.5/16
武英殿聚珍版書一百四十八種　(清)□□輯　清光緒二十五年(1899)廣雅書局刻本　八百册

410000－2243－0001574　Z225/13
西學大成十二編　(清)王西清編　清光緒二十一年(1895)上海醉六堂書坊石印本　十二册

410000－2243－0001575　Z228/107
衛濟餘編五卷　(清)王纕堂編　清光緒八年(1882)文奎堂刻本　五册

410000－2243－0001576　Q94/37
植物名實圖考三十八卷長編二十二卷　(清)吳其濬著　清道光二十八年(1848)蒙自陸應穀刻光緒六年(1880)山西濬文書局補刻本　二十八册　存二十八卷(圖考一至二十、三十一至三十八)

410000－2243－0001577　Z126/2
十三經注疏附考證　清同治十年(1871)刻本　一百二十册

410000－2243－0001578　Z126/3
皇清經解一千四百八卷首一卷　(清)阮元輯　清道光九年(1829)廣東學海堂刻咸豐十一年(1861)補刻本　三百六十册

410000－2243－0001579　Z121.5/3
子書百家一百一種　(清)崇文書局輯　清光緒元年(1875)湖北崇文書局刻本　八十册

410000－2243－0001580　Z126/4

十三經客難五十卷附集八卷　(清)龔元玠著　清道光二十六年(1846)西城龔氏刻本　二十四冊

410000－2243－0001581　Z126/5
五經合纂大成　清光緒十一年(1885)上海同文書局石印本　二十四冊

410000－2243－0001582　Z121.5/6
咫進齋叢書　(清)姚覲元輯　清光緒九年(1883)歸安姚氏刻本　二十冊

410000－2243－0001583　Z126.1/2
六經補疏　(清)焦循學　清道光六年(1826)焦氏半九書塾刻本　八冊

410000－2243－0001584　Z121.5/7
格致叢書一百十種　(清)徐建寅編　清光緒二十七年(1901)石印本　三十二冊

410000－2243－0001585　Z424.9/1
皇朝經世文編一百二十卷　(清)賀長齡輯　清光緒二十八年(1902)上海商務印書局鉛印本　二十四冊

410000－2243－0001586　Z121.5/2
宜稼堂叢書七種　(清)郁松年輯　清道光上海郁氏刻本　四十六冊

410000－2243－0001587　Z424.9/2
癸巳存稿十五卷　(清)俞正燮等輯　清光緒十年(1884)刻本　八冊

410000－2243－0001588　Z121.5/9
子書百家一百一種　(清)崇文書局輯　清光緒元年(1875)湖北崇文書局刻本　十二冊　存十種三十卷

410000－2243－0001589　Z424.9/4
西漚外集八卷　(清)李惺撰　清同治七年(1868)刻本　八冊

410000－2243－0001590　Z222/1
太平御覽一千卷目錄十五卷　(宋)李昉纂　(清)鮑崇城重校　清嘉慶二十三年(1818)歙縣鮑氏刻本　一百冊

410000－2243－0001591　Z833/1
彙刻書目十卷補編一卷　(清)顧修編　清光緒元年(1875)長洲無夢園陳氏刻本　十二冊

410000－2243－0001592　Z225/3
子史精華一百六十卷　(清)允祿撰　清光緒十三年(1887)上海積山書局石印本　十冊

410000－2243－0001593　Z225/4
千金裘三卷　(清)蔣義彬纂　清同治七年(1868)大道堂刻本　三冊

410000－2243－0001594　Z833/3
彙刻書目十卷補編一卷　(清)顧修編　清嘉慶二十五年(1820)璜川吳氏刻本　十二冊

410000－2243－0001595　Z833/4
續彙刻書目十二卷　(清)付元龍編　清光緒二年(1876)刻本　十二冊

410000－2243－0001596　Z835/1
書目答問不分卷　(清)張之洞編　清光緒元年(1875)刻本　一冊

410000－2243－0001597　Z225/6
千金裘二集五卷　(清)蔣義彬　(清)徐元麟纂　清咸豐元年(1851)志文堂刻本　五冊

410000－2243－0001598　Z225/7
新鐫分類評註文武合編校補百子金丹十卷　(明)郭偉選註　(明)郭陰　(明)王興聚校訂　(明)郭中吉編次　清光緒二十九年(1903)益元堂刻本　十冊

410000－2243－0001599　S－092
農政全書六十卷　(明)徐光啓撰　清光緒二十六年(1900)上海文海書局石印本(有圖)八冊

410000－2243－0001600　K225/
起起穀梁廢疾一卷釋範一卷　廖平著　清光緒十一年(1885)福山王懿榮書齋刻本　一冊

410000－2243－0001601　K225/
群經凡例一卷　廖平撰　清光緒刻本　一冊

410000－2243－0001602　Z834
大統春秋公羊補證十一卷　廖平撰　清光緒三十二年(1906)則柯軒刻本　一冊　存一卷

(一)

410000－2243－0001603　K225/
春秋左氏古經一卷　(清)段玉裁撰　清道光元年(1821)經韻樓刻本　一册

410000－2243－0001604　H131.2/
爾雅三卷　(晉)郭璞註　清光緒十年(1884)上海同文書局石印本　二册

410000－2243－0001605　K225
公羊春秋經傳驗推補證十一卷　廖平學　清光緒二十九年(1903)刻本　八册

410000－2243－0001606　Q94/
西學啓蒙十六種　(英國)艾約瑟譯　清光緒二十二年(1896)上海著易堂書局鉛印本　二册　存二種二卷

410000－2243－0001607　B229.3
孔叢子七卷　(漢)孔鮒撰　(宋)宋咸注　清光緒元年(1875)海昌陳氏刻本　三册　缺二卷(二至三)

410000－2243－0001608　Z84/
直齋書錄解題二十二卷　(宋)陳振孫撰　清刻武英殿聚珍版書本　十二册

410000－2243－0001609　K225/
春秋說略十二卷春秋比二卷　(清)郝懿行學　清光緒七年(1881)刻本　三册　存十二卷(春秋說略十二卷)

410000－2243－0001610　Z121.5
抱朴子内篇二十卷外篇五十卷附篇十卷　(晉)葛洪撰　清光緒十一年(1885)吳縣朱氏槐廬家塾刻本　六册

410000－2243－0001611　H131/
詩經小學三十卷　(清)段玉裁撰　清道光五年(1825)抱經堂刻本　三册

410000－2243－0001612　R249.1
引經證醫四卷　(清)程樑著　清光緒八年(1882)刻本　二册

410000－2243－0001613　R2－52
新增醫書九種　(清)陳念祖撰　清光緒三十二年(1906)成都多文會刻本　四册

410000－2243－0001614　R249.2
診餘舉隅錄二卷　(清)陳廷儒撰　清光緒二十四年(1898)鉛印本　二册

410000－2243－0001615　R2－51/75(2)
傅青主男女科二種附産後編　(清)傅山著　清光緒十三年(1887)湖北官書處刻本　四册

410000－2243－0001616　Q959/
海錯百一錄　(清)郭柏蒼輯　清光緒十二年(1886)刻本　四册

410000－2243－0001617　R272.22/26(2)
天花精言六卷　(清)袁句著　清嘉慶十年(1805)刻本　二册

410000－2243－0001618　R2－52/705(2)
醫醇賸義四卷　(清)費伯雄著　(清)費應蘭編次　清光緒三年(1877)刻本　四册

410000－2243－0001619　R249.49/
臨證指南醫案十卷　(清)葉桂著　清刻本　一册　存一卷(八)

410000－2243－0001620　R271.4/37(2)
胎產集要三卷　(清)黄惕齋輯　清刻本　一册

410000－2243－0001621　R228
醫論一卷　(清)□□撰　清抄本　一册

410000－2243－0001622　R271.1/59(2)
女科要旨四卷　(清)陳念祖著　(清)陳元蔚參訂　(清)陳元犀韻註　清光緒二十一年(1895)成都多文會刻本　一册

410000－2243－0001623　R2－52/858(2)
醫書滙粂輯成二十四卷　(清)蔡宗玉輯　清嘉慶十二年(1807)次知齋刻本　六册　存六卷(十三至十八)

410000－2243－0001624　R289.5
便易經驗集一卷　(清)毛世洪輯　清嘉慶八年(1803)刻本　一册

410000－2243－0001625　R289.349/77(2)

驗方新編十卷首一卷　(清)鮑相璈編輯　(清)鮑相壁校　清光緒三十年(1904)揚州益智社鉛印本　十冊

410000－2243－0001626　R249.49/76(2)
種福堂公選溫熱論醫案一卷良方三卷　(清)葉桂著　(清)華岫雲校　清文盛堂刻本　二冊

410000－2243－0001627　R276.7
醫理折衷眼科一卷　題(清)寰宇贅人撰　清遊藝堂刻本　一冊

410000－2243－0001628　R249.49
繼志堂醫案二卷　(清)曹存心著　清光緒三十年(1904)惜餘小舍刻本　二冊

410000－2243－0001629　R249.49
齊氏醫案六卷　(清)齊秉慧纂著　清刻本　六冊

410000－2243－0001630　R272.21/98(2)
醫學痧科集成一卷　(明)武之望編輯　(明)董漢傑校証　(清)吳蒼山重校　清光緒十八年(1892)洗心堂刻本　一冊

410000－2243－0001631　Z22
西學時務總纂大成九十一卷　題(清)求志齋主人纂輯　清光緒二十三年(1897)上海鴻文書局石印本　二十四冊

410000－2243－0001632　I214.41/
宋文鑑一百五十卷目錄三卷　(宋)呂祖謙輯　清光緒十二年(1886)江蘇書局刻本　二十四冊

410000－2243－0001633　R289.5/
濟世養生集一卷濟世經驗補遺一卷續刻經驗集一卷　(清)毛世洪輯　(清)汪瑜增訂　(清)汪玉璋　(清)鮑皇校　清刻本　一冊

410000－2243－0001634　P1－092
觀察金鍼二卷　(清)壽紹海著　清嘉慶十九年(1814)恒學堂刻本　一冊

410000－2243－0001635　Q95/(1)
博物新編三卷　(英國)合信著　清咸豐五年(1855)江蘇上海墨海書館刻本　二冊

410000－2243－0001636　Q95/(2)
博物新編三卷　(英國)合信著　清咸豐五年(1855)江蘇上海墨海書館刻本　一冊

410000－2243－0001637　Z121.6/
雙梅景闇叢書十三種　葉德輝輯　清光緒二十九年(1903)長沙葉氏郎園刊本　四冊

410000－2243－0001638　Z429
古文辭類纂七十五卷　(清)姚鼐輯　清光緒二十七年(1901)滁州李氏求要堂刻本　十二冊

410000－2243－0001639　H131.6
經典釋文三十卷　(唐)陸德明撰　清康熙十九年(1680)通志堂刻通志堂經解本　十二冊

410000－2243－0001640　R2－52/980
羅氏會約醫鏡二十卷　(清)羅國綱著輯　(清)羅國俊等校定　(清)羅定鴻　(清)羅定泰編次　清乾隆五十四年(1789)大成堂刻本　十一冊

410000－2243－0001641　R241.13
刪註脈訣規正二卷　(清)沈鏡撰　清康熙三十二年(1693)刻本　二冊

410000－2243－0001642　R271
奇效醫述一卷活幼心法一卷　(明)聶尚恒著　清乾隆三十一年(1766)脩德堂刻本　二冊

410000－2243－0001643　R245/313(2)
鍼灸要旨三卷　(明)高武選述　(日本)岡本一抱子重訂　清光緒上海樂善堂刻本　二冊

410000－2243－0001644　R249.48/34(1)
名醫類案十二卷　(明)江瓘集　(清)余集等重校　清光緒二十年(1894)上海著易堂刻本　十二冊

410000－2243－0001645　R255.5/17(2)
理虛元鑑二卷　題(明)綺石先生著　(清)陸懋修重訂　清宣統元年(1909)京華印書局冰龕鉛印本　一冊

410000－2243－0001646　R26/128(4)

王洪緒先生外科證治全生一卷　(清)王洪緒著　清咸豐十一年(1861)武昌節署刻本　一冊

410000－2243－0001647　Z126.1
仿宋相臺五經附考證　清乾隆四十八年(1783)武英殿刻本　三十九冊

410000－2243－0001648　Z124.5/
經韻樓叢書　(清)段玉裁撰　清乾隆、道光間金壇段氏刻本　十八冊　存七種四十三卷

410000－2243－0001649　R271.1/55
胎產新書二十卷　(清)吳熤校訂　清刻本　二冊　存十二卷(女科秘旨八卷、女科旨要四卷)

410000－2243－0001650　R271.4/41
產育寶慶方二卷　(宋)郭稽中撰　清秀水呂丹雲抄本　一冊

410000－2243－0001651　R272/237
萬氏幼科三種　(明)萬全編著　清康熙三十一年(1692)忠信堂刻乾隆四十三年(1778)印本　八冊

410000－2243－0001652　R272.22/30(2)
痳科合璧一卷　(清)楊開泰彙編　清宣統三年(1911)文倫書局鉛印本　一冊

410000－2243－0001653　R272.3/3
福幼編一卷廣生編一卷　(清)莊一夔著　清光緒十一年(1885)刻本　一冊

410000－2243－0001654　R276.1/34
喉科一卷　(□)□□撰　清抄本　一冊

410000－2243－0001655　R276.7/74
一草亭眼科全集四卷　(清)文永周編　清道光十七年(1837)萬邑永徵祥刻本　四冊

410000－2243－0001656　R281.3/87
經史證類大觀本草三十一卷　(宋)唐慎微撰　清光緒三十年(1904)武昌柯氏影宋刻武昌柯氏醫學館本　十八冊

410000－2243－0001657　R289.349/52(2)
醫方易簡新編六卷　(清)龔自璋彙輯　清同治五年(1866)京都篆雲齋刻本　四冊

河南省輝縣市博物館古籍普查登記目録

全國古籍普查登記目録

國家圖書館出版社
National Library of China Publishing House

410000－2286－0000001　0101 經 00001
十三經注疏　明崇禎古虞毛氏汲古閣刻本　七冊　存六種二十四卷

410000－2286－0000002　0101 經 00002
重刊宋本十三經註疏附校勘記　（清）阮元撰　校勘記　（清）盧宣旬摘錄　清嘉慶二十年（1815）南昌府學刻本　二十六冊　存六種一百五十八卷

410000－2286－0000003　0101 經 00003
重刊宋本十三經注疏附校勘記　（清）阮元撰　校勘記　（清）盧宣旬摘錄　清嘉慶二十年（1815）南昌府學刻本　五十冊　存十種三百二十卷

410000－2286－0000004　0102 經 00004
重刊宋本十三經注疏附校勘記　（清）阮元撰　校勘記　（清）盧宣旬摘錄　清光緒十八年（1892）湖南寶慶務本書局刻本　一百四十一冊　存十種五百六十二卷

410000－2286－0000005　0103 經 00005
御纂七經　清刻本　六十七冊　存四種一百二卷

410000－2286－0000006　0103 經 00006
御纂七經　清刻本　六十一冊　存七種八十六卷

410000－2286－0000007　0104 經 00007
御纂七經　清刻本　二十五冊　存四種三十六卷

410000－2286－0000008　0104 經 00008
御纂七經　清刻本　二十二冊　存三種二十九卷

410000－2286－0000009　0105 經 00009
御纂七經　清同治六年（1867）浙江書局刻本　四十八冊　存五種八十九卷

410000－2286－0000010　0105 經 00010
欽定七經　清光緒二十三年（1897）三味書局刻本　八十七冊　存七種一百五十七卷

410000－2286－0000011　0201 經 00011
御纂七經　清光緒三十年（1904）上海育文書局石印本　七冊　存四種八十五卷

410000－2286－0000012　0301 經 00016
周易四卷圖說一卷新增圖說一卷卦歌一卷筮儀一卷　（宋）朱熹撰　清光緒十二年（1886）湖北官書處刻本　二冊

410000－2286－0000013　0301 經 00017
周易本義四卷　（宋）朱熹撰　清刻本　一冊　存一卷（一）

410000－2286－0000014　0301 經 00018
周易本義四卷　（宋）朱熹撰　清金陵三多齋刻本　二冊

410000－2286－0000015　0301 經 00019
周易本義四卷　（宋）朱熹撰　畢公天校閱　清宣統二年（1910）上海廣益書局石印本　一冊

410000－2286－0000016　0301 經 00020
周易本義四卷　（宋）朱熹撰　畢公天校閱　清宣統二年（1910）上海廣益書局石印本　一冊　存三卷（二至四）

410000－2286－0000017　0301 經 00021
易經體注合參四卷　（清）來爾繩纂輯　（清）朱采治　（清）朱之澄編訂　清味經堂刻本　四冊

410000－2286－0000018　0301 經 00022
御纂周易折中二十二卷首一卷　（清）李光地等編　清光緒二十三年（1897）三味書局刻本　四冊　存十卷（十三至二十二）

410000－2286－0000019　0301 經 00023
易經體註合參四卷　（清）來爾繩纂輯　（清）朱采治　（清）朱之澄編訂　清刻本　二冊　存三卷（二至四）

410000－2286－0000020　0301 經 00024
易經體註大全四卷　（清）來爾繩纂輯　（清）朱采治　（清）朱之澄編訂　清致和堂刻本　一冊　存一卷（二）

410000－2286－0000021　0301 經 00025

易經大全會解四卷　(清)來爾繩纂輯　(清)朱采治　(清)朱之澄編訂　清致和堂刻本　一册　存一卷(一)

410000－2286－0000022　0301 經 00026
易經大全會解四卷　(清)來爾繩纂輯　(清)朱采治　(清)朱之澄編訂　清道光三十年(1850)刻本　四册

410000－2286－0000023　0301 經 00027
易經體註大全合叅四卷　(清)范翔鑑　(清)李兆賢輯著　(清)來爾繩叅　清刻本　二册

410000－2286－0000024　0301 經 00028
性理體注訓解標題八卷　(清)張道升等纂輯　(清)呂從律增訂　清乾隆懷德堂刻本　二册

410000－2286－0000025　0301 經 00029
性理體注訓解標題八卷　(清)張道升等纂輯　(清)呂從律增訂　清乾隆三樂齋刻本　一册　存一卷(四)

410000－2286－0000026　0301 經 00030
性理體注訓解標題八卷　(清)張道升等纂輯　(清)呂從律增訂　清乾隆刻本　一册　存三卷(六至八)

410000－2286－0000027　0301 經 00031
性理體注補訓解六卷　(清)張道升等纂輯　(清)徐廷枚等參校　清乾隆文成堂刻本　一册

410000－2286－0000028　0301 經 00032
性理體注補訓解八卷　(清)張道升等纂輯　(清)呂從律增訂　清乾隆文盛堂刻本　一册　存二卷(七至八)

410000－2286－0000029　0301 經 00033
周易淺義不分卷　(清)耿極著　清道光刻本　一册

410000－2286－0000030　0301 經 00034
石鏡山房增訂周易說統十二卷　(明)張振淵撰　明萬曆張氏石鏡山房刻本　一册　存一卷(三)

410000－2286－0000031　0301 經 00035
新刻增訂太史仇滄柱先生家傳周易備旨四卷　(明)黃國鼎等著　(清)祁文友等訂　(清)汪士冠輯　清道光文玉堂刻本　一册　存二卷(一至二)

410000－2286－0000032　0301 經 00036
新鐫增補周易備旨一見能解六卷　(明)黃淳耀撰　(清)嚴而寬增補　(清)壽國等參補　清嘉慶元年(1796)致和堂刻本　三册

410000－2286－0000033　0301 經 00037
周易輯說五卷　(清)徐通久編集　清道光七年(1827)西安抱真書屋刻本　一册　存一卷(一)

410000－2286－0000034　0301 經 00038
新刻來瞿唐先生易注十五卷首一卷末一卷　(明)來知德撰　(清)高雪君鑒定　(清)凌厚子原點　(清)周大璋重校　清乾隆朝爽堂刻本　四册　存九卷(一至三、九至十三,末一卷)

410000－2286－0000035　0301 經 00039
來瞿唐先生易注十五卷首一卷末一卷　(明)來知德撰　清道光大雅堂刻本　二册　存二卷(十四至十五)

410000－2286－0000036　0301 經 00040
周易訓義七卷首一卷　(清)喻遜纂輯　清嘉慶刻本　三册　存三卷(二、四至五)

410000－2286－0000037　0201 經 00012
皇清經解一千四百八卷　(清)阮元輯　清道光九年(1829)廣東學海堂刻咸豐十一年(1861)補刻本　二百八十册　存一百四十七種一千一百二十卷

410000－2286－0000038　0204 經 00013
皇清經解一千四百八卷　(清)阮元輯　清道光九年(1829)廣東學海堂刻咸豐十一年(1861)補刻本　十二册　存十二種四十六卷(二十二、二十八至三十、一百七十一至一百七十六、三百八十四至三百八十九、三百九十二至三百九十三、四百三十一至四百三十三、

四百三十四下、七百八十四至七百八十九、九百五至九百十四、九百六十至九百六十五、一千三百九十二至一千三百九十三）

410000－2286－0000039　0204 經 00015
七經精義　（清）黄淦纂　清嘉慶十五年（1810）刻本　三册　存二種七卷

410000－2286－0000040　0301 經 00041
朱子周易大全十二卷　（宋）朱熹本義　（清）吳世尚更定　清乾隆刻本　四册

410000－2286－0000041　0301 經 00042
周會魁校正易經大全二十卷首一卷　（明）胡廣等撰　清康熙五十年（1711）郁郁堂刻本　三册　存四卷（三、五至七）

410000－2286－0000042　0301 經 00043
周會魁校正易經大全二十卷首一卷　（明）胡廣等撰　清康熙五十年（1711）郁郁堂刻本　四册　存八卷（三至五、十至十二、十五至十六）

410000－2286－0000043　0301 經 00044
伊川易傳四卷　（宋）程頤撰　清活字印本　四册

410000－2286－0000044　2204 集 00715
離騷集傳一卷　（宋）錢杲之撰　清光緒元年（1875）湖北崇文書局刻崇文書局彙刻書本　一册

410000－2286－0000045　0301 經 00047
書經集傳六卷　（宋）蔡沈撰　清兩儀堂刻本　四册

410000－2286－0000046　0301 經 00046
周易精義四卷首一卷　（清）黄淦纂　清嘉慶十三年（1808）成錦堂刻本　一册　存二卷（一、首一卷）

410000－2286－0000047　0301 經 00048
書集傳六卷　（宋）蔡沈撰　清三多齋刻本　四册

410000－2286－0000048　0301 經 00050
書經集傳六卷　（宋）蔡沈撰　清崇文堂刻本　四册

410000－2286－0000049　0301 經 00049
書經集傳六卷　（宋）蔡沈撰　清刻本　四册

410000－2286－0000050　0301 經 00052
書經集傳六卷　（宋）蔡沈撰　清恕堂刻本　四册

410000－2286－0000051　0301 經 00053
書經體註大全合条六卷　（清）范翔鑒定　（清）張聖度訂　（清）錢希祥參　清道光經文堂刻本　四册

410000－2286－0000052　0301 經 00054
書經體註大全合条六卷　（清）范翔鑒定　（清）錢希祥纂輯　清乾隆五十四年（1789）三多齋刻本　四册

410000－2286－0000053　0301 經 00055
書經體註大全合条六卷　（清）范翔鑒定　（清）錢希祥纂輯　清嘉慶九年（1804）三多齋刻本　一册　存一卷（一）

410000－2286－0000054　0301 經 00056
書經體註大全合条六卷　（清）范翔鑒定　（清）錢希祥纂輯　清道光十四年（1834）崇文堂刻本　四册

410000－2286－0000055　0301 經 00057
書經體註大全合条六卷　（清）范翔鑒定　（清）錢希祥纂輯　清道光十四年（1834）崇文堂刻本　四册

410000－2286－0000056　0302 經 00059
書經體註大全合条六卷　（清）范翔鑒定　（清）錢希祥纂輯　清道光十四年（1834）崇文堂刻本　一册　存一卷（一）

410000－2286－0000057　0302 經 00058
書經體註大全合条六卷　（清）范翔鑒定　（清）錢希祥纂輯　清道光十四年（1834）崇文堂刻本　一册　存一卷（一）

410000－2286－0000058　0302 經 00060
書經體註大全合条六卷　（清）范翔鑒定　（清）錢希祥纂輯　清刻本　二册　存四卷

(二至三、五至六)

410000－2286－0000059　0302 經 00061
書經體註大全合叅六卷　(清)范翔鑒定 (清)張聖度訂　(清)錢希祥叅　清刻本　二冊　存三卷(一、五至六)

410000－2286－0000060　0302 經 00062
書經體註大全合叅六卷　(清)范翔鑒定 (清)錢希祥纂輯　清道光四年(1824)致和堂刻本　三冊　存四卷(一至四)

410000－2286－0000061　0302 經 00063
書經體註大全合叅六卷　(清)范翔鑒定 (清)錢希祥纂輯　清道光四年(1824)致和堂刻本　四冊

410000－2286－0000062　0302 經 00064
書經體註大全合叅六卷　(清)范翔鑒定 (清)錢希祥纂輯　清致和堂刻本　三冊　存五卷(二至六)

410000－2286－0000063　0302 經 00065
書經體註大全合叅六卷　(清)范翔鑒定 (清)錢希祥纂輯　清致和堂刻本　一冊　存三卷(四至六)

410000－2286－0000064　0302 經 00066
書經體註大全合叅六卷　(清)范翔鑒定 (清)錢希祥纂輯　清致和堂刻本　三冊　存五卷(二至六)

410000－2286－0000065　0302 經 00067
書經體註大全合叅六卷　(清)范翔鑒定 (清)錢希祥纂輯　清道光二十八年(1848)刻本　三冊　存五卷(一至三、五至六)

410000－2286－0000066　0302 經 00068
書經體註大全合叅六卷　(清)范翔鑒定 (清)錢希祥纂輯　清乾隆五十四年(1789)三多齋刻本　一冊　存一卷(四)

410000－2286－0000067　0302 經 00069
書經體註大全合叅六卷　(清)范翔鑒定 (清)張聖度訂　(清)錢希祥叅　清刻本　二冊　存四卷(二至三、五至六)

410000－2286－0000068　0302 經 00070
書經體註大全合叅六卷　(清)范翔鑒定 (清)錢希祥纂輯　清刻本　一冊　存二卷(二至三)

410000－2286－0000069　0302 經 00071
書經體註大全合叅六卷　(清)范翔鑒定 (清)錢希祥纂輯　清刻本　三冊　存三卷(四至六)

410000－2286－0000070　0302 經 00072
書經體註大全合叅六卷　(清)范翔鑒定 (清)錢希祥纂輯　清光緒十九年(1893)寶興堂刻本　二冊　存二卷(一、四)

410000－2286－0000071　0302 經 00073
書經體註大全合叅六卷　(清)范翔鑒定 (清)張聖度訂　(清)錢希祥叅　清道光四年(1824)致和堂刻本　一冊　存一卷(一)

410000－2286－0000072　0302 經 00074
書經體註大全合叅六卷　(清)范翔鑒定 (清)錢希祥纂輯　清文會堂刻本　一冊　存二卷(二至三)

410000－2286－0000073　0302 經 00075
新刻書經備旨善本輯要六卷　(清)汪右衡鑒定　(清)馬大猷輯　(清)馬寬裕編次　清乾隆三十三年(1768)三美堂刻本　四冊

410000－2286－0000074　0302 經 00076
新刻書經備旨善本輯要六卷　(清)汪右衡鑒定　(清)馬大猷輯　(清)馬寬裕編次　清嘉慶七年(1802)啟元堂刻本　四冊

410000－2286－0000075　0302 經 00077
新刻書經備旨輯要善本六卷　(清)汪右衡鑒定　(清)馬大猷輯　(清)馬寬裕編次　清刻本　一冊　存二卷(五至六)

410000－2286－0000076　0302 經 00078
鐫彙附百名公帷中綮論書經講義會編十二卷　(明)申時行手授　(明)李鴻等校訂　明萬曆刻本　九冊　存九卷(三至六、八至十二)

410000－2286－0000077　0302 經 00080

尚書離句六卷　(清)劉梅垞鑒定　(清)錢在培輯解　清大成堂刻本　一冊

410000－2286－0000078　1601 史 00419
前漢書一百卷　(漢)班固撰　(唐)顔師古注　清光緒影印本　一冊　存四卷(二十七上、中之上、中之下、下之上、下之下,二十八上下,二十九至三十)

410000－2286－0000079　0302 經 00082
詩經集傳八卷　(宋)朱熹撰　清光緒十八年(1892)湖南官書處刻本　四冊

410000－2286－0000080　0302 經 00083
詩經集傳八卷　(宋)朱熹撰　清光緒十八年(1892)湖南官書處刻本　四冊

410000－2286－0000081　0302 經 00084
詩集傳八卷　(宋)朱熹撰　清咸豐森記書莊刻本　一冊　存三卷(六至八)

410000－2286－0000082　0302 經 00085
詩經集傳八卷　(宋)朱熹撰　清崇德堂刻本　四冊

410000－2286－0000083　0302 經 00086
詩經集傳八卷　(宋)朱熹撰　清刻本　一冊　存三卷(六至八)

410000－2286－0000084　0302 經 00087
詩經集傳八卷　(宋)朱熹撰　清刻本　二冊　存四卷(五至八)

410000－2286－0000085　0302 經 00088
欽定詩經傳說彙纂二十一卷首二卷詩序二卷　(清)王鴻緒等纂　清刻本　八冊　存八卷(十、十七至二十一,首二卷)

410000－2286－0000086　0302 經 00089
欽定詩經傳說彙纂二十一卷首二卷詩序二卷　(清)王鴻緒等纂　清刻本　七冊　存九卷(十四至二十一、詩序下)

410000－2286－0000087　0302 經 00090
欽定詩經傳說彙纂二十一卷首二卷詩序二卷　(清)王鴻緒等纂　清刻本　三冊　存五卷(十四至十七、二十一)

410000－2286－0000088　0303 經 00091
欽定詩經傳說彙纂二十一卷首二卷詩序二卷　(清)王鴻緒等纂　清刻本　十冊　存十卷(五、八、十一至十二、十五至十七、二十至二十一,首上)

410000－2286－0000089　0303 經 00092
御纂詩義折中二十卷　(清)傅恒等纂　清刻本　三冊　存九卷(一至三、十至十五)

410000－2286－0000090　0303 經 00093
御纂詩義折中二十卷　(清)傅恒等纂　清刻本　一冊　存三卷(十三至十五)

410000－2286－0000091　0303 經 00094
御纂詩義折中二十卷　(清)傅恒等纂　清嘉慶經元堂刻本　十二冊

410000－2286－0000092　0303 經 00095
詩經喈鳳詳解八卷　(清)陳抒孝輯著　(清)汪基增訂　清乾隆四十五年(1780)三多齋刻本　四冊

410000－2286－0000093　0303 經 00096
詩經喈鳳詳解八卷　(清)陳抒孝輯著　(清)汪基增訂　清三多齋刻本　四冊

410000－2286－0000094　0303 經 00097
詩經喈鳳詳解八卷　(清)陳抒孝輯著　(清)汪基增訂　清三多齋刻本　一冊　存二卷(七至八)

410000－2286－0000095　0303 經 00098
詩經喈鳳詳解八卷　(清)陳抒孝輯著　(清)汪基增訂　清三多齋刻本　二冊　存三卷(五、七至八)

410000－2286－0000096　0303 經 00099
詩經喈鳳詳解八卷　(清)陳抒孝輯著　(清)汪基增訂　清刻本　一冊　存二卷(七至八)

410000－2286－0000097　0303 經 00100
詩經喈鳳詳解八卷　(清)陳抒孝輯著　(清)汪基增訂　清刻本　一冊　存三卷(六至八)

410000－2286－0000098　0303 經 00101
詩經大全二十卷綱領一卷　(明)胡廣等纂修

詩序辯說一卷 （宋）朱熹撰 清康熙五十年(1711)郁郁堂刻本 一册 存二卷(綱領一卷、詩序辯說一卷)

410000－2286－0000099 0303 經 00102
詩傳大全二十卷綱領一卷圖一卷 （明）胡廣等輯 清乾隆刻本 二册 存五卷(九至十、十三至十五)

410000－2286－0000100 0303 經 00103
重訂詩經衍義合叅集註八卷 （明）江晉雲(江環)輯著 （清）黄坤五(黄文焕)手定 （清）汪桓等訂 清乾隆四十五年(1780)致和堂刻本 四册

410000－2286－0000101 0303 經 00104
詩經正解三十卷首一卷 （清）姜文燦 （清）吳荃彙輯 清康熙深柳堂刻本 八册 存十五卷(十五至二十四、二十六至三十)

410000－2286－0000102 0303 經 00106
詩經音韻譜五卷 （清）甄士林音釋 清道光五年(1825)種松書屋刻本 五册

410000－2286－0000103 0303 經 00107
詩經音韻譜五卷 （清）甄士林輯著 清道光五年(1825)種松書屋刻本 一册 存一卷(三)

410000－2286－0000104 0303 經 00108
詩經音韻譜五卷 （清）甄士林輯著 清道光五年(1825)種松書屋刻本 一册 存一卷(三)

410000－2286－0000105 0303 經 00109
詩經喈鳳詳解八卷 （清）吳新亭閲定 （清）陳抒孝輯著 （清）汪基增訂 清刻本 四册 存五卷(一至四、六)

410000－2286－0000106 0303 經 00110
詩經喈鳳詳解八卷 （清）吳新亭閲定 （清）陳抒孝輯著 （清）汪基增訂 清善成堂刻本 二册 存五卷(一至二、六至八)

410000－2286－0000107 0303 經 00111
詩經喈鳳詳解八卷 （清）吳新亭閲定 （清）陳抒孝輯著 （清）汪基增訂 清善成堂刻本 二册 存三卷(一至二、五)

410000－2286－0000108 0303 經 00112
毛詩名物圖說九卷 （清）徐鼎輯 清乾隆三十六年(1771)刻本 三册 存三卷(一至二、五)

410000－2286－0000109 0303 經 00113
重訂詩經衍義合叅集注八卷 （清）黄坤五(黄文焕)訂 （清）江晉雲(江環)輯著 （清）范必英等校 清嘉慶二十一年(1816)崇文堂刻本 三册 存六卷(一至二、五至八)

410000－2286－0000110 0303 經 00114
詩經精華八卷 （清）薛嘉穎纂 清道光五年(1825)刻本 三册 存六卷(一至二、五至八)

410000－2286－0000111 0303 經 00115
詩經精華八卷 （清）薛嘉穎纂 清道光五年(1825)刻本 一册 存三卷(四至六)

410000－2286－0000112 0303 經 00116
詩經融註大全體要八卷 （清）高朝瓔定 （清）沈世楷輯 清光緒十七年(1891)魁文堂刻本 四册

410000－2286－0000113 0303 經 00117
詩經融註大全體要八卷 （清）高朝瓔定 （清）沈世楷輯 清刻本 四册

410000－2286－0000114 0303 經 00118
詩經融註大全體要八卷 （清）高朝瓔定 （清）沈世楷輯 清光緒九年(1883)聚盛堂刻本 二册 存三卷(一至二、五)

410000－2286－0000115 0303 經 00119
詩經體註大全體要八卷 （清）高朝瓔定 （清）沈世楷輯 清刻本 三册 存六卷(三至八)

410000－2286－0000116 0303 經 00120
詩經體註大全體要八卷 （清）高朝瓔定 （清）沈世楷輯 清刻本 一册 存三卷(六至八)

410000－2286－0000117　0304 經 00121
詩經融註大全體要八卷　（清）高朝瓔定（清）沈世楷輯　清乾隆四十八年（1783）三多齋刻本　二冊　存五卷（一至二、六至八）

410000－2286－0000118　0304 經 00122
詩經融註大全體要八卷　（清）高朝瓔定（清）沈世楷輯　清乾隆二十八年（1763）三多齋刻本　一冊　存二卷（一至二）

410000－2286－0000119　0304 經 00123
詩經融註大全體要八卷　（清）高朝瓔定（清）沈世楷輯　清刻本　一冊　存三卷（六至八）

410000－2286－0000120　0304 經 00124
詩經融註大全體要八卷　（清）高朝瓔定（清）沈世楷輯　清刻本　一冊　存二卷（三至四）

410000－2286－0000121　0304 經 00125
詩經融註大全體要八卷　（清）高朝瓔定（清）沈世楷輯　清乾隆刻本　三冊　存六卷（三至八）

410000－2286－0000122　0304 經 00126
詩經體註八卷　（清）范翔定　（清）高朝瓔叅　清集錦堂刻本　一冊　存一卷（五）

410000－2286－0000123　0304 經 00127
詩經體註大全八卷　（清）高朝瓔定　（清）沈世楷輯　清致和堂刻本　二冊　存五卷（三至四、六至八）

410000－2286－0000124　0304 經 00128
詩經體註大全合叅八卷　（清）高朝瓔定（清）沈世楷輯　清道光四年（1824）刻本　二冊　存五卷（一至二、六至八）

410000－2286－0000125　0304 經 00129
新鐫黃維章先生詩經瑯嬛體注八卷　（清）黃文煥輯　清三多齋刻本　一冊　存三卷（六至八）

410000－2286－0000126　0304 經 00130
詩經瑯環體註大全八卷　（清）范翔定　（清）沈世楷輯　清敦化堂刻本　二冊　存三卷（一至三）

410000－2286－0000127　0304 經 00131
周禮十二卷　（漢）鄭玄注　（唐）陸德明音義　清光緒十二年（1886）湖北官書處刻本　六冊

410000－2286－0000128　0304 經 00132
周禮註疏刪翼三十卷　（明）王志長輯　（明）葉培恕定　清醉墨齋刻本　十六冊

410000－2286－0000129　0304 經 00133
周禮註疏刪翼三十卷　（明）王志長輯　（明）葉培恕定　清醉墨齋刻本　一冊　存二卷（三至四）

410000－2286－0000130　0304 經 00134
周禮註疏刪翼三十卷　（明）王長志輯　（明）葉培恕定　清刻本　二冊　存三卷（二十四至二十六）

410000－2286－0000131　1601 史 00418
前漢書一百卷　（漢）班固撰　（唐）顏師古注　清光緒影印本　二冊　存十七卷（四十三至五十二、九十一至九十三上、九十四至九十七）

410000－2286－0000132　0304 經 00136
周禮精華六卷　（清）陳龍標編輯　清光韙堂刻本　二冊　存二卷（二至三）

410000－2286－0000133　0304 經 00137
周禮讀本□□卷　（清）周樽輯　清乾隆刻本　一冊　存一卷（三）

410000－2286－0000134　0304 經 00138
周官精義十二卷　（清）連斗山編次　清咸豐四年（1854）崇義書院刻本　五冊　存九卷（一至四、八至十二）

410000－2286－0000135　0304 經 00139
周官精義十二卷　（清）連斗山編次　清嘉慶二年（1797）致和堂刻本　五冊　存十卷（一至五、八至十二）

410000－2286－0000136　0304 經 00140

周官精義十二卷 (清)連斗山編次 清嘉慶七年(1802)刻本 七册 存十一卷(一至六、八至十二)

410000－2286－0000137 0304 經 00141
周官精義十二卷 (清)連斗山編次 清嘉慶二年(1797)致和堂刻本 六册

410000－2286－0000138 0304 經 00142
周官精義十二卷 (清)連斗山編次 清嘉慶二年(1797)致和堂刻本 三册 存六卷(一至二、五至六、九至十)

410000－2286－0000139 0304 經 00143
周官精義十二卷 (清)連斗山編次 清道光刻本 三册

410000－2286－0000140 0304 經 00144
周官精義十二卷 (清)連斗山編次 清嘉慶七年(1802)崇義書院刻本 一册 存三卷(一至三)

410000－2286－0000141 0304 經 00145
周官精義十二卷 (清)連斗山編次 清嘉慶七年(1802)崇義書院刻本 四册 存八卷(一至三、七至十、十二)

410000－2286－0000142 0304 經 00146
周官精義十二卷 (清)連斗山編次 清道光義興堂刻本 三册 存六卷(三至八)

410000－2286－0000143 0304 經 00147
周官精義十二卷 (清)連斗山編次 清道光刻本 一册 存二卷(十至十一)

410000－2286－0000144 0304 經 00148
周官精義十二卷 (清)連斗山編次 清乾隆刻本 一册 存二卷(八至九)

410000－2286－0000145 0304 經 00149
周官精義十二卷 (清)連斗山編次 清道光十六年(1836)刻本 一册 存二卷(一至二)

410000－2286－0000146 0304 經 00150
周官精義十二卷 (清)連斗山編次 清刻本 一册 存二卷(八至九)

410000－2286－0000147 0305 經 00151
儀禮十七卷 (漢)鄭玄注 (清)張爾岐句讀 清刻本 六册

410000－2286－0000148 0305 經 00152
儀禮經傳通解三十七卷續二十九卷 (宋)朱熹撰 (宋)黄幹續撰 清康熙刻本 七册 存二十卷(儀禮經傳通解一至五、八至二十二)

410000－2286－0000149 0305 經 00153
儀禮易讀十七卷 (清)馬駉輯 (清)張身溥 (清)戴兆薇参校 清刻本 一册 存五卷(十三至十七)

410000－2286－0000150 0305 經 00154
儀禮十七卷 (清)吴廷華章句 清刻本 一册 存二卷(十一至十二)

410000－2286－0000151 1601 史 00416
廣治平略續集八卷 (清)蔡方炳撰 清末廣百宋齋鉛印本 一册

410000－2286－0000152 0305 經 00159
禮記十卷 (元)陳澔集說 清乾隆致和堂刻本 九册 存九卷(一至八、十)

410000－2286－0000153 0305 經 00157
禮記十卷 (元)陳澔集說 清崇道堂刻本 四册 存四卷(二、四、六、九)

410000－2286－0000154 0305 經 00158
禮記十卷 (元)陳澔集說 清崇道堂刻本 五册 存五卷(三至七)

410000－2286－0000155 0305 經 00160
禮記十卷 (元)陳澔集說 清乾隆致和堂刻本 三册 存三卷(一、七至八)

410000－2286－0000156 0305 經 00161
禮記十卷 (元)陳澔集說 清同治七年(1868)崇文書局刻本 二册 存二卷(一、七)

410000－2286－0000157 0305 經 00162
禮記十卷 (元)陳澔集說 清道光刻本 二册 存二卷(三至四)

410000－2286－0000158 0305 經 00163

禮記十卷 (元)陳澔集說 清慎詒堂刻本 一册 存一卷(七)

410000－2286－0000159 0305 經 00164
禮記十卷 (元)陳澔集說 清道光刻本 四册 存四卷(六至七、九至十)

410000－2286－0000160 0305 經 00165
禮記十卷 (元)陳澔集說 清濂溪閣刻本 一册 存二卷(九至十)

410000－2286－0000161 0305 經 00166
禮記十卷 (元)陳澔集說 清刻本 一册 存一卷(八)

410000－2286－0000162 0305 經 00167
禮記十卷 (元)陳澔集註 清刻本 一册 存一卷(六)

410000－2286－0000163 0305 經 00168
禮記十卷 (元)陳澔集說 清刻本 一册 存二卷(七至八)

410000－2286－0000164 0305 經 00169
禮記十卷 (元)陳澔集說 清刻本 一册 存一卷(八)

410000－2286－0000165 1601 史 00417
瀛環志略十卷 (清)徐繼畬纂 清末影印本 一册 存一卷(三)

410000－2286－0000166 0305 經 00171
欽定禮記義疏八十二卷首一卷 (清)允祿等編 清刻本(有圖) 二册 存三卷(八十至八十二)

410000－2286－0000167 0305 經 00172
禮記增訂旁訓六卷 (清)徐立綱撰 清道光十八年(1838)經國堂刻本 六册

410000－2286－0000168 0305 經 00173
禮記增訂旁訓六卷 (清)徐立綱撰 清孝思堂刻五經旁訓讀本本 一册 存三卷(一至三)

410000－2286－0000169 0305 經 00174
禮記增訂旁訓六卷 (清)徐立綱撰 清三多齋刻本 一册 存一卷(三)

410000－2286－0000170 0305 經 00175
禮記增訂旁訓六卷 (清)徐立綱撰 清三益齋刻本(卷四配清刻本) 三册 存三卷(三至四、六)

410000－2286－0000171 0305 經 00176
禮記旁訓辨體合訂六卷 (清)徐立綱輯 清孝思堂刻本 二册 存二卷(一、五)

410000－2286－0000172 0305 經 00177
禮記旁訓辨體合訂六卷 (清)徐立綱輯 清循陔堂刻本 二册 存二卷(四至五)

410000－2286－0000173 0305 經 00178
全本禮記體註十卷 (清)范翔定 (清)徐旦參訂 (清)徐瑄補輯 清三多齋刻本 九册 存九卷(一至四、六至十)

410000－2286－0000174 0305 經 00179
全本禮記體註十卷 (清)范紫登(范翔)定 (清)徐旦条訂 (清)徐瑄補輯 清乾隆百尺樓刻本 八册 存八卷(一至六、八至九)

410000－2286－0000175 0305 經 00180
全本禮記體註十卷 (清)范紫登(范翔)定 (清)徐旦參訂 (清)徐瑄補輯 清乾隆百尺樓刻本 八册 存八卷(一至二、五至十)

410000－2286－0000176 0401 經 00181
全本禮記體註十卷 (清)范紫登(范翔)定 (清)徐旦条訂 (清)徐瑄補輯 清刻本 十一册

410000－2286－0000177 0401 經 00182
禮記體註大全四卷 (清)范紫登(范翔)鑒定 (清)徐旦条訂 清有益堂刻本 四册

410000－2286－0000178 0401 經 00183
全本禮記體註十卷 (元)陳澔集說 (清)范翔定 (清)徐旦參訂 (清)徐瑄補輯 清致和堂刻本 一册 存一卷(六)

410000－2286－0000179 0401 經 00184
全本禮記體註十卷 (清)范翔原定 (清)徐旦參訂 (清)徐瑄補輯 清致和堂刻本 三册 存三卷(三、六、十)

410000－2286－0000180　0401 經 00185
全本禮記體註十卷　(清)范翔原定　(清)徐旦參訂　(清)徐瑄補輯　清同志堂刻本　二冊　存二卷(三、六)

410000－2286－0000181　0401 經 00186
全本禮記體註十卷　(清)范翔原定　(清)徐旦參訂　(清)徐瑄補輯　清文會堂刻本　三冊　存三卷(六、八至九)

410000－2286－0000182　0401 經 00187
全本禮記體註十卷　(元)陳澔集說　(清)范翔原定　(清)徐旦參訂　(清)徐瑄補輯　清三多齋刻本　二冊　存二卷(二、八)

410000－2286－0000183　0401 經 00188
全本禮記體註十卷　(清)范翔原定　(清)徐旦參訂　(清)徐瑄補輯　清三多齋刻本(卷八配清刻本)　五冊　存五卷(一至二、六、八、十)

410000－2286－0000184　0401 經 00189
漱芳軒合纂禮記體註四卷　(清)范翔參訂　(清)朱光斗等校　清刻本　四冊

410000－2286－0000185　0401 經 00190
漱芳軒合纂禮記體註四卷　(清)范翔參訂　(清)朱光斗等校　清道光崇文堂刻本　四冊

410000－2286－0000186　0401 經 00191
漱芳軒合纂禮記體註四卷　(清)范翔參訂　(清)朱光斗等校　清刻本　四冊

410000－2286－0000187　0401 經 00192
漱芳軒合纂禮記體註四卷　(清)范翔參訂　(清)朱光斗等校　清刻本　三冊　存三卷(一、三至四)

410000－2286－0000188　0401 經 00193
漱芳軒合纂禮記體註四卷　(清)范翔參訂　(清)朱光斗等校　清刻本　二冊　存二卷(一、四)

410000－2286－0000189　0401 經 00194
漱芳軒合纂禮記體注四卷　(清)范翔參訂　(清)朱光斗等校　清嘉慶二十三年(1818)刻本　二冊　存二卷(一、四)

410000－2286－0000190　0401 經 00195
漱芳軒合纂禮記體註四卷　(清)范翔參訂　(清)朱光斗等校　清刻本　二冊　存二卷(一、四)

410000－2286－0000191　0401 經 00196
漱芳軒合纂禮記體註四卷　(清)范翔參訂　(清)朱光斗等校　清咸豐十一年(1861)刻本　一冊　存二卷(一至二)

410000－2286－0000192　0401 經 00197
漱芳軒合纂禮記體註四卷　(清)范翔參訂　(清)朱光斗等校　清刻本　一冊　存一卷(一)

410000－2286－0000193　0401 經 00198
皇朝五經彙解二百七十卷　題(清)抉經心室主人編　清末影印本　一冊　存五卷(二百二十二至二百二十六)

410000－2286－0000194　0401 經 00199
禮記心典傳本四卷　(清)胡瑤光輯　清刻本　二冊　存二卷(二、四)

410000－2286－0000195　0401 經 00200
禮記心典傳本四卷　(清)胡瑤光輯　清刻本　一冊　存二卷(二至三)

410000－2286－0000196　0401 經 00201
禮記省度四卷　(清)彭頤纂　(清)許國璠等糸　清嘉慶十二年(1807)大業堂刻本　二冊　存二卷(一、四)

410000－2286－0000197　0401 經 00202
禮記便讀二卷　(清)王一清訂　(清)王元梅　(清)王承烈校　清刻本　一冊

410000－2286－0000198　0401 經 00203
五禮通考二百六十二卷　(清)秦蕙田編　(清)方觀承訂　(清)盧見會　(清)宋宗元參校　清刻本　一冊　存二卷(六十至六十一)

410000－2286－0000199　0401 經 00204
三禮約編喈鳳　(清)汪基鈔撰　(清)江永校

纂　（清）陳士謙參訂　清刻本　七冊　存十七卷（周禮一至六、儀禮一至三、禮記三至十）

410000－2286－0000200　0401 經 00205
春秋經傳集解三十卷　（晉）杜預注　（唐）陸德明釋文　明刻本　十五冊

410000－2286－0000201　0401 經 00206
春秋左傳杜註三十卷首一卷　（晉）杜預注　（清）姚培謙學　清刻本　一冊　存三卷（一至二、首一卷）

410000－2286－0000202　0401 經 00207
春秋左傳杜註三十卷首一卷　（晉）杜預注　（清）姚培謙學　清乾隆十一年（1746）陸氏小鬱林刻三多齋印本　七冊　存二十七卷（一至十一、十六至三十，首一卷）

410000－2286－0000203　0401 經 00208
春秋左傳三十卷　（晉）杜預注　（宋）林堯叟附注　（唐）陸德明音釋　（清）馮李驊集解　清光緒十二年（1886）湖北官書處刻本　九冊　存二十一卷（一至二、十二至三十）

410000－2286－0000204　0402 經 00209
春秋左傳一卷　（春秋）左丘明撰　清抄本　一冊

410000－2286－0000205　0402 經 00210
春秋左傳五十卷　（晉）杜預　（宋）林堯叟註釋　（唐）陸德明音義　（明）鍾惺等評點　清三多齋刻本　九冊　存二十八卷（一至六、十四至十六、二十六至二十八、三十二至四十七）

410000－2286－0000206　0402 經 00211
春秋左傳五十卷　（晉）杜預　（宋）林堯叟註釋　（唐）陸德明音義　（明）鍾惺等評點　清嘉慶二十一年（1816）山淵堂刻本　四冊　存十二卷（一至二、十一至十四、二十一至二十六）

410000－2286－0000207　0402 經 00212
春秋左傳杜林合註五十卷　（晉）杜預　（宋）林堯叟註釋　（唐）陸德明音義　（明）鍾惺等評點　清聚魁堂刻本　七冊　存二十八卷（一至二十八）

410000－2286－0000208　0402 經 00213
春秋左傳杜林合註五十卷　（晉）杜預　（宋）林堯叟註釋　（唐）陸德明音義　（明）鍾惺等評點　清光緒三十四年（1908）善成堂刻本　十三冊　存四十一卷（一至三十一、三十八至四十五、四十九至五十）

410000－2286－0000209　0402 經 00214
春秋左傳五十卷　（晉）杜預　（宋）林堯叟註釋　（唐）陸德明音義　（明）鍾惺等評點　清善成堂刻本　四冊　存十二卷（九至十五、四十一至四十五）

410000－2286－0000210　0402 經 00215
春秋左傳五十卷　（晉）杜預　（宋）林堯叟註釋　（唐）陸德明音義　（明）鍾惺等評點　清李光明莊刻本　三冊　存八卷（三十至三十七）

410000－2286－0000211　0402 經 00216
春秋左傳五十卷　（晉）杜預　（宋）林堯叟註釋　（唐）陸德明音義　（明）鍾惺等評點　清乾隆懷德堂刻本　一冊　存四卷（十八至二十一）

410000－2286－0000212　0402 經 00217
春秋左傳五十卷　（晉）杜預　（宋）林堯叟註釋　（唐）陸德明音義　（明）鍾惺等評點　清康熙致和堂刻本　三冊　存十五卷（七至十五、三十三至三十八）

410000－2286－0000213　0402 經 00218
春秋左傳五十卷　（晉）杜預　（宋）林堯叟註釋　（唐）陸德明音義　（明）鍾惺等評點　清文盛堂刻本　二冊　存八卷（三十五至三十八、四十七至五十）

410000－2286－0000214　0402 經 00219
春秋左傳五十卷　（晉）杜預　（宋）林堯叟註釋　（唐）陸德明音義　（明）鍾惺　（明）韓范評閱　清崇文堂刻本　三冊　存十二卷（二十六至三十七）

410000－2286－0000215　0402 經 00220

春秋左傳五十卷　(晉)杜預　(宋)林堯叟註釋　(唐)陸德明音義　(明)鍾惺等評點　清三槐堂刻本　二冊　存二卷(七至八)

410000－2286－0000216　0402 經 00221
春秋左傳五十卷　(晉)杜預　(宋)林堯叟註釋　(唐)陸德明音義　(明)鍾惺　(明)韓范評閱　清文會堂刻本　一冊　存六卷(四十五至五十)

410000－2286－0000217　0402 經 00222
春秋左傳五十卷　(晉)杜預　(宋)林堯叟註釋　(唐)陸德明音義　(明)鍾惺評點　清刻本　五冊　存十六卷(二至五、十六至十九、三十六至三十七、四十至四十二、四十八至五十)

410000－2286－0000218　0402 經 00223
春秋左傳五十卷　(晉)杜預　(宋)林堯叟註釋　(唐)陸德明音義　(明)鍾惺評點　清刻本　二冊　存六卷(十至十二、二十九至三十一)

410000－2286－0000219　0402 經 00224
春秋左傳五十卷　(晉)杜預　(宋)林堯叟註釋　(唐)陸德明音義　(明)鍾惺評點　清刻本　三冊　存九卷(十八至二十、二十四至二十六、三十九至四十一)

410000－2286－0000220　0402 經 00225
左繡三十卷首一卷　(清)馮李驊　(清)陸浩評輯　(清)范允斌等絫評　(清)馮張孫等校輯　清刻本　十六冊

410000－2286－0000221　0402 經 00226
左繡三十卷首一卷　(清)馮李驊　(清)陸浩評輯　(清)范允斌等絫評　(清)馮張孫等校輯　清嘉慶七年(1802)華川書屋刻本　十三冊　存二十七卷(一至二十四、二十七至二十八,首一卷)

410000－2286－0000222　0402 經 00227
左繡三十卷首一卷　(清)馮李驊　(清)陸浩評輯　(清)范允斌等絫評　(清)馮張孫等校輯　清嘉慶七年(1802)華川書屋刻本　六冊　存十五卷(十六至三十)

410000－2286－0000223　0403 經 00228
左繡三十卷首一卷　(清)馮李驊　(清)陸浩評輯　(清)范允斌等絫評　(清)馮張孫等校輯　清道光五年(1825)華川書屋刻本　六冊　存十七卷(一至八、二十一至二十八,首一卷)

410000－2286－0000224　0403 經 00229
左繡三十卷首一卷　(清)馮李驊　(清)陸浩評輯　(清)范允斌等絫評　(清)馮張孫等校輯　清刻本　五冊　存十四卷(六至八、十六至二十、二十三至二十八)

410000－2286－0000225　0403 經 00230
左繡三十卷首一卷　(清)馮李驊　(清)陸浩評輯　(清)范允斌等絫評　(清)馮張孫等校輯　清嘉慶十六年(1811)崇義書院刻本　十二冊

410000－2286－0000226　0403 經 00231
左繡三十卷首一卷　(清)馮李驊　(清)陸浩評輯　(清)范允斌等絫評　(清)馮張孫等校輯　清刻本　六冊　存十二卷(四至十五)

410000－2286－0000227　0403 經 00232
左繡三十卷首一卷　(清)馮李驊　(清)陸浩評輯　(清)范允斌等絫評　(清)馮張孫等校輯　清刻本　四冊　存十卷(三至五、九至十五)

410000－2286－0000228　0403 經 00233
左繡三十卷首一卷　(清)馮李驊　(清)陸浩評輯　(清)范允斌等絫評　(清)馮張孫等校輯　清道光五年(1825)華川書屋刻本　十冊　存二十五卷(一至二、六至十五、十九至三十,首一卷)

410000－2286－0000229　0403 經 00234
左繡三十卷首一卷　(清)馮李驊　(清)陸浩評輯　(清)范允斌等絫評　(清)馮張孫等校輯　清嘉慶七年(1802)華川書屋刻本　十冊　存二十二卷(一至二、八至十二、十六至三十)

410000－2286－0000230　0403 經 00235
左繡三十卷首一卷　(清)馮李驊　(清)陸浩評輯　(清)范允斌等条評　(清)馮張孫等校輯　清刻本　一冊　存二卷(十八至十九)

410000－2286－0000231　0403 經 00236
左繡三十卷首一卷　(清)馮李驊　(清)陸浩評輯　(清)范允斌等条評　(清)馮張孫等校輯　清嘉慶十三年(1808)經綸堂刻本　一冊　存二卷(一、首一卷)

410000－2286－0000232　0403 經 00237
左繡三十卷首一卷　(清)馮李驊　(清)陸浩評輯　(清)范允斌等条評　(清)馮張孫等校輯　清刻本　一冊　存二卷(二十五至二十六)

410000－2286－0000233　0403 經 00238
左繡三十卷首一卷　(清)馮李驊　(清)陸浩評輯　(清)范允斌等条評　(清)馮張孫等校輯　清刻本　一冊　存二卷(十至十一)

410000－2286－0000234　0403 經 00239
增補左傳三十卷　(清)馮李驊　(清)陸浩評輯　清嵩山書屋刻本　一冊　存二卷(二十八至二十九)

410000－2286－0000235　0403 經 00240
左傳翼三十八卷　(清)周大璋輯評　(清)張若等条訂　清乾隆五年(1740)三畏堂刻本　十冊　存二十卷(一至二十)

410000－2286－0000236　0403 經 00241
左傳翼三十八卷　(清)周大璋輯評　(清)張若等条訂　清務本堂刻本　十五冊　存三十四卷(一至十一、十六至三十八)

410000－2286－0000237　0403 經 00242
左傳翼三十八卷　(清)周大璋輯評　(清)張若等条訂　清刻本　三冊　存八卷(十九至二十、三十三至三十八)

410000－2286－0000238　0403 經 00243
太史張天如詳節春秋綱目左傳句解六卷　(清)韓菼重訂　清聚盛堂刻本　六冊

410000－2286－0000239　0403 經 00244
太史張天如詳節春秋綱目左傳句解六卷　(清)韓菼重訂　清善成堂刻本　二冊　存二卷(一至二)

410000－2286－0000240　0403 經 00245
太史張天如詳節春秋綱目句解左傳彙雋六卷　(清)韓菼重訂　清刻本　五冊　存五卷(二至六)

410000－2286－0000241　0403 經 00246
太史張天如詳節春秋綱目句解左傳彙雋六卷　(清)韓菼重訂　清善成堂刻本　五冊　存五卷(二至六)

410000－2286－0000242　0403 經 00247
太史張天如詳節春秋綱目句解左傳彙雋六卷　(清)韓菼重訂　清文光堂刻本　四冊　存四卷(三至六)

410000－2286－0000243　0403 經 00248
如西所刻諸名家評點春秋綱目左傳句解彙雋六卷　(清)韓菼重訂　清光緒二十二年(1896)王四和刻本　三冊

410000－2286－0000244　0403 經 00249
如西所刻諸名家評點春秋綱目左傳句解六卷　(清)韓菼重訂　清崇文堂刻本　五冊

410000－2286－0000245　0403 經 00250
如西所刻諸名家評點春秋綱目左傳句解六卷　(清)韓菼重訂　清崇文堂刻本　一冊　存二卷(一至二)

410000－2286－0000246　0403 經 00251
評點春秋綱目左傳句解彙雋六卷　(清)韓菼重訂　清宏道堂刻本　二冊　存四卷(一、四至六)

410000－2286－0000247　0403 經 00252
批點春秋綱目左傳句解彙雋六卷　(清)韓菼重訂　清刻本　一冊　存一卷(六)

410000－2286－0000248　0403 經 00253
如西所刻諸名家評點春秋綱目左傳句解六卷　(清)韓菼重訂　清五美堂刻本　二冊　存

二卷(一至二)

410000－2286－0000249　0404 經 00254
如西所刻諸名家評點春秋綱目左傳句解六卷　(清)韓菼重訂　清五美堂刻本　一冊　存二卷(一至二)

410000－2286－0000250　0404 經 00255
太史張天如詳節春秋綱目句解左傳彙雋六卷　(清)韓菼重訂　清經元堂刻本　四冊　存四卷(二、四至六)

410000－2286－0000251　0404 經 00256
如西所刻諸名家評點春秋綱目左傳句解彙雋六卷　(清)韓菼重訂　清光緒十三年(1887)文英堂刻本　二冊　存二卷(一、四)

410000－2286－0000252　0404 經 00257
太史張天如詳節春秋綱目句解左傳彙雋六卷　(清)韓菼重訂　清刻本　一冊　存一卷(四)

410000－2286－0000253　0404 經 00263
讀左補義五十卷首一卷　(清)姜炳璋輯　(清)毛昇增糸　清同治十年(1871)刻本　三冊　存八卷(四至六、二十一至二十四,首一卷)

410000－2286－0000254　0404 經 00264
春秋歸義十二卷　(明)賀仲軾著　(明)張縉彥　(明)范印心評　(明)賀行素較　(明)冀應熊訂　(明)范驥節　清道光八年(1828)刻本　十一冊　存十一卷(一至七、九至十二)

410000－2286－0000255　0404 經 00265
左傳不分卷　清可儀堂刻本　二冊

410000－2286－0000256　0404 經 00266
曲江書屋新訂批註左傳快讀十八卷首一卷　(晉)杜預注　(唐)陸德明音義　(宋)林堯叟　(宋)朱申糸註　(清)馮李驊　(清)陸浩批評　(清)李紹崧選訂　清刻本　六冊　存十卷(一至二、六至七、九至十、十四至十五、十七,首一卷)

410000－2286－0000257　0404 經 00268
左傳易讀六卷　(清)司徒修輯　清刻本　三冊　存三卷(四至六)

410000－2286－0000258　0404 經 00269
春秋左傳類聯四卷　(清)王一清編註　(清)王元梅　(清)王承烈校　清乾隆四十四年(1779)藜照堂刻本　一冊

410000－2286－0000259　0404 經 00270
春秋左傳分類賦六卷　(清)夏大觀編撰　(清)夏大鼎箋注　(清)夏邦校閲　**說左約箋二卷**　(清)馮李驊編撰　(清)夏大觀箋註　清咸豐元年(1851)德元堂刻本　六冊

410000－2286－0000260　0404 經 00271
澄衷蒙學堂字課圖說四卷　(清)劉樹屏撰　(清)吳子城繪圖　清光緒石印本　一冊　存一卷(二)

410000－2286－0000261　0404 經 00272
御纂春秋直解十二卷　(清)傅恒等撰　清刻本　一冊　存二卷(六至七)

410000－2286－0000262　0404 經 00273
春秋公羊傳十一卷　(漢)何休學　(唐)陸德明音義　清光緒二十五年(1899)寶慶益元堂刻本　三冊

410000－2286－0000263　0404 經 00274
十三經讀本附校刊記　(清)丁寶楨等校　清同治十一年(1872)山東書局刊本　六冊　存二種二十卷

410000－2286－0000264　0404 經 00275
公羊傳鈔一卷　(清)高嵣集評　清乾隆五十三年(1788)雙桐書屋刻本　一冊

410000－2286－0000265　2705 類叢 00059
孫夏峰全集十二種附一種　(清)孫奇逢撰　清康熙刻道光至光緒間遞刻重印本　二十一冊　存四種三十七卷

410000－2286－0000266　0404 經 00276
公穀選四卷　(清)儲欣評　(清)儲芝糸述　清乾隆五十年(1785)二南堂刻重訂七種古文

選本　一冊　存二卷(公羊傳選二卷)

410000－2286－0000267　0404 經 00277
[百家姓續]不分卷　清刻本　一冊

410000－2286－0000268　0404 經 00278
春秋穀梁傳十二卷　(晉)范甯集解　(唐)陸德明音義　清刻本　一冊　存四卷(四至七)

410000－2286－0000269　0404 經 00279
春秋傳三十卷　(宋)胡安國撰　清乾隆刻本　八冊

410000－2286－0000270　0404 經 00280
春秋傳三十卷　(宋)胡安國撰　明末三樂齋刻本　八冊

410000－2286－0000271　0404 經 00281
春秋體註大全四卷　(清)范紫登(范翔)鑒定　(清)徐寅賓纂　(清)解志元叅訂　清致和堂刻本　四冊

410000－2286－0000272　0404 經 00282
春秋體註大全合叅四卷　(清)范紫登(范翔)鑒定　(清)徐寅賓纂　(清)解志元叅訂　清合錦堂刻本　一冊　存一卷(一)

410000－2286－0000273　0404 經 00283
春秋體註大全四卷　(清)范紫登(范翔)鑒定　(清)徐寅賓纂　(清)解志元叅訂　清三多齋刻本　四冊

410000－2286－0000274　0404 經 00284
春秋大成三十一卷　(清)馮如京彙纂　**春秋大成講意三十一卷**　(清)馮雲驌著　(清)馮雲驌訂　(清)嚴天顔等叅　(清)陸大任較　清順治十一年(1654)介軒刻本　四冊

410000－2286－0000275　0405 經 00285
春秋大成三十一卷　(清)馮如京彙纂　**春秋大成講意三十一卷**　(清)馮雲驌著　(清)馮雲驌訂　(清)嚴天顔等叅　(清)陸大任較　清順治十一年(1654)介軒刻本　三冊　存二十二卷(七至十、十三至十九,春秋大成講意七至十、十三至十九)

410000－2286－0000276　0405 經 00286
春秋五傳十七卷首一卷　(清)張瓅輯　清乾隆華文堂刻本　一冊　存一卷(七)

410000－2286－0000277　2601 類叢 00060
船山遺書　(清)王夫之撰　清同治四年(1865)湘鄉曾國荃金陵刻本　九十七冊　存六十一種二百九十七卷

410000－2286－0000278　0405 經 00287
四書朱子本義匯叅四十三卷首四卷　(清)王步青輯　(清)王士鼇編　(清)王維旬等校　清文會堂刻本　二十八冊

410000－2286－0000279　0405 經 00289
四書朱子本義匯叅四十三卷首四卷　(清)王步青輯　(清)王士鼇編　(清)王維旬等校　清刻本　二十六冊　缺六卷(論語十七至十八,孟子四至五、十三至十四)

410000－2286－0000280　0405 經 00290
四書朱子本義匯叅四十三卷首四卷　(清)王步青輯　(清)王士鼇編　(清)王維旬等校　清文會堂刻本　十三冊　存十六卷(論語六至九、十三、十六至十七;孟子一至六、十三至十四,首一卷)

410000－2286－0000281　0405 經 00288
四書朱子本義匯叅四十三卷首四卷　(清)王步青輯　(清)王士鼇編　(清)王維旬等校　清刻本　八冊　存十六卷(中庸一至二、四至五,首一卷;論語二至三、六至八、十五至十六、十八至二十;孟子三)

410000－2286－0000282　0405 經 00291
四書朱子本義匯叅四十三卷首四卷　(清)王步青輯　(清)王士鼇編　(清)王維旬等校　清刻本　一冊　存二卷(孟子六至七)

410000－2286－0000283　0405 經 00292
四書朱子本義匯叅四十三卷首四卷　(清)王步青輯　(清)王士鼇編　(清)王維旬等校　清刻本　一冊　存三卷(大學一至二、首一)

410000－2286－0000284　0405 經 00293
酌雅齋四書遵註合講一卷　(清)翁復編次　(清)詹文煥參定　清乾隆五十三年(1788)刻

本　一冊

410000－2286－0000285　0405 經 00294
酌雅齋四書遵註合講一卷　(清)翁復編次　(清)詹文焕參定　清乾隆五十三年(1788)刻本　一冊

410000－2286－0000286　0405 經 00295
四書集註十九卷　(宋)朱熹撰　清刻本　一冊　存五卷(論語一至五)

410000－2286－0000287　0405 經 00296
四書集註十九卷　(宋)朱熹撰　清致和堂刻本　三冊　存十卷(論語六至十,孟子一至三、六至七)

410000－2286－0000288　0405 經 00297
四書集註十九卷　(宋)朱熹撰　清刻本　一冊　存三卷(論語一至三)

410000－2286－0000289　0405 經 00298
四書集註十九卷　(宋)朱熹撰　清懋德堂刻本　一冊　存一卷(孟子五)

410000－2286－0000290　0405 經 00299
四書集註十九卷　(宋)朱熹撰　清慎詒堂刻本　二冊　存四卷(孟子四至七)

410000－2286－0000291　0405 經 00300
四書集註十九卷　(宋)朱熹撰　清光緒三十二年(1906)商務印書館鉛印本　四冊　存十一卷(大學一卷、中庸一卷、論語一至五、孟子四至七)

410000－2286－0000292　0405 經 00301
四書集註十九卷　(宋)朱熹撰　清光緒三十二年(1906)商務印書館鉛印本　一冊　存二卷(孟子六至七)

410000－2286－0000293　0405 經 00302
四書集註十九卷　(宋)朱熹撰　清光緒三十二年(1906)商務印書館鉛印本　一冊　存二卷(孟子六至七)

410000－2286－0000294　0405 經 00303
四書集註十九卷　(宋)朱熹撰　清光緒三十二年(1906)商務印書館鉛印本　二冊　存八卷(論語六至十、孟子一至三)

410000－2286－0000295　1601 史 00414
史鑑節要六卷　(清)鮑東里輯　清抄本　五冊　存五卷(二至六)

410000－2286－0000296　1601 史 00415
史鑑節要六卷　(清)鮑東里輯　清抄本　二冊　存二卷(三、五)

410000－2286－0000297　0405 經 00308
四書集註十九卷　(宋)朱熹撰　清文會堂刻本　二冊　存四卷(大學一卷、中庸一卷、孟子四至五)

410000－2286－0000298　0501 經 00309
四書集註十九卷　(宋)朱熹撰　清刻本　一冊　存二卷(大學一卷、中庸一卷)

410000－2286－0000299　0501 經 00310
四書集註十九卷　(宋)朱熹撰　清刻本　二冊　存二卷(大學一卷、中庸一卷)

410000－2286－0000300　0501 經 00311
四書集註十九卷　(宋)朱熹撰　清刻本　一冊　存一卷(中庸一卷)

410000－2286－0000301　0501 經 00312
四書經註集證十九卷　(宋)朱熹集註　(清)吴文圜輯　清光緒二十六年(1900)刻本　十四冊　存十七卷(大學一卷,中庸一卷,論語一至十,孟子二至三、五至七)

410000－2286－0000302　0501 經 00313
四書經註集證十九卷　(宋)朱熹集註　清刻本　六冊　存八卷(論語三、五、七至十,孟子三、五)

410000－2286－0000303　0501 經 00314
四書集註十九卷　(宋)朱熹撰　清自怡軒刻本　一冊　存五卷(論語六至十)

410000－2286－0000304　0501 經 00315
孟子七卷　(宋)朱熹集註　清自怡軒刻本　一冊　存三卷(一至三)

410000－2286－0000305　0501 經 00316
孟子七卷　(宋)朱熹集註　清崇文堂刻本

一册　存二卷(四至五)

410000－2286－0000306　0501 經 00317
慎詒堂四書十九卷　(宋)朱熹章句　清善成堂刻本　四册　存十七卷(大學一卷、中庸一卷、論語十一至二十、孟子一至五)

410000－2286－0000307　0501 經 00318
四書集註十九卷　(宋)朱熹撰　清李光明莊刻本　四册　存九卷(大學一卷、中庸一卷、孟子一至七)

410000－2286－0000308　0501 經 00319
殖學齋編訂四書大全二十卷　(清)王文烜錄　清乾隆三樂齋刻本　五册　存五卷(中庸上,論語三、五,孟子三至四)

410000－2286－0000309　0501 經 00320
殖學齋編訂四書大全二十卷　(清)王文烜錄　清乾隆三樂齋刻本　一册　存二卷(論語九至十)

410000－2286－0000310　0501 經 00321
殖學齋編訂四書大全二十卷　(清)王文烜錄　清乾隆三樂齋刻本　一册　存三卷(八至十)

410000－2286－0000311　0501 經 00322
殖學齋編訂四書大全二十卷　(清)王文烜錄　清乾隆三樂齋刻本　五册　存十三卷(中庸下,論語一、三至十,孟子四、六至七)

410000－2286－0000312　0501 經 00323
四書大全摘要二十卷　(清)黄際飛鑒定　(清)李武纂輯　清三多齋刻本　十二册　存十四卷(大學一卷,中庸二卷,論語二、四至五、七、九至十,孟子二、四至七)

410000－2286－0000313　0501 經 00324
四書大全摘要二十卷　(清)黄際飛鑒定　(清)李武纂輯　清煥文堂刻本　一册　存二卷(孟子五至六)

410000－2286－0000314　0501 經 00325
四書大全摘要二十卷　(清)黄際飛鑒定　(清)李武纂輯　清煥文堂刻本　十一册　存十六卷(大學一卷,中庸一,論語一、三至十,孟子一至二、四至六)

410000－2286－0000315　0501 經 00326
四書大全摘要二十卷　(清)黄際飛鑒定　(清)李武纂輯　清煥文堂刻本　四册　存四卷(論語七至八,孟子二、七)

410000－2286－0000316　0501 經 00327
四書大全摘要二十卷　(清)黄際飛鑒定　(清)李武纂輯　清煥文堂刻本　一册　存一卷(論語五)

410000－2286－0000317　0501 經 00328
四書大全摘要二十卷　(清)黄際飛鑒定　(清)李武纂輯　清煥文堂刻本　一册　存一卷(論語三)

410000－2286－0000318　0502 經 00329
四書大全摘要二十卷　(清)黄際飛鑒定　(清)李武纂輯　清煥文堂刻本　三册　存三卷(論語六至八)

410000－2286－0000319　0502 經 00330
四書大全摘要二十卷　(清)黄際飛鑒定　(清)李武纂輯　清煥文堂刻本　一册　存一卷(孟子五)

410000－2286－0000320　0502 經 00331
四書大全摘要二十卷　(清)黄際飛鑒定　(清)李武纂輯　清刻本　一册　存一卷(孟子五)

410000－2286－0000321　0802 史 00001
史記一百三十卷　(漢)司馬遷撰　(南朝宋)裴駰集解　(唐)司馬貞補史　(唐)司馬貞索隱　(唐)張守節正義　清同治刻本　二十三册　存一百二十五卷(一至七、十三至一百三十)

410000－2286－0000322　0502 經 00332
四書大全摘要二十卷　(清)黄際飛鑒定　(清)李武纂輯　清煥文堂刻本　一册　存二卷(論語六至七)

410000－2286－0000323　0502 經 00333

四書大全摘要二十卷 (清)黄際飛鑒定 (清)李武纂輯 清煥文堂刻本 九册 存十卷(大學一卷,論語二、五、八至十,孟子一、五至七)

410000－2286－0000324 0502 經 00334
四書大全摘要二十卷 (清)黄際飛鑒定 (清)李武纂輯 清刻本 五册 存四卷(論語八,孟子一、六至七)

410000－2286－0000325 0502 經 00335
四書大全摘要二十卷 (清)黄際飛鑒定 (清)李武纂輯 清煥文堂刻本 十五册 存十六卷(中庸二卷,論語二至七、九至十,孟子二至七)

410000－2286－0000326 0502 經 00336
四書朱子大全詳説四十一卷 (清)艾楊德等纂輯 (清)艾恩等參閲 清維新堂刻本 八册 存十二卷(論語一、四至六、九至十、十三至十七,孟子八)

410000－2286－0000327 0802 史 00002
史記一百三十卷 (漢)司馬遷撰 (南朝宋)裴駰集解 (唐)司馬貞索隱 (唐)張守節正義 (清)徐孚遠等測議 清刻本 二十六册 存九十一卷(二至六、九至二十二、二十七、三十三至五十三、五十九至六十九、八十至八十五、九十二至一百十一、一百十八至一百三十)

410000－2286－0000328 0502 經 00337
四書遵註纂要大全十九卷 (清)趙蕃編輯 (清)趙司諫校 清乾隆十年(1745)崇本堂刻本 五册

410000－2286－0000329 0802 史 00003
史記一百三十卷首一卷 (漢)司馬遷著 (南朝宋)裴駰集解 (唐)司馬貞索隱 (唐)張守節正義 (清)徐孚遠等測議 清道光十四年(1834)刻本 二十三册 存八十二卷(一至二十、二十三至二十五、四十八至七十、七十八至九十九、一百十一至一百十六、一百二十四至一百三十,首一卷)

410000－2286－0000330 0502 經 00338
纂補四書大全二十卷 (清)劉嗣固纂補 清刻本 二册 存二卷(中庸二、孟子十八)

410000－2286－0000331 0502 經 00339
纂補四書大全二十卷 (清)劉嗣固纂補 清刻本 四册 存七卷(論語九至十,孟子十四至十六、十九至二十)

410000－2286－0000332 0803 史 00004
史記一百三十卷 (漢)司馬遷撰 (南朝宋)裴駰集解 (唐)司馬貞索隱 (唐)張守節正義 清光緒十年(1884)上海同文書局據殿本影印二十四史本 七册 存二十三卷(一、二十八至三十、三十四至四十三、八十至八十六、九十六下至九十七)

410000－2286－0000333 0502 經 00340
纂補四書大全二十卷 (清)劉嗣固纂補 清刻本 二十册

410000－2286－0000334 0803 史 00005
二十四史 清光緒竹簡齋影印本 十五册 存二種一百三十卷

410000－2286－0000335 0803 史 00006
史記一百三十卷 (漢)司馬遷撰 (南朝宋)裴駰集解 (唐)司馬貞索隱 (唐)張守節正義 清光緒十八年(1892)竹簡齋影印二十四史本 二册 存二十卷(一至八、十九至三十)

410000－2286－0000336 0502 經 00341
孝經詳説六卷 (清)冉覲祖輯撰 清光緒七年(1881)大梁書局刻五經詳説本 二册 存四卷(三至六)

410000－2286－0000337 0803 史 00007
史記一百三十卷 (漢)司馬遷撰 (南朝宋)裴駰集解 (唐)司馬貞索隱 (唐)張守節正義 清光緒影印二十四史本 一册 存二卷(十四至十五)

410000－2286－0000338 0803 史 00008
二十四史 清光緒三十一年(1905)上海久敬齋石印本 七册 存二種一百十卷

410000－2286－0000339　0502 經 00343
松陽講義十二卷　（清）陸隴其著　（清）侯銓等編次　清刻本　一册　存二卷（二至三）

410000－2286－0000340　0502 經 00344
五經旁訓辨體　（清）徐立綱輯　清乾隆五十四年（1789）循陔堂刻本　十三册　缺一卷（禮記二）

410000－2286－0000341　0803 史 00009
史記一百三十卷　（漢）司馬遷撰　（南朝宋）裴駰集解　（唐）司馬貞索隱　（唐）張守節正義　明末刻本　八册　存四十七卷（四至十二、十六至十八、三十一至四十二、六十一至六十九、一百一至一百九、一百二十六至一百三十）

410000－2286－0000342　0502 經 00345
五經類編二十八卷　（清）周世樟編輯　清刻本　十二册　存二十六卷（一至二十六）

410000－2286－0000343　0803 史 00010
史記論文一百三十卷　（清）吳見思評點　（清）吳興祚參訂　清康熙刻本　十册　存五十六卷（一至八、二十四至二十八、三十五至四十、五十九至六十七、八十一至一百一、一百十九至一百二十五）

410000－2286－0000344　0503 經 00346
經典釋文三十卷　（唐）陸德明撰　**考證三十卷**　（清）盧文弨綴緝　清同治八年（1869）刻本　十二册

410000－2286－0000345　0803 史 00011
史記論文一百三十卷　（清）吳見思評點　（清）吳興祚參訂　清康熙刻本　十一册　存七十二卷（八至三十二、四十至四十三、七十九至八十九、九十九至一百三十）

410000－2286－0000346　0803 史 00012
史記菁華録四卷　（清）姚祖恩摘録　（清）吳振棫識　清光緒二十八年（1902）刻本　二册　存二卷（一、四）

410000－2286－0000347　0503 經 00347
五經備旨　（清）鄒聖脉纂輯　清光緒三十年（1904）石印本　六册　存三種二十三卷

410000－2286－0000348　0803 史 00013
史記菁華録四卷　（清）姚祖恩摘録　（清）吳振棫識　清刻本　一册　存一卷（二）

410000－2286－0000349　0503 經 00348
增補五經備旨精萃四十五卷　（清）鄒聖脉纂輯　清刻本　二十四册

410000－2286－0000350　0803 史 00017
漢書一百卷　（漢）班固撰　（唐）顔師古注　王先謙補注　清光緒二十六年（1900）長沙王先謙虚受堂刻本　八册　存二十卷（二十四至二十五、二十七至二十八、七十至七十四、八十一至八十六、九十六至一百）

410000－2286－0000351　0503 經 00349
五經揭要二十五卷　（清）周惠田輯　（清）杜綱校正　（清）許穆堂閲定　清刻本　十二册

410000－2286－0000352　0803 史 00018
漢書一百卷　（漢）班固撰　（唐）顔師古注　王先謙補注　清光緒二十六年（1900）長沙王先謙虚受堂刻本　一册　存四卷（八十四至八十七）

410000－2286－0000353　0803 史 00019
漢書一百卷　（漢）班固撰　（唐）顔師古注　王先謙補注　清光緒二十六年（1900）長沙王先謙虚受堂刻本　一册　存十卷（四十五至五十四）

410000－2286－0000354　0804 史 00020
漢書一百卷　（漢）班固撰　（唐）顔師古注　王先謙補注　清末點石齋石印本　二册　存二十七卷（二十五上、下；二十六；二十七上，中上、中下，下上、下下；二十八上、下；二十九至五十一）

410000－2286－0000355　0804 史 00021
舊五代史一百五十卷　（宋）薛居正等撰　清光緒石印二十四史本　一册　存五卷（九十九至一百三）

410000－2286－0000356　0503 經 00350

五經類典囊括六十四卷 題(清)吟香主人輯 清末影印本 一冊 存十卷(十七至二十六)

410000－2286－0000357 0503 經 00351

精義彙選□□卷 (□)陳春甲輯 清刻本 四冊 存三卷(四至六)

410000－2286－0000358 0804 史 00022

前漢書一百卷 (漢)班固撰 (唐)顔師古注 清末影印本 一冊 存二十卷(七十二至八十七上、八十七下至九十)

410000－2286－0000359 2801 類叢 00001

淵鑑類函四百五十卷總目四卷 (清)張英等輯 清康熙刻本 二十二冊 存六十九卷(十四至十六、九十九至一百二、一百十五至一百二十六、一百二十八至一百三十二、一百三十五至一百四十一、一百四十六至一百四十九、一百八十一至一百八十三、一百九十二至一百九十三、一百九十九至二百、二百四至二百十二、二百十七至二百二十一、二百五十八至二百六十、二百七十一至二百七十三、三百二十七至三百二十九、四百五至四百八)

410000－2286－0000360 0503 經 00352

守經堂天崇文鈔不分卷 (清)蔣曰綸選輯 (清)程國仁等校 清守經堂刻本 八冊

410000－2286－0000361 0503 經 00353

菊潭講義不分卷 (清)王滌心著 (清)王益亭等校字 清刻本 一冊

410000－2286－0000362 0503 經 00354

菊潭講義不分卷 (清)王滌心著 (清)王益亭等校字 清刻本 二冊

410000－2286－0000363 0503 經 00355

漱芳軒合纂四書體注十九卷 (清)范翔粂訂 (清)沈世楣等校 清慎詒堂刻本 三冊 存十三卷(論語十卷、孟子一至三)

410000－2286－0000364 2801 類叢 00002

山堂肆考二百四十卷 (明)彭大翼編著 (明)熊瑞等校閲 明萬曆刻本 七十八冊 缺七卷(宮集四十三至四十五、商集二十五、徵集四至六)

410000－2286－0000365 0503 經 00356

四書朱子大全經傳藴萃四十卷 (清)朱良玉纂輯 (清)朱槐等編 (清)朱桐校 (清)方紹鍍等參訂 清乾隆三多齋刻本 二十二冊 存三十卷(大學二,中庸二至四,論語一、三至二十,孟子二、四至五、八至十一)

410000－2286－0000366 0503 經 00357

四書辨解□□卷 (清)田實編輯 清乾隆積秀堂刻本 一冊 存一卷(孟子一)

410000－2286－0000367 0503 經 00358

四書或問語類集解釋註大全四十一卷 (清)朱良玉纂輯 清古吳光裕堂刻本 九冊 存十五卷(論語十一至十二、十六至二十,孟子二至六、九、十三至十四)

410000－2286－0000368 2802 類叢 00003

類林新詠三十六卷 (清)姚之駰輯 清康熙四十六年(1707)錢唐姚之駰刻本 十四冊 存三十二卷(一至二十八、三十一至三十四)

410000－2286－0000369 0504 經 00359

四書或問語類集解釋註大全四十一卷 (清)朱良玉纂輯 清刻本 二冊 存二卷(孟子十一、十三)

410000－2286－0000370 2802 類叢 00004

類林新詠三十六卷 (清)姚之駰輯 清康熙四十六年(1707)錢唐姚之駰刻本 一冊 存六卷(十九至二十四)

410000－2286－0000371 0504 經 00360

四書或問語類集解釋註大全四十一卷 (清)朱良玉纂輯 清古吳致和堂刻本 二十一冊 存二十五卷(大學三卷,中庸二至四,論語九至十九,孟子一至六、八、十四)

410000－2286－0000372 2802 類叢 00005

太平御覽一千卷目録十五卷 (宋)李昉等輯 (清)鮑崇城重校 清嘉慶歙縣鮑崇城刻本 一冊 存十卷(八百八十九至八百九十八)

410000－2286－0000373 2802 類叢 00006

新增說文韻府羣玉二十卷　(元)陰時夫編輯　(元)陰中夫編注　清刻本　五册　存五卷(二、十至十二、十八)

410000－2286－0000374　2802 類叢 00007
新增說文韻府羣玉二十卷　(元)陰時夫編輯　(元)陰中夫編注　清刻本　五册　存五卷(十一至十三、十五、十七)

410000－2286－0000375　0504 經 00364
新訂四書補註備旨十卷　(清)鄧林著　(清)鄧煜編次　(清)祁文友重校　(清)杜定基增訂　清刻本　四册　存六卷(論語三至四、孟子一至四)

410000－2286－0000376　0504 經 00365
新訂四書補註備旨十卷　(清)鄧林著　(清)鄧煜編次　(清)祁文友重校　(清)杜定基增訂　清光緒十三年(1887)刻本　三册　存五卷(大學一卷、中庸一卷、論語一至二、孟子三)

410000－2286－0000377　2802 類叢 00008
事類賦三十卷　(宋)吳淑撰註　清康熙華氏劍光閣刻本　二册　存十三卷(一至十三)

410000－2286－0000378　2802 類叢 00009
事類賦三十卷　(宋)吳淑撰註　清康熙華氏劍光閣刻本　一册　存四卷(一至四)

410000－2286－0000379　0504 經 00366
新訂四書補註備旨十卷　(清)鄧林著　(清)鄧煜編次　(清)祁文友重校　(清)杜定基增訂　清道光四年(1824)四友堂刻本　一册　存二卷(大學一卷、中庸一卷)

410000－2286－0000380　2802 類叢 00010
事類賦三十卷　(宋)吳淑撰註　清刻本　一册　存五卷(十六至二十)

410000－2286－0000381　0504 經 00367
新訂四書補註備旨十卷　(清)鄧林著　(清)鄧煜編次　(清)祁文友重校　(清)杜定基增訂　清刻本　一册　存二卷(孟子一至二)

410000－2286－0000382　0504 經 00368
新訂四書補註備旨十卷　(清)鄧林著　(清)鄧煜編次　(清)祁文友重校　(清)杜定基增訂　清道光二十六年(1846)崇文堂刻本　一册　存二卷(大學一卷、中庸一卷)

410000－2286－0000383　2802 類叢 00011
事類賦三十卷　(宋)吳淑撰註　清刻本　三册　存十五卷(十一至二十、二十六至三十)

410000－2286－0000384　0504 經 00369
新訂四書補註備旨十卷　(清)鄧林著　(清)鄧煜編次　(清)祁文友重校　(清)杜定基增訂　清刻本　一册　存一卷(孟子四)

410000－2286－0000385　2802 類叢 00012
事類賦三十卷　(宋)吳淑撰註　清刻本　二册　存十卷(十六至二十、二十六至三十)

410000－2286－0000386　0504 經 00370
芸生堂四書體註合講十九卷　(清)翁復編次　(清)詹文煥粂定　清道光十三年(1833)姑蘇會文堂刻本　一册　存二卷(大學一卷、中庸一卷)

410000－2286－0000387　2802 類叢 00013
重訂事類賦三十卷　(宋)吳淑撰註　清刻本　二册　存十九卷(一至十九)

410000－2286－0000388　2802 類叢 00014
重訂事類賦三十卷　(宋)吳淑撰註　清刻本　一册　存四卷(六至九)

410000－2286－0000389　0504 經 00371
四書朱子大全精言四十一卷　(清)周大璋編輯　清寶旭齋刻本　一册　存一卷(論語六)

410000－2286－0000390　2802 類叢 00015
廣事類賦四十卷　(清)華希閔著　(清)鄒兆升等粂　清刻本　二册　存二十二卷(一至十、二十九至四十)

410000－2286－0000391　2802 類叢 00016
廣事類賦四十卷　(清)華希閔著　(清)鄒兆升等粂　清刻本　四册　存十六卷(一至四、十三至十六、二十一至二十四、三十七至四十)

410000－2286－0000392　2802 類叢 00017
廣事類賦四十卷　(清)華希閔著　(清)鄒兆升等彔　清刻本　一册　存四卷(一至四)

410000－2286－0000393　0504 經 00372
增訂四書析疑二十三卷　(清)張權時輯　(清)李國祺等訂　(清)張西雍等閲　清乾隆二十一年(1756)文盛堂刻本　二十四册

410000－2286－0000394　0504 經 00373
增訂四書析疑二十三卷　(清)張權時輯　(清)邵飲承等訂　(清)張廷垣等閲　清聚秀堂刻本　九册　存十七卷(中庸一至四,論語三至十,孟子一至二、四至五、七)

410000－2286－0000395　2802 類叢 00018
廣事類賦四十卷　(清)華希閔著　(清)鄒兆升等彔　清會成堂刻本　二册　存十六卷(十七至二十四、三十三至四十)

410000－2286－0000396　2802 類叢 00019
廣事類賦四十卷　(清)華希閔著　(清)鄒兆升等彔　清乾隆二十五年(1760)劍光閣刻本　六册　存二十四卷(一至三、八至二十三、三十二至三十六)

410000－2286－0000397　0505 經 00374
四書疏註撮言大全三十七卷　(宋)朱熹章句　(清)紀曉嵐(紀昀)鑒定　(清)胡蓉芝手輯　(清)吳冠山校正　清尚德堂刻本　二十二册　存三十三卷(大學一,論語一至八、十一至二十,孟子一至十四)

410000－2286－0000398　2802 類叢 00020
廣事類賦四十卷　(清)華希閔著　(清)鄒兆升等彔　清乾隆二十五年(1760)劍光閣刻本　一册　存六卷(十二至十七)

410000－2286－0000399　0505 經 00375
四書會解二十七卷　(清)綦澧輯　清還醇堂刻本　四册　存四卷(中庸二,論語二、六,孟子五)

410000－2286－0000400　2802 類叢 00021
廣事類賦四十卷　(清)華希閔著　(清)鄒兆升等彔　清乾隆二十五年(1760)劍光閣刻本　二册　存八卷(十至十三、三十七至四十)

410000－2286－0000401　0505 經 00376
四書貫解十九卷　(清)朱良玉纂輯　(清)賈清編　清古吳三多齋刻本　三册　存十二卷(大學一卷、中庸一卷、論語十卷)

410000－2286－0000402　2802 類叢 00022
廣事類賦四十卷　(清)華希閔著　(清)鄒兆升等彔　清嘉慶四年(1799)刻本　五册　存二十卷(一至七、十九至二十二、二十七至三十五)

410000－2286－0000403　0505 經 00377
四書考輯要二十卷　(清)陳弘謀輯　(清)陳蘭森編校　清乾隆三十六年(1771)臨桂陳氏培遠堂刻本　五册　存十三卷(大學一卷、論語四至十二、孟子十八至二十)

410000－2286－0000404　2802 類叢 00023
重訂廣事類賦四十卷　(清)華希閔著　(清)鄒升恒彔　(清)華希閎等重訂　清刻本　八册

410000－2286－0000405　0505 經 00378
四書貫解十九卷　(清)朱良玉纂輯　清文德堂刻本　一册　存三卷(孟子一至三)

410000－2286－0000406　0505 經 00379
四書考輯要二十卷　(清)陳宏謀輯　(清)陳蘭森編校　清乾隆三十六年(1771)臨桂陳氏培遠堂刻本　一册　存二卷(大學一卷、中庸一)

410000－2286－0000407　0505 經 00380
四書諸儒輯要四十卷　(清)李沛霖彔訂　(清)李學會等較　清乾隆五年(1740)三樂齋刻本　四册　存五卷(大學一至二,孟子十至十一、十三)

410000－2286－0000408　2802 類叢 00024
重訂廣事類賦四十卷　(清)華希閔著　(清)鄒升恒彔　(清)華希閎等重訂　清道光七年(1827)刻本　四册　存十五卷(一至二、十四至十七、二十七至三十五)

410000－2286－0000409　2802 類叢 00025
重訂事類賦三十卷　(宋)吳淑撰註　清道光七年(1827)刻本　二册　存八卷(一至四、十至十三)

410000－2286－0000410　2802 類叢 00026
重訂廣事類賦四十卷　(清)華希閔著　(清)鄒升恒糸　(清)華希閎等重訂　清刻本　三册　存十二卷(四至七、十二至十九)

410000－2286－0000411　0505 經 00381
四書讀註提耳十九卷　(清)耿埰著　清乾隆元年(1736)屏山堂刻本　八册　存十四卷(大學一卷,中庸一至二,上論三至五、下論一至四,上孟二至三、下孟三至四)

410000－2286－0000412　0505 經 00382
四書餘説二十卷　(清)孫爌述編　(清)曹天毓糸訂　清康熙五十六年(1717)惇裕堂刻本　六册　存十二卷(中庸二至三,論語四至八,孟子十四至十五、十七至十八、二十)

410000－2286－0000413　2802 類叢 00027
重訂廣事類賦四十卷　(清)華希閔著　(清)鄒升恒等糸　(清)華希閎重訂　清刻本　一册　存七卷(六至十二)

410000－2286－0000414　0505 經 00383
四書題鏡三十六卷　(清)汪鯉翔纂述　(清)張昂等校　清刻本　十册

410000－2286－0000415　2802 類叢 00028
重訂廣事類賦四十卷　(清)華希閔著　(清)鄒升恒等糸　(清)華希閎等重訂　清刻本　一册　存七卷(八至十四)

410000－2286－0000416　2802 類叢 00029
重訂廣事類賦四十卷　(清)華希閔著　(清)鄒升恒等糸　(清)華希閎等重訂　清刻本　三册　存三十三卷(一至六、十四至三十)

410000－2286－0000417　0505 經 00384
四書題鏡三十六卷　(清)汪鯉翔纂述　(清)張昂等校　清刻本　一册　存四卷(上論九至十、下論一至二)

410000－2286－0000418　2803 類叢 00030
廣事類賦四十卷　(清)華希閔著　(清)鄒兆升等糸　清刻本　七册　存二十八卷(八至二十七、三十二至三十五、三十七至四十)

410000－2286－0000419　0505 經 00385
四書題鏡三十六卷　(清)汪鯉翔纂述　(清)張昂等校　清乾隆四十三年(1778)同人堂刻本　二册　存八卷(大學一、中庸一、孟子一至六)

410000－2286－0000420　2803 類叢 00031
廣事類賦四十卷　(清)華希閔著　(清)鄒兆升等糸　清刻本　一册　存五卷(十三至十七)

410000－2286－0000421　0505 經 00386
四書題鏡三十六卷　(清)汪鯉翔纂述　(清)張昂等校　清乾隆同人堂刻本　七册　存十四卷(孟子一至十四)

410000－2286－0000422　2803 類叢 00032
續廣事類賦□□卷　(清)王鳳喈譔註　(清)王仕偉校録　清刻本　四册　存五卷(十五至十六、十九、二十一、二十七)

410000－2286－0000423　0505 經 00387
四書題鏡三十六卷　(清)汪鯉翔纂述　(清)張昂等校　清乾隆同人堂刻本　二册　存六卷(下論十七至二十、下孟七至八)

410000－2286－0000424　2803 類叢 00033
續廣事類賦三十卷　(清)王鳳喈譔註　(清)王仕偉校録　清刻本　二册　存四卷(六、二十二至二十四)

410000－2286－0000425　2803 類叢 00034
續廣事類賦三十卷　(清)王鳳喈譔註　(清)王仕偉校録　清刻本　一册　存一卷(六)

410000－2286－0000426　0505 經 00388
四書題鏡三十六卷　(清)汪鯉翔纂述　(清)張昂等校　清崇文堂刻本　六册　存十七卷(上論一至二、下論十六至二十,上孟一至八、下孟十三至十四)

410000－2286－0000427　2803 類叢 00035
續廣事類賦三十卷　（清）王鳳喈譔註　（清）王仕偉校録　清刻本　一冊　存一卷（十二）

410000－2286－0000428　0505 經 00389
四書講義大全二十六卷　（清）史廷煇輯　清刻本　二冊　存二卷（大學一、孟子十二）

410000－2286－0000429　2803 類叢 00036
增補事類統編九十三卷首一卷　（清）黄葆真增輯　清道光二十九年（1849）丹陽黄氏敦好堂刻本　四十七冊　缺二卷（六十七至六十八）

410000－2286－0000430　2803 類叢 00037
增補事類統編九十三卷首一卷　（清）黄葆真增輯　清道光二十九年（1849）丹陽黄氏敦好堂刻本　二冊　存三卷（十九、二十二至二十三）

410000－2286－0000431　0505 經 00390
四書講義大全二十六卷　（清）史廷煇輯　清刻本　一冊　存二卷（大學一至二）

410000－2286－0000432　0505 經 00391
四書講義大全二十六卷　（清）史廷煇輯　清刻本　四冊　存四卷（孟子一至三、六）

410000－2286－0000433　2803 類叢 00038
欽定古今圖書集成　（清）陳夢雷等輯　（清）蔣廷錫等重輯　清光緒影印本　十九冊　存六種三十八卷

410000－2286－0000434　0505 經 00392
校藝堂四書講義遵朱□□卷　（清）陳丙齋等鑒定　（清）耿繡彛輯　清康熙三十九年（1700）大梁書院刻本　三冊　存八卷（大學一、中庸一至三、論語六、孟子十至十二）

410000－2286－0000435　2803 類叢 00039
子史精華一百六十卷　（清）張廷玉等纂修　清乾隆五十五年（1790）張松孫刻本　三十二冊

410000－2286－0000436　0505 經 00393
增刪四書講義彙通□□卷　（□）李挺蕃命意　（□）李戴禮纂輯　清百城樓刻本　一冊　存一卷（二十六）

410000－2286－0000437　2804 類叢 00040
子史精華一百六十卷　（清）張廷玉等纂修　清雍正五年（1727）刻本　三十三冊　存一百十一卷（一至三、十至二十七、三十二至五十六、六十二至八十四、一百十三至一百十七、一百二十四至一百六十）

410000－2286－0000438　0505 經 00394
四書便蒙十九卷　（清）許寶善訂　清刻本　一冊　存二卷（大學一卷、中庸一卷）

410000－2286－0000439　0505 經 00395
四書便蒙十九卷　（清）俞長城等註　清光緒十六年（1890）善成堂刻本　一冊　存二卷（大學一卷、中庸一卷）

410000－2286－0000440　0601 經 00396
四書記悟十四卷　（清）王汝謙著　（清）李棠階評　清同治十年（1871）刻本　四冊

410000－2286－0000441　2804 類叢 00041
子史精華一百六十卷　（清）張廷玉等纂修　清雍正五年（1727）刻本　二十八冊　存九十五卷（四至二十九、三十四至六十一、六十九至八十二、九十至九十三、一百七至一百八、一百十五至一百十八、一百二十至一百二十二、一百二十五至一百三十八）

410000－2286－0000442　0601 經 00397
四書記悟十四卷　（清）王汝謙著　（清）李棠階評　（清）李藜青等校　清同治十年（1871）刻本　三冊　存十卷（一至六、十一至十四）

410000－2286－0000443　2805 類叢 00042
新鐫校正評注分類百子金丹全書九卷　（清）郭偉選注　（清）王星聚校訂　（清）郭中吉編次　清光緒二十九年（1903）上海書局石印本　二冊　存六卷（一至六）

410000－2286－0000444　0601 經 00398
四書記悟十四卷　（清）王汝謙著　（清）李棠階評　（清）李藜青等校　清刻本　一冊　存四卷（三至六）

410000－2286－0000445　0601 經 00399
大學中庸講義四卷　(清)史廷煇輯　清刻本　三冊　存三卷(二至四)

410000－2286－0000446　0601 經 00400
增訂二論詳解四卷　(清)劉忠輯　清光緒石印本　一冊　存二卷(三至四)

410000－2286－0000447　0601 經 00401
增訂二論詳解四卷　(清)劉忠輯　清光緒石印本　二冊　存二卷(三至四)

410000－2286－0000448　2805 類叢 00043
二如亭群芳譜三十卷首十三卷　(明)王象晉纂輯　(明)毛鳳苞等較　(明)王與朋等詮次　明末刻清重修本　二十四冊　存三十二卷(天譜二至三,歲譜一至四,蔬譜一至二,果譜一至四,茶譜一、首一卷,竹譜一、首一卷,藥譜一至三、首一卷,木譜一、首一卷,花譜一至四、首一卷,卉譜一至二、首一卷,鶴魚譜一、首一卷)

410000－2286－0000449　0601 經 00402
增訂二論詳解四卷　(清)劉忠輯　清刻本　一冊

410000－2286－0000450　2805 類叢 00044
二如亭群芳譜三十卷首十三卷　(明)王象晉纂輯　(明)毛鳳苞等較　(明)王與胤等詮次　明末刻清重修本　二十八冊

410000－2286－0000451　0601 經 00403
增訂二論詳解四卷　(清)劉忠輯　(清)劉懋劉鐸校　清刻本　二冊　存二卷(一、四)

410000－2286－0000452　0601 經 00404
四書通典人物備考十二卷　(清)陳仁錫增定　(清)陳義錫等參訂　清道光三樂齋刻本　二冊　存四卷(上孟九至十、下孟十一至十二)

410000－2286－0000453　2805 類叢 00045
二如亭群芳譜三十卷首十三卷　(明)王象晉纂輯　(明)毛鳳苞等較　(明)王與齡等詮次　清刻本　二冊　存五卷(歲譜一、首一卷,卉譜二,鶴魚譜一、首一卷)

410000－2286－0000454　2805 類叢 00046
二如亭群芳譜三十卷首十三卷　(明)王象晉纂輯　(明)毛鳳苞等較　(明)王與敕等詮次　清刻本　十二冊　存十九卷(天譜三,穀譜一、首一卷,蔬譜一至二,果譜一至三、首一卷,棉譜一卷,藥譜一至三、首一卷,木譜一、首一卷,花譜一至二、首一卷)

410000－2286－0000455　0601 經 00405
新訂四書人物備考十二卷　(明)薛應旂輯　清刻本　一冊　存二卷(上論五至六)

410000－2286－0000456　0601 經 00406
增訂四書通典人物備考十二卷　(清)陳仁錫增定　(清)陳中卿等參訂　清乾隆五年(1740)三樂齋刻本　五冊

410000－2286－0000457　0601 經 00407
新刻四書通典人物備考十二卷　(清)陳仁錫增定　(清)王政敏重訂　(清)唐光夔手著　(清)陳銳參校　清刻本　一冊　存一卷(上論四)

410000－2286－0000458　2805 類叢 00047
二如亭群芳譜三十卷首十三卷　(明)王象晉纂輯　(明)毛鳳苞等較　(明)王與齡等詮次　清刻本(桑麻葛棉譜配清刻本)　四冊　存四卷(歲譜一、桑麻葛棉譜一卷、藥譜三、穀譜一)

410000－2286－0000459　0601 經 00408
增訂四書圖像人物備考十二卷　(清)陳仁錫增定　(清)陳中卿等叅訂　清三多齋刻本　一冊　存二卷(下孟十一至十二)

410000－2286－0000460　0601 經 00409
增補四書精繡圖像人物備考十二卷　(清)陳仁錫增定　(清)唐光夔詳閲　(清)陳義錫重校　(清)陳銳叅訂　清乾隆四十一年(1776)積秀堂刻本　二冊

410000－2286－0000461　0601 經 00410
增補四書精繡圖像人物備考十二卷　(清)陳仁錫增定　(清)唐光夔詳閲　(清)陳義錫重校　(清)陳銳叅訂　清刻本　六冊　存九卷

（上論四至六、下論七至八，上孟九至十、下孟十一至十二）

410000－2286－0000462　2304 類叢 00048
類類聯珠初編三十二卷二編十二卷　（清）李堃編　（清）李椿林增補　清同治十年（1871）聚盛堂刻本　九冊　存四十卷（初編一至五、十至三十二，二編十二卷）

410000－2286－0000463　2304 類叢 00049
皇朝古學類編十四卷首一卷　（清）姚燮選　清光緒九年（1883）玉軸山房石印本　八冊

410000－2286－0000464　0601 經 00411
增補四書精繡圖像人物備考十二卷　（清）陳仁錫增訂　（清）唐光夔詳閲　（清）陳義錫重校　（清）陳鋭參訂　清刻本　三冊　存四卷（下論七至八、上孟九至十）

410000－2286－0000465　0601 經 00412
四書類典賦二十四卷　（清）甘紱著　（清）謝逢泰等彖　（清）甘仁溥校　清乾隆四十一年（1776）刻本　七冊　存十四卷（一至三、八至十四、十六至十七、二十三至二十四）

410000－2286－0000466　0601 經 00413
四書類典賦二十四卷　（清）甘紱著　（清）謝逢泰等彖　（清）甘仁溥校　清刻本　一冊　存二卷（十二至十三）

410000－2286－0000467　0601 經 00414
四書類典賦二十四卷　（清）甘紱著　（清）周揚熙彖　（清）甘仁洪校　清刻本　三冊　存六卷（二至七）

410000－2286－0000468　0601 經 00415
四書類典賦二十四卷　（清）甘紱著　（清）周乾升彖　（清）甘仁澗校　清刻本　一冊　存四卷（十七至二十）

410000－2286－0000469　0601 經 00416
四書古人典林十二卷　（清）江永編　清嘉慶十一年（1806）刻本　四冊　存九卷（一至九）

410000－2286－0000470　0601 經 00417
四書典林三十卷　（清）江永編　清刻本　五冊　存十四卷（三至五、八至九、十七至二十一、二十五至二十八）

410000－2286－0000471　2701 類叢 00050
增訂漢魏叢書九十六種　（清）王謨輯　清乾隆五十六年（1791）金谿王氏刻本　七十八冊　存七十四種三百八十三卷

410000－2286－0000472　0601 經 00418
四書典林三十卷　（清）江永新編　清道光刻本　二冊　存五卷（十八至十九、二十八至三十）

410000－2286－0000473　0601 經 00419
四書典制類聯音註三十三卷　（清）閻其淵編輯　（清）方春池鑒定　（清）閻模等參閲　清嘉慶元年（1796）刻本　二冊　存六卷（一至三、三十一至三十三）

410000－2286－0000474　0601 經 00420
四書人物類典串珠四十卷　（清）臧志仁編輯　（清）臧銘等校字　清嘉慶六年（1801）刻本　三冊　存二十七卷（一至十二、二十六至四十）

410000－2286－0000475　0601 經 00421
四書人物類典串珠四十卷　（清）臧志仁編輯　（清）臧銘等校字　清乾隆刻本　二冊　存二十六卷（八至十八、二十六至四十）

410000－2286－0000476　0601 經 00423
四書人物類典串珠四十卷　（清）藏志仁編輯　（明）藏銘等校字　清乾隆刻本　二冊　存九卷（二十七至三十、三十六至四十）

410000－2286－0000477　2701 類叢 00051
粵雅堂叢書　（清）吳崇耀輯　清同治、光緒間南海吳氏刻本　一百二十冊　存四十六種三百二十八卷

410000－2286－0000478　0601 經 00424
四書人物類典串珠四十卷　（清）臧志仁編輯　（清）臧銘等校字　清刻本　十二冊

410000－2286－0000479　0601 經 00425
四書人物類典串珠四十卷　（清）臧志仁編輯

(清)臧銘等校字　清刻本　六冊

410000－2286－0000480　0601 經 00426
四書典制新類三十五卷　(清)黄濟川纂輯　(清)黄濟人粂訂　(清)黄顯椿等校字　(清)黄顯隆編次　清同治十年(1871)刻本　六冊

410000－2286－0000481　0602 經 00427
四書集注十九卷　(宋)朱熹撰　清光緒十八年(1892)寶善堂刻本　一冊　存二卷(大學一卷、中庸一卷)

410000－2286－0000482　0602 經 00428
四書集注十九卷　(宋)朱熹撰　清刻本　一冊　存二卷(大學一卷、中庸一卷)

410000－2286－0000483　2702 類叢 00052
河南二程全書七種　(宋)程顥　(宋)程頤撰　(宋)朱熹輯　清同治五年(1866)刻本　二十冊

410000－2286－0000484　0602 經 00429
四書集註十九卷　(清)朱熹集註　清刻本　一冊　存三卷(論語八至十)

410000－2286－0000485　0602 經 00430
四書朱子異同條辨四十卷　(清)李沛霖等仝訂　(清)李學會等粂較　清刻本　二十冊

410000－2286－0000486　0602 經 00431
四書朱子異同條辨四十卷　(清)李沛霖等仝訂　(清)李學會等粂較　清乾隆刻本　六冊　存九卷(大學一至三、中庸一至二、論語七至八、孟子十二至十三)

410000－2286－0000487　0602 經 00432
四書朱子異同條辨四十卷　(清)李沛霖等同訂　(清)李學曾粂較　清乾隆刻本　八冊　存十四卷(中庸三,論語一、四至五、七至八、十至十一、十五,孟子九、十一至十四)

410000－2286－0000488　0602 經 00433
四書襯十九卷　(清)鄧東長等鑒定　(清)方棨如等粂閱　(清)駱培著　(清)王坤等校正　清乾隆十年(1745)坦吉堂刻本　一冊　存十二卷(大學一卷、中庸一卷、論語十卷)

410000－2286－0000489　0602 經 00434
集虚齋四書口義十卷　(清)方棨如著　(清)于光華編次　清乾隆刻本　一冊　存二卷(大學一、中庸二)

410000－2286－0000490　0602 經 00435
日講四書解義二十六卷　(清)喇沙里等纂　清乾隆刻本　五冊　存六卷(中庸二至三,論語四至五、九、二十二)

410000－2286－0000491　0602 經 00436
日講四書解義二十六卷　(清)喇沙里等纂　清乾隆刻本　一冊　存一卷(孟子十五)

410000－2286－0000492　0602 經 00437
日講四書解義二十六卷　(清)喇沙里等纂　清康熙刻本　一冊　存二卷(孟子十七至十八)

410000－2286－0000493　0602 經 00438
四書文言二十卷　(清)劉一峯著　(清)汪思迴粂閲　(清)劉士采較訂　(清)劉台星編次　清乾隆二十九年(1764)金陵致和堂刻本　一冊　存三卷(論語一至三)

410000－2286－0000494　2702 類叢 00053
王漁洋遺書三十八種　(清)王士禛撰　清康熙刻後印本　七十七冊　存三十三種二百十三卷

410000－2286－0000495　0602 經 00439
四書正韻一卷　(清)李若浩彙輯　(清)支菁粂閲　(清)李兆斗校字　(清)楊傳等對正　清道光二十五年(1845)蔭香堂刻本　一冊

410000－2286－0000496　0602 經 00440
四書標義□□卷　(□)□□撰　清刻本　一冊　存八卷(論語六至十、孟子一至三)

410000－2286－0000497　0602 經 00441
四書翊註四十二卷首一卷　(清)刁包輯　(清)刁再濂等校　清刻本　二冊　存四卷(三至六)

410000－2286－0000498　0602 經 00442

四書評本十九卷末一卷　(清)俞廷鑣譔　(清)俞樾寫定　清同治十一年(1872)刻本　一冊　存二卷(大學一卷、中庸一卷)

410000－2286－0000499　0602 經 00443
致用精舍講語十六卷　(清)王軨撰　清光緒十一年(1885)致用精舍刻本　三冊　存四卷(大學一,中庸一,論語上、下)

410000－2286－0000500　2703 類叢 00054
王漁洋遺書三十八種　(清)王士禛撰　清康熙刻後印本　十一冊　存九種三十六卷

410000－2286－0000501　0602 經 00444
四書味根錄三十七卷首二卷　(清)金澂撰　清刻本　二冊　存二卷(中庸一至二)

410000－2286－0000502　2703 類叢 00055
湯文正公全集四種　(清)湯斌撰　清同治九年(1870)蘇廷魁等刻本　三十二冊

410000－2286－0000503　0602 經 00445
四書味根錄三十七卷首二卷　(清)金澂撰　清刻本　十一冊　存二十五卷(中庸二;論語一至十、首一卷;孟子一至八、十一至十四,首一卷)

410000－2286－0000504　0602 經 00446
四書味根錄三十七卷首二卷　(清)金澂撰　清末影印本　一冊　存十一卷(論語一至十、首一)

410000－2286－0000505　0602 經 00447
四書味根錄三十七卷首二卷　(清)金澂撰　清末影印本　二冊　存十四卷(論語十一至二十、孟子十一至十四)

410000－2286－0000506　0603 經 00448
四書味根錄三十七卷首二卷　(清)金澂撰　清末影印本　二冊　存二十一卷(論語二十卷、首一卷)

410000－2286－0000507　0603 經 00449
四書味根錄三十七卷首二卷　(清)金澂撰　清末影印本　一冊　存四卷(孟子八至十一)

410000－2286－0000508　0603 經 00450
論語經正錄二十卷附王用誥年譜一卷　(清)王肇晉學　(清)王用誥述　清光緒二十年(1894)刻本　十一冊

410000－2286－0000509　2704 類叢 00056
曾文正公全集十六種　(清)曾國藩撰　(清)李瀚章編輯　(清)李宗義等參校　清同治、光緒間傳忠書局刻本　一百二十六冊　存十三種一百六十三卷

410000－2286－0000510　0603 經 00451
增補蘇批孟子二卷　(宋)蘇洵原本　(清)趙大浣增補　清刻朱墨套印本　一冊　存一卷(二)

410000－2286－0000511　0603 經 00452
論語最豁集四卷　(□)孫振基等同訂　(□)劉珍鐘手集　清刻本　一冊

410000－2286－0000512　0603 經 00453
孟子要略四卷首一卷　(宋)朱熹撰　清道光二十九年(1849)刻本　一冊

410000－2286－0000513　2701 類叢 00057
增訂漢魏叢書九十六種　(清)王謨輯　清乾隆五十六年(1791)金谿王氏刻本　二冊　存五種七卷

410000－2286－0000514　0603 經 00454
孟子讀本二卷　(清)王汝謙輯評　清同治十三年(1874)刻本　一冊　存一卷(上)

410000－2286－0000515　0603 經 00455
欽定啟禎四書文不分卷　(清)方苞等編　清刻本　四冊

410000－2286－0000516　0603 經 00456
欽定化治四書文不分卷　(清)方苞等編　清光緒二年(1876)崇文書局刻本　一冊

410000－2286－0000517　0603 經 00457
欽定隆萬四書文不分卷　(清)方苞等編　清刻本　一冊

410000－2286－0000518　2705 類叢 00058
孫夏峯全集十二種附一種　(清)孫奇逢撰　清康熙刻道光至光緒間遞刻重印本　八十九

冊　缺五卷(孫徵君日譜錄存一、二十五至二十七、三十六)

410000－2286－0000519　0603 經 00458
欽定隆萬四書文不分卷　(清)方苞等編　清乾隆刻本　一冊

410000－2286－0000520　0603 經 00459
女四書二卷　(明)王相箋註　清刻本　二冊

410000－2286－0000521　0603 經 00460
女四書二卷　(明)王相箋註　清刻本　一冊　存一卷(論語下)

410000－2286－0000522　0603 經 00461
女四書二卷　(明)王相箋註　清光緒三十四年(1908)仁記書莊刻本　一冊　存一卷(上)

410000－2286－0000523　0603 經 00462
女四書四卷　(明)王相箋註　清道光二年(1822)刻本　一冊

410000－2286－0000524　0603 經 00464
小學集註六卷　(宋)朱熹撰　(明)陳選集註　(清)王安又輯　清刻本　二冊

410000－2286－0000525　0603 經 00465
小學集註六卷　(宋)朱熹撰　(明)陳選集註　清乾隆刻本　一冊　存三卷(四至六)

410000－2286－0000526　0603 經 00466
小學集註六卷　(宋)朱熹撰　(明)陳選集註　清末影印本　一冊　存二卷(四至五)

410000－2286－0000527　0603 經 00467
小學集解六卷　(清)張伯行纂輯　(清)李蘭汀校訂　清道光三十年(1850)刻本　一冊　存四卷(一至四)

410000－2286－0000528　0603 經 00468
小學名解六卷　(□)□□撰　清乾隆刻本　一冊　存一卷(五)

410000－2286－0000529　0603 經 00469
小學韻語一卷　(清)羅澤南著　清宣統元年(1909)三味堂刻本　一冊

410000－2286－0000530　0603 經 00470
增訂小學金丹講義不分卷　(清)王期齡叅訂　(清)張惠春刪訂　清宣統二年(1910)四和堂刻本　一冊

410000－2286－0000531　0603 經 00471
養蒙針度五卷　(清)潘子聲定　清善成堂刻本　一冊　存三卷(三至五)

410000－2286－0000532　0603 經 00472
四書大全學知錄二十三卷　(清)許泰交纂輯　(清)許趟等叅校　清刻本　四冊　存七卷(中庸三至四,論語六至七、九至十,孟子七)

410000－2286－0000533　0603 經 00473
四書大全學知錄二十三卷字畫辨訛一卷　(清)許泰交纂輯　(清)許趟等叅校　清雍正三槐堂刻本　十三冊　存二十一卷(中庸一至四、論語一至十、孟子一至七)

410000－2286－0000534　0603 經 00474
四書大全　(清)陸隴其輯　清康熙寶翰樓刻本　二十二冊　存二十九卷(大學一,中庸上、下,論語二至十、十二至十五,孟子一至三、五至十四)

410000－2286－0000535　2602 類叢 00061
船山遺書　(清)王夫之撰　清同治四年(1865)湘鄉曾國荃金陵刻本　一百冊

410000－2286－0000536　0604 經 00475
四書大全　(清)陸隴其輯　清刻本　二冊　存三卷(論語四至五、孟子十三)

410000－2286－0000537　0604 經 00476
四書大全　(清)陸隴其輯　清康熙寶翰樓刻本　二十八冊　存三十九卷(大學大全章句一,大學或問一;中庸上、下,中庸或問一;論語一至二十,攷異一;孟子二至三、五至十四,攷異一)

410000－2286－0000538　2603 類叢 00062
李文忠公全集六種首一卷　(清)李鴻章撰　(清)吳汝綸編錄　清光緒三十一年至三十四年(1905－1908)金陵刻本　九十九冊　缺二卷(李文忠公譯署函稿一至二)

410000－2286－0000539　0604 經 00477

爾雅注疏十一卷　(晉)郭璞注　(宋)邢昺疏　清光緒二十九年(1903)善成堂刻本　五冊

410000－2286－0000540　0604 經 00478

爾雅注疏十一卷　(晉)郭璞注　(宋)邢昺疏　清嘉慶七年(1802)刻本　六冊

410000－2286－0000541　2604 類叢 00063

渠亭山人半部藁四種　(清)張貞撰　清康熙刻本　八冊

410000－2286－0000542　0604 經 00479

爾雅注疏十一卷　(晉)郭璞註　(宋)邢昺疏　清嘉慶七年(1802)刻本　二冊　存三卷(一、四至五)

410000－2286－0000543　0604 經 00480

爾雅注疏十一卷　(晉)郭璞註　(宋)邢昺疏　清乾隆四十三年(1778)三多齋刻本　六冊

410000－2286－0000544　0604 經 00481

爾雅注疏十一卷　(晉)郭璞注　(宋)邢昺疏　明崇禎元年(1628)古虞毛氏汲古閣刻十三經注疏本　一冊　存三卷(六至八)

410000－2286－0000545　0604 經 00482

爾雅注疏十一卷　(晉)郭璞注　(宋)邢昺疏　清乾隆四十三年(1778)三樂齋刻本　三冊　存十卷(一、三至十一)

410000－2286－0000546　2604 類叢 00064

呂子遺書七種　(明)呂坤撰　清道光七年(1827)開封府署刻本　二十四冊

410000－2286－0000547　0604 經 00483

爾雅注疏十一卷　(晉)郭璞注　(宋)邢昺疏　清刻本　二冊　存四卷(二至三、八至九)

410000－2286－0000548　0604 經 00484

爾雅注疏十一卷　(晉)郭璞注　(宋)邢昺疏　清刻本　二冊　存六卷(三至八)

410000－2286－0000549　0604 經 00485

爾雅郭注義疏三卷　(清)郝懿行學　清光緒十四年(1888)湖北官書處刻本　八冊

410000－2286－0000550　2604 類叢 00065

陽明先生文集八種　(明)王守仁撰　清道光八年(1828)湖南湘潭王文德刻本　十六冊

410000－2286－0000551　0604 經 00486

爾雅注疏十一卷　(晉)郭璞注　(宋)邢昺疏　清刻本　一冊　存二卷(八至九)

410000－2286－0000552　2604 類叢 00066

許文正公遺書十五種首一卷末二卷　(元)許衡撰　清乾隆五十五年(1790)刻本　四冊　存八種十卷

410000－2286－0000553　0604 經 00487

爾雅郭注義疏三卷　(清)郝懿行學　清刻本　二冊　存一卷(下)

410000－2286－0000554　0604 經 00488

爾雅正義二十卷　(清)邵晉涵撰集　清乾隆五十三年(1788)刻本　七冊　存十五卷(一至二、五至十、十四至二十)

410000－2286－0000555　2604 類叢 00067

歐陽文忠公全集十種首一卷附錄五卷　(宋)歐陽修撰　清嘉慶二十四年(1819)刻本　二十四冊

410000－2286－0000556　0204 經 00606

十一經音訓　(清)楊國楨撰　清道光十年(1830)大梁書院刻本　十冊　存六種六卷

410000－2286－0000557　0604 經 00489

爾雅音義二卷　(唐)陸德明撰　清刻本　一冊

410000－2286－0000558　2604 類叢 00068

項城袁氏家集七種　丁振鐸輯　清宣統三年(1911)清芬閣鉛印本　二十三冊　存四種二十七卷

410000－2286－0000559　0604 經 00490

說文解字十五卷　(漢)許慎記　(宋)徐鉉等校定　清嘉慶十二年(1807)長白額勒布藤花榭刻本　四冊

410000－2286－0000560　0604 經 00491

六書通十卷　(清)畢弘述篆訂　(清)閔章等校　清乾隆六十年(1795)刻本　四冊

410000－2286－0000561　2501 集 00001
杜詩詳註二十五卷附編二卷首一卷　（唐）杜甫著　（清）仇兆鰲輯註　清康熙三十二年(1693)刻本　十四冊　存十四卷(一至七、十三、十八、二十至二十一、二十三至二十四,首一卷)

410000－2286－0000562　2501 集 00002
杜詩詳註二十五卷附編二卷首一卷　（唐）杜甫著　（清）仇兆鰲輯註　清康熙刻本　二冊　存四卷(二十至二十一、二十三至二十四)

410000－2286－0000563　0605 經 00493
重刊許氏説文解字五音韻譜十二卷　（宋）李燾撰　清刻本　一冊　存三卷(一至三)

410000－2286－0000564　2501 集 00003
杜工部詩集二十卷集外詩一卷文集二卷　(唐)杜甫著　(清)朱鶴齡輯註　清康熙刻本　二冊　存四卷(詩集一、五、七,文集一)

410000－2286－0000565　0605 經 00494
説文解字句讀三十卷　（漢）許慎記　（清）王筠撰集　清光緒八年(1882)尊經書局刻本　十六冊

410000－2286－0000566　2501 集 00004
杜工部詩集二十卷集外詩一卷文集二卷　(唐)杜甫著　(清)朱鶴齡輯註　清康熙刻本　三冊　存六卷(詩集一、四、十六至十七,集外詩一卷,文集一)

410000－2286－0000567　0605 經 00495
説文解字句讀三十卷　（漢）許慎記　（清）王筠撰集　清光緒八年(1882)尊經書局刻本　二冊　存四卷(十一至十二、二十九至三十)

410000－2286－0000568　2501 集 00005
讀杜心解六卷首二卷　（唐）杜甫著　（清）浦起龍講解　清刻本　四冊　存四卷(一之五至六、三之二至三、四之二、五之一至三)

410000－2286－0000569　0605 經 00496
説文解字句讀三十卷補正三十卷　（漢）許慎記　（清）王筠撰集　（清）陽祁春鑒定　(清)陳山嵋等訂正　清同治四年(1865)刻本　十六冊

410000－2286－0000570　0605 經 00497
説文解字句讀三十卷　（漢）許慎記　（清）祁春浦鑒定　（清）王筠撰集　（清）陳山嵋等訂正　（清）蔣其崙書篆　清刻本　一冊　存二卷(十五至十六)

410000－2286－0000571　0605 經 00498
説文釋例二十卷　（清）王筠學　清同治四年(1865)刻本　十冊

410000－2286－0000572　2501 集 00006
唱經堂杜詩解四卷　（唐）杜甫著　（清）金人瑞撰　清道光傳萬堂刻唱經堂才子書本　一冊　存一卷(一)

410000－2286－0000573　2501 集 00007
辟疆園杜詩註解十七卷　（唐）杜甫撰　（清）顧宸著　（清）王士禛等評　清康熙二年(1663)顧氏辟疆園刻本　一冊　存三卷(六至八)

410000－2286－0000574　0605 經 00499
汲古閣説文訂一卷　（清）段玉裁撰　清刻本　一冊

410000－2286－0000575　2501 集 00008
杜工部集二十卷　（唐）杜甫著　（明）錢謙益箋註　**諸家詩話一卷唱酬題詠一卷少陵先生[杜甫]年譜一卷附錄一卷**　清康熙六年(1667)季氏靜思堂刻本　四冊　存八卷(三至十)

410000－2286－0000576　0605 經 00500
説文解字注三十卷六書音均表二卷　（清）段玉裁撰　清刻本　一冊　存二卷(十一至十二)

410000－2286－0000577　0605 經 00501
説文解字注三十卷六書音均表二卷汲古閣説文訂一卷　（清）段玉裁撰　清同治十一年(1872)湖北崇文書局刻本　十八冊　缺二卷(二十九至三十)

410000－2286－0000578　2501 集 00010

讀書堂杜工部詩集註解二十卷文集註解二卷 (唐)杜甫著 (清)張溍評註 (清)張榕端等校訂 清康熙三十七年(1698)讀書堂刻本 六冊 存十二卷(詩集一至二、九至十、十三至十八,文集二卷)

410000－2286－0000579 0701 經 00502
說文解字注三十卷六書音均表二卷 (清)段玉裁撰 清刻本 一冊 存二卷(十九至二十)

410000－2286－0000580 2501 集 00011
李太白文集三十六卷 (唐)李白著 (清)王琦輯註 清刻本 一冊 存二卷(八至九)

410000－2286－0000581 0701 經 00503
說文引經攷證七卷互異說一卷 (清)陳瑑學 (清)徐郙条校 清同治十三年(1874)湖北崇文書局刻本 一冊 存四卷(五至八)

410000－2286－0000582 0701 經 00504
說文引經攷證七卷互異說一卷 (清)陳瑑學 (清)徐郙条校 清同治十三年(1874)湖北崇文書局刻本 二冊

410000－2286－0000583 0701 經 00505
段氏說文注訂八卷 (清)鈕樹玉著 清同治十三年(1874)湖北崇文書局刻本 一冊 存四卷(一至四)

410000－2286－0000584 0701 經 00506
說文段注訂補十四卷 (清)王紹蘭著 清光緒十四年(1888)蕭山胡燏棻刻本 七冊 存十一卷(一至十一)

410000－2286－0000585 2501 集 00012
白氏長慶集七十一卷附錄一卷 (唐)白居易著 (明)馬元調校 明萬曆三十四年(1606)松江馬氏刻元白長慶集本 六冊 存二十八卷(十八至四十五)

410000－2286－0000586 0701 經 00507
字彙十二卷首一卷末一卷韻法直圖一卷韻法橫圖一卷 (明)梅膺祚音釋 清刻本 二冊 存二卷(午、酉)

410000－2286－0000587 2501 集 00013
白香山詩長慶集二十卷後集十七卷別集一卷補遺二卷 (唐)白居易著 (清)汪立名編訂 **白香山[居易]年譜舊本一卷** (宋)陳振孫撰 **白香山[居易]年譜一卷** (清)汪立名編 清康熙四十一年至四十二年(1702－1703)汪立名一隅草堂刻本 二冊 存十一卷(白香山詩長慶集一至十一)

410000－2286－0000588 0701 經 00508
字彙十二卷首一卷末一卷韻法直圖一卷韻法橫圖一卷 (明)梅膺祚音釋 清刻本 一冊 存一卷(未)

410000－2286－0000589 2501 集 00014
白香山詩長慶集二十卷後集十七卷別集一卷補遺二卷 (唐)白居易著 (清)汪立名編訂 **白香山[居易]年譜舊本一卷** (宋)陳振孫撰 **白香山[居易]年譜一卷** (清)汪立名編 清康熙四十一年至四十二年(1702－1703)汪立名一隅草堂刻本 一冊 存六卷(白香山詩長慶集六至十一)

410000－2286－0000590 2501 集 00015
李義山詩集三卷 (唐)李商隱著 (清)朱鶴齡箋註 **詩譜一卷** 清順治十六年(1659)刻本 二冊 存二卷(上、下)

410000－2286－0000591 0701 經 00509
字彙十二卷首一卷末一卷韻法直圖一卷韻法橫圖一卷 (明)梅膺祚音釋 清天德堂刻本 二冊 存三卷(丑至寅、首一卷)

410000－2286－0000592 0701 經 00510
字彙十二卷首一卷末一卷韻法直圖一卷韻法橫圖一卷 (明)梅膺祚音釋 清天德堂刻本 二冊 存二卷(子至丑)

410000－2286－0000593 0701 經 00511
字彙十二卷首一卷末一卷韻法直圖一卷韻法橫圖一卷 (明)梅膺祚音釋 清刻本 一冊 存一卷(亥)

410000－2286－0000594 2605 類叢 00069
李文清公遺書四種附一種 (清)李棠階撰

首一卷　(清)王軺撰　清光緒八年(1882)河北道署刻本　三冊　存二種八卷

410000－2286－0000595　0701 經 00512
字彙十二卷首一卷末一卷韻法直圖一卷韻法橫圖一卷　(明)梅膺祚音釋　清天德堂刻本　一冊　存一卷(巳)

410000－2286－0000596　0701 經 00513
字彙十二卷首一卷末一卷韻法直圖一卷韻法橫圖一卷　(明)梅膺祚音釋　清乾隆三十三年(1768)王氏刻本　三冊　存三卷(午、戌至亥)

410000－2286－0000597　2501 集 00016
陶淵明文集十卷　(晉)陶淵明著　清康熙三十三年(1694)毛扆刻本　二冊

410000－2286－0000598　0701 經 00514
字彙十二卷首一卷末一卷韻法直圖一卷韻法橫圖一卷　(明)梅膺祚音釋　清嘉慶四年(1799)刻本　八冊　存八卷(寅至卯、午、申至酉、亥,首一卷,末一卷)

410000－2286－0000599　2501 集 00017
東坡先生全集七十五卷　(宋)蘇軾著　明萬曆三十四年(1606)吳興茅維刻本　二十冊　存四十九卷(一至二十五、五十二至七十五)

410000－2286－0000600　0701 經 00515
字彙十二卷首一卷末一卷韻法直圖一卷韻法橫圖一卷　(明)梅膺祚音釋　清嘉慶四年(1799)刻本　三冊　存三卷(卯、午、亥)

410000－2286－0000601　0701 經 00516
字彙十二卷首一卷末一卷韻法直圖一卷韻法橫圖一卷　(明)梅膺祚音釋　清嘉慶二十一年(1816)刻本　三冊　存三卷(午、申、亥)

410000－2286－0000602　2501 集 00018
東坡先生全集七十五卷　(宋)蘇軾著　明刻本　四十二冊

410000－2286－0000603　0701 經 00517
字彙十二卷首一卷末一卷韻法直圖一卷韻法橫圖一卷　(明)梅膺祚音釋　清刻本　十冊　存十二卷(子至辰、申至亥,末一卷,韻法直圖一卷,韻法橫圖一卷)

410000－2286－0000604　0701 經 00518
字彙十二卷首一卷末一卷韻法直圖一卷韻法橫圖一卷　(明)梅膺祚音釋　清刻本　十二冊　缺二卷(寅、首一卷)

410000－2286－0000605　2501 集 00019
東坡詩選十二卷　(宋)蘇軾著　(明)袁宏道閱　(明)譚元春選　**東坡先生[蘇軾]年譜一卷**　(宋)王宗稷編　明天啓元年(1621)刻本　六冊

410000－2286－0000606　2501 集 00020
東坡詩選十二卷　(宋)蘇軾著　(明)袁宏道閱　(明)譚元春選　**東坡先生[蘇軾]年譜一卷**　(宋)王宗稷編　明天啓元年(1621)刻本　四冊　存八卷(一、五至十,年譜一卷)

410000－2286－0000607　2501 集 00021
施註蘇詩四十二卷總目二卷　(宋)蘇軾撰　(宋)施元之　(宋)顧禧注　(清)顧嗣立等刪補　**蘇詩續補遺二卷**　(宋)蘇軾撰　(清)馮景補注　**王註正譌一卷**　(清)邵長蘅撰　**東坡先生[蘇軾]年譜一卷**　(宋)王宗稷編　(清)邵長蘅訂　清刻本　八冊　存二十三卷(一至七、二十二至二十九、三十四至三十七,續補遺二卷,王註正譌一卷,年譜一卷)

410000－2286－0000608　0701 經 00519
字彙十二卷首一卷末一卷韻法直圖一卷韻法橫圖一卷　(明)梅膺祚音釋　清刻本　二冊　存二卷(申至酉)

410000－2286－0000609　0701 經 00520
字彙十二卷首一卷末一卷韻法直圖一卷韻法橫圖一卷　(明)梅膺祚音釋　清刻本　一冊　存一卷(酉)

410000－2286－0000610　0701 經 00521
字彙十二卷首一卷末一卷韻法直圖一卷韻法橫圖一卷　(明)梅膺祚音釋　清刻本　九冊　缺七卷(子、未至酉,首一卷,韻法直圖一卷,韻法橫圖一卷)

410000－2286－0000611　0701 經 00522
字彙十二卷首一卷末一卷韻法直圖一卷韻法橫圖一卷　(明)梅膺祚音釋　清雲林益昭氏關西刻本　三冊　存三卷(午至未、酉)

410000－2286－0000612　2501 集 00022
欒城集四十八卷後集二十四卷三集十卷應詔集十二卷　(宋)蘇轍著　(明)王執禮等校　清道光十二年(1832)眉州三蘇祠刻三蘇全集本　一冊　存三卷(三十至三十二)

410000－2286－0000613　0702 經 00523
字彙十二卷首一卷末一卷韻法直圖一卷韻法橫圖一卷　(明)梅膺祚音釋　清雲林益昭氏關西刻本　十一冊　存十一卷(子至未、酉至亥)

410000－2286－0000614　0702 經 00524
隸辨八卷　(清)顧藹吉撰集　清乾隆八年(1743)天都黃晟刻本　七冊　存七卷(一至六、八)

410000－2286－0000615　2501 集 00023
元豐類稿五十卷　(宋)曾鞏著　清乾隆二十八年(1763)刻本　三冊　存十六卷(七至十一、三十五至四十五)

410000－2286－0000616　0702 經 00525
篆字彙十二集　(清)佟世男編　(清)胡正宗等參　清刻本　十冊　缺二集(子、辰)

410000－2286－0000617　2505 集 00130
何文定公文集十一卷　(明)何瑭撰　明萬曆四年(1576)賈待問刻清道光二十八年(1848)張維翰修補本　四冊

410000－2286－0000618　2502 集 00029
四忠遺集四種　(清)□□輯　清光緒二十三年(1897)湘南書局刻本　十七冊　缺三卷(諸葛武侯集二至四)

410000－2286－0000619　0702 經 00526
篆字彙十二集　(清)佟世男編　(清)胡正宗等參　清刻本　二冊　存二集(辰、申)

410000－2286－0000620　0702 經 00527
康熙字典十二集三十六卷總目一卷檢字一卷辨似一卷等韻一卷補遺一卷備考一卷　(清)張玉書等纂　清刻本　二十一冊　存二十四卷(子上、中、下，丑上，寅上、中、下，卯上，巳至未，申中、下，酉下，亥上、中；補遺一卷；備考一卷)

410000－2286－0000621　2502 集 00030
岳忠武王文集八卷首一卷末一卷　(宋)岳飛撰　清刻本　一冊　存五卷(一至四、首一卷)

410000－2286－0000622　2505 集 00129
胡文忠公遺集十卷首一卷　(清)胡翼林撰　(清)嚴樹森鑒定　(清)閻敬銘等編輯　清同治三年(1864)武昌節署刻本　三冊　存三卷(一、五至六)

410000－2286－0000623　0702 經 00528
康熙字典十二集三十六卷總目一卷檢字一卷辨似一卷等韻一卷補遺一卷備考一卷　(清)張玉書等纂　清刻本　二十一冊　存二十一卷(子中，丑上、中，寅上、中，卯上、中，辰上、下，巳中、下，午上、中，未上，申中、下，戌下，亥上；等韻一卷；補遺一卷；備考一卷)

410000－2286－0000624　2502 集 00031
岳忠武王文集八卷首一卷末一卷　(宋)岳飛撰　(清)黃邦寧纂修　(清)李林校閱　清乾隆三十五年(1770)刻本　二冊　存六卷(一至四、八，末一卷)

410000－2286－0000625　0702 經 00529
康熙字典十二集三十六卷總目一卷檢字一卷辨似一卷等韻一卷補遺一卷備考一卷　(清)張玉書等纂　清刻本　十八冊　存十八卷(子至丑，辰上、中、下，巳下，戌上、下，亥上、中、下；等韻一卷；補遺一卷；備考一卷)

410000－2286－0000626　2505 集 00131
兩谿文集二十四卷　(明)劉球著　清宣統二年(1910)守政書局活字印本　四冊

410000－2286－0000627　0703 經 00530
康熙字典十二集三十六卷總目一卷檢字一卷

辨似一卷等韻一卷補遺一卷備考一卷 （清）張玉書等纂 清刻本 二十九冊 存三十一卷（子上、中、下，丑上、中，寅上、下，卯上、中，辰上、中、下，巳上、下，午至酉，戌中、下，亥中；補遺一卷；備考一卷）

410000－2286－0000628 0703 經 00531
康熙字典十二集三十六卷總目一卷檢字一卷辨似一卷等韻一卷補遺一卷備考一卷 （清）張玉書等纂 清刻本 二冊 存一卷（備考一卷）

410000－2286－0000629 2502 集 00024
山谷集三十九卷 （宋）黄庭堅著 （宋）史容註 清光緒二十六年（1900）伊寧陳氏四覺草堂刻本 十九冊 缺二卷（内集一至二）

410000－2286－0000630 0703 經 00532
康熙字典十二集三十六卷總目一卷檢字一卷辨似一卷等韻一卷補遺一卷備考一卷 （清）張玉書等纂 清刻本 三十七冊 存三十七卷（字典三十六卷、等韻一卷）

410000－2286－0000631 0703 經 00533
康熙字典十二集三十六卷總目一卷檢字一卷辨似一卷等韻一卷補遺一卷備考一卷 （清）張玉書等纂 清刻本 二十八冊 存二十八卷（寅上、中、下，卯上，辰上、下，巳下，午至亥；等韻一卷；補遺一卷；備考一卷）

410000－2286－0000632 2502 集 00025
黄詩全集五十八卷 （宋）黄庭堅著 （宋）任淵 （宋）史容注 （宋）黄子耕編 清乾隆五十四年（1789）樹經堂刻本 二十冊

410000－2286－0000633 0704 經 00534
康熙字典十二集三十六卷總目一卷檢字一卷辨似一卷等韻一卷補遺一卷備考一卷 （清）張玉書等纂 清刻本 二十七冊 存二十七卷（寅至未，申上、下，酉中、下，戌上、中、下，亥上、下）

410000－2286－0000634 2502 集 00026
宋黄文節公文集八十一卷 （宋）黄庭堅著 清乾隆三十年（1765）江右寧州緝香堂刻本 十六冊 存三十六卷（正集首一至四，詩文一至三十二）

410000－2286－0000635 2502 集 00027
重刻黄文節山谷先生文集三十卷 （宋）黄庭堅著 （明）方沆校 明王鳳翔光啟堂刻本 四冊 存十七卷（一至二、十一至二十一、二十七至三十）

410000－2286－0000636 2502 集 00028
山谷詩内集注二十卷 （宋）黄庭堅著 （宋）任淵注 清刻本 二冊 存四卷（一至二、五至六）

410000－2286－0000637 0704 經 00535
康熙字典十二集三十六卷總目一卷檢字一卷辨似一卷等韻一卷補遺一卷備考一卷 （清）張玉書等纂 清道光七年（1827）刻本 十四冊

410000－2286－0000638 0704 經 00536
康熙字典十二集三十六卷總目一卷檢字一卷辨似一卷等韻一卷補遺一卷備考一卷 （清）張玉書等纂 清道光七年（1827）刻本 一冊 存一卷（午中）

410000－2286－0000639 0704 經 00537
康熙字典十二集三十六卷總目一卷檢字一卷辨似一卷等韻一卷補遺一卷備考一卷 （清）張玉書等纂 清刻本 九冊 存九卷（午中、未中、酉中、戌至亥）

410000－2286－0000640 0705 經 00538
康熙字典十二集三十六卷總目一卷檢字一卷辨似一卷等韻一卷補遺一卷備考一卷 （清）張玉書等纂 清道光七年（1827）刻本 三十九冊 缺一卷（巳中）

410000－2286－0000641 0705 經 00539
康熙字典十二集三十六卷總目一卷檢字一卷辨似一卷等韻一卷補遺一卷備考一卷 （清）張玉書等纂 清刻本 三冊 存三卷（午下、申下、酉中）

410000－2286－0000642 0705 經 00540
康熙字典十二集三十六卷總目一卷檢字一卷

辨似一卷等韻一卷補遺一卷備考一卷 (清)張玉書等纂 清刻本 一册 存一卷(巳中)

410000－2286－0000643 0705 經 00541
康熙字典十二集三十六卷總目一卷檢字一卷辨似一卷等韻一卷補遺一卷備考一卷 (清)張玉書等纂 清文盛堂石印本 一册 存七卷(子至丑、等韻一卷)

410000－2286－0000644 2502 集 00032
韓昌黎先生全集四十五卷 (唐)韓愈著 清宣統三年(1911)埽葉山房石印本 八册 存二十九卷(昌黎先生文集一至十九、二十五至二十九,遺文一,韓集點勘一至四)

410000－2286－0000645 0705 經 00542
康熙字典十二集三十六卷總目一卷檢字一卷辨似一卷等韻一卷補遺一卷備考一卷 (清)張玉書等纂 清宣統元年(1909)上海久敬齋石印本 一册 存七卷(子至丑、等韻一卷)

410000－2286－0000646 0705 經 00543
音韻貫珠六卷 (清)賈椿齡編 清刻本 一册 存二卷(書、數)

410000－2286－0000647 0705 經 00544
字學舉隅一卷 (清)龍啟瑞輯 清光緒五年(1879)陳州府大成堂刻本 一册

410000－2286－0000648 2605 類叢 00071
錢頤壽中丞全集五種 (清)錢寶琛撰 清同治、光緒間錢鼎銘刻本 十三册

410000－2286－0000649 2502 集 00033
放翁先生詩鈔不分卷 (宋)陸遊撰 (清)周之鱗 (清)柴升選 清刻本 一册

410000－2286－0000650 0705 經 00545
字學舉隅一卷 (清)龍啟瑞輯 清光緒五年(1879)退思堂刻本 一册

410000－2286－0000651 2503 集 00034
郝文忠公陵川文集三十九卷 (元)郝經撰 **附録一卷** (元)元好問撰 清乾隆三年(1738)高都王鏐刻本 九册 存三十五卷(六至三十九、附録一卷)

410000－2286－0000652 0705 經 00546
字學舉隅一卷 (清)龍啟瑞輯 清光緒四年(1878)刻本 一册

410000－2286－0000653 0705 經 00547
字學舉隅一卷 (清)龍啟瑞編 清刻本 一册

410000－2286－0000654 0705 經 00548
字學舉隅一卷 (清)龍啟瑞編 清同治十年(1871)刻本 一册

410000－2286－0000655 2503 集 00035
呂新吾先生去僞齋文集十卷 (明)呂坤著 清康熙十三年(1674)呂慎多刻本 七册 存七卷(二至六、八、十)

410000－2286－0000656 0705 經 00549
字學舉隅一卷 (清)龍啟瑞編 清刻本 一册

410000－2286－0000657 2503 集 00036
震川先生集三十卷 (明)歸有光著 (清)歸莊較勘 (清)歸玠編輯 清康熙十年至十四年(1671－1675)歸莊、歸玠等刻本 三册 存六卷(一至二、十一至十四)

410000－2286－0000658 0705 經 00550
字學舉隅一卷 (清)龍啟瑞編 清刻本 一册

410000－2286－0000659 0705 經 00551
字學舉隅一卷 (清)龍啟瑞編 清光緒十三年(1887)上海鴻文書局石印本 一册

410000－2286－0000660 2503 集 00037
四憶堂詩集一卷 (清)侯方域著 (清)侯資燦輯 清嘉慶二十四年(1819)刻大梁侯氏詩集本 一册

410000－2286－0000661 2503 集 00038
壯悔堂文集十卷遺稿一卷 (清)侯方域著 (清)賈開宗等評點 (清)侯必昌等較訂 清乾隆侯必昌刻本 二册 存六卷(六至十、遺稿一卷)

410000－2286－0000662 0705 經 00552

字説一卷　(清)吳大澂撰　清光緒十九年(1893)思賢講舍刻本　一册

410000－2286－0000663　2503 集 00039
道榮堂詩文全集十六卷首一卷　(清)陳鵬年著　清乾隆二十七年(1762)刻本　十二册

410000－2286－0000664　0705 經 00553
十三經集字不分卷　(清)李鴻藻輯　清光緒刻本　一册

410000－2286－0000665　0705 經 00554
十三經集字不分卷　(清)李鴻藻輯　清光緒十三年(1887)刻本　一册

410000－2286－0000666　2503 集 00040
海峰文集十九卷　(清)劉大櫆著　(清)歐陽霖等校　清同治十三年(1874)劉繼刻本　八册

410000－2286－0000667　0705 經 00555
十三經集字不分卷　(清)李鴻藻輯　清刻本　一册

410000－2286－0000668　2503 集 00041
陳迦陵文集六卷儷體文集十卷湖海樓詩集八卷迦陵詞全集三十卷　(清)陳維崧著　(清)王士禛等選　(清)陳維岳參閱　(清)陳履端校　清康熙患立堂刻本　四册　存十六卷(儷體文集一至七、湖海樓詩集一至四、迦陵詞全集二十一至二十五)

410000－2286－0000669　2503 集 00042
紀文達公遺集三十二卷　(清)紀昀著　(清)紀樹馨編校　(清)紀樹馥重刊　清嘉慶十七年(1812)刻本　十二册

410000－2286－0000670　0705 經 00556
十三經集字摹本不分卷　(清)彭玉雯纂　(清)萬青銓校正　(清)張小浦鑒定　清道光二十九年(1849)刻本　八册

410000－2286－0000671　0705 經 00557
十三經集字摹本不分卷　(清)彭玉雯纂　(清)萬青銓校正　(清)張小浦鑒定　清刻本　一册

410000－2286－0000672　2503 集 00043
何大復先生集三十八卷附錄一卷　(明)何景明撰　(清)何源洙等校訂　清乾隆十五年(1750)何輝少、何永謙刻本　四册　存十七卷(一至二、十九至二十四、三十至三十八)

410000－2286－0000673　2503 集 00044
何大復先生集三十八卷附錄一卷　(明)何景明撰　(清)何源洙等校訂　清乾隆十五年(1750)何輝少、何永謙刻本　二册　存十一卷(十九至二十四、三十五至三十八,附錄一卷)

410000－2286－0000674　0705 經 00558
新刻重校增補圓機活法詩學全書二十四卷　(明)王世貞校正　(明)楊淙粂閱　(清)蔣先庚重訂　清大文堂刻本　八册　存十三卷(一、三、七至八、十四至十七、二十至二十四)

410000－2286－0000675　0705 經 00559
新刻重校增補圓機活法詩學全書二十四卷　(明)王世貞校正　(明)楊淙粂閱　(清)蔣先庚重訂　清刻本　十四册　存二十一卷(一至三、五至十九、二十二至二十四)

410000－2286－0000676　0801 經 00560
新刊校正增補圓機活法詩學全書二十四卷　(明)王世貞校正　(明)楊淙粂閱　(清)蔣先庚重訂　清刻本　五册　存六卷(二、四至七、十)

410000－2286－0000677　2503 集 00045
小倉山房文集三十五卷　(清)袁枚撰　清乾隆、嘉慶間刻隨園三十種本　七册　存二十四卷(四至六、八至十二、十七至三十二)

410000－2286－0000678　0801 經 00561
新刊校正增補圓機活法詩學全書二十四卷　(明)王世貞校正　(明)楊淙粂閱　(清)蔣先庚重訂　清刻本　八册　存十四卷(十一至二十四)

410000－2286－0000679　2503 集 00046
小倉山房詩集三十七卷補遺二卷　(清)袁枚著　清刻本　三册　存十二卷(七至九、十四

至十七、二十一至二十五)

410000－2286－0000680　0801 經 00562
新刊校正增補圓機活法詩學全書二十四卷　(明)王世貞校正　(明)楊淙叅閲　(清)蔣先庚重訂　清刻本　五冊　存十卷(九至十四、十七至二十)

410000－2286－0000681　0801 經 00563
新刊校正圓機活法詩學全書二十四卷　(明)王世貞校正　(明)楊淙叅閲　(清)蔣先庚重訂　清刻本　一冊　存一卷(三)

410000－2286－0000682　2503 集 00047
松壽堂詩鈔十卷　陳夔龍著　清宣統三年(1911)刻本　四冊

410000－2286－0000683　0801 經 00564
新刊校正圓機活法詩學全書二十四卷　(明)王世貞校正　(明)楊淙叅閲　(清)蔣先庚重訂　清刻本　三冊　存六卷(五至六、十一至十二、二十三至二十四)

410000－2286－0000684　0801 經 00565
新刊校正增補圓機詩韻活法全書十四卷　(明)王世貞增校　(清)蔣先庚重訂　清刻本　三冊　存六卷(一至六)

410000－2286－0000685　2503 集 00048
有正味齋駢體文二十四卷　(清)吳錫麒著　(清)王廣業箋　清咸豐九年(1859)青箱塾刻本　八冊

410000－2286－0000686　0801 經 00566
新刊校正增補圓機詩韻活法全書十四卷　(明)王世貞增校　(清)蔣先庚重訂　清刻本　五冊　存九卷(一至二、五至十一)

410000－2286－0000687　2504 集 00049
有正味齋駢體文二十四卷　(清)吳錫麒撰　清刻本　五冊　存二十二卷(一至十四、十七至二十四)

410000－2286－0000688　0801 經 00567
新刊校正增補圓機詩韻活法全書十四卷　(明)王世貞增校　(清)蔣先庚重訂　清刻本　一冊　存二卷(三至四)

410000－2286－0000689　2504 集 00050
有正味齋全集七十三卷　(清)吳錫麒撰　清刻本　七冊　存二十六卷(詩續集一至八,駢體文四至七、十二至十五,續集三至八,詞續集一至二,外集一至二)

410000－2286－0000690　0801 經 00568
新刊校正增補圓機韻學活法全書十四卷　(明)王世貞增校　(清)蔣先庚重訂　清刻本　二冊　存四卷(九至十二)

410000－2286－0000691　0801 經 00569
新刊校正增補圓機韻學活法全書十四卷　(明)王世貞增校　(清)蔣先庚重訂　清刻本　三冊　存五卷(十至十四)

410000－2286－0000692　2504 集 00051
有正味齋全集七十三卷　(清)吳錫麒撰　清刻本　二冊　存七卷(駢體文十二至十三、外集四至五、詞集六至八)

410000－2286－0000693　2504 集 00052
有正味齋試帖詳註四卷　(清)吳錫麒著　(清)吳掄等註　清嘉慶十年(1805)四美堂刻本　一冊

410000－2286－0000694　0801 經 00570
佩文詩韻五卷　(清)□□輯　清刻本　一冊

410000－2286－0000695　2504 集 00053
有正味齋試帖詳註四卷　(清)吳錫麒著　(清)吳掄等註　清嘉慶十年(1805)刻本　一冊　存二卷(一至二)

410000－2286－0000696　0801 經 00571
新刊校正增補圓機韻學活法全書十四卷　(明)王世貞增校　(清)蔣先庚重訂　清刻本　一冊　存二卷(十二至十三)

410000－2286－0000697　0801 經 00572
詩韻集成十卷　(清)余照輯　清道光二十一年(1841)蔭香堂刻本　三冊

410000－2286－0000698　0801 經 00573
詩韻集成十卷　(清)余照輯　清刻本　二冊

存六卷（三至四、七至十）

410000－2286－0000699　2504 集 00054
有正味齋試帖詳註四卷　（清）吳錫麒著　（清）吳掄等註　清嘉慶十年（1805）成錦堂刻本　三冊　存三卷（一、三至四）

410000－2286－0000700　0801 經 00574
詩韻集成十卷　（清）余照輯　清刻本　一冊　存六卷（五至十）

410000－2286－0000701　2504 集 00055
湯子遺書十二卷　（清）湯斌撰　**潛菴先生［湯斌］年譜一卷附録一卷**　（清）王廷燦撰　清乾隆二十九年（1764）樹德堂刻本　八冊　存三卷（九，十上、下，十一）

410000－2286－0000702　0801 經 00575
詩韻合璧五卷　（清）湯文璐編　清刻本　一冊　存一卷（三）

410000－2286－0000703　0801 經 00576
詩韻合璧五卷　（清）湯文璐編　清刻本　一冊　存一卷（四）

410000－2286－0000704　0801 經 00577
詩韻合璧五卷　（清）湯文璐編　清末鉛印本　一冊　存一卷（四）

410000－2286－0000705　2504 集 00056
李二曲先生全集二十六卷　（清）李顒著　**惲遜庵先生遺集一卷**　（清）惲日初撰　清道光八年（1828）刻本　八冊

410000－2286－0000706　0801 經 00578
詩韻合璧五卷　（清）湯文璐編　**虛字韻藪一卷**　（清）潘維城輯　**初學檢韻袖珍十二卷**　（清）姚文登輯　（清）錢辛楣鑒定　清光緒十七年（1891）上海鴻寶齋石印本　六冊

410000－2286－0000707　2504 集 00057
明宮雜詠二十卷　（清）饒智元著　清光緒十九年（1893）長沙黃氏刻湘淥館叢書本　六冊

410000－2286－0000708　2504 集 00058
秋江集註六卷　（清）黃任著　（清）王元麟註　（清）王亨樫參訂　清道光二十三年（1843）刻本　六冊

410000－2286－0000709　2305 類叢 00119
詩韻含英十八卷　（清）劉文蔚輯　清乾隆五十七年（1792）經緯堂刻本　二冊

410000－2286－0000710　2504 集 00059
玉磬山房詩文集十七卷　（清）劉大觀著　清道光十八年（1838）刻本　二冊　存三卷（文集四、詩集七至八）

410000－2286－0000711　0801 經 00580
五方元音二卷　（清）樊騰鳳撰　（清）年希堯增補　清光緒十八年（1892）四和堂刻本　二冊

410000－2286－0000712　0801 經 00581
五方元音二卷　（清）樊騰鳳撰　（清）年希堯增補　清刻本　一冊　存一卷（下）

410000－2286－0000713　2504 集 00060
冰壺山館詩鈔□□卷　（清）王夢庚著　清刻本　六冊　存二十四卷（十七至二十四、三十七至四十、四十五至四十八、五十七至六十四）

410000－2286－0000714　0801 經 00582
五方元音十二卷　（清）樊騰鳳撰　（清）年希堯增補　清末影印本　三冊　存十卷（一至十）

410000－2286－0000715　2504 集 00061
寸知齋詩存二卷　（清）丁浩著　清光緒六年（1880）陸應暄刻本　一冊

410000－2286－0000716　2504 集 00062
白香亭詩集三卷　（清）鄧輔綸著　清光緒十九年（1893）東河督署刻本　二冊

410000－2286－0000717　0801 經 00583
剔弊廣增分韻五方元音二卷首一卷　（清）樊騰鳳著　（清）趙培梓新編　（清）趙鑑菴書　清同治十二年（1873）聚錦堂刻本　三冊　存二卷（上、首一卷）

410000－2286－0000718　2504 集 00063
子遷雜著四卷吟草七卷　（清）謝益著　清道

光十九年(1839)刻本　六冊　存十卷(雜著四卷、吟草二至七)

410000－2286－0000719　0801 經 00584
音韻舉隅不分卷　(清)程小泉撰　清光緒五年(1879)刻本　一冊

410000－2286－0000720　0801 經 00585
春秋三十卷　(宋)胡安國傳　(宋)林堯叟音注　清刻本　一冊　存五卷(十一至十五)

410000－2286－0000721　0801 經 00586
欽定隆萬四書文不分卷　(清)方苞等編　清刻本　一冊

410000－2286－0000722　2504 集 00064
是吾齋集八卷續集四卷　(清)于卿保著　清刻本　二冊　存五卷(一至三、七至八)

410000－2286－0000723　0804 史 00023
史記評林一百三十卷　(漢)司馬遷撰　(明)凌稚隆輯校　清乾隆刻本　六冊　存三十一卷(年表四至六,列傳一至九、四十至四十七、五十四至六十、六十七至七十)

410000－2286－0000724　2504 集 00065
茹蘖齋詩稿一卷　(清)席香谷著　清宣統二年(1910)大同石印館石印本　一冊

410000－2286－0000725　2504 集 00066
茹蘖齋詩稿一卷　(清)席香谷著　清宣統二年(1910)大同石印館石印本　一冊

410000－2286－0000726　0804 史 00024
二十四史　清光緒圖書集成局鉛印本　十九冊　存五種一百四十二卷

410000－2286－0000727　2504 集 00067
茹蘖齋詩稿一卷　(清)席香谷著　清宣統二年(1910)大同石印館石印本　一冊

410000－2286－0000728　2504 集 00068
茹蘖齋詩稿一卷　(清)席香谷著　清宣統二年(1910)大同石印館石印本　一冊

410000－2286－0000729　2504 集 00069
茹蘖齋詩稿一卷　(清)席香谷著　清宣統二年(1910)大同石印館石印本　一冊

410000－2286－0000730　2504 集 00070
茹蘖齋詩稿一卷　(清)席香谷著　清宣統二年(1910)大同石印館石印本　一冊

410000－2286－0000731　0804 史 00026
宋史四百九十六卷　(元)脫脫等撰　清光緒元年(1875)浙江書局刻本　一冊　存五卷(二百六十六至二百七十)

410000－2286－0000732　0804 史 00027
國朝漢學師承記八卷國朝經師經義目錄一卷　(清)江藩纂　清光緒二十二年(1896)長沙周大文堂刻本　三冊

410000－2286－0000733　0804 史 00028
後漢書九十卷　(南朝宋)范曄撰　(唐)李賢注　**志三十卷**　(晉)司馬彪撰　(南朝梁)劉昭注　清刻本　三冊　存十六卷(五十二至六十一、六十六至七十一)

410000－2286－0000734　2504 集 00071
悅雲山房詩存六卷風泉館詞存一卷　(清)劉敦元著　清光緒二十八年(1902)天津徐氏刻本　二冊

410000－2286－0000735　2504 集 00072
悅雲山房詩存六卷風泉館詞存一卷　(清)劉敦元著　清光緒二十八年(1902)天津徐氏刻本　二冊

410000－2286－0000736　2504 集 00073
悅雲山房詩存六卷風泉館詞存一卷　(清)劉敦元著　清光緒二十八年(1902)天津徐氏刻本　二冊

410000－2286－0000737　2504 集 00074
悅雲山房詩存六卷風泉館詞存一卷　(清)劉敦元著　清光緒二十八年(1902)天津徐氏刻本　二冊

410000－2286－0000738　0804 史 00029
後漢書九十卷　(南朝宋)范曄撰　(唐)李賢注　**志三十卷**　(晉)司馬彪撰　(南朝梁)劉昭注　清光緒三十一年(1905)上海久敬齋石印本　一冊　存十卷(後漢書一至十)

410000－2286－0000739　2504 集 00075
悦雲山房詩存六卷風泉館詞存一卷　（清）劉敦元著　清光緒二十八年（1902）天津徐氏刻本　二冊

410000－2286－0000740　2504 集 00076
悦雲山房詩存六卷風泉館詞存一卷　（清）劉敦元著　清光緒二十八年（1902）天津徐氏刻本　二冊

410000－2286－0000741　2504 集 00077
悦雲山房詩存六卷風泉館詞存一卷　（清）劉敦元著　清光緒二十八年（1902）天津徐氏刻本　二冊

410000－2286－0000742　2504 集 00078
悦雲山房詩存六卷風泉館詞存一卷　（清）劉敦元著　清光緒二十八年（1902）天津徐氏刻本　二冊

410000－2286－0000743　2504 集 00079
悦雲山房詩存六卷風泉館詞存一卷　（清）劉敦元著　清光緒二十八年（1902）天津徐氏刻本　二冊

410000－2286－0000744　2504 集 00080
悦雲山房詩存六卷風泉館詞存一卷　（清）劉敦元著　清光緒二十八年（1902）天津徐氏刻本　二冊

410000－2286－0000745　2504 集 00081
悦雲山房詩存六卷風泉館詞存一卷　（清）劉敦元著　清光緒二十八年（1902）天津徐氏刻本　二冊

410000－2286－0000746　2504 集 00082
悦雲山房詩存六卷風泉館詞存一卷　（清）劉敦元著　清光緒二十八年（1902）天津徐氏刻本　二冊

410000－2286－0000747　2504 集 00083
悦雲山房詩存六卷風泉館詞存一卷　（清）劉敦元著　清光緒二十八年（1902）天津徐氏刻本　二冊

410000－2286－0000748　2504 集 00084
悦雲山房詩存六卷風泉館詞存一卷　（清）劉敦元著　清光緒二十八年（1902）天津徐氏刻本　二冊

410000－2286－0000749　2504 集 00085
悦雲山房詩存六卷風泉館詞存一卷　（清）劉敦元著　清光緒二十八年（1902）天津徐氏刻本　二冊

410000－2286－0000750　2504 集 00086
悦雲山房詩存六卷風泉館詞存一卷　（清）劉敦元著　清光緒二十八年（1902）天津徐氏刻本　二冊

410000－2286－0000751　2504 集 00087
悦雲山房詩存六卷風泉館詞存一卷　（清）劉敦元著　清光緒二十八年（1902）天津徐氏刻本　二冊

410000－2286－0000752　2504 集 00088
悦雲山房詩存六卷風泉館詞存一卷　（清）劉敦元著　清光緒二十八年（1902）天津徐氏刻本　二冊

410000－2286－0000753　2504 集 00089
悦雲山房詩存六卷風泉館詞存一卷　（清）劉敦元著　清光緒二十八年（1902）天津徐氏刻本　二冊

410000－2286－0000754　2504 集 00090
悦雲山房詩存六卷風泉館詞存一卷　（清）劉敦元著　清光緒二十八年（1902）天津徐氏刻本　二冊

410000－2286－0000755　0804 史 00030
金史一百三十五卷　（元）脱脱等修　清同治十三年（1874）江蘇書局刻本　一冊　存六卷（十二至十七）

410000－2286－0000756　2504 集 00091
悦雲山房詩存六卷風泉館詞存一卷　（清）劉敦元著　清光緒二十八年（1902）天津徐氏刻本　二冊

410000－2286－0000757　2504 集 00092
悦雲山房詩存六卷風泉館詞存一卷　（清）劉

敦元著　清光緒二十八年(1902)天津徐氏刻本　二册

410000－2286－0000758　2504 集 00093
悦雲山房詩存六卷風泉館詞存一卷　(清)劉敦元著　清光緒二十八年(1902)天津徐氏刻本　二册

410000－2286－0000759　2504 集 00094
悦雲山房詩存六卷風泉館詞存一卷　(清)劉敦元著　清光緒二十八年(1902)天津徐氏刻本　二册

410000－2286－0000760　2504 集 00095
悦雲山房詩存六卷風泉館詞存一卷　(清)劉敦元著　清光緒二十八年(1902)天津徐氏刻本　二册

410000－2286－0000761　2504 集 00096
悦雲山房詩存六卷風泉館詞存一卷　(清)劉敦元著　清光緒二十八年(1902)天津徐氏刻本　二册

410000－2286－0000762　2504 集 00097
悦雲山房詩存六卷風泉館詞存一卷　(清)劉敦元著　清光緒二十八年(1902)天津徐氏刻本　二册

410000－2286－0000763　2504 集 00098
悦雲山房詩存六卷風泉館詞存一卷　(清)劉敦元著　清光緒二十八年(1902)天津徐氏刻本　二册

410000－2286－0000764　0804 史 00031
三國志六十五卷　(晉)陳壽撰　(南朝宋)裴松之注　清同治九年(1870)金陵書局刻本　二册　存二十六卷(三十一至四十五、五十五至六十五)

410000－2286－0000765　2505 集 00099
碧梧聽雨圖題詠一卷　徐世光輯　清光緒十六年(1890)鉛印本　一册

410000－2286－0000766　2505 集 00100
碧梧聽雨圖題詠一卷　徐世光輯　清光緒十六年(1890)鉛印本　一册

410000－2286－0000767　2505 集 00101
碧梧聽雨圖題詠一卷　徐世光輯　清光緒十六年(1890)鉛印本　一册

410000－2286－0000768　0804 史 00032
三國志六十五卷　(晉)陳壽撰　(南朝宋)裴松之注　清刻本　一册　存七卷(四十六至五十二)

410000－2286－0000769　2505 集 00102
碧梧聽雨圖題詠一卷　徐世光輯　清光緒十六年(1890)鉛印本　一册

410000－2286－0000770　2505 集 00103
碧梧聽雨圖題詠一卷　徐世光輯　清光緒十六年(1890)鉛印本　一册

410000－2286－0000771　2505 集 00104
碧梧聽雨圖題詠一卷　徐世光輯　清光緒十六年(1890)鉛印本　一册

410000－2286－0000772　2505 集 00105
碧梧聽雨圖題詠一卷　徐世光輯　清光緒十六年(1890)鉛印本　一册

410000－2286－0000773　0804 史 00033
三國志六十五卷　(晉)陳壽撰　(南朝宋)裴松之注　明萬曆二十四年(1596)南京國子監刻清順治、康熙遞修本　十七册　存四十五卷(魏志一至八、十一至二十七、二十九至三十,蜀志一至十五,吳志十至十二)

410000－2286－0000774　2505 集 00106
碧梧聽雨圖題詠一卷　徐世光輯　清光緒十六年(1890)鉛印本　一册

410000－2286－0000775　2505 集 00107
碧梧聽雨圖題詠一卷　徐世光輯　清光緒十六年(1890)鉛印本　一册

410000－2286－0000776　2505 集 00108
碧梧聽雨圖題詠一卷　徐世光輯　清光緒十六年(1890)鉛印本　一册

410000－2286－0000777　2505 集 00109
碧梧聽雨圖題詠一卷　徐世光輯　清光緒十六年(1890)鉛印本　一册

410000－2286－0000778　2505 集 00110
碧梧聽雨圖題詠一卷　徐世光輯　清光緒十六年(1890)鉛印本　一册

410000－2286－0000779　2505 集 00111
碧梧聽雨圖題詠一卷　徐世光輯　清光緒十六年(1890)鉛印本　一册

410000－2286－0000780　2505 集 00112
碧梧聽雨圖題詠一卷　徐世光輯　清光緒十六年(1890)鉛印本　一册

410000－2286－0000781　2505 集 00113
碧梧聽雨圖題詠一卷　徐世光輯　清光緒十六年(1890)鉛印本　一册

410000－2286－0000782　2505 集 00114
碧梧聽雨圖題詠一卷　徐世光輯　清光緒十六年(1890)鉛印本　一册

410000－2286－0000783　2505 集 00115
碧梧聽雨圖題詠一卷　徐世光輯　清光緒十六年(1890)鉛印本　一册

410000－2286－0000784　2505 集 00116
碧梧聽雨圖題詠一卷　徐世光輯　清光緒十六年(1890)鉛印本　一册

410000－2286－0000785　2505 集 00117
碧梧聽雨圖題詠一卷　徐世光輯　清光緒十六年(1890)鉛印本　一册

410000－2286－0000786　2505 集 00118
碧梧聽雨圖題詠一卷　徐世光輯　清光緒十六年(1890)鉛印本　一册

410000－2286－0000787　2505 集 00119
碧梧聽雨圖題詠一卷　徐世光輯　清光緒十六年(1890)鉛印本　一册

410000－2286－0000788　2505 集 00120
碧梧聽雨圖題詠一卷　徐世光輯　清光緒十六年(1890)鉛印本　一册

410000－2286－0000789　2505 集 00121
碧梧聽雨圖題詠一卷　徐世光輯　清光緒十六年(1890)鉛印本　一册

410000－2286－0000790　2505 集 00122
碧梧聽雨圖題詠一卷　徐世光輯　清光緒十六年(1890)鉛印本　一册

410000－2286－0000791　2505 集 00123
碧梧聽雨圖題詠一卷　徐世光輯　清光緒十六年(1890)鉛印本　一册

410000－2286－0000792　2505 集 00124
碧梧聽雨圖題詠一卷　徐世光輯　清光緒十六年(1890)鉛印本　一册

410000－2286－0000793　2505 集 00125
碧梧聽雨圖題詠一卷　徐世光輯　清光緒十六年(1890)鉛印本　一册

410000－2286－0000794　2505 集 00126
碧梧聽雨圖題詠一卷　徐世光輯　清光緒十六年(1890)鉛印本　一册

410000－2286－0000795　2505 集 00127
碧梧聽雨圖題詠一卷　徐世光輯　清光緒十六年(1890)鉛印本　一册

410000－2286－0000796　0804 史 00034
十七史　明崇禎至清順治間琴川毛氏汲古閣刻本　二十六册　存六種一百五十二卷

410000－2286－0000797　2505 集 00128
先得月樓詩草一卷賦草一卷　(清)潘江著　(清)王仁治等参訂　(清)潘金桂等校字　清光緒十一年(1885)刻本　一册

410000－2286－0000798　0804 史 00035
國朝宋學淵源記二卷附記一卷　(清)江藩輯　清光緒二十二年(1896)長沙周大文堂刻本　一册

410000－2286－0000799　0804 史 00036
十七史　明崇禎至清順治間琴川毛氏汲古閣刻本　六册　存二種三十卷

410000－2286－0000800　2605 類叢 00072
家蔭堂存藁九種　(清)周際華撰　(清)周頎等校刊　清道光十九年(1839)家蔭堂刻本　七册　存七種九卷

410000－2286－0000801　2605 類叢 00073

家蔭堂存藁九種 (清)周際華著 (清)周顎等校訂 清道光刻本 三冊 存三種三卷

410000－2286－0000802 0804 史00037
隋書八十五卷附考異 (唐)魏徵等撰 (清)薛壽考異 清同治十年(1871)淮南書局刻本 三冊 存二十五卷(一至四、四十八至五十九、六十八至七十六)

410000－2286－0000803 0804 史00038
明史三百三十二卷 (清)張廷玉等纂修 清乾隆四年(1739)武英殿刻二十四史本 十冊 存二十三卷(七十八至七十九、九十至九十一、一百十五至一百十七、一百二十至一百二十一、一百二十七至一百三十六、二百三十二至二百三十三、二百九十三至二百九十四)

410000－2286－0000804 2505 集00132
石汸詩鈔三十卷 (清)楊澤闓撰 清咸豐元年(1851)刻本 六冊

410000－2286－0000805 2505 集00133
家蔭堂文鈔一卷 (清)周際華輯 清刻本 一冊

410000－2286－0000806 2505 集00134
培遠堂手札節存一卷 (清)陳弘謀著 清光緒刻本 一冊

410000－2286－0000807 2505 集00135
習靜軒文集二卷詩集二十四卷制藝一卷 (清)鰲圖著 清嘉慶刻本 一冊 存五卷(婁東詩草一至五)

410000－2286－0000808 2505 集00136
張文襄公詩集四卷 (清)張之洞撰 清宣統二年(1910)石印本 一冊 存二卷(一至二)

410000－2286－0000809 0805 史00039
明史三百三十二卷 (清)張廷玉等纂修 清乾隆四年(1739)武英殿刻二十四史本 七十二冊 存二百十八卷(三十三至四十五、六十三至八十五、九十三至九十九、一百二十二至一百七十四、一百七十八至一百九十五、一百九十九至二百一、二百五至二百九、二百十五至二百二十三、二百二十七至二百八十二、二百八十九至二百九十一、二百九十五至二百九十七、三百四至三百五、三百八至三百十九、三百二十二至三百三十二)

410000－2286－0000810 2505 集00137
以約山房賦鈔存藁二卷 (清)易元善著 (清)易學熙等校字 清光緒二十一年(1895)共城官廨刻本 二冊

410000－2286－0000811 0805 史00040
明史三百三十二卷 (清)張廷玉等纂修 清刻本 九冊 存四十五卷(一百至一百一、一百八十五至一百八十九、二百三十五至二百五十一、二百五十八至二百六十二、二百六十七至二百七十三、三百二十至三百二十四、三百二十九至三百三十二)

410000－2286－0000812 2505 集00138
小桐廬詩草十卷 (清)袁景輅著 **鐵如意庵詩稿六卷** (清)袁鴻著 **瑤華仙館詩鈔勝藁一卷** (清)王慧芳著 清宣統元年(1909)吳江袁氏刻本 四冊

410000－2286－0000813 2505 集00139
道鄉先生文集四十卷 (宋)鄒浩著 清道光刻本 一冊 存六卷(十二至十七)

410000－2286－0000814 2505 集00140
庚辰集五卷唐人試律說一卷 (清)紀昀編 清刻本 六冊

410000－2286－0000815 0901 史00041
明史三百三十二卷 (清)張廷玉等纂修 清光緒三年(1877)湖北崇文書局刻本 五冊 存二十五卷(九至十八、二十九至三十一、三十六至三十九、一百至一百一、二百六十七至二百七十二)

410000－2286－0000816 0901 史00042
竹書紀年統箋十二卷前編一卷雜述一卷 (南朝梁)沈約注 (清)徐文靖箋 清末鉛印本 一冊 存八卷(一至六、前編一卷、雜述一卷)

410000－2286－0000817 2505 集00141
庚辰集五卷唐人試律說一卷 (清)紀昀編

清刻本　六册

410000－2286－0000818　2505 集 00142
庚辰集五卷唐人試律說一卷　（清）紀昀編　清太和堂刻本　四册　存四卷（一、三至五）

410000－2286－0000819　2505 集 00143
庚辰集五卷　（清）紀昀編　清文盛堂刻本　一册　存一卷（三）

410000－2286－0000820　2505 集 00144
庚辰集五卷唐人試律說一卷　（清）紀昀編　清刻本　一册　存二卷（五、唐人試律說一卷）

410000－2286－0000821　2505 集 00145
庚辰集五卷　（清）紀昀編　清二南堂刻本　三册　存三卷（二、四至五）

410000－2286－0000822　0901 史 00043
校刊資治通鑑全書　清光緒十四年（1888）長沙楊氏刻本　一百册　存六種三百九十九卷

410000－2286－0000823　2505 集 00146
庚辰集五卷　（清）紀昀編　清刻本　二册　存二卷（二、四）

410000－2286－0000824　2505 集 00147
庚辰集五卷　（清）紀昀編　清刻本　一册　存一卷（二）

410000－2286－0000825　2505 集 00148
庚辰集五卷　（清）紀昀編　清刻本　一册　存一卷（二）

410000－2286－0000826　2505 集 00149
種德堂小草不分卷　（清）趙衍畴著　（清）趙崇儒等校字　清道光十四年（1834）刻本　二册

410000－2286－0000827　0902 史 00044
資治通鑑綱目五十九卷　（宋）朱熹撰　（明）陳仁錫評閱　**續資治通鑑綱目二十七卷**　（明）商輅撰　（明）陳仁錫評閱　**資治通鑑綱目前編二十五卷**　（明）南軒撰　（明）陳仁錫評閱　清嘉慶十三年（1808）忠信堂刻本　一百六十册

410000－2286－0000828　2505 集 00150
種德堂小草不分卷　（清）趙衍畴著　（清）趙崇儒等校字　清道光十四年（1834）刻本　二册

410000－2286－0000829　2505 集 00151
種德堂小草不分卷　（清）趙衍畴著　（清）趙崇儒等校字　清道光十四年（1834）刻本　二册

410000－2286－0000830　2505 集 00152
種德堂稿不分卷　（清）趙衍畴著　（清）趙崇儒等校字　清道光十四年（1834）刻本　二册

410000－2286－0000831　2505 集 00153
種德堂稿不分卷　（清）趙衍畴著　（清）趙崇儒等校字　清道光十四年（1834）刻本　二册

410000－2286－0000832　2505 集 00154
種德堂稿不分卷　（清）趙衍畴著　（清）趙崇儒等校字　清道光十四年（1834）刻本　二册

410000－2286－0000833　0903 史 00045
資治通鑑二百九十四卷　（宋）司馬光撰　（元）胡三省音註　清末鉛印本　一册　存七卷（二百十八至二百二十四）

410000－2286－0000834　2505 集 00155
碧山堂全稿不分卷　（清）柏謙著　（清）柏渭編校　清乾隆三十九年（1774）大盛堂刻本　二册

410000－2286－0000835　0904 史 00046
資治通鑑綱目五十九卷　（宋）朱熹撰　（明）陳仁錫評閱　**續資治通鑑綱目二十七卷**　（明）商輅撰　（明）陳仁錫評閱　**資治通鑑綱目前編二十五卷**　（明）南軒撰　（明）陳仁錫評閱　清同治十二年（1873）刻本　三十五册　存三十四卷（正編二至三、五至六、八至十二、十八、二十、三十五、四十一、四十八，續編一、三、八、十至十一、十五至十八、二十一至二十二、二十四，前編三至五、十七至十八、二十一至二十二、二十五）

410000－2286－0000836　2505 集 00156
憩雲書屋制藝二集二卷　（清）周鎮南著　清

道光二十六年(1846)憩雲書屋刻本　一冊　存一卷(上)

410000－2286－0000837　2505 集 00157
果育堂稿一卷　(清)畢大典著　清嘉慶二十四年(1819)刻本　一冊

410000－2286－0000838　2505 集 00158
增訂張太史稿不分卷　(清)張江著　(清)王步青評選　(清)王士鼇校字　清刻本　一冊

410000－2286－0000839　0904 史 00047
御批資治通鑑綱目五十九卷　(宋)朱熹撰　**御批續資治通鑑綱目二十七卷**　(明)商輅撰　清乾隆刻本　九冊　存十一卷(正編五十三至五十五,續編一至二、四至五、八、十五、十七、二十一)

410000－2286－0000840　0904 史 00048
資治通鑑綱目五十九卷　(宋)朱熹撰　(明)陳仁錫評閱　**續資治通鑑綱目二十七卷**　(明)商輅撰　(明)陳仁錫評閱　**資治通鑑綱目前編二十五卷**　(明)南軒撰　(明)陳仁錫評閱　清康熙四十年(1701)王公行刻本　三十九冊　存三十五卷(正編四十四至五十九,續編一至九、十八至二十七)

410000－2286－0000841　0905 史 00049
資治通鑑綱目五十九卷　(宋)朱熹撰　(明)陳仁錫評閱　清康熙刻本　六冊　存六卷(十二、十五、十七至十八、二十至二十一)

410000－2286－0000842　0905 史 00050
資治通鑑綱目五十九卷　(宋)朱熹撰　(明)陳仁錫評閱　清康熙刻本　一冊　存一卷(五)

410000－2286－0000843　2605 類叢 00070
憑山閣增輯留青新集三十卷　(清)陳枚選　(清)陳德裕增輯　(清)朱從連訂　(清)朱從儀參閱　清乾隆積秀堂刻本　十五冊　存十七卷(一至七、九至十、十三至十四、十六至十八、二十四、二十七、三十)

410000－2286－0000844　2605 類叢 00074
憑山閣增輯留青新集三十卷　(清)陳枚選　(清)陳德裕增輯　(清)朱從連訂　(清)朱從儀參閱　清乾隆積秀堂刻重修本　十三冊　存十三卷(一、三、六至七、十三、十六至十八、二十至二十三、二十九)

410000－2286－0000845　2605 類叢 00075
憑山閣增輯留青新集三十卷　(清)陳枚選　(清)陳德裕增輯　(清)汪庸訂　(清)朱從儀參閱　清乾隆積秀堂刻本　十冊　存八卷(三、十八、二十四、二十六至三十)

410000－2286－0000846　2605 類叢 00076
憑山閣增輯留青新集三十卷　(清)陳枚選　(清)陳德裕增輯　(清)張國泰訂　(清)朱從儀參閱　清刻本　十一冊　存十二卷(一、八至十四、十七、二十一至二十三)

410000－2286－0000847　2605 類叢 00077
憑山閣增輯留青新集三十卷　(清)陳枚選　(清)陳德裕增輯　(清)吴綺訂　(清)朱從儀參閱　清康熙刻本　八冊　存八卷(六、八、十二、十五、十八至十九、二十六、三十)

410000－2286－0000848　0905 史 00051
資治通鑑綱目五十九卷　(宋)朱熹撰　(明)陳仁錫評閱　**續資治通鑑綱目二十七卷**　(明)商輅撰　(明)陳仁錫評閱　清康熙刻本　五十四冊　存四十六卷(正編九至十六、二十一至二十七、三十至三十六、四十四至五十、五十二至五十九,續編一、三至五、七至十一)

410000－2286－0000849　0905 史 00052
資治通鑑綱目五十九卷　(宋)朱熹撰　(明)陳仁錫評閱　**續資治通鑑綱目二十七卷**　(明)商輅編　(明)陳仁錫評閱　清刻本　十二冊　存十二卷(正編四、六、十四、二十三、三十、三十八、四十五、四十八、五十、五十二、五十四,續編二十二)

410000－2286－0000850　2605 類叢 00078
憑山閣增輯留青新集三十卷　(清)陳枚選　(清)陳德裕增輯　(清)馬銓訂　(清)朱從儀參閱　清康熙刻本　二冊　存四卷(十八、二十至二十二)

410000－2286－0000851　2605 類叢 00079

增廣留青新集二十四卷　(清)陳枚選　(清)馮善長輯　清光緒二十五年(1899)石印本　十二册

410000－2286－0000852　2605 類叢 00080

增廣留青新集二十四卷　(清)陳枚選　(清)馮善長輯　清光緒二十五年(1899)石印本　十二册

410000－2286－0000853　0905 史 00053

資治通鑑綱目五十九卷　(宋)朱熹撰　(明)陳仁錫評閱　**續資治通鑑綱目二十七卷**　(明)商輅撰　(明)陳仁錫評閱　**資治通鑑綱目前編二十五卷**　(明)南軒撰　(明)陳仁錫評閱　明崇禎三年(1630)陳仁錫刻本　八册　存八卷(正編二十四、四十至四十三、四十六、四十八,續編十七)

410000－2286－0000854　2605 類叢 00081

重編留青新集二十四卷　(清)陳枚選　(清)馮善長輯　清光緒十六年(1890)鉛印本　十一册　存十六卷(一至二、五、七至十一、十四至十九、二十二至二十三)

410000－2286－0000855　2401 集 00159

才調集十卷　(五代)韋縠集　(清)馮班　(清)馮舒評閱　清刻本　六册

410000－2286－0000856　0905 史 00054

資治通鑑綱目五十九卷　(宋)朱熹撰　(明)陳仁錫評閱　**續資治通鑑綱目二十七卷補編末一卷**　(明)商輅編　(明)陳仁錫評閱　清刻本　四册　存四卷(正編五十四、續編二十四至二十五、補編末一卷)

410000－2286－0000857　0905 史 00055

資治通鑑綱目五十九卷　(宋)朱熹撰　(明)陳仁錫評閱　清刻本　四册　存四卷(五十二、五十六至五十八)

410000－2286－0000858　2605 類叢 00082

憑山閣增輯留青新集三十卷　(清)陳枚選　(清)陳德裕增補　(清)柴世堂分輯　(清)朱從儀校　清康熙刻本　三册　存七卷(十一至十三、二十二至二十三、二十九至三十)

410000－2286－0000859　0905 史 00056

資治通鑑綱目五十九卷　(宋)朱熹撰　(明)陳仁錫評閱　清刻本　三册　存三卷(一、二十二、五十二)

410000－2286－0000860　1001 史 00057

資治通鑑綱目五十九卷　(宋)朱熹撰　(明)陳仁錫評閱　**續資治通鑑綱目二十七卷**　(明)商輅撰　(明)陳仁錫評閱　**資治通鑑綱目前編二十五卷**　(明)南軒撰　(明)陳仁錫評閱　清刻本　十一册　存十二卷(正編四至八、十七至十八,續編十三、二十,前編十八至二十)

410000－2286－0000861　1001 史 00058

資治通鑑綱目五十九卷　(宋)朱熹撰　(明)陳仁錫評閱　清刻本　二册　存二卷(七、十)

410000－2286－0000862　2401 集 00160

杜詩偶評四卷　(清)沈德潛纂　(清)潘承松校閱　清刻本　二册　存三卷(一、三至四)

410000－2286－0000863　2401 集 00161

杜詩偶評四卷　(清)沈德潛纂　(清)潘承松校閱　清刻本　一册　存一卷(四)

410000－2286－0000864　1001 史 00059

資治通鑑綱目五十九卷　(宋)朱熹撰　(明)陳仁錫評閱　**續資治通鑑綱目二十七卷**　(明)商輅撰　(明)陳仁錫評閱　清康熙刻本　七册　存七卷(正編一、十八、二十八、三十五、四十九、五十一,續編二)

410000－2286－0000865　1001 史 00060

御撰資治通鑑綱目三編二十卷　(清)張廷玉等纂　清刻本　六册

410000－2286－0000866　2401 集 00162

杜詩鏡銓二十卷　(唐)杜甫著　(清)楊倫箋註　清光緒鉛印本　一册　存三卷(十六至十八)

410000－2286－0000867　1001 史 00061

續資治通鑑綱目選要不分卷　(明)陳仁錫評閲　**御批資治通鑑綱目第三編不分卷**　(明)張玉廷等編次　清光緒二十一年至民國七年(1895－1918)抄本　一册

410000－2286－0000868　2401 集 00163
兼山草堂詩草□□卷　(清)王憲曾著　清末影印本　一册　存一卷(五)

410000－2286－0000869　1001 史 00062
御撰資治通鑑綱目三編二十卷　(清)張廷玉等纂　清刻本　五册

410000－2286－0000870　2401 集 00164
山左明詩鈔三十五卷　(清)宋弼編　清乾隆三十六年(1771)恩平縣衙刻本　一册　存五卷(十八至二十二)

410000－2286－0000871　1001 史 00063
御撰資治通鑑綱目三編二十卷　(清)張廷玉等纂　清刻本　三册

410000－2286－0000872　1001 史 00064
御撰資治通鑑綱目三編二十卷　(清)張廷玉等纂　清刻本　二册

410000－2286－0000873　2401 集 00165
御選唐宋詩醇四十七卷目録二卷　(清)高宗弘曆選　清乾隆二十五年(1760)刻本　三册　存七卷(一至四、十至十一,目録上)

410000－2286－0000874　2401 集 00166
御選唐宋詩醇四十七卷目録二卷　(清)高宗弘曆選　清刻本　一册　存一卷(目録上)

410000－2286－0000875　2401 集 00167
試律青雲集四卷　(清)楊逢春等輯　(清)沈品華等註　清道光二十五年(1845)刻本　四册

410000－2286－0000876　2401 集 00168
試律青雲集四卷　(清)楊逢春等輯　(清)沈品華等註　清道光二十五年(1845)刻本　三册　存三卷(二至四)

410000－2286－0000877　1001 史 00065
御撰資治通鑑綱目三編二十卷　(清)張廷玉等纂　清刻本　一册　存四卷(十至十三)

410000－2286－0000878　2401 集 00169
試律青雲集四卷　(清)楊逢春等輯　(清)沈品華等註　清刻本　二册　存三卷(二至四)

410000－2286－0000879　2401 集 00170
試律青雲集四卷　(清)楊逢春等輯　(清)沈品華等註　清刻本　二册　存二卷(二、四)

410000－2286－0000880　2401 集 00171
試律青雲集四卷　(清)楊逢春等輯　(清)沈品華等註　清刻本　一册　存二卷(三至四)

410000－2286－0000881　2401 集 00172
試律青雲集四卷　(清)楊逢春等輯　(清)沈品華等註　清廣文堂刻本　一册　存二卷(三至四)

410000－2286－0000882　1001 史 00066
御撰資治通鑑綱目三編二十卷　(清)張廷玉等纂　清刻本　二册　存六卷(一至三、十四至十六)

410000－2286－0000883　1001 史 00067
御撰資治通鑑綱目三編二十卷　(清)張廷玉等纂　清宣統三年(1911)澹雅書局刻本　二册　存九卷(一至四、十至十四)

410000－2286－0000884　1001 史 00068
御撰資治通鑑綱目三編二十卷　(清)張廷玉等纂　清末影印本　一册　存三卷(三至五)

410000－2286－0000885　1001 史 00069
御撰資治通鑑綱目三編二十卷　(清)張廷玉等纂　清刻本　一册　存三卷(十八至二十)

410000－2286－0000886　2401 集 00173
御選古文淵鑒六十四卷　(清)徐乾學等編注　清康熙刻本　四十四册　存五十八卷(一至二、五至三十四、三十八至四十三、四十五至六十四)

410000－2286－0000887　1001 史 00070
綱鑑會纂三十九卷首一卷　(明)王世貞編　**甲子紀元附歷代建都攷一卷**　(清)陳弘謀輯　清刻本　三十五册　存三十三卷(七至三

十九)

410000－2286－0000888　2401 集 00174

御選古文淵鑒六十四卷　(清)徐乾學等編注　清康熙刻本　九冊　存十三卷(六至七、三十二至三十五、四十五至五十一)

410000－2286－0000889　2401 集 00175

御選古文淵鑒六十四卷　(清)徐乾學等編注　清康熙刻本　一冊　存二卷(四十八至四十九)

410000－2286－0000890　1001 史 00071

綱鑑會纂三十九卷首一卷　(明)王世貞編　**甲子紀元附歷代建都攷一卷**　(清)陳宏謀輯　清經正堂刻本　三十四冊

410000－2286－0000891　2401 集 00176

古文辭類纂七十四卷　(清)姚鼐纂集　清光緒十九年(1893)思賢講舍刻本　十二冊

410000－2286－0000892　2401 集 00177

古文辭類纂七十四卷　(清)姚鼐纂集　清光緒十九年(1893)思賢講舍刻本　二冊　存十六卷(三十一至三十九、六十八至七十四)

410000－2286－0000893　2401 集 00178

古文辭類纂七十四卷　(清)姚鼐纂集　清刻本　三冊　存二十卷(十至十三、三十一至三十七、六十至六十八)

410000－2286－0000894　2401 集 00179

續古文辭類纂三十四卷　王先謙纂集　清光緒八年(1882)王先謙刻本　八冊

410000－2286－0000895　2401 集 00180

續古文辭類纂三十四卷　王先謙纂集　清光緒虛受堂刻本　一冊　存五卷(二十三至二十七)

410000－2286－0000896　2401 集 00181

續古文辭類纂三十四卷　王先謙纂集　清光緒刻本　二冊　存九卷(十七至二十五)

410000－2286－0000897　1002 史 00072

通鑑直解二十八卷　(明)張居正撰　明末刻本　一冊　存一卷(二)

410000－2286－0000898　1002 史 00073

鼎鍥趙田了凡袁先生編纂古本歷史大方綱鑑補三十九卷首一卷　(宋)劉恕外紀　(元)金履祥前編　(明)袁黄編纂　清宣統三年(1911)澹雅書局刻本　十五冊　存二十卷(一、八至十一、十四至十五、十八至十九、二十三至二十四、二十八至二十九、三十一至三十四、三十八至三十九,首一卷)

410000－2286－0000899　1002 史 00074

鼎鍥趙田了凡袁先生編纂古本歷史大方綱鑑補三十九卷首一卷　(宋)司馬光通鑑　(宋)朱熹綱目　(明)袁黄編纂　清宣統三年(1911)澹雅書局刻本　四冊　存十三卷(十七至二十、二十三至二十五、三十二至三十四、三十七至三十九)

410000－2286－0000900　2401 集 00182

古文辭類讀本一卷　(清)張之洞選　清光緒三十一年(1905)考文印書館鉛印本　一冊

410000－2286－0000901　2401 集 00183

文選六十卷　(南朝梁)蕭統輯　(唐)李善注　(清)葉樹藩參訂　清刻本　二十四冊

410000－2286－0000902　1002 史 00075

鼎鍥趙田了凡袁先生編纂古本歷史大方綱鑑補三十九卷首一卷　(宋)司馬光通鑑　(宋)朱熹綱目　(明)袁黄編纂　清宣統三年(1911)澹雅書局刻本　十四冊　存二十六卷(三至六、八至十二、二十一至三十一、三十四至三十九)

410000－2286－0000903　1002 史 00076

鼎鍥趙田了凡袁先生編纂古本歷史大方綱鑑補三十九卷首一卷　(宋)劉恕外紀　(元)金履祥前編　(明)袁黄編纂　清善成堂刻本　一冊　存二卷(九至十)

410000－2286－0000904　2402 集 00184

文選六十卷　(南朝梁)蕭統輯　(唐)李善注　(清)葉樹藩參訂　清刻朱墨套印本　六冊　存二十四卷(二十九至四十七、四十九、五十七至六十)

410000－2286－0000905　2402 集 00185
文選六十卷　（南朝梁）蕭統輯　（唐）李善注　（清）葉樹藩參訂　清刻朱墨套印本　二册　存五卷（三十七至三十九、四十四至四十五）

410000－2286－0000906　1002 史 00077
御批增補了凡綱鑑四十卷首一卷　（宋）司馬光通鑑　（宋）朱熹綱目　（明）袁黄編纂　（明）李遜齋重校　清光緒二十七年（1901）上海經藝齋石印本　四册　存二十三卷（一至十四、二十一至二十四、三十七至四十，首一卷）

410000－2286－0000907　2402 集 00186
文選六十卷　（南朝梁）蕭統輯　（唐）李善注　（清）葉樹藩參訂　清刻本　四册　存二十卷（一至九、二十六至三十六）

410000－2286－0000908　2402 集 00187
文選六十卷　（南朝梁）蕭統輯　（唐）李善注　清光霽堂刻本　五册　存五十卷（一至三十、四十一至六十）

410000－2286－0000909　1002 史 00078
御批增補了凡綱鑑四十卷首一卷　（宋）司馬光通鑑　（宋）朱熹綱目　（明）袁黄編纂　清末上海著易堂影印本　一册　存四卷（四至七）

410000－2286－0000910　1002 史 00079
御批增補了凡綱鑑四十卷首一卷　（宋）司馬光通鑑　（宋）朱熹綱目　（明）袁黄編纂　清光緒三十年（1904）同文升記書局鉛印本　一册　存二卷（十六至十七）

410000－2286－0000911　1002 史 00080
御批歷代通鑑輯覽一百二十卷　（清）傅恒等撰修　（清）周子璋等校字　清光緒二十七年（1901）上海經書閣石印本　十一册　存八十五卷（一至五十六、六十四至九十二）

410000－2286－0000912　2402 集 00188
文選六十卷　（南朝梁）蕭統輯　（唐）李善注　清刻本　二册　存十四卷（十至十七、二十五至三十）

410000－2286－0000913　2402 集 00189
文選六十卷　（南朝梁）蕭統輯　（唐）李善注　清光霽堂刻本　三册　存十四卷（十三至十六、四十六至五十五）

410000－2286－0000914　2402 集 00190
文選六十卷　（南朝梁）蕭統輯　（唐）李善注　清光霽堂刻本　三册　存十二卷（十一至十五、五十一至五十七）

410000－2286－0000915　1002 史 00081
御批歷代通鑑輯覽一百二十卷　（清）傅恒等編　清刻本　三册　存六卷（六十六至六十九、八十至八十一）

410000－2286－0000916　2402 集 00191
大文堂重訂古文釋義新編八卷　（清）余誠評註　（清）余芝condensed閲　清光緒十年（1884）文英堂刻本　四册　存七卷（一至六、八）

410000－2286－0000917　2402 集 00192
大文堂重訂古文釋義新編八卷　（清）余誠評註　（清）余芝糸閲　清光緒十年（1884）文英堂刻本　一册　存二卷（五至六）

410000－2286－0000918　1002 史 00082
御批歷代通鑑輯覽一百二十卷　（清）傅恒等編　清刻本　三册　存八卷（五至十二）

410000－2286－0000919　1003 史 00083
御批歷代通鑑輯覽一百二十卷　（清）傅恒等編　清刻本　三册　存十卷（七十二至七十三、八十八至九十五）

410000－2286－0000920　2402 集 00193
古文釋義新編八卷　（清）余誠評註　（清）余芝糸閲　清嘉慶元年（1796）二南堂刻本　二册　存三卷（一、五至六）

410000－2286－0000921　2402 集 00194
古文釋義新編八卷　（清）余誠評註　（清）余芝糸閲　清嘉慶元年（1796）二南堂刻本　一册　存二卷（五至六）

410000－2286－0000922　1003 史 00084

御批歷代通鑑輯覽一百二十卷 （清）傅恒等編　清刻本　五册　存六卷（六十七、六十九至七十、七十四、八十六至八十七）

410000－2286－0000923　2402 集 00195

寶興堂重訂古文釋義新編八卷 （清）余誠評註　（清）余芝粲閱　清刻本　四册　存四卷（二至五）

410000－2286－0000924　2402 集 00196

寶興堂重訂古文釋義新編八卷 （清）余誠評註　（清）余芝粲閱　清刻本　一册　存一卷（三）

410000－2286－0000925　1003 史 00085

御批歷代通鑑輯覽一百二十卷 （清）傅恒等編　清刻本　一册　存一卷（九十六）

410000－2286－0000926　2402 集 00197

古文釋義新編八卷 （清）余誠評註　（清）余芝粲閱　清嘉慶三年（1798）文和堂刻本　五册　存五卷（一、四至五、七至八）

410000－2286－0000927　1003 史 00086

御批歷代通鑑輯覽一百二十卷 （清）傅恒等編　清末鉛印本　九册　存四十一卷（十一至十五、三十七至三十九、四十一至四十五、五十一至六十、八十一至八十五、九十一至九十三、九十六至一百五）

410000－2286－0000928　1003 史 00087

御批歷代通鑑輯覽一百二十卷 （清）傅恒等編　清末鉛印本　二册　存六卷（四十三至四十五、八十二至八十四）

410000－2286－0000929　2402 集 00198

古文釋義新編八卷 （清）余誠評註　（清）余芝粲閱　清乾隆七年（1742）古吳三槐堂刻本　七册　存七卷（一至五、七至八）

410000－2286－0000930　1003 史 00088

御批歷代通鑑輯覽一百二十卷 （清）傅恒等編　清末鉛印本　一册　存三卷（四十二至四十四）

410000－2286－0000931　2402 集 00199

古文釋義新編八卷 （清）余誠評註　（清）余芝粲閱　清乾隆七年（1742）古吳三槐堂刻本　一册　存二卷（七至八）

410000－2286－0000932　2402 集 00200

文選六十卷 （南朝梁）蕭統撰　（唐）李善注　（清）葉樹藩參訂　**文選考異十卷體辨集說一卷姓氏小傳一卷** （清）胡克家撰　清光緒元年（1875）饒玉成雙峰書屋刻朱墨套印本　三册　存十八卷（一至五、五十三至六十，文選考異一至三，體辨集說一卷，姓氏小傳一卷）

410000－2286－0000933　1003 史 00089

御批歷代通鑑輯覽一百二十卷 （清）傅恒等編　清末鉛印本　七册　存二十卷（四十二至四十七、六十至六十二、六十六至六十七、七十三至七十五、九十七至九十九、一百十三至一百十五）

410000－2286－0000934　1003 史 00090

御批歷代通鑑輯覽一百二十卷 （清）傅恒等編　清末影印本　三册　存三十二卷（四十一至七十二）

410000－2286－0000935　2402 集 00201

文選六十卷 （南朝梁）蕭統撰　（唐）李善注　**文選考異十卷** （清）胡克家撰　清末影印本　一册　存十卷（考異十卷）

410000－2286－0000936　1003 史 00091

御批歷代通鑑輯覽一百二十卷 （清）傅恒等編　清末影印本　一册　存五卷（七十四至七十八）

410000－2286－0000937　1003 史 00092

御批歷代通鑑輯覽一百二十卷 （清）傅恒等編　清末影印本　一册　存十四卷（一百七至一百二十）

410000－2286－0000938　1003 史 00093

增修補註歷代通鑑輯覽一百二十卷 （清）傅恒等編　清末鉛印本　二册　存四卷（六十七至六十八、七十三至七十四）

410000－2286－0000939　2402 集 00202

文選六十卷 （南朝梁）蕭統撰 （唐）李善注 （清）葉樹藩參訂 清抄本 一册 存一卷（一）

410000－2286－0000940 1003 史 00094
兩朝御批通鑑輯覽一百二十卷 （清）傅恒等編纂 清宣統元年（1909）上海久敬齋書局石印本 二册 存十三卷（一至十三）

410000－2286－0000941 2402 集 00203
重訂文選集評十五卷首一卷末一卷 （清）于光華編 （清）于塿等校字 清乾隆四十三年（1778）錫山啟秀堂刻本 六册 存十二卷（二至十三）

410000－2286－0000942 2402 集 00204
重訂文選集評十五卷首一卷末一卷 （清）于光華編 （清）于塿等校字 清刻本 二册 存二卷（二、六）

410000－2286－0000943 1003 史 00095
御批歷代通鑑輯覽選十二卷 （清）傅恒等編纂 （清）張羅澄鈔 清末夢孔山房影印本 二册 存四卷（一至二、七至八）

410000－2286－0000944 1003 史 00096
歷代通鑑輯覽一百二十卷 （清）傅恒等編纂 清末影印本 十四册 存六十八卷（七至十三、二十至二十四、三十至三十四、四十六至六十七、七十二至八十九、九十九至一百二、一百十四至一百二十）

410000－2286－0000945 2402 集 00205
善成堂重訂古文釋義新編八卷 （清）余誠評註 （清）余芝糸閲 清光緒十年（1884）善成堂刻本 二册 存六卷（一至二、五至八）

410000－2286－0000946 2402 集 00206
善成堂重訂古文釋義新編八卷 （清）余誠評註 （清）余芝糸閲 清光緒善成堂刻本 三册 存三卷（二、四、六）

410000－2286－0000947 1003 史 00097
御批歷代通鑑輯覽一百二十卷 （清）傅恒等編 清末影印本 十八册 存九十卷（六至二十三、三十四至三十八、四十四至四十八、五十四至五十七、六十三至一百二十）

410000－2286－0000948 2402 集 00207
古文釋義新編八卷 （清）余誠評註 （清）余芝糸閲 清道光十四年（1834）崇文堂刻本 一册 存二卷（一至二）

410000－2286－0000949 2402 集 00208
古文釋義新編八卷 （清）余誠評註 （清）余芝糸閲 清嘉慶十五年（1810）致和堂刻本 一册 存三卷（一至三）

410000－2286－0000950 1003 史 00098
御批歷代通鑑輯覽一百二十卷 （清）傅恒等編 清光緒二十九年（1903）上海通元書局石印本 二十四册

410000－2286－0000951 2402 集 00209
古文釋義新編八卷 （清）余誠評註 （清）余芝糸閲 清嘉慶十五年（1810）致和堂刻本 三册 存六卷（一至六）

410000－2286－0000952 2402 集 00210
有益堂重訂古文釋義新編八卷 （清）余誠評註 （清）余芝糸閲 清有益堂刻本 一册 存二卷（三至四）

410000－2286－0000953 1004 史 00099
御批歷代通鑑輯覽一百二十卷 （清）傅恒等編 清光緒二十年（1894）上海書局石印本 二十四册

410000－2286－0000954 1004 史 00100
御批歷代通鑑輯覽一百二十卷 （清）傅恒等編 清同治十三年（1874）湖南書局刻本 三十四册 存八十七卷（一至二十三、三十至三十七、四十一至四十九、五十三至五十八、六十一至六十五、六十八至六十九、七十二至九十、九十八至一百十二）

410000－2286－0000955 2402 集 00211
古文釋義新編八卷 （清）余誠評註 （清）余芝糸閲 清味經堂刻本 二册 存四卷（三至六）

410000－2286－0000956 2402 集 00212

古文釋義新編八卷 (清)余誠評註 (清)余芝衆閱 清文會堂刻本 一冊 存一卷(八)

410000－2286－0000957 2402 集 00213
裕德堂重訂古文釋義新編八卷 (清)余誠評註 (清)余芝衆閱 清裕德堂刻本 一冊 存二卷(三至四)

410000－2286－0000958 2402 集 00214
重訂古文釋義新編八卷 (清)余誠評註 (清)余芝衆閱 清刻本 一冊 存二卷(三至四)

410000－2286－0000959 2402 集 00216
重訂古文釋義新編八卷 (清)余誠評註 (清)余芝衆閱 清末掃葉山房石印本 一冊 存一卷(三)

410000－2286－0000960 1005 史 00101
尺木堂綱鑑易知錄九十二卷明鑑易知錄十五卷 (清)吳乘權等輯 清乾隆刻本 二十八冊 存六十二卷(十六至十七、二十至三十五、三十八至四十四、五十二至七十、七十三至八十五、八十八至九十二)

410000－2286－0000961 1005 史 00102
尺木堂綱鑑易知錄九十二卷明鑑易知錄十五卷 (清)吳乘權等輯 清刻本 八冊 存十七卷(三十七至三十九、四十三至四十六、四十九至五十二、五十九至六十、六十七至六十八、八十一至八十二)

410000－2286－0000962 1005 史 00103
尺木堂綱鑑易知錄九十二卷明鑑易知錄十五卷 (清)吳乘權等輯 清刻本 二十二冊 存五十八卷(二至三、五至七、十三至三十七、六十五至九十二)

410000－2286－0000963 2402 集 00218
古文眉詮七十九卷 (清)浦起龍論次 (清)程鍾等彙衆 清乾隆九年(1744)三吳書院刻本 八冊 存二十一卷(一至十五、十八至二十、二十四至二十六)

410000－2286－0000964 2402 集 00219
古文輯註八卷 (清)朱良玉編訂 (清)嚴之繡等校 清雍正十年(1732)光裕堂刻本 二冊 存四卷(一至二、五至六)

410000－2286－0000965 1005 史 00104
尺木堂綱鑑易知錄九十二卷明鑑易知錄十五卷 (清)吳乘權等輯 清刻本 十六冊 存三十九卷(綱鑑六至十五、十八至二十、二十三至三十二、三十五至三十六、三十九至四十一、七十一至七十五、八十一至八十二,明鑑一至四)

410000－2286－0000966 1005 史 00105
尺木堂綱鑑易知錄九十二卷明鑑易知錄十五卷 (清)吳乘權等輯 清刻本 一冊 存二卷(綱鑑七十二至七十三)

410000－2286－0000967 1005 史 00106
尺木堂綱鑑易知錄九十二卷明鑑易知錄十五卷 (清)吳乘權等輯 清乾隆刻本 三冊 存七卷(十一至十三、七十四至七十五、八十七至八十八)

410000－2286－0000968 2402 集 00220
古文輯註八卷 (清)朱良玉編訂 (清)嚴之繡等校 清乾隆三十二年(1767)聚錦堂刻本 一冊 存二卷(一至二)

410000－2286－0000969 2402 集 00221
古文雅正十四卷 (清)蔡世遠選評 清雍正刻本 三冊 存十二卷(三至十四)

410000－2286－0000970 1005 史 00107
尺木堂綱鑑易知錄九十二卷明鑑易知錄十五卷 (清)吳乘權等輯 清刻本 二冊 存四卷(四十七至四十八、六十六至六十七)

410000－2286－0000971 1005 史 00108
尺木堂綱鑑易知錄九十二卷明鑑易知錄十五卷 (清)吳乘權等輯 清刻本 一冊 存二卷(二十一至二十二)

410000－2286－0000972 2402 集 00222
聞式堂古文選釋八卷 (清)臧岳編輯 (清)臧允乾校字 清乾隆十四年(1749)三樂齋刻本 一冊 存一卷(一)

410000－2286－0000973　1005 史 00109

富文堂綱目易知録九十二卷　(清)吴乘權等輯　清乾隆刻本　一册　存三卷(二十八至三十)

410000－2286－0000974　2402 集 00223

聞式堂古文選釋八卷　(清)臧岳編輯　(清)臧允乾校字　清康熙五十七年(1718)古吴三樂齋刻本　三册　存三卷(一、七至八)

410000－2286－0000975　2402 集 00224

聞式堂古文選釋八卷　(清)臧岳編輯　(清)臧允乾校字　清三樂齋刻本　三册　存三卷(一至二、四)

410000－2286－0000976　1005 史 00110

綱鑑易知録九十二卷明鑑易知録十五卷　(清)吴乘權等輯　清刻本　一册　存三卷(三十六至三十八)

410000－2286－0000977　2402 集 00225

聞式堂古文選釋八卷　(清)臧岳編輯　清三樂齋刻本　一册　存一卷(一)

410000－2286－0000978　1005 史 00111

評點綱鑑易知録一百七卷　(清)吴乘權等輯　清末掃葉山房石印本　十一册　存五十三卷(四至十三、十九至三十三、四十七至五十、六十至八十三)

410000－2286－0000979　2402 集 00226

聞式堂古文選釋八卷　(清)臧岳編輯　清雍正十年(1732)古吴三樂齋刻本　四册　存六卷(一至四、七至八)

410000－2286－0000980　2403 集 00227

聞式堂古文選釋八卷　(清)臧岳編輯　清雍正十年(1732)古吴三樂齋刻本　四册　存七卷(一、三至八)

410000－2286－0000981　1005 史 00112

尺木堂綱鑑易知録九十二卷明鑑易知録十五卷　(清)吴乘權等輯　清刻本　四册　存八卷(三至四、五十一至五十二、七十三至七十四、七十七至七十八)

410000－2286－0000982　1005 史 00113

尺木堂綱鑑易知録九十二卷明鑑易知録十五卷　(清)吴乘權等輯　清光緒二十六年(1900)上海圖書集成印書局鉛印本　一册　存六卷(尺木堂綱鑑易知録一至六)

410000－2286－0000983　1005 史 00114

尺木堂綱鑑易知録九十二卷明鑑易知録十五卷　(清)吴乘權等輯　清光緒二十六年(1900)上海圖書集成印書局鉛印本　二册　存十一卷(一至四、十二至十八)

410000－2286－0000984　2403 集 00228

映雪堂古文觀止十二卷　(清)吴乘權　(清)吴大職録　清致和堂刻本　二册　存八卷(一至四、九至十二)

410000－2286－0000985　1101 史 00115

綱鑑易知録九十二卷　(清)吴乘權等輯　清咸豐八年(1858)經綸堂刻本　三十九册　存八十七卷(一至四十八、五十一至五十七、六十一至九十二)

410000－2286－0000986　2403 集 00229

映雪堂古文觀止十二卷　(清)吴乘權　(清)吴大職録　清致和堂刻本　一册　存六卷(一至六)

410000－2286－0000987　1101 史 00116

尺木堂明鑑易知録十五卷　(清)吴乘權等輯　(清)朱國標鈔　清同治二年(1863)經綸堂刻本　六册　存十三卷(一至六、九至十五)

410000－2286－0000988　2403 集 00230

善成堂古文觀止十二卷　(清)吴乘權　(清)吴大職録　清刻本　一册　存一卷(二)

410000－2286－0000989　2403 集 00231

鴻文堂古文觀止十二卷　(清)吴乘權　(清)吴大職録　清刻本　一册　存二卷(十一至十二)

410000－2286－0000990　2403 集 00232

文富堂古文觀止十二卷　(清)吴乘權　(清)吴大職録　清刻本　一册　存二卷(三至四)

410000－2286－0000991　1101 史 00117
尺木堂綱鑑易知録九十二卷明鑑易知録十五卷　(清)吳乘權等輯　清光緒二十六年(1900)上海圖書集成印書局鉛印本　七冊　存四十六卷(綱鑑一至十八、三十三至五十三,明鑑一至七)

410000－2286－0000992　2403 集 00234
試律青雲集四卷　(清)楊逢春等輯　(清)沈品華等註　清道光十一年(1831)刻本　二冊

410000－2286－0000993　2403 集 00235
試律青雲集四卷　(清)楊逢春等輯　(清)沈品華等註　清道光二十五年(1845)刻本　二冊

410000－2286－0000994　2403 集 00236
試律青雲集四卷　(清)楊逢春等輯　(清)沈品華等註　清道光十七年(1837)刻本　二冊

410000－2286－0000995　1101 史 00118
尺木堂綱鑑易知録九十二卷　(清)吳乘權等輯　清末影印本　二冊　存四卷(八至十一)

410000－2286－0000996　2403 集 00237
分韻試帖青雲集合註四卷　(清)楊逢春等輯　(清)沈品華等註　清光緒十五年(1889)書業德刻本　二冊　存二卷(一至二)

410000－2286－0000997　1101 史 00120
尺木堂綱鑑易知録九十二卷　(清)吳乘權等輯　清末影印本　一冊　存二卷(十九至二十)

410000－2286－0000998　1101 史 00121
尺木堂綱鑑易知録九十二卷明鑑易知録十五卷　(清)吳乘權等輯　清光緒二十七年(1901)上海鑄史齋鉛印本　八冊　存五十卷(綱鑑一至十八、五十四至七十三、八十七至九十二,明鑑一至六)

410000－2286－0000999　2403 集 00238
分韻試帖青雲集合註四卷　(清)楊逢春等輯　(清)沈品華等註　清光緒十五年(1889)書業德刻本　三冊　存三卷(二至四)

410000－2286－0001000　2403 集 00239
古文喈鳳新編八卷　(清)汪基輯　(清)鮑欽承等校　清乾隆刻本　四冊　存七卷(一至五、七至八)

410000－2286－0001001　1101 史 00122
尺木堂綱鑑易知録九十二卷　(清)吳乘權等輯　清光緒二十九年(1903)上海商務印書館鉛印本　五冊　存三十三卷(一至五、三十三至四十七、五十五至六十、七十五至八十一)

410000－2286－0001002　2403 集 00240
古文喈鳳新編八卷　(清)汪基輯　(清)程兆俊等校　清刻本　二冊　存四卷(三至四、七至八)

410000－2286－0001003　1101 史 00123
尺木堂綱鑑易知録九十二卷明鑑易知録十五卷　(清)吳乘權等輯　清末鉛印本　五冊　存三十三卷(綱鑑五至十八、六十至六十六、八十七至九十二,明鑑一至六)

410000－2286－0001004　2403 集 00242
古文喈鳳新編八卷　(清)汪基輯　(清)程兆俊等校　清善成堂刻本　一冊　存二卷(三至四)

410000－2286－0001005　1101 史 00124
尺木堂明鑑易知録十五卷　(清)吳乘權等編　(清)朱國標鈔　清光緒二十七年(1901)上海鑄史齋鉛印本　一冊　存六卷(一至六)

410000－2286－0001006　2403 集 00241
古文喈鳳新編八卷　(清)汪基輯　(清)程兆俊等校　清刻本　一冊　存二卷(三至四)

410000－2286－0001007　1101 史 00125
玉山樓明鑑易知録十五卷　(清)吳乘權等輯　(清)朱國標鈔　清乾隆刻本　一冊　存二卷(五至六)

410000－2286－0001008　2403 集 00243
古文喈鳳新編八卷　(清)汪基輯　(清)鮑欽承等校　清嘉慶四年(1799)大盛堂刻本　八冊

410000－2286－0001009　2403 集 00244
古文喈鳳新編八卷　（清）汪基輯　（清）鮑欽承等校　清乾隆三十五年（1770）大盛堂刻本　五冊　存七卷（一至六、八）

410000－2286－0001010　2403 集 00245
古文喈鳳新編八卷　（清）汪基輯　（清）鮑賢書等校　清嘉慶四年（1799）大盛堂刻本　一冊　存一卷（五）

410000－2286－0001011　1101 史 00127
增評加批歷史綱鑑補三十九卷首一卷　（宋）司馬光通鑑　（宋）朱熹綱目　（明）王世貞等編纂　清末上海富强齋影印本　一冊　存三卷（三十四至三十六）

410000－2286－0001012　2403 集 00246
古文喈鳳新編八卷　（清）汪基輯　（清）鮑澄等校　清刻本　一冊　存一卷（二）

410000－2286－0001013　1101 史 00128
袁王綱鑑合編三十九卷　（明）袁黄輯　（明）王世貞編　清末鉛印本　二冊　存五卷（八至十、二十九至三十）

410000－2286－0001014　2403 集 00247
古文喈鳳新編八卷　（清）汪基輯　（清）鮑賢書等校　清刻本　二冊　存四卷（五至八）

410000－2286－0001015　2403 集 00248
古文翼八卷　（清）唐德宜編　（清）張承霖等校　清光緒十九年（1893）湖南經國書局刻本　四冊　存四卷（一至二、五至六）

410000－2286－0001016　1101 史 00129
重訂王鳳洲先生綱鑑會纂四十六卷續宋元二十三卷　（明）王世貞纂　（明）陳仁錫訂　（明）呂一經較　清刻本　十四冊　存二十六卷（三十二至三十四、四十一，宋元二至二十三）

410000－2286－0001017　1102 史 00130
重訂王鳳洲先生綱鑑會纂四十六卷　（明）王世貞纂　（明）陳仁錫訂　（明）呂一經較　清刻本　九冊　存十四卷（九至十二、二十一至二十三、三十至三十一、三十七至三十九、四十二至四十三）

410000－2286－0001018　1102 史 00131
重訂王鳳洲先生綱鑑會纂四十六卷　（明）王世貞纂　（明）陳仁錫訂　（明）呂一經較　清聚和堂刻本　四冊　存六卷（十三至十四、十九、二十四、二十六至二十七）

410000－2286－0001019　2403 集 00249
古文翼八卷　（清）唐德宜編　（清）張承霖等校　清光緒十九年（1893）湖南經國書局刻本　四冊　存四卷（三至五、八）

410000－2286－0001020　2403 集 00250
古文析義十六卷　（清）林雲銘評註　（清）鄭郟等校　清懷德堂刻本　一冊　存二卷（六至七）

410000－2286－0001021　1102 史 00132
重訂王鳳洲綱鑑會纂二十三卷　（明）王世貞纂　（明）陳仁錫訂　（明）呂一經較　清善成堂刻本　一冊　存二卷（九至十）

410000－2286－0001022　2403 集 00251
古文析義初編十六卷　（清）林雲銘評註　（清）鄭郟等校　清刻本　一冊　存二卷（十一至十二）

410000－2286－0001023　2403 集 00252
古文析義二編八卷　（清）林雲銘評註　（清）鄭郟等校　清刻本　一冊　存一卷（五）

410000－2286－0001024　1102 史 00133
重訂王鳳洲先生綱鑑會纂四十六卷續宋元二十三卷　（明）王世貞纂　（明）陳仁錫訂　（明）呂一經較　清末影印本　三冊　存二十八卷（十七至三十四、宋元一至十）

410000－2286－0001025　1102 史 00134
重訂王鳳洲先生綱鑑會纂四十六卷　（明）王世貞纂　（明）陳仁錫訂　（明）呂一經較　清末影印本　一冊　存八卷（二十九至三十六）

410000－2286－0001026　2403 集 00253
古文析義二編八卷　（清）林雲銘評註　（清）鄭郟等校　清光緒石印本　一冊　存二卷

（五至六）

410000－2286－0001027　2403 集 00254
古文詞畧讀本二十四卷　（清）梅曾亮編　清光緒三十三年（1907）陝西學務公所圖書局鉛印本　三冊　存十八卷（一至四、十一至二十四）

410000－2286－0001028　1102 史 00135
重訂王鳳洲先生綱鑑會纂四十六卷　（明）王世貞纂　（明）陳仁錫訂　（明）呂一經較　清光緒元年（1875）上海萃文齋石印本　一冊　存七卷（一至七）

410000－2286－0001029　2403 集 00255
古文筆法二十卷　（清）李扶九選　清宣統石印本　一冊

410000－2286－0001030　2403 集 00256
古文苑二十一卷　（宋）章樵註　清刻本　一冊　存五卷（五至九）

410000－2286－0001031　1102 史 00136
重訂王鳳洲先生綱鑑會纂四十六卷　（明）王世貞纂　（明）陳仁錫訂　（明）呂一經較　清刻本　二冊　存四卷（十四至十五、二十六至二十七）

410000－2286－0001032　2605 類叢 00083
憑山閣增定留青全集三十卷　（清）陳枚選輯（清）吳本立訂　清康熙刻本　十一冊　存十一卷（十三至十四、十六至二十四）

410000－2286－0001033　1102 史 00137
綱鑑會纂三十九卷首一卷　（明）王世貞編　**甲子紀元一卷**　（清）陳弘謀輯　清刻本　二十八冊　存二十九卷（一至六、八至十六、十八、二十三至三十三，首一卷；甲子紀元一卷）

410000－2286－0001034　1102 史 00138
綱鑑會纂三十九卷首一卷　（明）王世貞編　**甲子紀元一卷**　（清）陳弘謀輯　清末上海美華書館石印本　一冊　存五卷（三十五至三十九）

410000－2286－0001035　2403 集 00257
啓蒙古文讀本六卷　（清）鄧丙彙選　（清）邢儀鳳叅訂　清四德堂刻本　一冊　存一卷（六）

410000－2286－0001036　2403 集 00258
增訂古文覺斯讀本十卷　（清）過珙輯評　清乾隆聚錦堂刻本　一冊　存一卷（四）

410000－2286－0001037　1102 史 00139
龍門綱鑑正編二十卷要箋四卷　（清）蔣先庚纂輯　（清）蔣台梅等較訂　清古吳致和堂刻本　十二冊　存十二卷（二至四、七、十至十二、十七至十八，要箋一、三至四）

410000－2286－0001038　2403 集 00259
湖海詩傳四十六卷　（清）王昶輯　清同治四年（1865）刻本　一冊　存四卷（一至四）

410000－2286－0001039　1102 史 00140
龍門綱鑑正編二十卷　（清）蔣先庚纂輯　清康熙玉芝園刻本　一冊　存一卷（十七）

410000－2286－0001040　1102 史 00141
綱鑑會編九十八卷　（清）劉德芳訂正　（清）葉澐輯錄　清康熙刻本　十三冊　存三十七卷（四十五至五十三、六十一至六十八、七十六至八十六、九十至九十八）

410000－2286－0001041　1102 史 00142
明紀六十卷　（清）陳鶴撰　（清）陳克家叅訂　清同治十年（1871）江蘇書局刻本　二十冊

410000－2286－0001042　2403 集 00260
八銘堂塾鈔二集不分卷　（清）吳懋政編次　清刻本　四冊

410000－2286－0001043　2403 集 00261
八銘堂塾鈔二集不分卷　（清）吳懋政編次　清文誠堂刻本　一冊

410000－2286－0001044　1103 史 00143
東華錄三十二卷（天命朝至雍正朝）　（清）蔣良騏撰　清刻本　二冊　存四卷（二十一至二十二、二十七至二十八）

410000－2286－0001045　2403 集 00262
八銘塾鈔二集不分卷　（清）吳懋政編次　清

刻本　一冊

410000－2286－0001046　1103 史 00144
東華録三十二卷(天命朝至雍正朝)　(清)蔣良騏撰　清如不及齋刻本　一冊　存三卷(二十二至二十四)

410000－2286－0001047　1103 史 00145
東華録詳節二十四卷　(清)鄔樹庭編　(清)李葆璋等校　清末東文學堂影印本　一冊　存一卷(十四)

410000－2286－0001048　1103 史 00146
東華續録二百三十卷(乾隆朝至道光朝)　王先謙編　清刻本　六十八冊　存一百七十卷(乾隆一至一百二十、嘉慶一至五十)

410000－2286－0001049　2403 集 00263
八銘塾鈔二集不分卷　(清)吴懋政編次　清令德堂刻本　一冊

410000－2286－0001050　2403 集 00264
八銘堂塾鈔初集不分卷　(清)吴懋政編次　清刻本　一冊

410000－2286－0001051　2403 集 00265
八銘塾鈔初集不分卷　(清)吴懋政編次　清刻本　二冊

410000－2286－0001052　2403 集 00266
謝疊山先生文章軌範七卷　(宋)謝枋得輯　清刻三色套印本　一冊　存四卷(四至七)

410000－2286－0001053　2403 集 00267
西山先生真文忠公文章正宗正集二十四卷續集二十卷　(宋)真德秀選　(明)顧錫疇重訂　(明)李開業等評較　明刻本　二十七冊　存三十五卷(正集二、五至九、十二至十七、十九至二十四,續集二至六、八至十九)

410000－2286－0001054　1104 史 00147
穆天子傳六卷首一卷末一卷　(晉)郭璞注　(清)檀萃疏　清刻本　二冊

410000－2286－0001055　1104 史 00148
通鑑紀事本末四十二卷　(宋)袁樞撰　明萬曆三十四年(1606)黄吉士刻本　四十二冊

410000－2286－0001056　1104 史 00149
九朝紀事本末九種　清光緒二十九年(1903)上海文盛書局石印本　三冊　存二種五十二卷

410000－2286－0001057　1104 史 00150
歷朝紀事本末九種　清光緒二十八年(1902)上海捷記書局石印本　三冊　存三種三十六卷

410000－2286－0001058　2404 集 00268
古詩源十四卷　(清)沈德潛選　清康熙五十八年(1719)刻本　五冊　存十一卷(一至七、十一至十四)

410000－2286－0001059　2404 集 00269
古唐詩合解十六卷　(清)王堯衢註　(清)李模校　清光緒十三年(1887)文英堂刻本　六冊

410000－2286－0001060　2404 集 00270
古唐詩合解十六卷　(清)王堯衢註　(清)李模校　清同治四年(1865)經餘厚刻本　四冊　存十二卷(唐詩十二卷)

410000－2286－0001061　1104 史 00151
續通鑑紀事本末一百十卷　(清)李銘漢編輯　清光緒二十九年(1903)刻本　三十二冊

410000－2286－0001062　2404 集 00271
古唐詩合解十六卷　(清)王堯衢註　(清)李模等校　清刻本　六冊　存十五卷(唐詩十二卷、古詩一至三)

410000－2286－0001063　2404 集 00273
古唐詩合解十六卷　(清)王堯衢註　(清)李模校　清刻本　二冊　存四卷(唐詩一至二、十一至十二)

410000－2286－0001064　1105 史 00152
明朝紀事本末八十卷　(清)谷應泰著　(清)谷際科等訂　清刻本　二十四冊

410000－2286－0001065　2404 集 00272
古唐詩合解十六卷　(清)王堯衢註　(清)李模校　清刻本　四冊　存十卷(唐詩一至七、

十至十二)

410000－2286－0001066　1105 史 00153
明朝紀事本末八十卷　(清)谷應泰編著　(清)谷際科等訂　清刻本　八冊　存二十一卷(一至三、十三至二十、六十六至六十九、七十一、七十六至八十)

410000－2286－0001067　1105 史 00154
鼎鋟鍾伯敬訂正皇明紀要三卷　(明)陳建輯著　明崇禎刻本　一冊　存二卷(一至二)

410000－2286－0001068　2404 集 00274
古唐詩合解十六卷　(清)王堯衢註　(清)李模校　清刻本　六冊

410000－2286－0001069　2404 集 00275
古唐詩合解十六卷　(清)王堯衢註　(清)李模校　清刻本　一冊　存三卷(唐詩十至十二)

410000－2286－0001070　1105 史 00155
聖武記十四卷　(清)魏源撰　清刻本　三冊　存四卷(八至十一)

410000－2286－0001071　2404 集 00276
古唐詩合解十六卷　(清)王堯衢註　(清)李模校　清致和堂刻本　四冊　存八卷(唐詩一至二、五至八,古詩一至二)

410000－2286－0001072　1105 史 00156
聖武記十四卷　(清)魏源撰　清光緒二十九年(1903)鉛印本　二冊　存四卷(一至四)

410000－2286－0001073　2404 集 00277
古唐詩合解十六卷　(清)王堯衢註　(清)李模校　清致和堂刻本　三冊　存八卷(唐詩一至二、十一至十二,古詩四卷)

410000－2286－0001074　2404 集 00278
古唐詩合解十六卷　(清)王堯衢註　(清)李模校　清致和堂刻本　二冊　存八卷(唐詩九至十二、古詩四卷)

410000－2286－0001075　1105 史 00157
南漢書十八卷考異十八卷文字畧四卷叢錄二卷　(清)梁廷枏輯　清光緒二十一年(1895)刻本　八冊

410000－2286－0001076　2404 集 00279
古唐詩合解十六卷　(清)王堯衢註　(清)李模校　清致和堂刻本　七冊　存十四卷(唐詩一至二、五至十二,古詩四卷)

410000－2286－0001077　2404 集 00280
古唐詩合解十六卷　(清)王堯衢註　(清)李模校　清致和堂刻本　二冊　存六卷(唐詩一至四、古詩一至二)

410000－2286－0001078　2404 集 00281
古唐詩合解十六卷　(清)王堯衢註　(清)李模校　清致和堂刻本　二冊　存八卷(唐詩五至八、古詩四卷)

410000－2286－0001079　0801 經 00587
春秋大事表五十卷輿圖一卷附錄一卷　(清)顧棟高撰　清乾隆十三年至十四年(1748－1749)萬卷樓刻本　十八冊　存二十八卷(一至二十八)

410000－2286－0001080　1105 史 00158
明季南略十八卷　(清)計六奇輯　清末鉛印本　一冊　存五卷(四至八)

410000－2286－0001081　2404 集 00282
古唐詩合解十六卷　(清)王堯衢註　(清)李模校　清令德堂刻本　二冊　存十二卷(唐詩十二卷)

410000－2286－0001082　2404 集 00283
古唐詩合解十六卷　(清)王堯衢註　(清)李模校　清令德堂刻本　二冊　存六卷(唐詩一至二、古詩四卷)

410000－2286－0001083　2404 集 00284
古唐詩合解十六卷　(清)王堯衢註　(清)李模校　清令德堂刻本　三冊　存十一卷(唐詩一至二、八至十二,古詩四卷)

410000－2286－0001084　1105 史 00159
明季稗史彙編十六種　題(清)留雲居士輯　清都城琉璃廠刻本　十六冊

410000－2286－0001085　2404 集 00285

古唐詩合解十六卷　(清)王堯衢註　(清)李模校　清道光十七年(1837)三益堂刻本　二冊　存四卷(唐詩一至四)

410000－2286－0001086　2404 集 00286
古唐詩合解十六卷　(清)王堯衢註　(清)李模校　清文光堂刻本　二冊　存六卷(唐詩一至二、古詩四卷)

410000－2286－0001087　2404 集 00287
古唐詩合解十六卷　(清)王堯衢註　(清)李模校　清文光堂刻本　二冊　存六卷(唐詩一至二、古詩四卷)

410000－2286－0001088　2404 集 00288
古唐詩合解十六卷　(清)王堯衢註　(清)李模校　清文光堂刻本　二冊　存十二卷(唐詩五至十二、古詩四卷)

410000－2286－0001089　2404 集 00289
古唐詩合解十六卷　(清)王堯衢註　(清)李模校　清三益堂刻本　二冊　存四卷(唐詩一至四)

410000－2286－0001090　1105 史 00160
三通志序三卷　(清)康綸鈞輯　清光緒二十八年(1902)夢孔山房石印本　一冊

410000－2286－0001091　1105 史 00161
國語二十一卷　(春秋)左丘明撰　(三國吳)韋昭解　(宋)宋庠補音　清刻本　二冊　存七卷(三至五、十八至二十一)

410000－2286－0001092　2404 集 00290
古唐詩合解十六卷　(清)王堯衢註　(清)李模校　清道光十七年(1837)三益堂刻本　三冊　存八卷(唐詩一至二、五至七、十至十二)

410000－2286－0001093　1105 史 00162
國語二十一卷　(春秋)左丘明撰　(三國吳)韋昭解　(宋)宋庠補音　清刻本　一冊　存四卷(一至四)

410000－2286－0001094　2404 集 00291
古唐詩合解十六卷　(清)王堯衢註　(清)李模校　清奎元堂刻本　一冊　存二卷(唐詩一至二)

410000－2286－0001095　2404 集 00292
古唐詩合解十六卷　(清)王堯衢註　(清)李模校　清恒德堂刻本　二冊　存六卷(唐詩一至六)

410000－2286－0001096　1105 史 00163
國語二十一卷　(春秋)左丘明撰　(三國吳)韋昭解　(宋)宋庠補音　清刻本　一冊　存七卷(十五至二十一)

410000－2286－0001097　1105 史 00164
國語九卷　(明)閔齊伋裁注　明萬曆四十七年(1619)閔齊伋刻三色套印本　四冊　存五卷(一至五)

410000－2286－0001098　1105 史 00165
國語二十一卷　(春秋)左丘明撰　(三國吳)韋昭解　(宋)宋庠補音　清嘉慶十一年(1806)書業堂刻本　一冊　存三卷(一至三)

410000－2286－0001099　1105 史 00166
國語二十一卷　(春秋)左丘明撰　(三國吳)韋昭解　(宋)宋庠補音　清刻本　一冊　存四卷(十八至二十一)

410000－2286－0001100　2404 集 00293
古唐詩合解十六卷　(清)王堯衢註　(清)李模校　清李光明莊刻本　三冊　存九卷(唐詩一至五、古詩四卷)

410000－2286－0001101　2404 集 00294
古唐詩合解十六卷　(清)王堯衢註　(清)李模校　清刻本(卷七至八配清刻本)　四冊　存十四卷(唐詩一至四、七至十二,古詩四卷)

410000－2286－0001102　1105 史 00167
國語二十一卷　(春秋)左丘明撰　(三國吳)韋昭解　**校刊明道本韋氏解國語札記一卷**　(清)黃丕烈撰　清末影印本　一冊　存八卷(十五至二十一、札記一卷)

410000－2286－0001103　2404 集 00295
古唐詩合解十六卷　(清)王堯衢註　(清)李模校　清刻本　四冊　存十卷(唐詩一至六、

古詩四卷)

410000－2286－0001104　2404 集 00296
古唐詩合解十六卷　(清)王堯衢註　(清)李模校　清刻本　四冊　存八卷(唐詩三至四、九至十二,古詩一至二)

410000－2286－0001105　2404 集 00297
古唐詩合解十六卷　(清)王堯衢註　(清)李模校　清刻本　三冊　存八卷(唐詩九至十二、古詩四卷)

410000－2286－0001106　1105 史 00168
山曉閣國語四卷　(清)孫琮評　清康熙五年(1666)山曉閣刻山曉閣文選本　一冊

410000－2286－0001107　2404 集 00298
古唐詩合解十六卷　(清)王堯衢註　(清)李模校　清刻本　二冊　存六卷(唐詩一至二、九至十二)

410000－2286－0001108　1105 史 00169
戰國策三十三卷　(宋)鮑彪校注　(元)吳師道重校　清刻本　七冊　存七卷(一至七)

410000－2286－0001109　2404 集 00299
古唐詩合解十六卷　(清)王堯衢註　(清)李模校　清刻本　一冊　存二卷(唐詩一至二)

410000－2286－0001110　1105 史 00170
戰國策三十三卷　(宋)鮑彪校注　(元)吳師道重校　清刻本　一冊　存三卷(一至三)

410000－2286－0001111　1201 史 00171
戰國策三十三卷　(宋)鮑彪校注　(元)吳師道重校　清刻本　六冊　存八卷(一至三、五至七、九至十)

410000－2286－0001112　2404 集 00300
古唐詩合解十六卷　(清)王堯衢註　(清)李模校　清刻本　三冊　存九卷(唐詩七至八、十至十二,古詩四卷)

410000－2286－0001113　2404 集 00301
古唐詩合解十六卷　(清)王堯衢註　(清)李模校　清同治五年(1866)巴川刻本(卷十至十二配清刻本)　三冊　存九卷(唐詩一至二、十至十二,古詩四卷)

410000－2286－0001114　1201 史 00172
戰國策選四卷　(漢)劉向編　清二南堂刻本　一冊　存一卷(二)

410000－2286－0001115　1201 史 00173
山曉閣國策選四卷　(清)孫琮論定　清康熙山曉閣刻山曉閣文選本　一冊　存二卷(一至二)

410000－2286－0001116　2404 集 00302
古唐詩合解十六卷　(清)王堯衢註　(清)李模校　清書業德堂刻本　四冊　存十四卷(唐詩三至十二、古詩四卷)

410000－2286－0001117　2404 集 00303
古唐詩合解十六卷　(清)王堯衢註　(清)李模校　清書業德堂刻本　二冊　存九卷(唐詩八至十二、古詩四卷)

410000－2286－0001118　1201 史 00174
重刻剡川姚氏本戰國策札記三卷　(清)黄丕烈撰　(清)黄玉堂校字　清嘉慶八年(1803)讀未見書齋刻本　一冊

410000－2286－0001119　2404 集 00304
古唐詩合解十六卷　(清)王堯衢註　(清)李模校　清乾隆刻本　四冊　存八卷(唐詩七至十、古詩四卷)

410000－2286－0001120　1201 史 00175
歷代名臣奏議三百十九卷　(明)楊士奇等編　(明)楊永錫等重較　明崇禎八年(1635)刻清文德堂印本　四十七冊　存一百七十卷(七至十一、十六、七十九至一百七十一、一百八十至一百八十六、一百九十七至二百十九、二百二十四至二百六十四)

410000－2286－0001121　2404 集 00305
古唐詩合解十六卷　(清)王堯衢註　(清)李模校　清刻本　二冊　存四卷(唐詩五至六、古詩一至二)

410000－2286－0001122　1201 史 00176
唐陸宣公集二十二卷　(唐)陸贄撰　(清)年

羹堯重訂 （清）王汝驤等同校 清光緒二十四年(1898)著易堂石印本 三冊 存十五卷(一至六、十四至二十二)

410000－2286－0001123 2404 集 00306
古唐詩合解十六卷 （清）王堯衢註 （清）李模校 清刻本 二冊 存十一卷(唐詩六至十二、古詩四卷)

410000－2286－0001124 2404 集 00307
古唐詩合解十六卷 （清）王堯衢註 （清）李模校 清刻本 三冊 存八卷(唐詩三至四、九至十,古詩四卷)

410000－2286－0001125 2404 集 00308
古唐詩合解十六卷 （清）王堯衢註 （清）李模校 清刻本 一冊 存二卷(唐詩九至十)

410000－2286－0001126 1201 史 00177
陸宣公奏議二十二卷 （唐）陸贄撰 清刻本 一冊 存二卷(三至四)

410000－2286－0001127 2404 集 00309
唐詩三百首二卷 （清）孫洙編 清刻本 一冊 存一卷(下)

410000－2286－0001128 1201 史 00178
同治中興京外奏議八卷 （清）延煦等撰 清光緒刻本 一冊 存一卷(四)

410000－2286－0001129 2404 集 00310
唐詩三百首二卷 （清）孫洙編 （清）李盤根輯註 清光緒十年(1884)文蔚堂刻本 一冊

410000－2286－0001130 2404 集 00311
唐詩三百首註釋六卷 （清）孫洙編 （清）章燮註 （清）孫孝根等校 **續選一卷** （清）于慶元編 清光緒十三年(1887)宏道堂刻本 三冊 存三卷(一至二、四)

410000－2286－0001131 1201 史 00179
曾文正公奏議十卷首一卷末一卷 （清）曾國藩撰 清同治十三年(1874)寶慶經訓堂刻本 二冊 存三卷(一、六,首一卷)

410000－2286－0001132 1201 史 00180
曾文正公奏議補編四卷 （清）曾國藩撰 （清）薛福成編次 清刻本 一冊 存一卷(四)

410000－2286－0001133 1201 史 00181
曾文正公奏議十卷首一卷末一卷補編四卷 （清）曾國藩撰 （清）薛福成編次 （清）張瑛等同校 清末鉛印本 二冊 存九卷(四至七、末一卷、補編四卷)

410000－2286－0001134 1201 史 00182
彭剛直公奏稿八卷 （清）彭玉麟撰 清末鉛印本 三冊 存六卷(三至八)

410000－2286－0001135 1201 史 00183
毛尚書奏稿十六卷首一卷 （清）毛鴻賓撰 清宣統元年至二年(1909－1910)刻本 十六冊

410000－2286－0001136 2405 集 00312
唐詩三百首註疏六卷 （清）孫洙編 （清）章燮註 （清）孫孝根等校 **唐詩三百首續選一卷** （清）于慶元編 （清）于閬枀 （清）于兆等校 清道光十五年(1835)刻本(卷五配清刻本) 三冊 存四卷(一至二、五,續選一卷)

410000－2286－0001137 2405 集 00313
唐詩三百首續選一卷 （清）于慶元編 （清）于閬枀 （清）于兆等校 清刻本 一冊

410000－2286－0001138 2405 集 00314
唐詩三百首註疏四卷 （清）孫洙編 （清）章燮註 （清）孫孝根校正 清同治十年(1871)刻本 三冊 存三卷(一至三)

410000－2286－0001139 1201 史 00184
錢敏肅公奏疏七卷 （清）錢鼎銘撰 清光緒六年(1880)刻本 四冊

410000－2286－0001140 2405 集 00315
唐詩三百首四卷 （清）孫洙編 清道光二十八年(1848)萬元堂刻本 一冊

410000－2286－0001141 2405 集 00316
唐詩三百首四卷 （清）孫洙編 清道光二十八年(1848)萬元堂刻本 一冊 存二卷(三

至四)

410000－2286－0001142　2405 集 00317
唐詩三百首四卷　(清)孫洙編　清道光二十八年(1848)崇德堂刻本　一册

410000－2286－0001143　2405 集 00318
唐詩三百首補註八卷　(清)孫洙編　(清)陳婉俊輯　(清)陳星垣等叅　清刻本　一册　存四卷(五至八)

410000－2286－0001144　2405 集 00319
註釋唐詩三百首六卷　(清)孫洙編　清濟南同文堂刻本　一册　存二卷(五古、七古)

410000－2286－0001145　2405 集 00320
唐詩三百首六卷　(清)孫洙編　清同治十年(1871)刻本　一册　存二卷(五古、七古)

410000－2286－0001146　1201 史 00185
硃批諭旨不分卷　(清)范時繹等撰　清活字朱墨套印本　一百十二册

410000－2286－0001147　2405 集 00321
應試唐詩類釋十九卷　(清)臧岳編次　清乾隆二十四年(1759)金陵三樂齋刻本　六册

410000－2286－0001148　2405 集 00322
應試唐詩類釋十九卷　(清)臧岳編次　清乾隆刻本　一册　存十二卷(八至十九)

410000－2286－0001149　2405 集 00323
應試唐詩類釋十九卷　(清)臧岳編次　清乾隆本立堂刻本　一册　存六卷(一至三、十三至十五)

410000－2286－0001150　2405 集 00325
唐詩鼓吹十卷　(元)郝天挺註　(明)廖文炳解　(清)陸貽典等參校　清乾隆二十七年(1762)光霽堂刻本　四册　存八卷(一至二、五至十)

410000－2286－0001151　1203 史 00186
船山公[王夫之]年譜二卷　(清)王之春輯　清光緒十九年(1893)刻本　二册

410000－2286－0001152　2405 集 00324
應試唐詩説詳八卷　(清)蘇寧亭註疏　(清)蘇慰校字　清乾隆三十六年(1771)刻本　一册　存三卷(一至三)

410000－2286－0001153　1203 史 00187
宋朱晦菴先生名臣言行錄前集十卷後集十四卷　(宋)朱熹纂輯　(明)張采評閲　(明)馬嘉植叅正　**宋名臣言行錄續集八卷別集十三卷外集十七卷**　(宋)李幼武纂集　(明)張采評閲　(明)馬嘉植叅正　明崇禎十一年(1638)張采等刻清聚錦堂印本　二十四册

410000－2286－0001154　2405 集 00326
全唐詩九百卷　(清)曹寅等編纂　清刻本　十四册　存(靈一一,靈澈,大易,法照一,護國,法振一,清江一,無可一至二,皎然一至三,白居易十六至二十、二十五至二十九、三十五至三十九,張賁,崔璐,李穀,崔璞,魏朴,羊昭業,顔萱,鄭璧一,司空圖一至三、周繇一,聶夷中一,顧雲一,張喬一至二,草唐一,來鵠一,李山甫一,李咸用三,胡曾一,方干六,羅鄴一,羅隱十一,羅虬一,鄭損等一卷,高蟾一,章碣一,秦韜一,唐彦謙二,周朴一,鄭谷四,許彬一,崔塗一,韓偓四,吳融四,孫偓等一,陸希聲等一,王駕等三,張道古等一,韋莊六,王貞白一,張蠙一,翁承贊一,黄滔三)

410000－2286－0001155　1203 史 00188
宋朱晦菴先生名臣言行錄前集十卷後集十四卷　(宋)朱熹纂輯　(明)張采評閲　(明)馬嘉植叅正　**宋名臣言行錄續集八卷別集十三卷外集十七卷**　(宋)李幼武纂集　(明)張采評閲　(明)馬嘉植叅正　明崇禎十一年(1638)張采等刻本　一册　存三卷(別集四至六)

410000－2286－0001156　1203 史 00189
宋名臣言行錄前集十卷後集十四卷續集八卷別集二十六卷外集十七卷　(宋)朱熹纂　(宋)李幼武續纂　(明)張采評閲　(明)馬培元叅正　清刻本　六册　存二十卷(續集八卷、別集九至十二、外集五至十二)

410000－2286－0001157　2405 集 00327

東周列國全志二十三卷一百八回　(明)馮夢龍著　(清)蔡昇評點　清崇文堂刻本　二十四册

410000－2286－0001158　1203 史 00190
曾文正公事畧四卷附一卷　(清)王安定撰　(清)李鴻章審定　清光緒元年(1875)琉璃廠龍文齋刻本　一册　存二卷(一至二)

410000－2286－0001159　1203 史 00191
宋朱晦菴先生名臣言行錄前集十卷後集十四卷　(宋)朱熹纂輯　(明)張采評閲　(明)馬嘉植叅正　**宋名臣言行錄續集八卷别集十三卷外集十七卷**　(宋)李幼武纂集　(明)張采評閲　(明)馬嘉植叅正　清刻本　一册　存四卷(後集十一至十四)

410000－2286－0001160　2405 集 00328
東周列國全志二十三卷一百八回　(明)馮夢龍著　(清)蔡昇評點　清刻本(卷十六配清芥子園刻本)　四册　存七卷(四至五、十二至十三、十六、十八至十九)

410000－2286－0001161　1203 史 00192
歷代名臣言行錄二十四卷　(清)朱桓編輯　(清)潘永季校定　(清)沈維堉重校　清光緒二十八年(1902)鴻寶書局鉛印本　十册　存二十卷(一至六、九至二十、二十三至二十四)

410000－2286－0001162　1204 史 00193
歷代名臣言行錄二十四卷　(清)朱桓編輯　(清)潘永季校定　(清)沈維堉重校　清光緒二十八年(1902)鴻寶書局鉛印本　十册　存二十卷(五至二十四)

410000－2286－0001163　1204 史 00194
歷代名臣言行錄二十四卷　(清)朱桓編輯　(清)潘永季校定　(清)沈維堉重校　清光緒二十八年(1902)鴻寶書局鉛印本　五册　存十一卷(五至十一、十四至十七)

410000－2286－0001164　2405 集 00329
東周列國全志二十三卷一百八回　(明)馮夢龍著　(清)蔡昇評點　清刻本　五册　存五卷(五、十二、十六、十九、二十二)

410000－2286－0001165　1204 史 00195
歷代名臣言行錄二十四卷　(清)朱桓編輯　(清)潘永季校定　(清)許時庚重校　清光緒十六年(1890)廣百宋齋鉛印本　七册　存十三卷(一至六、九至十二、十七至十八、二十四)

410000－2286－0001166　2405 集 00330
東周列國全志二十三卷一百八回　(明)馮夢龍著　(清)蔡昇評點　清刻本　十一册　存十一卷(五、七、十二至十六、十九至二十二)

410000－2286－0001167　2405 集 00331
文心雕龍十卷　(南朝梁)劉勰撰　(清)黄叔琳注　(清)紀昀評　清光緒二十二年(1896)新化三味堂刻本　四册

410000－2286－0001168　2405 集 00332
文心雕龍十卷　(南朝梁)劉勰撰　(清)黄叔琳注　(清)紀昀評　清光緒二十二年(1896)新化三味堂刻本　四册

410000－2286－0001169　1204 史 00196
歷代名臣言行錄二十四卷　(清)朱桓編輯　(清)潘永季校定　(清)許時庚重校　清光緒十七年(1891)上海廣百宋齋鉛印本　五册　存十卷(一上、二下、九至十四、十九至二十)

410000－2286－0001170　1204 史 00197
歷代名臣言行錄二十四卷　(清)朱桓編輯　(清)潘永季校定　(清)許時庚重校　清光緒十六年(1890)廣百宋齋鉛印本　一册　存二卷(二十三至二十四)

410000－2286－0001171　1204 史 00198
歷代名臣言行錄二十四卷　(清)朱桓編輯　(清)潘永季校定　清光緒三十一年(1905)上海久敬齋影印本　三册　存九卷(一至六、十三至十五)

410000－2286－0001172　1204 史 00199
歷代名臣言行錄二十四卷　(清)朱桓編輯　清末影印本　一册　存四卷(四至七)

410000－2286－0001173　1204 史 00200
歷代名臣言行錄二十四卷　(清)朱桓編輯

(清)潘永季校定　(清)邱與久等重校　清末上海鑄記書局影印本　二冊　存五卷(十二至十六)

410000－2286－0001174　2405 集 00333
四大奇書第一種十九卷一百二十回首一卷　(明)羅貫中(羅本)撰　(清)金聖嘆(金人瑞)　(清)毛宗崗評　清致和堂刻本　五冊　存九卷(一、五至七、十二至十三、十七至十八,首一卷)

410000－2286－0001175　2405 集 00334
四大奇書第一種十九卷一百二十回首一卷　(明)羅貫中(羅本)撰　(清)金聖嘆(金人瑞)　(清)毛宗崗評　清致和堂刻本　九冊　存八卷(十一至十五、十七至十九)

410000－2286－0001176　2405 集 00335
四大奇書第一種十九卷一百二十回首一卷　(明)羅貫中(羅本)撰　(清)金聖嘆(金人瑞)　(清)毛宗崗評　清刻本　十三冊　存十三卷(二、六至九、十一至十七,首一卷)

410000－2286－0001177　1204 史 00201
歷代名臣言行錄二十四卷　(清)朱桓編輯　清刻本　七冊　存七卷(二下至四、十一下、十三至十四、二十三上)

410000－2286－0001178　1204 史 00202
歷代名臣言行錄二十四卷　(清)朱桓編輯　清刻本　一冊　存一卷(九)

410000－2286－0001179　1204 史 00203
歷代名臣言行錄二十四卷　(清)朱桓編輯　清刻本　一冊　存一卷(十二)

410000－2286－0001180　2405 集 00336
東周列國全志二十三卷一百八回　(明)馮夢龍著　(清)蔡界評點　清光緒三十一年(1905)上海章福記書局石印本　一冊　存一卷(一)

410000－2286－0001181　1204 史 00204
歷代名臣言行錄二十四卷　(清)朱桓編輯　清刻本　一冊　存一卷(二十二上)

410000－2286－0001182　2405 集 00337
東周列國全志二十三卷一百八回　(明)馮夢龍著　(清)蔡界評點　清末影印本　四冊　存四卷(一至三、八)

410000－2286－0001183　1204 史 00205
增評歷代名臣言行錄□□卷　(清)孫鈺編　清末博文書館影印本　三冊　存九卷(九至十一、十四至十九)

410000－2286－0001184　1204 史 00206
海岱史略一百四十卷　(清)王馭超編　(清)王筠等校　清刻本　二十四冊

410000－2286－0001185　2405 集 00338
東周列國全志二十三卷一百八回　(明)馮夢龍著　(清)蔡界評點　清末影印本　二冊　存二卷(二、八)

410000－2286－0001186　2405 集 00339
東周列國全志二十三卷一百八回　(明)馮夢龍著　(清)蔡界評點　清末影印本　二冊　存二卷(二、八)

410000－2286－0001187　2405 集 00340
四大奇書第一種十九卷一百二十回首一卷　(明)羅貫中(羅本)撰　(清)金聖嘆(金人瑞)　(清)毛宗崗評　清刻本　七冊　存七卷(二、六至七、十二、十四至十六)

410000－2286－0001188　2405 集 00341
第一才子書六十卷一百二十回　(明)羅貫中(羅本)撰　(清)金聖嘆(金人瑞)　(清)毛宗崗評　清善成堂刻本　三冊　存十卷(三十五至三十七、五十至五十二、五十七至六十)

410000－2286－0001189　1204 史 00207
尚友錄二十二卷　(明)廖用賢編纂　(明)張伯琮補輯　(明)張坦讓參訂　(清)張任鄭等校正　清光緒十四年(1888)上澥著易堂鉛印本　四冊　存十五卷(一至八、十二至十五、二十至二十二)

410000－2286－0001190　1204 史 00208
校正尚友錄續集二十二卷　(明)廖用賢編

清光緒二十六年(1900)上澣著易堂鉛印本 一冊 存三卷(一至三)

410000－2286－0001191 1204 史 00209
宋元學案一百卷首一卷 (清)黄宗羲撰 (清)黄百家纂輯 (清)全祖望修定 清光緒五年(1879)刻本 四十冊

410000－2286－0001192 2301 集 00342
四大奇書第一種十九卷一百二十回首一卷 (明)羅貫中(羅本)撰 (清)金聖嘆(金人瑞) (清)毛宗崗評 清康熙刻本 三冊 存三卷(一、十四、十八)

410000－2286－0001193 1205 史 00210
宋元學案一百卷首一卷 (清)黄宗羲撰 (清)黄百家纂輯 (清)全祖望定 清刻本 一冊 存三卷(十一至十三)

410000－2286－0001194 2301 集 00343
四大奇書第一種五十一卷一百二十回 (明)羅貫中(羅本)撰 (清)金聖嘆(金人瑞) (清)毛宗崗評 (清)鄒梧岡(鄒聖脈)參訂 清刻本 一冊 存三卷(一至三)

410000－2286－0001195 1205 史 00211
明儒學案六十二卷 (明)黄宗羲著 (清)夏鼎等重刊 清光緒十四年(1888)刻本 十五冊 存三十一卷(一至二十一、四十七至五十六)

410000－2286－0001196 1205 史 00212
學案小識十四卷首一卷末一卷 (清)唐鑒撰 清光緒十年(1884)刻本 十二冊

410000－2286－0001197 2301 集 00344
四大奇書第一種十九卷一百二十回首一卷 (明)羅貫中(羅本)撰 (清)金聖嘆(金人瑞) (清)毛宗崗評 (清)鄒梧岡(鄒聖脈)參訂 清刻本 二冊 存四卷(十四至十五、十八至十九)

410000－2286－0001198 1205 史 00213
碑傳集一百六十卷首一卷末一卷 (清)錢儀吉纂錄 清光緒十九年(1893)江蘇書局刻本 六十冊

410000－2286－0001199 2301 集 00345
新刻按鑑演義三國英雄志傳二十卷 (晉)陳壽志傳 (明)羅貫中(羅本)演義 清道光元年(1821)刻本 一冊 存四卷(一至四)

410000－2286－0001200 2301 集 00346
四大奇書第一種五十一卷一百二十回 (明)羅貫中(羅本)撰 (清)金聖嘆(金人瑞) (清)毛宗崗評 清刻本 一冊 存三卷(四十九至五十一)

410000－2286－0001201 2301 集 00347
四大奇書第一種五十一卷一百二十回 (明)羅貫中(羅本)撰 (清)金聖嘆(金人瑞) (清)毛宗崗評 (清)鄒梧岡(鄒聖脈)參訂 清刻本 三冊 存六卷(三十一至三十三、四十三至四十四、四十九)

410000－2286－0001202 1301 史 00214
航海瑣記 (清)余思治撰 清光緒三十二年(1906)山東官印書局鉛印本(三種未印) 三冊 存二種三卷

410000－2286－0001203 1301 史 00215
歐陽文忠公五代史抄二十卷 (明)茅坤批評 清刻本 一冊 存五卷(一至四、十六)

410000－2286－0001204 2301 集 00348
四大奇書第一種十九卷一百二十回首一卷 (明)羅貫中(羅本)撰 (清)金聖嘆(金人瑞) (清)毛宗崗評 清刻本 二冊 存二卷(二、五)

410000－2286－0001205 1301 史 00216
綱鑑擇言十卷 (清)司徒修選輯 (清)李嘉樹補注 清光緒二十八年(1902)刻本 三冊 存五卷(一至五)

410000－2286－0001206 2301 集 00349
增像全圖三國演義十六卷一百二十回 (明)羅貫中(羅本)撰 (清)金聖嘆(金人瑞) (清)毛宗崗評 清光緒二十六年(1900)美華賓記石印本 二冊 存二卷(一、三)

410000－2286－0001207 2301 集 00350
第一才子書五十一卷一百二十回 (明)羅貫

中(羅本)撰 (清)金聖嘆(金人瑞) (清)毛宗崗評 清刻本 一冊 存四卷(二十六至二十九)

410000-2286-0001208 1301 史 00217
綱鑑擇語十卷 (清)司徒修選輯 (清)李嘉樹補注 清末影印本 一冊 存三卷(八至十)

410000-2286-0001209 1301 史 00218
綱鑑擇語十卷 (清)司徒修選輯 (清)李嘉樹補注 清末影印本 一冊 存二卷(三至四)

410000-2286-0001210 2301 集 00351
四大奇書第一種五十一卷一百二十回 (明)羅貫中(羅本)撰 (清)金聖嘆(金人瑞) (清)毛宗崗評 (清)鄒梧岡(鄒聖脈)糸訂 清衣德堂刻本 一冊 存三卷(二十一至二十三)

410000-2286-0001211 1301 史 00219
史鑑節要便讀六卷 (清)鮑東里編輯 清同治十二年(1873)刻本 二冊

410000-2286-0001212 2301 集 00352
合諸名家評註三蘇文定十八卷 (宋)蘇洵等撰 (明)楊慎選 (明)楊維楨評註 (明)袁宏道糸閱 明崇禎刻本 六冊 存十五卷(二至六、九至十八)

410000-2286-0001213 1301 史 00220
史鑑節要六卷 (清)鮑東里著 (清)陳蔚文校 清光緒三十一年(1905)刻本 三冊

410000-2286-0001214 2301 集 00353
合諸名家評註三蘇文定十八卷 (宋)蘇洵等撰 (明)楊慎選 (明)李維楨評註 (明)袁宏道糸閱 明崇禎刻本 一冊 存二卷(十五至十六)

410000-2286-0001215 1301 史 00221
四字鑑畧不分卷 (清)王士雲撰 清刻本 一冊

410000-2286-0001216 1301 史 00222
王先生十七史蒙求十六卷 (宋)王令撰 清道光二十八年(1848)刻本 二冊 存七卷(一至三、八至十一)

410000-2286-0001217 2301 集 00354
楊芬錄二卷 徐世光輯 清宣統元年(1909)天津徐氏學劍室鉛印本 一冊

410000-2286-0001218 2301 集 00355
楊芬錄二卷 徐世光輯 清宣統元年(1909)天津徐氏學劍室鉛印本 一冊

410000-2286-0001219 2301 集 00356
楊芬錄二卷 徐世光輯 清宣統元年(1909)天津徐氏學劍室鉛印本 一冊

410000-2286-0001220 2301 集 00357
楊芬錄二卷 徐世光輯 清宣統元年(1909)天津徐氏學劍室鉛印本 一冊

410000-2286-0001221 2301 集 00358
晚邨先生八家古文精選八卷 (清)呂留良輯 (清)呂葆中點勘 清刻本 六冊

410000-2286-0001222 1301 史 00224
七字鑑略註解不分卷 題(清)古香書屋主人注解 清光緒二年(1876)刻本 一冊

410000-2286-0001223 1301 史 00225
經史百家簡編二卷 (清)曾國藩纂 (清)曾國荃訂 清同治十三年(1874)傳忠書局刻本 一冊 存一卷(上)

410000-2286-0001224 1301 史 00226
經史百家簡編二卷 (清)曾國藩纂 清光緒十三年(1887)蔣氏求實齋刻本 一冊

410000-2286-0001225 2301 集 00359
詞綜三十八卷 (清)朱彝尊抄撮 (清)汪森增定 (清)柯崇樸編次 (清)周篔辨譌 **明詞綜十二卷國朝詞綜四十八卷二集八卷** (清)王昶纂 清嘉慶七年至八年(1802-1803)王昶三泖漁莊刻本 五冊 存三十卷(詞綜一至五、十一至十五、三十一至三十八,國朝詞綜十三至十八、三十一至三十六)

410000-2286-0001226 1301 史 00227

史緯三百三十卷　(明)陳允錫撰　清刻本　一百八册　存二百九十八卷(五至五十六、七十三至一百十一、一百十五至一百八十六、一百八十九至一百九十三、一百九十八至二百二、二百六至三百三十)

410000－2286－0001227　2301 集 00360
增定南九宫曲譜二十卷附錄一卷　(明)沈璟輯　(明)龍驤校　明刻本　六册

410000－2286－0001228　1302 史 00228
廿一史約編八卷首一卷　(清)鄭元慶述　(清)鄭惟鞠等編次　(清)龐祁等輯　(清)潘之藻等叅訂　清刻本　四册　缺一卷(二)

410000－2286－0001229　1302 史 00229
廿一史約編八卷首一卷　(清)鄭元慶述　(清)徐秋蓴等編次　(清)沈一撰等校閲　清刻本　三册　存三卷(二、五至六)

410000－2286－0001230　1302 史 00230
通鑑總類二十卷　(宋)沈樞輯　清光緒二十年(1894)京都申榮堂刻本　二十册

410000－2286－0001231　2301 集 00361
海棠館七家詩補註七卷　(清)王廷紹等著　(清)張熙宇輯　(清)申珠等補註　清咸豐九年(1859)刻本　四册　缺一卷(桐雲閣試帖一卷)

410000－2286－0001232　2301 集 00362
海棠館七家詩補註七卷　(清)王廷紹等著　(清)張熙宇輯　(清)申珠等補註　清咸豐九年(1859)刻本　三册

410000－2286－0001233　2301 集 00363
七家詩詳註七卷　(清)王廷紹等著　(清)張熙宇評選　(清)石暉甲箋註　清光緒十六年(1890)湖南省曉雲山房刻本　八册

410000－2286－0001234　1303 史 00231
大清光緒八年歲次壬午時憲書不分卷　(清)欽天監編　清光緒刻朱墨套印本　一册

410000－2286－0001235　1303 史 00232
大清光緒九年歲次癸未時憲書不分卷　(清)欽天監編　清光緒刻朱墨套印本　一册

410000－2286－0001236　1303 史 00233
大清光緒十一年歲次乙酉時憲書不分卷　(清)欽天監編　清光緒刻本　一册

410000－2286－0001237　1303 史 00234
大清光緒十二年歲次丙戌時憲書不分卷　(清)欽天監編　清光緒刻朱墨套印本　一册

410000－2286－0001238　1303 史 00235
大清光緒十三年歲次丁亥時憲書不分卷　(清)欽天監編　清光緒刻朱墨套印本　一册

410000－2286－0001239　2301 集 00364
七家詩選註釋七卷　(清)王廷紹等著　(清)張熙宇輯評　(清)張昶註釋　清光緒二十五年(1899)致本堂刻本　二册　缺一卷(樫華館試帖一卷)

410000－2286－0001240　2301 集 00365
海棠七家詩七卷　(清)那清安等著　(清)張熙宇評　(清)申珠等補註　清刻本　一册　存一卷(修竹齋試帖一卷)

410000－2286－0001241　2301 集 00366
七家詩選註釋七卷　(清)王廷紹等著　(清)張熙宇輯評　(清)張昶註釋　清光緒二十五年(1899)致本堂刻本　一册　存二卷(澹香齋試帖一卷、修竹齋試帖一卷)

410000－2286－0001242　1303 史 00236
大清光緒十四年歲次戊子時憲書不分卷　(清)欽天監編　清光緒刻朱墨套印本　一册

410000－2286－0001243　1303 史 00237
大清光緒十五年歲次己丑時憲書不分卷　(清)欽天監編　清光緒刻朱墨套印本　一册

410000－2286－0001244　2301 集 00367
海棠館七家詩補註七卷　(清)楊庚等著　(清)申珠等補註　清刻本　二册　存三卷(桐雲閣試帖一卷、簡學齋試帖一卷、西漚試帖一卷)

410000－2286－0001245　1303 史 00238
大清光緒十八年歲次壬辰時憲書不分卷

(清)欽天監編　清光緒刻朱墨套印本　一冊

410000－2286－0001246　1303 史 00239

大清光緒十九年歲次癸巳時憲書不分卷　(清)欽天監編　清光緒刻朱墨套印本　一冊

410000－2286－0001247　1303 史 00240

大清光緒二十年歲次甲午時憲書不分卷　(清)欽天監編　清光緒刻朱墨套印本　一冊

410000－2286－0001248　2301 集 00368

七家詩選註釋七卷　(清)王廷紹等著　(清)張熙宇輯評　(清)張昶註釋　清刻朱墨套印本　一冊　存四卷(澹香齋試帖一卷、脩竹齋試帖一卷、尚絅堂試帖一卷、樫華館試帖一卷)

410000－2286－0001249　1303 史 00241

大清光緒二十一年歲次乙未時憲書不分卷　(清)欽天監編　清光緒刻朱墨套印本　一冊

410000－2286－0001250　1303 史 00242

大清光緒二十二年歲次丙申時憲書不分卷　(清)欽天監編　清光緒刻朱墨套印本　一冊

410000－2286－0001251　1303 史 00243

大清光緒二十三年歲次丁酉時憲書不分卷　(清)欽天監編　清光緒刻朱墨套印本　一冊

410000－2286－0001252　2301 集 00369

七家詩選輯註七卷　(清)楊庚等著　(清)張熙宇輯評　(清)王植桂輯註　清刻本　一冊　存一卷(桐雲閣試帖輯註一卷)

410000－2286－0001253　1303 史 00244

大清光緒二十四年歲次戊戌時憲書不分卷　(清)欽天監編　清光緒刻朱墨套印本　一冊

410000－2286－0001254　2301 集 00370

知恩堂世草一卷　(清)王紫綬等撰　**家傳一卷**　(清)劉易撰　清光緒十三年(1887)刻本　一冊

410000－2286－0001255　1303 史 00245

大清光緒二十五年歲次己亥時憲書不分卷　(清)欽天監編　清光緒刻朱墨套印本　一冊

410000－2286－0001256　1303 史 00246

大清光緒二十六年歲次庚子時憲書不分卷　(清)欽天監編　清光緒刻朱墨套印本　一冊

410000－2286－0001257　1303 史 00247

大清光緒二十七年歲次辛丑時憲書不分卷　(清)欽天監編　清光緒刻朱墨套印本　一冊

410000－2286－0001258　1303 史 00248

大清光緒二十八年歲次壬寅時憲書不分卷　(清)欽天監編　清光緒刻朱墨套印本　一冊

410000－2286－0001259　1303 史 00249

大清光緒二十九年歲次癸卯時憲書不分卷　(清)欽天監編　清光緒刻朱墨套印本　一冊

410000－2286－0001260　1303 史 00250

大清光緒三十年歲次甲辰時憲書不分卷　(清)欽天監編　清光緒刻朱墨套印本　一冊

410000－2286－0001261　1303 史 00251

大清光緒三十年歲次甲辰時憲書不分卷　(清)欽天監編　清光緒刻朱墨套印本　一冊

410000－2286－0001262　2301 集 00371

元詩選初集　(清)顧嗣立輯　清刻本　一冊　存九種九卷

410000－2286－0001263　2301 集 00372

盛朝詩選初集十二卷二集十二卷　(清)顧施禎輯　(清)顧玠等編　(清)張琦等校　清康熙二十八年(1689)心耕堂刻本　一冊　存三卷(二集八至十)

410000－2286－0001264　1303 史 00252

三輔黃圖六卷　(漢)□□撰　明萬曆十三年(1585)刻本　一冊

410000－2286－0001265　2301 集 00373

新鐫千家詩會義直解二卷　(清)王相選註　(清)任福佑輯　**增補重訂千家詩註解二卷**　(明)任來吉選　(明)王相註　(清)文苑閣重校　**笠翁對韻二卷韻字考異一卷**　(清)李笠翁(李漁)撰　**唐司空圖詩品詳註一卷**　(唐)司空圖撰　清刻本　一冊

410000－2286－0001266　2301 集 00374

新鐫千家詩會義直解二卷　(清)王相選註

(清)任福佑輯　**增補重訂千家詩註解二卷**　(明)任來吉選　(明)王相註　(清)文苑閣重校　**笠翁對韻二卷韻字考異一卷**　(清)李笠翁(李漁)撰　**唐司空圖詩品詳註一卷**　(唐)司空圖撰　清刻本　一冊

410000－2286－0001267　1303 史 00253
方輿類纂二十八卷首一卷　(清)溫汝能編　清嘉慶十三年(1808)文畬堂刻本　十二冊　存十五卷(十四至二十八)

410000－2286－0001268　1303 史 00254
崇實齋初編不分卷　(清)陳棠等著　清刻本　一冊

410000－2286－0001269　2301 集 00375
新鐫五言千家詩註解二卷　(清)王相選註　(清)車爾銊校正　**新鐫七言千家詩註解二卷**　(清)車爾銊正字　(明)王相選註　**笠翁對韻二卷韻字考異一卷**　(清)李笠翁(李漁)撰　**唐司空圖詩品詳註一卷**　(唐)司空圖撰　清同治十二年(1873)同文堂刻本　一冊

410000－2286－0001270　2301 集 00376
新鐫千家詩會義直解二卷　(清)王相選註　(清)任福佑輯　**增補重訂千家詩註解二卷**　(明)任來吉選　(明)王相註　(清)文苑閣重校　**笠翁對韻二卷韻字考異一卷**　(清)李笠翁(李漁)撰　**唐司空圖詩品詳註一卷**　(唐)司空圖撰　清光緒十一年(1885)益智山房刻本　二冊

410000－2286－0001271　1303 史 00255
[乾隆]光州志六十八卷志餘十二卷　(清)高兆煌纂修　清乾隆三十五年(1770)刻本　八冊　存二十四卷(一至十一、十四、十八至二十四、三十一至三十三、三十九至四十)

410000－2286－0001272　1303 史 00256
[光緒]絳縣志十四卷　(清)劉斌修　(清)張於鑄纂　清光緒六年(1880)刻本　六冊

410000－2286－0001273　2301 集 00377
新鐫千家詩會義直解二卷　(清)王相選註　**增補重訂千家詩註解二卷**　(明)任來吉選　(明)王相註　(清)文苑閣重校　**笠翁對韻二卷韻字考異一卷**　(清)李笠翁(李漁)撰　**唐司空圖詩品詳註一卷**　(唐)司空圖撰　清刻本　一冊　存四卷(增補重訂千家詩註解二卷、笠翁對韻下、詩品詳註一卷)

410000－2286－0001274　2301 集 00378
增補重訂千家詩註解二卷　(宋)謝枋得選　(清)王相註　**諸名家百壽詩不分卷**　(明)王相選輯　(清)王錫校梓　清道光二十九年(1849)聚業堂刻本　一冊

410000－2286－0001275　2301 集 00379
新鐫千家詩會義直解二卷　(清)王相選註　(清)任福佑重輯　**百花詩引不分卷**　清刻本　一冊　存二卷(新鐫五律千家詩會義直解二、百花詩引不分卷)

410000－2286－0001276　1303 史 00257
鄢陵文獻志四十卷　(清)蘇源生纂　清同治二年(1863)刻本　一冊　存一卷(一)

410000－2286－0001277　1303 史 00258
[光緒]定興縣志二十六卷首一卷　(清)張主敬等修　(清)楊晨等纂　清光緒刻本　一冊　存一卷(十五)

410000－2286－0001278　2301 集 00380
詠物詩選八卷　(清)俞琰輯　清雍正刻本　三冊　存三卷(二、四、八)

410000－2286－0001279　1303 史 00259
[乾隆]重修固始縣志二十六卷首一卷　(清)謝聘修　(清)洪亮吉纂　清乾隆五十一年(1786)刻本　三冊　存三卷(六、二十五至二十六)

410000－2286－0001280　1303 史 00260
[乾隆]輝縣志十二卷首一卷末一卷　(清)文兆奭修　(清)楊喜榮　(清)諸步熹纂　清乾隆二十二年(1757)刻本　三冊　存五卷(五至九)

410000－2286－0001281　2301 集 00381
詠物詩選八卷　(清)俞琰輯　清雍正刻本　一冊　存四卷(一至四)

410000－2286－0001282　2301 集 00382
養雲山館試帖四卷　(清)許球著　(清)王榮紱注釋　(清)汪廷儒等參訂　清道光刻本　一冊　存一卷(四)

410000－2286－0001283　1303 史 00261
[乾隆]輝縣志十二卷首一卷末一卷　(清)文兆奭修　(清)楊喜榮　(清)諸步熹纂　清乾隆二十二年(1757)刻本　一冊　存一卷(五)

410000－2286－0001284　1303 史 00262
[道光]輝縣志二十卷首一卷末一卷　(清)周際華修　(清)戴銘等纂　清道光十五年(1835)刻本　一冊　存二卷(二至三)

410000－2286－0001285　1303 史 00263
[道光]輝縣志二十卷首一卷末一卷　(清)周際華修　(清)戴銘等纂　清道光十五年(1835)刻光緒重修本　一冊　存三卷(七至九)

410000－2286－0001286　1303 史 00264
[道光]輝縣志二十卷首一卷末一卷　(清)周際華修　(清)戴銘等纂　清道光十五年(1835)刻本　一冊　存三卷(七至九)

410000－2286－0001287　2301 集 00383
名家制義不分卷　(清)俞長城輯　清康熙三十八年(1699)可義堂刻本　二十冊

410000－2286－0001288　1303 史 00265
忠武祠墓志七卷首一卷末一卷　(清)李復心彙輯　清道光刻本　三冊　缺二卷(二至三)

410000－2286－0001289　1303 史 00266
歷科後場文喈鳳表集不分卷　(清)吳鏡源輯　(清)汪基注　清三多齋刻本　一冊

410000－2286－0001290　1303 史 00267
都門紀略四集　(清)楊靜亭編輯　清同治十三年(1874)榮録堂刻本　一冊　存一集(二集)

410000－2286－0001291　2302 集 00384
目耕齋小題不分卷　(清)劉芳躅等撰　(清)沈叔眉編次　清刻本　一冊

410000－2286－0001292　1303 史 00268
都門彙纂不分卷　(清)楊靜亭編輯　(清)李靜山增補　清同治三年(1864)刻本　一冊

410000－2286－0001293　2302 集 00385
河朔書院課藝不分卷散體文不分卷　(清)劉南卿選輯　(清)許仙屏鑒定　清光緒九年(1883)浚儀劉氏刻本　二冊

410000－2286－0001294　1303 史 00269
長白徵存錄八卷首一卷　張鳳臺修　(清)劉龍光等纂　清宣統二年(1910)鉛印本　四冊

410000－2286－0001295　1303 史 00270
環遊地球新錄四卷　(清)李圭編　清光緒四年(1878)刻本　四冊

410000－2286－0001296　2302 集 00386
成均課藝讀本不分卷　(清)劉靖邦等撰　清刻本　一冊

410000－2286－0001297　1303 史 00271
瀛環志畧十卷　(清)徐繼畬輯著　(清)陳慶偕等叅訂　(清)霍明高採譯　清同治十二年(1873)刻本　四冊　存七卷(一至二、四至六、九至十)

410000－2286－0001298　2302 集 00387
淡靜齋課藝初編一卷　(清)張時中著　(清)張子定等編　(清)胡五倫等訂　清光緒九年(1883)淡靜齋刻本　一冊

410000－2286－0001299　1303 史 00272
國朝歷科館選錄不分卷　(清)沈廷芳輯　(清)陸費墀等重訂　清乾隆刻本　一冊

410000－2286－0001300　1303 史 00273
職官全書不分卷　(清)□□編　清刻本　一冊

410000－2286－0001301　2302 集 00388
登瀛仙館會課文存一卷　(清)吳毓春輯　清光緒三年(1877)刻本　一冊

410000－2286－0001302　1303 史 00274
大清縉紳全書四卷　清咸豐十年(1860)榮錄堂刻本　四冊

410000－2286－0001303　2302 集 00389
鐵網珊瑚課藝初集一卷　（清）沈鏡堂輯　清同治二年（1863）刻本　一册

410000－2286－0001304　2302 集 00390
鐵網珊瑚課藝三集一卷　（清）朱鴻儒著（清）朱士璋等編校　清同治七年（1868）刻本　一册

410000－2286－0001305　1303 史 00275
大清縉紳全書四卷　清光緒十六年（1890）榮録堂刻本　三册　存三卷（一至三）

410000－2286－0001306　2302 集 00391
銕網珊瑚課藝三集一卷　（清）朱鴻儒著（清）朱士璋等編校　清道光三十年（1850）刻朱墨套印本　一册

410000－2286－0001307　1303 史 00276
大清縉紳全書四卷　清光緒三十三年（1907）榮録堂刻本　一册　存一卷（一）

410000－2286－0001308　1304 史 00277
大清縉紳全書四卷　清榮録堂刻本　一册　存一卷（貞）

410000－2286－0001309　2302 集 00392
關中書院課選二卷　（清）□□輯　清光緒二年（1876）刻本　一册

410000－2286－0001310　2302 集 00393
關中書院詩不分卷賦不分卷　（清）劉源灝輯　清刻本　三册

410000－2286－0001311　2302 集 00394
金臺書院五集不分卷　（清）□□輯　清光緒十四年（1888）刻本　一册

410000－2286－0001312　2302 集 00395
江漢炳靈集二卷　（清）張之洞輯　清同治十二年（1873）刻本　二册

410000－2286－0001313　1304 史 00278
大清縉紳全書四卷　清榮録堂刻本　一册　存一卷（二）

410000－2286－0001314　1304 史 00279
大清縉紳全書四卷　清刻本　一册　存一卷（二）

410000－2286－0001315　1304 史 00280
中州同官録不分卷　（清）楊國楨輯　清刻本　三册

410000－2286－0001316　1304 史 00281
光緒甲午恩科會試同年齒録不分卷　清光緒二十年（1894）琉璃廠精華齋、元會齋、龍光齋、龍文齋刻本　四册

410000－2286－0001317　2302 集 00396
國朝律賦新機二集不分卷　（清）孫理少輯（清）胡金栻等箋註　（清）陸文炳等校字　清嘉慶十一年（1806）刻本　一册

410000－2286－0001318　1304 史 00282
京師職官表不分卷　清刻本　一册

410000－2286－0001319　1304 史 00283
福惠全書三十二卷　（清）黄六鴻著　清康熙刻本　四册　存十六卷（一至七、十七至二十一、二十六至二十九）

410000－2286－0001320　2302 集 00397
律賦新機初集不分卷　（清）吴樹萱撰　清刻本　一册

410000－2286－0001321　1304 史 00284
福惠全書三十二卷　（清）黄六鴻著　清刻本　二册　存八卷（一至三、八至十二）

410000－2286－0001322　1304 史 00285
福惠全書三十二卷　（清）黄六鴻著　清刻本　八册　存二十二卷（三至十六、二十五至三十二）

410000－2286－0001323　2302 集 00398
律賦會新四卷　（清）汪道淳等撰　清嘉慶二十五年（1820）三益堂刻本　四册

410000－2286－0001324　2302 集 00399
少嵒賦草四卷　（清）夏思沺著　清道光十年（1830）誠意堂刻本　一册

410000－2286－0001325　1304 史 00286
文獻通考三百四十八卷　（元）馬端臨著　清刻本　一百三册　存三百一卷（一至十九、二

十五至三十二、三十六至五十二、五十六至一百二十六、一百三十一至一百四十九、一百五十二至一百七十、一百七十四至一百九十、一百九十四至二百二十三、二百二十八至二百三十四、二百三十八至二百四十二、二百四十六至二百七十六、二百八十二至二百九十四、三百一至三百十二、三百十六至三百四十八）

410000－2286－0001326　2302集00400
明文别編不分卷　（清）王介錫評定　（清）王九游校　清順治十二年（1655）刻本　一册

410000－2286－0001327　1305史00287
文獻通考三百四十八卷　（元）馬端臨著　明刻本　二册　存五卷（十一至十五）

410000－2286－0001328　2302集00401
明文百家萃小傳不分卷　（清）王介錫纂　（清）王九游校　清順治十二年（1655）刻本　一册

410000－2286－0001329　1305史00288
文獻通考三百四十八卷　（元）馬端臨著　清末影印本　一册　存一卷（十一）

410000－2286－0001330　1305史00289
文獻通考三百四十八卷　（元）馬端臨著　清末鉛印本　一册　存八卷（一百三十四至一百四十一）

410000－2286－0001331　2302集00402
明文初學讀本不分卷　（清）□□輯　清刻本　一册

410000－2286－0001332　1305史00290
欽定續文獻通考二百五十卷　（清）嵇璜等纂　清末鉛印本　三册　存二十七卷（一百七至一百十三、一百三十七至一百四十二、一百七十六至一百八十九）

410000－2286－0001333　1305史00291
文獻通考輯要二十四卷　湯壽潛編輯　清光緒二十五年（1899）圖書集成局鉛印本　十册

410000－2286－0001334　2302集00403
增評加批金玉緣圖説十六卷一百二十回首一卷　（清）曹雪芹（曹霑）著　（清）高鶚續　（清）蝶鄉仙史評訂　清末石印本　一册　存五卷（一至四、首一卷）

410000－2286－0001335　1305史00292
文獻通考輯要二十四卷　湯壽潛編輯　清刻本　一册　存二卷（十一下至十二）

410000－2286－0001336　1305史00293
皇朝文獻通考輯要二十六卷　湯壽潛輯　清末鉛印本　九册　存二十一卷（一至十一、十六至二十三、二十五至二十六）

410000－2286－0001337　2302集00404
增評加批金玉緣圖説十六卷一百二十回首一卷　（清）曹雪芹（曹霑）著　（清）高鶚續　（清）蝶鄉仙史評訂　清末石印本　一册　存五卷（一至四、首一卷）

410000－2286－0001338　1305史00294
欽定續文獻通考輯要二十六卷　湯壽潛輯　清末鉛印本　八册　存二十一卷（一、五至八、十一下至二十六）

410000－2286－0001339　1305史00295
大清通禮五十卷　（清）來保等修　清刻本　一册　存四卷（十七至二十）

410000－2286－0001340　1305史00296
大清通禮五十卷　（清）來保等修　清刻本　一册　存六卷（四十一至四十六）

410000－2286－0001341　1305史00297
大清通禮五十卷　（清）來保等修　清刻本　一册　存三卷（四十八至五十）

410000－2286－0001342　1305史00298
皇朝經世文編一百二十卷　（清）賀長齡輯　（清）魏源編次　（清）曹堉校勘　清刻本　三十五册　存五十四卷（十四至十五、二十四至二十六、二十九至三十四、五十四、五十六至六十二、七十二至七十七、七十九至八十二、八十六至八十八、九十六至九十七、九十九至一百五、一百八至一百二十）

410000－2286－0001343　2302集00405

增評加批金玉緣圖說一百二十卷 (清)曹雪芹(曹霑)著 (清)高鶚續 (清)蝶鄉仙史評訂 清末石印本 二册 存十七卷(二十五至四十一)

410000－2286－0001344 1401 史 00299
皇朝經世文編一百二十卷 (清)賀長齡輯 (清)魏源編次 (清)曹堉校勘 清刻本 三册 存三卷(十三、二十九、三十三)

410000－2286－0001345 1401 史 00300
皇朝經世文編一百二十卷 (清)賀長齡輯 (清)魏源編次 (清)曹堉校勘 清刻本 一册 存一卷(八十)

410000－2286－0001346 1401 史 00301
皇朝經世文編一百二十卷 (清)賀長齡輯 清末鉛印本 四册 存十九卷(十五至二十三、八十四至九十三)

410000－2286－0001347 1401 史 00302
皇朝經世文編一百二十卷 (清)賀長齡輯 清末鉛印本 一册 存五卷(三十五至三十九)

410000－2286－0001348 2302 集 00406
增評補像全圖金玉緣一百二十回 (清)曹雪芹(曹霑)著 (清)王希廉評 (清)姚燮評 清末石印本 一册 存十回(九至十八)

410000－2286－0001349 1401 史 00303
皇朝經世文續編一百二十卷 (清)葛士濬輯 清末石印本 一册 存八卷(十八至二十五)

410000－2286－0001350 1401 史 00304
皇朝經世文三編八十卷 (清)陳忠倚輯 清末石印本 一册 存五卷(二十六至三十)

410000－2286－0001351 1401 史 00305
皇朝經世文四編五十二卷 (清)何良棟輯 清光緒二十八年(1902)上海書局石印本 十二册

410000－2286－0001352 1401 史 00306
皇朝經世文新編二十一卷 (清)麥仲華輯 清光緒二十八年(1902)瑶林書館石印本 十八册

410000－2286－0001353 2302 集 00407
紅樓夢一百二十回 (清)曹雪芹(曹霑)著 清刻本 一册 存五回(八十一至八十五)

410000－2286－0001354 1401 史 00307
廣治平畧三十六卷 (清)蔡方炳撰 清刻本 四册 存十八卷(一至十八)

410000－2286－0001355 2302 集 00408
紅樓夢一百二十回 (清)曹雪芹(曹霑)著 清刻本 四册 存十九回(四十七至五十一、六十一至六十四、一百十一至一百二十)

410000－2286－0001356 1401 史 00308
廣治平畧三十六卷 (清)蔡方炳撰 清刻本 一册 存三卷(七至九)

410000－2286－0001357 1401 史 00309
欽定學政全書八十六卷首一卷 (清)恭阿拉等修 清嘉慶刻本 九册 存三十四卷(一至二、七至十一、十四至三十七、四十三至四十四,首一卷)

410000－2286－0001358 2302 集 00409
紅樓夢一百二十回 (清)曹雪芹(曹霑)著 (清)王希廉評 清刻本 一册 存五回(一百六至一百十)

410000－2286－0001359 1303 史 00310
[乾隆]輝縣志十二卷首一卷末一卷 (清)文兆奭修 (清)楊喜榮 (清)諸步熹纂 清乾隆二十二年(1757)刻本 三册 存五卷(五至九)

410000－2286－0001360 1401 史 00311
讀史兵略四十六卷 (清)胡林翼纂 清刻本 八册 存二十一卷(十五至十七、二十八至三十三、三十五至四十六)

410000－2286－0001361 2302 集 00410
紅樓夢一百二十回 (清)曹雪芹(曹霑)著 清三讓堂刻本 一册 存十三回(一、四十一至五十二)

410000－2286－0001362　2302 集 00411
後紅樓夢三十回附詩二種　題（清）逍遥子著　清刻本　五冊　存十四卷（十九至三十二）

410000－2286－0001363　2302 集 00412
續紅樓夢三十卷　（清）秦子忱著　清末石印本　一冊　存五卷（十七至二十一）

410000－2286－0001364　1401 史 00312
東三省政略十二卷　徐世昌等編　清宣統鉛印本　二十八冊

410000－2286－0001365　2302 集 00413
淵鑒齋御纂朱子全書六十六卷　（清）朱熹撰　清刻本　三冊　存七卷（十七至十九、三十九至四十、六十五至六十六）

410000－2286－0001366　1402 史 00313
大清律例四十七卷　（清）徐本等修　（清）唐紹祖等纂　清刻本　十五冊　存四十二卷（六至四十七）

410000－2286－0001367　2302 集 00414
養雲山館試帖四卷　（清）許球著　（清）王榮紱注釋　（清）汪廷儒等參訂　清刻本　一冊　存一卷（四）

410000－2286－0001368　2302 集 00415
養雲山館試帖四卷　（清）許球著　（清）王榮紱注釋　（清）汪廷儒等參訂　清光緒六年（1880）刻本　一冊　存二卷（一至二）

410000－2286－0001369　2302 集 00416
仁在堂詩不分卷賦不分卷　（清）劉源灝輯　清道光十八年（1838）刻本　三冊

410000－2286－0001370　1402 史 00314
大清律例四十七卷　（清）徐本等修　（清）唐紹祖等纂　清乾隆三十三年（1768）江寧府學刻本　十六冊

410000－2286－0001371　2301 集 00417
七家詩選註釋七卷　（清）王廷紹著　（清）張熙宇輯評　（清）張昶註釋　清萬元堂刻本　二冊

410000－2286－0001372　2302 集 00418
唐宋八大家類選十四卷　（清）儲欣評　（清）儲芝参述　（清）徐永勳等校訂　清乾隆刻本　二冊　存二卷（三、十）

410000－2286－0001373　1402 史 00315
大清律例四十七卷　（清）徐本等修　（清）唐紹祖等纂　清刻本　十冊　存二十九卷（二至七、十六至二十六、三十二至三十五、四十至四十七）

410000－2286－0001374　2302 集 00419
唐宋八家文讀本三十卷　（唐）韓愈等著　（清）沈德潛評點　清嘉慶十八年（1813）刻本（卷十至十一、二十一至二十二配清刻本）　六冊　存十四卷（一至二、五至七、十至十一、十五至十九、二十一至二十二）

410000－2286－0001375　2302 集 00420
唐宋八家文讀本三十卷　（唐）韓愈等著　（清）沈德潛評點　清乾隆刻本　一冊　存三卷（一至三）

410000－2286－0001376　1402 史 00316
大清律例四十七卷　（清）徐本等修　（清）唐紹祖等纂　清乾隆刻本　一冊　存一卷（四十五）

410000－2286－0001377　1402 史 00317
大清律例四十七卷　（清）徐本等修　（清）唐紹祖等纂　清乾隆刻本　十一冊　存二十四卷（二至五、十六至二十七、三十四至三十六、四十至四十二、四十六至四十七）

410000－2286－0001378　2302 集 00421
古文八大家公暇錄六卷　（清）王應鯨選評　清乾隆刻本　二冊　存二卷（四至五）

410000－2286－0001379　2302 集 00422
國朝中州文徵五十四卷首一卷　（清）蘇源生編　清刻本　六冊　存十二卷（十五至十六、十九至二十八）

410000－2286－0001380　1402 史 00318
律表三十六卷首一卷　（清）曾恒德編次　清刻本　四冊　存三十二卷（一至三十一、首一卷）

410000－2286－0001381　2302 集 00423
文法金鍼不分卷　(清)胡延著　(清)馬俊卿等校　清道光二十五年(1845)聚錦旭刻本　一冊

410000－2286－0001382　1402 史 00319
律表三十六卷首一卷　(清)曾恒德編次　清刻本　一冊　存四卷(三十二至三十五)

410000－2286－0001383　2302 集 00424
味鐙墨話不分卷　(清)味鐙書屋彙鈔　清光緒刻本　二冊

410000－2286－0001384　2302 集 00425
註釋蓬池詩課合存四卷　(清)鄂順安等訂　(清)余逢瑗等註　清道光二十二年(1842)刻本　一冊

410000－2286－0001385　1402 史 00320
大清律集解附例三十卷新例一卷則例一卷　(清)剛林等纂修　清乾隆刻本　四冊　存二十四卷(一至四、十三至三十,新例一卷,則例一卷)

410000－2286－0001386　2302 集 00426
詩律淺説易知集四卷　(清)任兆松評選　清乾隆經緯堂刻本　一冊

410000－2286－0001387　1402 史 00321
大清律例彙輯便覽四十卷　(清)佚名輯　清刻本　十冊　存十六卷(九至十九、二十三至二十五、二十九至三十)

410000－2286－0001388　2302 集 00427
詩律淺説易知集四卷　(清)任兆松評選　清乾隆經緯堂刻本　一冊

410000－2286－0001389　2302 集 00428
詩律淺説易知集四卷　(清)任兆松評選　清光緒元年(1875)鮑乾元刻本　一冊

410000－2286－0001390　2302 集 00429
詩律淺説易知集四卷　(清)任兆松評選　清道光二十四年(1844)聚三堂刻本　二冊

410000－2286－0001391　1403 史 00322
大清律例通纂四十卷督捕則例附纂二卷　(清)胡肇楷　(清)周孟隣編　清刻本　四冊　存十一卷(八至十一、二十五、二十七至三十二)

410000－2286－0001392　1403 史 00323
大清律例通纂四十卷督捕則例附纂二卷　(清)胡肇楷　(清)周孟隣編　清刻本　五冊　存九卷(三十二至四十)

410000－2286－0001393　2302 集 00430
寄嶽雲齋試體詩選詳註四卷　(清)張學蘇箋　(清)聶銑敏等藁　(清)王茂松等校　清道光三年(1823)宏道堂刻本　一冊

410000－2286－0001394　2302 集 00431
寄嶽雲齋試體詩選詳註四卷　(清)聶銑敏撰　(清)張學蘇箋　清抄本　一冊

410000－2286－0001395　1403 史 00324
大清律例全纂集成三十三卷　(清)李觀瀾等編纂　清嘉慶九年(1804)刻本　七冊　存十一卷(五至八、十四至十八、二十、二十四)

410000－2286－0001396　2302 集 00432
國朝駢體正宗評本十二卷補編一卷　(清)曾燠選　(清)姚燮評　(清)張壽榮参　清光緒十年(1884)刻花雨樓叢鈔本　一冊　存二卷(九至十)

410000－2286－0001397　1403 史 00325
大清律例全纂集成三十三卷　(清)李觀瀾等編纂　清嘉慶九年(1804)刻本　三冊　存三卷(二、十三至十四)

410000－2286－0001398　1403 史 00326
大清律例統纂集成四十卷末一卷督捕則例附纂二卷　(清)胡肇楷　(清)周孟隣編　清嘉慶二十二年(1817)刻本　十五冊　缺四卷(一至四)

410000－2286－0001399　2302 集 00436
屏花軒時文不分卷　(清)胡凜三著　(清)胡宣三等校訂　清道光刻本　一冊

410000－2286－0001400　2302 集 00433
塾課文約鈔不分卷　(清)毛猷等撰　清刻本

一册

410000－2286－0001401　1403 史 00327
大清律例統纂集成四十卷末一卷督捕則例附纂二卷　（清）胡肇楷　（清）周孟隣編　清刻本　一册　存二卷（二至三）

410000－2286－0001402　2302 集 00434
國朝中州名賢集講義二卷洛賢坩傳一卷　（清）耿介等撰　（清）黄舒昺編輯　清刻本　一册

410000－2286－0001403　1403 史 00328
大清律例統纂集成四十卷末一卷督捕則例附纂二卷　（清）胡肇楷　（清）周孟隣編　清刻本　十册　存十六卷（四至七、十一至十二、十六至十七、二十至二十二、二十六、二十九至三十，督捕則例附纂二卷）

410000－2286－0001404　2302 集 00435
集虚齋全稿合刻不分卷　（清）方桑如著　（清）朱桓等編　清乾隆刻本　一册

410000－2286－0001405　1403 史 00329
大清律例統纂集成四十卷末一卷督捕則例附纂二卷　（清）胡肇楷　（清）周孟隣編　清刻本　一册　存三卷（二十至二十二）

410000－2286－0001406　1403 史 00330
大清律例統纂集成四十卷末一卷督捕則例附纂二卷　（清）胡肇楷　（清）周孟隣編　清道光十三年（1833）刻本　七册　存十六卷（一、十三至二十二、三十八至四十，末一卷，督捕則例附纂二）

410000－2286－0001407　2302 集 00437
屏花軒小草不分卷　（清）胡凜三著　清道光刻本　一册

410000－2286－0001408　1403 史 00331
大清律例刑案彙纂集成四十卷督捕則例附纂二卷　（清）姚雨薌纂輯　（清）胡仰山增修　清同治十二年（1873）刻本　二十四册

410000－2286－0001409　2302 集 00438
五榮堂藏稿不分卷　（清）高棠萼著　清乾隆五十五年（1790）刻本　一册

410000－2286－0001410　2302 集 00439
太史升菴全集八十一卷目錄二卷　（明）楊慎著　（明）楊有仁錄　（明）陳大科校　清乾隆六十年（1795）新都周參元刻本　一册　存四卷（七十八至八十一）

410000－2286－0001411　1404 史 00332
大清律例刑案彙纂集成四十卷督捕則例附纂二卷　（清）姚雨薌纂輯　（清）胡仰山增修　清刻本　七册　存十五卷（九至十、十六至十七、二十至二十二、二十七至三十四）

410000－2286－0001412　2302 集 00444
江漢炳靈集二卷　（清）張之洞輯　清同治九年（1870）刻本　一册　存一卷（上）

410000－2286－0001413　2302 集 00440
直省考卷鳴盛集不分卷　（清）周成灉等撰　清刻本　一册

410000－2286－0001414　2302 集 00441
謝華啟秀集八卷　（清）吳藹人等鑒定　（清）陳嵩慶等撰　清道光十年（1830）聚錦堂刻本　二册　存四卷（一至二、五至六）

410000－2286－0001415　2302 集 00442
管注合刻雪鴻軒尺牘二卷　（清）龔萼著　（清）王嵩慶等校　（清）管斯駿重訂　清末石印本　一册　存一卷（下）

410000－2286－0001416　1404 史 00333
大清律例增修統纂集成四十卷督捕則例附纂二卷　（清）陶駿等增修　清末石印本　三册　存五卷（五、三十四至三十五，督捕則例附纂二卷）

410000－2286－0001417　2303 集 00443
十八家詩鈔二十八卷　（清）曾國藩纂　（清）李鴻章審定　（清）王定安校　清同治十三年（1874）傳忠書局刻曾文正公全集本　一册　存一卷（二十三）

410000－2286－0001418　1404 史 00334
大清律例增修統纂集成四十卷督捕則例附纂

二卷　(清)陶駿等增修　清刻本　一册　存三卷(十九至二十一)

410000－2286－0001419　1205 史 00335
吟林綴語不分卷　(清)戴文選撰　清刻本　一册

410000－2286－0001420　2303 集 00445
漁隱叢話前集六十卷後集四十卷　(宋)胡仔纂集　清乾隆五年至六年(1740－1741)楊佑啓耘經樓刻本　六册　存五十四卷(前集十六至二十二、三十三至六十,後集一至十九)

410000－2286－0001421　2303 集 00446
箋評韓文讀本三卷　(清)董湜修訂　(清)程龍儀等校字　清刻本　四册

410000－2286－0001422　2303 集 00447
珠浦集一卷金帚集一卷　(清)戴銘著　清道光十四年(1834)刻本　一册

410000－2286－0001423　2303 集 00448
唐詩别裁集二十卷　(清)沈德潛編　清康熙刻本　一册　存一卷(二)

410000－2286－0001424　1404 史 00336
欽定吏部處分則例四十七卷　(清)吏部纂修　清抄本　十册　存三十七卷(一至十四、十五至二十三、二十五至二十七、三十二至三十七、三十八至四十二)

410000－2286－0001425　1404 史 00337
欽定吏部處分則例四十七卷　(清)吏部纂修　清刻本　九册　存十五卷(十一至十二、二十五至二十六、二十八至三十四、三十七、四十二、四十六至四十七)

410000－2286－0001426　1404 史 00338
處分則例圖要六卷　(清)蔡逢年編　清刻本　一册　存二卷(五至六)

410000－2286－0001427　2303 集 00449
三江巧搭縫雲一卷小題裁月一卷　(清)蕭□評選　清道光二十七年(1847)刻本　一册

410000－2286－0001428　2303 集 00450
巧搭分品一卷　(清)史鑑著　**小題别體一卷**　(清)李揆一輯　清道光二十六年(1846)刻本　一册

410000－2286－0001429　1404 史 00339
新編吏治懸鏡八卷　(清)徐文弼編　清道光刻本　一册　存一卷(五)

410000－2286－0001430　1404 史 00340
刑案匯覽六十卷首一卷末一卷拾遺備考一卷　(清)祝慶祺等編輯　**續增刑案匯覽十六卷**　(清)祝慶祺等編輯　**新增刑案匯覽十六卷首一卷**　(清)祝慶祺等編輯　清光緒圖書集成局鉛印本　二十九册　存七十一卷(二至三、六至二十、二十三至二十六、二十九至三十四、四十三至四十八、五十一至六十,首一卷,末一卷,拾遺備考一卷;續增刑案匯覽一至二、五至八、十一至十六;新增刑案匯覽一至十二,首一卷)

410000－2286－0001431　2303 集 00451
搭題易讀一卷小題易讀一卷　(清)史鑑輯　(清)齊克猷等訂　清咸豐九年(1859)刻朱墨套印本　一册

410000－2286－0001432　2303 集 00452
道光己亥科河南鄉試硃卷不分卷　(清)王驤衢等撰　清道光刻本　一册

410000－2286－0001433　2303 集 00453
道光己亥預行庚子正科浙江鄉試硃卷不分卷　(清)李茂材等撰　清道光刻本　一册

410000－2286－0001434　1404 史 00341
定例成案合鐫三十卷逃人一卷　(清)孫綸輯　清刻本　一册　存三卷(二十九至三十、逃人一卷)

410000－2286－0001435　2303 集 00454
光緒癸巳恩科山東鄉試硃卷不分卷　(清)楊永年等撰　清光緒刻本　一册

410000－2286－0001436　1404 史 00342
定例成案合鐫續增不分卷　(清)孫綸編輯　(清)孫繪校閲　清刻本　二册

410000－2286－0001437　2303 集 00455

嘉慶己卯科全省鄉墨文衡不分卷試帖不分卷　(清)李光昱評選　清嘉慶同文堂刻本　一冊

410000－2286－0001438　2303 集 00456
光緒己卯科直省鄉墨萃珍不分卷試帖不分卷　(清)鄭杲等撰　清光緒刻本　一冊

410000－2286－0001439　1404 史 00343
秋審比較彙案□□卷　(清)□□輯　清光緒鉛印本　三冊　存三卷(二、四、十)

410000－2286－0001440　2303 集 00457
光緒壬午科直省鄉墨不分卷　(清)黄耀奎等撰　清光緒刻本　一冊

410000－2286－0001441　1404 史 00344
欽定臺規二十卷　(清)恭阿拉等纂　清嘉慶刻本　三冊　存八卷(一至三、十五至十九)

410000－2286－0001442　2303 集 00458
道光乙未恩科直省鄉墨研精不分卷　(清)鄧琳枝評選　清道光刻本　一冊

410000－2286－0001443　1404 史 00345
讀法圖存四卷　(清)邵繩清繪編　(清)劉從善等校正　清刻本　二冊　存二卷(二至三)

410000－2286－0001444　1404 史 00346
[乾隆三十八年刑律續纂]不分卷　(清)□□輯　清乾隆刻本　一冊

410000－2286－0001445　1405 史 00347
約章成案匯覽乙篇四十二卷　(清)北洋洋務局編　清光緒三十四年(1908)鉛印本　十二冊　存十六卷(八至二十三上)

410000－2286－0001446　1405 史 00348
通商條約章程成案彙編三十卷　(清)李鴻章輯　清光緒十二年(1886)鉛印本　十二冊

410000－2286－0001447　2303 集 00459
五科鄉會大觀二集不分卷　(清)袁大業等撰　清道光刻本　一冊

410000－2286－0001448　2303 集 00460
[尚鳴岐硃卷]不分卷　(清)尚鳴岐著　清道光刻本　一冊

410000－2286－0001449　2303 集 00461
[王宸硃卷]不分卷　(清)王宸著　清同治刻本　一冊

410000－2286－0001450　2303 集 00462
[劉崑玉硃卷]不分卷　(清)劉崑玉著　清咸豐刻本　一冊

410000－2286－0001451　2303 集 00463
[馬吉樟硃卷]不分卷　(清)馬吉樟著　清光緒刻本　一冊

410000－2286－0001452　2303 集 00479
[馬吉樟硃卷]不分卷　(清)馬吉樟著　清光緒刻本　一冊

410000－2286－0001453　1304 史 00349
光緒八年壬午科鄉試同年錄不分卷　(清)□□輯　清光緒八年(1882)刻本　二冊

410000－2286－0001454　2303 集 00464
[王安瀾硃卷]不分卷　(清)王安瀾著　清光緒刻本　一冊

410000－2286－0001455　0801 經 00588
詩韻典要不分卷　(清)劉漸逵撰　(清)鄭東里等校對　清同治十一年(1872)聚興堂刻本　一冊

410000－2286－0001456　2303 集 00465
[曾光岷硃卷]不分卷　(清)曾光岷著　清光緒刻本　一冊

410000－2286－0001457　2303 集 00466
[徐世昌徐世光硃卷]不分卷　徐世昌　徐世光著　清光緒刻本　一冊

410000－2286－0001458　2303 集 00467
[趙郁棠硃卷]不分卷　(清)趙郁棠著　清同治刻本　一冊

410000－2286－0001459　2303 集 00468
[李誠貴硃卷]不分卷　(清)李誠貴著　清道光刻本　一冊

410000－2286－0001460　2303 集 00469
[陳彰五硃卷]不分卷　(清)陳彰五著　清咸豐刻本　一冊

410000－2286－0001461　2305 類叢 00118
詩韻含英十八卷　(清)劉文蔚輯　清乾隆五十七年(1792)經緯堂刻本　一册　存八卷(一至八)

410000－2286－0001462　2303 集 00470
[邱仲坦硃卷]不分卷　(清)邱仲坦著　清道光刻本　一册

410000－2286－0001463　2303 集 00471
[徐紹康硃卷]不分卷　(清)徐紹康著　清光緒刻本　一册

410000－2286－0001464　2303 集 00472
[王紹勳硃卷]不分卷　(清)王紹勳著　清光緒刻本　一册

410000－2286－0001465　2303 集 00473
[暴籥雲硃卷]不分卷　(清)暴籥雲著　清光緒刻本　一册

410000－2286－0001466　2303 集 00474
[王沅硃卷]不分卷　(清)王沅著　清光緒刻本　一册

410000－2286－0001467　2303 集 00475
[張鳳翔硃卷]不分卷　(清)張鳳翔著　清光緒刻本　一册

410000－2286－0001468　2303 集 00476
[張樹桐硃卷]不分卷　(清)張樹桐著　清光緒刻本　一册

410000－2286－0001469　2303 集 00477
[魏文周硃卷]不分卷　(清)魏文周著　清光緒刻本　一册

410000－2286－0001470　2303 集 00478
[劉德馨硃卷]不分卷　(清)劉德馨著　清光緒刻本　一册

410000－2286－0001471　0801 經 00590
四言雜字不分卷　(清)□□輯　清聚業堂刻本　一册

410000－2286－0001472　0801 經 00591
四言雜字不分卷　(清)李曉春重校　清宣統三年(1911)連興堂刻本　一册

410000－2286－0001473　2303 集 00480
巧搭題得珠不分卷　(清)徐瑄評選　清乾隆刻本　一册

410000－2286－0001474　1405 史 00350
東萊博議四卷　(宋)吕祖謙著　**增補虚字註釋一卷**　(清)馮泰松點定　清光緒三十一年(1905)鉛印本　二册

410000－2286－0001475　1405 史 00351
增批輯註東萊博議四卷註釋一卷　(宋)吕祖謙撰　劉紫山(劉鍾英)輯註　清宣統二年(1910)鉛印本　四册

410000－2286－0001476　2303 集 00481
直省鄉墨不分卷試帖不分卷　(清)王雲昭等撰　清刻本　二册

410000－2286－0001477　2303 集 00482
歷科墨卷不分卷　(清)宋衡等撰　清刻本　一册

410000－2286－0001478　1405 史 00352
東萊博議四卷虚字註釋備考六卷　(宋)吕祖謙撰　(清)張文炳評點　清道光二十四年(1844)致和堂刻本　四册

410000－2286－0001479　2303 集 00483
壬午直省鄉墨□□卷　(清)陳翊清等撰　清刻本　一册　存一卷(二)

410000－2286－0001480　1405 史 00354
增批輯註東萊博議四卷註釋一卷　(宋)吕祖謙撰　劉紫山(劉鍾英)輯註　清宣統二年(1910)鉛印本　一册　存二卷(一、註釋一卷)

410000－2286－0001481　1405 史 00355
東萊博議四卷增補虚字註釋一卷　(宋)吕祖謙撰　(清)張文炳點定　清光緒二十八年(1902)刻本　四册

410000－2286－0001482　2303 集 00484
舉業新模癸卯甲辰鄉會墨卷五續□□卷　(清)周百順編　清道光刻本　一册　存六卷(一至六)

410000－2286－0001483　1405 史 00356
東洋史要二卷　(日本)桑原騭藏撰　清末影印本　二册

410000－2286－0001484　2303 集 00485
嘉慶丙子科直省鄉墨經翼一卷河南闈墨一卷　(清)劉家麟等撰　清嘉慶刻本　一册

410000－2286－0001485　2303 集 00486
近科墨卷羔鴈錄一卷　(清)劉吳龍等撰　清乾隆刻本　一册

410000－2286－0001486　1405 史 00357
策學總纂大全四十六卷　(清)蔡壽祺撰　(清)周廕壽　(清)周崑壽重校　清刻本　一册　存十四卷(三十三至四十六)

410000－2286－0001487　2303 集 00487
國朝歷科元墨正宗不分卷　(清)謝墉等撰　清道光刻本　五册

410000－2286－0001488　1405 史 00358
十九世紀外交史十七章　(日本)平田久著　(清)鄒壽祺定本　(清)張相譯　清光緒二十八年(1902)杭州史學齋刻本　四册

410000－2286－0001489　1405 史 00359
列國政要一百三十三卷　(清)戴鴻慈等輯　清光緒石印本　二册　存二卷(四、一百十一)

410000－2286－0001490　1405 史 00360
資治新書二集二十卷　(清)李漁輯　(清)沈心訂　清刻本　一册　存一卷(十九)

410000－2286－0001491　1405 史 00361
歷代萬國史論四卷　(美國)謝衛樓撰　清光緒影印本　一册　存一卷(二)

410000－2286－0001492　1405 史 00362
萬國史記二十卷　(日本)岡本監輔著　(日本)中村正直閱　清末刻本　一册　存四卷(四至七)

410000－2286－0001493　1405 史 00363
明史雜詠四卷首一卷　(清)嚴遂成撰　清刻本　一册

410000－2286－0001494　2303 集 00488
河南鄉試闈墨不分卷　(清)周文杰等　清刻本　一册

410000－2286－0001495　2303 集 00489
直省闈藝大全八卷　(清)汪曦欒等撰　清光緒石印本　二册　存四卷(三至六)

410000－2286－0001496　1405 史 00364
讀史大畧六十卷首一卷　(清)沙張白著　**小沙子史畧一卷**　(清)沙晉著　清光緒二十六年(1900)刻本　十二册

410000－2286－0001497　2303 集 00490
墨粺三編乙酉科直省鄉墨不分卷　(清)傅鍾麟評選　清光緒十二年(1886)刻本　一册

410000－2286－0001498　2303 集 00491
舉業新模八卷末二卷　(清)周百順著　清刻本　一册　存五卷(六至八、末二卷)

410000－2286－0001499　2303 集 00492
舉業前模八卷　(清)周百順編　清道光十六年(1836)刻本　一册　存五卷(一至五)

410000－2286－0001500　1405 史 00365
新輯分類史論大成十九卷首一卷　題(清)海濱行素生編輯　(清)孫問清鑒定　清光緒石印本　一册　存一卷(十七)

410000－2286－0001501　1405 史 00366
欽定四庫全書簡明目錄二十卷　(清)紀昀等纂　清刻本　十册　存十五卷(一至十、十四至十五、十八至二十)

410000－2286－0001502　2303 集 00493
三科鄉會英華不分卷　(清)左穎發等撰　清乾隆刻本　一册

410000－2286－0001503　1405 史 00367
欽定四庫全書簡明目錄二十卷　(清)紀昀等纂　清末廣百宋齋鉛印本　二册　存八卷(二至五、十一至十四)

410000－2286－0001504　2303 集 00494
同治壬戌恩科並補行辛酉正科河南鄉試硃卷一卷　(清)李子封等撰　清同治刻本　一册

410000－2286－0001505　1405 史 00368
欽定四庫全書總目二百卷首四卷　(清)紀昀等撰　清光緒鉛印本　一冊　存十卷(一百四十一至一百五十)

410000－2286－0001506　2303 集 00495
嘉慶庚午科直省鄉墨同和不分卷試帖不分卷　(清)李光昱評選　清嘉慶十五年(1810)同文堂刻本　一冊

410000－2286－0001507　2303 集 00496
丁卯科直省鄉墨同文不分卷試帖不分卷　(清)李光昱評選　清嘉慶刻本　一冊

410000－2286－0001508　1405 史 00369
中國歷史教科書七卷　上海商務印書館編　清光緒三十三年(1907)上海商務印書館鉛印本　一冊　存四卷(四至七)

410000－2286－0001509　2303 集 00497
同治丁卯科直省鄉墨經腴不分卷　(清)劉履安等撰　清同治刻本　一冊

410000－2286－0001510　2303 集 00498
河南試卷從先錄不分卷　(清)王健行等撰　(清)徐光文訂　清乾隆刻本　一冊

410000－2286－0001511　2303 集 00499
光緒癸卯恩科順天鄉試闈墨不分卷　(清)梁庭華等撰　清光緒二十九年(1903)刻本　一冊

410000－2286－0001512　1405 史 00370
書目答問箋補四卷　(清)江人度學　清光緒三十年(1904)刻本　四冊

410000－2286－0001513　2303 集 00500
仁在堂全集　(清)吳錫岱等撰　清光緒掃葉山房鉛印本　一冊

410000－2286－0001514　2303 集 00501
館閣試律説四卷　(清)何汾等輯釋　(清)孫奎審定　(清)潘人麟纂　清嘉慶六年(1801)刻本　四冊

410000－2286－0001515　1405 史 00371
可恨人五卷人義二卷不義人一卷　(明)賀仲軾著　清康熙四十年(1701)獲嘉賀萬來刻本　四冊

410000－2286－0001516　1405 史 00372
理學宗傳二十六卷　(清)孫奇逢輯　清刻本　九冊　存十九卷(三至十五、十九至二十四)

410000－2286－0001517　1405 史 00373
志節編二卷　(清)李棠階撰　清光緒八年(1882)河北道署刻李文清公遺書本　一冊

410000－2286－0001518　2303 集 00502
館閣試律説注釋二卷　(清)何汾　(清)何湘輯釋　清嘉慶刻本　一冊　存一卷(下)

410000－2286－0001519　1501 史 00374
歷代史論十二卷　(明)張溥撰　清光緒上洋珍藝書局鉛印本　一冊　存二卷(一至二)

410000－2286－0001520　1501 史 00375
史論觀止正集□□卷　(清)何秉誠選　清末石印本　一冊　存一卷(八)

410000－2286－0001521　2303 集 00503
河間註釋試律矩四卷　(清)紀昀著　(清)林昌評註　清嘉慶七年(1802)經緯堂刻本　一冊

410000－2286－0001522　2303 集 00504
河間註釋試律矩四卷　(清)紀昀著　(清)林昌評註　清嘉慶七年(1802)經緯堂刻本　一冊

410000－2286－0001523　2303 集 00505
河間註釋試律矩四卷　(清)紀昀著　(清)林昌評註　清嘉慶七年(1802)經緯堂刻本　一冊

410000－2286－0001524　1501 史 00376
歷朝史論彙編二十三卷　(清)鮑雍等錄　清光緒二十八年(1902)志懷主人石印本　一冊　存四卷(一至四)

410000－2286－0001525　2303 集 00506
河間註釋試律矩四卷　(清)紀昀著　(清)林昌評註　清嘉慶七年(1802)刻本　一冊

410000－2286－0001526　1501 史 00377
史論彙選甲編□□卷　(清)□□輯　清光緒石印本　一册　存三卷(三至五)

410000－2286－0001527　2303 集 00507
詞館試律清華集四卷　(清)蔣義彬輯　清刻本　一册　存一卷(三)

410000－2286－0001528　2303 集 00508
中州試牘約選一卷　(清)錢福昌編　清道光二十年(1840)刻本　一册

410000－2286－0001529　1501 史 00378
二十四史論新編二十三卷　題(清)曲園居士鑒定　清光緒二十八年(1902)自强學坌石印本　一册　存四卷(一至四)

410000－2286－0001530　1501 史 00379
史事論二十四卷　(清)雷瑨編輯　清光緒二十九年(1903)硯耕山莊石印本　十一册　存十七卷(甲編一至八、乙編一至四、丙編一至三、丁編一至二)

410000－2286－0001531　2303 集 00509
光緒丁酉科河南闈墨不分卷　(清)管廷鶚鑒定　清光緒文明堂刻本　一册

410000－2286－0001532　2303 集 00510
中州試牘一卷　(清)馮文蔚輯　清光緒十一年(1885)河南學署刻本　一册

410000－2286－0001533　2303 集 00511
英華雜集一卷　(清)田心畬等撰　清抄本　一册

410000－2286－0001534　1501 史 00380
史事論二十四卷　(清)雷瑨編輯　清光緒二十九年(1903)硯耕山莊石印本　三册　存六卷(甲編六至八、乙編三至五)

410000－2286－0001535　1501 史 00381
明鑑四卷　(清)赵翼著　**續左傳博議一卷**　(清)王夫之撰　清光緒石印本　一册　存二卷(明鑑四、續左傳博議一卷)

410000－2286－0001536　2303 集 00512
闈墨分類續編八卷　(清)吴勖選　清乾隆六十年(1795)致和堂刻本　一册　存四卷(初集至四集)

410000－2286－0001537　2303 集 00513
光緒十四年戊子科河南闈墨一卷　(清)□□輯　清光緒文明堂刻本　一册

410000－2286－0001538　1501 史 00382
名家二十一史論□□卷　(清)湯斌等撰　清光緒刻本　一册　存二卷(二至三)

410000－2286－0001539　2303 集 00513
光緒十五年己丑恩科河南闈墨一卷　(清)□□輯　清光緒文明堂刻本　一册

410000－2286－0001540　2303 集 00513
光緒十七年辛卯科河南闈墨一卷　(清)□□輯　清光緒文明堂刻本　一册

410000－2286－0001541　2303 集 00514
光緒十五年己丑恩科河南闈墨一卷　(清)□□輯　清光緒文明堂刻本　一册

410000－2286－0001542　2303 集 00515
光緒乙亥恩科河南闈墨一卷　(清)□□輯　清光緒刻本　一册

410000－2286－0001543　1501 史 00383
史通削繁四卷　(清)紀昀撰　清光緒二十二年(1896)新化三味堂刻本　四册

410000－2286－0001544　1501 史 00384
綱鑑總論二卷　(清)周道卿撰　清光緒二十七年(1901)同文堂刻本　二册

410000－2286－0001545　2303 集 00516
[咸豐九年己未恩科]河南闈墨一卷　(清)□□輯　清咸豐刻本　一册

410000－2286－0001546　1501 史 00385
綱鑑總論二卷　(清)周道卿撰　清刻本　一册　存一卷(上)

410000－2286－0001547　2303 集 00517
道光乙酉科河南闈墨一卷　(清)□□輯　清道光刻本　一册

410000－2286－0001548　2303 集 00518

闈墨八集　(清)吳勔選　(清)賴晝等閲定　(清)吳家駒等校　清刻本　三冊　存四集(初集、四至六)

410000－2286－0001549　1501 史 00386
綱鑑總論二卷　(清)周道卿撰　清光緒刻本　一冊　存一卷(二)

410000－2286－0001550　2303 集 00519
[同治丁卯科]河南闈墨一卷　(清)□□輯　清同治刻本　一冊

410000－2286－0001551　1501 史 00387
讀通鑑論十二卷　(清)王夫之撰　**元史論一卷**　(明)張溥著　**明史論一卷**　(清)谷應泰著　清光緒二十八年(1902)夢孔山房石印本　三冊　存十一卷(一至二、六至十二,元史論一卷,明史論一卷)

410000－2286－0001552　2303 集 00520
道光己亥科河南闈墨一卷　(清)□□輯　清道光文明堂刻本　一冊

410000－2286－0001553　2303 集 00521
[殷太史稿]不分卷　(清)殷元福撰　清刻本　二冊

410000－2286－0001554　1501 史 00388
文史通義八卷　(清)章學誠著　清光緒二十五年(1899)三味堂刻本　七冊

410000－2286－0001555　2303 集 00522
道光丙午科河南闈墨一卷　(清)□□輯　清道光文明堂刻本　一冊

410000－2286－0001556　1501 史 00389
二十四史劄記三十六卷補遺一卷　(清)趙翼撰　清光緒三十一年(1905)上海廣益書局鉛印本　七冊　存三十二卷(一至十九、二十五至三十六,補遺一卷)

410000－2286－0001557　2303 集 00523
道光甲辰恩科河南闈墨一卷　(清)□□輯　清道光文明堂刻本　一冊

410000－2286－0001558　2303 集 00524
道光甲午科河南闈墨一卷　(清)□□輯　清道光文明堂刻本　一冊

410000－2286－0001559　1501 史 00390
校讐通義三卷　(清)章學誠著　清光緒二十五年(1899)三味堂刻本　一冊

410000－2286－0001560　2303 集 00525
近六科程墨時宜集一卷　(清)□□輯　清雍正十二年(1734)刻本　一冊

410000－2286－0001561　1501 史 00391
典制偹類初編四卷　(清)胡先琅等編　(清)江城等衆選　清乾隆五十四年(1789)三多齋刻本　五冊　存三卷(地集一,人集上、下)

410000－2286－0001562　2303 集 00526
[郭埉硃卷]不分卷　(清)郭埉撰　清乾隆刻本　一冊

410000－2286－0001563　1501 史 00392
宣統元年通商各關華洋貿易論略□□卷郵政事務情形總論一卷　(清)上海通商海關造冊處譯　清宣統二年(1910)鉛印本　一冊　存二卷(上、郵政事務總論一卷)

410000－2286－0001564　2201 集 00527
大題文府六卷　題(清)同文書局主人輯　清光緒十九年(1893)上海蜚英書局石印本　二十一冊

410000－2286－0001565　2201 集 00528
大題文府六卷　題(清)同文書局主人輯　清光緒十五年(1889)上海石印本　二冊　存二卷(上論、下論)

410000－2286－0001566　1501 史 00393
欽定大清會典事例一千二百二十卷目錄八卷　(清)昆岡等撰　清光緒二十五年(1899)鉛印本　三百八十四冊

410000－2286－0001567　2201 集 00529
大題文府二集不分卷　題(清)石倉書局主人輯　清光緒十四年(1888)上海石倉書局石印本　一冊

410000－2286－0001568　2201 集 00530
大題文府六卷　題(清)同文書局主人輯　清

光緒石印本　六冊　存四卷(大學、上論、下論、下孟)

410000－2286－0001569　1505 史 00394
欽定大清會典圖二百七十卷首一卷　(清)昆岡等奉敕撰　清光緒二十五年(1899)石印本　七十四冊

410000－2286－0001570　2201 集 00531
大題三萬選七卷　題(清)同文書局主人輯　清光緒二十九年(1903)上海書局石印本　二冊　存一卷(大學)

410000－2286－0001571　2201 集 00532
藝林輯珍□□卷　(清)□□輯　清光緒刻本　七冊　存七卷(上論一、三至八)

410000－2286－0001572　2605 類叢 00084
甌北全集　(清)趙翼撰　清乾隆、嘉慶間湛貽堂刻本　六冊　存二種二十一卷

410000－2286－0001573　2304 類叢 00085
式訓堂叢書　(清)章壽康輯　清光緒會稽章氏刻本　二十二冊　存二十二種七十六卷

410000－2286－0001574　1601 史 00395
欽定大清會典一百卷首一卷　(清)昆岡等撰　清光緒二十五年(1899)石印本　三十六冊

410000－2286－0001575　2304 類叢 00086
寄嶽雲齋試帖詳註四卷　(清)聶銑敏著　(清)張學蘇箋　(清)王茂松等校　清嘉慶二十三年(1818)經緯堂刻本　一冊

410000－2286－0001576　1603 新學 00002
時務分類興國策八卷　(清)李鳳儀編輯　(清)王先禮校字　清光緒二十三年(1897)上海書局石印本　一冊　存一卷(一上中)

410000－2286－0001577　2304 類叢 00087
寄嶽雲齋詩帖詳註四卷　(清)聶銑敏著　(清)張學蘇箋　(清)王茂松等校　清道光二十一年(1841)刻本(卷三至四配清繡谷書屋刻本)　二冊

410000－2286－0001578　2304 類叢 00088
寄嶽雲齋試帖詳註四卷　(清)聶銑敏著　(清)張學蘇箋　(清)王茂松等校　清刻本　二冊

410000－2286－0001579　2304 類叢 00089
寄嶽雲齋試帖詳註四卷　(清)聶銑敏著　(清)張學蘇箋　(清)王茂松等校　清刻本　一冊　存二卷(三至四)

410000－2286－0001580　1603 新學 00004
各國約章纂要六卷首一卷附錄一卷　勞乃宣識　清光緒十八年(1892)上海圖書集成印書局鉛印本　四冊

410000－2286－0001581　2304 類叢 00090
增廣試律大觀三十二卷　(清)□□輯　清道光刻本　二冊　存十一卷(六至十六)

410000－2286－0001582　2304 類叢 00091
文科大成四卷首一卷　(清)□□輯　清光緒十五年(1889)上海石印本　一冊　存四卷(一至三上、首一卷)

410000－2286－0001583　1603 新學 00005
約章分類輯要三十八卷首一卷　蔡乃煌等編校　清光緒二十六年(1900)湖南商務局刻本　二十冊　存二十三卷(一、九至十八、二十七至三十六、三十八,首一卷)

410000－2286－0001584　2304 類叢 00092
試律大成十卷目錄二卷　題(清)文苑主人輯　清光緒十九年(1893)文苑山房石印本　七冊　存七卷(類目一,韻目一、四至六、八、十)

410000－2286－0001585　2304 類叢 00093
試律大成十卷目錄二卷　題(清)文苑主人輯　清光緒十九年(1893)文苑山房石印本　一冊　存一卷(六)

410000－2286－0001586　1604 子 00001
朱子語類一百四十卷　(宋)黎靖德編　(明)朱吾弼重編　明萬曆三十二年(1604)朱崇沐刻本　三十九冊　存一百三十八卷(三至一百四十)

410000－2286－0001587　2201 集 00533
小題四萬選不分卷　(清)□□編　清光緒上

海鴻文書局石印本　二冊

410000－2286－0001588　2201 集 00534
笠翁傳奇十種　(清)李漁編次　清刻本　六冊　存五種十卷

410000－2286－0001589　1604 子 00002
二程全書五十一卷文集拾遺一卷　(宋)程顥　(宋)程頤撰　清康熙二十五年(1686)永寧程氏刻本　六冊　存三十四卷(十九至五十一、文集拾遺一卷)

410000－2286－0001590　2201 集 00535
文苑集成□□卷　(清)□□輯　清刻本　二冊　存二卷(上論一、下論五)

410000－2286－0001591　2201 集 00536
搭題文苑□□卷　(清)□□輯　清刻本　六冊　存六卷(大學一至三、中庸一至三)

410000－2286－0001592　1604 子 00003
孔氏家語十卷　(三國魏)王肅注　清刻本　一冊　存五卷(一至五)

410000－2286－0001593　1604 子 00004
鄉黨圖考十卷　(清)江永著　(清)江仁秀等編次　清乾隆五十二年(1787)致和堂刻本　五冊

410000－2286－0001594　2201 集 00537
雲間大題彬蔚文不分卷　題(清)峰屏泖鏡閣主人輯　清光緒石印本　三冊　存(衛靈、季氏、陽貨、顔淵、子路、憲問,滕文公、離婁、萬章)

410000－2286－0001595　2201 集 00538
經文彙海十卷補編一卷　題(清)山陰主人編　清同治九年(1870)刻本　五冊　存六卷(一至五、補編一卷)

410000－2286－0001596　1604 子 00005
鄉黨圖考十卷　(清)江永著　(清)江仁秀等編次　清乾隆五十二年(1787)致和堂刻本　四冊

410000－2286－0001597　2201 集 00539
經義大醇二編不分卷　(清)黄彛編　清同治九年(1870)刻本　一冊

410000－2286－0001598　2201 集 00540
近科館課分韻詩二集□□卷　王先謙編　清刻本　一冊　存一卷(二)

410000－2286－0001599　2201 集 00541
大題觀海二集不分卷　(清)□□輯　清末石印本　八冊

410000－2286－0001600　2201 集 00542
精選縮本小題鄉嬛不分卷　題(清)芹香主人輯　清光緒十二年(1886)上海點石齋石印本　九冊　缺(中庸,雍也、述而、泰伯、子罕、鄉黨、先進、顔淵、子路)

410000－2286－0001601　1405 史 00396
國朝漢學師承記八卷附國朝經師經義目錄一卷　(清)江藩纂　清光緒二十二年(1896)長沙周大文堂刻寶慶勸學書社印本　二冊　存六卷(一至三、六至八)

410000－2286－0001602　0801 經 00592
澄衷蒙學堂字課圖說四卷　(清)劉樹屏編　(清)吳子城繪圖　清光緒石印本　一冊　存一卷(四)

410000－2286－0001603　0801 經 00593
澄衷蒙學堂字課圖說四卷　(清)劉樹屏編　(清)吳子城繪圖　清光緒石印本　一冊　存一卷(四)

410000－2286－0001604　2201 集 00543
經餘必讀八卷　(清)錢樹棠等輯　清嘉慶十一年(1806)咸裕堂刻本　二冊

410000－2286－0001605　2201 集 00544
經餘必讀八卷　(清)錢樹棠等輯　清嘉慶十一年(1806)咸裕堂刻本　三冊　存六卷(一至六)

410000－2286－0001606　1604 子 00006
文昌孝經不分卷　(清)湯萬煌注　清道光二十年(1840)刻本　一冊

410000－2286－0001607　2201 集 00545
經餘必讀續編八卷　(清)錢樹棠等輯　清嘉

慶十一年(1806)大德堂刻本　四冊

410000－2286－0001608　2201 集 00546
經餘必讀續編八卷　(清)錢樹棠等輯　清嘉慶十一年(1806)致和堂刻本　二冊　存四卷(一至二、五至六)

410000－2286－0001609　1604 子 00007
周易函書别集十六卷　(清)胡煦著　(清)胡基等校字　清刻本　一冊　存十卷(一至十)

410000－2286－0001610　2201 集 00547
縮本增選多寶船　題(清)點石齋主人輯　清光緒八年(1882)上海點石齋石印本　四冊　存(大學,學而、子路、陽貨,滕文公、離婁、萬章、告子、盡心)

410000－2286－0001611　1604 子 00008
身世繩規不分卷　(清)朱潮海增補　清道光二十六年(1846)刻本　二冊

410000－2286－0001612　2201 集 00548
且怡草堂評選小題能與集新編讀本四卷　(清)曾習孔評　(清)黎旭增評　清康熙刻本　一冊　存(才氣充暢文、脈縷清真文)

410000－2286－0001613　1604 子 00009
身世繩規不分卷　(清)朱潮海增補　清末鉛印本　三冊

410000－2286－0001614　1604 子 00010
了凡四訓不分卷　(清)袁了凡著　清光緒二十七年(1901)進修堂刻本　一冊

410000－2286－0001615　1604 子 00011
近思録十四卷考訂朱子世家一卷　(清)江永集註　清光緒十五年(1889)金陵書局刻本　三冊　存十三卷(一、四至十四,考訂朱子世家一卷)

410000－2286－0001616　2202 集 00549
增廣百千音義尺牘句解初集二卷二集二卷　(清)少溪氏編次　清末石印本　一冊

410000－2286－0001617　2202 集 00550
增訂海門聯譜四卷　(清)丁應鼎著　清乾隆二十九年(1764)有益堂刻本　一冊

410000－2286－0001618　1604 子 00012
近思錄十四卷考訂朱子世家一卷　(清)江永集註　清刻本　一冊　存二卷(二至三)

410000－2286－0001619　2202 集 00551
[時藝集]□□卷　(清)□□輯　清刻本　二冊　存二卷(二至三)

410000－2286－0001620　1604 子 00013
孔子家語不分卷　(三國魏)王肅注　清抄本　一冊

410000－2286－0001621　2202 集 00552
初學行文語類四卷　(清)孫埏輯　(清)孫淋等糸　清乾隆四十四年(1779)致和堂刻本　四冊

410000－2286－0001622　2202 集 00553
初學行文語類四卷　(清)孫埏輯　(清)孫淋等糸　清嘉慶二年(1797)刻本　一冊

410000－2286－0001623　2202 集 00554
初學行文語類四卷　(清)孫埏輯　(清)孫淋等糸　清乾隆四十四年(1779)致和堂刻本　二冊

410000－2286－0001624　1604 子 00014
呂語集粹四卷　(清)呂坤著　(清)尹會一輯　清乾隆刻本　一冊　存二卷(一至二)

410000－2286－0001625　2202 集 00555
初學行文語類二卷　(清)孫埏輯　(清)孫淋等糸　清乾隆刻本　一冊　存一卷(下)

410000－2286－0001626　1604 子 00015
朱子家禮十卷首一卷　(宋)丘濬輯　(明)楊廷筠補　(清)汪佑訂　(清)朱啟昆等糸　清三多齋刻本　七冊　存九卷(一至八、首一卷)

410000－2286－0001627　2304 類叢 00094
註釋白眉故事十卷　(明)許以忠集　(明)鄧志謨校　明刻本　一冊　存五卷(一至五)

410000－2286－0001628　1604 子 00016
朱子家禮十卷首一卷　(宋)丘濬輯　(明)楊廷筠補　(清)汪佑訂　(清)朱啟昆等糸　清

乾隆刻本　四冊　存五卷(二至六)

410000－2286－0001629　2304 類叢 00095
斯文規範八卷　(清)王茂修輯著　(清)陳錫等校　清乾隆文茂堂刻本　四冊

410000－2286－0001630　1604 子 00017
朱子家禮十卷首一卷　(宋)丘濬輯　(明)楊廷筠補　(清)汪佑訂　(清)朱啟昆等衾　清刻本　二冊　存四卷(一至三、首一卷)

410000－2286－0001631　1604 子 00018
朱子家禮十卷首一卷　(宋)丘濬輯　(明)楊廷筠補　(清)汪佑訂　(清)朱啟昆等衾　清刻本　三冊　存四卷(一、五、七,首一卷)

410000－2286－0001632　2304 類叢 00096
雞跖賦續刻三十卷　(清)應心香等編　清同治十三年(1874)蘭言室刻本　一冊　存二卷(一至二)

410000－2286－0001633　1601 史 00397
重刊補注洗冤錄集證六卷　(清)王又槐增輯　(清)李觀瀾補輯　(清)阮其新補注　(清)張錫蕃重訂加丹　清道光二十四年(1844)刻三色套印本　三冊　存三卷(一至二、五)

410000－2286－0001634　1605 子 00019
八字覺原不分卷　題(清)滄洲子注　清咸豐七年(1857)中和堂刻本　一冊

410000－2286－0001635　2304 類叢 00097
記事珠引釋十卷　(清)張以謙輯　(清)鄭夢明删訂　清刻本　一冊　存一卷(十)

410000－2286－0001636　2304 類叢 00098
詩料英華十四卷　(清)劉豹君輯　(清)張晴峰校訂　清刻本　一冊　存七卷(八至十四)

410000－2286－0001637　1605 子 00020
五子近思錄發明十四卷　(清)施璜纂註　(清)吳日慎等閱正　清康熙刻本　八冊

410000－2286－0001638　2304 類叢 00099
如面譚二集十八卷　(明)鍾惺纂輯　明刻本　一冊　存六卷(一至六)

410000－2286－0001639　2304 類叢 00100
增删韻府羣玉定本二十卷　(元)陰時夫編輯　(元)陰中夫編註　(清)徐可先訂正　清初刻本　一冊　存二卷(五至六)

410000－2286－0001640　1605 子 00021
五子近思錄發明十四卷　(清)施璜纂註　(清)吳日慎等閱正　(清)李宗傳重訂　清刻本　二冊　存四卷(一、十二至十四)

410000－2286－0001641　2202 集 00556
大題文彙　(清)□□輯　清末石印本　五冊　存(子路、衛靈公、公治長、述而、子罕、先進、告子、盡心)

410000－2286－0001642　2202 集 00557
[雷霆走精銳]一卷　(清)凌松雲等撰　清抄本　一冊

410000－2286－0001643　1605 子 00022
五子近思錄發明十四卷　(清)施璜纂註　清康熙刻本　三冊　存六卷(三、十至十四)

410000－2286－0001644　1605 子 00023
父師善誘法二卷補遺一卷　(清)唐彪著　(清)唐正心等校　清刻本　一冊

410000－2286－0001645　2202 集 00558
[歌謠]一卷　(清)石天基撰　清抄本　一冊

410000－2286－0001646　1605 子 00024
輶軒語不分卷　(清)張之洞書　清光緒二十一年(1895)湖北官書處刻本　一冊

410000－2286－0001647　2202 集 00559
河南試牘一卷　(清)張之萬輯　清咸豐四年(1854)刻本　一冊

410000－2286－0001648　2202 集 00560
詳批律賦精腋四卷　(清)葉祺昌評選　清光緒七年(1881)品文堂刻本　一冊　存一卷(一)

410000－2286－0001649　1605 子 00025
訓練操法詳晰圖說二十二卷　袁世凱著　清光緒二十五年(1899)石印本　十二冊

410000－2286－0001650　2202 集 00562

隨園隨筆二十八卷 （清）袁枚撰　清末石印本　一册　存六卷（十五至二十）

410000－2286－0001651　1605 子 00026
初學慎道箋註不分卷 （清）武萬青識　（清）武其田等箋註　清嘉慶十四年（1809）刻本　一册

410000－2286－0001652　1605 子 00027
韓子迂評二十卷 題（明）門無子撰　明刻朱墨套印本　四册　存十二卷（九至二十）

410000－2286－0001653　2202 集 00563
旁搜遠攬一卷 （□）□□撰　（清）筱溪評　清筱溪抄本　一册

410000－2286－0001654　0502 經 00595
五經文體集成五卷 （清）□□輯　清光緒十一年（1885）刻本　八册　存二卷（一至二）

410000－2286－0001655　2202 集 00564
[司昌齡序集]一卷 （清）司昌齡撰　清抄本　一册

410000－2286－0001656　0502 經 00596
五經文府五卷 （清）鄧濂編　清光緒十九年（1893）鴻寶齋石印本　七册　存四卷（一至四）

410000－2286－0001657　2202 集 00565
紺雪齋塾鈔初集不分卷 （清）□□輯　清道光刻本　一册

410000－2286－0001658　1601 史 00398
補注洗冤録集證五卷 （宋）宋慈撰　（清）王又槐增輯　清刻三色套印本　一册　存一卷（二）

410000－2286－0001659　2202 集 00566
雲中梯一卷 （清）閻作師著　清乾隆七年（1742）重華堂刻本　一册

410000－2286－0001660　1601 史 00399
律例館校正洗冤録四卷 （宋）宋慈撰　（清）律例館校正　清敬業堂刻本　一册　存一卷（一）

410000－2286－0001661　2202 集 00567
館賦宛虹集四卷 （清）徐會曾等輯　清嘉慶二十一年（1816）刻本　一册　存三卷（一至三）

410000－2286－0001662　2202 集 00568
釣臺羅桐齋課幼文一卷 （清）羅夢鳳撰　（清）羅汝霖等編　（清）劉體復等校字　清嘉慶二年（1797）聚業堂刻本　一册

410000－2286－0001663　1405 史 00400
中外聖賢事蹟叢談一卷 （清）李佳白著　清光緒三十四年（1908）上海華美書局鉛印本　一册

410000－2286－0001664　2202 集 00569
增訂初學起講秘訣一卷 （清）盛元均輯　（清）沈廷鏞校　清光緒八年（1882）刻本　一册

410000－2286－0001665　1605 子 00028
欽定授時通考七十八卷 （清）鄂爾泰等纂　清乾隆刻本　三册　存九卷（六十二至七十）

410000－2286－0001666　2202 集 00570
註釋典制文琳二集不分卷 （清）方策等編　清嘉慶刻本　一册　存（上論、下論）

410000－2286－0001667　1605 子 00029
御纂醫宗金鑑九十卷首一卷 （清）吴謙等輯　清刻本　四十三册　存七十九卷（一至二十七、三十一至六十五、六十八至七十一、七十六至八十八）

410000－2286－0001668　2202 集 00571
近科房行書菁華不分卷 （清）吴世英等撰　清浣花書屋刻本　一册

410000－2286－0001669　2202 集 00572
書啟合璧二卷 （清）汪孝鍾　（清）張宗燾校訂　清刻本　一册

410000－2286－0001670　2202 集 00573
學文定法二卷 （清）徐陶璋著　清道光二十二年（1842）蔭香堂刻本　一册

410000－2286－0001671　1603 新學 00006
增訂盛世危言正續編九卷 （清）鄭觀應著

清光緒鉛印本　三册　存三卷(一、六、九)

410000－2286－0001672　2202 集 00573
學文正法一卷　(清)楊永康著　(清)張六翮評定　(清)張文煌等校閲　清嘉慶十五年(1810)聚元堂刻本　一册

410000－2286－0001673　1605 子 00030
御纂醫宗金鑑九十卷首一卷　(清)吴謙等輯　清刻本　九册　存二十四卷(五至七、九至十五、二十八至三十、三十六至三十八、五十四至五十五、五十八至六十、七十六至七十八)

410000－2286－0001674　1605 子 00031
御纂醫宗金鑑九十卷首一卷　(清)吴謙等輯　清刻本　一册　存二卷(二十九至三十)

410000－2286－0001675　2202 集 00574
述德堂訓蒙一卷　(清)慕甲榮著　(清)慕三餘等編　清道光元年(1821)述德堂刻本　一册

410000－2286－0001676　2202 集 00574
學文定法二卷　(清)徐陶墇著　清道光十一年(1831)萬元堂刻本　一册

410000－2286－0001677　1605 子 00032
御纂醫宗金鑑九十卷首一卷　(清)吴謙等輯　清刻本　七册　存十一卷(七、十八至十九、三十六至四十三)

410000－2286－0001678　2202 集 00574
[補文]一卷　(□)□□撰　清抄本　一册

410000－2286－0001679　1605 子 00033
御纂醫宗金鑑九十卷首一卷　(清)吴謙等輯　清刻本　六册　存十三卷(十二至十五、十九至二十、二十四至二十六、五十七、七十二至七十四)

410000－2286－0001680　1605 子 00034
御纂醫宗金鑑九十卷首一卷　(清)吴謙等輯　清刻本　三册　存四卷(五十六至五十七、五十九至六十)

410000－2286－0001681　2202 集 00575
塾課小題正鵠初集一卷二集一卷　(清)李傳敏鑒定　(清)李元度輯　(清)李元吉等校訂　(清)何忠駿等校　清道光二十六年(1846)刻本　二册

410000－2286－0001682　2202 集 00576
塾課小題正鵠二集一卷　(清)李傳敏鑒定　(清)李元度輯　(清)李元吉等校訂　(清)何忠駿等校　清同治八年(1869)刻本　一册

410000－2286－0001683　1701 子 00035
御纂醫宗金鑑九十卷首一卷　(清)吴謙等輯　清刻本　三册　存五卷(三十四、三十七至三十八、五十一至五十二)

410000－2286－0001684　2202 集 00577
小題正鵠三集不分卷　(清)李傳敏鑒定　(清)李元度輯　(清)李元吉等校訂　(清)何忠駿等校　清刻本　二册

410000－2286－0001685　1701 子 00036
御纂醫宗金鑑九十卷首一卷　(清)吴謙等輯　清刻本　一册　存五卷(五十六至六十)

410000－2286－0001686　2202 集 00577
蒲編堂訓蒙草不分卷　(清)路德著　清刻本　一册

410000－2286－0001687　1701 子 00037
御纂醫宗金鑑九十卷首一卷　(清)吴謙等輯　清刻本　四册　存九卷(十二至十六、二十二、三十六至三十八)

410000－2286－0001688　1701 子 00038
御纂醫宗金鑑七十四卷首一卷　(清)吴謙等輯　清末影印本　一册　存四卷(一至三、首一卷)

410000－2286－0001689　1701 子 00039
編輯外科心法要訣十六卷　(清)吴謙等輯　清末影印御纂醫宗金鑑本　二册　存十卷(三至六、十一至十六)

410000－2286－0001690　1701 子 00040
編輯外科心法要訣十六卷　(清)吴謙等輯　清末影印御纂醫宗金鑑本　一册　存四卷

(三至六)

410000－2286－0001691　1701 子 00042
御纂醫宗金鑑七十四卷首一卷　(清)吳謙等輯　清末影印本　四冊　存十九卷(一至三、三十九至五十、五十五至五十八)

410000－2286－0001692　2202 集 00578
塾課小題續編八集　(清)王罕皆輯　清刻本　三冊　存三集(四集彖變上、六集大觀下、七集老境上)

410000－2286－0001693　1701 子 00043
御纂醫宗金鑑七十四卷首一卷　(清)吳謙等輯　清末有益齋影印本　一冊　存七卷(十七至二十三)

410000－2286－0001694　1701 子 00044
本草綱目五十二卷　(明)李時珍撰　清刻本　十冊　存十九卷(十八至三十六)

410000－2286－0001695　1701 子 00045
本草綱目五十二卷　(明)李時珍撰　清刻本　六冊　存七卷(三十至三十二、三十五、四十八至四十九、五十一)

410000－2286－0001696　1701 子 00046
本草綱目五十二卷　(明)李時珍撰　清末石印本　六冊　存十五卷(十至十四、十七至十八、三十一至三十六、五十一至五十二)

410000－2286－0001697　2202 集 00579
今文分法小題嘉言不分卷　(清)杜定基評選　(清)王洪序校閱　清刻本　一冊

410000－2286－0001698　1701 子 00048
本草綱目五十二卷圖三卷　(明)李時珍撰　清刻本　六冊　存八卷(十一、十七上、三十五下、三十六、四十八至四十九,圖中、下)

410000－2286－0001699　1701 子 00047
校訂困學紀聞集證二十卷　(宋)王應麟撰　(清)萬希槐集證　清刻本　五冊　存十卷(十一至二十)

410000－2286－0001700　2202 集 00580
東周列國全志二十三卷一百八回　(明)馮夢龍著　(清)蔡昇評點　清芥子園刻本　一冊　存一卷(六)

410000－2286－0001701　1701 子 00049
指迷金箴一卷　清刻本　一冊

410000－2286－0001702　1701 子 00050
本草綱目五十二卷　(明)李時珍撰　清刻本　一冊　存一卷(三上)

410000－2286－0001703　1701 子 00051
本草綱目類纂必讀十二卷　(清)□□撰　清康熙毓麟堂刻本　一冊　存一卷(三)

410000－2286－0001704　2202 集 00581
鄉墨精鋭不分卷　(清)□□輯　清刻本　一冊

410000－2286－0001705　1701 子 00052
本草三家合注六卷　(清)郭汝驄集註　(清)袁浩閲定　(清)李佐堯校勘　清刻本　一冊　存一卷(一)

410000－2286－0001706　2202 集 00582
木天課存詠古試帖選註二卷　(清)陶福恒著　(清)張芾評選　(清)陶綬康註釋　清道光二十二年(1842)刻本　一冊

410000－2286－0001707　1701 子 00053
本草綱目萬方類編三十二卷　(清)曹繩彦輯　(清)閔其昌較對　清睦華堂刻本　三冊　存三卷(十、十五、三十)

410000－2286－0001708　1701 子 00054
增訂本草備要四卷經絡歌訣一卷湯頭歌括一卷　(清)汪昂輯　(清)汪桓　(清)鄭會慶訂　(清)汪端等較　清宏道堂刻本　四冊

410000－2286－0001709　2202 集 00583
[唐詩鈔]　清抄本　一冊

410000－2286－0001710　1701 子 00055
增訂本草備要四卷　(清)汪昂輯　清刻本　一冊　存二卷(一至二)

410000－2286－0001711　2301 集 00584
桐雲閣試帖選鈔一卷　(清)楊庚著　清抄本　一冊

410000－2286－0001712　2301 集 00585
檉華館試帖彙鈔輯注十卷　(清)路德著　清道光二十七年(1847)聚錦旭刻本　一冊　存二卷(九至十)

410000－2286－0001713　1701 子 00057
增補本草備要八卷　(清)汪昂輯　清光緒三十三年(1907)上海同文書局石印本　二冊　存五卷(一、五至八)

410000－2286－0001714　1701 子 00058
增補本草備要八卷　(清)汪昂輯　清末石印本　一冊　存三卷(二至四)

410000－2286－0001715　1701 子 00059
增補本草備要八卷　(清)汪昂輯　清末上海廣益書局石印本　一冊

410000－2286－0001716　1701 子 00060
增補本草備要八卷　(清)汪昂輯　清末上海廣益書局石印本　一冊

410000－2286－0001717　2202 集 00586
試律百篇最豁解四卷　(清)王澤浵評註　清崇文堂刻本　一冊　存二卷(三至四)

410000－2286－0001718　2202 集 00587
三場一貫大成不分卷　(清)□□輯　清末影印本　二冊

410000－2286－0001719　1701 子 00061
重校舊本湯頭歌訣不分卷　(清)汪昂輯　清光緒三十三年(1907)上海同文書局石印本　一冊

410000－2286－0001720　1701 子 00062
本草醫方合編七卷湯頭歌括一卷　(清)汪昂輯　(清)汪桓灸閲　(清)汪端等較　清刻本　四冊

410000－2286－0001721　1701 子 00063
本草醫方合編二十九卷　(清)汪昂著輯　(清)汪恒灸閲　(清)汪端等校　清刻本　一冊　存二卷(醫方集解五至六)

410000－2286－0001722　1701 子 00064
新鐫本草醫方合編七卷　(清)汪昂輯　(清)汪桓灸訂　(清)汪端等較　清道光十六年(1836)刻本　一冊　存三卷(增訂本草備要一至二、醫方集解上)

410000－2286－0001723　2202 集 00588
增廣賦海大全三十卷　(清)□□輯　清末影印本　三冊　存十卷(六至八、十八至二十、二十七至三十)

410000－2286－0001724　1701 子 00065
重鐫本草醫方合編七卷　(清)汪昂輯　(清)汪桓灸訂　(清)汪端等較　清刻本　一冊　存三卷(增訂本草備要一至二、醫方集解上)

410000－2286－0001725　2304 類叢 00101
策液備要十二卷　(清)□□輯　清道光五年(1825)刻本　一冊　存六卷(一至六)

410000－2286－0001726　1701 子 00066
本草醫方合編十一卷　(清)汪昂輯　(清)汪桓灸閲　(清)汪端等校　清刻本　二冊　存七卷(本草備要二至六,醫方集解上、下)

410000－2286－0001727　1701 子 00067
本草醫方合編二十九卷　(清)汪昂輯　(清)汪桓灸閲　(清)汪端等訂　清刻本　一冊　存二卷(本草備要三、醫方集解三)

410000－2286－0001728　2304 類叢 00102
文料大成四卷　(清)□□輯　清光緒十一年(1885)上海同文書局石印本　二冊

410000－2286－0001729　2202 集 00589
時藝階不分卷　(清)張來鹿輯　清刻本　三冊

410000－2286－0001730　2202 集 00590
試帖百篇最豁解二卷　(清)王澤浵評註　清道光二十三年(1843)崇德堂刻本　二冊

410000－2286－0001731　1701 子 00068
本草醫方合編十一卷　(清)汪昂輯　(清)汪桓灸閲　(清)汪端等訂　清刻本　一冊　存二卷(本草備要三、醫方集解中)

410000－2286－0001732　2202 集 00591
試帖百篇最豁解二卷　(清)王澤浵評註　清

道光二十三年(1843)崇德堂刻本　一册　存一卷(今詩全韻)

410000－2286－0001733　1701 子 00069
本草原始十二卷　(明)李中立纂輯　清刻本　五冊　存四卷(一、三至四、八)

410000－2286－0001734　2202 集 00592
試律分韻約選二卷　(清)吳文鎔選　清道光九年(1829)刻本　一冊　存一卷(二)

410000－2286－0001735　1701 子 00070
增評醫方集解二十三卷　(清)汪昂著輯　(清)費伯雄評　清末影印本　一冊　存十四卷(十至二十三)

410000－2286－0001736　2202 集 00593
聞式堂明文小題傳薪五卷　(清)臧岳評釋　清乾隆易知齋刻本　二冊　存二卷(上論、下孟)

410000－2286－0001737　1701 子 00071
本草從新六卷　(清)吳儀洛輯　清刻本　二冊　存四卷(三至六)

410000－2286－0001738　2202 集 00594
明文小題貫不分卷　(清)□□輯　清乾隆刻本　二冊

410000－2286－0001739　1701 子 00072
本草萬方針線八卷　(清)蔡烈先輯　清刻本　一冊　存二卷(七至八)

410000－2286－0001740　2202 集 00595
明文擇抄二卷　清宣統元年(1909)王重慶抄本　一冊　存一卷(上)

410000－2286－0001741　1701 子 00073
本草萬方鍼線八卷　(清)蔡烈先輯　清春明堂刻本　三冊

410000－2286－0001742　2202 集 00596
子史試帖彙鈔十卷補鈔一卷　(清)曲宗談編　清刻本　一冊　存二卷(一至二)

410000－2286－0001743　2202 集 00597
聞式堂明文小題傳薪八卷　(清)臧岳評釋　清刻本　二冊　存二卷(五、七)

410000－2286－0001744　2202 集 00598
明文必自集讀本不分卷　(清)□□輯　清澹喜齋刻本　一冊

410000－2286－0001745　1701 子 00074
本草萬方鍼線八卷　(清)蔡烈先輯　清刻本　一冊　存三卷(二至四)

410000－2286－0001746　1701 子 00075
本草求真十一卷　(清)黄宮繡纂　(清)黄宮黻校訂　清刻本　五冊　存四卷(二至三、六、十一)

410000－2286－0001747　2202 集 00599
唐詩直解七卷　(明)李攀龍選　(明)葉義昂直解　(明)詹廷對校閱　清刻本　一冊　存一卷(七)

410000－2286－0001748　1701 子 00076
神農本草經讀四卷首一卷　(清)陳念祖著　(清)陳元豹等校　清末石印本　一冊

410000－2286－0001749　1701 子 00077
陳修園醫書四十種　(清)陳念祖撰　清光緒三十二年(1906)上海飛鴻閣書局石印本　九冊　存二十五種七十一卷

410000－2286－0001750　1701 子 00078
楹聯集錦八卷　(清)胡鳳丹輯　清光緒五年(1879)刻本　二冊

410000－2286－0001751　2202 集 00600
試帖長城集□□卷　(清)袁架等輯　(清)袁聯吉等　清道光三年(1823)崇文堂刻本　一冊　存一卷(四)

410000－2286－0001752　2202 集 00601
光緒壬寅補行恩正庚子辛丑科湖北闈墨一卷　(清)沈寶鑒定　清光緒二十八年(1902)衡鑒堂刻本　一冊

410000－2286－0001753　2202 集 00602
蘭言詩鈔四卷　(清)李瑞輯　清光緒六年(1880)刻本　一冊　存二卷(三至四)

410000－2286－0001754　1702 子 00079
陳修園醫書四十八種　(清)陳念祖撰　清光

緒石印本　五冊　存十七種六十三卷

410000－2286－0001755　2202 集 00603
雲蒸霞蔚一卷　清抄本　一冊

410000－2286－0001756　2202 集 00604
國朝歷科發蒙小品註釋不分卷　(清)唐惟懋評選　(清)吳鳳儀注　清文盛堂刻本　二冊

410000－2286－0001757　2202 集 00605
註釋小品二集不分卷　(清)唐惟懋選　(清)唐惟惠等編次　(清)吳鳳儀註釋　清崇文堂刻本　一冊

410000－2286－0001758　2202 集 00606
註釋小品二集不分卷　(清)唐惟懋選　(清)唐惟惠等編次　(清)吳鳳儀註釋　清聚錦堂刻本　一冊

410000－2286－0001759　1702 子 00082
金匱方歌括六卷首一卷　(清)陳念祖集注　清末影印本　一冊

410000－2286－0001760　1702 子 00083
醫學實在易八卷首一卷　(清)陳念祖著　(清)陳元犀糸訂　清末影印本　一冊　存五卷(一至四、首一卷)

410000－2286－0001761　1702 子 00084
金匱要略淺註十卷　(漢)張仲景(張機)撰　(清)陳念祖集註　清末影印本　一冊

410000－2286－0001762　1702 子 00085
金匱要略淺註十卷首一卷　(漢)張仲景(張機)撰　(清)陳念祖集註　清末影印本　二冊

410000－2286－0001763　1702 子 00086
黃帝内經靈樞十二卷　(唐)王冰注　(宋)林億校正　清末育文書局石印本　一冊

410000－2286－0001764　2202 集 00607
蘭言詩鈔四卷　(清)李瑞輯　清刻本　一冊　存一卷(三)

410000－2286－0001765　1702 子 00088
靈素集註節要十二卷　(清)陳念祖集註　(清)陳元犀糸訂　清末影印本　一冊　存四卷(一至四)

410000－2286－0001766　1702 子 00087
雙魚罌齋錄莫子偲友芝集聯一卷　(清)莫友芝輯　清同治刻本　一冊

410000－2286－0001767　2202 集 00609
綠野仙踪八十回　(清)李百川著　清刻本　五冊　存二十回(十三至三十二)

410000－2286－0001768　1702 子 00089
素問靈樞類纂約註三卷　(清)汪昂纂輯　(清)汪桓訂定　(清)汪端等較　清乾隆四十四年(1779)天德堂刻本　三冊

410000－2286－0001769　2202 集 00610
繡像綠野仙踪八卷八十回　(清)李百川著　清光緒二十二年(1896)上海書局石印本　一冊　存一卷(一)

410000－2286－0001770　2201 集 00611
笠翁傳奇十二種曲　(清)李漁輯　清大知堂刻本　十二冊　存三種六卷

410000－2286－0001771　1702 子 00090
素問直解九卷　(清)高世栻注　清刻本　一冊　存一卷(一)

410000－2286－0001772　1702 子 00091
圖註八十一難經辨真四卷　(戰國)秦越人述　(明)張世賢注　清光緒二十九年(1903)有益堂刻本　一冊　存二卷(一至二)

410000－2286－0001773　1702 子 00092
校正圖注脉訣四卷　(晉)王叔和(王熙)撰　(明)張世賢注　**校正瀕湖脉學一卷奇經八脉考一卷**　(明)李時珍撰　清末影印本　一冊

410000－2286－0001774　1702 子 00093
見聞偶記一卷外紀一卷　(清)蘇元善著　清宣統元年(1909)刻本　一冊

410000－2286－0001775　1702 子 00094
校正圖注八十一難經四卷　(戰國)秦越人述　(明)張世賢注　**校正圖注脈訣四卷**　(晉)王叔和(王熙)撰　(明)張世賢注　清末影印本　一冊

410000－2286－0001776　2202 集 00612
深研竹露裁唐句一卷　(宋)蘇軾等撰　清崇德堂抄本　一册

410000－2286－0001777　1702 子 00095
校正奇經考一卷　(晉)王叔和(王熙)著　**圖註八十一難經四卷**　(戰國)秦越人述　(明)張世賢注　清末影印本　一册

410000－2286－0001778　2202 集 00613
[唐詩抄本]一卷　(唐)王績等撰　清抄本　一册

410000－2286－0001779　2202 集 00614
雪裡一枝梅一卷　清魏煥章抄本　一册

410000－2286－0001780　2202 集 00615
五言唐詩一卷　(唐)王績等著　清咸豐力行堂抄本　一册

410000－2286－0001781　1702 子 00096
校正圖注脈訣四卷　(晉)王叔和(王熙)撰　(明)張世賢注　**校正瀕湖脉學一卷奇經八脉考一卷**　(明)李時珍撰　清末影印本　一册

410000－2286－0001782　1702 子 00097
景岳全書六十四卷　(明)張介賓著　(清)魯超訂　清刻本　七册　存十七卷(一至二、十六至十八、二十二至二十五、三十六至三十八、四十六、五十二、五十八至六十)

410000－2286－0001783　2701 類叢 00103
增訂漢魏叢書九十六種　(清)王謨輯　清乾隆五十六年(1791)金谿王氏刻本　一册　存二種六卷

410000－2286－0001784　1702 子 00098
子書百家　(清)崇文書局輯　清光緒元年(1875)湖北崇文書局刻本　五十七册　存五十二種二百六十卷

410000－2286－0001785　1704 子 00100
景岳全書六十四卷　(明)張介賓著　(清)魯超訂　清末影印本　三册　存十一卷(四十至四十六、五十五至五十八)

410000－2286－0001786　1704 子 00101
萬密齋書　(明)萬全撰　清乾隆六年(1741)敷文堂刻本　十一册　存六種二十卷

410000－2286－0001787　1704 子 00102
新鐫何氏類纂集効方十八卷　(清)何應時纂集　(清)李沛等編次　清康熙毓麟堂刻本　三册　存二卷(十三至十四)

410000－2286－0001788　1703 子 00099
子書百家　(清)崇文書局輯　清光緒元年(1875)湖北崇文書局刻本　八十八册　存八十八種四百三十六卷

410000－2286－0001789　1704 子 00103
鍼灸大成十卷　(明)楊繼洲撰　(清)章廷珪重修　清刻本　三册　存三卷(一、四、九)

410000－2286－0001790　1704 子 00104
鍼灸大成十卷　(明)楊繼洲撰　清刻本　一册　存一卷(九)

410000－2286－0001791　1704 子 00105
鍼灸大成十卷　(明)楊繼洲撰　清致和堂刻本　三册　存三卷(二、四、十)

410000－2286－0001792　1704 子 00106
鍼灸大成十二卷　(明)楊繼洲撰　(清)章廷珪重修　清末影印本　二册　存九卷(一至七、十一至十二)

410000－2286－0001793　2202 集 00617
詩學入門□□卷　(明)李攀龍評選　清乾隆金閶淵雅堂刻本　三册　存四卷(一、四至六)

410000－2286－0001794　2202 集 00618
增註韻蘭賦鈔初集二卷　(清)屈塵菴輯　清嘉慶四年(1799)愛日堂刻本　八册

410000－2286－0001795　1704 子 00107
鍼灸大成十二卷　(明)楊繼洲撰　清末影印本　一册　存三卷(六至八)

410000－2286－0001796　2304 類叢 00104
詩學含英十四卷　(清)劉文蔚輯　清道光十三年(1833)蔭香堂刻本　一册

410000－2286－0001797　1704 子 00108

鍼灸大成十卷　(明)楊繼洲撰　清光緒十七年(1891)抄本　一册　存二卷(一至二)

410000－2286－0001798　2304 類叢 00105
漁古軒詩韻八卷　(清)余照輯　(清)朱德蕃增訂　清同治六年(1867)經餘厚刻本　四册

410000－2286－0001799　1704 子 00109
針灸易學二卷　(清)李守先著　(清)李清吉等校字　(清)王庭烜等參閲　清道光二十七年(1847)刻本　一册

410000－2286－0001800　1704 子 00110
針灸易學二卷　(清)李守先著　(清)李清吉等校字　(清)王庭烜等參閲　清光緒二十一年(1895)同春堂刻本　一册　存一卷(上)

410000－2286－0001801　1704 子 00111
針灸易學二卷　(清)李守先著　(清)李清吉等校字　(清)王庭烜等參閲　清光緒二十一年(1895)同春堂刻本　二册

410000－2286－0001802　2203 集 00619
學詩初例五卷首一卷　(清)袁愚山訂　清乾隆二十二年(1757)致和堂刻本　一册

410000－2286－0001803　1704 子 00112
外科症治全生集四卷　(清)王維德纂輯　清光緒十三年(1887)潘敏德堂刻本　二册

410000－2286－0001804　2203 集 00620
綴白裘新集七編　題(清)玩花主人輯　(清)錢德蒼輯　清乾隆五十二年(1787)嘉興增利堂刻本　一册　存一集(民)

410000－2286－0001805　1704 子 00113
外科症治全生集四卷　(清)王維德纂輯　清光緒十三年(1887)潘敏德堂刻本　一册　存二卷(一至二)

410000－2286－0001806　2203 集 00621
味蘭軒百篇賦鈔四卷　(清)張世燾　(清)彭克惠編輯　清刻本　一册　存一卷(四)

410000－2286－0001807　1704 子 00114
外科證治全書五卷　(清)許克昌等輯　(清)沈宣昭校字　清刻本　二册　存二卷(二至三)

410000－2286－0001808　1704 子 00115
外科大成四卷　(清)祁坤輯著　清乾隆三多齋刻本　二册　存一卷(一)

410000－2286－0001809　2203 集 00622
芹宫新譜一卷　清抄本　一册

410000－2286－0001810　2203 集 00623
含英咀華一卷　清抄本　一册

410000－2286－0001811　1704 子 00116
重訂外科正宗十二卷　(明)陳實功撰　清道光二十五年(1845)寶翰樓刻本　五册　存十卷(一至十)

410000－2286－0001812　1704 子 00117
重訂外科正宗十二卷　(明)陳實功撰　清刻本　一册　存三卷(一至三)

410000－2286－0001813　1704 子 00118
重訂外科正宗十二卷　(清)張鷟翼重訂　清刻本　一册　存二卷(一至二)

410000－2286－0001814　2203 集 00624
發蒙四藥三集　(清)馬名駒編次　(清)馬一山等校　清同治十一年(1872)周口寶仁堂刻本　一册

410000－2286－0001815　1704 子 00119
新刊外科正宗八卷　(明)陳實功撰　清刻本　一册　存一卷(二)

410000－2286－0001816　1704 子 00120
痘疹慢驚秘訣三種　(清)莊在田著　清道光二年(1822)刻本　一册

410000－2286－0001817　1704 子 00121
續神童詩一卷　(清)江寧書坊編　清光緒五年(1879)大梁江蘇代贖資遺局刻本　一册

410000－2286－0001818　1704 子 00122
痘症精言四卷　(清)袁句著　(清)潘遇隆校　清刻本　一册

410000－2286－0001819　1704 子 00121
竈君靈籤一卷　清同治十三年(1874)刻本

一册

410000－2286－0001820　1704 子 00123
痘症精言四卷　(清)袁句著　(清)潘遇隆校　清刻本　一册

410000－2286－0001821　1704 子 00124
痘症精言四卷　(清)袁句著　(清)潘遇隆校　清刻本　一册

410000－2286－0001822　2304 類叢 00106
秘書廿一種　(清)汪士漢輯　清刻本　三冊　存四種二十二卷

410000－2286－0001823　2304 類叢 00107
秘書廿一種　(清)汪士漢輯　清刻本　二冊　存二種十五卷

410000－2286－0001824　1403 史 00401
酬世錦囊初集書啟合編八卷二集家禮集成四卷三集應酬寶要二卷四集類聯新編二卷　(清)鄒景揚輯　(清)謝梅林等定　清光緒二十六年(1900)鴻寶齋石印本　一冊　存十二卷(初集八卷、二集四卷)

410000－2286－0001825　1403 史 00402
雲林別墅新輯酬世錦囊家禮集成二集七卷　(清)鄒景揚輯　(清)謝梅林等定　清乾隆刻本　一冊　存五卷(一至五)

410000－2286－0001826　2203 集 00625
試帖指南四卷　(清)張昶編次　清光緒二年(1876)藝林堂刻本　一冊　存二卷(一至二)

410000－2286－0001827　2203 集 00626
騷壇欣賞集□□卷　(清)頹桐花館校訂　清刻本　一冊　存二卷(三至四)

410000－2286－0001828　1403 史 00403
雲林別墅新輯酬世錦囊初集八卷二集七卷三集二卷四集二卷　(清)鄒景揚輯　(清)謝梅林等定　清道光敬文堂刻本　四冊　存十一卷(二集七卷、三集二卷、四集二卷)

410000－2286－0001829　2203 集 00627
註釋名文約編不分卷　(清)陳澹巖編次　清刻本　一冊

410000－2286－0001830　2203 集 00628
國朝名文約編不分卷　(清)陳澹巖編次　清刻本　一冊

410000－2286－0001831　2203 集 00629
夜譚隨錄十二卷　(清)和邦額著　清乾隆五十六年(1791)刻本　六冊

410000－2286－0001832　1403 史 00404
叩鉢齋行厨集選十七卷　(清)李之澎等輯　清乾隆刻本　一冊　存二卷(九至十)

410000－2286－0001833　2202 集 00630
塾課小題續編八集　(清)王罕皆輯　(清)于惺介考典　清乾隆刻本　三冊　存三集(二集式法下、四集条變上、六集大觀下)

410000－2286－0001834　0801 經 00597
平仄指掌三卷　(清)賈鍾麟編　清乾隆刻本　一冊

410000－2286－0001835　0801 經 00598
新刻四聲便覽二卷　(清)韓士龍編次　(清)盧紹溪条閱　清刻本　一冊

410000－2286－0001836　2203 集 00631
品花寶鑑六十回　(清)陳森著　清刻本　二冊　存六回(十至十二、十六至十八)

410000－2286－0001837　2203 集 00632
小試文約選一卷　(清)錢□評選　清光緒二十五年(1899)刻本　一冊

410000－2286－0001838　0801 經 00599
四聲便覽四卷　(清)余六師編　清刻本　一冊

410000－2286－0001839　2203 集 00633
小試花樣度鍼一卷　(清)宜亭氏輯　清光緒二年(1876)崇德堂刻本　一冊

410000－2286－0001840　2203 集 00634
天崇讀本百篇不分卷　(清)吳懋政選輯　清乾隆五十年(1785)吳氏八銘家塾刻本　一冊

410000－2286－0001841　0801 經 00600
四聲便覽四卷　(清)余六師編　清乾隆五十五年(1790)聚業堂刻本　一冊

410000－2286－0001842　0801 經 00601
四聲便覽四卷　(清)余六師編　清道光二十年(1840)保善堂刻本　一册

410000－2286－0001843　2203 集 00635
天崇百篇二卷　(清)吳懋政評選　清道光十七年(1837)寶仁堂刻本　一册

410000－2286－0001844　2203 集 00636
天崇百篇二卷　(清)吳懋政評選　清道光十七年(1837)寶仁堂刻本　一册　存一卷(下)

410000－2286－0001845　0801 經 00602
詩韻集成十卷　(清)余照輯　清刻本　一册　存二卷(一至二)

410000－2286－0001846　0801 經 00603
詩韻集成十卷　(清)余照輯　清刻本　一册　存六卷(五至十)

410000－2286－0001847　2203 集 00637
歷代策論約編二卷　(清)孫佩南輯　清光緒二十七年(1901)刻宛南書院課讀經義策論本　一册　存一卷(一)

410000－2286－0001848　0801 經 00604
詩韻集成十卷　(清)余照輯　清刻本　一册　存四卷(一至四)

410000－2286－0001849　1704 子 00126
痘疹集要不分卷　(清)李代棨著　清光緒二十年(1894)刻本　一册

410000－2286－0001850　1704 子 00127
翁仲仁先生痘科金鏡賦六卷　(清)俞茂鯤集解　(清)於人龍評　清刻本　二册

410000－2286－0001851　1704 子 00125
墨子十六卷　(戰國)墨翟著　(清)畢沅校注　清三味堂刻本　一册　存四卷(九至十二)

410000－2286－0001852　2203 集 00638
新鐫韓祖成仙寶傳二十四回　清光緒十六年(1890)刻本　一册　存十回(二至十一)

410000－2286－0001853　1704 子 00128
痘疹正宗二卷　(清)宋麟祥著　(清)陳賢業等訂　(清)陳維清校　清刻本　一册　存一卷(一)

410000－2286－0001854　1704 子 00129
痘科約言不分卷　(清)周國頤著　清道光二十三年(1843)刻本　一册

410000－2286－0001855　1704 子 00130
痘疹定論四卷　(清)朱純嘏編輯　清刻本　一册　存二卷(三至四)

410000－2286－0001856　1402 史 00405
應酬彙選新集八卷　(清)陸九如纂輯　清道光二十二年(1842)蔭香堂刻本　一册　存二卷(一至二)

410000－2286－0001857　1402 史 00406
雲林别墅新輯酬世錦囊家禮集成二集七卷　(清)鄒景揚輯　(清)謝梅林等定　清刻本　一册　存五卷(一至五)

410000－2286－0001858　1704 子 00131
二十二子　(清)浙江書局輯　清光緒浙江書局刻本　四册　存二種十二卷

410000－2286－0001859　1402 史 00407
家禮酌一卷　(清)孫奇逢定　(清)王輅等校　清光緒十年(1884)刻本　一册

410000－2286－0001860　1704 子 00132
引痘略一卷　(清)邱熺輯　清道光二十九年(1849)刻本　一册

410000－2286－0001861　2203 集 00639
醒世姻緣傳一百回　題(清)西周生撰　清刻本　一册　存五回(三十六至四十)

410000－2286－0001862　1704 子 00133
救偏瑣言十卷　(清)費啟泰撰　清惠迪堂刻本　一册　存二卷(五至六)

410000－2286－0001863　2203 集 00640
采真彙藁四卷　(清)檀萃著　(清)曾力行箋註　(清)周芬佩評　(清)汪之鯉參訂　清刻本　二册　存一卷(三)

410000－2286－0001864　1704 子 00134
活幼心法大全九卷　(明)聶尚恒著　(清)黄光會校　清乾隆四十六年(1781)三樂堂刻本

一冊　存四卷(一至四)

410000－2286－0001865　1704 子 00135
小兒諸熱辨一卷　(清)許豫和著　清道光刻本　一冊

410000－2286－0001866　2203 集 00641
新鐫玉茗堂批點按鑑㕘補繡像南宋志傳十卷　題(明)研石山樵訂正　題(明)織里畸人校閱　清刻本　一冊　存二卷(三至四)

410000－2286－0001867　1704 子 00136
痘科正傳六卷　(清)沈巨源撰　清刻本　一冊　存一卷(二)

410000－2286－0001868　1704 子 00137
痧症發微二卷　(清)□□撰　清刻本　一冊　存一卷(下)

410000－2286－0001869　2203 集 00642
繡像全圖小五義六卷一百二十四回　(清)石玉昆等撰　清光緒二十五年(1899)簡青齋書局石印本　一冊　存一卷(一)

410000－2286－0001870　2203 集 00643
繡像全圖再生緣全傳二十卷　(清)陳端生著　清末影印本　一冊　存一卷(十六)

410000－2286－0001871　1704 子 00138
辨證録十四卷　(清)陳士鐸著述　(清)陶式玉㕘訂　清光緒十年(1884)善成堂刻本　三冊　存三卷(一、八、十二)

410000－2286－0001872　1704 子 00139
十個彌陀懺一卷　清光緒三十四年(1908)刻本　一冊

410000－2286－0001873　1704 子 00140
辨證録十四卷　(清)陳士鐸著述　(清)陶式玉㕘訂　清乾隆刻本　五冊　存五卷(一、三至五、八)

410000－2286－0001874　1704 子 00141
陶節菴傷寒全生集四卷　(明)陶華撰　(清)葉桂評　清咸豐八年(1858)刻本　四冊

410000－2286－0001875　1705 子 00142
重訂傷寒集註十卷附五卷　(清)舒詔輯　(清)夏之翰㕘訂　清乾隆刻本　一冊　存十卷(六至十、附五卷)

410000－2286－0001876　1705 子 00143
張仲景傷寒論原文淺註六卷首一卷　(清)陳念祖集註　(清)陳元犀等校　清末影印本　一冊　存四卷(一至四)

410000－2286－0001877　1705 子 00144
溫病條辨六卷　(清)吳瑭著　(清)朱武曹點評　清刻本　二冊　存二卷(一至二)

410000－2286－0001878　2203 集 00644
再生緣全傳二十卷　(清)陳端生著　清刻本　三冊　存三卷(十八至二十)

410000－2286－0001879　2203 集 00645
花樣集錦□□卷　(清)張鵬翂輯　清刻本　一冊　存一卷(四)

410000－2286－0001880　1705 子 00145
編註醫學入門八卷　(明)李梴撰　清刻本　三冊　存三卷(一至二、七)

410000－2286－0001881　2203 集 00646
新刊繡像昇仙傳演義八卷五十六回　題(清)倚雲堂主人著　清刻本　一冊　存二卷(一至二)

410000－2286－0001882　1705 子 00146
增訂士材三書　(明)李中梓著述　(清)尤乘增補　清文誠堂刻本　二冊　存六卷(一至三、六至八)

410000－2286－0001883　2203 集 00647
希夷夢四十卷　(清)汪寄撰　清刻本　一冊　存二卷(二十一至二十二)

410000－2286－0001884　2203 集 00648
唐人試帖四卷首一卷　(清)毛奇齡論定　(清)王錫等參釋　清康熙刻本　一冊

410000－2286－0001885　1705 子 00147
東塾讀書記二十五卷　(清)陳澧撰　清光緒二十七年(1901)邵州勸學書舍刻本(原缺卷十三至十四、十七至二十、二十二至二十五)　六冊　存十五卷(一至十二、十五至十六、

二十一)

410000－2286－0001886　1705子00148
東塾讀書記二十五卷　(清)陳澧撰　清光緒二十四年(1898)紉蘭書館刻本(原缺卷十三至十四、十七至二十、二十二至二十五)　四冊　存十五卷(一至十二、十五至十六、二十一)

410000－2286－0001887　1705子00149
瘰癧彙抄一卷　清抄本　一冊

410000－2286－0001888　1705子00151
醫宗必讀十卷　(明)李中梓著　(明)吳肇陵枀　(清)李廷芳訂　清善成堂刻本　一冊　存二卷(一至二)

410000－2286－0001889　1705子00152
醫學啓蒙彙編六卷　(清)翟良纂　(清)翟文楠　(清)李聚和枀補　清康熙刻本　一冊　存一卷(四)

410000－2286－0001890　1705子00150
地理大全　(清)許榮輯　清康熙十四年(1675)學愚齋刻本　十六冊　存四種二十八卷

410000－2286－0001891　1705子00153
敷潤堂詳校醫宗必讀十卷　(明)李中梓著　(清)朱天定枀　(清)李廷芳訂　清敷潤堂刻本　一冊　存三卷(六至八)

410000－2286－0001892　1705子00155
醫學心悟五卷　(清)程國彭著　清刻本　一冊　存一卷(二)

410000－2286－0001893　1705子00154
重鐫官板地理天機會元三十五卷　(明)顧乃德集　(明)徐之鏌重編刪補　明萬曆書林陳孫賢刻本　二十四冊

410000－2286－0001894　1705子00156
醫學擇抄一卷　清抄本　一冊

410000－2286－0001895　1705子00157
古吳童氏重校醫宗必讀十卷　(明)李中梓著　(清)董爾正枀　(清)李廷芳訂　清末影印本　一冊　存四卷(七至十)

410000－2286－0001896　2203集00649
歷朝賦楷八卷　(清)王修玉選輯　(清)顧豹文鑒定　(清)王鳳翼參閲　(清)王儒星等校訂　清刻本　二冊　存四卷(三至四、七至八)

410000－2286－0001897　1705子00158
筆花醫鏡四卷　(清)江涵暾著　(清)劉宣齋等校　清道光四年(1824)刻本　一冊

410000－2286－0001898　2203集00650
蝴蝶盃十二卷十二回　清刻本　一冊

410000－2286－0001899　2203集00651
封神演義十九卷一百回　(明)許仲琳著　清康熙四雪草堂刻本　一冊　存一卷(八)

410000－2286－0001900　1705子00160
醫宗説約五卷首一卷　(清)蔣示吉述　(清)嚴熤等枀　(清)毛漢迎等訂　清康熙刻本　一冊　存一卷(三)

410000－2286－0001901　2203集00652
新刻劍嘯閣批西漢演義傳八卷　(明)甄偉著　清刻本　五冊　存五卷(二至五、七)

410000－2286－0001902　1705子00161
秘書廿一種　(清)汪士漢輯　清刻本　二冊　存三種十五卷

410000－2286－0001903　2203集00653
北史演義六十四卷　(清)杜綱編次　(清)徐寶善批評　(清)譚載華校訂　清乾隆刻本　二冊　存十一卷(四十四至五十四)

410000－2286－0001904　2203集00654
四大奇書第一種五十一卷一百二十回　(清)金人瑞　(清)毛宗崗評　(清)鄒梧岡(鄒聖脈)枀訂　(清)劉鳳藻較對　清刻本　七冊　存二十一卷(一、七至十、十五至十八、二十二至二十五、三十八至四十一、四十六至四十七、五十至五十一)

410000－2286－0001905　1705子00162
瘍醫大全四十卷　(清)顧世澄纂輯　(清)錢

之栢等校　清乾隆刻本　五册　存五卷(一至三、六、四十)

410000－2286－0001906　2203 集 00655
初刻封神演義八卷一百回　(明)許仲琳著　清乾隆四十三年(1778)刻本　四册　存四卷(一至二、七至八)

410000－2286－0001907　1705 子 00163
身世準繩二卷　(清)李迪光纂輯　(清)王海文鑒定　(清)李射斗等訂　清道光二十三年(1843)德蔚堂刻本　一册　存一卷(上)

410000－2286－0001908　2203 集 00656
小題文模標準二卷　(清)王耀亭評選　(清)王觀潮重訂　(清)王觀浚等校字　清光緒十四年(1888)德茂堂刻本　一册

410000－2286－0001909　2203 集 00657
新刻鍾伯敬先生批評封神演義十九卷一百回　(明)許仲琳編輯　(明)鍾惺批評　清刻本　一册　存八卷(二至三、六、八至十、十八至十九)

410000－2286－0001910　1705 子 00165
醫方捷徑指南全書二卷　(清)王宗顯輯　(清)錢允治校　清聚三堂刻本　一册

410000－2286－0001911　1705 子 00166
醫方捷徑指南全書二卷　(清)王宗顯輯　(清)錢允治校　清刻本　一册

410000－2286－0001912　1705 子 00168
傅氏眼科審視瑤函六卷　(明)傅仁宇纂輯　(清)林長生較補　(清)傅維藩編集　清刻本　一册　存二卷(三至四)

410000－2286－0001913　2203 集 00658
繪圖封神演義□□卷一百回　(明)陳仲琳著　清末上海龍文書局石印本　一册　存一卷(一)

410000－2286－0001914　2203 集 00659
繡像封神演義□□卷一百回　(明)陳仲琳著　清末影印本　一册　存二卷(一至二)

410000－2286－0001915　2203 集 00660
繡像封神演義□□卷一百回　(明)陳仲琳著　清末上海久敬齋書局石印本　一册　存二卷(五至六)

410000－2286－0001916　2203 集 00661
封神演義一百回　(明)陳仲琳著　清抄本　一册　存五回(五十一至五十五)

410000－2286－0001917　2203 集 00662
志異續編八卷　題(清)青城子編　題(清)浣花生校　清光緒鉛印本　八册

410000－2286－0001918　1705 子 00169
白虎通二卷　(漢)班固纂　(清)汪士漢校　清刻本　一册　存一卷(上)

410000－2286－0001919　2203 集 00663
試帖指南四卷　(清)張昶編次　清同治七年(1868)文萃齋刻本　四册

410000－2286－0001920　1705 子 00170
先天保嬰獨步四卷　(清)琴書堂纂　清抄本　一册

410000－2286－0001921　2203 集 00664
試帖指南四卷　(清)張昶編次　清同治七年(1868)文萃齋刻本　一册　存一卷(四)

410000－2286－0001922　1705 子 00171
女科二卷　(清)傅山著　清抄本　一册　存一卷(上)

410000－2286－0001923　1705 子 00172
女科二卷　(清)傅山著　清抄本　一册　存一卷(下)

410000－2286－0001924　1705 子 00174
池上草堂筆記初錄六卷續錄六卷三錄六卷四錄六卷　(清)梁恭辰撰　清同治三年(1864)刻本　七册　缺三卷(初錄四至六)

410000－2286－0001925　1705 子 00173
婦嬰醫書　(清)□□輯　清刻本　一册　存五種五卷

410000－2286－0001926　1705 子 00175
池上草堂筆記初錄六卷續錄六卷三錄六卷四錄六卷　(清)梁恭辰撰　清同治三年(1864)

刻本　一冊　存三卷(三録四至六)

410000－2286－0001927　1801 子 00176
鼎鍥幼幼集成六卷　(清)陳復正輯訂　(清)劉勷校正　(清)周宗頤条定　清末影印本　一冊

410000－2286－0001928　1801 子 00177
鼎鍥幼幼集成六卷　(清)陳復正輯訂　(清)劉勷校正　(清)周宗頤条定　清刻本　二冊　存二卷(二、六)

410000－2286－0001929　1801 子 00178
產後另編不分卷　(□)□□撰　清刻本　一冊

410000－2286－0001930　1801 子 00179
幼科推拿秘書五卷　(清)駱如龍著　(清)駱民新抄訂　清乾隆五十年(1785)金陵四教堂刻本　一冊　存四卷(一至四)

410000－2286－0001931　2203 集 00666
天下才子必讀書十五卷末一卷　(清)金人瑞輯　清刻本　一冊　存三卷(九至十一)

410000－2286－0001932　1801 子 00180
幼科秘書推拿廣意二卷　(清)陳世凱重訂　(清)熊應雄纂輯　清末影印本　一冊

410000－2286－0001933　1801 子 00181
不醫全家樂不分卷　題(清)星樓氏輯　清萬元堂刻本　一冊

410000－2286－0001934　2203 集 00667
制義偶鈔三編今集不分卷　(清)王步青等撰　清刻本　一冊

410000－2286－0001935　2203 集 00668
制義類編二十卷　(清)周永年選　清刻本　一冊　存一卷(二)

410000－2286－0001936　1801 子 00182
圖注脉訣辨真四卷　(晉)王叔和(王熙)撰　(明)張世賢注　清刻本　一冊　存二卷(三至四)

410000－2286－0001937　1801 子 00183
瘟疫論二卷　(明)吳有性著　清刻本　一冊

410000－2286－0001938　1801 子 00184
瘟疫論類編五卷　(明)吳有性著　(清)劉奎訂正　(清)劉嗣宗条閱　(清)劉秉錦編釋　清刻本　一冊　存一卷(一)

410000－2286－0001939　2203 集 00669
制義標準一卷　(清)呂永輝選輯　清光緒二十七年(1901)明道書院刻本　一冊

410000－2286－0001940　2203 集 00670
名家義論合纂一卷　(清)李慈銘選　清光緒二十八年(1902)二酉山房刻本　一冊

410000－2286－0001941　1801 子 00185
松峯說疫七卷　(清)劉奎著輯　(清)劉嗣宗条閱　(清)劉秉錦述較　(清)李逢虔錄　清刻本　一冊　存二卷(六至七)

410000－2286－0001942　1801 子 00186
校刻傷寒圖歌活人指掌五卷　(元)吳恕撰　清刻本　一冊　存三卷(三至五)

410000－2286－0001943　1801 子 00187
濟陰綱目十四卷　(明)武之望輯著　(清)汪淇箋釋　(清)張志聰訂正　(清)查望条閱　清天德堂刻本　一冊　存一卷(一)

410000－2286－0001944　1801 子 00188
濟陰綱目十四卷　(明)武之望輯著　(清)汪淇箋釋　(清)趙文烇訂正　(清)查望条閱　清刻本　一冊　存二卷(十三至十四)

410000－2286－0001945　1801 子 00189
濟陰綱目十四卷　(明)武之望輯著　(清)汪淇箋釋　(清)何應魁訂正　(清)查望条閱　清末影印本　二冊　存五卷(八至十二)

410000－2286－0001946　2203 集 00671
國朝小題觀成不分卷　(清)王步青等撰　清乾隆刻本　一冊

410000－2286－0001947　1801 子 00190
引痘略一卷　(清)邱熺輯　清抄本　一冊

410000－2286－0001948　1801 子 00191
痘疹求源□□卷　(清)王维鈊編輯　清抄本　一冊　存一卷(四)

410000－2286－0001949　2203 集 00672
瀛海探驪集八卷　(清)朱埏之輯　清嘉慶十九年(1814)蓴怡山館刻本　三册　存六卷(一至二、五至八)

410000－2286－0001950　1801 子 00192
醫門法律六卷　(清)喻昌著　清末上海簡青齋書局石印本　一册　存二卷(五至六)

410000－2286－0001951　2203 集 00673
聊齋志異新評十六卷　(清)蒲松齡著　(清)王士正評　(清)但明倫新評　清刻本　二册　存二卷(三、十)

410000－2286－0001952　1801 子 00193
傅青主男科二卷　(清)傅山撰　(清)黄廷烈校勘　清光緒三十一年(1905)上海校經山房石印本　一册

410000－2286－0001953　2203 集 00674
聊齋志異新評十六卷　(清)蒲松齡著　(清)王士正評　(清)但明倫新評　(清)呂湛恩注　清光緒三十四年(1908)上海商務印書館鉛印本　一册　存四卷(五至八)

410000－2286－0001954　1801 子 00194
傅青主女科二卷補遺一卷產後編二卷　(清)傅山撰　清末鑄記書局石印本　一册

410000－2286－0001955　1801 子 00195
喉牙口舌各科秘旨一卷　(清)蔣小峰輯　清光緒刻本　一册

410000－2286－0001956　1801 子 00196
嵩厓尊生書十五卷　(清)景日昣著　清乾隆五十五年(1790)古吳致和堂刻本　三册　存八卷(一至八)

410000－2286－0001957　2203 集 00675
聊齋志異新評十六卷　(清)蒲松齡著　(清)王士正評　(清)但明倫新評　(清)呂湛恩注　清光緒三十四年(1908)上海商務印書館鉛印本　二册　存四卷(一至二、七至八)

410000－2286－0001958　1801 子 00197
删補頤生微論四卷　(明)李中梓著　(清)沈頲校　(清)吳進衆閲　清道光刻本　一册　存二卷(三至四)

410000－2286－0001959　1801 子 00198
壽世編不分卷　(清)□□輯　清同治元年(1862)刻本　一册

410000－2286－0001960　2203 集 00676
詳註聊齋志異圖詠十六卷　(清)蒲松齡著　(清)呂湛恩註　清末上海錦章書局石印本　二册　存四卷(一至二、七至八)

410000－2286－0001961　1801 子 00199
壽世編不分卷　(清)□□輯　清同治元年(1862)刻本　一册

410000－2286－0001962　2203 集 00677
評註聊齋志異圖詠十六卷　(清)蒲松齡著　(清)呂湛恩註　清末影印本　一册　存二卷(七至八)

410000－2286－0001963　2203 集 00679
繪圖增像西遊記一百二十回　(明)吳承恩著　清光緒十九年(1893)上海煥文書局石印本　一册　存十四回(七十五至八十八)

410000－2286－0001964　1801 子 00200
較正醫林狀元壽世保元十卷　(明)龔廷賢編　(清)周亮登校　清光緒十八年(1892)宏道堂刻本　四册

410000－2286－0001965　1801 子 00201
新刊醫林狀元壽世保元十卷　(明)龔廷賢編　(清)周亮登校　清刻本　二册　存二卷(三、十)

410000－2286－0001966　1801 子 00202
新刊醫林狀元壽世保元十卷　(明)龔廷賢編　(清)周亮登校　清刻本　一册　存一卷(六)

410000－2286－0001967　2203 集 00681
西遊真詮八卷一百回　(清)陳士斌著　(清)金人瑞等評閲　清刻本　一册　存四卷(一至四)

410000－2286－0001968　2203 集 00682

西遊真詮二十卷一百回 （清）陳士斌著 清芥子園刻本 四册 存四卷（十六至十七、十九至二十）

410000－2286－0001969 1801 子 00204
信驗方一卷 （清）盧蔭長輯 清刻本 一册

410000－2286－0001970 1801 子 00205
太醫院增補珍珠囊藥性賦直解四卷 （清）羅必煒參訂 清光緒十八年（1892）四合堂刻本 二册

410000－2286－0001971 1801 子 00206
太醫院增補珍珠囊藥性賦直解四卷 （清）羅必煒參訂 清光緒十八年（1892）四合堂刻本 一册

410000－2286－0001972 2203 集 00683
結水滸全傳□□卷一百四十回 （清）俞萬春著 清刻本 四册 存十三卷（二十四至二十六、三十二至三十五、三十八至四十、四十三至四十五）

410000－2286－0001973 2203 集 00684
廿一史彈詞註十卷 （明）楊慎編著 （清）張三異增定 （清）張仲璜註 **明紀彈詞註一卷** （清）張三異著 （清）張仲璜註 清雍正五年（1727）張坦麟刻本 二册 存三卷（八、十，明紀彈詞註一卷）

410000－2286－0001974 1801 子 00208
珍珠囊指掌補遺藥性賦四卷 （元）李杲編輯 （清）王晉三重訂 清乾隆四十一年（1776）刻本 一册

410000－2286－0001975 1801 子 00209
珍珠囊指掌補遺藥性賦四卷 （元）李杲編輯 （清）王晉三重訂 清會文堂刻本 一册

410000－2286－0001976 2203 集 00685
廿一史彈詞十卷 （明）楊慎著 清抄本 一册

410000－2286－0001977 1801 子 00210
［同仁堂藥目］ （清）同仁堂編 清刻本 一册

410000－2286－0001978 1801 子 00211
［同仁堂藥目］ （清）同仁堂編 清刻本 一册

410000－2286－0001979 2204 集 00686
繪圖今古奇觀二卷四十回 題（明）抱甕老人輯 清末影印本 一册 存一卷（上）

410000－2286－0001980 2204 集 00687
今古奇觀四十卷 題（明）抱甕老人輯 清刻本 一册 存四卷（二十至二十三）

410000－2286－0001981 1801 子 00212
同仁堂虔修諸門應症丸散膏丹不分卷 （清）同仁堂編 清光緒十五年（1889）京都同仁堂刻本 一册

410000－2286－0001982 1801 子 00213
同仁堂虔修諸門應症丸散膏丹不分卷 （清）同仁堂編 清光緒十五年（1889）京都同仁堂刻本 一册

410000－2286－0001983 2204 集 00688
今古奇觀四十卷 題（明）抱甕老人輯 題（明）笑花主人閱 清同文堂刻本 二册 存六卷（一至二、三十七至四十）

410000－2286－0001984 2204 集 00689
足本全圖今古奇觀四十回 題（明）抱甕老人輯 清末上海廣雅書局影印本 一册 存九回（二十六至三十四）

410000－2286－0001985 1801 子 00214
洞主仙師白喉治法忌表抉微一卷 （清）耐修子錄 清光緒十八年（1892）簪華館刻本 一册

410000－2286－0001986 2204 集 00690
今古奇觀四十卷 題（明）抱甕老人輯 清刻本 一册 存五卷（十至十四）

410000－2286－0001987 1801 子 00215
洞主仙師白喉治法忌表抉微一卷 （清）耐修子錄 清光緒十七年（1891）刻本 一册

410000－2286－0001988 1801 子 00216
焦氏易林校略十六卷 （清）翟云升撰 清道

光東萊翟氏刻五經歲徧齋校書本　六冊　存十二卷(五至十六)

410000－2286－0001989　1801 子 00217
千金翼方三十卷　(唐)孫思邈撰　(宋)林億等校正　(明)王肯堂重校　明華希閎刻本　一冊　存二卷(二十三至二十四)

410000－2286－0001990　2304 類叢 00108
經策通纂　(清)吳熲炎等編　清光緒十三年(1887)點石齋石印本　四冊　存五種二十六卷

410000－2286－0001991　1801 子 00218
良朋彙集□□卷　(清)孫偉輯　清刻本　一冊　存一卷(四)

410000－2286－0001992　1801 子 00219
瘡瘍經驗全書□□卷　(宋)竇漢卿撰　清刻本　一冊　存一卷(二)

410000－2286－0001993　2204 集 00691
精訂綱鑑廿四史通俗衍義二十六卷　(清)呂撫輯　(清)呂維城等校　清光緒石印本　二冊　存二卷(三至四)

410000－2286－0001994　1801 子 00220
慈恩玉歷彙錄五卷續錄一卷　(□)□□撰　清刻本　一冊　存二卷(五、續錄一卷)

410000－2286－0001995　1801 子 00221
讀書錄十一卷續錄十二卷　(明)薛瑄撰　清乾隆十一年(1746)刻本　八冊

410000－2286－0001996　1801 子 00222
呻吟語六卷　(明)呂坤撰　明萬曆刻清同治、光緒間修補印呂新吾全集本　二冊　存二卷(一、五)

410000－2286－0001997　1801 子 00223
呂子節錄二卷　(明)呂坤著　(清)陳弘謀輯　清咸豐二年(1852)湖南谷氏刻本　一冊

410000－2286－0001998　1801 子 00224
龍文鞭影二卷二集二卷　(明)蕭良有著　(清)楊臣諍增訂　(清)陳士龍編次　(清)王廷伯分較　清同治七年(1868)刻本　一冊　存二卷(龍文鞭影二卷)

410000－2286－0001999　1801 子 00225
集驗良方六卷　(清)年希堯　(清)梁文科編輯　清康熙刻本　一冊　存二卷(二、六)

410000－2286－0002000　1801 子 00226
增訂敬信錄四卷　(清)徐榮輯著　清刻本　二冊　存二卷(利、貞)

410000－2286－0002001　1801 子 00227
龍文鞭影二卷二集二卷　(明)蕭良有著　(清)楊臣諍增訂　(清)陳士龍編次　(清)王廷伯分較　清同治七年(1868)刻本　三冊　存三卷(龍文鞭影二卷、二集上)

410000－2286－0002002　1801 子 00228
龍文鞭影二卷　(明)蕭良有著　(清)楊臣諍增訂　(清)陳士龍編次　(清)王廷伯分較　清乾隆四十四年(1779)刻本　一冊　存一卷(上)

410000－2286－0002003　1801 子 00230
普濟應驗良方八卷　(清)德軒氏輯　清刻本　一冊

410000－2286－0002004　1801 子 00231
景岳全書六十四卷　(明)張介賓著　(清)雲志嵩訂　清刻本　一冊　存五卷(三十四至三十八)

410000－2286－0002005　1801 子 00232
增訂敬信錄四卷　(清)徐榮輯著　清刻本　一冊　存二卷(三至四)

410000－2286－0002006　1801 子 00229
龍文鞭影二卷二集二卷　(明)蕭良有纂輯　(清)楊臣諍增訂　(清)來集之音註　清末影印本　一冊

410000－2286－0002007　1801 子 00233
經驗良方□□卷　(清)□□輯　清刻本　一冊　存一卷(上)

410000－2286－0002008　1801 子 00235
北溪先生字義二卷補遺一卷講義一卷附錄一卷　(宋)王雋編　(清)戴嘉禧增訂　(清)

顧秀虎校閱　清光緒二十六年(1900)刻本　二册

410000－2286－0002009　1801 子 00234
洪氏集驗方五卷　(宋)洪遵輯　清光緒十三年(1887)上海蜚英館影印士禮居黄氏叢書本　一册

410000－2286－0002010　1801 子 00236
藥方集成一卷　清同治十一年(1872)李藝林抄本　一册

410000－2286－0002011　1801 子 00238
[驗方]一卷　清抄本　一册

410000－2286－0002012　1801 子 00237
蕺山先生人譜一卷人譜類記二卷　(明)劉宗周撰　(清)洪正治校編　清嘉慶十六年(1811)粤東聚英堂刻本　一册　存二卷(蕺山先生人譜一卷、人譜類記上)

410000－2286－0002013　1801 子 00239
人譜類記二卷　(明)劉宗周撰　(清)洪正治校編　清雍正敬忠堂刻本　一册　存一卷(下)

410000－2286－0002014　1801 子 00240
外科正諭一卷　清张照安抄本　一册

410000－2286－0002015　1801 子 00241
軒岐精粹□□卷　(清)張桃溪訂　清抄本　一册　存一卷(二)

410000－2286－0002016　1801 子 00242
地藏菩薩本願經三卷　(唐)釋實叉難陀譯　清光緒三十年(1904)金陵刻經處刻本　一册

410000－2286－0002017　1801 子 00243
祝由科太醫十三科二卷　(清)宋淳熙著　清品蓮堂刻本　一册　存一卷(一)

410000－2286－0002018　1802 子 00244
養蒙金鑑二卷　(清)林之望編輯　(清)沈錫慶刪訂　清光緒元年(1875)鄂垣藩署刻本　二册

410000－2286－0002019　1801 子 00259
增廣驗方新編十八卷　(清)鮑相璈編輯　清末影印本　一册　存五卷(二至六)

410000－2286－0002020　2204 集 00692
童蒙金鏡一卷　(清)鄭際昌著　(清)鄭棆秀等參閲　清嘉慶二十三年(1818)致和堂刻本　一册

410000－2286－0002021　1802 子 00245
增廣驗方新編續集二卷首一卷　(清)□□輯　清末影印本　一册

410000－2286－0002022　2204 集 00693
童蒙金鏡一卷　(清)鄭際昌著　(清)鄭棆秀等參閲　清刻本　一册

410000－2286－0002023　1802 子 00246
驗方新編十六卷　(清)鮑相璈編　清刻本　一册　存三卷(十二至十四)

410000－2286－0002024　1802 子 00247
驗方新編十六卷　(清)鮑相璈輯　(清)鮑相壁校　清刻本　一册　存一卷(一)

410000－2286－0002025　1802 子 00248
新齋諧二十四卷　(清)袁枚編　清刻本　一册　存三卷(三至五)

410000－2286－0002026　1802 子 00249
續新齋諧三卷　(清)袁枚編　清宣統元年(1909)石印本　一册　存一卷(上)

410000－2286－0002027　1802 子 00250
秋燈叢話十八卷　(清)王椷著　清刻本　一册　存三卷(三至五)

410000－2286－0002028　1802 子 00251
策學纂要十六卷　(清)戴朋　(清)黄卷輯　(清)黎逢晨等訂　清乾隆三十七年(1772)刻本　一册　存四卷(一至四)

410000－2286－0002029　1802 子 00252
兩般秋雨盦隨筆十一卷　(清)梁紹壬纂　清刻本　一册　存一卷(一)

410000－2286－0002030　1802 子 00253
真道略論　(□)□□撰　清光緒三十三年(1907)匯文書局鉛印本　一册

410000－2286－0002031　1802 子 00254

七真寶傳□□卷　清刻本　一冊　存一卷(二)

410000－2286－0002032　2304 類叢 00109

格致鏡原一百卷　(清)陳元龍撰　清雍正刻本　一冊　存三卷(二十八至三十)

410000－2286－0002033　1802 子 00255

入地眼全書十卷　(宋)釋靜道著　(清)袁泰開等參訂　(清)萬樹華編次　清刻本　一冊　存二卷(三至四)

410000－2286－0002034　2304 類叢 00110

韻字鑑四卷　(清)翟云升編　清刻本　一冊　存一卷(三)

410000－2286－0002035　2304 類叢 00111

增補詩句題解彙編二十二卷　(清)陳劍芝等輯　(清)朱春舫增輯　(清)汪元方鑒定　清刻本　一冊　存一卷(十八)

410000－2286－0002036　2304 類叢 00112

分類字錦六十四卷　(清)何焯等纂輯　清刻本　十三冊　存十三卷(九、十三至十六、五十七至六十四)

410000－2286－0002037　1802 子 00256

大悲心陀羅尼經一卷大悲印訣一卷音釋一卷　(唐)釋伽梵達磨譯　清刻本　一冊

410000－2286－0002038　1802 子 00257

十二圓覺經全帙一卷　(明)伯闡叅訂　(明)祥甫校証　清刻本　一冊

410000－2286－0002039　1802 子 00258

平陽全書十五卷　(明)葉泰輯　(清)張曾社叅　(清)王懋高訂　(清)張國經較　清刻本　一冊　存三卷(四至六)

410000－2286－0002040　1802 子 00260

拾羅漢一卷　清末耀記石印本　一冊

410000－2286－0002041　1802 子 00261

五公經一卷　清刻本　一冊

410000－2286－0002042　1802 子 00262

[人生運數]□□卷　清抄本　一冊　存一卷(乙卯)

410000－2286－0002043　1802 子 00263

太乙統宗寶鑑二十卷　題(元)曉山老人撰　清抄本　一冊　存一卷(十三下)

410000－2286－0002044　1802 子 00264

觀音大士救苦神膏方一卷　清咸豐六年(1856)存心居士刻本　一冊

410000－2286－0002045　2305 類叢 00113

五種遺規　(清)陳弘謀輯　清道光五年(1825)王康乂開封刻二十九年(1849)瑛桂補刻光緒十六年至十七年(1890－1891)海豐吳重憙重修補刻本　八冊　存四種十四卷

410000－2286－0002046　1802 子 00265

公門果報錄一卷　(清)宋楚望輯　清光緒十八年(1892)江蘇書局刻本　一冊

410000－2286－0002047　1802 子 00266

訓俗遺規四卷　(清)陳弘謀輯　清乾隆三十七年(1772)刻本　一冊　存二卷(一至二)

410000－2286－0002048　1802 子 00267

天元古佛救劫大梵王經一卷　清抄本　一冊

410000－2286－0002049　1802 子 00268

管窺輯要八十卷　(清)黃鼎纂　(清)黃九錫等閱　清刻本　一冊　存三卷(三至五)

410000－2286－0002050　1802 子 00269

佛說盂蘭盆經一卷　(晉)釋竺法護譯　清刻本　一冊

410000－2286－0002051　1802 子 00270

念經應驗一卷　清刻本　一冊

410000－2286－0002052　1802 子 00273

家寶全集四集三十二卷　(清)石成金撰　清刻本　八冊　存八卷(初集五至七,二集一、五、七至八,四集一)

410000－2286－0002053　1802 子 00271

新鍥希夷陳先生紫微斗數全書四卷　(宋)陳摶著　(清)潘希尹補輯　(清)楊一宇參閱　清刻本　六冊

410000－2286－0002054　1802 子 00272
觀星驗斗一卷　清抄本　一冊

410000－2286－0002055　1802 子 00274
十二押運星一卷　清光緒二十八年(1902)文元堂抄本　一冊

410000－2286－0002056　1802 子 00275
新編直指算法統宗十七卷　(明)程大位編集　清刻本　一冊　存二卷(六至七)

410000－2286－0002057　1802 子 00276
太極圖說一卷　(宋)周敦頤著　清雍正抄本　一冊

410000－2286－0002058　1802 子 00277
至寶錄内編二卷外編二卷　(清)永鎔編　清道光二十八年(1848)聚文齋刻本　四冊

410000－2286－0002059　1802 子 00280
家寶全集四集三十二卷　(清)石成金撰　清刻本　三冊　存三卷(二集五,四集二、六)

410000－2286－0002060　1802 子 00278
訓俗遺規四卷　(清)陳弘謀輯　清道光二十五年(1845)刻本　一冊　存二卷(一至二)

410000－2286－0002061　1802 子 00279
勸戒續錄六卷　(清)梁恭辰撰　清咸豐七年(1857)刻本　一冊　存三卷(一至三)

410000－2286－0002062　1802 子 00281
責志約言四卷附子潔雜著一卷　(清)王滌心著　清刻本　一冊　存一卷(三)

410000－2286－0002063　1802 子 00283
御製勸善要言一卷　(清)世祖福臨撰　清光緒二十三年(1897)刻本　一冊

410000－2286－0002064　1802 子 00282
二十五子彙函　(清)鴻文書局輯　清光緒十九年(1893)上海鴻文書局石印本　五冊　存六種七十一卷

410000－2286－0002065　1802 子 00284
重刻蒖元奇門遁甲句解煙波釣叟歌一卷　(宋)趙普譔歌　(宋)羅通遁法　(明)池紀解編　清刻本　一冊

410000－2286－0002066　1802 子 00285
畢法賦二卷大六壬課經集二卷　(清)郭載騋彙輯　清順治元年(1644)三槐堂刻本　二冊　存二卷(畢法賦上、課經集一)

410000－2286－0002067　1802 子 00286
家寶全集四集三十二卷　(清)石成金撰　清刻本　二冊　存二卷(初集五至六)

410000－2286－0002068　1802 子 00287
家寶全集四集三十二卷　(清)石成金撰　清刻本　一冊　存二卷(初集四至五)

410000－2286－0002069　1802 子 00288
家寶全集四集三十二卷　(清)石成金撰　清刻本　一冊　存一卷(初集二)

410000－2286－0002070　1802 子 00289
觀音度女心經一卷　清石印本　一冊

410000－2286－0002071　1802 子 00290
妙法蓮華經觀世音菩薩普門品一卷　(後秦)釋鳩摩羅什譯　清末影印本　一冊

410000－2286－0002072　1802 子 00291
禪門日誦二卷　(清)□□輯　清刻本　一冊　存一卷(上)

410000－2286－0002073　1802 子 00293
新刻萬法歸宗五卷　(唐)李淳風著　清末影印本　一冊　存二卷(二至三)

410000－2286－0002074　1802 子 00292
瑜伽燄口施食儀范一卷　清刻本　一冊

410000－2286－0002075　1802 子 00294
六壬眎斯二卷　(清)葉悔亭輯　清光緒十五年(1889)刻本　一冊　存一卷(上)

410000－2286－0002076　1802 子 00295
瑜伽燄口施食儀范一卷　清抄本　一冊

410000－2286－0002077　1802 子 00296
奇門法竅四卷　(清)孟榉氏增註　清刻本　一冊　存一卷(二)

410000－2286－0002078　1802 子 00297
報母血盆經二卷　清道光六年(1826)刻本

一册

410000－2286－0002079　1802 子 00297
渡坤舟二卷　清宣統元年(1909)聚元堂刻本　一册

410000－2286－0002080　1802 子 00297
萬勸合宗一卷　清光緒二十九年(1903)刻本　一册

410000－2286－0002081　1802 子 00298
神課金口訣六卷别録一卷　題(明)適適子撰　清抄本　一册

410000－2286－0002082　1802 子 00297
勸寡婦樂言一卷　清光緒三十四年(1908)刻本　一册

410000－2286－0002083　1802 子 00297
三聖真經一卷　清光緒二十九年(1903)刻本　一册

410000－2286－0002084　1802 子 00297
姜老師回文一卷　(清)姜□□撰　清刻本　一册

410000－2286－0002085　1802 子 00299
急救方告示一卷　(清)崔□□示　清咸豐十一年(1861)刻本　一册

410000－2286－0002086　1802 子 00299
新鐫許真君玉匣記增補諸家選擇日用通書六卷　(晋)許遜著　清咸豐十一年(1861)刻本　一册

410000－2286－0002087　1802 子 00300
維摩詰所説經註八卷　(後秦)釋鳩摩羅什譯　(晋)釋僧肇注　清刻本　一册　存四卷(一至四)

410000－2286－0002088　1802 子 00301
報母血盆經二卷　清宣統三年(1911)刻本　一册

410000－2286－0002089　1802 子 00302
報母血盆經二卷　清刻本　一册

410000－2286－0002090　1802 子 00303
金剛真經一卷　(後秦)釋鳩摩羅什譯　清刻本　一册

410000－2286－0002091　1802 子 00304
觀音濟渡本願真經二卷　清宣統二年(1910)刻本　一册　存一卷(上)

410000－2286－0002092　1802 子 00305
觀音濟渡本願真經二卷　清宣統二年(1910)刻本　一册　存一卷(上)

410000－2286－0002093　1802 子 00306
新刻麻衣神相大全四卷　(清)陸位崇校編　清崇德堂刻本　一册

410000－2286－0002094　1803 子 00308
觀音濟渡本願真經二卷　清刻本　一册

410000－2286－0002095　1803 子 00307
三命通會十二卷　(明)萬民英著　清宣統元年(1909)上海江左書林石印本　一册　存一卷(八)

410000－2286－0002096　1803 子 00311
三命通會十二卷　(明)萬民英著　清刻本　八册　存六卷(七至十二)

410000－2286－0002097　1803 子 00309
楞嚴圓通疏前矛二卷　(明)釋傳燈述　清刻本　一册

410000－2286－0002098　1803 子 00310
樂邦定課一卷　清刻本　一册

410000－2286－0002099　1803 子 00312
欽定協紀辨方書三十六卷　(清)允祿等編纂　清刻本　五册　存十一卷(三至六、九至十三、三十三至三十四)

410000－2286－0002100　1803 子 00313
欽定協紀辨方書三十六卷　(清)允祿等編纂　清刻本　三册　存七卷(九至十三、三十五至三十六)

410000－2286－0002101　1803 子 00314
白衣大士神咒一卷　清末影印本　一册

410000－2286－0002102　1603 新學 00023

最新初等小學筆算教科書教授法　(清)徐寯編　清光緒三十二年(1906)上海商務印書館鉛印本　一册

410000－2286－0002103　1803 子 00316
暗室燈三卷　(清)□□輯　清刻本　一册　存一卷(三)

410000－2286－0002104　1803 子 00317
命學百中經二卷御定萬年書一卷　(明)劉伯溫纂定　清宣統刻本　一册

410000－2286－0002105　1803 子 00318
命學百中經二卷御定萬年書一卷　(明)劉伯溫纂定　清宣統刻本　一册

410000－2286－0002106　1803 子 00319
成立寶傳一卷　清末彰德明善堂石印本　一册

410000－2286－0002107　1803 子 00321
玉皇心印妙經眞解一卷　(清)覺真子注　(清)明中子較閲　清刻本　一册

410000－2286－0002108　1803 子 00322
太上感應篇註證□□卷　(清)□□撰　清嘉慶二十五年(1820)植三堂刻本　一册　存一卷(一)

410000－2286－0002109　1803 子 00320
還陽寶傳一卷　清刻本　一册

410000－2286－0002110　1803 子 00323
新刻合併音義評註淵海子平五卷　(宋)徐升編　清文光堂刻本　一册　存三卷(三至五)

410000－2286－0002111　1803 子 00325
新刻敬竈章一卷　清道光二十二年(1842)刻本　一册

410000－2286－0002112　1803 子 00324
新刊合併官板音義評註淵海子平五卷　(宋)徐升編　(明)楊淙增校　清三益堂刻本　一册

410000－2286－0002113　1803 子 00326
玉歷鈔傳警世一卷金剛經因果實録一卷　清咸豐二年(1852)刻本　一册

410000－2286－0002114　1803 子 00327
修真寶傳因果一卷　清宣統二年(1910)刻本　一册

410000－2286－0002115　1803 子 00328
修真寶傳因果一卷　清宣統二年(1910)刻本　一册

410000－2286－0002116　1803 子 00329
已亡者日課經一卷要理六端一卷　(意大利)利類思譯　清光緒二十九年(1903)刻本　一册

410000－2286－0002117　1803 子 00330
玉歷鈔傳警世一卷金剛經因果實録一卷　清道光二十年(1840)刻本　一册

410000－2286－0002118　1803 子 00331
玉歷鈔傳警世一卷金剛經因果實録一卷　清道光五年(1825)刻本　一册

410000－2286－0002119　1803 子 00332
白馬駝仙傳一卷　清末影印本　一册

410000－2286－0002120　1803 子 00333
金函寶鏡圖□□卷　清抄本　一册　存一卷(一)

410000－2286－0002121　1803 子 00334
董公選日書二卷　(明)董潛撰　清光緒十一年(1885)刻本　一册

410000－2286－0002122　1803 子 00335
選擇金鏡□□卷　(清)孟樨氏增註　清同治七年(1868)棠蔭山房刻本　一册　存一卷(一)

410000－2286－0002123　1803 子 00336
新鐫徐氏家藏羅經頂門針二卷　(明)徐之鏌撰　清初刻本　一册　存一卷(上)

410000－2286－0002124　1803 子 00337
太上感應篇淺解一卷　清末影印本　一册

410000－2286－0002125　1803 子 00338
慈生篇一卷　(□)□□撰　清刻本　一册

410000－2286－0002126　1803 子 00339

玉歷鈔傳警世一卷附金剛經因果實録一卷敬竈祀斯一卷　清刻本　一册

410000－2286－0002127　1803 子 00340
太上感應篇一卷　清贛城吉香齋刻本　一册

410000－2286－0002128　1803 子 00341
羅經秘竅十卷　（明）甘霖著　（明）唐錦池校　清刻本　一册　存二卷（一至二）

410000－2286－0002129　1803 子 00342
太上感應篇圖說八卷　（清）黃正元撰　清刻本　一册　存一卷（二）

410000－2286－0002130　1803 子 00343
太上感應篇圖說不分卷　（清）□□撰　清刻本　一册

410000－2286－0002131　1803 子 00344
新刻地理秘書雪心賦直解全書七卷　（唐）卜應天著　（唐）田希玉訂正　清敬文堂刻本　一册　存二卷（一至二）

410000－2286－0002132　1803 子 00345
真情話一卷　（清）□□輯　清刻本　一册

410000－2286－0002133　1803 子 00346
子午針一卷　題（清）涵谷子著　（清）張則黃較閲　清光緒三十一年（1905）刻本　一册

410000－2286－0002134　1803 子 00349
關聖帝君血淚救刼文一卷　清光緒二十六年（1900）刻本　一册

410000－2286－0002135　1803 子 00347
地理五訣八卷　（清）趙廷楝著　（清）趙夢麟等較訂　（清）王庸弼等衾著　清道光二十五年（1845）聘德堂刻本　一册

410000－2286－0002136　1803 子 00348
地理五訣八卷　（清）趙廷楝著　（清）趙夢麟等較訂　（清）王庸弼等衾著　清刻本　一册　存四卷（五至八）

410000－2286－0002137　1803 子 00350
呂祖指玄篇秘註一卷　（唐）呂洞賓著　（清）本誠子注　清好善堂刻本　一册

410000－2286－0002138　1803 子 00351
地理青囊經天玉心印奥語續編註解八卷　（清）王宗臣著　（清）李讓言等鑒定　（清）王宗熹等訂　（清）羅克明重校　清宣統元年（1909）上海埽葉山房石印本　一册

410000－2286－0002139　1803 子 00352
地學二卷　（清）沈鎬著　清刻本　一册　存一卷（一）

410000－2286－0002140　1803 子 00353
柳氏家藏三元總錄三卷　（明）柳洪泉纂輯　清道光刻本　一册

410000－2286－0002141　1803 子 00354
新刊合併官板音義評註淵海子平五卷　（明）楊淙增校　**新增萬年曆一卷**　清末影印本　一册　存五卷（音義評註淵海子平五卷）

410000－2286－0002142　1803 子 00355
太上感應篇直講一卷　（清）□□撰　清宣統元年（1909）刻本　一册

410000－2286－0002143　1803 子 00356
太上感應篇圖說一卷　（宋）李昌齡著　清乾隆刻本　一册

410000－2286－0002144　1803 子 00357
圓明寶筏一卷　題（清）未染子著　清刻本　一册

410000－2286－0002145　1803 子 00358
九天敕演闡微覺化眞一坤寧妙經二卷　清刻本　一册

410000－2286－0002146　1803 子 00359
澄蘭室古緣萃錄十八卷　（清）邵松年輯　清光緒三十年（1904）上海鴻文書局石印本　六册

410000－2286－0002147　2305 類叢 00114
說郛一百二十弓　（明）陶宗儀輯　清順治三年（1646）周南李際期宛委山堂刻本　三册　存二十二種二十六卷

410000－2286－0002148　1804 子 00360
三教總持無上上品孝昇微妙本願真經一卷

清刻本　一册

410000－2286－0002149　1804 子 00361
經文寶鈔一卷　(清)趙溶沐書　(清)許雲鵬撰　清刻本　一册

410000－2286－0002150　1804 子 00362
書法摘要善本三卷　(清)黄文燮書　清嘉慶二十三年(1818)聚文齋刻本　一册

410000－2286－0002151　2204 集 00694
宋邵康節先生伊川擊壤集十卷　(宋)邵雍著　(明)吴瀚摘註　(明)吴泰增註　(明)吴元維校閲　清康熙八年(1669)刻本　五册

410000－2286－0002152　1804 子 00363
莊子十卷　(晉)郭象注　(唐)陸德明音義　清同治刻本　一册　存一卷(八)

410000－2286－0002153　1804 子 00364
南華眞經解三十三卷　(清)宣穎著　(清)王暉吉較　清經國堂刻本　三册　存三卷(一至三)

410000－2286－0002154　1804 子 00365
生意論一卷　(清)趙忠泰抄　清咸豐八年(1858)趙忠泰抄本　一册

410000－2286－0002155　1804 子 00366
南華眞經解三十三卷　(清)宣穎著　(清)王暉吉較　清乾隆刻本　一册　存一卷(三)

410000－2286－0002156　1804 子 00367
重鐫清靜經圖註一卷　題(清)水精子註解　題(清)混沌子付圖　清光緒二十八年(1902)刻本　一册

410000－2286－0002157　1804 子 00368
新鐫神峯張先生通考闢謬命理正宗大全六卷　(明)張楠著　(明)杜春芳校正　(明)郭子章發行　(明)郭希文等彙編　清宏德堂刻本　二册

410000－2286－0002158　1804 子 00369
皇極經世書緒言九卷首一卷　(宋)邵雍著　(明)黄粤洲註釋　(清)劉斯組述　(清)包耀校　清刻本　二册　存三卷(七下、八下、九)

410000－2286－0002159　1804 子 00370
入道規範一卷　題(清)泰和善士輯　清刻本　一册

410000－2286－0002160　1804 子 00371
關聖帝君明聖經三卷附經驗良方一卷　清光緒三十年(1904)文成堂刻本　一册

410000－2286－0002161　1804 子 00372
河洛理數七卷　(宋)陳摶著　(宋)邵雍述　(明)史應選重訂　清刻本　三册　存四卷(一、三、六至七)

410000－2286－0002162　1804 子 00373
莊子學三卷　(清)陸樹芝輯註　清嘉慶四年(1799)刻本　三册

410000－2286－0002163　1804 子 00374
易林補遺十二卷　(明)張世寶著　(明)黄裳等較閲　清康熙金閶徐振南刻本　一册　存二卷(一至二)

410000－2286－0002164　1804 子 00375
二十二史感應録二卷緒論一卷　(清)彭希涑輯　(清)彭蘊翊校字　清道光二十六年(1846)刻本　一册

410000－2286－0002165　1804 子 00376
宅譜邇言二卷　(清)魏青江撰　清刻陽宅大成本　一册　存一卷(二)

410000－2286－0002166　1804 子 00377
二十二史感應録二卷緒論一卷　(清)彭希涑輯　(清)彭蘊翊校字　清道光二十六年(1846)刻本　一册

410000－2286－0002167　1804 子 00378
陽宅匯易圖十卷　(清)郭紹武撰　清咸豐二年(1852)同義興刻本　一册　存三卷(一至三)

410000－2286－0002168　1804 子 00379
增訂敬信録一卷　清刻本　一册

410000－2286－0002169　1804 子 00380
增訂敬信録一卷　清道光十一年(1831)刻本

一册

410000－2286－0002170　1804 子 00381
增訂敬信錄一卷　清道光二十三年(1843)刻本　一册

410000－2286－0002171　1804 子 00382
王公陽宅金針二卷　(清)張廷煇輯評　(清)張東甲証字　(清)史篆丹較對　清嘉慶二十二年(1817)刻本　一册

410000－2286－0002172　1804 子 00383
陽宅三要四卷　(清)趙廷棟著　(清)趙夢麟等較訂　(清)王庸弼等叅著　(清)張晉聲校閲　清光緒二十年(1894)義合堂刻本　一册　存二卷(一至二)

410000－2286－0002173　1804 子 00384
選擇捷要一卷　(清)賀汝田輯　(清)邱德屋訂　清光緒十五年(1889)刻本　一册

410000－2286－0002174　1804 子 00386
增訂敬信錄一卷　清道光二年(1822)文會堂刻本　一册

410000－2286－0002175　1804 子 00387
增訂敬信錄一卷　清光緒二十八年(1902)刻本　一册

410000－2286－0002176　1804 子 00388
重訂增補陶朱公致富全書四卷　(明)陳繼儒輯　清刻本　一册　存一卷(三)

410000－2286－0002177　1804 子 00385
選擇捷要一卷　(清)賀汝田輯　(清)邱德屋訂　清光緒十五年(1889)刻本　一册

410000－2286－0002178　1804 子 00389
增補地理直指原真大全三卷首一卷　(清)釋如玉著　清宣統三年(1911)石印本　一册

410000－2286－0002179　1804 子 00390
新刻繡像牛馬經八卷　(明)喻本元　(明)喻本亨著　清道光十四年(1834)魁文堂刻本　四册

410000－2286－0002180　1804 子 00391
增補地理直指原真大全三卷首一卷　(清)釋如玉著　清宣統三年(1911)石印本　一册　存二卷(上、首一卷)

410000－2286－0002181　1804 子 00392
增補地理直指原真大全三卷首一卷　(清)釋如玉著　清康熙四十八年(1709)刻本　三册　存(上、中下、下上,首一卷)

410000－2286－0002182　1804 子 00393
新鐫神峯張先生通考闢謬命理正宗大全六卷　(明)張楠著　(明)杜春芳校正　(明)郭子章發行　(明)郭希文等彙編　清刻本　五册　存五卷(一至三、五至六)

410000－2286－0002183　1804 子 00394
新刻繡像牛馬經八卷　(明)喻本元　(明)喻本亨著　清道光二十三年(1843)刻本　一册　存一卷(一)

410000－2286－0002184　1804 子 00396
重鐫神峯張先生通考闢謬命理正宗大全六卷　(明)張楠著　(明)杜春芳校正　(明)郭子章發行　(明)郭希文等彙編　清刻本　一册　存三卷(四至六)

410000－2286－0002185　1804 子 00395
新刊繡像牛馬經八卷　(明)喻本元　(明)喻本亨著　清刻本　一册　存一卷(二)

410000－2286－0002186　1804 子 00397
增補星平會海命學全書十卷首一卷　題(清)水中龍編集　題(清)未會龍校正　(清)汪淇重訂　清光緒石印本　四册　存七卷(一至三、六至七、十,首一卷)

410000－2286－0002187　1804 子 00398
新鐫圖像元亨療馬集八卷　(明)喻本元　(明)喻本亨著　清刻本　一册　存一卷(四)

410000－2286－0002188　1804 子 00399
新輯纂圖類方元亨療馬集六卷　(明)喻本元　(明)喻本亨著　清刻本　一册　存一卷(六)

410000－2286－0002189　1804 子 00400
新輯纂圖類方元亨療馬集六卷　(明)喻本元

(明)喻本亨著　清光緒石印本　一册　存四卷(一至四)

410000－2286－0002190　1803 子 00401
柳氏家藏三元總錄三卷　(明)柳洪泉纂輯　清刻本　一册　存一卷(下)

410000－2286－0002191　1803 子 00402
柳氏家藏三元總錄三卷　(明)柳洪泉纂輯　清道光刻本　一册　存一卷(下)

410000－2286－0002192　1804 子 00403
新刻繡像牛馬經八卷　(明)喻本元　(明)喻本亨著　清道光十四年(1834)益智山房刻本　一册　存一卷(一)

410000－2286－0002193　1804 子 00404
馬經擇要一卷　清光緒十三年(1887)抄本　一册

410000－2286－0002194　1203 史 00408
歷代畫史彙傳七十二卷首一卷附錄二卷　(清)彭藴璨輯　(清)邱步洲重輯　清同治十三年(1874)三楚畊餘堂刻本　三十二册

410000－2286－0002195　2305 類叢 00115
增補萬寶全書三十卷　(明)陳繼儒纂輯　(清)毛煥文增補　清刻本　二册　存四卷(一至四)

410000－2286－0002196　2204 集 00695
貫華堂第六才子書西廂記八卷　(元)王實甫撰　(清)金人瑞批點　清康熙刻本　一册　存一卷(七)

410000－2286－0002197　2204 集 00696
第六才子書八卷　(元)王實甫撰　(清)金人瑞批點　清刻本　一册　存一卷(七)

410000－2286－0002198　1203 史 00409
西清古鑑四十卷　(清)梁詩正等纂　清光緒影印本　一册　存二卷(二十六至二十七)

410000－2286－0002199　1203 史 00410
西清古鑑四十卷　(清)梁詩正等纂　清光緒影印本　一册　存一卷(二十一)

410000－2286－0002200　2204 集 00697
搭題大觀一卷　(清)王翼等撰　清抄本　一册

410000－2286－0002201　2204 集 00698
[時文選鈔]　(清)劉正遠等撰　清抄本　一册

410000－2286－0002202　1203 史 00411
[職官表]　清榮禄堂刻本　一册

410000－2286－0002203　2204 集 00699
[清古文抄]一卷　(清)柏謙等撰　清抄本　一册

410000－2286－0002204　2204 集 00700
[科舉範文]一卷　(清)姚乾高等撰　清抄本　一册

410000－2286－0002205　2204 集 00701
芸窗課草一卷　(清)申紹洵撰　清光緒二十三年(1897)抄本　一册

410000－2286－0002206　1804 子 00406
存古學堂叢刻不分卷　(清)王仁俊撰　清光緒三十三年(1907)存古學堂鉛印本　四册

410000－2286－0002207　2204 集 00702
[賦鈔]一卷　(清)楊玉樹等撰　清光緒十年(1884)抄本　一册

410000－2286－0002208　1203 史 00412
新刻校正音釋詞家便覽蕭曹遺筆四卷　題(明)閒閒子訂註　清嘉慶二十四年(1819)刻本　一册

410000－2286－0002209　2204 集 00703
墨考合選一卷　(清)張敔後等撰　清抄本　一册

410000－2286－0002210　1203 史 00413
[史抄]不分卷　清抄本　二册

410000－2286－0002211　2204 集 00704
正希文稿精選一卷　(明)金聲撰　清光緒七年(1881)炳如氏抄本　一册

410000－2286－0002212　2204 集 00705
泮水仙橋一卷　(清)冷夢松等撰　清光緒二

十四年(1898)崔永安抄本　一册

410000－2286－0002213　1603 新學 00007
信魁濟榮傳　(英國)鮑康甯譯　清光緒三十年(1904)上海廣學會鉛印本　一册

410000－2286－0002214　2204 集 00706
玉律金針一卷　(清)賀攀杜等撰　清抄本　一册

410000－2286－0002215　1603 新學 00008
簡易國民必讀課本二卷　(清)學部編　清宣統二年(1910)學部圖書局石印本　一册　存一卷(下)

410000－2286－0002216　2204 集 00707
陳句山課孫草一卷　清抄本　一册

410000－2286－0002217　2204 集 00708
[墨卷會抄]一卷　(清)王保昌等撰　清抄本　一册

410000－2286－0002218　2204 集 00709
繹山瀑布一卷　(清)郭溶撰　清抄本　一册

410000－2286－0002219　2204 集 00710
[古文選鈔]一卷　(唐)韓愈等撰　清抄本　一册

410000－2286－0002220　1603 新學 00010
新政應試必讀六卷　(清)顧厚焜鑒定　清末影印本　一册　存一卷(六)

410000－2286－0002221　2602 類叢 00116
船山遺書　(清)王夫之譔　清光緒影印本　二册　存二種四卷

410000－2286－0002222　1603 新學 00009
最新官話識字教科書二集　(清)壽潛盧編　清光緒三十三年(1907)上海會文學社石印本　四册　存(一集一册,二集一至二册、五册)

410000－2286－0002223　2204 集 00711
韓文選□□卷　(唐)韓愈撰　清康熙刻本　一册　存一卷(十)

410000－2286－0002224　2204 集 00712
窗下課詩一卷　(清)梁思聰撰　清光緒十七年(1891)梁思聰稿本　一册

410000－2286－0002225　2204 集 00713
[墨卷會抄]一卷　(清)黃淳耀等撰　清抄本　一册

410000－2286－0002226　2204 集 00714
[佚名手稿]一卷　(清)□□撰　清稿本　一册

410000－2286－0002227　0502 經 00605
五經讀本　(清)徐立綱撰　清乾隆二十一年(1756)匠門書屋刻本　七册　存四種十五卷

410000－2286－0002228　2305 類叢 00117
[詩韻抄本]一卷　清抄本　一册

410000－2286－0002229　1804 子 00405
最新類聯大全教科書一卷　(清)璟荷訂　清光緒三十四年(1908)抄本　一册

410000－2286－0002230　1804 子 00407
陳先生飛星查命神數六十卷　(□)□□撰　清抄本　三册　存三卷(丁未、癸巳、癸卯)

410000－2286－0002231　1804 子 00408
[數理抄本]一卷　清抄本　一册

410000－2286－0002232　1804 子 00409
[類聯抄本]一卷　清抄本　一册

410000－2286－0002233　1603 新學 00011
談天十八卷首一卷附表一卷　(英國)侯失勒著　(英國)偉烈亞力譯　(清)李善蘭刪述　(清)徐建寅續述　清光緒石印本　一册　存九卷(十一至十八、附表一卷)

410000－2286－0002234　0801 經 00607
批點大學衍義四十三卷　(宋)真德秀彙輯　(明)陳仁錫評閱　清光緒三十一年(1905)河南茹古山房石印本　五册　存三十五卷(一至三十一、四十至四十三)

410000－2286－0002235　1601 史 00420
國朝先正事略六十卷　(清)李元度纂　清末影印本　三册　存二十三卷(二十二至四十四)

410000－2286－0002236　2204 集 00716

閣學公集二十卷首一卷　(清)袁保齡撰　清宣統三年(1911)清芬閣鉛印項城袁氏家集本　二册　存二卷(書札二、公牘五)

410000－2286－0002237　2204 集 00717

繡像東周列國志二十七卷一百八回　(清)蔡奡評點　清光緒三十一年(1905)上海商務印書館鉛印本　九册　存二十卷(六至十九、二十二至二十七)

410000－2286－0002238　2204 集 00718

繡像東周列國志二十七卷一百八回　(清)蔡奡評點　清光緒三十一年(1905)上海商務印書館鉛印本　一册　存三卷(九至十一)

410000－2286－0002239　2204 集 00719

曾文正公家書十卷　(清)曾國藩著　清光緒三十一年(1905)上海商務印書館鉛印曾文正公四種本　二册　存四卷(一至二、五至六)

410000－2286－0002240　2204 集 00720

曾文正公家書十卷　(清)曾國藩著　清光緒三十一年(1905)上海商務印書館鉛印曾文正公四種本　一册　存四卷(五至八)

410000－2286－0002241　2204 集 00721

第一才子書十六卷一百二十回　(明)羅貫中(羅本)著　(清)金人瑞　(清)毛宗崗評　清末大上海書局鉛印本　八册　存八卷(二至五、十一、十四至十六)

410000－2286－0002242　2305 類叢 00124

説郛續四十六弓　(明)陶宗儀輯　清順治三年(1646)周南李際期宛委山堂刻本　二册　存二十種二十六卷

410000－2286－0002243　2204 集 00722

講習續錄□□卷　(清)伍兆鼇著　清宣統二年(1910)刻本　一册　存三卷(四至六)

410000－2286－0002244　2204 集 00723

增像全圖三國演義十六卷一百二十回首一卷　(明)羅貫中(羅本)撰　(清)毛宗崗評　清光緒二十九年(1903)上海久敬齋石印本　二册　存九卷(九至十六、首一卷)

410000－2286－0002245　2204 集 00726

增像全圖三國演義十六卷一百二十回　(明)羅本著　(清)毛宗崗評　清末影印本　一册　存四卷(五至八)

410000－2286－0002246　2204 集 00724

第一才子書繡像三國志演義六十卷一百二十回　(明)羅本著　(明)毛宗崗評　清光緒三十年(1904)上海商務印書館鉛印本　二册　存十卷(十一至十五、四十四至四十八)

410000－2286－0002247　2204 集 00725

第一才子書六十卷一百二十回　(明)羅本著　(清)金人瑞　(清)毛宗崗評　清光緒十一年(1885)上海同文書局鉛印本　一册　存四卷(二十九至三十二)

410000－2286－0002248　2204 集 00727

增像全圖三國演義十六卷一百二十回　(明)羅本著　(清)毛宗崗評　清天寶書局石印本　一册　存四卷(五至八)

410000－2286－0002249　1804 子 00410

增補地理直指原真三卷首一卷　(清)釋如玉著　清宣統三年(1911)上海廣益書局石印本　一册

410000－2286－0002250　2204 集 00729

來生福彈詞三十六回　題(清)橘中逸叟撰　清刻本　一册　存一回(二十四)

410000－2286－0002251　2204 集 00730

積腋成裘一卷　清抄本　一册

410000－2286－0002252　2204 集 00731

應酧抄選□□卷　清光緒三十三年(1907)抄本　一册　存一卷(二)

410000－2286－0002253　2204 集 00732

續試律大觀□□卷　(清)□□輯　清刻本　一册　存三卷(三至五)

410000－2286－0002254　2204 集 00734

分韻試帖青雲集全註四卷　(清)楊逢春輯　(清)蕭應槐等同条　(清)沈品華等注　(清)葉祺昌重註　清光緒二十年(1894)掃葉

山房石印本　三冊　存三卷(一至二、四)

410000－2286－0002255　2305 類叢 00120
經濟類考約編二卷　(清)顧九錫著　清康熙七年(1668)刻本　一冊　存一卷(上)

410000－2286－0002256　2305 類叢 00121
江氏叢書　(清)江藩纂　清道光九年(1829)江順銘刻光緒十二年(1886)江巨渠補刻本　一冊　存二種四卷

410000－2286－0002257　2204 集 00735
分類文腋八卷　(清)李楨選　(清)李煒批註　清道光六年(1826)刻本　一冊　存一卷(一)

410000－2286－0002258　1601 史 00421
通鑑擥要前編二卷正編十九卷續編八卷　(清)姚培謙　(清)張景星錄　(清)陸奎勳㕘閱　清乾隆五十六年(1791)刻本　六冊　存十一卷(前編二卷,正編一至二、五至九、十三至十四)

410000－2286－0002259　1601 史 00422
[清代職官錄]一卷　清刻本　一冊

410000－2286－0002260　2204 集 00736
繩正堂墨繩一卷　(清)□□輯　清光緒十五年(1889)刻本　一冊

410000－2286－0002261　2204 集 00737
續小五義一百二十四回　(清)石玉昆撰　清刻本　一冊　存六卷(九十三至九十八)

410000－2286－0002262　2204 集 00738
格局一新一卷　(清)□□輯　清末鉛印本　一冊

410000－2286－0002263　1603 新學 00012
中外政治藝學策論三卷首一卷　題(清)瑤林館主輯　清光緒二十二年(1896)石印本　一冊

410000－2286－0002264　1603 新學 00013
分類時務精華八卷　(清)殷兆鏞撰　清光緒二十七年(1901)上海廣益書室石印本　二冊　存二卷(一至二)

410000－2286－0002265　1603 新學 00014
中外時務策府統宗四十四卷讀西學書法一卷西學書目表四卷　(清)文盛書局編　清光緒石印本　七冊　存十九卷(八至九、十一至十三、十九至二十、三十三至三十五、四十至四十一、四十三至四十四,讀西學書法一卷,西學書目表四卷)

410000－2286－0002266　2204 集 00739
應制體詩二卷　(清)金啓南撰　(清)吳烺註　清刻本　一冊

410000－2286－0002267　1601 史 00427
史論正鵠初集四卷二集四卷三集八卷四集八卷　(清)王樹敏評點　清光緒三十年(1904)上海久敬齋石印本　七冊　存九卷(初集一至二,二集三至四,三集五、八,四集一至三)

410000－2286－0002268　1804 子 00411
鄭齋漢學文編六卷　(清)孫同康撰　清光緒三十四年(1908)鉛印本　二冊

410000－2286－0002269　2204 集 00740
八旗文經六十卷　(清)盛昱編　清刻本　一冊　存三卷(十六至十八)

410000－2286－0002270　1601 史 00423
四禮翼八卷　(明)呂坤撰　明萬曆刻清同治、光緒間修補印呂新吾全集本　二冊

410000－2286－0002271　1601 史 00424
廿二史言行略四十二卷　(清)過元輯　清刻本　二冊　存四卷(二十二至二十四、二十六)

410000－2286－0002272　1601 史 00425
讀史論略二卷　(清)杜詔著　(清)王溶校　清末石印本　二冊

410000－2286－0002273　1601 史 00426
讀史論略二卷　(清)杜詔著　(清)王溶校　清末石印本　一冊　存一卷(上)

410000－2286－0002274　2204 集 00741
增訂今文覺斯全集不分卷　(明)田一儁等撰　明刻本　一冊

410000－2286－0002275　2204 集 00742
增訂分法明文得珠不分卷　(清)徐瑄評釋　清刻本　一冊

410000－2286－0002276　1601 史 00428
奏定憲政編查館辦事章程一卷　(清)奕劻等撰　清光緒三十三年(1907)農工商部印刷科鉛印本　一冊

410000－2286－0002277　1601 史 00429
東華錄三十二卷(天命朝至雍正朝)　(清)蔣良騏纂　清抄本　一冊　存一卷(四)

410000－2286－0002278　2204 集 00743
新選時務策論不分卷　(清)宋丹桂等撰　清光緒刻本　一冊

410000－2286－0002279　0801 經 00608
經義一卷　(□)□□撰　清光緒二十七年(1901)蘭雪堂刻本　一冊

410000－2286－0002280　0801 經 00609
最新識字教科書八冊　(清)壽潛盧編　(清)蔡元培等參閱　清光緒三十三年(1907)上海會文學社石印本　一冊　存一冊(八)

410000－2286－0002281　0801 經 00610
最新官話識字教科書八冊　(清)壽潛盧編　(清)蔡元培等參閱　清光緒三十二年(1906)上海會文學社石印本　二冊　存二冊(七至八)

410000－2286－0002282　0801 經 00611
千字文一卷　(南朝梁)周興嗣撰　清刻本　一冊

410000－2286－0002283　0801 經 00612
初等小學堂習字帖　(清)何維樸等編　清宣統二年(1910)上海商務印書館石印本　一冊　存一冊(八)

410000－2286－0002284　2204 集 00744
鄉黨文補編不分卷　(清)江慎修選　清刻本　一冊

410000－2286－0002285　2204 集 00745
增廣尚友錄統編二十二卷　(清)應祖錫編輯　清光緒石印本　一冊　存一卷(十六)

410000－2286－0002286　0801 經 00613
[譯語抄本]一卷　清抄本　一冊

410000－2286－0002287　1601 史 00430
[史抄集合]一卷　清抄本　一冊

410000－2286－0002288　1601 史 00431
[史論文集合]一卷　清抄本　一冊

410000－2286－0002289　2305 類叢 00122
鑄史駢言十二卷　(清)孫玉田編　清光緒二年(1876)刻本　二冊　存五卷(一至二、十至十二)

410000－2286－0002290　1804 子 00412
[奇門遁甲]一卷　清抄本　一冊

410000－2286－0002291　0801 經 00614
[同音字集]一卷　清抄本　一冊

410000－2286－0002292　2204 集 00746
[課業選批]　(清)□□撰　清稿本　一冊

410000－2286－0002293　0801 經 00615
白虎通四卷　(漢)班固撰　清刻本　一冊　存一卷(三)

410000－2286－0002294　2204 集 00747
扶學士直上青雲一卷　(清)胡金栻等撰　清劉清沅抄本　一冊

410000－2286－0002295　1804 子 00413
中華古今注三卷　(五代)馬縞集　清刻本　一冊

410000－2286－0002296　1804 子 00414
麟山林氏家訓一卷　(清)林良銓著　清刻本　一冊

410000－2286－0002297　2204 集 00748
[民間小說]　清抄本　一冊

410000－2286－0002298　2204 集 00749
盛世元音一卷　(清)沈景福等著　清牛瑞治抄本　一冊

410000－2286－0002299　1603 新學 00015

湖南時務學堂學約十章一卷　梁啟超撰　清末石印本　一冊

410000－2286－0002300　1603 新學 00016
斯寶塞爾文集□□卷　(英國)斯寶塞爾著　清末石印本　一冊　存一卷(一)

410000－2286－0002301　1804 子 00415
讀書錄二十二卷　(明)薛瑄撰　清刻本　一冊　存三卷(五至七)

410000－2286－0002302　2204 集 00750
踰墻相從義　(□)□□編　清抄本　一冊

410000－2286－0002303　2204 集 00751
有荷簣一卷　(清)□□撰　清抄本　一冊

410000－2286－0002304　2204 集 00752
巖社鄉談一卷　(□)□□撰　清光緒二十三年(1897)抄本　一冊

410000－2286－0002305　1601 史 00432
王船山經史論八種　(清)王夫之撰　清光緒二十五年(1899)慎記書莊石印本　三冊　存二種十二卷

410000－2286－0002306　2204 集 00753
欽定啓禎四書文不分卷　(清)方苞等選評　清刻本　一冊

410000－2286－0002307　1804 子 00416
西山先生真文忠公讀書記四十卷　(宋)真德秀撰　清刻本　一冊　存一卷(十四)

410000－2286－0002308　2204 集 00754
[古文雜抄]　清抄本　一冊

410000－2286－0002309　1804 子 00417
初學行文語類三卷　(清)孫埏輯　清仁和堂刻本　一冊

410000－2286－0002310　2204 集 00755
欽定本朝四書文不分卷　(清)方苞等選評　清刻本　一冊

410000－2286－0002311　2204 集 00756
口誦心維一卷　清抄本　一冊

410000－2286－0002312　1804 子 00418
三陽施食科一卷　清抄本　一冊

410000－2286－0002313　2204 集 00757
[應試文]一卷　清抄本　一冊

410000－2286－0002314　1804 子 00419
女科產前産後一卷　(□)□□撰　清光緒十九年(1893)抄本　一冊

410000－2286－0002315　1804 子 00420
醫方捷徑指南全書二卷　(清)王宗顯輯　清刻本　一冊　存一卷(下)

410000－2286－0002316　2204 集 00758
芸窗課藝一卷　清王丙祺抄本　一冊

410000－2286－0002317　2204 集 00759
芹香秘訣一卷　(清)厚陽氏輯　清道光二十年(1840)李春芳抄本　一冊

410000－2286－0002318　2204 集 00760
百泉書院課卷一卷　(清)張席珍撰　清稿本　一冊

410000－2286－0002319　2204 集 00761
自古文章重清真一卷　清王作楨抄本　一冊

410000－2286－0002320　1601 史 00433
宋朱晦菴先生名臣言行錄全集六十二卷　(明)張采評閱　(明)馬培元枀正　清刻本　一冊　存四卷(後集三至六)

410000－2286－0002321　1601 史 00434
尺木堂綱鑑易知錄九十二卷明鑑易知錄十二卷　(清)吳乘權等輯　清末鉛印本　一冊　存六卷(綱鑑八十二至八十七)

410000－2286－0002322　2305 類叢 00123
增補萬寶全書□□卷　(明)陳繼儒纂輯　清刻本　一冊　存七卷(九至十五)

410000－2286－0002323　1603 新學 00017
最新高等小學理科教科書　(清)謝洪賚編譯　清宣統元年(1909)上海商務印書館鉛印本　一冊

410000－2286－0002324　1603 新學 00018
興學芻議一卷　(清)陳志喆纂修　清宣統元

年(1909)探源石印本　一册

410000－2286－0002325　1603 新學 00019
最新初等小學格致教科書教授法　(清)杜亞泉編　清光緒三十三年(1907)上海商務印書館鉛印本　一册

410000－2286－0002326　1603 新學 00020
最新地理教科書四卷　(清)謝洪賚編　清光緒三十四年(1908)上海商務印書館鉛印本　一册　存一卷(三)

410000－2286－0002327　1603 新學 00021
中日文通　(清)張鴻藻編　清光緒三十一年(1905)鉛印本　一册

410000－2286－0002328　1603 新學 00022
最新初等小學筆算教科書　(清)徐寯編　清光緒三十二年(1906)上海商務印書館鉛印本　一册

中國嵩山少林寺藏經閣古籍普查登記目録

全國古籍普查登記目録

國家圖書館出版社
National Library of China Publishing House

410000－2299－0000001　11
聞式堂古文選釋三集八卷　（清）臧岳編輯　清古吳三樂齋刻本　一冊　存二卷（一至二）

410000－2299－0000002　557
春秋左傳五十卷　（晉）杜預　（宋）林堯叟註釋　（唐）陸德明音義　（明）鍾惺等評點　清三多齋刻本　四冊　存十五卷（一至三、十三至十七、十九至二十五）

410000－2299－0000003　619
春秋三傳揭要六卷　（清）周蕙田輯　清刻五經揭要本　一冊　存三卷（四至六）

410000－2299－0000004　42
春秋左傳五十卷　（晉）杜預　（宋）林堯叟註釋　（唐）陸德明音義　（明）鍾惺等評點　清致和堂刻本　一冊　存一卷（六）

410000－2299－0000005　51
春秋左傳五十卷　（晉）杜預　（宋）林堯叟註釋　（唐）陸德明音義　（明）鍾惺等評點　清世德堂刻本　十二冊

410000－2299－0000006　256
大學中庸講義四卷　（清）史廷煇輯　清乾隆刻本　一冊　存一卷（三）

410000－2299－0000007　703
大學中庸講義四卷　（清）史廷煇輯　清乾隆刻本　一冊　存一卷（二）

410000－2299－0000008　707
官板正字大中集註二卷　（宋）朱熹撰　清古絳同義商刻本　一冊

410000－2299－0000009　638
二論講義養正編十卷　（清）史廷煇輯　清刻本　一冊　存五卷（三至七）

410000－2299－0000010　639
二論講義養正編十卷　（清）史廷煇輯　清刻本　三冊　存八卷（三至十）

410000－2299－0000011　640
二論講義養正編十卷　（清）史廷煇輯　清同治十年（1871）刻本　三冊　存八卷（一至五、八至十）

410000－2299－0000012　470
爾雅註疏十一卷　（晉）郭璞注　（宋）邢昺疏　（□）□□音　明崇禎元年（1628）琴川毛氏汲古閣刻十三經注疏本　一冊　存六卷（六至十一）

410000－2299－0000013　710
二論詳解四卷　（清）劉忠輯　清刻本　一冊　存一卷（二）

410000－2299－0000014　608
寄傲山房塾課纂輯禮記全文備旨七卷　（元）陳澔集說　（清）鄒聖脉纂輯　清刻本　一冊　存三卷（五至七）

410000－2299－0000015　622
寄傲山房塾課纂輯書經備旨蔡註捷錄六卷首一卷　（清）鄒聖脈纂輯　清刻本　一冊　存五卷（一至四、首一卷）

410000－2299－0000016　636
寄傲山房塾課纂輯書經備旨蔡傳捷錄七卷　（清）鄒聖脈纂輯　清刻本　三冊　存六卷（二至七）

410000－2299－0000017　265
寄傲山房塾課纂輯御案易經備旨七卷　（清）鄒聖脈纂輯　（清）鄒廷猷編次　清刻本　一冊　存四卷（四至七）

410000－2299－0000018　802
診家正眼二卷　（清）李中梓撰　清咸豐十一年（1861）清吉堂段湛然抄本　二冊

410000－2299－0000019　803
［乾隆］郃陽縣全志四卷　（清）席奉乾修　（清）孫景烈纂　清乾隆三十四年（1769）刻本　四冊

410000－2299－0000020　804
金石圖不分卷　（清）牛運震集說　（清）褚峻摹圖　清乾隆八年至十年（1743－1745）刻拓本　二冊

410000－2299－0000021　805

重修政和經史證類備用本草三十卷　(宋)唐慎微撰　(宋)寇宗奭衍義　明萬曆十五年(1587)内府刻本　三十冊

410000－2299－0000022　806
重編張仲景傷寒論證治發明溯源集十卷　(清)錢潢撰　清康熙虛白室刻本　六冊

410000－2299－0000023　807
邃雅堂學古錄七卷　(清)姚文田撰　清道光七年(1827)歸安姚氏刻邃雅堂全書本(有圖)　六冊

410000－2299－0000024　808
備急千金要方三十卷　(唐)孫思邈撰　(宋)林億等校　**攷異一卷**　(日本)奈須信德等校勘　清光緒四年(1878)長洲麟瑞堂上海影印本　十二冊

410000－2299－0000025　809
千金翼方三十卷　(唐)孫思邈撰　(宋)林億等校正　清光緒四年(1878)獨山莫氏上海影印本　八冊

410000－2299－0000026　810
新方草稿不分卷　(清)□□撰　清同治至光緒間稿本　五冊

410000－2299－0000027　811
綱鑑會纂三十九卷首一卷　(明)王世貞編　清刻本　三十五冊

410000－2299－0000028　812
凝香室鴻雪因緣圖記三集　(清)麟慶著　清光緒二十四年(1898)刻本　二冊　存二集(一至二)

410000－2299－0000029　813
乾隆大藏經　清雍正十三年(1735)刻本(有圖)　十冊　存八種十一卷

410000－2299－0000030　817
密呪圓因往生集一卷　(宋)釋智廣　(宋)釋慧真編集　(宋)金剛幢譯定　明刻本　一冊

410000－2299－0000031　819
新編漢唐通鑑品藻三十卷　(明)戴璟著　明嘉靖十七年(1538)西安府刻本　五冊　存九卷(四至五、二十至二十二、二十七至三十)

410000－2299－0000032　820
高上玉皇本行集經三卷　清悟真、閤會等刻本　三冊

410000－2299－0000033　821
三劫三千佛名經三卷　清初刻本(有圖)　三冊

410000－2299－0000034　822
摩訶般若波羅蜜多心經一卷金剛般若波羅蜜經一卷　(後秦)釋鳩摩羅什譯　**般若波羅蜜心經金剛般若經佛說五十三佛二十五佛名經**　(南朝宋)釋畺良耶舍譯　明刻本(有圖)　一冊

410000－2299－0000035　825
嵩厓尊生書十五卷　(清)景日昣撰　清掃葉山房刻本(有圖)　八冊

410000－2299－0000036　826
字彙十二卷首一卷末一卷韻法直圖一卷韻法橫圖一卷　(明)梅膺祚音釋　清嘉慶九年(1804)三多齋刻本　十四冊

410000－2299－0000037　827
大方廣佛華嚴經八十卷　(唐)釋實叉難陀譯　明天啓三年(1623)歐陽□、龔廷輔刻本　一冊　存一卷(二)

410000－2299－0000038　828
永樂北藏　明永樂十九年至正統五年(1421－1440)刻本(有圖)　十二冊　存九種十三卷

410000－2299－0000039　833
大方廣菩薩藏文殊師利根本儀軌經二十卷　(宋)釋天息災譯　明永樂刻永樂南藏本　一冊　存二卷(五至六)

410000－2299－0000040　834
書經體註大全合叅六卷　(清)范翔鑒定　(清)錢希祥纂輯　清乾隆五十七年(1792)聚錦堂刻本　四冊

410000－2299－0000041　835

新訂四書補註備旨十卷　(明)鄧林著　(清)鄧煜編次　(清)杜定基增訂　清刻本　一册　存二卷(大學一卷、中庸一卷)

410000－2299－0000042　842
宋高僧傳三十卷　(宋)釋讚寧等撰　明永樂刻永樂南藏本　一册　存一卷(七)

410000－2299－0000043　843
佛說佛名經十二卷　(北魏)菩提留支譯　明刻本　四册　存四卷(一至二、六至七)

410000－2299－0000044　900
字彙十二卷首一卷末一卷韻法直圖一卷韻法横圖一卷　(明)梅膺祚音釋　清刻本　十二册　存十二卷(字彙十二卷)

410000－2299－0000045　939
四大奇書第一種五十一卷首一卷　(明)羅貫中(羅本)著　(清)毛宗崗評述　清書業德刻本(有圖)　十六册

410000－2299－0000046　901
新刊道書全集文始真經言外經旨二卷　(宋)陳顯微註　清光緒五年(1879)終南山古樓觀刻本　二册

410000－2299－0000047　902
應試唐詩類釋十九卷　(清)臧岳輯　清乾隆四十年(1775)三樂齋刻本　八册

410000－2299－0000048　903
四分戒本三卷　(後秦)釋佛陀耶舍念譯　清寶華山刻本　一册　存一卷(一)

410000－2299－0000049　904
妙法蓮花經文句記三十卷　(唐)釋湛然述　清刻本　一册　存一卷(九)

410000－2299－0000050　905
重刊補註洗冤錄集證四卷　(宋)宋慈撰　(清)王又槐纂　(清)李觀瀾補輯　(清)阮其新補註　清光緒七年(1881)刻本　四册

410000－2299－0000051　906
白虎通四卷　(漢)班固撰　**校勘補遺一卷**　(清)盧文弨撰　**闕文一卷考一卷**　(清)莊述祖撰并輯　清刻本　四册　存四卷(四、補遺一卷、闕文一卷、考一卷)

410000－2299－0000052　907
新鐫陶節菴家藏秘授傷寒六書六卷　(明)陶華撰　清道光十三年(1833)文發堂刻本　三册　存五卷(二至六)

410000－2299－0000053　908
文選六十卷　(南朝梁)蕭統輯　(唐)李善註　明末汲古閣刻本　四册　存十六卷(十八至二十一、二十七至三十、三十七至四十四)

410000－2299－0000054　909
素問靈樞類纂約註三卷　(清)汪昂撰　清刻本　二册　存二卷(上、中)

410000－2299－0000055　1000
唐詩别裁集十卷　(清)沈德潛　(清)陳培脈輯　清康熙五十六年(1717)碧梧書屋刻本　八册　存八卷(一至八)

410000－2299－0000056　910
瑜伽燄口施食起止規範一卷　清道光十四年(1834)潘陽萬壽寺刻本(有圖)　一册

410000－2299－0000057　911
書經體註大全合叅六卷　(清)范翔鑒定　(清)錢希祥纂輯　清道光四年(1824)致和堂刻本(有圖)　四册　存四卷(一至四)

410000－2299－0000058　912
圖註八十一難經辨真四卷　(戰國)秦越人撰　(明)張世賢圖註　清刻本　三册

410000－2299－0000059　913
圖註脈訣辨真四卷　(晉)王叔和(王熙)撰　(明)張世賢註　清刻本　五册

410000－2299－0000060　914
思補齋文集四卷　(清)劉星煒撰　清光緒二十年(1894)刻本　四册

410000－2299－0000061　915
嬰童百問十卷　(明)魯伯嗣撰　(明)王肯堂訂　明末刻本　七册

410000－2299－0000062　916

春秋左傳三十卷首一卷　(晉)杜預註　(宋)林堯叟附註　(唐)陸德明音義　(清)馮李驊集解　清光緒十二年(1886)湖北官書處刻本　十冊　存二十六卷(一至十九、二十四至三十)

410000－2299－0000063　917
朱子家禮八卷首一卷四禮約言四卷四禮初稿四卷　(明)邱濬輯　清康熙四十年(1701)江蘇節署刻本　八冊　存八卷(朱子家禮八卷)

410000－2299－0000064　918
呂子節錄四卷　(明)呂坤撰　清乾隆五十一年(1786)刻本　四冊

410000－2299－0000065　940
莊子十卷　(戰國)莊周著　(晉)郭象注　(唐)陸德明音義　清光緒二年(1876)浙江書局刻本　六冊

410000－2299－0000066　919
御批歷代通鑑輯覽一百二十卷　(清)傅恒撰　清光緒刻本　十七冊　存三十四卷(四十至四十五、四十八至四十九、五十四至五十五、五十八至六十一、六十八至七十一、八十二至八十三、九十至九十一、一百至一百一、一百四至一百十一、一百十六至一百十七)

410000－2299－0000067　920
三教考略八卷　(明)俞國振輯　清抄本　八冊

410000－2299－0000068　921
易經大全會解四卷　(清)來爾繩輯　清道光十七年(1837)刻本　四冊

410000－2299－0000069　17
新訂四書補註備旨十卷　(明)鄧林著　(清)鄧煜編次　(清)杜定基增訂　清三多齋刻本　一冊　存二卷(大學一卷、中庸一卷)

410000－2299－0000070　57
字彙十二卷首一卷末一卷韻法直圖一卷韻法橫圖一卷　(明)梅膺祚音釋　明刻本　十四冊

410000－2299－0000071　106
全本禮記體註十卷　(清)徐瑄補輯　清刻本　六冊　存五卷(一至五)

410000－2299－0000072　150
康熙字典十二集三十六卷總目一卷檢字一卷辨似一卷等韻一卷補遺一卷備考一卷　(清)張玉書等撰　清刻本　四冊　存四卷(子上中、丑下、酉上)

410000－2299－0000073　168
全本禮記體註十卷　(清)徐瑄補輯　清刻本　二冊　存二卷(三至四)

410000－2299－0000074　268
增補鄧退菴先生家藏遵註四書講意備旨一卷　(明)鄧林著　(清)祁文友　(清)尹源進增定　清刻本　一冊

410000－2299－0000075　280
十三經注疏十三種　清光緒十三年(1887)脈望仙館石印本　三十三冊

410000－2299－0000076　302
禮記集說十卷　(元)陳澔撰　清刻本　一冊　存二卷(三至四)

410000－2299－0000077　303
周易四卷　(宋)朱熹集錄　清刻本(有圖)　二冊　存三卷(一至三)

410000－2299－0000078　304
經書字音辨要九卷　(清)楊名颺編輯　清道光二十七年(1847)令德堂刻本　二冊

410000－2299－0000079　312
書經集傳六卷　(宋)蔡沈撰　清傳經堂刻本　二冊　存四卷(二至五)

410000－2299－0000080　336
詩經八卷　(宋)朱熹集傳　清雪苑山房刻本　四冊

410000－2299－0000081　338
書經集傳六卷　(宋)蔡沈撰　清光緒十三年(1887)信述堂刻本　四冊

410000－2299－0000082　342

左傳易讀六卷　(清)司徒修撰　清刻本　二冊　存二卷(二、四)

410000－2299－0000083　376
養蒙針度五卷　(清)潘子聲撰　清光緒六年(1880)京都文和堂刻本　二冊

410000－2299－0000084　418
增批輯註東萊博議四卷　(宋)呂祖謙撰　劉鍾英輯註　清宣統三年(1911)上海會文堂書局石印本　一冊　存一卷(一)

410000－2299－0000085　423
欽定書經傳說彙纂二十一卷首二卷　(清)王頊齡等纂　清刻本　六冊　存十卷(十二至二十一)

410000－2299－0000086　424
評點春秋綱目左傳句解彙雋六卷　(清)韓菼重訂　清刻本　一冊　存一卷(五)

410000－2299－0000087　425
評點春秋綱目左傳句解彙雋六卷　(清)韓菼重訂　清刻本　五冊　存五卷(一至三、五至六)

410000－2299－0000088　445
詩經集傳二十卷　(宋)朱熹撰　清刻本　一冊　存一卷(五)

410000－2299－0000089　452
應事雜字一卷　清聚德堂刻本　一冊

410000－2299－0000090　471
字學舉隅不分卷　(清)黄本驥　(清)龍啓瑞撰　清光緒會文堂刻本　一冊

410000－2299－0000091　485
字彙十二卷首一卷末一卷韻法直圖一卷韻法横圖一卷　(明)梅膺祚集　清刻本　十三冊　存十三卷(字彙十二卷、首一卷)

410000－2299－0000092　486
左傳易讀六卷　(清)司徒修選訂　清道光二十四年(1844)來鹿堂刻本　六冊

410000－2299－0000093　487
字彙十二卷首一卷末一卷韻法直圖一卷韻法横圖一卷　(明)梅膺祚集　清刻本　十一冊　存十一卷(一至二、四至十二)

410000－2299－0000094　524
字學舉隅不分卷　(清)黄本驥　(清)龍啓瑞撰　清光緒八年(1882)刻本　一冊

410000－2299－0000095　525
引蒙入路二卷　(清)蘭東嶠評選　清刻本　一冊

410000－2299－0000096　526
音韻貫珠八卷　(清)賈椿齡撰　清刻本　一冊　存(書集、數集)

410000－2299－0000097　541
金剛般若波羅蜜經一卷　(後秦)釋鳩摩羅什譯　清刻本　一冊

410000－2299－0000098　553
易經大全會解四卷　(清)來爾繩纂輯　清三讓堂刻本　二冊　存三卷(一至三)

410000－2299－0000099　554
全本禮記體註十卷　(清)徐瑄補輯　清刻本　五冊　存五卷(六至十)

410000－2299－0000100　556
尚書離句六卷　(清)劉梅坨鑒定　(清)錢在培輯解　清刻本(卷三至六配清刻本)　二冊

410000－2299－0000101　560
太史張天如詳節春秋綱目句解左傳六卷　(清)韓菼編　清刻本　二冊　存二卷(二至三)

410000－2299－0000102　561
康熙字典十二集三十六卷總目一卷檢字一卷辨似一卷等韻一卷補遺一卷備考一卷　(清)張玉書等纂修　清刻本　六冊　存八卷(子上、中、下,丑中、下;總目一卷;檢字一卷;等韻一卷)

410000－2299－0000103　562
康熙字典十二集三十六卷總目一卷檢字一卷辨似一卷等韻一卷補遺一卷備考一卷　(清)張玉書等纂修　清刻本　一冊　存一

集(子)

410000－2299－0000104　564
周易四卷　清刻本　一冊　存二卷(二至三)

410000－2299－0000105　565
康熙字典十二集三十六卷總目一卷檢字一卷辨似一卷等韻一卷補遺一卷備考一卷　(清)張玉書等纂修　清道光七年(1827)刻本　十冊　存十卷(子中,丑上、中,寅中,卯上、中,辰中、下,巳上;等韻一卷)

410000－2299－0000106　566
康熙字典十二集三十六卷總目一卷檢字一卷辨似一卷等韻一卷補遺一卷備考一卷　(清)張玉書等纂修　清刻本　六冊　存二集(辰、巳)

410000－2299－0000107　567
康熙字典十二集三十六卷總目一卷檢字一卷辨似一卷等韻一卷補遺一卷備考一卷　(清)張玉書等纂修　清刻本　十冊　存三十卷(子、寅至卯、巳至亥)

410000－2299－0000108　568
康熙字典十二集三十六卷總目一卷檢字一卷辨似一卷等韻一卷補遺一卷備考一卷　(清)張玉書等纂修　清刻本　三冊　存一集(寅)

410000－2299－0000109　569
康熙字典十二集三十六卷總目一卷檢字一卷辨似一卷等韻一卷補遺一卷備考一卷　(清)張玉書等纂修　清刻本　二冊　存二集(酉、亥)

410000－2299－0000110　570
康熙字典十二集三十六卷總目一卷檢字一卷辨似一卷等韻一卷補遺一卷備考一卷　(清)張玉書等纂修　清刻本　四冊　存四集(寅至辰、戌)

410000－2299－0000111　571
康熙字典十二集三十六卷總目一卷檢字一卷辨似一卷等韻一卷補遺一卷備考一卷　(清)張玉書等纂修　清刻本　一冊　存一卷(巳中)

410000－2299－0000112　572
康熙字典十二集三十六卷總目一卷檢字一卷辨似一卷等韻一卷補遺一卷備考一卷　(清)張玉書等纂修　清刻本　一冊　存一集(寅)

410000－2299－0000113　573
康熙字典十二集三十六卷總目一卷檢字一卷辨似一卷等韻一卷補遺一卷備考一卷　(清)張玉書等纂修　清刻本　三冊　存三集(子、寅、申)

410000－2299－0000114　574
康熙字典十二集三十六卷總目一卷檢字一卷辨似一卷等韻一卷補遺一卷備考一卷　(清)張玉書等纂修　清刻本　二冊　存二集(申、亥)

410000－2299－0000115　575
康熙字典十二集三十六卷總目一卷檢字一卷辨似一卷等韻一卷補遺一卷備考一卷　(清)張玉書等纂修　清刻本　二冊　存二卷(申下、巳中)

410000－2299－0000116　578
如酉所刻諸名家評點春秋綱目左傳句解彙雋六卷　(清)韓菼重訂　清刻本　一冊　存一卷(一)

410000－2299－0000117　579
太史張天如詳節春秋綱目句解彙雋六卷　(清)韓菼重訂　清刻本　一冊　存一卷(四)

410000－2299－0000118　580
評點春秋綱目左傳句解六卷　(清)韓菼重訂　清刻本　一冊　存三卷(一至三)

410000－2299－0000119　581
春秋體註大全合叅四卷　(清)范翔鑒定　(清)徐寅賓新纂　清刻本　一冊　存一卷(三)

410000－2299－0000120　582
左繡三十卷　(清)馮李驊　(清)陸浩評輯　(清)沈乃文等叅評　清華川書屋刻本　一冊　存一卷(八)

410000－2299－0000121　583
新訂左傳快讀十八卷　(清)李紹崧選訂　清刻本　一冊　存一卷(六)

410000－2299－0000122　584
書經體註大全合叅六卷　(清)范翔鑒定　(清)錢希祥纂輯　清刻本　一冊　存一卷(二)

410000－2299－0000123　585
書經體註大全合叅六卷　(清)范翔鑒定　(清)錢希祥纂輯　清刻本　一冊　存一卷(一)

410000－2299－0000124　586
書經體註大全合叅六卷　(清)范翔鑒定　(清)錢希祥纂輯　清咸豐八年(1858)東郡崇德堂刻本　三冊　存五卷(二至六)

410000－2299－0000125　587
書經體註大全合叅六卷　(清)范翔鑒定　(清)錢希祥纂輯　清三多齋刻本(有圖)　四冊

410000－2299－0000126　588
書經體註大全合叅六卷　(清)范翔鑒定　(清)錢希祥纂輯　清道光四年(1824)致和堂刻本(有圖)　四冊

410000－2299－0000127　589
書經體註大全合叅六卷　(清)范翔鑒定　(清)錢希祥纂輯　清刻本　五冊　存五卷(二至六)

410000－2299－0000128　590
詩經八卷　(宋)朱熹集傳　清咸豐六年(1856)稻香齋刻本(有圖)　一冊　存二卷(一至二)

410000－2299－0000129　591
詩經八卷　(宋)朱熹集傳　清萬元堂刻本　一冊　存二卷(一至二)

410000－2299－0000130　592
詩經八卷　(宋)朱熹集傳　清聚三堂刻本　一冊　存二卷(一至二)

410000－2299－0000131　593
詩經八卷　(宋)朱熹集傳　清刻本　一冊　存二卷(四至五)

410000－2299－0000132　594
詩經八卷　(宋)朱熹集傳　清刻本　一冊　存三卷(六至八)

410000－2299－0000133　595
詩經八卷　(宋)朱熹集傳　清刻本　一冊　存三卷(六至八)

410000－2299－0000134　596
全本禮記體註十卷　(清)徐瑄補輯　清刻本　一冊　存一卷(九)

410000－2299－0000135　597
全本禮記體註十卷　(清)徐瑄補輯　清致和堂刻本　三冊　存三卷(二至三、十)

410000－2299－0000136　598
禮記十卷　(元)陳澔集說　清刻本　一冊　存一卷(三)

410000－2299－0000137　599
潄芳軒合纂禮記體註四卷　(清)范翔參訂　清刻本　一冊　存一卷(二)

410000－2299－0000138　600
潄芳軒合纂禮記體註四卷　(清)范翔參訂　清刻本　一冊　存一卷(一)

410000－2299－0000139　601
禮記體註大全合叅四卷　(清)范翔鑒定　(清)徐旦參訂　清刻本　一冊　存一卷(一)

410000－2299－0000140　602
詩集傳八卷　(宋)朱熹撰　清光緒二十九年(1903)詠梅書局刻本　二冊　存四卷(一至四)

410000－2299－0000141　603
詩集傳八卷　(宋)朱熹撰　清慎詒堂刻本　一冊　存二卷(四至五)

410000－2299－0000142　604
新增詩經補註附考備旨八卷　(清)鄒聖脉纂輯　(清)鄒廷猷編　清刻本　二冊　存三卷

（五、七至八）

410000－2299－0000143　605
書經體註大全合絫六卷　（清）范翔鑒定（清）錢希祥纂輯　清乾隆十八年（1753）刻本（有圖）　一冊　存一卷（一）

410000－2299－0000144　606
書經六卷　（宋）蔡沈集傳　清刻本　一冊　存一卷（四）

410000－2299－0000145　607
書集傳六卷　（宋）蔡沈撰　清刻本　一冊　存二卷（五至六）

410000－2299－0000146　609
詩經喈鳳詳解八卷圖説一卷　（清）陳抒孝輯著　（清）汪基增訂　清乾隆四十五年（1780）三多齋刻本　三冊　存三卷（一至三）

410000－2299－0000147　610
詩經喈鳳詳解八卷圖説一卷　（清）陳抒孝輯著　（清）汪基增訂　清刻本　三冊　存六卷（三至八）

410000－2299－0000148　611
詩經喈鳳詳解八卷圖説一卷　（清）陳抒孝輯著　（清）汪基增訂　清刻本　五冊　存六卷（一、五至八，圖説一卷）

410000－2299－0000149　612
書經體註大全合絫六卷　（清）范翔鑒定（清）錢希祥纂輯　清三多齋刻本　一冊　存一卷（四）

410000－2299－0000150　613
大學中庸講義四卷　（清）史廷煇輯　清乾隆四十七年（1782）刻本　四冊

410000－2299－0000151　614
大學中庸講義四卷　（清）史廷煇輯　清乾隆刻本　一冊　存一卷（三）

410000－2299－0000152　616
三刻黄維章先生詩經娜嬛體註八卷　（清）黄文焕輯著　清友益齋刻本　一冊　存三卷（六至八）

410000－2299－0000153　617
欽定詩經傳説彙纂二十一卷首二卷詩序二卷　（清）王鴻緒等纂　清刻本　一冊　存二十一卷（彙纂二十一卷）

410000－2299－0000154　620
禮記心典傳本三卷　（清）胡瑶光纂　清刻本　三冊　存二卷（二至三）

410000－2299－0000155　621
書經六卷　（清）蔡沈集傳　清景福刻本　一冊　存一卷（一）

410000－2299－0000156　623
書經體註大全合參六卷　（清）范翔鑒定（清）錢希祥纂輯　清刻本　二冊　存三卷（二至四）

410000－2299－0000157　625
書經六卷　（宋）蔡沈集傳　清刻本　一冊　存二卷（二至三）

410000－2299－0000158　628
四書撮言三十七卷　（宋）朱熹章句　（清）紀昀鑒定　清刻本　十八冊　存三十二卷（大學一卷，中庸二卷，論語一至八、十一至十二、十四、十七至二十，孟子十四卷）

410000－2299－0000159　629
四書撮言三十七卷　（宋）朱熹集注　（清）紀昀鑒定　清刻本　一冊　存一卷（大學一）

410000－2299－0000160　630
四書撮言三十七卷　（宋）朱熹集注　（清）紀昀鑒定　清刻本　一冊　存三卷（論語三至五）

410000－2299－0000161　631
四書撮言三十七卷　（宋）朱熹集注　（清）紀昀鑒定　清刻本　七冊　存七卷（中庸二卷，論語十四至十五，孟子四、十一、十三）

410000－2299－0000162　632
四書撮言三十七卷　（宋）朱熹集注　（清）紀昀鑒定　清刻本　二冊　存四卷（孟子十一至十四）

410000－2299－0000163　633
易經大全會解四卷　(清)來爾繩纂　清刻本(有圖)　一册　存一卷(一)

410000－2299－0000164　637
易經體註合參四卷　(清)來爾繩纂　(清)朱采治等編訂　清刻本　二册　存二卷(二至三)

410000－2299－0000165　641
御案詩經備旨八卷　(清)鄒聖脉纂輯　(清)鄒廷猷編　清刻本　一册　存二卷(四至五)

410000－2299－0000166　642
詩經融註大全體要八卷　(清)高朝瓔撰　(清)沈世楷輯　清刻本(有圖)　一册　存三卷(六至八)

410000－2299－0000167　643
四書大全摘要二十卷　(清)李武纂輯　清煥文堂刻本　十册　存九卷(中庸二卷、論語四至七、孟子一至三)

410000－2299－0000168　644
四書大全摘要二十卷　(清)李武纂輯　清刻本　三册　存三卷(孟子二至四)

410000－2299－0000169　645
四書人物類典串珠四十卷　(清)臧志仁編輯　清刻本　一册　存三卷(十至十二)

410000－2299－0000170　646
四書人物類典串珠四十卷　(清)臧志仁編輯　清刻本　二册　存十四卷(五至十二、二十五至三十)

410000－2299－0000171　647
詩經體註大全合叅八卷　(清)高朝瓔撰　(清)沈世楷輯　清刻本　一册　存一卷(五)

410000－2299－0000172　648
詩經體註大全合叅八卷　(清)高朝瓔撰　(清)沈世楷輯　清刻本　一册　存一卷(五)

410000－2299－0000173　649
詩經融註大全體要八卷　(清)高朝瓔撰　(清)沈世楷輯　清崇文堂刻本　三册　存五卷(一至五)

410000－2299－0000174　650
四書大全□□卷　(清)許泰交纂輯　清刻本　一册　存四卷(中庸一至四)

410000－2299－0000175　652
四書貫解十九卷　(清)朱良玉纂輯　清刻本　一册　存二卷(孟子四至五)

410000－2299－0000176　653
詩經體註大全合叅八卷　(清)高朝瓔撰　(清)沈世楷輯　清刻本　一册　存三卷(六至八)

410000－2299－0000177　654
詩經體註大全合叅八卷　(清)高朝瓔撰　(清)沈世楷輯　清刻本　一册　存二卷(三至四)

410000－2299－0000178　655
論語十卷　(宋)朱熹集註　清聚三堂刻本　一册　存二卷(六至七)

410000－2299－0000179　656
論語十卷　(宋)朱熹集註　清刻本　一册　存三卷(一至三)

410000－2299－0000180　657
論語十卷　(宋)朱熹集註　清書業德刻本　一册　存五卷(一至五)

410000－2299－0000181　658
論語十卷　(宋)朱熹集註　清刻本　一册　存二卷(八至九)

410000－2299－0000182　659
論語十卷　(宋)朱熹集註　清仁記書莊刻本　一册　存七卷(一至七)

410000－2299－0000183　660
論語十卷　(宋)朱熹集註　清褱如堂刻本　一册　存五卷(六至十)

410000－2299－0000184　661
論語十卷　(宋)朱熹集註　清刻本　一册　存二卷(六至七)

410000－2299－0000185　662
論語十卷　(宋)朱熹集註　清聚珍書局刻本　二冊

410000－2299－0000186　663
四書朱子本義匯条四十三卷首四卷　(清)王步青撰　清乾隆十年(1745)敦復堂刻本　一冊　存二卷(十九至二十)

410000－2299－0000187　664
孟子七卷　(宋)朱熹集註　清刻本　一冊　存二卷(四至五)

410000－2299－0000188　665
四書述要十九卷　(清)楊玉緒著　清刻本　二冊　存十卷(論語十卷)

410000－2299－0000189　666
四書述要十九卷　(清)楊玉緒著　清刻本　二冊　存七卷(孟子七卷)

410000－2299－0000190　667
四書述要十九卷　(清)楊玉緒著　清刻本　二冊　存七卷(論語六至十、孟子四至五)

410000－2299－0000191　668
四書貫解十九卷　(清)朱良玉纂輯　清刻本　二冊　存十卷(論語十卷)

410000－2299－0000192　669
四書貫解十九卷　(清)朱良玉纂輯　清刻本　六冊

410000－2299－0000193　672
四書或問語類大全合訂三十九卷　(宋)朱熹撰　清刻本　六冊

410000－2299－0000194　673
漱芳軒合纂四書體註十九卷　(清)范翔条訂　清敦化堂刻本　一冊　存二卷(四至五)

410000－2299－0000195　674
致盛堂合纂四書體註十九卷　(清)范翔条訂　清刻本　一冊　存二卷(四至五)

410000－2299－0000196　675
四書體註十九卷　(清)范翔撰　清敦化堂刻本　一冊　存二卷(六至七)

410000－2299－0000197　676
四書朱子大全經傳蘊萃□□卷　(清)朱良玉輯　清三多齋刻本　九冊　存十卷(論語三至七、孟子一至五)

410000－2299－0000198　677
四書講義大全□□卷　(清)史廷煇輯　清刻本　一冊　存三卷(孟子講義十至十二)

410000－2299－0000199　678
四書講義大全□□卷　(清)史廷煇輯　清刻本　十一冊　存十一卷(孟子講義一至十一)

410000－2299－0000200　679
詩經體註大全合条八卷　(清)高朝瓔撰　(清)沈世楷輯　清刻本　二冊　存五卷(三至四、六至八)

410000－2299－0000201　680
新訂四書補註備旨十卷　(明)鄧林著　(清)鄧煜編次　(清)杜定基增訂　清刻本　一冊　存二卷(孟子一至二)

410000－2299－0000202　681
新訂四書補註備旨十卷　(明)鄧林著　(清)鄧煜編次　(清)杜定基增訂　清刻本　一冊　存一卷(孟子四)

410000－2299－0000203　682
新訂四書補註備旨十卷　(明)鄧林著　(清)鄧煜編次　(清)杜定基增訂　清刻本　二冊　存四卷(論語四卷)

410000－2299－0000204　683
新訂四書補註備旨十卷　(明)鄧林著　(清)鄧煜編次　(清)杜定基增訂　清學源堂刻本　三冊　存四卷(大學一卷、中庸一卷、孟子三至四)

410000－2299－0000205　684
新訂四書補註備旨十卷　(明)鄧林著　(清)鄧煜編次　(清)杜定基增訂　清三多堂刻本　四冊　存四卷(孟子四卷)

410000－2299－0000206　685
新訂四書補註備旨十卷　(明)鄧林著　(清)

鄧煜編次　(清)杜定基增訂　清刻本　三冊　存三卷(孟子一、三至四)

410000－2299－0000207　686
寄願堂四書玩註詳説四十卷　(清)冉覲祖輯　清康熙二十八年(1689)寄願堂刻本　一冊　存二卷(三至四)

410000－2299－0000208　687
四書集註十九卷　(宋)朱熹撰　清宣統元年(1909)仁記書局刻本　一冊　存二卷(大學一卷、中庸一卷)

410000－2299－0000209　688
新增四書備旨靈捷解八卷　(清)張素存(張玉書)撰　清刻本　一冊　存一卷(七)

410000－2299－0000210　689
孟子七卷　(宋)朱熹集註　清裏如堂刻本　二冊　存五卷(一至三、六至七)

410000－2299－0000211　690
孟子七卷　(宋)朱熹集註　清刻本　一冊

410000－2299－0000212　691
孟子七卷　(宋)朱熹集註　清刻本　一冊　存三卷(一至三)

410000－2299－0000213　692
孟子七卷　(宋)朱熹集註　清金陵狀元閣刻本　三冊

410000－2299－0000214　693
孟子七卷　(宋)朱熹集註　清刻本　一冊　存二卷(四至五)

410000－2299－0000215　694
孟子七卷　(宋)朱熹集註　清刻本　一冊　存二卷(二至三)

410000－2299－0000216　695
孟子七卷　(宋)朱熹集註　清刻本　一冊　存二卷(四至五)

410000－2299－0000217　696
孟子七卷　(宋)朱熹集註　清刻本　一冊　存三卷(一至三)

410000－2299－0000218　697
孟子七卷　(宋)朱熹集註　清刻本　一冊　存二卷(四至五)

410000－2299－0000219　698
孟子七卷　(宋)朱熹集註　清刻本　一冊　存二卷(六至七)

410000－2299－0000220　699
孟子七卷　(宋)朱熹集註　清刻本　一冊　存二卷(二至三)

410000－2299－0000221　701
孟子七卷　(宋)朱熹集註　清聚三堂刻本　一冊　存二卷(一至二)

410000－2299－0000222　702
論語□□卷　清刻本　一冊　存一卷(下論先進十一至堯曰二十)

410000－2299－0000223　704
新訂鄧退菴先生家藏遵註四書典故講意備旨□□卷　(明)鄧林著　(清)鄧煜編次　清刻本　一冊　存一卷(下論三)

410000－2299－0000224　705
四書釋義旁訓十九卷　(清)李沛霖論定　(清)李學曾　(清)李夢雷編次　清文會堂刻本　一冊　存一卷(十八)

410000－2299－0000225　706
新訂四書補註備旨十卷　(明)鄧林著　(清)鄧煜編次　(清)杜定基增訂　清刻本　二冊　存四卷(論語四卷)

410000－2299－0000226　708
大學章句一卷中庸章句一卷　(宋)朱熹撰　清刻本　一冊

410000－2299－0000227　709
大學章句一卷中庸章句一卷　(宋)朱熹撰　清刻本　一冊　存一卷(中庸一卷)

410000－2299－0000228　711
增訂二論詳解四卷　(清)劉忠輯　清刻本　一冊　存二卷(三至四)

410000－2299－0000229　712

大學章句一卷中庸章句一卷　(宋)朱熹撰　清刻本　一册

410000－2299－0000230　713
四書講義大全□□卷　(清)史廷燀輯　清刻本　一册　存一卷(孟子講義一)

410000－2299－0000231　715
四書疏註撮言大全三十七卷　(清)胡蓉芝輯　清刻本　六册　存十二卷(五至十六)

410000－2299－0000232　717
四書題鏡三十六卷　(清)汪鯉翔撰　清乾隆九年(1744)刻本　八册

410000－2299－0000233　721
禮記集説十卷　(元)陳澔撰　清乾隆五十九年(1794)刻本　十册

410000－2299－0000234　725
四書講義大全□□卷　(清)史廷燀撰　清來鹿堂刻本　十五册　存二十六卷(大學一至二、中庸一至二、論語一至十、孟子一至十二)

410000－2299－0000235　733
孟子會解十卷　(宋)朱熹集註　清還醇堂刻本　六册

410000－2299－0000236　735
欽定書經傳説彙纂二十一卷首二卷書序一卷　(清)王頊齡等撰　清乾隆刻本(有圖)　十七册

410000－2299－0000237　736
書經增訂旁訓四卷　(宋)蔡沈集傳　清乾隆四十七年(1782)刻本　二册

410000－2299－0000238　739
周易本義四卷　(宋)朱熹撰　明天啓元年(1621)蘇州酉酉堂刻本(有圖)　四册

410000－2299－0000239　740
書集傳六卷　(宋)蔡沈撰　清光緒十四年(1888)書業德刻本　三册　存三卷(一、四、六)

410000－2299－0000240　742
四書體註合講十九卷圖考一卷　(清)翁復撰　清道光二十二年(1842)刻本　六册

410000－2299－0000241　743
重訂詩經衍義合參體註大全八卷圖一卷　(明)江晉雲(江環)輯著　(清)范紫登(范翔)評選　清同翰堂刻本　四册

410000－2299－0000242　746
水鏡集約篇四卷　(清)右髻道人(范駷)纂　清刻本(有圖)　六册

410000－2299－0000243　751
孟子七卷　(宋)朱熹集註　清刻本　一册　存三卷(一至三)

410000－2299－0000244　752
孟子七卷　(宋)朱熹集註　清刻本　一册　存二卷(四至五)

410000－2299－0000245　753
孟子七卷　(宋)朱熹集註　清刻本　一册　存二卷(六至七)

410000－2299－0000246　754
四書大全摘要二十卷　(清)李武纂輯　清煥文堂刻本　二册　存三卷(論語八至十)

410000－2299－0000247　758
周官註釋十二卷　(清)鮑梁纂輯　清嘉慶元年(1796)刻本　五册　存五卷(一、五、七、九、十一)

410000－2299－0000248　760
漱芳軒合纂禮記體註四卷　(清)范翔參訂　清康熙五十二年(1713)刻本　二册　存二卷(一、三)

410000－2299－0000249　766
康熙字典十二集三十六卷總目一卷檢字一卷辨似一卷等韻一卷補遺一卷備考一卷　(清)張玉書等纂修　清刻本　十二册　存十二卷(辰下,巳上、中,午上、中,未中、下,申上、中、下,酉上、下)

410000－2299－0000250　767
論語十卷　(宋)朱熹集註　清裛如堂刻本　一册　存四卷(六至九)

410000－2299－0000251　768

大學章句一卷中庸章句一卷　(宋)朱熹撰　清乾隆五十五年(1790)來吉堂刻本　一冊

410000－2299－0000252　772

書經體註大全合叅六卷　(清)范翔鑒定　(清)錢希祥纂輯　清文誠堂刻本(有圖)　三冊

410000－2299－0000253　775

大學章句大全一卷大學或問一卷　(宋)朱熹撰注　清刻四書大全本　一冊

410000－2299－0000254　783

三禮約編十九卷　(清)汪基撰　清刻本　一冊　存六卷(一至六)

410000－2299－0000255　793

禮記體註大全四卷　(清)范翔撰　清刻本　一冊　存一卷(二)

410000－2299－0000256　799

字學備要不分卷　(清)劉履貞輯　清咸豐元年(1851)刻本　一冊

410000－2299－0000257　108

四書貫解十九卷　(清)朱良玉纂輯　清刻本　四冊　存九卷(大學一卷、中庸一卷、孟子七卷)

410000－2299－0000258　116

四書朱子本義匯叅四十三卷首四卷　(清)王步青輯　(清)王士鼇編　清乾隆十年(1745)敦復堂刻本　十冊　存十五卷(大學三卷,首一卷;中庸六卷,首一卷;孟子一至二、六,首一卷)

410000－2299－0000259　122

左繡三十卷　(清)馮李驊　(清)陸浩評輯　(清)沈乃文等叅評　清道光十二年(1832)步月樓刻本　十冊　存十九卷(一至十一、二十至二十七)

410000－2299－0000260　123

詩經體註大全合叅八卷　(清)高朝瓔撰　(清)沈世楷輯　清光緒二十一年(1895)經文堂刻本(有圖)　四冊

410000－2299－0000261　138

詩經體註大全合叅八卷　(清)高朝瓔撰　清兩儀堂刻本(有圖)　一冊

410000－2299－0000262　139

潄芳軒合纂四書體註十九卷　(清)范翔撰　清刻本　一冊　存二卷(大學一卷、中庸一卷)

410000－2299－0000263　146

增訂四書補註備旨十卷　(明)鄧林著　(清)鄧煜編次　(清)杜定基增訂　清乾隆五十一年(1786)文苑堂刻本　一冊　存二卷(大學一卷、中庸一卷)

410000－2299－0000264　148

康熙字典十二集三十六卷總目一卷檢字一卷辨似一卷等韻一卷補遺一卷備考一卷　(清)張玉書等編修　清刻本　二十二冊　存二十卷(子上、中,午至戌,亥上;補遺一卷;備考一卷)

410000－2299－0000265　149

康熙字典十二集三十六卷總目一卷檢字一卷辨似一卷等韻一卷補遺一卷備考一卷　(清)張玉書等編修　清刻本　八冊　存十一卷(子中、下,午至未,戌)

410000－2299－0000266　152

書經體註大全合叅六卷　(清)范翔鑒定　(清)錢希祥纂輯　清末刻本　二冊　存三卷(二至四)

410000－2299－0000267　157

武經七書講義全彙合叅十卷　(清)朱墉輯著　(清)王安邦參補　清康熙雲林大盛堂刻本　十二冊

410000－2299－0000268　16

書經體註大全合叅六卷　(清)范翔鑒定　(清)錢希祥纂輯　清敬慎堂刻本(有圖)　四冊

410000－2299－0000269　172

四書貫解十九卷　(清)朱良玉纂輯　清經元堂刻本　四册

410000－2299－0000270　173
增訂四書補注備旨十卷　(明)鄧林著　(清)鄧煜編次　(清)杜定基增訂　清道光四年(1824)致和堂刻本　一册　存二卷(大學一卷、中庸一卷)

410000－2299－0000271　18
漱芳軒合纂禮記體注四卷　(清)范翔輯　清刻本　一册

410000－2299－0000272　19
全本禮記體註十卷　(清)徐瑄補輯　清三多齋刻本　二册　存二卷(八至九)

410000－2299－0000273　20
全本禮記體註十卷　(清)徐瑄補輯　清文盛堂刻本　八册　存八卷(一至四、六至九)

410000－2299－0000274　202
新刻書經備旨輯要善本六卷　(清)馬大猷輯　(清)馬寬裕編次　清經國堂刻本　一册　存一卷(一)

410000－2299－0000275　203
新刻書經備旨輯要善本六卷　(清)馬大猷輯　(清)馬寬裕編次　清刻本　一册　存二卷(五至六)

410000－2299－0000276　207
孟子集註□□卷　(宋)朱熹集註　清友文堂刻本　二册　存四卷(四至七)

410000－2299－0000277　209
論語集註十卷　(宋)朱熹集註　清永元堂刻本　一册　存五卷(六至十)

410000－2299－0000278　210
論語集註十卷　(宋)朱熹集註　清刻本　一册　存二卷(八至九)

410000－2299－0000279　212
漱芳軒合纂四書體註十九卷　(清)范翔条訂　清三樂堂刻本　一册　存二卷(大學一卷、中庸一卷)

410000－2299－0000280　213
書經體註大全合条六卷　(清)范翔鑒定　(清)錢希祥纂輯　清刻本　一册　存一卷(一)

410000－2299－0000281　22
慎詒堂四書十九卷　(宋)朱熹章句　清聚珍書局刻本　二册　存四卷(大學一卷、中庸一卷、論語三至四)

410000－2299－0000282　226
十三經集字摹本不分卷分畫便查一卷摘録一卷　(清)彭玉雯輯　清刻本　六册

410000－2299－0000283　228
字彙十二卷首一卷末一卷韻法直圖一卷韻法横圖一卷　(明)梅膺祚集　清刻本　一册　存一卷(首一卷)

410000－2299－0000284　230
康熙字典點畫校正四書集註真本□□卷　(清)□□撰　清道光二十八年(1848)大梁崇文堂刻本　一册　存二卷(大學一卷、中庸一卷)

410000－2299－0000285　24
詩經八卷　(宋)朱熹集傳　清同治五年(1866)文會堂刻本　四册

410000－2299－0000286　241
慎詒堂四書十九卷　(宋)朱熹章句　清成文堂刻本　一册　存二卷(大學一卷、中庸一卷)

410000－2299－0000287　243
四聲便覽四卷　(清)余六師編　清乾隆五十六年(1791)鳴盛堂刻本　一册

410000－2299－0000288　249
孟子集註□□卷　(宋)朱熹撰　清刻本　一册　存四卷(四至七)

410000－2299－0000289　25
易經體注大全會解四卷　(清)來爾繩纂輯　清嘉慶八年(1803)刻本(有圖)　一册　存一卷(一)

410000－2299－0000290　251

官板正字大中集註二卷　(宋)朱熹撰　清文遠廣刻本　一册

410000－2299－0000291　252

孟子集註□□卷　(宋)朱熹撰　清刻本　一册　存二卷(二至三)

410000－2299－0000292　253

四書注疏直解□□卷　(明)張居正撰　(清)蔣先庚注疏　清玉芝園刻本　一册　存一卷(二)

410000－2299－0000293　254

新增四書備旨靈捷解八卷　(清)張素存(張玉書)著　(清)鄒蒼崖增補　清刻本　一册　存一卷(七)

410000－2299－0000294　257

音韻貫珠八卷　(清)賈椿齡撰　清嘉慶九年(1804)刻本　二册　存三卷(一至三)

410000－2299－0000295　258

增訂二論詳解四卷　(清)劉忠輯　清刻本　一册　存二卷(一至二)

410000－2299－0000296　259

音韻貫珠八卷　(清)賈椿齡撰　清刻本　一册　存一卷(一)

410000－2299－0000297　26

易經大全會解四卷　(清)來爾繩纂輯　清乾隆二十九年(1764)三多齋刻本　一册　存一卷(一)

410000－2299－0000298　260

音韻字彙八卷　(清)賈椿齡撰　清光緒二十五年(1899)漢文書局刻本　四册

410000－2299－0000299　263

四書疏註撮言大全三十七卷　(清)胡蓉芝輯　清刻本　一册　存一卷(孟子十二)

410000－2299－0000300　266

字彙十二卷首一卷末一卷韻法直圖一卷韻法横圖一卷　(明)梅膺祚集　清刻本　三册　存四卷(三至六)

410000－2299－0000301　27

書經釋義六卷　(清)李沛霖論定　清乾隆八年(1743)刻本　四册

410000－2299－0000302　40

太史張天如詳節春秋綱目句解左傳彙雋六卷　(清)韓菼重訂　清刻本　一册　存一卷(五)

410000－2299－0000303　41

如酉所刻諸名家評點春秋綱目左傳句解六卷　(清)韓菼重訂　清刻本　四册　存四卷(一至四)

410000－2299－0000304　43

篆字彙十二卷　(清)佟世男編　清抄本　六册

410000－2299－0000305　44

四書朱子本義匯条四十三卷首四卷　(清)王步青輯　清刻本　三册

410000－2299－0000306　50

周禮易讀□□卷　(清)□□撰　清刻本　一册　存二卷(三至四)

410000－2299－0000307　53

詩經備旨八卷　(清)鄒聖脈輯　清刻本　一册　存一卷(五)

410000－2299－0000308　56

重訂浦惺廛先生四書闡註□□卷　(清)陳原遠註　清陳興祚刻本　一册　存二卷(孟子四至五)

410000－2299－0000309　6

康熙字典十二集三十六卷總目一卷檢字一卷辨似一卷等韻一卷補遺一卷備考一卷　(清)張玉書等撰　清刻本　三十八册　缺二卷(補遺一卷、備考一卷)

410000－2299－0000310　61

詩經二十卷　(漢)毛亨傳　(漢)鄭玄箋　(唐)陸德明音義　清刻本　一册　存三卷(六至八)

410000－2299－0000311　64

新訂四書補註備旨十卷 (明)鄧林著 (清)鄧煜編次 (清)杜定基增訂 清刻本 二册 存二卷(孟子一至二)

410000-2299-0000312 65
新訂四書補註備旨十卷 (明)鄧林著 (清)鄧煜編次 (清)杜定基增訂 清刻本 一册 存三卷(孟子一至二、四)

410000-2299-0000313 66
新訂四書補註備旨十卷 (明)鄧林著 (清)鄧煜編次 (清)杜定基增訂 清刻本 一册 存二卷(孟子一至二)

410000-2299-0000314 67
新訂四書補註備旨十卷 (明)鄧林著 (清)鄧煜編次 (清)杜定基增訂 清同志堂刻本 七册 存八卷(論語四卷、孟子四卷)

410000-2299-0000315 68
新訂四書補註備旨十卷 (明)鄧林著 (清)鄧煜編次 (清)杜定基增訂 清刻本 五册 存六卷(大學一卷、中庸一卷、孟子四卷)

410000-2299-0000316 69
書經體註六卷 (清)錢希祥纂輯 清刻本 三册 存三卷(四至六)

410000-2299-0000317 7
康熙字典十二集三十六卷總目一卷檢字一卷辨似一卷等韻一卷補遺一卷備考一卷 (清)張玉書等撰 清刻本 三十八册 缺一卷(子上)

410000-2299-0000318 70
書經體註大全合⿰參六卷 (清)范翔鑒定 (清)錢希祥纂輯 清刻本 二册 存二卷(五至六)

410000-2299-0000319 71
書經釋義六卷 (清)李沛霖論定 清乾隆八年(1743)刻本 一册 存一卷(一)

410000-2299-0000320 97
增訂四書析疑□□卷 (清)張權時輯 清文盛堂刻本 五册 存八卷(論語四至七、孟子四至七)

410000-2299-0000321 225
御批歷代通鑑輯覽一百二十卷 (清)傅恒等撰 清同治十三年(1874)湖南書局刻本 五十八册 存一百十八卷(一至八十、八十三至一百二十)

410000-2299-0000322 300
重訂王鳳洲先生會纂綱鑑四十六卷 (明)王世貞撰 (明)陳仁錫評 明末刻本 七册 存八卷(十四、十七至十八、三十八至四十一、四十六)

410000-2299-0000323 402
[湖南祁陽]趙氏四修宗譜□□卷 (清)趙□編 清末孝文堂活字印本 四册 存五卷(一至二、五、十三、二十二)

410000-2299-0000324 411
廣輿記二十四卷 (明)陸應陽輯 (清)蔡方炳增輯 清嘉慶七年(1802)刻本 六册 存六卷(一至四、七、十四)

410000-2299-0000325 434
尺木堂綱鑑易知錄九十二卷 (清)吴乘權等輯 清刻本 一册 存一卷(三十二)

410000-2299-0000326 444
重訂王鳳洲先生會纂綱鑑四十六卷 (明)王世貞撰 (明)陳仁錫評 清刻本 一册 存一卷(十七)

410000-2299-0000327 464
御撰資治通鑑綱目三編二十卷 (清)張廷玉等纂 清刻本 二册 存二卷(一、六)

410000-2299-0000328 465
資治通鑑綱目五十九卷 (宋)朱熹撰 (明)陳仁錫評 清刻本 一册 存一卷(三十九)

410000-2299-0000329 466
資治通鑑綱目前編二十五卷 (明)南軒撰 (明)陳仁錫評閲 清刻本 一册 存二卷(十一至十二)

410000-2299-0000330 516

御撰資治通鑑綱目三編二十卷　(清)張廷玉等纂　清刻本　五冊

410000－2299－0000331　536
滄雅局增定鑑略妥註善本五卷　(明)李廷機撰　(清)鄒聖脈校訂　清刻本　一冊　存三卷(三至五)

410000－2299－0000332　719
漢書一百卷　(漢)班固撰　(唐)顏師古注　明崇禎十五年(1642)琴川毛氏汲古閣刻十七史本　二十三冊　存九十三卷(一至七十五、八十三至一百)

410000－2299－0000333　723
三國志六十五卷　(晉)陳壽撰　(南朝宋)裴松之註　清光緒十三年(1887)江南書局刻本　十六冊

410000－2299－0000334　730
[乾隆]同州府志二十卷首一卷　(清)張奎祥修　(清)李之蘭等纂　清乾隆刻本(有圖)　十冊

410000－2299－0000335　749
綱鑑會纂三十九卷首一卷　(明)王世貞撰　清初刻本　四十八冊　存二十七卷(一至七、九至十、十五至二十二、二十四至二十五、二十七至三十三、三十九)

410000－2299－0000336　757
明史三百三十二卷　(清)張廷玉等撰　清刻本　三冊　存三卷(二百三十六至二百三十八)

410000－2299－0000337　801
永吉徐氏七修族譜不分卷　清光緒追報堂活字印本　三冊

410000－2299－0000338　109
說嵩三十二卷　(清)景日昣撰　清康熙嶽生堂刻本　十冊

410000－2299－0000339　187
鼎鍥趙田了凡袁先生編纂古本歷史大方綱鑑補三十九卷首一卷　(明)袁黃編纂　清善成堂刻本　五冊　存六卷(九、十一至十四、十六)

410000－2299－0000340　218
百將圖傳二卷　(清)丁日昌編　清刻本　一冊

410000－2299－0000341　220
中州金石目錄八卷　(清)楊鐸撰　徐乃昌輯　清光緒徐氏刻鄦齋叢書本　四冊　存四卷(一至四)

410000－2299－0000342　223
詩韻對錦十卷　(清)馬至毅輯　清同治刻本　三冊

410000－2299－0000343　233
洗冤錄全纂六卷　(清)李觀瀾輯　清刻本　六冊　存四卷(一至四)

410000－2299－0000344　922
本草原始十二卷　(明)李中立輯　(明)葛鼎校訂　清嘉慶二十三年(1818)經餘堂刻本(有圖)　八冊

410000－2299－0000345　923
新鐫曆法總覽合節鰲頭通書大全十卷　(清)熊宗立撰　(清)熊月疇重訂　清道光十年(1830)光華堂刻本(有圖)　八冊　存八卷(一至三、五至九)

410000－2299－0000346　924
楊忠愍公集四卷　(明)楊繼盛著　清思補堂刻本　四冊

410000－2299－0000347　925
鍼灸大成十卷　(明)楊繼洲撰　(清)章廷珪重訂　清道光十三年(1833)刻本　十冊

410000－2299－0000348　926
漢書一百卷　(漢)班固撰　(唐)顏師古注　明崇禎十五年(1642)琴川毛氏汲古閣刻十七史本　十冊　存四十四卷(二十六至六十九)

410000－2299－0000349　927
蘇文忠詩合註五十卷首一卷　(宋)蘇軾撰　(清)馮應榴輯訂　清桐鄉馮氏刻本　八冊

存二十五卷（二十四至二十九、三十三至五十，首一卷）

410000－2299－0000350　928
三字經註解備要不分卷　（宋）王應麟著　（清）賀興思註解　清刻本　一冊

410000－2299－0000351　929
重訂外科正宗十二卷　（明）陳實功撰　清嘉慶二十五年（1820）崇順堂刻本　三冊　存六卷（一至二、五至六、十一至十二）

410000－2299－0000352　930
鼎鍥幼幼集成六卷　（清）陳復正刪潤　清刻本　二冊　存二卷（五至六）

410000－2299－0000353　931
新刊醫林狀元壽世保元十卷　（明）龔廷賢編　清刻本　一冊　存一卷（三）

410000－2299－0000354　932
太上感應篇圖說八卷首一卷　（清）黃正元輯　清光緒十六年（1890）刻本　七冊

410000－2299－0000355　933
隸辨八卷　（清）顧藹吉撰　清乾隆八年（1743）項氏玉淵堂刻本　十二冊　存六卷（一至六）

410000－2299－0000356　934
詩句題解韻編□□卷　（清）陳維屏纂輯　清刻本　四冊　存三卷（四至六）

410000－2299－0000357　2
練兵實紀九卷雜集六卷　（明）戚繼光撰　清道光十四年（1834）來鹿堂刻本　六冊

410000－2299－0000358　63
事類賦三十卷　（宋）吳淑撰并註　清嘉慶十七年（1812）刻本　三冊　存二十一卷（一至二十一）

410000－2299－0000359　73
名棍源流不分卷　清抄本（有圖）　二冊

410000－2299－0000360　77
雜病源流犀燭三十卷首二卷　（清）沈金鰲撰　清刻沈氏尊生書本　十四冊　存二十八卷（一至十九、二十二至三十）

410000－2299－0000361　87
新刊纂圖元亨療馬集六卷圖像水黃牛經合併大全二卷駝經一卷　（明）喻本元　（明）喻本亨撰　清刻本　五冊

410000－2299－0000362　93
兵錄大全十四卷　（明）何汝賓撰　清光緒三年（1877）燕京抄本（有圖）　六冊

410000－2299－0000363　119
圖注八十一難經辨真四卷　（戰國）秦越人述　（明）張世賢註　清刻本　四冊

410000－2299－0000364　127
太極八卦圖說一卷　（明）李行志輯　明彩繪本　一冊

410000－2299－0000365　134
[呂祖陳摶功法]不分卷　（□）□□輯　清彩繪本　一冊

410000－2299－0000366　136
九天應元雷聲普化天尊玉樞寶經一卷　明嘉靖刻本　一冊

410000－2299－0000367　142
女丹合編十二種　（清）賀龍驤纂輯　（清）閻永和校　清光緒三十二年（1906）二仙菴刻本　六冊　存十一種十三卷

410000－2299－0000368　163
增注類證活人書二十二卷　（宋）朱肱撰　（明）吳勉學校　明萬曆二十九年（1601）吳勉學刻古今醫統正脈全書本　三冊　存十六卷（一至十六）

410000－2299－0000369　175
陰騭文圖證七卷　（清）費丹旭　（清）許光清集證繪圖　清光緒十九年（1893）蘇城内瑪瑙經房石印本（有圖）　七冊

410000－2299－0000370　221
道祖真傳輯要四卷　（清）李西月註　（清）陸興彙輯　清光緒三年（1877）味腴齋刻本　一冊　存一卷（二）

410000－2299－0000371　246
新刻繡像牛馬經八卷　(明)喻本元　(明)喻本亨撰　清刻本　三冊　存六卷(三至八)

410000－2299－0000372　247
元亨療馬集六卷　(明)喻本元　(明)喻本亨撰　清刻本　二冊　存二卷(二至三)

410000－2299－0000373　267
嵩崖尊生書十五卷　(清)景日昣撰　清刻本　八冊

410000－2299－0000374　270
披肝露膽經一卷透山肺腑口訣一卷　(明)劉基撰　清刻本　一冊

410000－2299－0000375　271
鍼灸大成十卷　(明)楊繼洲撰　清光緒十四年(1888)刻本　九冊　存九卷(一至九)

410000－2299－0000376　272
御纂醫宗金鑑□□種首一卷　(清)吳謙等編　清光緒九年(1883)掃葉山房刻本(有圖)　三十六冊

410000－2299－0000377　273
儒門事親十五卷　(金)張從正撰　清宣統二年(1910)石印本　六冊

410000－2299－0000378　274
金剛般若波羅蜜經一卷妙法蓮華經一卷　(後秦)釋鳩摩羅什譯　**藥師本願經一卷**　(隋)釋達磨笈多譯　清嘉慶十二年(1807)釋玉魁、釋茂盛刻本　一冊

410000－2299－0000379　275
新刊醫林狀元壽世保元十卷　(明)龔廷賢編　清光緒十四年(1888)刻本　十冊

410000－2299－0000380　276
洴澼百金方十四卷　(清)袁宮桂撰　清道光二十年(1840)刻本(有圖)　八冊

410000－2299－0000381　277
釐正按摩要術四卷附刻二卷　(清)張振鋆纂輯　清光緒十八年(1892)刻本　五冊

410000－2299－0000382　278
重訂驗方新編十八卷　(□)□□輯　清宣統元年(1909)上海鍊石齋石印本　六冊

410000－2299－0000383　279
串雅內編四卷　(清)趙學敏纂　清活字印本　四冊

410000－2299－0000384　281
鼎鍥幼幼集成六卷　(清)陳復正辨訂　清宣統三年(1911)上海會文堂石印本(有圖)　五冊　存五卷(一至五)

410000－2299－0000385　282
馮氏錦囊秘錄雜症痘疹藥性主治合条十二卷首一卷　(清)馮兆張撰　清刻本　六冊

410000－2299－0000386　283
溫熱經緯五卷　(清)王士雄纂　(清)楊照藜　(清)汪曰楨評　清光緒十一年(1885)松韻閣刻本　四冊

410000－2299－0000387　285
溫病條辨原病篇六卷首一卷　(清)吳瑭撰　清道光十五年(1835)粵東惠濟倉刻本　六冊

410000－2299－0000388　286
薛氏醫按二十四種　(明)吳琯輯　清刻本　十六冊

410000－2299－0000389　287
新刊纂圖元亨療馬集六卷圖像水黃牛經大全二卷駝經一卷　(明)喻本元　(明)喻本亨撰　清光緒二十四年(1898)掃葉山房刻本　八冊

410000－2299－0000390　288
吳門治驗錄四卷　(清)顧金壽撰　清道光五年(1825)刻本　四冊

410000－2299－0000391　289
續指月錄二十卷首一卷　(清)聶先編集　(清)江湘条訂　清光緒十二年(1886)嚴正達刻本　六冊

410000－2299－0000392　290
水月齋指月錄三十二卷　(明)瞿汝稷　(明)嚴澂道較集　明萬曆二十九年(1601)釋開慧

刻本　十冊

410000－2299－0000393　291
紀效新書十八卷首一卷　(明)戚繼光撰　清道光刻本　四冊

410000－2299－0000394　292
醫門法律六卷　(清)喻昌著　清乾隆陳守誠刻本　八冊

410000－2299－0000395　293
中西匯通醫書五種　唐宗海撰　清光緒三十四年(1908)上海千頃堂書局石印本(有圖)　十二冊

410000－2299－0000396　294
世補齋醫書六種　(清)陸懋撰修　清光緒十年(1884)刻十二年(1886)山左書局印本　十八冊

410000－2299－0000397　295
理瀹騈文不分卷　(清)吳師機學　清同治四年(1865)刻本　二冊

410000－2299－0000398　296
景岳全書十六種　(明)張介賓撰　清嘉慶二十四年(1819)金閶書業堂刻本　四十冊

410000－2299－0000399　297
溫病條辨六卷首一卷　(清)吳瑭撰　清寧波羣玉山房刻本　六冊

410000－2299－0000400　298
阿毗達磨識身足論十六卷　(唐)釋玄奘譯　清刻本　五冊

410000－2299－0000401　299
傷科補要四卷　(清)錢秀昌撰　清嘉慶刻本　四冊

410000－2299－0000402　301
本草原始十二卷　(明)李中立撰　清經餘堂刻本(有圖)　七冊

410000－2299－0000403　306
陳修園醫書廿三種　(清)陳念祖撰　清光緒二十九年(1903)湖南益元書局刻本　五冊　存三種二十六卷

410000－2299－0000404　307
外科證治全生集四卷　(清)王維德撰　清光緒四年(1878)潘敏德堂刻韡園醫學六種本　二冊

410000－2299－0000405　308
太醫院校註婦人良方大全二十四卷　(宋)陳自明編　(明)薛已校註　明金陵書林唐富春刻重修本　六冊　存十四卷(一至八、十四至十七、二十三至二十四)

410000－2299－0000406　309
蘇沈内翰良方十卷　(宋)蘇軾　(宋)沈括撰　(清)程永培校　清乾隆五十九年(1794)於然室刻六醴齋醫書本　四冊

410000－2299－0000407　310
胎產心法三卷　(清)閻純璽撰　(清)李廷璋訂　清同治四年(1865)敬敷堂刻本　六冊　存二卷(上、下)

410000－2299－0000408　313
醫宗說約六卷首一卷　(清)蔣示吉撰　清光緒十四年(1888)掃葉山房刻本　四冊

410000－2299－0000409　314
活法啟微三卷　(清)何鼎亨撰　清乾隆五十二年(1787)刻本　四冊

410000－2299－0000410　315
張仲景傷寒論原文淺註六卷附長沙方歌括六卷　(清)陳念祖著　清刻本　六冊

410000－2299－0000411　316
較正醫林狀元壽世保元十卷　(明)龔廷賢編　清刻本　六冊　存六卷(二至六、十)

410000－2299－0000412　317
馮氏錦囊秘錄八種　(清)馮兆張纂輯　清康熙四十一年(1702)刻本　七冊　存五種八卷

410000－2299－0000413　318
時病論八卷　(清)雷豐撰　清光緒刻本　一冊　存二卷(一至二)

410000－2299－0000414　319
產科心法二卷　(清)汪喆撰　清同治九年

(1870)永盛齋刻本　一冊

410000－2299－0000415　320
重訂外科正宗十二卷　(明)陳實功撰　(清)張鷟翼重訂　清乾隆三十三年(1768)博雅堂刻本(有圖)　六冊

410000－2299－0000416　321
陳修園醫書廿一種　(清)陳念祖撰　清光緒十八年(1892)上海圖書集成書局鉛印本　十九冊

410000－2299－0000417　322
外科證治全生不分卷　(清)王維德撰　清光緒十六年(1890)善成堂刻本　一冊

410000－2299－0000418　323
石室秘籙六卷　(清)陳士鐸撰　清雍正八年(1730)廣陵萱永堂刻本　六冊

410000－2299－0000419　324
春脚集四卷　(清)孟文瑞彙編　清光緒十六年(1890)潞河謝金聲刻本　四冊

410000－2299－0000420　325
理虛元鑑五卷　(清)綺石先生撰　清宣統元年(1909)馮汝玖鉛印本　一冊

410000－2299－0000421　326
珍珠囊指掌補遺藥性賦四卷　(金)李杲撰　清光緒三十一年(1905)福記書局石印本　一冊

410000－2299－0000422　327
推拿廣意三卷　(清)熊應雄編　(清)陳世凱重訂　清光緒三十三年(1907)上海萃英書局石印本(有圖)　三冊

410000－2299－0000423　328
推拿廣意三卷　(清)熊應雄編　(清)陳世凱重訂　清光緒十四年(1888)埽葉山房刻本(有圖)　二冊

410000－2299－0000424　329
中西醫匯通醫書五種　唐宗海撰　清光緒三十四年(1908)上海千頃堂書局石印本　十冊

410000－2299－0000425　330
中西醫匯通醫書五種　唐宗海撰　清光緒三十四年(1908)上海千頃堂書局石印本　十二冊

410000－2299－0000426　331
痘科類編釋意三卷附幼儿雜症方論疹科纂要一卷　(明)瞿良輯　清蝙心齋刻本　四冊

410000－2299－0000427　332
中西醫匯通醫書五種　唐宗海撰　清光緒三十四年(1908)上海千頃堂書局石印本　十一冊

410000－2299－0000428　333
中西醫匯通醫書五種　唐宗海撰　清光緒三十四年(1908)上海千頃堂書局石印本　十二冊

410000－2299－0000429　334
傷寒論淺注補正七卷首一卷　唐宗海撰　清光緒三十四年(1908)上海千頃堂書局石印中西醫匯通醫書本　一冊　存二卷(一上、首一卷)

410000－2299－0000430　335
醫林指月十二種　(清)王琦輯　清乾隆三十二年(1767)王琦寶笏樓刻本(有圖)　十三冊　存九種十六卷

410000－2299－0000431　337
醫宗說約六卷首一卷　(清)蔣示吉撰　清善成堂刻本　六冊

410000－2299－0000432　339
圖註本草醫方合編六卷首一卷　(清)汪昂著　清同治七年(1868)刻本　六冊

410000－2299－0000433　340
筆花醫鏡四卷　(清)江涵暾著　清光緒二十七年(1901)文宜書局石印本　一冊

410000－2299－0000434　341
醫方集解三卷　(清)汪昂撰　清刻本　三冊　存二卷(上、中)

410000－2299－0000435　343
夢園書畫錄二十五卷　(清)方濬頤撰　清刻

本　三册　存四卷(一、二十一至二十三)

410000－2299－0000436　344
張氏醫書七種　(清)張璐　(清)張登撰　清光緒二十年(1894)上海圖書集成局鉛印本　十册

410000－2299－0000437　345
溫熱經緯五卷　(清)王士雄纂　(清)楊照藜　(清)汪曰楨評　清刻本　四册

410000－2299－0000438　346
重訂外科正宗十二卷　(明)陳實功著　清光緒十四年(1888)掃葉山房刻本(有圖)　六册

410000－2299－0000439　348
筆花醫鏡四卷增補救急中毒跌打瘡毒諸驗方一卷　(清)江涵暾著　清光緒九年(1883)聚文齋刻本　二册

410000－2299－0000440　349
陶節菴傷寒全生集四卷　(明)陶華撰　(清)葉桂評　清眉壽堂刻本　四册

410000－2299－0000441　350
小學體註大成一卷　(清)沈若愚等編輯　**忠經體注大全說約大成一卷孝經體注大全一卷**　(清)沈士衡撰　清洛陽酉山齋刻本　一册

410000－2299－0000442　351
重訂外科正宗十二卷　(明)陳實功撰　(清)張鷟翼重訂　清刻本(有圖)　四册

410000－2299－0000443　352
增補醫林狀元壽世保元十卷　(明)龔廷賢著　清宣統三年(1911)上海錦章圖書館石印本　八册

410000－2299－0000444　353
閱藏知津四十四卷總目四卷　(明)釋智旭彙輯　清光緒十八年(1892)金陵刻經處刻本　十册

410000－2299－0000445　354
濟陰綱目十四卷　(明)武之望撰　(清)汪淇箋釋　清刻本　七册

410000－2299－0000446　355
濟世良方合編六卷首一卷附補遺四卷　(清)周其芬編　清同治四年(1865)武昌節署刻本　七册

410000－2299－0000447　356
吴醫彙講十一卷　(清)唐大烈纂輯　清乾隆五十七年(1792)刻嘉慶元年(1796)、十九年(1814)補刻本　六册

410000－2299－0000448　357
醫學啓蒙彙編六卷　(明)瞿良撰　(清)翟文楠　(清)李聚和補訂　清文盛堂刻本　六册

410000－2299－0000449　358
傅青主女科二卷産後編二卷　(清)傅山撰　清光緒十三年(1887)江左書林刻本　二册

410000－2299－0000450　359
醫方論四卷　(清)費伯雄著　清光緒三年(1877)刻本　一册　存二卷(一至二)

410000－2299－0000451　360
重訂外科正宗十二卷　(明)陳實功著　(清)張鷟翼重訂　清學海堂刻本(有圖)　四册

410000－2299－0000452　361
新鋟抱朴子内篇四卷外篇四卷　(晉)葛洪著　(清)張大可評校　清刻本　八册

410000－2299－0000453　362
四科簡效方四卷　(清)王士雄撰　清光緒十一年(1885)越州徐氏刻本　四册

410000－2299－0000454　363
鼎鍥幼幼集成六卷　(清)陳復正輯訂　(清)劉一勳校正　清刻本　六册

410000－2299－0000455　364
古今醫案按十卷　(清)俞震東纂　(清)李齡壽較輯　清光緒九年(1883)刻本　十册

410000－2299－0000456　366
陳修園醫書廿一種　(清)陳念祖撰　清光緒十八年(1892)上海圖書集成書局鉛印本　十册

410000－2299－0000457　367
黃帝内經素問直解九卷　(清)高世栻撰　清

康熙三十四年(1695)侶山堂刻本　四冊　存四卷(一、五至七)

410000－2299－0000458　368
新刊醫林狀元壽世保元十卷　(明)龔廷賢編　清光緒三十年(1904)有益堂刻本　五冊

410000－2299－0000459　370
幼科鐵鏡六卷　(清)夏鼎著　清光緒二十一年(1895)劉思訓刻本　一冊

410000－2299－0000460　371
本草備要八卷　(清)汪昂撰　清刻本　六冊

410000－2299－0000461　372
徐靈胎十二種全集　(清)徐大椿撰　清同治三年(1864)彭樹萱善成堂刊本　十冊

410000－2299－0000462　373
廣瘟疫論四卷末一卷　(清)戴天章撰　清刻本　二冊

410000－2299－0000463　374
太上感應篇圖說不分卷　(清)朱日豐重輯　清乾隆十九年(1754)刻本(有圖)　二冊

410000－2299－0000464　375
鼎鍥幼幼集成六卷　(清)陳復正撰　(清)劉勷校正　清宣統三年(1911)上海會文堂石印本　六冊

410000－2299－0000465　377
本草三家合註六卷　(清)郭汝驄等集注　**神農本草經百種錄一卷**　(清)徐大椿著　清刻本　六冊

410000－2299－0000466　378
圖書算新法一卷　(清)何子卿撰　清光緒三十年(1904)何氏寫心園刻朱印本　一冊

410000－2299－0000467　379
群玉山房重校醫宗必讀十卷　(清)李中梓著　清光緒九年(1883)羣玉山房刻本(有圖)　五冊

410000－2299－0000468　380
傅氏眼科審視瑤函六卷首一卷　(明)傅仁宇纂輯　(清)林長生校補　(清)傅維藩編　清掃葉山房刻本　六冊

410000－2299－0000469　381
醫家四要四卷　(清)程曦等撰　清光緒無錫日升山房刻本　四冊

410000－2299－0000470　382
溫疫論二卷　(明)吳有性著　清新聚堂刻本　四冊

410000－2299－0000471　383
釋迦如來應化事蹟不分卷　(清)釋永珊編　清光緒二十三年(1897)石印本(有圖)　四冊

410000－2299－0000472　384
張仲景傷寒論原文淺註六卷長沙方歌括六卷　(清)陳念祖集注　清刻本　三冊　存六卷(傷寒論原文淺註六卷)

410000－2299－0000473　385
士材三書三種附一種　(清)李中梓撰　(清)尤乘增訂　清光緒十三年(1887)上海江左書林刻本　八冊

410000－2299－0000474　386
醫宗必讀十卷　(清)李中梓撰　清光緒三十二年(1906)善成堂刻本　六冊

410000－2299－0000475　387
詳校醫宗必讀十卷　(清)李中梓著　清光緒六年(1880)刻本(有圖)　六冊

410000－2299－0000476　388
神農本草經讀四卷　(清)陳念祖著　清光緒十八年(1892)上海圖書局石印南雅堂醫書全集本　一冊

410000－2299－0000477　389
瘡瘍經驗全書六卷　(宋)竇漢卿著　清浩然閣刻本(有圖)　六冊

410000－2299－0000478　390
仲景傷寒補亡論二十卷　(宋)郭雍撰　清宣統三年(1911)武昌醫館刻本　四冊

410000－2299－0000479　391
傅青主女科二卷產後編二卷　(清)傅山撰　清同治八年(1869)湖北崇文書局刻本　二冊

410000－2299－0000480　392
新刊醫林狀元壽世保元十卷　(明)龔廷賢編　清卓觀樓刻本　十册

410000－2299－0000481　393
陰陽二宅全書二種　(清)姚廷鑾撰　清乾隆十三年至十六年(1748－1751)姚廷鑾刻本(有圖)　七册　存二種七卷

410000－2299－0000482　394
本草原始十二卷　(明)李中立撰　清經餘堂刻本(有圖)　四册

410000－2299－0000483　395
醫家必讀十卷　(清)李中梓撰　清嘉慶十三年(1808)儒珍堂刻本　五册

410000－2299－0000484　396
藥師瑠璃光如來本願功德經一卷　(唐)釋玄奘譯　清同治十三年(1874)刻本　一册

410000－2299－0000485　397
天花精言六卷　(清)袁句著　清光緒十七年(1891)善成堂刻本(有圖)　二册

410000－2299－0000486　398
陳修園醫書三十種　(清)陳念祖著　清光緒十八年(1892)上海圖書集成印書局鉛印本　十八册　存二十種

410000－2299－0000487　399
衛生要術一卷　(清)徐鳴峰撰　(清)潘霨增删　清光緒二年(1876)刻本(有圖)　一册

410000－2299－0000488　400
證治彙補八卷　(清)李用粹著　清光緒十八年(1892)簡玉山房刻本　六册

410000－2299－0000489　401
萬病回春八卷　(明)龔廷賢編　清乾隆三十二年(1767)刻本　六册

410000－2299－0000490　403
日知録三十二卷日知録之餘二卷　(清)顧炎武撰　清乾隆六十年(1795)刻本　十九册

410000－2299－0000491　404
痘疹正宗二卷　(清)宋麟祥撰　清乾隆四十六年(1781)文盛堂刻本　三册

410000－2299－0000492　405
圖註八十一難經辨真四卷附瀕湖脉學驗方奇經八脉攷一卷　(明)張世賢註　清刻本　四册

410000－2299－0000493　406
外科正宗十二卷　(明)陳實功著　清嘉慶十五年(1810)慶餘堂刻本　一册

410000－2299－0000494　407
本草醫方合編□□卷　(清)汪昂撰　清刻本　四册　存三卷(一至三)

410000－2299－0000495　408
新鐫曆法便覽象吉備要通書大全二十九卷附三元甲子未來曆　(清)魏鑑彙述　清刻本　六册　存十二卷(一至十二)

410000－2299－0000496　409
同仁堂藥目不分卷　(清)樂鳳鳴編　清同治八年(1869)京都同仁堂刻本　一册

410000－2299－0000497　410
醫學入門七卷首一卷　(明)李梴編注　清光緒二十四年(1898)刻本(有圖)　八册

410000－2299－0000498　412
摩訶般若波羅密多心經一卷　(唐)釋玄奘譯　(明)無垢子註　清光緒十年(1884)刻本　一册

410000－2299－0000499　414
金剛般若波羅蜜經一卷　(後秦)釋鳩摩羅什譯　**般若波羅蜜多心經一卷**　(唐)釋玄奘譯　**大悲心陀羅尼一卷**　(唐)釋迦梵達摩譯釋　清光緒二十三年(1897)葉衍蘭抄本　一册

410000－2299－0000500　415
六科證治準繩六種　(明)王肯堂輯　明萬曆刻重修本　二十一册　存三種十卷

410000－2299－0000501　416
問心堂溫病條辨六卷首一卷　(清)吳瑭著　清道光二十三年(1843)刻本　五册　存五卷(一至二、四至六)

410000－2299－0000502　417

傷寒證治準繩八卷　(明)王肯堂輯　清刻本　二冊　存二卷(三、六)

410000－2299－0000503　419

瘟疫條辨摘要一卷　(清)楊璿條辨　(清)陳良佐晰義　(清)呂田集錄　清光緒十五年(1889)浙江書局刻本　一冊

410000－2299－0000504　420

辨證錄十四卷胎產秘書二卷　(清)陳士鐸撰　清刻本　九冊　存十卷(一至二、七至十四)

410000－2299－0000505　421

金仙証論一卷　(清)柳華陽撰　清同治九年(1870)棲霍山館刻本　一冊

410000－2299－0000506　422

本草發揮四卷　(明)徐彥純編　明刻薛氏醫按本　二冊　存二卷(三至四)

410000－2299－0000507　427

新刊校正纂圖元亨療馬集六卷　(明)喻本元　(明)喻本亨撰　清刻本(有圖)　一冊　存一卷(五)

410000－2299－0000508　429

元亨療馬集六卷　(明)喻本元　(明)喻本亨撰　清刻本　二冊　存三卷(二至四)

410000－2299－0000509　430

重鐫本草醫方合編十二卷　(清)汪昂撰　清令德堂刻本　二冊　存二卷(一、三)

410000－2299－0000510　435

瀕湖脉學不分卷　(明)李時珍撰　清刻本　一冊

410000－2299－0000511　436

編註醫學入門外集□□卷　(□)□□撰　清刻本　四冊　存三卷(四至五、七)

410000－2299－0000512　437

天花精言六卷　(清)袁句著　清光緒十七年(1891)善成堂刻本　二冊

410000－2299－0000513　438

鍼灸大成十卷　(明)楊繼洲撰　清刻本(有圖)　二冊　存二卷(七至八)

410000－2299－0000514　439

新刊醫林狀元壽世保元十卷　(明)龔廷賢編　清刻本　二冊　存二卷(三、七)

410000－2299－0000515　440

痎瘧論疏一卷痎瘧疏方一卷　(明)盧之頤撰　清乾隆三十二年(1767)王琦寶笏樓刻醫林指月本　一冊

410000－2299－0000516　441

女科二卷　(清)傅山撰　清同治七年(1868)刻本　一冊

410000－2299－0000517　442

濟陰綱目十四卷　(明)武之望輯著　(清)汪淇箋釋　**保生碎事一卷**　(清)汪淇撰　清天德堂刻本　八冊

410000－2299－0000518　443

救急祕方五要一卷　(清)錢守和　(清)吳煥編　清諸暨陳居謙堂刻本　一冊

410000－2299－0000519　446

經驗良方一卷　(□)□□撰　清刻本(有圖)　一冊

410000－2299－0000520　447

瘟疫論二卷　(明)吳有性撰　清至德堂刻本　一冊　存一卷(二)

410000－2299－0000521　448

小學集注二卷首一卷　(明)陳選撰　清光緒三十二年(1906)刻本　一冊

410000－2299－0000522　453

玉歷至寶編一卷圖一卷經驗良方一卷　(□)□□撰　清刻本　一冊

410000－2299－0000523　455

[圖繪祛病功法諸醫方]不分卷　(□)□□撰　清隱居山人抄本　一冊

410000－2299－0000524　457

朱子原訂近思錄十四卷　(宋)朱熹　(宋)呂祖謙輯　(清)江永集注　清刻本　一冊　存

七卷(八至十四)

410000－2299－0000525　458
達摩傳一卷　(□)□□撰　清刻本　一冊

410000－2299－0000526　462
濟世養生集一卷便易經驗集一卷　(清)毛世洪輯　清吳興沈權衡刻本　一冊

410000－2299－0000527　463
新刊醫林狀元壽世保元十卷　(明)龔廷賢編　清刻本　二冊　存二卷(三至四)

410000－2299－0000528　467
臨證指南醫案十卷　(清)葉桂撰　清刻本　一冊　存一卷(五)

410000－2299－0000529　468
算盤照位註解不分卷　(清)張其健著　清末刻本　一冊

410000－2299－0000530　472
幼學濬心集一卷　(清)史廷煇撰　清文義堂刻本　一冊

410000－2299－0000531　473
本草醫方合編□□卷　(清)汪昂編　清令德堂刻本　一冊　存一卷(四)

410000－2299－0000532　474
嵩厓尊生書十五卷　(清)景日昣著　清刻本　一冊　存二卷(十四至十五)

410000－2299－0000533　475
馮氏錦囊秘録雜症大小合条二十卷首二卷　(清)馮兆張輯　清刻本　一冊　存二卷(三至四)

410000－2299－0000534　476
御纂性理精義十二卷　(清)李光地等纂修　清刻本　六冊

410000－2299－0000535　478
黃氏醫書八種　(清)黃元御撰　清咸豐十年(1860)長沙燮龢精舍刻本　十二冊　存三種三十卷

410000－2299－0000536　479
二如亭群芳譜二十八卷　(明)王象晉纂輯　明末刻清重修本　十二冊　存十五卷(天部一至三、歲部一至四、木部二、花部一至四、卉部一至二、鶴魚部一)

410000－2299－0000537　480
新刻黃掌綸先生評訂神仙鑑二十二卷　(清)徐道撰　清康熙刻重修本　二十二冊

410000－2299－0000538　481
五燈會元二十卷　(宋)釋普濟撰　明刻本　四冊　存十卷(十一至二十)

410000－2299－0000539　482
本草從新六卷　(清)吳儀洛編　清刻吳氏醫學述本　四冊

410000－2299－0000540　483
傅氏眼科審視瑤函六卷首一卷　(明)傅仁宇撰　(明)林長生較補　(清)傅維藩編　清刻本　四冊　存五卷(一至二、四至五,首一卷)

410000－2299－0000541　484
孫子十家註十三卷　(宋)吉天保輯　(清)孫星衍校　**孫子敘録一卷**　(清)畢以珣撰　**孫子遺說一卷**　(宋)鄭友賢撰　清刻本　六冊

410000－2299－0000542　489
新刊合併官板音義評註淵海子平五卷　(宋)徐升編　(明)楊淙增校　清刻本　一冊

410000－2299－0000543　490
御纂醫宗金鑑□□種首一卷　(清)吳謙等編　清光緒九年(1883)掃葉山房刻本(有圖)　十六冊　存十七卷(一至十六、首一卷)

410000－2299－0000544　491
御纂醫宗金鑑□□種首一卷　(清)吳謙等編　清光緒九年(1883)掃葉山房刻本(有圖)　二十四冊　存六十卷(一至六十)

410000－2299－0000545　492
御纂醫宗金鑑□□種首一卷　(清)吳謙等編　清光緒九年(1883)掃葉山房刻本(有圖)　十六冊　存十七卷(一至十六、首一卷)

410000－2299－0000546　493

御纂醫宗金鑑□□種首一卷 （清）吳謙等編　清光緒九年(1883)掃葉山房刻本(有圖)　八冊　存十七卷(一至十六、首一卷)

410000－2299－0000547　494
訂正仲景全書傷寒論註十七卷 （清）吳謙等編　清乾隆刻御纂醫宗金鑑本　一冊　存一卷(八)

410000－2299－0000548　495
御纂醫宗金鑑十五種首一卷 （清）吳謙等編　清刻本　十六冊　存八十四卷(一至三十一、三十八至九十)

410000－2299－0000549　496
御纂醫宗金鑑十五種首一卷 （清）吳謙等編　清刻本　七冊　存九卷(一至二、四、九至十一、十六至十七、七十五)

410000－2299－0000550　497
御纂醫宗金鑑十五種首一卷 （清）吳謙等編　清刻本　三十一冊　存四十六卷(九至三十三、三十五至四十二、四十五至四十六、六十五至七十五)

410000－2299－0000551　498
御纂醫宗金鑑□□種 （清）吳謙等編　清宣統二年(1910)鑄記石印本　十六冊

410000－2299－0000552　499
訂正仲景全書傷寒論註十七卷 （清）吳謙等編　清宣統二年(1910)鑄記石印御纂醫宗金鑑本　四冊　存十六卷(一至十六)

410000－2299－0000553　500
編輯外科心法要訣十六卷 （清）吳謙等編　清刻御纂醫宗金鑑本　二冊　存二卷(一至二)

410000－2299－0000554　501
編輯外科心法要訣十六卷 （清）吳謙等編　清刻御纂醫宗金鑑本　二冊　存二卷(三至四)

410000－2299－0000555　502
御纂醫宗金鑑十五種首一卷 （清）吳謙等編　清刻本　二冊　存二種三卷

410000－2299－0000556　503
訂正仲景全書傷寒論註十七卷 （清）吳謙等編　清刻本　一冊　存二卷(二至三)

410000－2299－0000557　504
御纂醫宗金鑑九十卷首一卷 （清）吳謙等編　清刻本　二冊　存二種三卷

410000－2299－0000558　505
御纂醫宗金鑑□□種 （清）吳謙等編　清善成堂刻本　十八冊　存二十二卷(十一至十七、二十至二十二,續編一至二、五至十四)

410000－2299－0000559　506
編輯外科心法要訣十六卷 （清）吳謙等編　清刻御纂醫宗金鑑本　一冊　存一卷(七)

410000－2299－0000560　507
編輯外科心法要訣十六卷 （清）吳謙等編　清刻本　三冊　存三卷(一、三、十二)

410000－2299－0000561　508
御纂醫宗金鑑十五種首一卷 （清）吳謙等編　清刻本　八冊　存十七卷(三十六至四十四、五十六至五十九、六十六至六十九)

410000－2299－0000562　511
五燈會元二十卷 （宋）釋普濟撰　明刻本　一冊　存一卷(十一)

410000－2299－0000563　512
黃蘗無念禪師復問六卷 （明）釋明聞刪訂　明天啓五年(1625)刻本　一冊

410000－2299－0000564　513
五燈會元二十卷 （宋）釋普濟編　明末清初刻嘉興藏本　五冊　存七卷(一至二、七、九至十、十九至二十)

410000－2299－0000565　514
大慈恩寺三藏法師傳十卷 （唐）釋慧立撰　（唐）釋彥悰箋　明崇禎八年(1635)刻嘉興藏本　一冊　存四卷(二至五)

410000－2299－0000566　515
四分戒本二卷 （後秦）釋佛陀耶舍　（後秦）

釋竺佛念譯　清刻本　一冊　存一卷(二)

410000－2299－0000567　517
大佛頂如來密因修證了義諸菩薩萬行首楞嚴經十卷　(唐)釋般剌密帝譯　清康熙五年(1666)任基田刻本　一冊　存三卷(八至十)

410000－2299－0000568　518
翻譯名義集選不分卷　(宋)釋法雲編　清同治十二年(1873)江北刻本　一冊

410000－2299－0000569　519
勅賜湖北歸元禪寺乙巳冬期同戒錄不分卷　歸元禪寺編　清刻本　一冊

410000－2299－0000570　520
溫病條辨六卷　(清)吳瑭撰　清刻本　一冊　存四卷(一至三、六)

410000－2299－0000571　521
曇無德部四分律刪補隨機羯磨二卷　(唐)釋道宣撰　(清)釋讀體續釋　清華山律堂刻本　一冊

410000－2299－0000572　522
宗門拈古彙集四十五卷　(清)釋淨符集　明末清初刻嘉興藏本　一冊　存四卷(三十三至三十六)

410000－2299－0000573　523
佛說分別緣生經一卷　(宋)釋法天譯　清刻本　一冊

410000－2299－0000574　527
瑜伽燄口施食儀一卷　(唐)釋不空譯　清刻本(有圖)　一冊

410000－2299－0000575　528
瑜伽燄口施食儀一卷　(唐)釋不空譯　清康熙刻本(有圖)　一冊

410000－2299－0000576　529
佛爾雅八卷　(清)周春撰　清刻本　一冊

410000－2299－0000577　530
沙彌律儀要畧一卷　(明)釋袾宏輯集　(明)釋湛元補校　清刻本　一冊

410000－2299－0000578　533
沙彌律儀要畧一卷　(明)釋袾宏輯　清雍正二年(1724)刻本　一冊

410000－2299－0000579　534
宣講拾遺六卷首一卷　(清)冷德馨　(清)莊跛仙輯　清刻本　一冊　存三卷(一至三)

410000－2299－0000580　535
沙彌律日用切要不分卷　(明)釋袾宏輯　(清)釋讀體輯　清刻本　一冊

410000－2299－0000581　537
[時文彙選]不分卷　(□)□□輯　清刻本　一冊

410000－2299－0000582　538
[對聯精選]一卷　(□)□□輯　清刻本　一冊

410000－2299－0000583　542
瑜伽燄口施食儀一卷　(唐)釋不空譯　清刻本(有圖)　一冊

410000－2299－0000584　544
景岳全書十六種　(明)張介賓撰　清刻本　一冊　存三種三卷

410000－2299－0000585　546
新刊纂圖元亨療馬集六卷元亨療牛集二卷駝經一卷　(明)喻本元　(明)喻本亨撰　清刻本　一冊　存二卷(療牛集二卷)

410000－2299－0000586　547
詩韻含英十八卷　(清)劉文蔚輯　清刻本　一冊　存一卷(一)

410000－2299－0000587　548
大佛頂首愣嚴經正脉疏十卷　(明)釋真鑑述　清刻本　二冊　存二卷(七至八)

410000－2299－0000588　550
王疇五真稿二集不分卷　(清)王思訓撰　清刻本　一冊

410000－2299－0000589　552
增訂盛世危言正續十四卷　(清)鄭觀應纂　清光緒二十四年(1898)上海同文正記書局石

印本　一冊　存二卷(一至二)

410000－2299－0000590　555
景岳全書十六種　(明)張介賓著　清刻本　三冊　存三卷(二十五至二十七)

410000－2299－0000591　558
黄帝内經靈樞十二卷　(唐)王冰注　清刻本　四冊

410000－2299－0000592　559
名醫類案十二卷　(明)江瓘撰　清刻本　十二冊

410000－2299－0000593　563
赤水玄珠三十卷醫案五卷醫旨緒餘二卷　(明)孫一奎著輯　明萬曆二十四年(1596)孫泰來、孫朋來刻清重修本　二十四冊　存二十八卷(一至二十八)

410000－2299－0000594　577
外科大成八卷　(清)祁坤撰　清刻本　八冊

410000－2299－0000595　618
質疑錄一卷　(明)張介賓著　清乾隆三十二年(1767)王琦寶笏樓刻醫林指月本　一冊

410000－2299－0000596　624
瑜伽燄口施食儀一卷　(唐)釋不空譯　清刻本(有圖)　一冊

410000－2299－0000597　634
大佛頂如來密因脩證了義諸菩薩萬行首楞嚴經十卷　(唐)釋般剌密帝譯　清刻本　一冊　存二卷(三至四)

410000－2299－0000598　635
小學大成六卷　(清)沈若愚等輯　清刻本　二冊　存五卷(一至三、五至六)

410000－2299－0000599　651
小學集註六卷　(明)陳選撰　清刻本　一冊　存三卷(四至六)

410000－2299－0000600　718
增訂本草備要四卷醫方湯頭歌括一卷　(清)汪昂撰　清刻本(有圖)　四冊

410000－2299－0000601　724
注解傷寒論十卷　(漢)張仲景(張機)述　(晉)王叔和(王熙)撰　(金)成無已注解　**傷寒明理論四卷**　(金)成無已撰　清刻本　四冊　存四卷(注解傷寒論一至四)

410000－2299－0000602　726
痘疹專門二卷　(清)董維嶽纂稿　清道光二十五年(1845)書業德刻本　二冊

410000－2299－0000603　727
外科大成四卷　(清)祁坤輯著　清乾隆八年(1743)三多齋刻本　三冊

410000－2299－0000604　729
大六壬大全十三卷　(清)郭載騋輯　清康熙刻本　二十四冊

410000－2299－0000605　734
吴醫彙講十一卷　(清)唐大烈纂輯　清刻本　二冊

410000－2299－0000606　737
濟陰綱目十四卷　(明)武之望輯著　(清)汪淇箋釋　**保生碎事一卷**　(清)汪淇撰　清天德堂刻本　六冊

410000－2299－0000607　738
達生桴四卷　(□)□□撰　清宣統三年(1911)文善堂刻本　四冊

410000－2299－0000608　741
傷寒分經十卷　(清)吴儀洛訂　清乾隆三十一年(1766)硤川利濟堂刻本　八冊

410000－2299－0000609　744
新刊醫林狀元壽世保元十卷　(明)龔廷賢編　清乾隆五十三年(1788)永盛堂刻本　十冊

410000－2299－0000610　745
本草綱目五十二卷　(明)李時珍撰　清刻本　十六冊　存二十卷(八、十至十五、十八、二十七至三十八)

410000－2299－0000611　747
天花八陣編二卷　(清)王廷魁著　清道光三十年(1850)書業德刻本　二冊

410000－2299－0000612　748

臨證指南醫案十卷精選良方四卷　(清)葉桂著　清刻本　五册　存七卷(五至七、精選良方四卷)

410000－2299－0000613　756

御製資政要覽三卷　(清)世祖福臨撰　清順治十二年(1655)内府刻本　四册

410000－2299－0000614　759

圖註脉訣辨真四卷附瀕湖脉學一卷奇經八脉攷一卷　(晉)王熙撰　(明)張世賢註　清刻本　二册　存二卷(二、四)

410000－2299－0000615　762

勸學篇二卷　(清)張之洞撰　清光緒二十四年(1898)刻本　一册

410000－2299－0000616　764

大成至聖先師孔子輔國度緣心法真經二卷　(□)□□撰　清同治十年(1871)刻本　一册　存一卷(一)

410000－2299－0000617　765

本草綱目五十二卷附瀕湖脈學一卷奇經八脈考一卷本草萬方鍼線八卷　(明)李時珍撰　清刻本　二十七册　存四十卷(一、五至十一、二十三至三十三、、三十九至五十二,本草萬方鍼線二至八)

410000－2299－0000618　770

淨業知津一卷　(清)釋悟開述　清同治十三年(1874)金陵刻經處刻本　一册

410000－2299－0000619　771

達生編二卷　題(清)亟齋居士撰　清姜恆泰刻本　一册

410000－2299－0000620　773

慈悲道場懺法十卷　(南朝梁)釋寶志　(南朝梁)釋寶唱等集　(元)釋智松重校　明萬曆三十年(1602)刻本　三册　存三卷(一、三至四)

410000－2299－0000621　774

慈悲道場懺法十卷　(南朝梁)釋寶志　(南朝梁)釋寶唱等集　(元)釋智松重校　清刻本　一册　存一卷(二)

410000－2299－0000622　776

御纂性理精義十二卷　(清)李光地等輯　清刻本　二册　存三卷(九至十一)

410000－2299－0000623　777

破邪顯證鑰匙二卷　(明)羅清撰　明萬曆三十九年(1611)刻本　二册　存一卷(一)

410000－2299－0000624　778

診家正眼二卷　(清)李中梓著　(清)尤乘增補　清善成堂刻士材三書本　一册

410000－2299－0000625　780

妙法蓮華經七卷　(後秦)釋鳩摩羅什譯　明末清初刻本　一册　存一卷(三)

410000－2299－0000626　781

靈素提要淺註十二卷　(清)陳念祖集註　清光緒元年(1875)務本堂刻本　二册

410000－2299－0000627　782

本草原始十二卷　(明)李中立纂輯　清刻本(有圖)　三册　存十卷(三至十二)

410000－2299－0000628　784

張仲景傷寒論原文淺註六卷　(清)陳念祖集註　清刻本　一册　存四卷(二至五)

410000－2299－0000629　785

大方廣佛華嚴經八十卷　(唐)釋實叉難陀譯　明永樂十七年(1419)釋福賢刻本　五册　存五卷(七、九、十一至十三)

410000－2299－0000630　786

長沙方歌括六卷　(清)陳念祖著　清刻本　一册　存二卷(五至六)

410000－2299－0000631　788

事類賦三十卷　(宋)吳淑撰并註　清刻本　一册　存三卷(十一至十三)

410000－2299－0000632　789

增補大生要旨五卷　(清)唐千頃纂　(清)馬振蕃續增　清光緒刻本　一册

410000－2299－0000633　790
敬信錄不分卷　(清)趙光祖輯　清刻本　一册

410000－2299－0000634　791
御纂醫宗金鑑□□種　(清)吳謙等編　清刻本　四册　存六卷(二十三、四十四、四十八至四十九、五十四至五十五)

410000－2299－0000635　792
銀海精微二卷　(唐)孫思邈輯　(清)周亮節校　清康熙周亮節醉畊堂刻本(有圖)　一册　存一卷(一)

410000－2299－0000636　794
中峰國師三時繫念佛事一卷　(宋)釋延壽述　清同治十二年(1873)釋龍清刻本　一册

410000－2299－0000637　796
形色外診簡摩二卷　(清)周學海撰　清刻本(有圖)　一册　存一卷(下)

410000－2299－0000638　797
本草綱目五十二卷　(明)李時珍撰　清刻本　一册　存一卷(十七下)

410000－2299－0000639　1
秘授跌打書不分卷　(清)許兆芝輯　清光緒十九年(1893)稿本(有圖)　六册

410000－2299－0000640　10
鍼灸大成十卷　(明)楊繼洲撰　(清)章廷珪重修　清道光二十三年(1843)經餘堂刻本　十册

410000－2299－0000641　100
天花精言六卷　(清)袁句撰　清乾隆五十二年(1787)袁氏刻本(有圖)　四册

410000－2299－0000642　101
新鐫本草醫方合編　(清)汪昂輯　清乾隆天德堂刻本　六册

410000－2299－0000643　102
醫門法律六卷　(清)喻昌撰　清刻本　八册

410000－2299－0000644　103
薛氏醫案二十四種　(明)吳琯輯　明刻本　十七册　存十種四十卷

410000－2299－0000645　104
小兒推拿廣意三卷　(清)熊應雄輯　(清)陳世凱重訂　清道光二年(1822)刻本(有圖)　四册

410000－2299－0000646　105
本草從新十八卷首一卷　(清)吳儀洛撰　清道光二十五年(1845)瓶花書屋刻瓶花書屋醫書本　六册

410000－2299－0000647　107
較正醫林狀元壽世保元十卷　(明)龔廷賢編　清道光九年(1829)刻本　五册

410000－2299－0000648　110
異授眼科全編不分卷　(□)□□撰　清末抄本　三册

410000－2299－0000649　111
外科精義二卷　(元)齊德之纂　明刻東垣十書本　四册

410000－2299－0000650　112
傳症彙編三種　(清)熊立品編輯　清乾隆四十二年(1777)刻本　六册

410000－2299－0000651　113
證治準繩八卷　(明)王肯堂輯　清乾隆刻重修本(卷一配清刻本)　十六册

410000－2299－0000652　114
臨證指南醫案十卷　(清)葉桂著　清乾隆三十三年(1768)刻本　十册

410000－2299－0000653　115
類經三十二卷　(明)張介賓類註　明末金閶萃英堂刻本　二十四册

410000－2299－0000654　118
弦雪居重訂遵生八牋十九卷目錄一卷　(明)高濂撰　(明)鍾惺較閱　明刻本　九册　存十二卷(一至十一、目錄一卷)

410000－2299－0000655　12
備急千金要方三十卷　(唐)孫思邈撰　(宋)林億等校正　清光緒四年(1878)上海长洲麟

瑞堂影印本　五册　存十二卷(一至十二)

410000－2299－0000656　120
外科精義二卷　(元)齊德之著　(明)吳勉學校正　明萬曆二十九年(1601)吳勉學刻古今醫統正脈全書本　四册

410000－2299－0000657　121
救偏瑣言十卷附瑣言備用良方一卷　(清)費啟泰撰　清康熙惠迪堂刻本　六册

410000－2299－0000658　124
士材三書三種附一種　(清)李中梓撰　(清)尤乘增補　清刻本　八册

410000－2299－0000659　125
醫方集解三卷　(清)汪昂撰　清書業堂刻本　六册

410000－2299－0000660　126
原本直指算法統宗十二卷　(明)程大位撰　清同治三年(1864)善成堂刻本　五册

410000－2299－0000661　128
内外傷辨三卷　(金)李杲撰　(明)吳勉學校　明萬曆二十九年(1601)吳勉學刻古今醫統正脈全書本　三册

410000－2299－0000662　129
内外傷辨三卷　(金)李杲撰　(明)吳勉學校　明萬曆二十九年(1601)吳勉學刻古今醫統正脈全書本　三册

410000－2299－0000663　13
鍼灸大成十卷　(明)楊繼洲撰　清光緒二十七年(1901)有益堂刻本(有圖)　九册

410000－2299－0000664　130
大般若波羅蜜多經六百卷　(唐)釋玄奘譯　宋刻資福藏本　二册　存二卷(三百二十九、五百四十四)

410000－2299－0000665　131
大般若波羅蜜多經六百卷　(唐)釋玄奘譯　元至元刻普寧藏本　二册　存二卷(一百八十九、四百九)

410000－2299－0000666　132
十住斷結經十四卷　(後秦)釋竺佛念譯　宋元祐五年(1090)刻崇寧藏本　一册　存一卷(十四)

410000－2299－0000667　133
菩薩瓔珞經二十卷　(後秦)釋竺佛念譯　元至元刻普寧藏本　一册　存一卷(十一)

410000－2299－0000668　135
新刊高峯語錄佛事要畧全集二卷　(明)釋袾宏撰　明刻本　二册

410000－2299－0000669　137
醫法圓通四卷　(清)鄭壽全編　清同治十三年(1874)成都刻本　四册

410000－2299－0000670　14
中西匯通醫書五種　唐宗海撰　清光緒三十四年(1908)上海千頃堂書局石印本　十二册

410000－2299－0000671　140
本草從新十八卷　(清)吳儀洛編　清刻本　五册　存五卷(二、五、九、十二、十六)

410000－2299－0000672　141
鍼灸大成十卷　(明)楊繼洲撰　清咸豐十年(1860)宏道堂刻本(有圖)　十册

410000－2299－0000673　143
三家醫案合刻三卷　(清)吳金壽纂　清道光十一年(1831)綠慎堂刻本　三册

410000－2299－0000674　144
廣瘟疫論四卷末一卷　(清)戴天章著　清道光八年(1828)埽葉山房刻本　二册

410000－2299－0000675　145
醫效秘傳三卷　(清)葉桂撰　清道光十一年(1831)刻本　二册

410000－2299－0000676　15
增訂本草備要四卷附經絡歌訣一卷改正内景五臟六腑經絡圖說一卷醫方湯頭歌訣一卷　(清)汪昂撰　清光緒十二年(1886)敬文堂刻本(有圖)　六册

410000－2299－0000677　153
内經知要二卷　(明)李念莪輯　清乾隆二十

九年(1764)薛雪掃葉山房刻本　二冊

410000－2299－0000678　154
醫學指南五卷　(清)李德中撰　清光緒二十四年(1898)刻本　二冊

410000－2299－0000679　155
增訂本草備要六卷附經絡歌訣一卷續增日食葉物一卷　(清)汪昂著輯　清光緒九年(1883)長沙遐齡精舍刻本　六冊

410000－2299－0000680　156
沈氏尊生書五種　(清)沈金鰲撰　清同治十三年(1874)崇文書局刻本　二十六冊

410000－2299－0000681　158
傷寒瘟疫條辯六卷　(清)楊璿撰　清光緒四年(1878)孫宏智刻本　六冊

410000－2299－0000682　160
繡像翻症一卷　(□)□□撰　清光緒十二年(1886)聚無堂刻本(有圖)　一冊

410000－2299－0000683　161
胎產新書二十卷　(清)竹林寺僧撰　(清)吳煜校訂　清光緒十二年(1886)成美堂刻本　四冊

410000－2299－0000684　162
溫熱贅言一卷　(清)江瓢子撰　清靈鶴山房刻本　一冊

410000－2299－0000685　164
醫學心悟六卷　(清)程國彭撰　清光緒二十一年(1895)學庫山房刻本　四冊

410000－2299－0000686　165
胎產心法三卷　(清)閻純璽撰　清道光二十四年(1844)王雲錦刻本　五冊

410000－2299－0000687　166
麻科活人全書四卷　(清)謝玉瓊撰　清光緒十五年(1889)刻本　四冊

410000－2299－0000688　167
濟陰綱目五卷　(明)武之望撰　明刻本　二冊　存二卷(三至四)

410000－2299－0000689　169
御纂醫宗金鑑十五種首一卷　(清)吳謙等纂　清刻本　四十八冊

410000－2299－0000690　170
本草綱目五十二卷首一卷圖二卷　(明)李時珍撰　清初刻本　二十七冊　存三十五卷(一至十、二十九至五十二,圖二卷)

410000－2299－0000691　174
痘症精言四卷　(清)袁句著　清乾隆三十四年(1769)聚錦堂刻本　八冊

410000－2299－0000692　176
演禽相法四卷　(□)□□撰　清光緒十五年(1889)石印本(有圖)　四冊

410000－2299－0000693　177
編輯外科心法要訣十六卷　(清)吳謙等輯　清刻御纂醫宗金鑑本　四冊

410000－2299－0000694　178
御纂醫宗金鑑十五種首一卷　(清)吳謙等纂　清刻本　二十四冊　存二十四卷(二十八至二十九、三十一至三十三、四十二、五十至五十二、五十四至五十五、六十九至七十、七十二至七十三、七十六至七十七、八十至八十一、八十三至八十四、八十六、八十九至九十)

410000－2299－0000695　179
士材三書三種附一種　(清)李中梓撰　(清)尤乘增補　清刻重修本　五冊　存三種五卷

410000－2299－0000696　180
新刊纂圖元亨療馬集六卷元亨療牛集二卷駝經一卷　(明)喻本元　(明)喻本亨撰　清光緒十三年(1887)有益堂刻本　四冊　存五卷(一至五)

410000－2299－0000697　181
佛說菩薩念佛三昧經六卷　(南朝宋)釋功德直　(南朝宋)釋玄暢譯　清同治十一年(1872)常熟刻經處刻本　二冊

410000－2299－0000698　182
驗方新編八卷　(清)鮑相璈編　清刻本

八冊

410000－2299－0000699　183
金剛般若波羅蜜經心印疏二卷　(清)釋溥畹述　清宣統元年(1909)刻本　二冊

410000－2299－0000700　184
大佛頂如來密因修證了義諸菩薩萬行首楞嚴經十卷　(唐)釋般剌密帝譯　清宣統元年(1909)刻本　二冊

410000－2299－0000701　185
華佗仙師少林跌打穴位護身符秘笈一卷　(漢)華佗撰　清光緒三年(1877)石印本(有圖)　一冊

410000－2299－0000702　186
華佗仙師少林跌打穴位護身符秘笈一卷　(漢)華佗撰　清光緒三年(1877)石印本(有圖)　一冊

410000－2299－0000703　188
陳修園醫書四十種　(清)陳念祖撰　清光緒三十年(1904)上海商務印書館鉛印本　二十四冊

410000－2299－0000704　189
佛母大孔雀明王經三卷　(清)釋不空譯　清光緒十四年(1888)常熟刻經處刻本　一冊

410000－2299－0000705　191
中西醫匯通醫書五種　唐宗海撰　清光緒三十四年(1908)上海千頃堂書局石印本　十二冊

410000－2299－0000706　192
急救應驗良方不分卷　(清)費山壽編　清光緒七年(1881)樹德書屋重刻本　三冊

410000－2299－0000707　193
圖註八十一難經辨真四卷　(明)張世賢註　清光緒八年(1882)刻本　二冊

410000－2299－0000708　194
脈訣刊誤集解二卷附錄一卷　(元)戴起宗撰　清光緒二十二年(1896)勵志齋刻周氏醫學叢書本　二冊

410000－2299－0000709　196
時針仙師南北跌打損傷護身秘笈不分卷　(明)李時珍撰　清光緒六年(1880)石印本(有圖)　一冊

410000－2299－0000710　197
時針仙師南北跌打損傷護身秘笈不分卷　(明)李時珍撰　清光緒六年(1880)石印本(有圖)　一冊

410000－2299－0000711　198
紫閨秘書十卷　題(明)杏溪浣香主人撰　清光緒三十年(1904)石印本　十二冊

410000－2299－0000712　199
紫閨秘書十卷　題(明)杏溪浣香主人撰　清光緒三十年(1904)石印本　十二冊

410000－2299－0000713　200
紫閨秘書十卷　題(明)杏溪浣香主人撰　清光緒三十年(1904)石印本　十二冊

410000－2299－0000714　201
醫方捷徑指南全書二卷　(明)王宗顯輯　清光緒十八年(1892)四和堂刻本　一冊　存一卷(一)

410000－2299－0000715　204
新纂簡捷易明算法四卷　(清)沈士桂撰　清刻本(有圖)　一冊　存二卷(三至四)

410000－2299－0000716　205
解深密經五卷　(唐)釋玄奘譯　清同治十年(1871)金陵刻經處刻本　一冊

410000－2299－0000717　206
解深密經五卷　(唐)釋玄奘譯　清同治十年(1871)金陵刻經處刻本　一冊

410000－2299－0000718　208
御製數理精蘊二編四十五卷表八卷　(清)何國宗　(清)梅穀成彙編　清光緒八年(1882)江寧藩署刻本　二冊　存四卷(一、二至三、五)

410000－2299－0000719　211
銀海精微四卷　(唐)孫思邈撰　(明)龔廷賢

編 （清）周亮節校 清刻本（有圖） 二冊

410000－2299－0000720 214

大佛頂如來密因修證了義諸菩薩萬行首楞嚴經玄義二卷 （明）釋智旭撰述 清刻本 一冊

410000－2299－0000721 215

達生編二卷附保嬰碎事一卷 題（清）亟齋居士著 清刻本 一冊

410000－2299－0000722 216

大方等大集賢護經五卷 （隋）釋闍那崛多等譯 清同治十二年（1873）江北刻經處刻本 一冊

410000－2299－0000723 217

幼科準繩九卷 （明）王肯堂輯 清光緒十八年（1892）上海圖書集成書局鉛印六科準繩本 四冊 存三卷（一至三）

410000－2299－0000724 219

增訂花柳指迷六卷 （美國）嘉約翰輯譯 （清）林應祥筆述 （清）尹端模參訂 清光緒十五年（1889）羊城博濟醫局刻本 一冊

410000－2299－0000725 222

醫方捷徑指南全書二卷 （明）王宗顯輯 （清）錢允治校 清光緒十八年（1892）益智堂刻本 一冊 存一卷（上）

410000－2299－0000726 227

佛說觀彌勒菩薩上生兜率陀經一卷 （南朝宋）沮渠京聲譯 **佛說觀彌勒菩薩下生經一卷** （晉）釋竺法護譯 **佛說觀彌勒菩薩下生經一卷** （後秦）釋鳩摩羅什譯 清同治十一年至光緒三年（1872－1877）金陵刻經處刻本 一冊

410000－2299－0000727 23

註解傷寒論十卷 （漢）張機撰 （晉）王叔和（王熙）編 （宋）成無己注 **傷寒明理四卷** （宋）金聊攝論 （宋）成無己撰 清光緒六年（1880）掃葉山房刻本 六冊

410000－2299－0000728 232

閨閣十二段錦一卷 （清）彭梧軒訂 清光緒三十二年（1906）刻本 一冊

410000－2299－0000729 234

瓊瑶神書四卷 題（宋）瓊瑶真人撰 （明）楊繼洲編著 清道光十六年（1836）修文堂刻本 四冊

410000－2299－0000730 235

瘟疫論二卷 （明）吳有性撰 清康熙四十八年（1709）劉敞刻本 三冊

410000－2299－0000731 240

藥性賦二卷 （□）□□撰 清刻本（有圖） 一冊

410000－2299－0000732 245

溫熱經緯五卷 （清）王士雄纂 （清）楊照藜（清）汪曰楨評 清光緒八年（1882）四川刻本 四冊

410000－2299－0000733 248

痘症精言四卷 （清）袁句撰 清刻本（有圖） 一冊

410000－2299－0000734 28

神禪圖畫譜不分卷 （清）黄士陵繪 清光緒十九年（1893）黄士陵彩繪本 六冊

410000－2299－0000735 29

儒門事親十五卷 （金）張從正著 （明）吳勉學校 明敦化堂刻本 六冊

410000－2299－0000736 3

增訂本草備要四卷附醫方湯頭歌訣一卷 （清）汪昂撰 清宣統元年（1909）三義堂刻本（有圖） 五冊

410000－2299－0000737 30

外科大成四卷 （清）祁坤撰 清古雪堂刻本 七冊

410000－2299－0000738 31

丹溪心法附餘二十四卷首一卷 （明）方廣類集 明金陵唐鯉耀刻本 十六冊

410000－2299－0000739 32

醫效秘傳三卷 （清）葉桂撰 （清）吳金壽校

溫热贅言一卷　題(清)寄瓢子撰　清抄本　二冊

410000－2299－0000740　33
東周列國全志二十三卷一百八回　(明)余邵魚撰　清刻本　十一冊

410000－2299－0000741　35
文美齋百花詩箋譜不分卷　(清)張兆祥繪　清光緒三十二年(1906)文美齋刻套印本(有圖)　四冊

410000－2299－0000742　36
編輯外科心法要訣十六卷　(清)吳謙等輯　清刻御纂醫宗金鑑本　十二冊

410000－2299－0000743　37
御纂醫宗金鑑十五種首一卷　(清)吳谦等輯　清刻本　三十五冊　存十四種七十七卷

410000－2299－0000744　38
馮氏錦囊秘錄八種　(清)馮兆張撰　清刻本　五冊　存三種七卷

410000－2299－0000745　39
鍼灸大成十卷　(明)楊繼洲撰　清刻本　十冊

410000－2299－0000746　4
問心堂温病條辨六卷首一卷　(清)吳瑭撰　清光緒三十一年(1905)掃葉山房刻本　六冊

410000－2299－0000747　45
慈悲道場懺法十卷　(南朝梁)釋寶志　(南朝梁)釋寶唱等集　清同治九年(1870)九江府刻本(有圖)　十冊

410000－2299－0000748　46
本草綱目五十二卷　(明)李時珍撰　明末清初刻本　四十四冊

410000－2299－0000749　49
欽定協紀辨方書三十六卷　(清)允祿等撰　清刻套印本　三十冊

410000－2299－0000750　5
馮氏錦囊秘錄八種　(清)馮兆張撰　清刻本　八冊　存三種十七卷

410000－2299－0000751　58
時文金門要訣一卷　(□)□□撰　清抄本　四冊

410000－2299－0000752　59
圖註脉訣辨真四卷附方一卷　(晉)王熙撰　(明)張世賢註　清道光三年(1823)崇順堂刻本　二冊

410000－2299－0000753　60
明醫雜著六卷　(明)王綸編　(明)薛己注　(明)吳玄有校　清刻薛氏醫案本　四冊

410000－2299－0000754　62
瀕湖脈學一卷奇經八脈攷一卷　(明)李时珍撰　清刻本　二冊

410000－2299－0000755　72
醫宗必讀五卷首一卷　(清)李中梓撰　清大興堂刻本(有圖)　五冊

410000－2299－0000756　74
勿藥單方不分卷　(清)汪濤撰　清刻本　六冊

410000－2299－0000757　75
臨證指南醫案十卷精選良方四卷　(清)葉桂撰　清乾隆聚益堂刻本　六冊　存六卷(一至六)

410000－2299－0000758　76
重鐫本草醫方合編　(清)汪昂撰　清刻本　六冊

410000－2299－0000759　78
瘡瘍經驗全書六卷　(宋)竇傑撰　清崇順堂刻本(有圖)　六冊

410000－2299－0000760　79
痘症精言六卷　(清)袁句撰　清書業堂刻本(有圖)　二冊

410000－2299－0000761　8
陳修園醫書二十一種　(清)陳念祖撰　(清)陳元犀注　清末善成堂刻本　十冊　存二種十六卷

410000－2299－0000762　80

救偏瑣言十卷附瑣言備用良方一卷　(清)費啟泰撰　清文盛堂刻本　四冊

410000－2299－0000763　81
傷寒論淺註方論合編六卷首一卷　(清)陳念祖著　(清)嚴嶽蓮輯　清宣統元年(1909)渭南嚴氏刻醫學初階本　六冊

410000－2299－0000764　82
攝生衆玅方十一卷　(明)張時徹集　明萬曆三十八年(1610)張一棟刻本　十一冊

410000－2299－0000765　83
訂補明醫指掌十卷　(明)皇甫中撰　(明)王肯堂等訂補　明天啓刻本　十二冊

410000－2299－0000766　84
景岳全書十六種　(明)張介賓著　(清)魯超訂　清刻本　三十二冊　存五十九卷(一至四十五、四十七、四十九至五十二、五十四至五十八、六十一至六十四)

410000－2299－0000767　85
醫林指月十二種　(清)王琦輯　清乾隆三十二年(1767)王琦寶笏樓刻本　三冊　存三種三卷

410000－2299－0000768　86
保嬰金鏡錄一卷　(明)薛己撰　明刻薛氏醫按本(有圖)　二冊

410000－2299－0000769　88
新刊增補萬病回春八卷　(明)龔廷賢撰　清刻本　八冊

410000－2299－0000770　89
重訂外科正宗十二卷　(明)陳實功撰　(清)張鷟翼重訂　清光緒三十一年(1905)經元書室刻本(有圖)　六冊

410000－2299－0000771　90
楊氏提綱四卷　(清)楊旭東撰　清抄本　四冊

410000－2299－0000772　91
傷寒輯要六卷　(清)林玉友輯　清乾隆刻本　六冊

410000－2299－0000773　92
石室秘籙六卷　(清)陳士鐸撰　清刻本　六冊

410000－2299－0000774　94
圖注八十一難經辨真四卷　(戰國)秦越人　(明)張世賢註撰　清光緒十五年(1889)京都泰山堂刻本　二冊

410000－2299－0000775　95
圖註脉訣辨真四卷　(晉)王熙撰　(明)張世賢註　清光緒十五年(1889)京都泰山堂刻本　二冊

410000－2299－0000776　96
松峯說疫六卷　(清)劉奎著　清刻本　四冊

410000－2299－0000777　98
本草綱目五十二卷首一卷附圖二卷　(明)李時珍撰　清康熙至雍正間刻本　十五冊

410000－2299－0000778　99
濟陰綱目十四卷　(明)武之望輯著　(清)汪淇箋釋　**保生碎事一卷**　(清)汪淇撰　清善成堂刻本　八冊

410000－2299－0000779　284
增批寄嶽雲齋試體詩選四卷　(清)聶銑敏撰　(清)張學蘇箋　(清)朱兆鳳評　清刻本　二冊

410000－2299－0000780　305
古文喈鳳新編八卷　(清)汪基鈔輯　清毛啓瑞堂刻本　二冊　存四卷(一至四)

410000－2299－0000781　311
唐詩三百首註釋六卷　題(清)蘅塘退士(孫洙)編　(清)章燮註　清光緒十三年(1887)湖南共賞書局刻本　八冊

410000－2299－0000782　347
庚辰集五卷唐人試律說一卷　(清)紀昀輯　清嘉慶八年(1803)太和堂刻本　一冊　存一卷(一)

410000－2299－0000783　365
搭題易讀不分卷小題易讀不分卷　(清)史鑑

輯　清咸豐蘇州刻朱墨套印本　八冊

410000－2299－0000784　369
光緒庚子辛丑恩正併科順天闈墨不分卷　(清)高毓浵等撰　清光緒刻本　八冊

410000－2299－0000785　413
古唐詩合解十二卷　(清)王堯衢註　清刻本　三冊　存七卷(一至三、九至十二)

410000－2299－0000786　426
唐詩三百首註疏六卷　(清)孫洙編　(清)章燮注　清道光十五年(1835)刻本　四冊　存三卷(一、三、五)

410000－2299－0000787　428
應試唐詩類釋十九卷　(清)臧岳編　清本立堂刻本　一冊　存六卷(七至十二)

410000－2299－0000788　431
古文析義十六卷　(清)林雲銘評註　清刻本　一冊　存二卷(十三至十四)

410000－2299－0000789　432
古唐詩合解十二卷　(清)王堯衢註　清刻本　一冊　存四卷(一至四)

410000－2299－0000790　433
古唐詩合解十二卷　(清)王堯衢註　清刻本　一冊　存二卷(三至四)

410000－2299－0000791　449
初學行文語類四卷　(清)孫埏輯　清刻本　二冊　存二卷(二至三)

410000－2299－0000792　450
應試詩法淺説詳解六卷　(清)葉葆評註　清刻本　一冊　存三卷(四至六)

410000－2299－0000793　454
古文喈鳳新編八卷　(清)汪基鈔輯　清乾隆四十五年(1780)大盛堂刻本　五冊

410000－2299－0000794　456
北山堂戊午鄉墨選不分卷　(清)邢膺五評選　(清)馬錦昌等撰　清刻本　一冊

410000－2299－0000795　459
古文釋義新編八卷　(清)余誠評注　清刻本　一冊　存二卷(七至八)

410000－2299－0000796　460
經國堂重訂古文釋義新編八卷　(清)余誠評注　清刻本　四冊　存六卷(三至八)

410000－2299－0000797　461
古文釋義新編八卷　(清)余誠評注　清三槐堂刻本　一冊　存一卷(四)

410000－2299－0000798　469
古唐詩合解十二卷　(清)王堯衢註　清刻本　一冊　存六卷(四至九)

410000－2299－0000799　477
紫柏老人集十五卷首一卷　(明)釋眞可撰　明天啓七年(1627)刻本　六冊　存六卷(二至五、十四至十五)

410000－2299－0000800　488
東周列國全志二十三卷　(清)蔡界評點　清刻本　六冊　存十二卷(一至十二)

410000－2299－0000801　509
分體利試文中初集六卷　(清)郝朝昇評選　清刻本　一冊　存一卷(二)

410000－2299－0000802　510
新鐫五言千家詩會義直解二卷　(清)王相選註　**增補重訂千家詩註解二卷**　(清)任來吉選　(清)王相註　**諸名家百花詩一卷百壽詩一卷贈賀詩一卷**　(清)王相選輯　**百花詩引一卷**　(清)顔宗孔撰　清同治八年(1869)文源長刻本　一冊

410000－2299－0000803　532
明文明不分卷　(清)路德輯評　清刻本　二冊

410000－2299－0000804　539
小題六集大觀二卷　(清)王步青輯　(清)王士鼇編　清敦化堂刻本　一冊　存一卷(一)

410000－2299－0000805　540
直省鄉墨聯珠□□卷　(清)胡本淵選評　清刻本　二冊　存七卷(江西卷、江南卷、湖南

卷、浙江卷、廣東卷、湖北卷、福建卷)

410000 - 2299 - 0000806　545
近科考卷不分卷　(清)口口輯　清刻重修本　一冊

410000 - 2299 - 0000807　549
韓湘子三十回　題(明)雉衡山人編　清刻本　一冊　存七回(十七至二十三)

410000 - 2299 - 0000808　551
今文不分卷　(清)口口輯　清刻本　一冊

410000 - 2299 - 0000809　615
古文喈鳳新編八卷　(清)汪基鈔輯　清刻本　一冊　存一卷(六)

410000 - 2299 - 0000810　626
聚文堂重訂古文釋義新編八卷　(清)余誠評註　清聚文堂刻本　一冊　存一卷(八)

410000 - 2299 - 0000811　627
目耕齋二刻一卷　(清)徐楷編　(清)沈叔眉選　清刻本　一冊

410000 - 2299 - 0000812　714
塾課分編註釋八集　(清)王步青評　清刻本　一冊　存一集(四)

410000 - 2299 - 0000813　720
槿華館試帖彙鈔輯注十卷　(清)路德編　清道光十四年(1834)刻本　十冊

410000 - 2299 - 0000814　722
施注蘇詩四十二卷總目二卷　(宋)蘇軾撰　(宋)施元之等注　(清)邵長蘅等刪補　**蘇詩續補遺二卷**　(宋)蘇軾撰　(清)馮景補注　**王注正譌一卷**　(清)邵長蘅撰　**東坡先生[蘇軾]年譜一卷**　(宋)王宗稷撰　(清)邵長蘅重訂　清刻本　二十八冊

410000 - 2299 - 0000815　728
多文堂重訂古文釋義新編八卷　(清)余誠評注　清多文堂刻本　六冊

410000 - 2299 - 0000816　731
山谷詩內集註二十卷　(宋)黃庭堅撰　(宋)任淵注　**外集詩註十七卷**　(宋)黃庭堅撰　(宋)史容注　**別集註二卷**　(宋)黃庭堅撰　(宋)史季溫注　**外集補四卷別集補一卷**　(清)謝啟昆輯　**年譜十四卷**　(宋)黃㽦撰　清乾隆刻本　二十冊

410000 - 2299 - 0000817　732
賦鈔箋畧十五卷　(清)王煃輯　(清)雷琳　(清)張杏濱注　清刻本　八冊

410000 - 2299 - 0000818　755
四大奇書第一種十九卷一百二十回　(明)羅貫中(羅本)撰　(清)毛宗崗評　清刻本　十八冊　存十八卷(一至九、十一至十九)

410000 - 2299 - 0000819　761
紫柏老人集十五卷首一卷　(明)釋眞可撰　明天啓七年(1627)刻本　一冊　存四卷(六至九)

410000 - 2299 - 0000820　763
榕村別集五卷　(清)李光地撰　清乾隆元年(1736)李清植刻李文貞公全集本　二冊

410000 - 2299 - 0000821　787
古唐詩合解十二卷　(清)王堯衢註　清崇順堂刻本　二冊　存七卷(一至七)

410000 - 2299 - 0000822　795
小題二集式法二卷　(清)口口輯　清刻本　一冊　存一卷(下)

410000 - 2299 - 0000823　117
庚辰集五卷　(清)紀昀輯　清乾隆二十七年(1762)嵩山書院刻鏡煙堂十種本　五冊

410000 - 2299 - 0000824　147
東周列國全志二十三卷　(清)蔡昇評點　清刻本　十一冊　存十一卷(六至九、十一至十七)

410000 - 2299 - 0000825　151
文光堂重訂古文釋義新編八卷　(清)余誠評注　清刻本　二冊　存五卷(一至五)

410000 - 2299 - 0000826　159
皇朝經世文編一百二十卷　(清)賀長齡輯　清道光七年(1827)刻本　八十七冊　存一百

十卷(一至十、二十一至一百二十)

410000－2299－0000827　190

小題正鵠全集□□卷　(清)李傳敏鑒定　(清)李元度編輯　清道光二十七年(1847)刻本　一冊　存二卷(三集二卷)

410000－2299－0000828　195

古文雅正十四卷　(清)蔡世遠選評　清光緒二十二年(1896)上海圖書集成印書局鉛印本　一冊

410000－2299－0000829　21

飲香尺牘三卷　題(清)飲香居士編輯　清抄本　三冊

410000－2299－0000830　224

三餘堂古文析義十六卷　(清)林雲銘評註　清三餘堂刻本　六冊

410000－2299－0000831　229

河間註釋試律矩四卷　(清)紀昀著　(清)林昌評註　清刻本　一冊

410000－2299－0000832　231

新鐫寫帖款式一卷　(清)蔣守誠編輯　清刻本　一冊

410000－2299－0000833　237

小題正鵠全集□□卷　(清)李元度輯　清同治八年(1869)刻本　五冊　存四卷(二集二卷、三集二卷)

410000－2299－0000834　242

青雲集分韻試帖詳註四卷　(清)楊逢春　(清)蕭應櫆輯　(清)沈品華等註　清敬慎堂刻本　一冊　存二卷(一至二)

410000－2299－0000835　244

天雨花三十回　(清)陶貞懷撰　清刻本　十四冊　存十七回(四至五、九、十二至十九、二十一至二十二、二十四、二十七至二十八、三十)

410000－2299－0000836　250

小題四集烝變不分卷　(清)□□輯　清刻本　一冊

410000－2299－0000837　255

寄嶽雲齋試體詩選詳註四卷　(清)聶銑敏撰　(清)張學蘇箋　清刻本　四冊

410000－2299－0000838　261

古文釋義新編八卷　(清)余誠評註　清刻本　一冊　存七卷(一至七)

410000－2299－0000839　262

古文釋義新編八卷　(清)余誠評註　清刻本　一冊　存七卷(一至七)

410000－2299－0000840　264

館詩句注一卷　(清)張泰甫輯　清刻本　一冊

410000－2299－0000841　47

四大奇書第一種五十一卷一百二十回　(明)羅貫中(羅本)撰　(清)金聖嘆(金人瑞)批點　(清)毛宗崗評　清刻本(有圖)　五冊

410000－2299－0000842　52

重訂文選集評十五卷首一卷末一卷　(清)于光華編　清乾隆四十三年(1778)連元閣刻本　十六冊

410000－2299－0000843　54

古文喈鳳新編八卷　(清)汪基輯　清刻本　一冊　存二卷(四至五)

410000－2299－0000844　55

古文喈鳳新編八卷　(清)汪基輯　清刻本　二冊　存二卷(一至二)

410000－2299－0000845　9

文光堂重訂古文釋義新編八卷　(清)余誠評註　清刻本　六冊　存六卷(一至六)

410000－2299－0000846　941

山谷詩集注二十卷　(宋)黃庭堅撰　(宋)任淵注　**外集詩注十七卷**　(宋)黃庭堅撰　(宋)史容注　**別集詩注二卷**　(宋)黃庭堅撰　(宋)史季溫注　清光緒二十一年至二十五年(1895－1899)陳三立刻本　二十冊

410000－2299－0000847　938

兼山堂弈譜不分卷　(清)徐星友著　清燕都

盛廉堂抄本　二冊

410000－2299－0000848　937

新增說文韻府羣玉二十卷　(元)陰時夫編輯　(元)陰中夫編註　明萬曆十八年(1590)金陵徐智刻本　十一冊

410000－2299－0000849　936

幼科證治準繩九卷首一卷　(明)王肯堂輯　清刻本　九冊

410000－2299－0000850　171

塾課分編註釋八集　(清)王步青撰　(清)王士鼇編　(清)于惺介考點　清經正堂刻本　十六冊　存五集(二至四、六至七)

410000－2299－0000851　236

茗香書屋課藝不分卷　(清)李宏謨選輯　清刻本　一冊　存(論語)

410000－2299－0000852　34

學津討原一百七十三種　(清)张海鵬輯　清嘉慶十年(1805)虞山張氏照曠閣刻本　三冊　存三種六卷

410000－2299－0000853　451

寄傲山房塾課新增幼學故事瓊林四卷首一卷　(明)程登吉撰　(清)鄒聖脉增補　清刻本　一冊　存二卷(一至二)

410000－2299－0000854　576

增刪韻府羣玉定本二十卷　(元)陰時夫撰　(元)陰中夫註　清刻本　五冊　存八卷(十三至二十)

410000－2299－0000855　769

留青新集三十卷　(清)陳枚輯　清刻本　二冊　存二卷(二十七、三十)

410000－2299－0000856　779

寄傲山房塾課新增幼學故事瓊林四卷首一卷　(明)程登吉撰　(清)鄒聖脈增補　清刻本　一冊　存二卷(一至二)

410000－2299－0000857　238

寄傲山房塾課新增幼學故事瓊林四卷首一卷　(明)程登吉撰　(清)鄒聖脈增補　清刻本　一冊　存三卷(一至二、首一卷)

410000－2299－0000858　239

寄傲山房塾課新增幼學故事瓊林四卷首一卷　(明)程登吉撰　(清)鄒聖脈增補　清宏道堂刻本　一冊　存三卷(一至二、首一卷)

410000－2299－0000859　543

御纂周易折中二十二卷首一卷　(清)李光地等撰　清刻御纂七經本　一冊　存二卷(一至二)

410000－2299－0000860　942

永樂南藏六千三百三十一卷　明永樂十年至十五年(1412－1417)刻本　二千二百三十一冊

410000－2299－0000861　943

大般涅槃經第四卷　(北涼)釋曇無讖譯　唐寫本　一捲

410000－2299－0000862　944

古文喈鳳新編八卷　(清)汪基鈔輯　清刻本　一冊　存一卷(二)

河南省商丘市梁園區圖書館古籍普查登記目録

全國古籍普查登記目録

國家圖書館出版社
National Library of China Publishing House

410000－5213－0000001　ly001
古文雅正十四卷　（清）蔡世遠選評　清光緒二十八年（1902）湖南曾氏刻本　六冊

410000－5213－0000002　ly002
讀史方輿紀要一百三十卷　（清）顧祖禹輯　清光緒二十七年（1901）圖書集成局鉛印本　二十五冊　存一百二十六卷（五至一百三十）

410000－5213－0000003　ly003
方輿全圖總說五卷　（清）顧祖禹輯　清光緒二十七年（1901）圖書集成局鉛印本　二冊　存三卷（一至三）

410000－5213－0000004　ly004
十子全書　（明）王子興輯　清嘉慶九年（1804）姑蘇王氏聚文堂刻本　三十二冊　存九種一百八卷

410000－5213－0000005　ly005
諸子平議三十五卷　（清）俞樾撰　清同治十年（1871）刻本　六冊

410000－5213－0000006　ly006
皇朝經世文新編二十一卷　（清）麥仲華輯　清光緒二十四年（1898）上海書局石印本　十六冊

410000－5213－0000007　ly007
皇朝經世文編一百二十卷　（清）賀長齡輯　清光緒十三年（1887）上海廣百宋齋石印本　二十四冊

410000－5213－0000008　ly008
皇朝經世文續編一百二十卷　（清）葛士濬輯　清光緒十四年（1888）圖書集成局鉛印本　三十二冊

410000－5213－0000009　ly009
皇朝經世文三編四十八卷　（清）陳忠倚輯　清光緒二十三年（1897）埽葉山房鉛印本　六冊

410000－5213－0000010　ly010
古文釋義新編八卷　（清）余誠評註　清光緒二十八年（1902）文煥堂刻本　八冊

410000－5213－0000011　ly011
增補詩韻平仄大觀五卷　（清）劉漸逵　（清）陸子有註　清光緒十三年（1887）天錄堂刻本　四冊

410000－5213－0000012　ly012
廿二史劄記三十六卷補遺一卷　（清）趙翼撰　清刻本　八冊

410000－5213－0000013　ly013
御批歷代通鑑輯覽一百二十卷　（清）傅恒等撰　清同治十年（1871）浙江書局刻本　十五冊　存四十四卷（一至四十四）

410000－5213－0000014　ly014
明通鑑九十卷首一卷前編四卷附編六卷　（清）夏燮輯　清光緒二十三年（1897）湖北官書處刻本　四十冊

410000－5213－0000015　ly015
明紀六十卷　（清）陳鶴纂　（清）陳克家參訂　清同治十年（1871）江蘇書局刻本　二十冊

410000－5213－0000016　ly016
二十二子　（清）浙江書局輯　清光緒浙江書局刻本　六十七冊　存二十種二百七十三卷

410000－5213－0000017　ly017
古籀拾遺三卷附宋政和禮器文字攷一卷　（清）孫詒讓撰　清光緒十四年至十六年（1888－1890）刻本　二冊

410000－5213－0000018　ly018
大廣益會玉篇三十卷　（宋）陳彭年等重修　清康熙吳郡張氏刻澤存堂五種本　三冊

410000－5213－0000019　ly042
老子翼八卷首一卷　（明）焦竑輯　清光緒二十一年（1895）漸西村舍刻本　四冊

410000－5213－0000020　ly020
墨子閒詁十五卷目錄一卷附錄一卷後語二卷　（清）孫詒讓撰　清宣統二年（1910）刻本　八冊

410000－5213－0000021　ly021
說文釋例二十卷　（清）王筠撰　清刻本

十冊

410000－5213－0000022　ly022

朱柏廬先生大學講義一卷中庸講義二卷　(清)朱用純撰　清刻本　三冊

410000－5213－0000023　ly023

說文解字十五卷　(漢)許慎撰　(宋)徐鉉校勘　清刻本　六冊

410000－5213－0000024　ly024

經典釋文三十卷　(唐)陸德明撰　清康熙通志堂刻通志堂經解本　十冊

410000－5213－0000025　ly025

皇清經解續編一千四百三十卷　王先謙輯　清光緒十五年(1889)上海蜚英館石印本　三十二冊

410000－5213－0000026　ly026

康熙字典十二集三十六卷總目一卷檢字一卷辨似一卷等韻一卷補遺一卷備考一卷　(清)張玉書等纂　清道光七年(1827)刻本　四十冊

410000－5213－0000027　ly027

春秋經傳集解三十卷　(晉)杜預撰　**春秋名號歸一圖一卷**　(五代)馮繼先撰　清光緒三年(1877)永康退補齋胡氏刻本　十二冊

410000－5213－0000028　ly028

二十二子　(清)浙江書局輯　清光緒浙江書局刻本　七十三冊　存十九種二百六十六卷

410000－5213－0000029　ly029

紀事本末五種　(清)□□輯　清同治十二年至十三年(1873－1874)江西書局刻本　一百三十六冊

410000－5213－0000030　ly030

紀事本末五種　(清)□□輯　清光緒二十四年(1898)湖南思賢書局刻本　一百二十冊

410000－5213－0000031　ly031

重刊宋本十三經註疏附校勘記　(清)阮元撰校勘記　(清)盧宣旬摘錄　清光緒十三年(1887)脈望仙館石印本　三十一冊　存十一種七百七十四卷

410000－5213－0000032　ly037

康熙字典十二集三十六卷總目一卷檢字一卷辨似一卷等韻一卷補遺一卷備考一卷　(清)張玉書等纂　清道光七年(1827)刻本　四十冊

410000－5213－0000033　ly032

兩漢金石記二十二卷　(清)翁方綱撰　清刻本　四冊

410000－5213－0000034　ly041

平浙紀略十六卷　(清)秦緗業等撰　清同治十二年(1873)浙江書局刻本　四冊

410000－5213－0000035　ly036

明朝紀事本末八十卷　(清)谷應泰撰　清順治刻本　十九冊

410000－5213－0000036　ly046

古唐詩合解十六卷　(清)王堯衢注　清光緒十七年(1891)掃葉山房刻本　六冊

410000－5213－0000037　ly038

東華續錄二百三十卷(乾隆朝至道光朝)　王先謙等編　清光緒二十四年(1898)文瀾書局石印本　二十四冊　存九十九卷(一至四十六、四十八至一百)

410000－5213－0000038　ly039

東華續錄二百三十卷(乾隆朝至道光朝)　王先謙等編　清光緒十九年(1893)籀倉室石印本　二十四冊　存一百卷(一至一百)

410000－5213－0000039　ly040

東華錄一百九十五卷(天命朝至雍正朝)續錄二百三十卷(乾隆朝至道光朝)　王先謙等編　清光緒十七年(1891)廣百宋齋鉛印本　七十六冊

410000－5213－0000040　ly045

字彙十二卷首一卷末一卷韻法直圖一卷韻法橫圖一卷　(明)梅膺祚音釋　清雲林大盛堂刻本　十三冊　存十三卷(字彙十二卷、首一卷)

410000－5213－0000041　ly056
士禮居藏書題跋記六卷　（清）黄丕烈撰　清光緒刻本　四册

410000－5213－0000042　ly043
羊城古鈔八卷首一卷　（清）仇池石輯　清嘉慶十一年（1806）刻本　四册

410000－5213－0000043　ly044
九通　（清）□□輯　清光緒浙江書局刻本　九百九十册　存九種二千三百十七卷

410000－5213－0000044　ly055
廣事類賦四十卷　（清）華希閔著　清劍光閣刻本　十册

410000－5213－0000045　ly054
事類賦三十卷　（宋）吴淑撰並註　清刻本　六册

410000－5213－0000046　ly053
華陽國志十二卷　（晉）常璩撰　清嘉慶十九年（1814）鄰水廖寅題襟館刻本　四册

410000－5213－0000047　ly058
東塾讀書記二十五卷　（清）陳澧撰　清光緒刻本　五册

410000－5213－0000048　ly049
文獻通考三百四十八卷　（宋）馬端臨著　明刻本　一百二十册

410000－5213－0000049　ly047
十三經集字摹本不分卷　（清）彭玉雯纂　清道光二十九年（1849）江右彭氏刻本　八册

410000－5213－0000050　ly051
［光緒］全滇紀要不分卷　（清）雲南課吏館纂修　清光緒三十二年（1906）鉛印本　十册

410000－5213－0000051　ly052
衎石齋記事稿十卷續稿十卷刻楮集四卷旅逸小稿二卷續良吏述一卷　（清）錢儀吉撰　清光緒六年（1880）刻本　十三册

410000－5213－0000052　ly059
醫方集解六卷　（清）汪昂撰　清令德堂刻本　六册

410000－5213－0000053　ly060
詩韻集成十卷　（清）余照輯　清光緒十五年（1889）刻本　四册

410000－5213－0000054　ly048
文選考異十卷　（清）胡克家撰　清嘉慶十四年（1809）鄱陽胡氏刻本　四册

410000－5213－0000055　ly061
綏寇紀略十二卷補遺三卷　（清）吴偉業纂輯　清嘉慶十年（1805）虞山張氏照曠閣刻學津討原本　八册

410000－5213－0000056　ly057
明季稗史彙編十六種　（清）留雲居士輯　清都城琉璃廠刻本　二十册

410000－5213－0000057　ly062
經典釋文三十卷　（唐）陸德明撰　清乾隆五十六年（1791）刻本　十册

410000－5213－0000058　ly063
新鐫本草醫方合編□□卷　（清）汪昂撰　清刻本　四册

410000－5213－0000059　ly050
大生要旨五卷　（清）唐千頃纂　清道光二十三年（1843）刻本　一册

410000－5213－0000060　ly064
四書集注十九卷　（宋）朱熹撰　清天祿閣刻本　一册　存二卷（大學一、中庸一）

410000－5213－0000061　ly065
全上古三代秦漢三國六朝文七百四十一卷　（清）嚴可均輯　清光緒十三年至十九年（1887－1893）黄岡王毓藻廣州刻本　七十六册　存五百五十五卷（全陳文十八卷、全晉文一百六十七卷、全三國文七十五卷、全梁文七十四卷、全宋文六十四卷、全北齊文十卷、全後魏文六十卷、全後周文二十四卷、全齊文二十六卷、全隋文三十六卷、先唐文一卷）

410000－5213－0000062　ly067
淵鑑類函四百五十卷　（清）張英等纂輯　清光緒十三年（1887）上海同文書局石印本　四

十八册

410000－5213－0000063　ly066

李氏五種　(清)李兆洛撰　清光緒十四年(1888)埽葉山房刻本　二册　存二種三卷

410000－5213－0000064　ly069

十六國春秋一百卷　(北魏)崔鴻撰　清乾隆四十一年(1776)刻本　二十册

410000－5213－0000065　ly019

金石索十二卷首一卷　(清)馮雲鵬　(清)馮雲鵷輯　清道光元年(1821)馮氏邃古齋刻本(有圖)　十二册

410000－5213－0000066　ly033

[乾隆]山西志輯要十卷首一卷　(清)雅德修　(清)汪本直纂　清乾隆四十五年(1780)刻本(有圖)　十册

410000－5213－0000067　ly034

平津館叢書三十八種　(清)孫星衍輯　清嘉慶蘭陵孫氏刻本　四十二册　存三十七種二百四十九卷

410000－5213－0000068　ly035

廣東海圖説一卷　(清)張之洞撰　清光緒十五年(1889)廣雅書局刻本　一册

410000－5213－0000069　ly070

彙刻書目二十卷　(清)顧修編　清光緒十五年(1889)刻本　二十册

410000－5213－0000070　ly068

皇清經解一百九十卷首一卷　(清)阮元輯　清光緒十一年(1885)上海點石齋石印本　二十四册

410000－5213－0000071　ly071

烈皇小識八卷　(清)文秉撰　清都城琉璃廠刻明季稗史彙編本　八册

410000－5213－0000072　ly072

文選六十卷　(南朝梁)蕭統輯　(唐)李善等注　清同治八年(1869)胡氏刻本　二十册

410000－5213－0000073　ly073

欽定天禄琳琅書目十卷續二十卷　(清)于敏中等編　清光緒十年(1884)長沙王氏刻本　十六册

410000－5213－0000074　ly074

宸垣識畧十六卷　(清)吴長元輯　清刻本　八册

410000－5213－0000075　ly075

宋文鑑一百五十卷　(宋)吕祖謙編　清光緒十二年(1886)江蘇書局刻本　二十四册

410000－5213－0000076　ly076

李氏五種　(清)李兆洛撰　清同治十年(1871)刻本　十册　存四種二十六卷

410000－5213－0000077　ly077

歷代畫史彙傳七十二卷首一卷目録三卷引證書目一卷附録二卷　(清)彭藴璨編　清刻本　二十四册

410000－5213－0000078　ly078

金石萃編一百六十卷　(清)王昶撰　清刻本　八十册

410000－5213－0000079　ly079

十駕齋養新録二十卷餘録三卷　(清)錢大昕撰　清刻本　四册

410000－5213－0000080　ly080

藝風藏書記八卷　繆荃孫撰　清光緒二十六年至二十七年(1900－1901)刻本　六册

410000－5213－0000081　ly081

讀史大略六十卷首一卷　(清)沙張白著　**附小沙子史略跋語一卷**　(清)沙晉撰　清光緒二十六年(1900)刻本　十二册

410000－5213－0000082　ly083

佩文韻府一百六卷　(清)張玉書　**韻府拾遺一百六卷**　(清)蔡升元等纂　清嶺南潘氏海山仙館刻本　一百六十册

410000－5213－0000083　ly084

佩文齋書畫譜一百卷　(清)孫岳頒等撰　清康熙刻本　八十册

410000－5213－0000084　ly085

西藏紀游四卷　(清)周藹聯撰　清刻本

二冊

410000－5213－0000085　ly082
古香齋鑒賞袖珍初學記三十卷　(唐)徐堅等撰　清乾隆内府刻古香齋袖珍十種本　二十四冊

410000－5213－0000086　ly086
善本書室藏書志四十卷附錄一卷　(清)丁丙輯　清光緒二十七年(1901)錢唐丁氏刻本　十六冊

410000－5213－0000087　ly087
明季北略二十四卷　(清)計六奇編輯　清刻本　十冊

410000－5213－0000088　ly088
鐵琴銅劍樓藏書目錄二十四卷　(清)瞿鏞撰　清光緒二十三年(1897)誦芬室刻本　六冊

410000－5213－0000089　ly106
考工記二卷　(明)郭正域批點　明萬曆四十四年(1616)吳興閔齊伋刻套印本　一冊

410000－5213－0000090　ly091
天下郡國利病書一百二十卷　(清)顧炎武輯　清光緒二十七年(1901)圖書集成局鉛印本　二十六冊　存一百九卷(一至四十七、五十九至一百二十)

410000－5213－0000091　ly090
資治通鑑綱目五十九卷前編二十五卷續編二十七卷　(宋)朱熹等撰　(明)陳仁錫評閱　明刻本　一百十九冊

410000－5213－0000092　ly092
隸篇十五卷續金石目十五卷再續金石目十五卷字目一卷　(清)翟云升撰　清道光十七年至十八年(1837－1838)刻本　八冊

410000－5213－0000093　ly093
昌黎先生集四十卷外集十卷遺文一卷　(唐)韓愈撰　(唐)李漢編　清同治八年(1869)江蘇書局刻本　十冊

410000－5213－0000094　ly094
大清律例增修統纂集成四十卷督捕則例二卷　(清)姚潤輯　(清)陶駿　(清)陶念霖增輯　清光緒二十七年(1901)刻本　二十四冊

410000－5213－0000095　ly096
繹史一百六十卷　(清)馬驌撰　清刻本　三十冊　存一百五卷(三十九至一百四十三)

410000－5213－0000096　ly095
明儒學案六十二卷師說一卷　(清)黄宗羲著　清光緒十四年(1888)刻本　三十二冊

410000－5213－0000097　ly097
隸辨八卷　(清)顧藹吉撰　清同治十二年(1873)刻本　八冊

410000－5213－0000098　ly098
韓集點勘四卷　(清)陳景雲撰　清同治九年(1870)江蘇書局刻本　一冊

410000－5213－0000099　ly099
王臨川全集一百卷目錄二卷　(宋)王安石撰　清光緒九年(1883)小峄山房刻本　十五冊

410000－5213－0000100　ly100
寰宇訪碑錄十二卷　(清)孫星衍　(清)邢澍撰　清光緒九年(1883)江蘇書局刻本　四冊

410000－5213－0000101　ly101
重訂路史全本前紀九卷後紀十四卷國名紀八卷發揮六卷餘論十卷　(宋)羅泌輯　(宋)羅蘋注　(明)吳弘基訂　清嘉慶六年(1801)刻本　十二冊

410000－5213－0000102　ly102
明季南略十八卷　(清)計六奇編輯　清刻本　八冊

410000－5213－0000103　ly103
[乾隆]西湖志纂十五卷首一卷　(清)沈德潛等輯　(清)梁詩正等纂修　清乾隆二十年(1755)刻本(有圖)　八冊

410000－5213－0000104　ly104
大清中外壹統輿圖三十一卷首一卷　(清)鄒世詒等編　(清)李廷簫增訂　清同治二年(1863)新繁嚴樹森刻本　三十二冊

410000－5213－0000105　ly105

皇清經解一千四百八卷首一卷 （清）阮元輯　清道光九年（1829）廣東學海堂刻本　三百六十冊

410000－5213－0000106　ly089

子書百家 （清）崇文書局輯　清光緒元年（1875）湖北崇文書局刻本　七十三冊　存六十六種二百八十七卷

河南省商丘市寧陵縣圖書館古籍普查登記目録

全國古籍普查登記目録

國家圖書館出版社
National Library of China Publishing House

410000－5216－0000001　001
小題正鵠初集不分卷二集不分卷三集不分卷訓蒙草一卷養正草一卷　（清）李元度編　清刻本　九册

410000－5216－0000002　002
重訂文選集評十五卷首一卷末一卷　（清）于光華編次　清刻本　十五册　存十四卷（一至八、十至十五）

410000－5216－0000003　004
圖注脈訣辨真四卷　（晉）王叔和（王熙）撰　（明）張世賢注　清嘉慶二十一年（1816）刻本　一册　存一卷（一）

410000－5216－0000004　003
詳註七家詩選七卷　（清）張熙宇輯　清道光崇文堂刻本　四册

410000－5216－0000005　005
春秋三十卷　（宋）胡安國撰　明刻本　四册　存二十卷（一至十、二十一至三十）

410000－5216－0000006　006
眺秋樓詩八卷　（清）高岑撰　清乾隆刻本　四册

410000－5216－0000007　007
經綸堂四書補註附考備旨十卷　（明）鄧林著　清刻本　十一册

410000－5216－0000008　076
字彙十二卷首一卷末一卷韻法直圖一卷韻法橫圖一卷　（明）梅膺祚音釋　清嘉慶五年（1800）崇道堂刻本　十四册　存十五卷（字彙十二卷、首一卷，韻法直圖一卷，韻法橫圖一卷）

410000－5216－0000009　077
潄芳軒合纂禮記體註四卷　（清）范翔叅訂　清刻本　四册

410000－5216－0000010　078
太史張天如詳節春秋綱目左傳句解六卷　（清）韓菼重訂　清光緒二十一年（1895）學庫山房刻本　四册

410000－5216－0000011　079
新訂四書補註備旨十卷　（明）鄧林著　（清）杜定基增訂　清刻本　五册　存八卷（大學一卷、中庸一卷、論語三至四、孟子一至四）

410000－5216－0000012　008
目耕齋初集不分卷二集不分卷三集不分卷　（清）徐楷評　（清）沈叔眉編次　清學庫山房刻本　六册

410000－5216－0000013　080
增訂漢魏叢書　（清）王謨輯　清乾隆五十六年（1791）金谿王氏刻本　三册　存三種三十五卷（法言十卷、申鑒五卷、說苑二十卷）

410000－5216－0000014　081
制藝淵藪□□卷續十三卷　（□）□□編　清光緒十四年（1888）刻本　二十四册　存二十八卷（大學二，上論一至六、下論一至六，孟子四至十，續上論一至四、續下論一至四）

410000－5216－0000015　082
四書或問語類集解釋注大全四十一卷　（清）朱良玉纂輯　清光裕堂刻本　七册　存八卷（中庸三至四，論語六、十四至十五，孟子九至十、十四）

410000－5216－0000016　083
夢華廬賦海三十卷　（□）□□撰　清光緒十二年（1886）上海點石齋刻本　五册

410000－5216－0000017　009
而庵説唐詩二十二卷首一卷　（清）徐增撰　清刻本　四册　存十卷（七至九、十四至十五、十八至二十二）

410000－5216－0000018　010
資治通鑑綱目五十九卷　（清）朱熹撰　**資治通鑑綱目前編二十五卷**　（明）南軒撰　**續資治通鑑綱目二十七卷**　（明）商輅撰　清刻本　二十七册

410000－5216－0000019　011
呂祖全書三十三卷　（清）劉體恕彙輯　清同治七年（1868）刻本　十八册　存二十九卷（一、三至十、十三至二十一、二十三至三十

三）

410000－5216－0000020　012

字彙十二卷首一卷末一卷韻法直圖一卷韻法橫圖一卷　（明）梅膺祚音釋　清嘉慶五年(1800)經綸堂刻本　十三册

410000－5216－0000021　013

禮記纂言三十五卷　（元）吴澄纂　清刻本　四册　存十四卷(二十二至三十五）

410000－5216－0000022　015

欽定詩經傳説彙纂二十一卷首二卷詩序二卷　（清）王鴻緒等撰　清刻本　五册　存六卷(六、十、十二、十五至十七）

410000－5216－0000023　016

歐陽文忠公居士集二十二卷　（宋）歐陽修撰　清刻本(有圖）　四册

410000－5216－0000024　017

漱芳軒合纂禮記體註四卷　（清）范翔參訂　清刻本　四册

410000－5216－0000025　018

增補事類統編九十三卷首一卷　（清）黄葆真增輯　清光緒十四年(1888)上海積山書局石印本　七册　存五十七卷(一至八、二十八至四十二、五十一至八十四）

410000－5216－0000026　019

分類賦學雞跖集三十卷附録一卷　（清）張維城撰　清道光二十五年(1845)棨花吟館刻本　八册

410000－5216－0000027　020

御批歷代通鑑輯覽一百二十卷　（清）傅恒等撰　清光緒二十七年(1901)慎記書莊石印本　十一册　存六十三卷(一至五十二、五十八至六十八）

410000－5216－0000028　021

墨輮三編不分卷　（清）傅鍾麟輯　清光緒刻本　七册

410000－5216－0000029　022

重訂唐詩别裁集二十卷　（清）沈德潛選　清刻本　十册

410000－5216－0000030　023

新刻圈點四書章句集注十九卷　（清）李如撰　清光緒三十一年(1905)刻本　六册　存十卷(一至十）

410000－5216－0000031　024

仇滄柱先生增補詩經備旨十二卷　（清）仇兆鰲增補　清乾隆二十八年(1763)三樂齋刻本　七册　存十卷(三至十二）

410000－5216－0000032　025

八銘堂塾鈔初集四卷二集四卷　（清）吴懋政編次　清光緒刻本　十册

410000－5216－0000033　026

新訂四書補註備旨十卷　（明）鄧林著　（清）鄧煜編次　（清）杜定基增訂　清刻本　六册

410000－5216－0000034　027

太史張天如詳節春秋綱目左傳句解六卷　（清）韓菼重訂　清善成堂刻本　四册　存四卷(一至二、四至五）

410000－5216－0000035　028

新刻良朋彙集五卷附補遺一卷　（清）孫偉較輯　清刻本　四册　存五卷(新刻良朋彙集五卷）

410000－5216－0000036　029

四書朱子本義匯条四十三卷首四卷　（清）王步青輯　清刻本　十一册　存十三卷(孟子一至二、四至十四）

410000－5216－0000037　030

幽明釋義三卷　（清）馬趙輝編　清光緒二十八年(1902)刻本　一册　存一卷(三）

410000－5216－0000038　032

從宜禮記讀本四卷　（清）荆壽峒輯註　清光緒三十三年(1907)刻本　二册

410000－5216－0000039　034

碌逸集二卷　（清）于恆平撰　清刻本　一册　存一卷(下）

410000－5216－0000040　035

重鐫本草醫方合編六卷 （清）汪昂著 清光緒二十六年(1900)新化三味堂刻本 六冊

410000－5216－0000041 036

新刻來瞿唐先生易注十五卷首一卷末一卷 （明）來知德撰 清刻本（有圖） 十三冊 存十四卷（一至三、五至十四，末一卷）

410000－5216－0000042 037

唐律賦選一卷 （清）胡希周撰 清刻本 一冊

410000－5216－0000043 039

古文釋義新編八卷 （清）余誠評注 清刻本 四冊 存四卷（五至八）

410000－5216－0000044 040

欽定周官義疏四十八卷首一卷 （清）鄂爾泰等撰 清刻御纂七經本 三十一冊

410000－5216－0000045 041

仁在堂全集 （清）路德撰 清紹州經綸堂刻本 十七冊

410000－5216－0000046 051

唐宋八家文讀本三十卷 （清）沈德潛評點 清刻本（有圖） 一冊 存六卷（一至六）

410000－5216－0000047 052

全唐詩九百卷目錄十二卷 （清）曹寅 （清）彭定求等輯 清刻本 二十九冊 存十卷（一至十）

410000－5216－0000048 053

康熙字典十二集三十六卷總目一卷檢字一卷辨似一卷等韻一卷補遺一卷備考一卷 （清）張玉書纂 清刻本 二十七冊 存二十九卷（子上、中，寅至巳，申至酉，戌上、下，亥；總目一卷；等韻一卷；補遺一卷；備考一卷）

410000－5216－0000049 054

欽定三禮義疏八十二卷 （清）允祿等撰 清刻御纂七經本 一百十一冊

410000－5216－0000050 057

古詩源十四卷 （清）沈德潛選 清刻本 四冊

410000－5216－0000051 058

新訂四書補註備旨十卷 （明）鄧林著 （清）杜定基增訂 清光緒七年(1881)刻本 六冊

410000－5216－0000052 059

御纂性理精義十二卷 （清）李光地纂修 清刻本 六冊

410000－5216－0000053 062

重訂唐詩別裁集二十卷明詩別裁集十二卷欽定國朝詩別裁集三十二卷 （清）沈德潛撰 清刻本 二十四冊

410000－5216－0000054 065

二論詳解四卷 （清）劉忠輯 清宣統元年(1909)上海煉石齋書局石印本 一冊 存一卷（三）

410000－5216－0000055 066

四書集註十九卷 （宋）朱熹撰 清刻本 六冊 存五卷（一至五）

410000－5216－0000056 068

慎詒堂四書十九卷 （宋）朱熹撰 清刻本 一冊 存五卷（六至十）

410000－5216－0000057 070

類編□□卷 （清）吳世昌編 清刻本 三冊

410000－5216－0000058 071

王先生十七史蒙求十六卷 （宋）王令撰 清康熙刻本 三冊 存六卷（三至八）

410000－5216－0000059 072

鼎鍥趙田了凡袁先生編纂古本歷史大方綱鑑補三十九卷首一卷 （明）袁黃纂 清光緒刻本 二十四冊 存十六卷（一至十五、十九）

河南師範大學圖書館古籍普查登記目録

全國古籍普查登記目録

國家圖書館出版社
National Library of China Publishing House

410000－5241－0000001　Z225/C513
欽定古今圖書集成一萬卷目錄三十二卷　(清)陳夢雷撰　(清)蔣廷錫校勘　清光緒十年(1884)上海圖書集成鉛版印書局鉛印本(有圖)　一千六百二十八册

410000－5241－0000002　089.57/202
趙文敏公松雪齋全集十卷外集一卷續集一卷　(元)趙孟頫撰　(清)曹培廉校　清康熙五十二年(1713)海上曹培廉城書室刻本　四册

410000－5241－0000003　610.1081/235
二十四史　清光緒二十九年(1903)五洲同文局石印本　七百十五册

410000－5241－0000004　802.157/120
廣雅疏證十卷　(清)王念孫撰　清光緒五年(1879)淮南書局刻本　八册

410000－5241－0000005　802.167/434
別雅五卷　(清)吳玉搢輯　清道光二十九年(1849)小蓬萊山館刻本　五册

410000－5241－0000006　802.166/832
駢雅七卷　(明)朱謀㙔撰　清同治十一年(1872)經綸書室刻本　八册

410000－5241－0000007　802.3/378
康熙字典十二集三十六卷總目一卷檢字一卷辨似一卷等韻一卷補遺一卷備考一卷　(清)張玉書等纂修　清光緒元年(1875)崇文書局刻本　四十册

410000－5241－0000008　802.3/720
班馬字類二卷　(宋)婁機撰　清揚州馬氏叢書樓刻本　四册

410000－5241－0000009　821.841/937#1
司空表聖詩品注釋一卷　(唐)司空圖撰　清刻本　一册

410000－5241－0000010　823.11/522#2
詞律二十卷　(清)萬樹撰　清康熙二十六年(1687)萬樹堆絮園刻保滋堂印本　七册　存十一卷(一至六、十二至十六)

410000－5241－0000011　802.28/272
玉篇殘四卷又二卷　(南朝梁)顧野王撰　清光緒遵義黎氏日本東京使署刻古逸叢書本　二册

410000－5241－0000012　802.11531/631
爾雅音圖三卷　(晉)郭璞注　清嘉慶六年(1801)南城曾燠藝學軒刻本　二册

410000－5241－0000013　831/834
金陵詩徵四十四卷　(清)朱緒曾輯　清光緒十八年(1892)刻本　二十三册

410000－5241－0000014　844.14/293－2
李太白文集三十卷附錄六卷　(唐)李白撰　(清)王琦輯注　清乾隆寶笏樓刻二十五年(1760)增刻本　十二册

410000－5241－0000015　847/190
甌北詩話十卷　(清)趙翼著　清嘉慶七年(1802)湛貽堂刻本　十四册

410000－5241－0000016　857.47/236
紅樓復夢一百卷首一卷　(清)小和山樵南陽氏(陳少海)編輯　(清)陳雯校訂　清嘉慶十年(1805)刻本(有圖)　二十四册

410000－5241－0000017　857.47/808
再生緣全傳二十卷　(清)陳端生撰　清刻本(有圖)　四十册

410000－5241－0000018　941.029/185(2)
歷代畫史彙傳七十二卷首一卷附錄二卷目錄三卷　(清)彭蘊璨編　清光緒八年(1882)掃葉山房刻本　三十二册

410000－5241－0000019　941/437
辛丑消夏記五卷　(清)吳榮光著　清光緒三十一年(1905)郋園刻本　四册

410000－5241－0000020　011.6/274
楹書隅錄初編五卷續編四卷　(清)楊紹和著　清光緒十年(1884)聊城楊氏海源閣刻本　八册

410000－5241－0000021　012/859
欽定四庫全書總目二百卷首一卷簡明目錄二十卷　(清)紀昀等纂修　清同治七年(1868)

廣東書局刻本　一百三十册

410000－5241－0000022　012.8/482
匯刻書目二十卷　（清）顧修輯　清光緒十二年（1886）上海福瀛書局刻本　二十册

410000－5241－0000023　014.1/158
善本書室藏書志四十卷　（清）丁丙撰　清光緒二十七年（1901）錢塘丁氏刻本　十六册

410000－5241－0000024　018.17/130
欽定天祿琳瑯書目十卷後編二十卷　（清）于敏中等編校　清光緒十年（1884）長沙王氏刻本　十册

410000－5241－0000025　018.87/130
天一閣書目附碑目不分卷　（清）范懋柱録（清）范懋敏編　清嘉慶十三年（1808）文選樓刻本　十册

410000－5241－0000026　844.14/293－2#2
李太白文集三十卷附録六卷　（唐）李白撰（清）王琦輯注　清乾隆三十四年（1769）聚錦堂刻本（有圖）　十六册

410000－5241－0000027　802.44/676:1－60
欽定佩文韻府一百六卷拾遺一百六卷　（清）張玉書纂修　清光緒十二年（1886）上海同文書局石印本　六十册

410000－5241－0000028　802.44/994:1－30
集韻十卷　（宋）丁度撰　清光緒二年（1876）歸安姚覲元川東官舍刻姚氏叢刻本　三十册

410000－5241－0000029　191.9/449
寧陵呂新吾先生呻吟語六卷　（明）呂坤撰　清疆善堂刻本　三册

410000－5241－0000030　121.67/233#9
韓非子二十卷　（戰國）韓非撰　（□）□□注　**識誤三卷**　（清）顧廣圻撰　清光緒元年（1875）浙江書局刻二十二子本　六册

410000－5241－0000031　311/239
數學理九卷附一卷　（英國）棣麼甘撰　（英國）傅蘭雅口譯　（清）趙元益筆述　清光緒江南製造總局刻本　四册

410000－5241－0000032　311/370#2
算經十書附一種　（清）孔繼涵輯　清光緒十六年（1890）刻本（有圖）　十册

410000－5241－0000033　311/370
算經十書　（清）孔繼涵輯　清咸豐九年（1859）刻本　八册

410000－5241－0000034　311/502
學算筆談十二卷　（清）華蘅芳撰　清光緒十一年（1885）金匱華氏刻本　四册

410000－5241－0000035　311/502－8
算稿算草叢存八卷　（清）華蘅芳撰　清光緒十九年（1893）行素軒刻本　四册

410000－5241－0000036　311.11/199#2
周髀算經二卷　（漢）趙爽述　（北周）甄鸞重述　（唐）李淳風註釋　**音義二卷**　（唐）李籍撰　**數術記遺一卷**　（漢）徐岳撰　（北周）甄鸞注　（明）毛晉校　清刻本　一册

410000－5241－0000037　311.13024/894
九章算術細草圖說九卷海島算經細草圖說一卷　（晉）劉徽注　（唐）李淳風註釋　（清）李潢譔　清光緒十八年（1892）刻本　八册

410000－5241－0000038　311.51/102
數書九章十八卷　（宋）秦九韶撰　**札記四卷**　（清）宋景昌撰　清道光二十二年（1842）刻本　八册

410000－5241－0000039　311.57/828
算學啓蒙述義三卷總括一卷　（元）朱世傑編撰　（清）王鑒注　清刻本　三册

410000－5241－0000040　311.6/442
新增算法統宗大全十二卷　（明）程大位編　清同治三年（1864）善成堂刻本　四册

410000－5241－0000041　311.7/245
算學入門三卷　（清）周廣詢撰　清光緒二十二年（1896）漣湘周氏刻本　四册

410000－5241－0000042　311.6/442#3
增刪算法統宗十一卷　（明）程大位編著（清）梅瑴成增刪　清光緒四年（1878）江南製

造總局刻本　四冊

410000－5241－0000043　311.7/292
則古昔齋算學二十四卷　(清)李善蘭撰　清同治六年(1867)刻本　七冊

410000－5241－0000044　311.7/292#2
則古昔齋算學二十四卷　(清)李善蘭撰　清同治六年(1867)刻本　八冊

410000－5241－0000045　311.7/626
數度衍二十三卷首三卷　(清)方中通撰　清光緒十六年(1890)太原王氏成都刻本(有圖)　十冊

410000－5241－0000046　311.7/917
天元一釋二卷　(清)焦循撰　清末著易堂鉛印本　一冊

410000－5241－0000047　311.7/962
九數外錄一卷　(清)顧觀光撰　清末善成堂刻本　一冊

410000－5241－0000048　311.7/962－8
九數存古九卷　(清)顧觀光撰　清光緒十八年(1892)江蘇書局刻本(有圖)　四冊

410000－5241－0000049　311.7081/435
白芙堂算學叢書　(清)丁取忠輯　清光緒十七年(1891)上海鴻文書局石印本(有圖)　八冊

410000－5241－0000050　311.7/906
數學精詳十一卷首一卷末一卷　(清)屈曾發撰　清光緒八年(1882)蜀南黄氏刻本(有圖)　五冊

410000－5241－0000051　313/115
代數學十三卷首一卷　(英國)棣麼甘撰　(英國)偉烈亞力口譯　(清)李善蘭筆受　清光緒二十四年(1898)江夏程氏確園刻本(有圖)　八冊

410000－5241－0000052　313/677
代數備旨一卷　(美國)狄考文選譯　(清)鄒立文筆述　(清)生福維筆述　清光緒三十年(1904)上海美華書館鉛印本　一冊

410000－5241－0000053　314.1/502.41
微積溯源八卷　(英國)華里司輯　(英國)傅蘭雅口譯　(清)華衡芳筆述　清光緒二十二年(1896)上海著易堂石印本　四冊

410000－5241－0000054　316/422
幾何原本十五卷　(意大利)利瑪竇口譯　(明)徐光啟筆受　清同治四年(1865)刻本(有圖)　八冊

410000－5241－0000055　316/677
形學備旨十卷　(美國)狄考文選譯　(清)鄒立文筆述　(清)劉永錫參閲　清光緒二十六年(1900)上海美華書館鉛印本(有圖)　二冊

410000－5241－0000056　316/869
運規約指三卷　(英國)白起德輯　(英國)傅蘭雅口譯　(清)徐建寅筆述　清光緒二十六年(1900)香港文運書局石印本(有圖)　一冊

410000－5241－0000057　317/453
八線備旨四卷　(美國)羅密士撰　(美國)潘慎文選譯　(清)謝洪賚校錄　清光緒三十二年(1906)上海美華書館鉛印本(有圖)　一冊

410000－5241－0000058　320.27/378
經書算學天文考一卷　(清)陳懋齡撰　(清)姜遂登參　(清)阮元鑒定　清嘉慶二年(1797)刻本(有圖)　一冊

410000－5241－0000059　362/208.3#2
赫胥黎天演論二卷　(英國)赫胥黎撰　嚴復譯述　清光緒二十七年(1901)富文書局石印本　一冊

410000－5241－0000060　430.92/859:1
農桑輯要七卷　(元)司農司撰　清刻武英殿聚珍版書本　三冊

410000－5241－0000061　438/943#2
蠶桑萃編五卷首一卷　(清)衛杰編　清光緒二十五年(1899)刻本　四冊

410000－5241－0000062　440/941
工程做法七十四卷　(清)工部撰　清乾隆十六年(1751)刻本　十六冊

410000－5241－0000063　610.23/215#2
資治通鑑二百九十四卷　(宋)司馬光撰　(元)胡三省注　清光緒十四年(1888)上海蜚英館石印本　三十六冊

410000－5241－0000064　610.3/158
歷朝紀事本末九種　(清)朱懋之輯　清光緒二十五年(1899)慎記書莊石印本　五十六冊

410000－5241－0000065　627.08/119
十朝東華錄五百九十四卷　王先謙編　清光緒二十五年(1899)石印本　六十四冊

410000－5241－0000066　621.7/113
欽定春秋傳說彙纂三十八卷首二卷　(清)王掞等纂　清同治十年(1871)湖北崇文書局刻御纂七經本　二十冊

410000－5241－0000067　629.137/981
新輯撫豫宣化錄十卷　(清)田文鏡撰　清光緒二十二年(1896)上海書局石印本　八冊

410000－5241－0000068　627.72/331
皇朝經世文編一百二十卷　(清)賀長齡　(清)魏源編　清光緒十四年(1888)上海廣百宋齋鉛印本　二十四冊

410000－5241－0000069　669.1/223
禹貢錐指二十卷圖序略例一卷　(清)胡渭撰　清康熙四十四年(1705)刻本(有圖)　十冊

410000－5241－0000070　671.39/427
[乾隆]林縣志十卷首一卷末一卷　(清)楊潮觀纂修　清乾隆十七年(1752)刻本(有圖)　四冊

410000－5241－0000071　682.8/412
莫愁湖志六卷首一卷　(清)馬士圖撰　清光緒八年(1882)刻本　二冊

410000－5241－0000072　716/947
瀛環志略十卷首一卷　(清)徐繼畬著　清光緒六年(1880)刻本(有圖)　六冊

410000－5241－0000073　782.852/828
朱子[熹]年譜四卷考異四卷附錄二卷　(清)王懋竑撰　清乾隆十七年(1752)寶應王氏白田草堂刻本　四冊

410000－5241－0000074　788.32/375#3
疇人傳五十二卷　(清)阮元撰　清嘉慶四年(1799)蒼雨樓刻本　十六冊

410000－5241－0000075　789.2/370
孔子世家譜一卷　(清)孔傳清撰　清同治四年(1865)刻本　一冊

410000－5241－0000076　802.11231/631#2
爾雅注疏十一卷　(晉)郭璞注　(宋)邢昺疏　清嘉慶二年(1797)文業齋刻本　四冊

410000－5241－0000077　831.41/378
御選唐宋詩醇四十七卷目錄二卷　(清)高宗弘曆選　(清)弘晝監理　(清)梁詩正校對　清乾隆二十五年(1760)刻本　二十冊

410000－5241－0000078　018.87/517
觀古堂書目叢刻　葉德輝輯　清光緒二十八年(1902)湘潭葉氏刻本　二十冊

410000－5241－0000079　019.2/120
讀書雜志八十二卷餘編二卷　(清)王念孫撰　清同治九年(1870)刻本　二十四冊

410000－5241－0000080　041.4/947
古香齋鑒賞袖珍初學記三十卷　(唐)徐堅撰　清刻本　十六冊

410000－5241－0000081　072.51/741
夢溪筆談二十六卷末一卷補筆談三卷續筆談一卷　(宋)沈括撰　**校字記一卷**　(清)陶福祥校記　清光緒三十二年(1906)番禺陶氏愛廬刻本　四冊

410000－5241－0000082　081.3/319
增訂漢魏叢書八十六種　(清)王謨輯　清乾隆五十六年(1791)金谿王氏刻本　一百冊

410000－5241－0000083　019.2/470
晁氏郡齋讀書志二十卷趙氏附志二卷　(宋)晁公武撰　清光緒十年(1884)長沙王氏刻本　十冊

410000－5241－0000084　802.44/676
欽定佩文韻府一百六卷拾遺一百六卷　(清)

張玉書纂修　清光緒十二年(1886)上海同文書局石印本　六十冊

410000－5241－0000085　802.44/994
集韻十卷　(宋)丁度撰　清光緒二年(1876)歸安姚覲元川東官舍刻姚氏叢刻本　三十冊

410000－5241－0000086　041.71/164
天文大成管窺輯要八十卷首一卷　(清)黃鼎著　(清)范憲斗鑒定　清順治十年(1653)刻本(有圖)　四十八冊

410000－5241－0000087　041.72/953#4
淵鑑類函四百五十卷目錄四卷　(清)張英等纂修　清康熙四十九年(1710)清吟堂刻本　一百四十冊

410000－5241－0000088　041.72/953#3
淵鑑類函四百五十卷　(清)張英等纂修　清光緒二十一年(1895)上海點石齋刻本　十冊

410000－5241－0000089　041.72/953
古香齋新刻袖珍御製淵鑑類函四百五十卷目錄四卷　(清)張英　(清)王士禛等纂修　清刻本　一百四十冊

410000－5241－0000090　802.44/676#2
佩文韻府一百六卷拾遺一百六卷　(清)張玉書纂修　清光緒十八年(1892)上海同文書局石印本　六十冊

410000－5241－0000091　082/583
子書百家一百一種　(清)崇文書局輯　清光緒元年(1875)湖北崇文書局刻本　一百十冊

410000－5241－0000092　082.4/279
梅氏叢書輯要六十二卷首一卷　(明)梅文鼎撰　清同治十三年(1874)刻本　二十七冊

410000－5241－0000093　098.9/990
羣經平議三十五卷　(清)俞樾撰　清同治十年(1871)刻德清俞蔭甫所著書本　十二冊

410000－5241－0000094　089.7/112
船山遺書六十二種　(清)王夫之著　清同治四年(1865)湘鄉曾國荃金陵刻本(有圖)　一百一冊

410000－5241－0000095　082.8/410
玉函山房輯佚書五百九十四種　(清)馬國翰輯　清光緒九年(1883)長沙嫏嬛館刻本　一百冊

410000－5241－0000096　793.2/965
金石文字記六卷　(清)顧炎武著　清刻本　二冊

河南省靈寶市文物保護管理所古籍普查登記目録

國家圖書館出版社
National Library of China Publishing House

全國古籍普查登記目録

410000－8286－0000001　00400－00001
晉書一百三十卷　(唐)太宗李世民撰　明崇禎元年(1628)琴川毛氏汲古閣刻清順治五年(1648)補緝十七史本　三十册

410000－8286－0000002　00401－00002
後漢書九十卷　(南朝宋)范曄撰　(唐)李賢注　**志三十卷**　(晉)司馬彪撰　(南朝梁)劉昭注　明崇禎十六年(1643)琴川毛氏汲古閣刻清順治十二年(1655)補緝十七史本　十三册　存八十二卷(九至九十)

410000－8286－0000003　00402－00003
魏書一百十四卷　(北齊)魏收撰　明崇禎九年(1636)琴川毛氏汲古閣刻清順治九年(1652)補緝十七史本　三十册

410000－8286－0000004　00403－00004
周書五十卷　(唐)令狐德棻等撰　明崇禎五年(1632)琴川毛氏汲古閣刻清順治七年(1650)補緝十七史本　六册

410000－8286－0000005　00404－00005
北齊書五十卷　(唐)李百藥撰　明崇禎十一年(1638)琴川毛氏汲古閣刻清順治十年(1653)補緝十七史本　五册　存四十二卷(一至四十二)

410000－8286－0000006　00405－00006
南史八十卷　(唐)李延壽撰　明崇禎十三年(1640)琴川毛氏汲古閣刻清順治十一年(1654)補緝十七史本　二十册

410000－8286－0000007　00406－00007
前漢書一百卷　(漢)班固撰　明刻本　一册　存三卷(九十八至一百)

410000－8286－0000008　00407－00008
籌海圖編十三卷　(明)鄭若曾撰　明隆慶六年(1572)刻本　八册

410000－8286－0000009　00408－00009
陳書三十六卷　(明)姚思廉撰　明崇禎四年(1631)琴川毛氏汲古閣刻清順治六年(1649)補緝十七史本　三册　存二十七卷(一至二十七)

410000－8286－0000010　00409－00010
後漢書九十卷　(南朝宋)范曄撰　(唐)李賢注　**志三十卷**　(晉)司馬彪撰　(南朝梁)劉昭注　明崇禎十六年(1643)琴川毛氏汲古閣刻清順治十二年(1655)補緝十七史本　十册　存六十六卷(一至十、四十八至五十三、五十六至七十四、七十七至九十,志一至十七)

410000－8286－0000011　00410－00011
北史一百卷　(唐)李延壽撰　明崇禎十二年(1639)琴川毛氏汲古閣刻清順治十年(1653)補緝十七史本　二十八册

410000－8286－0000012　00411－00012
隋書八十五卷　(明)魏徵撰　(唐)長孫無忌等撰　明崇禎八年(1635)琴川毛氏汲古閣刻清順治七年(1650)補緝十七史本　十三册　存五十三卷(十五至四十五、四十八至六十九)

410000－8286－0000013　00412－00013
通鑑紀事本末四十二卷　(宋)袁樞編　明萬曆三十五年(1607)刻本　三十一册　存三十一卷(一至九、十二至十五、二十三至三十、三十二至三十四、三十六至四十二)

410000－8286－0000014　00413－00014
宋書一百卷　(南朝梁)沈約撰　明崇禎七年(1634)琴川毛氏汲古閣刻清順治八年(1651)補緝十七史本　二十一册　存八十九卷(一至二十七、三十至三十八、四十八至一百)

410000－8286－0000015　00414－00015
南齊書五十九卷　(南朝梁)蕭子顯撰　明崇禎十年(1637)琴川毛氏汲古閣刻清順治九年(1652)補緝十七史本　十册

410000－8286－0000016　00415－00016
三國志六十五卷　(晉)陳壽撰　明末清初古吳趙氏刻本　十二册

410000－8286－0000017　00416－00017
梁書五十六卷　(唐)姚思廉撰　明崇禎六年(1633)琴川毛氏汲古閣刻清順治七年(1650)補緝十七史本　八册

410000－8286－0000018　00417－00018
唐書二百二十五卷　(宋)歐陽修撰　(宋)宋祁等撰　明崇禎二年(1629)琴川毛氏汲古閣刻清順治五年(1648)補緝十七史本　五十册　存二百二十四卷(一至六、八至二百二十五)

410000－8286－0000019　00418－00019
新增說文韻府羣玉二十卷　(元)陰時夫編輯　(元)陰中夫編註　明萬曆金陵徐智刻本　十册

410000－8286－0000020　00419－00020
字彙十二卷首一卷末一卷韻法直圖一卷韻法橫圖一卷　(明)梅膺祚撰　清刻本　十五册

410000－8286－0000021　00420－00021
性理大全書七十卷　(明)胡廣等撰　明嘉靖三十八年(1559)樊獻科刻本　十六册

410000－8286－0000022　00421－00022
唐類函二百卷目錄二卷　(明)俞安期纂　明萬曆三十一年(1603)東吳俞安期刻本　三十五册　存一百七十七卷(一至一百、一百二十六至二百,目錄二卷)

410000－8286－0000023　00422－00023
通鑑紀事本末前編十二卷　(明)沈朝陽纂編　(明)焦竑校正　明萬曆四十五年(1617)唐世濟刻本　四册　存七卷(一至六、九)

410000－8286－0000024　00423－00024
五代史七十四卷　(宋)歐陽修撰　(宋)徐無黨注　明崇禎三年(1630)琴川毛氏汲古閣刻清順治五年(1648)補緝十七史本　六册　存五十一卷(二十四至七十四)

410000－8286－0000025　00424－00025
硃批諭旨不分卷　(清)允祿　(清)鄂爾泰等編　清雍正、乾隆間木活字朱墨套印本　一百六册

410000－8286－0000026　1－00026
四書朱子本義匯叅四十三卷首四卷　(清)王步青輯　(清)王士鼇編　清刻本　二十四册　存三十六卷(論語一至二十、首一卷,孟子一至十四、首一卷)

410000－8286－0000027　1－00027
四書注朱七卷　(清)趙希濂撰　清刻本　七册

410000－8286－0000028　1－00028
四書人物備考十二卷　(清)薛方山(薛應旂)輯　清嘉慶三年(1798)刻本　八册

410000－8286－0000029　1－00029
四書講義大全二十六卷　(清)史廷煇輯　清刻本　六册　存六卷(孟子講義四至六,四書講義二、四、七)

410000－8286－0000030　1－00030
春秋公羊經傳解詁十二卷　(漢)何休撰　**重刊宋紹熙公羊傳注附音本校記一卷**　(清)魏彥撰　清道光四年(1824)揚州汪氏問禮堂刻同治二年(1863)金陵書局增刻彙印十三經讀本本　二册

410000－8286－0000031　1－00031
春秋穀梁傳十二卷　(晉)范甯撰　清同治七年(1868)金陵書局刻十三經讀本本　二册

410000－8286－0000032　1－00032
儀禮十七卷　(漢)鄭玄注　(清)張爾岐句讀　**監本正誤一卷石本誤字一卷**　(清)張爾岐撰　清同治七年(1868)金陵書局刻十三經讀本本　四册

410000－8286－0000033　1－00033
易經八卷　(宋)程頤傳　清同治五年(1866)金陵書局刻十三經讀本本　二册

410000－8286－0000034　1－00034
易經十二卷首一卷末一卷　(宋)朱熹本義　清同治四年(1865)金陵書局刻十三經讀本本　二册

410000－8286－0000035　1－00035
易說醒四卷　(明)洪守美撰　清同治十一年(1872)涇縣洪汝奎刻洪氏晦木齋叢書本　二册　存二卷(一至二)

410000－8286－0000036　1－00036

書經六卷首一卷末一卷 （宋）蔡沈集傳 清同治五年（1866）金陵書局刻十三經讀本本 三册 存五卷（一至四、首一卷）

410000－8286－0000037 1－00037
詩經八卷 （宋）朱熹集傳 清刻本 二册 存四卷（五至八）

410000－8286－0000038 1－00038
增補春秋左傳易讀六卷 （清）司徒修輯 清宏道堂刻本 六册

410000－8286－0000039 1－00039
四書朱子大全精言四十一卷 （清）周大璋編輯 清寶旭齋刻本 二十五册 存三十卷（中庸一至四，論語一至七、九至十四，孟子一至七、九至十四）

410000－8286－0000040 1－00040
春秋集古傳註二十六卷首一卷 （清）郜坦集傳 清刻本 六册

410000－8286－0000041 1－00041
春秋左傳杜注補輯三十卷首一卷 （清）姚培謙撰 清同治五年（1866）金陵書局刻十三經讀本本 八册

410000－8286－0000042 1－00042
增補四書精繡圖像人物備考十二卷 （明）陳仁錫增定 清康熙六十年（1721）古吳世榮堂刻本 六册

410000－8286－0000043 1－00043
大學古本質言一卷 （清）劉沅撰 清光緒三十一年（1905）刻本 一册

410000－8286－0000044 1－00044
四禮疑五卷喪禮餘言一卷 （明）呂坤撰 明萬曆刻清同治、光緒間修補印呂新吾全集本 三册

410000－8286－0000045 1－00045
澹靜齋説裸一卷圖一卷 （清）龔景瀚撰 清同治九年（1870）龔易圖刻澹靜齋全集本 一册

410000－8286－0000046 1－00046
左傳選十四卷 （清）儲欣評述 清刻本 二册 存四卷（五至六、十三至十四）

410000－8286－0000047 1－00047
春秋左氏傳補注十卷 （元）趙汸學 清同治十二年（1873）粤東書局刻本 一册

410000－8286－0000048 1－00048
春秋左傳杜注補輯三十卷首一卷 （清）姚培謙撰 清同治五年（1866）金陵書局刻十三經讀本本 十册

410000－8286－0000049 1－00049
周禮六卷 （漢）鄭康成（鄭玄）注 （唐）陸德明音義 清嘉慶十一年（1806）清芬閣刻本 六册

410000－8286－0000050 1－00050
春秋左傳詁二十卷 （清）洪亮吉撰 清光緒四年（1878）洪用懃授經堂刻洪北江全集本 八册 存十六卷（一至四、七至十六、十九至二十）

410000－8286－0000051 1－00051
周禮六卷 （漢）鄭康成（鄭玄）注 （唐）陸德明音義 清嘉慶十一年（1806）清芬閣刻本 六册

410000－8286－0000052 1－00052
四書集注十九卷 （宋）朱熹撰 清宏道堂刻本 一册 存二卷（大學一卷、中庸一卷）

410000－8286－0000053 1－00053
春秋左傳杜林合註五十卷 （晉）杜預 （宋）林堯叟註釋 （唐）陸德明音義 明刻本 八册 存四十一卷（一至二十五、三十五至五十）

410000－8286－0000054 1－00054
春秋或問六卷 （清）郜坦撰 清光緒二年（1876）淮南書局刻本 二册

410000－8286－0000055 1－00055
論語意原四卷 （宋）鄭汝諧撰 清刻本 一册 存二卷（一至二）

410000－8286－0000056 1－00056

春秋左傳杜註三十卷首一卷　(清)姚培謙學　清道光七年(1827)刻朱墨套印本　十一冊　存二十九卷(一至二十八、首一卷)

410000－8286－0000057　1－00057
左繡三十卷首一卷　(清)馮李驊　(清)陸浩評輯　清嘉慶七年(1802)刻本　十二冊

410000－8286－0000058　2－00058
經義考三百卷　(清)朱彝尊錄　**目錄二卷**　(清)盧見曾編　清康熙刻乾隆二十年(1755)德州盧見曾續刻本　四十九冊　缺十二卷(一百七十九至一百八十五,原缺二百八十六、二百九十九至三百;目録二卷)

410000－8286－0000059　2－00059
說文解字通釋四十卷　(五代)徐鍇撰　**校刊記三卷**　(清)承培元撰　清道光十九年(1839)刻本　八冊

410000－8286－0000060　2－00060
康熙字典十二集三十六卷檢字一卷辨似一卷等韻一卷總目一卷補遺一卷備考一卷　(清)張玉書等撰　清道光七年(1827)刻本　二十九冊　存二十八卷(子至卯、辰下、申至酉、亥,檢字一卷,辨似一卷,等韻一卷,總目一卷,補遺一卷,備考一卷)

410000－8286－0000061　2－00061
增補字彙十二卷　(明)梅膺祚輯　(明)張自烈增補　(清)蔣先庚釋疑　清三畏堂刻本　八冊　存七卷(子、卯至辰、申至亥)

410000－8286－0000062　2－00062
康熙字典十二集三十六卷總目一卷檢字一卷辨似一卷等韻一卷補遺一卷備考一卷　(清)張玉書等撰　清刻本　四十冊

410000－8286－0000063　2－00063
六書轉注錄十卷　(清)洪亮吉著　清光緒四年(1878)洪用懃授經堂刻洪北江全集本　三冊　存八卷(一至八)

410000－8286－0000064　2－00064
四書正韻一卷　(清)李若浩彙輯　清乾隆三十六年(1771)大盛堂刻本　一冊

410000－8286－0000065　2－00065
交泰韻一卷　(明)吕坤撰　明萬曆刻清同治、光緒間修補印吕新吾全集本　一冊

410000－8286－0000066　2－00066
十一經音訓　(清)楊國楨撰　清道光十年(1830)大梁書院刻本　十三冊　存六種六卷

410000－8286－0000067　2－00067
康熙字典十二集三十六卷總目一卷檢字一卷辨似一卷等韻一卷補遺一卷備考一卷　(清)張玉書等撰　清道光七年(1827)刻本　七冊　存六卷(子至丑)

410000－8286－0000068　2－00068
增補字彙十二卷　(明)梅膺祚輯　(明)張自烈增補　(清)蔣先庚釋疑　清康熙刻本　十一冊　存十卷(一至四、六至十、十二)

410000－8286－0000069　2－00070
後漢書九十卷　(南朝宋)范曄撰　(唐)李賢注　**志三十卷**　(晉)司馬彪撰　(南朝梁)劉昭注　清同治八年(1869)金陵書局刻本　十一冊　存一百二卷(一至八十四、志十三至三十)

410000－8286－0000070　2－00076
漢書一百卷　(漢)班固撰　(唐)顔師古注　清同治八年(1869)金陵書局刻本　十一冊　存四十七卷(一至三十、三十九至四十五、八十三至八十七、九十四至九十六、九十九至一百)

410000－8286－0000071　3－00069
晉書一百三十卷　(唐)太宗李世民撰　**音義三卷**　(唐)何超撰　清同治十年(1871)金陵書局刻本　二十冊

410000－8286－0000072　3－00071
後漢書九十卷　(南朝宋)范曄撰　(唐)李賢注　**志三十卷**　(晉)司馬彪撰　(南朝梁)劉昭注　清同治八年(1869)金陵書局刻本　四冊　存十七卷(十一至十七、八十一至九十)

410000－8286－0000073　3－00073
漢書一百卷　(漢)班固撰　(唐)顔師古注

清同治八年(1869)金陵書局刻本　一册　存十卷(四十五至五十四)

410000－8286－0000074　3－00074
三國志六十五卷　(晉)陳壽撰　(南朝宋)裴松之注　清光緒十三年(1887)江南書局刻本　八册

410000－8286－0000075　3－00075
漢書一百卷　(漢)班固撰　(唐)顔師古注　清韓江書局刻本　八册　存四十五卷(十六至二十、二十六至二十七、四十五至五十四、六十四至八十二、九十二至一百)

410000－8286－0000076　3－00077
史記一百三十卷　(漢)司馬遷撰　(南朝宋)裴駰集解　(唐)司馬貞索隱　清光緒四年(1878)金陵書局刻本　十五册　存一百二十七卷(一至十二、十六至一百三十)

410000－8286－0000077　3－00078
史記一百三十卷　(漢)司馬遷撰　(南朝宋)裴駰集解　(唐)司馬貞索隱　清光緒四年(1878)金陵書局刻本　十二册

410000－8286－0000078　3－00079
史記一百三十卷　(漢)司馬遷撰　(南朝宋)裴駰集解　(唐)司馬貞索隱　清刻本　七册　存三十九卷(五至七、十三至十四、十五至十七、二十至二十二、七十六至八十五、九十六至一百五、一百二十三至一百三十)

410000－8286－0000079　3－00080
史記測議一百三十卷　(明)徐孚遠　(明)陳子龍撰　清刻本　六册　存十七卷(十四至十五、一百二至一百五、一百十至一百十八、一百二十八至一百二十九)

410000－8286－0000080　4－00086
南齊書五十九卷　(南朝梁)蕭子顯撰　清同治十三年(1874)金陵書局刻本　六册

410000－8286－0000081　4－00087
南齊書五十九卷　(南朝梁)蕭子顯撰　清同治十三年(1874)金陵書局刻本　二册　存二十一卷(一至八、三十四至四十六)

410000－8286－0000082　4－00088
南齊書五十九卷　(南朝梁)蕭子顯撰　清同治十三年(1874)金陵書局刻本　七册　存五十四卷(一至十四、二十至五十九)

410000－8286－0000083　4－00089
梁書五十六卷　(唐)姚思廉撰　清同治十三年(1874)金陵書局刻本　四册　存三十五卷(一至二十、四十二至五十六)

410000－8286－0000084　4－00090
梁書五十六卷　(唐)姚思廉撰　清同治十三年(1874)金陵書局刻本　五册　存三十九卷(十四至四十七、五十二至五十六)

410000－8286－0000085　4－00091
宋書一百卷　(南朝梁)沈約撰　清同治十一年(1872)金陵書局刻本　十六册

410000－8286－0000086　4－00092
宋書一百卷　(南朝梁)沈約撰　清同治十一年(1872)金陵書局刻本　十三册　存八十九卷(一至十、二十二至一百)

410000－8286－0000087　4－00093
晉書一百三十卷　(唐)太宗李世民撰　**音義三卷**　(唐)何超撰　清同治十年(1871)金陵書局刻本　二十册　存一百十卷(一至六十、六十八至七十三、八十至八十五、九十六至一百三十,音義三卷)

410000－8286－0000088　4－00094
魏書一百十四卷　(北齊)魏收撰　清同治十一年(1872)金陵書局刻本　二十册

410000－8286－0000089　4－00095
宋書一百卷　(南朝梁)沈約撰　清同治十一年(1872)金陵書局刻本　十册　存四十八卷(一至四、十四至二十二、三十至三十七、四十一至四十六、六十二至六十八、八十七至一百)

410000－8286－0000090　4－00096
北齊書五十卷　(唐)李百藥撰　清同治十三年(1874)金陵書局刻本　六册

410000－8286－0000091　4－00097
魏書一百十四卷　(北齊)魏收撰　清同治十一年(1872)金陵書局刻本　二十册　存九十六卷(一至十二、十九至三十一、三十八至九十五、一百至一百六、一百九至一百十四)

410000－8286－0000092　4－00098
北史一百卷　(唐)李延壽撰　清刻本　十四册　存五十八卷(四至十二、十六至三十七、四十一至五十三、七十三至八十二、九十三至九十六)

410000－8286－0000093　4－00099
隋書八十五卷　(唐)魏徵　(唐)長孫無忌等撰　**考異**　(清)薛壽撰　清同治十年(1871)淮南書局刻本　八册　存四十卷(一至十三、十七至十八、二十六至四十二、七十八至八十五)

410000－8286－0000094　4－00100
周書五十卷　(唐)令狐德棻等撰　清同治十三年(1874)金陵書局刻本　四册

410000－8286－0000095　5－00101
周書五十卷　(唐)令狐德棻等撰　清同治十三年(1874)金陵書局刻本　四册

410000－8286－0000096　5－00102
北齊書五十卷　(唐)李百藥撰　清同治十三年(1874)金陵書局刻本　四册

410000－8286－0000097　5－00103
周書五十卷　(唐)令狐德棻等撰　清同治十三年(1874)金陵書局刻本　四册　存三十四卷(一至二十七、三十六至四十二)

410000－8286－0000098　5－00104
梁書五十六卷　(清)姚思廉撰　清同治十三年(1874)金陵書局刻本　六册

410000－8286－0000099　5－00105
陳書三十六卷　(唐)姚思廉撰　清同治十一年(1872)金陵書局刻本　四册

410000－8286－0000100　5－00106
晉書一百三十卷　(唐)太宗李世民撰　**音義三卷**　(唐)何超撰　清同治十年(1871)金陵書局刻本　二十四册

410000－8286－0000101　5－00107
隋書八十五卷　(唐)魏徵　(唐)長孫無忌等撰　**考異**　(清)薛壽撰　清同治十年(1871)淮南書局刻本　十六册

410000－8286－0000102　5－00108
南史八十卷　(唐)李延壽撰　清同治十一年(1872)金陵書局刻本　十六册

410000－8286－0000103　5－00109
魏書一百十四卷　(北齊)魏收撰　清同治十一年(1872)金陵書局刻本　二十册

410000－8286－0000104　5－00110
隋書八十五卷　(唐)魏徵　(唐)長孫無忌等撰　**考異**　(清)薛壽撰　清同治十年(1871)淮南書局刻本　十六册

410000－8286－0000105　5－00111
南史八十卷　(唐)李延壽撰　清同治十一年(1872)金陵書局刻本　十二册

410000－8286－0000106　5－00112
陳書三十六卷　(唐)姚思廉撰　清同治十一年(1872)金陵書局刻本　三册　存三十卷(七至三十六)

410000－8286－0000107　5－00113
陳書三十六卷　(唐)姚思廉撰　清同治十一年(1872)金陵書局刻本　三册　存二十七卷(一至二十七)

410000－8286－0000108　6－00114
北史一百卷　(唐)李延壽撰　清同治十一年(1872)金陵書局刻本　二十册

410000－8286－0000109　6－00115
南史八十卷　(唐)李延壽撰　清同治十一年(1872)金陵書局刻本　十三册　存六十四卷(一至四、十一至十五、二十六至八十)

410000－8286－0000110　6－00116
舊唐書二百卷　(五代)劉昫等撰　清同治十一年(1872)浙江書局刻本　三十八册　存一

百九十三卷(一至三、九至十八、二十一至二百)

410000－8286－0000111　6－00117
舊唐書二百卷　(五代)劉昫等撰　清同治十一年(1872)浙江書局刻本　三十八册　存一百九十二卷(一至一百八十九、一百九十八至二百)

410000－8286－0000112　6－00118
北史一百卷　(唐)李延壽撰　清同治十一年(1872)金陵書局刻本　二十册

410000－8286－0000113　6－00119
舊五代史一百五十卷附考證　(宋)薛居正等撰　清同治十一年(1872)湖北崇文書局刻本　十三册　存一百二十卷(一至八十二、九十三至一百三十)

410000－8286－0000114　7－00120
舊五代史一百五十卷附考證　(宋)薛居正等撰　清同治十一年(1872)湖北崇文書局刻本　十六册

410000－8286－0000115　7－00121
舊唐書二百卷　(五代)劉昫等撰　清同治十一年(1872)浙江書局刻本　二十六册　存一百二十卷(一至三、九至十八、二十四至二十七、三十二至三十八、四十一、四十六至四十八、五十六至六十一、七十至七十六、八十五至一百四十八、一百七十至一百八十、一百九十七至二百)

410000－8286－0000116　7－00122
唐書二百二十五卷　(宋)歐陽修　(宋)宋祁等撰　清同治十二年(1873)浙江書局刻本　四十册

410000－8286－0000117　7－00123
舊五代史一百五十卷附考證　(宋)薛居正等撰　清同治十一年(1872)湖北崇文書局刻本　十二册

410000－8286－0000118　7－00124
唐書二百二十五卷　(宋)歐陽修　(宋)宋祁等撰　清同治十二年(1873)浙江書局刻本　三十八册　存二百十七卷(一至一百六十六、一百七十五至二百二十五)

410000－8286－0000119　7－00125
唐書二百二十五卷　(宋)歐陽修　(宋)宋祁等撰　清刻本　二十三册　存一百四十卷(七十一至七十二、七十八至一百、一百八至二百十九、二百二十三至二百二十五)

410000－8286－0000120　8－00126
宋史四百九十六卷　(元)脱脱等撰　清刻本　七十八册　存四百九十卷(一至一百七十六、一百八十三至四百九十六)

410000－8286－0000121　8－00127
宋史四百九十六卷　(元)脱脱等撰　清光緒元年(1875)浙江書局刻本　四十九册　存二百三十七卷(一至六十七、七十四至九十五、一百十至一百十六、一百二十四至一百二十九、二百三十二至二百五十八、三百二十至三百四十七、三百五十四至四百五、四百十三至四百十七、四百四十一至四百五十二、四百八十至四百九十)

410000－8286－0000122　8－00128
五代史七十四卷　(宋)歐陽修撰　(宋)徐無黨注　清同治十一年(1872)湖北崇文書局刻本　八册

410000－8286－0000123　8－00129
五代史七十四卷　(宋)歐陽修撰　(宋)徐無黨注　清同治十一年(1872)湖北崇文書局刻本　六册　存六十四卷(一至二十三、三十四至七十四)

410000－8286－0000124　8－00130
五代史七十四卷　(宋)歐陽修撰　(宋)徐無黨注　清同治十一年(1872)湖北崇文書局刻本　六册

410000－8286－0000125　8－00131
五代史七十四卷　(宋)歐陽修撰　(宋)徐無黨注　清同治十一年(1872)湖北崇文書局刻本　八册

410000－8286－0000126　9－00132

宋史四百九十六卷　(元)脱脱等撰　清光緒元年(1875)浙江書局刻本　一百冊

410000－8286－0000127　9－00133
金史一百三十五卷附考證　(元)脱脱等撰　清同治十三年(1874)江蘇書局刻本　十九冊　存一百二十六卷(一至一百二十六)

410000－8286－0000128　9－00134
遼史一百十五卷附考證　(元)脱脱等撰　清同治十二年(1873)江蘇書局刻本　十二冊

410000－8286－0000129　9－00135
遼史一百十五卷附考證　(元)脱脱等撰　清同治十二年(1873)江蘇書局刻本　十冊

410000－8286－0000130　9－00136
遼史一百十五卷附考證　(元)脱脱等撰　清刻本　六冊　存五十六卷(四十八至六十八、八十一至一百十五)

410000－8286－0000131　10－00137
元史二百十卷附考證　(明)宋濂　(明)王禕等撰　清同治十三年(1874)江蘇書局刻本　三十五冊　存一百八十四卷(一至七十六、八十五至一百五十、一百六十二至一百七十二、一百八十至二百十)

410000－8286－0000132　10－00138
金史一百三十五卷附考證　(元)脱脱等撰　清同治十三年(1874)江蘇書局刻本　二十冊

410000－8286－0000133　10－00139
元史二百十卷附考證　(明)宋濂　(明)王禕等撰　清同治十三年(1874)江蘇書局刻本　四十冊

410000－8286－0000134　10－00140
元史二百十卷附考證　(明)宋濂　(明)王禕等撰　清同治十三年(1874)江蘇書局刻本　三十二冊

410000－8286－0000135　10－00141
金史一百三十五卷附考證　(元)脱脱等撰　清同治十三年(1874)江蘇書局刻本　十九冊　存一百二十一卷(一至四十七、六十二至一百三十五)

410000－8286－0000136　10－00142
遼金元三史語解　清光緒四年(1878)江蘇書局刻本　八冊

410000－8286－0000137　11－00143
明史三百三十二卷　(清)張廷玉等撰　清光緒三年(1877)湖北崇文書局刻本　六十冊　存二百六十二卷(一至八十八、一百十九至一百七十四、二百十五至三百三十二)

410000－8286－0000138　11－00144
遼史拾遺二十四卷　(清)厲鶚撰　清光緒元年(1875)江蘇書局刻本　八冊

410000－8286－0000139　11－00145
十六國疆域志十六卷　(清)洪亮吉撰　清光緒四年(1878)洪用懃授經堂刻洪北江全集本　三冊　存九卷(一至九)

410000－8286－0000140　11－00146
東晉疆域志四卷　(清)洪亮吉撰　清光緒四年(1878)洪用懃授經堂刻洪北江全集本　二冊

410000－8286－0000141　11－00147
補三國疆域志二卷　(清)洪亮吉撰　清光緒四年(1878)洪用懃授經堂刻洪北江全集本　二冊

410000－8286－0000142　11－00148
遼史拾遺補五卷　(清)楊復吉撰　清光緒三年(1877)江蘇書局刻本　二冊

410000－8286－0000143　11－00149
資治通鑑綱目五十九卷　(宋)朱熹撰　(明)陳仁錫評閱　清刻本　三冊　存三卷(二十九至三十一)

410000－8286－0000144　11－00150
明史三百三十二卷　(清)張廷玉等撰　清光緒三年(1877)湖北崇文書局刻本　六十冊

410000－8286－0000145　11－00151
遼金元三史語解　清光緒四年(1878)江蘇書局刻本　十冊

410000－8286－0000146　12－00152
明史三百三十二卷　(清)張廷玉等撰　清刻本　四十二册　存一百七十七卷(一至四十二、四十六至五十五、六十五至七十七、八十二至八十四、一百八十至一百九十四、二百三至二百十、二百二十至二百五十五、二百五十九至二百六十六、二百七十七至三百三、三百七至三百九、三百十三至三百十五、三百十九至三百二十、三百二十六至三百三十二)

410000－8286－0000147　12－00153
資治通鑑彙刻　(宋)司馬光撰　(元)胡三省撰　清同治、光緒間江蘇書局刻本　一百册　存二種三百六卷

410000－8286－0000148　12－00154
資治通鑑目録三十卷　(宋)司馬光撰　清同治八年(1869)江蘇書局刻本　十册

410000－8286－0000149　12－00155
稽古録二十卷　(宋)司馬光撰　清刻本　三册　存十一卷(十至二十)

410000－8286－0000150　12－00156
御批歷代通鑑輯覽一百二十卷　(清)傅恒等纂　清刻本　十六册　存三十二卷(九至十、十三至十六、二十七至二十八、四十三至四十四、五十三至五十四、六十三至六十六、六十九至七十二、八十五至九十、九十九至一百、一百三至一百四、一百十九至一百二十)

410000－8286－0000151　13－00157
續資治通鑑二百二十卷　(清)畢沅撰　清乾隆鎮洋畢氏刻嘉慶六年(1801)桐鄉馮集梧補刻同治六年(1867)永康應寶時蘇松太道署八年(1869)江蘇書局遞修資治通鑑彙刻本　五十册　存一百八十二卷(一至一百八十二)

410000－8286－0000152　13－00158
明紀六十卷　(清)陳鶴纂　清同治十年(1871)江蘇書局刻本　二十册

410000－8286－0000153　13－00159
資治通鑑綱目前編二十五卷　(明)南軒撰　(明)陳仁錫評閲　**資治通鑑綱目五十九卷**　(宋)朱熹撰　(明)陳仁錫評閲　**續資治通鑑綱目二十七卷**　(明)商輅等撰　(明)陳仁錫評閲　清康熙四十年(1701)王公行刻本　六十册　存四十七卷(正編一至五、十二至二十、四十四至五十九,續編一至十七)

410000－8286－0000154　13－00160
資治通鑑綱目前編二十五卷　(明)南軒撰　(明)陳仁錫評閲　**資治通鑑綱目五十九卷**　(宋)朱熹撰　(明)陳仁錫評閲　**續資治通鑑綱目二十七卷**　(明)商輅等撰　(明)陳仁錫評閲　清康熙四十年(1701)王公行刻本　五十册　存五十七卷(前編二十五卷,正編六至十二、二十一至二十八、三十七至四十三,續編十八至二十七)

410000－8286－0000155　14－00161
通鑑外記十卷目録五卷　(宋)劉恕撰　清同治十年(1871)江蘇書局刻本　十册　缺一卷(目録二)

410000－8286－0000156　14－00162
通鑑紀事本末四十二卷　(宋)袁樞編　明萬曆二年(1574)李栻刻本　三十九册　存四十一卷(一至四十、四十二)

410000－8286－0000157　14－00163
欽定剿平捻匪方略三百二十卷首一卷　(清)奕訢等撰　清同治十一年(1872)鉛印本　一百三十二册　存二百六十四卷(一至四十八、五十一至七十、七十三至七十四、七十九至一百六十四、一百六十七至二百七十四)

410000－8286－0000158　14－00164
紀事本末八十卷　(清)谷應泰著　清刻本　九册　存二十八卷(一至十四、二十六至二十九、三十四至三十六、四十一至四十三、四十八至五十、七十五)

410000－8286－0000159　14－00165
國語二十一卷　(三國吴)韋昭注　**札記一卷**　(清)黄丕烈撰　**考異四卷**　(清)汪遠孫撰　清同治八年(1869)湖北崇文書局刻本　五册

410000－8286－0000160　14－00166
資治通鑑補二百九十四卷　(宋)司馬光編集　(明)胡三省音註　(明)嚴衍補　清光緒二年(1876)盛氏思補樓活字印本　八册　存三十三卷(一百四十五至一百六十五、一百六十九至一百七十六、一百八十一至一百八十四)

410000－8286－0000161　15－00167
欽定剿平粵匪方略四百二十卷首一卷　(清)奕訢等撰　清同治十一年(1872)鉛印本　一百九十二册　存三百七十三卷(一至三十六、三十九至八十六、八十九至一百十二、一百十五至一百十六、一百十九至一百二十、一百二十五至一百二十八、一百三十一至一百四十六、一百四十九至一百五十二、一百五十五至一百五十六、一百五十九至一百六十、一百六十七至二百二十二、二百三十五至二百四十二、二百五十一至三百七十八、三百八十一至四百二十,首一卷)

410000－8286－0000162　15－00168
平定貴州苗匪紀略四十卷　(清)奕訢等撰　清光緒鉛印本　二十册

410000－8286－0000163　15－00169
續後漢書九十卷　(元)郝經撰　(元)荀宗道注　**札記四卷**　(清)郁松年撰　清道光二十一年(1841)上海郁氏刻宜稼堂叢書本　十八册　存九十三卷(二至九十、札記四卷)

410000－8286－0000164　16－00170
通志二百卷　(宋)鄭樵撰　清刻本　一百五十七册　存一百九十七卷(二至十、十三至二百)

410000－8286－0000165　16－00171
續弘簡録四十二卷　(清)邵遠平編　清刻本　八册

410000－8286－0000166　16－00172
續後漢書四十二卷義例一卷音義四卷　(宋)蕭常撰　**札記一卷**　(清)郁松年撰　清道光二十一年至二十二年(1841－1842)上海郁氏刻宜稼堂叢書本　六册

410000－8286－0000167　16－00173
中州人物考八卷　(清)孫奇逢撰　清刻本　八册

410000－8286－0000168　16－00174
皇朝中外一統輿圖三十一卷　清同治二年(1863)刻本　十二册

410000－8286－0000169　17－00175
函史上編八十一卷下編二十一卷　(明)鄧元錫纂　明崇禎七年(1634)鄧應瑞刻清遞修本　七十册　存八十一卷(上編八十一卷)

410000－8286－0000170　17－00176
弘簡録二百五十四卷　(明)邵經邦學　清康熙刻乾隆印本　四十六册

410000－8286－0000171　17－00177
國朝先正事略六十卷　(清)李元度纂　清同治五年(1866)循陔草堂刻本　二十三册　存五十八卷(一、三至九、十一至六十)

410000－8286－0000172　17－00178
昭忠録九十卷　(清)□□編　清同治四年至十一年(1865－1872)忠義局刻本　三十七册　存八十卷(一至六十、六十三至六十四、七十三至九十)

410000－8286－0000173　17－00179
昭忠録補遺三十卷　(清)□□編　清同治十三年(1874)刻本　八册

410000－8286－0000174　17－00180
昭忠録前編六卷　(清)□□編　清同治十三年(1874)刻本　四册

410000－8286－0000175　17－00181
昭忠録補遺再續九卷　(清)□□編　清光緒二年(1876)刻本　八册

410000－8286－0000176　17－00182
昭忠録補遺二卷三續五卷　(清)□□編　清光緒三年(1877)刻本　二册

410000－8286－0000177　17－00183
歷代名臣言行録二十四卷　(清)朱桓編　清刻本　二册　存七卷(八至十一、二十二至二

十四)

410000－8286－0000178　17－00185
續後漢書四十二卷義例一卷音義四卷　(宋)蕭常撰　**札記一卷**　(清)郁松年撰　清道光二十一年至二十二年(1841－1842)上海郁氏刻宜稼堂叢書本　五冊　存四十七卷(續後漢書四十二卷、義例一卷、音義四卷)

410000－8286－0000179　18－00186
續後漢書九十卷　(元)郝經撰　(元)苟宗道注　**札記四卷**　(清)郁松年撰　清道光二十一年(1841)上海郁氏刻宜稼堂叢書本　二十六冊　存九十二卷(二至八十七、八十九至九十,札記四卷)

410000－8286－0000180　18－00187
皇清奏議六十八卷首一卷　題(清)琴川居士輯　清都城國史館琴川居士木活字印本　三十冊　存六十四卷(一、四至十四、十八至六十八,首一卷)

410000－8286－0000181　18－00188
欽定平定陝甘新疆回匪方略三百二十卷首一卷　(清)奕訢等撰　清光緒鉛印本　九十四冊　存一百八十八卷(一至十四、二十九至三十八、四十三至五十八、六十一至七十八、八十三至八十四、八十九至九十四、九十九至一百十二、一百十五至一百十六、一百十九至一百二十四、一百九十五至二百二、二百十七至二百十八、二百三十一至三百二十)

410000－8286－0000182　18－00188－2
欽定平定雲南回匪方略五十卷　(清)奕訢等撰　清光緒鉛印本　二十五冊

410000－8286－0000183　18－00189
繡鐙問字圖題詞一卷附行狀　(清)任沛霖等撰　清同治刻本　一冊

410000－8286－0000184　18－00190
宋名臣言行錄　(宋)□□輯　清道光元年(1821)歙縣績學堂洪氏刻本　十二冊

410000－8286－0000185　18－00191
烈皇小識八卷　題(清)留雲居士輯　清都城琉璃廠刻本　四冊　存六卷(一至六)

410000－8286－0000186　18－00192
晉略六十五卷序目一卷　(清)周濟撰　清光緒二年(1876)味雋齋刻本　七冊　存四十六卷(本紀一至六、表一至五、列傳十五至三十六、國傳六至十一、彙傳一至七)

410000－8286－0000187　18－00193
昭忠錄補遺二卷三續五卷前編補遺續一卷　(清)□□編　清光緒二年(1876)刻本　二冊

410000－8286－0000188　18－00194
昭忠錄補遺再續九卷　(清)□□編　清光緒二年(1876)刻本　八冊

410000－8286－0000189　18－00334
歐陽文忠公集一百三十卷目錄十二卷　(宋)歐陽修撰　清刻本　十四冊　存九十卷(一至六十七、八十七至九十二、一百十至一百十四,目錄十二卷)

410000－8286－0000190　19－00196
漢書一百卷　(漢)班固撰　(唐)顏師古注　明崇禎十五年(1642)刻清順治十二年(1655)補緝十七史本　十七冊　存八十卷(二十一至一百)

410000－8286－0000191　19－00199
廣輿記二十四卷　(明)陸應陽纂　(清)蔡方炳增輯　清康熙二十五年(1686)刻本　五冊　存十八卷(一至十八)

410000－8286－0000192　19－00200
[乾隆]江南通志二百卷首四卷　(清)尹繼善等修　清乾隆刻本　七十三冊　存一百九十卷(一、四至五、九至十九、二十三至二十五、二十八至三十、三十三至二百,首三至四)

410000－8286－0000193　19－00202
[道光]蘇州府志一百五十卷首十卷　(清)宋如林等修　(清)石韞玉纂　清道光四年(1824)刻本　六十冊

410000－8286－0000194　20－00198
李氏五種　(清)李兆洛輯　清同治九年

(1870)合肥李鴻章刻本　七册　存二種二十卷

410000－8286－0000195　20－00203
[光緒]重修華亭縣志二十四卷首一卷末一卷　(清)楊開第修　(清)姚光發等纂　清光緒五年(1879)刻本　四十册

410000－8286－0000196　20－00204
西湖志四十八卷　(清)李衛等纂修　清雍正十三年(1735)刻本　二十四册

410000－8286－0000197　20－00205
同治上江兩縣志二十八卷首一卷敘錄一卷　(清)莫祥芝　(清)甘紹盤纂　清同治十三年(1874)刻本　十二册

410000－8286－0000198　20－00206
[光緒]通州直隸州志十六卷首一卷末一卷　(清)梁悦馨　(清)莫祥芝修　(清)季念詒　(清)沈鍠纂　清光緒元年(1875)刻本　十六册

410000－8286－0000199　20－00206－2
[光緒]通州直隸州志十六卷首一卷末一卷　(清)梁悦馨　(清)莫祥芝修　(清)季念詒　(清)沈鍠纂　清光緒元年(1875)刻本　十五册　存十七卷(一至十四、十六,首一卷,末一卷)

410000－8286－0000200　20－00207
[萬曆]平陽府志十卷　(明)傅淑訓　(明)曹樹聲纂修　明萬曆刻本　二册　存二卷(四、九下)

410000－8286－0000201　20－00208
東西洋考十二卷　(明)張燮著　清刻本　二册　存六卷(七至十二)

410000－8286－0000202　20－00212
[光緒]閿鄉縣志十二卷首一卷末一卷　(清)劉思恕　(清)汪鼎臣修　(清)王維國　(清)王守恭纂　清光緒二十年(1894)刻本　七册　存十一卷(四至十二、首一卷、末一卷)

410000－8286－0000203　20－00369
黄葉邨莊詩集八卷續集一卷後集一卷　(清)吳之振撰　清光緒四年(1878)吳康壽刻本　四册

410000－8286－0000204　21－00215
通典二百卷　(唐)杜佑纂　清崇仁謝氏刻本　四十册

410000－8286－0000205　21－00216
文獻通考三百四十八卷　(元)馬端臨著　清刻本　一百五十册　存三百三十二卷(十七至三百四十八)

410000－8286－0000206　22－00217
皇朝經世文編補一百二十卷　(清)賀長齡輯　清道光二十九年(1849)來鹿堂刻本　一百二十册

410000－8286－0000207　22－00218
五軍道里表十八卷　(清)常泰纂修　清同治十二年(1873)刻本　十八册

410000－8286－0000208　22－00219
兩淮鹽法志五十六卷首四卷　(清)佶山修　清同治九年(1870)揚州書局刻本　二十四册　存四十八卷(九至五十六)

410000－8286－0000209　22－00220
淮北票鹽志略十五卷　(清)童濂編　清同治七年(1868)刻本　五册　存十卷(一至十)

410000－8286－0000210　22－00221
江蘇省例續編一卷　(清)張為纂修　清光緒元年(1875)江蘇書局刻本　一册

410000－8286－0000211　22－00222
江蘇省例不分卷　(清)□□撰　清同治八年(1869)江蘇書局刻本　四册

410000－8286－0000212　22－00223
續增科場條例六卷　(清)□□纂修　清同治六年(1867)刻本　六册

410000－8286－0000213　22－00224
欽定科場條例三十五卷　(清)□□纂修　清刻本　一册　存五卷(三十一至三十五)

410000－8286－0000214　22－00225

大清律例增修統纂集成四十卷 (清)姚雨薌纂 (清)胡仰山增輯 清咸豐九年(1859)刻本 三冊 存四卷(一至三、八)

410000－8286－0000215 22－00226

籌濟編三十二卷 (清)楊景仁輯 清刻本 七冊 存三十卷(三至三十二)

410000－8286－0000216 22－00227

淮南鹽法紀畧十卷 (清)龐際雲纂 清同治十二年(1873)刻本 十冊

410000－8286－0000217 22－00228

萬國公法三卷 (清)□□纂修 清刻本 一冊 存二卷(二至三)

410000－8286－0000218 22－00229

淮北票鹽志略十五卷 (清)童濂等編 清同治七年(1868)刻本 六冊

410000－8286－0000219 22－00230

文廟祀典考五十卷首一卷 (清)龐鍾璐編 清光緒四年(1878)刻本 九冊

410000－8286－0000220 22－00231

長元吳豐備義倉全案八卷末一卷 (清)潘遵祁輯 清刻本 八冊

410000－8286－0000221 22－00232

欽定續文獻通考輯要二十六卷 湯壽潛輯 清光緒鉛印本 十冊

410000－8286－0000222 22－00233

大清律例增修統纂集成四十卷督捕則例附纂二卷 (清)陶東皋 (清)陶曉質纂修 清光緒二十六年(1900)鉛印本 十五冊 存二十五卷(四至十、十七至二十二、三十一至四十,督捕則例附纂二卷)

410000－8286－0000223 22－00234

皇朝文獻通考輯要二十六卷 湯壽潛輯 清光緒鉛印本 九冊 存二十一卷(一至十一、十七至二十六)

410000－8286－0000224 22－00235

欽定大清會典一百卷 (清)崑岡等纂修 清刻本 十一冊 存四十四卷(五十七至一百)

410000－8286－0000225 22－00236

欽定續文獻通考輯要二十六卷 湯壽潛輯 清光緒鉛印本 一冊 存二卷(十六至十七)

410000－8286－0000226 22－00237

文獻通考輯要二十四卷 湯壽潛輯 清光緒二十五年(1899)圖書集成局鉛印本 九冊 存二十二卷(一至十四、十七至二十四)

410000－8286－0000227 23－00238

校訂困學紀聞集證二十卷 (宋)王應麟撰 (清)何焯等箋 清嘉慶十八年(1813)刻本 十冊

410000－8286－0000228 23－00239

讀書雜志八十二卷餘編二卷 (清)王念孫撰 清同治九年(1870)金陵書局刻本 十二冊 存四十三卷(一至四十三)

410000－8286－0000229 23－00240

曉讀書齋初錄二卷二錄二卷三錄二卷四錄二卷 (清)洪亮吉著 清光緒三年(1877)洪用懃授經堂刻洪北江全集本 二冊

410000－8286－0000230 23－00241

理學宗傳二十六卷 (清)孫奇逢撰 清刻本 十五冊 存十八卷(九至二十六)

410000－8286－0000231 23－00242

困學紀聞二十卷 (宋)王應麟著 清刻本 三冊 存十卷(四至六、十至十二、十七至二十)

410000－8286－0000232 23－00243

近思錄十四卷 (宋)朱熹 (宋)呂祖謙編 (清)江永集註 清道光二十四年(1844)刻本 四冊

410000－8286－0000233 23－00245

得一錄十六卷 (清)余治輯 清同治八年(1869)刻本 八冊

410000－8286－0000234 23－00246

得一錄十六卷 (清)余治輯 清同治八年(1869)刻本 八冊

410000－8286－0000235 23－00247

得一錄十六卷　(明)余治輯　清同治八年(1869)刻本　六冊　存十二卷(一至十、十五至十六)

410000－8286－0000236　23－00248
得一錄十六卷　(清)余治輯　清同治八年(1869)刻本　一冊　存二卷(一至二)

410000－8286－0000237　23－00249
得一錄十六卷　(清)余治輯　清同治八年(1869)刻本　八冊

410000－8286－0000238　23－00250
呂新吾全集　(明)呂坤撰　明萬曆刻清同治、光緒間修補印本　十三冊　存五種十八卷

410000－8286－0000239　23－00251
呻吟語六卷　(明)呂坤著　明萬曆刻清同治、光緒間修補印呂新吾全集本　六冊

410000－8286－0000240　23－00252
御纂朱子全書六十六卷　(清)朱熹撰　清刻本　二十六冊　存六十一卷(一至二、八至六十六)

410000－8286－0000241　23－00253
程書五十一卷拾遺一卷　(清)□□撰　清刻本　六冊　存二十二卷(四至十、三十八至五十一,拾遺一卷)

410000－8286－0000242　23－00254
韓非子二十卷　(戰國)韓非撰　(□)□□注　**識誤三卷**　(清)顧廣圻撰　清光緒元年(1875)浙江書局刻二十二子本　六冊

410000－8286－0000243　23－00255
大學衍義四十三卷　(宋)真德秀彙輯　(明)陳仁錫評閱　明崇禎陳仁錫刻本　四冊　存十四卷(十五至二十、三十五至四十二)

410000－8286－0000244　23－00256
呻吟語六卷　(明)呂坤著　清末鉛印本　一冊　存一卷(六)

410000－8286－0000245　23－00257
積古齋鐘鼎彝器款識十卷　(清)阮元撰　清刻本　一冊　存三卷(五至七)

410000－8286－0000246　23－00258
經苑　(清)錢儀吉輯　清道光、咸豐間大梁書院刻本　一冊　存二種十卷

410000－8286－0000247　23－00259
西嶽華山廟碑三卷　清末影印本　三冊

410000－8286－0000248　23－00260
理學宗傳辨正十六卷　(清)劉延詔撰　清刻本　五冊　存十三卷(四至十六)

410000－8286－0000249　23－00261
史姓韻編六十四卷　(清)汪輝祖述　清同治九年(1870)金陵書局木活字印本　二十四冊

410000－8286－0000250　23－00262
錢志新編二十卷　(清)張崇懿輯　清道光十年(1830)刻本　三冊　存十四卷(一至十、十七至二十)

410000－8286－0000251　23－00263
來齋金石刻考畧二卷　(清)林侗撰　清道光二十一年(1841)刻本　一冊　存一卷(下)

410000－8286－0000252　23－00265
亦政堂重修宣和博古圖錄三十卷　(宋)王黼等撰　清乾隆十八年(1753)黄晟槐蔭草堂刻本　二冊　存二卷(二十六至二十七)

410000－8286－0000253　23－00267
[河南]河陽薛氏族譜五卷　(清)薛□纂修　清刻本　三冊　存四卷(一至四)

410000－8286－0000254　23－00268
中庸衍義十七卷　(明)夏良勝撰　清同治十年(1871)刻本　八冊

410000－8286－0000255　23－00269
大學衍義四十三卷　(宋)真德秀彙輯　清乾隆四年(1739)刻本　十冊

410000－8286－0000256　23－00270
至德志十卷首一卷　(清)吳鼎科編　清光緒二年(1876)刻本　四冊

410000－8286－0000257　23－00271－1

至德志十卷首一卷　(清)吳鼎科編　清光緒二年(1876)刻本　五冊

410000－8286－0000258　23－00271－2
［江蘇吳縣］吳氏家譜不分卷　(清)吳□編　清光緒二年(1876)刻本　二冊

410000－8286－0000259　24－00272
太平御覽一千卷　(宋)李昉等撰　清刻本　六十九冊　存七百二十六卷(一至四十四、五十七至二百七十三、二百八十九至三百十、三百二十二至三百四十二、三百八十七至四百六、四百十七至四百五十九、四百八十三至四百九十二、五百六至五百三十九、五百五十一至五百八十六、五百九十六至六百九十七、七百九至七百四十、七百五十二至七百九十四、八百三十四至八百五十九、八百七十三至九百五、九百二十六至九百四十七、九百七十至九百九十)

410000－8286－0000260　24－00273
農政全書六十卷　(明)徐光啓撰　清道光二十三年(1843)刻本　二十四冊

410000－8286－0000261　24－00274
佩文齋書畫譜一百卷　(清)孫岳頒等撰　清康熙刻本　二十冊　存二十五卷(七十六至一百)

410000－8286－0000262　24－00279
佛説長壽滅罪護諸童子陀羅尼經一卷　(罽賓)釋波利譯　清刻本　一冊

410000－8286－0000263　24－00280
萍海墨雨四卷　(清)李匡濟輯　清光緒維揚徐祝三刻本　二冊

410000－8286－0000264　24－00281
萍海墨雨四卷　(清)李匡濟輯　清光緒維揚徐祝三刻本　二冊

410000－8286－0000265　24－00283
庸聞齋筆記十二卷　(清)陳其元撰　清刻本　一冊　存二卷(九至十)

410000－8286－0000266　24－00284
小兒藥證直訣三卷附方一卷　(宋)錢乙撰　清刻本　一冊

410000－8286－0000267　24－00285
宦海指南五種　(清)許乃普輯　清咸豐九年(1859)錢塘許氏刻本　五冊

410000－8286－0000268　24－00286
樊山公牘四卷　樊增祥撰　清宣統三年(1911)石印本　一冊　存一卷(一)

410000－8286－0000269　24－00287
補註洗冤録集證四卷　(清)王又槐集證　(清)阮其新補　清道光刻三色套印本　四冊

410000－8286－0000270　24－00288
洴澼百金方十四卷首一卷　(清)惠麓酒民(袁宮桂)編　清乾隆五十三年(1788)榕城嘉魚堂刻道光二十年(1840)陳階平印本　五冊

410000－8286－0000271　24－00289
呂新吾先生實政録七卷　(明)呂坤撰　明萬曆刻清同治、光緒間修補印呂新吾全集本　十冊

410000－8286－0000272　24－00290
酉陽雜俎三十卷　(唐)段成式撰　清道光二十九年(1849)刻本　四冊

410000－8286－0000273　24－00291
數書九章十八卷附考一卷　(清)宋景昌撰　清刻本　三冊　存十二卷(三至九、十五至十八,附考一卷)

410000－8286－0000274　24－00293
讀史兵略四十六卷　(清)胡林翼纂　清咸豐十一年(1861)刻本　十二冊　存三十四卷(一至二、六至八、十三至三十、三十四至四十四)

410000－8286－0000275　24－00294
牧令書二十三卷　(清)徐棟輯　清道光二十八年(1848)楚興國李煒刻本　八冊　存十二卷(一至九、十一至十二、十九)

410000－8286－0000276　24－00295
樊山批判十二卷　樊增祥撰　清光緒二十二

年(1896)刻本　五册　存八卷(一、四至七、十至十二)

410000－8286－0000277　24－00296
[通齋全集]　(清)蔣超伯撰　清同治刻本　十二册　存四種二十二卷

410000－8286－0000278　24－00297
讀史兵略四十六卷　(清)胡林翼纂　清咸豐十一年(1861)刻本　十六册

410000－8286－0000279　24－00298
中州雜俎三十五卷　(清)汪價輯　清刻本　一册　存四卷(十二至十五)

410000－8286－0000280　24－00299
格致啓蒙四卷　(英國)羅斯古等纂　(美國)林樂知　鄭昌棪譯　清光緒江南機器製造總局刻本　二册　存二卷(二至三)

410000－8286－0000281　24－00300
重學二十卷曲綫說三卷　(英國)艾約瑟等口譯　清同治五年(1866)刻本　六册

410000－8286－0000282　24－00301
則古昔齋算學　(清)李善蘭學　清刻本　五册　存十種十九卷

410000－8286－0000283　24－00302
數書九章十八卷　(宋)秦九韶撰　**札記四卷**　(清)宋景昌撰　清道光二十年(1840)上海郁氏刻宜稼堂叢書本　五册

410000－8286－0000284　24－00303
楊輝算法六卷　(宋)楊輝撰　**札記一卷**　(清)宋景昌撰　清道光二十年(1840)上海郁氏刻宜稼堂叢書本　一册

410000－8286－0000285　24－00304
詳解九章算法一卷纂類一卷　(宋)楊輝撰　**札記一卷**　(清)宋景昌撰　清道光二十年(1840)上海郁氏刻宜稼堂叢書本　二册

410000－8286－0000286　24－00305
寓意錄四卷　(清)繆曰藻撰　清道光二十年(1840)上海徐氏寒木春華館刻春暉堂叢書本　二册

410000－8286－0000287　25－00306
太平御覽一千卷目錄十五卷　(宋)李昉等纂　清嘉慶九年至十四年(1804－1809)虞山張海鵬從善堂刻本　九十二册

410000－8286－0000288　25－00307
子史精華一百六十卷　(清)允祿等纂修　清雍正五年(1727)刻本　二十四册　存一百二十卷(一至四十五、六十五至六十九、九十一至一百六十)

410000－8286－0000289　25－00308
分類字錦六十四卷　(清)張廷玉等編　清刻本　二册　存二卷(十六、二十)

410000－8286－0000290　25－00309
杜工部集二十卷　(唐)杜甫撰　清同治十一年(1872)刻本　十册

410000－8286－0000291　25－00310
南豐先生元豐類藁五十一卷　(宋)曾鞏撰　清康熙五十六年(1717)長洲顧氏刻本　一册　存五卷(四十一至四十五)

410000－8286－0000292　25－00312
詩韻集成十卷　(清)余照輯　清同治三年(1864)刻本　四册

410000－8286－0000293　25－00313
韻府約編二十四卷　(清)鄧愷霽輯　清刻本　六册　存六卷(四、七至八、十至十二)

410000－8286－0000294　25－00314
韓魏公文集二十卷　(宋)韓琦撰　清同治五年(1866)福州正誼書院刻正誼堂全書本　四册

410000－8286－0000295　25－00315
南豐先生元豐類藁五十一卷　(宋)曾鞏撰　清康熙五十六年(1717)長洲顧氏刻本　三册　存三十卷(十三至三十二、三十五至四十四)

410000－8286－0000296　25－00319
剡源集三十卷　(元)戴表元撰　**札記一卷**　(清)郁松年撰　清道光二十年(1840)上海郁

氏刻宜稼堂叢書本　六冊

410000－8286－0000297　26－00317
玉海附十四種　(宋)王應麟撰　清刻本　九十七冊

410000－8286－0000298　26－00318
昌黎先生集四十卷外集十卷遺文一卷　(唐)韓愈撰　**朱子編昌黎先生傳一卷　韓集點勘四卷**　(清)陳景雲撰　清同治八年(1869)江蘇書局刻本　十一冊

410000－8286－0000299　26－00319
杜工部集二十卷　(唐)杜甫撰　清同治十一年(1872)刻本　十冊

410000－8286－0000300　26－00320
白香山詩集四十卷　(唐)白居易撰　清刻本　十冊

410000－8286－0000301　26－00321
安陽集五十卷　(宋)韓琦撰　清乾隆四年(1739)陳錫輅刻三十五年(1770)黄邦寧重修本　十冊

410000－8286－0000302　26－00322
范文正公集二十卷别集四卷政府奏議二卷尺牘三卷年譜一卷年譜補遺一卷言行拾遺事錄四卷鄱陽遺事錄一卷遺蹟一卷義莊規矩一卷褒賢集五卷補編五卷　(宋)范仲淹撰　清康熙四十六年(1707)范氏歲寒堂刻本　十冊

410000－8286－0000303　26－00323
范忠宣文集二十卷奏議二卷遺文一卷附錄一卷補編一卷　(宋)范純仁撰　清康熙四十六年(1707)范氏歲寒堂刻本　六冊

410000－8286－0000304　26－00324
司馬溫公文集　(宋)司馬光撰　明崇禎吳時亮刻清重修本　十一冊　存四十三卷(三十七至四十三、四十七至八十二)

410000－8286－0000305　26－00325
剡源集三十卷　(元)戴表元撰　**札記一卷**　(清)郁松年撰　清道光二十年(1840)上海郁氏刻宜稼堂叢書本　六冊

410000－8286－0000306　26－00326
平齋文集拾遺一卷附錄一卷空同詞一卷　(宋)洪咨夔撰　清同治十二年(1873)刻本　一冊

410000－8286－0000307　26－00327
淮海集十七卷後集二卷補遺一卷　(宋)秦觀著　清道光十七年(1837)王敬之刻本　六冊

410000－8286－0000308　26－00328
山谷詩集注二十卷　(宋)黄庭堅撰　(宋)任淵注　**外集詩註十七卷**　(宋)黄庭堅撰　(宋)史容注　清光緒二十一年至二十六年(1895－1900)義甯陳氏刻本　二冊　存六卷(山谷詩集注十五至十七、外集詩註十二至十四)

410000－8286－0000309　26－00329
薛文清公文集五十二卷　(明)薛瑄撰　清刻本　二十六冊

410000－8286－0000310　26－00330
清容居士集五十卷　(元)袁桷撰　**札記一卷**　(清)郁松年撰　清道光二十年(1840)上海郁氏刻宜稼堂叢書本　十冊

410000－8286－0000311　26－00331
清容居士集五十卷　(元)袁桷撰　清道光二十年(1840)上海郁氏刻宜稼堂叢書本　十五冊

410000－8286－0000312　27－00332
佩文韻府一百六卷　(清)張玉書等撰　清刻本　九十五冊

410000－8286－0000313　28－00333
佩文韻府一百六卷韻府拾遺一百六卷　(清)張玉書等纂修　清刻本　一百八冊

410000－8286－0000314　28－00335
湯子遺書四卷首一卷　(清)湯斌撰　清末鉛印本　八冊

410000－8286－0000315　28－00336
湯子遺書四卷首一卷　(清)湯斌撰　清末鉛印本　四冊　存三卷(二上、四上,首一卷)

410000－8286－0000316　28－00337
湯子遺書四卷首一卷　（清）湯斌撰　清末鉛印本　八册

410000－8286－0000317　28－00338
湯子遺書四卷首一卷　（清）湯斌撰　清末鉛印本　八册

410000－8286－0000318　28－00339
湯子遺書四卷首一卷　（清）湯斌撰　清末鉛印本　八册

410000－8286－0000319　28－00340
汪鈍翁文鈔十二卷　（清）汪琬撰　清康熙三十三年（1694）商丘宋氏刻國朝三家文鈔本　三册　存七卷（六至十二）

410000－8286－0000320　28－00341
明大司馬盧公奏議十二卷首一卷　（明）盧象昇著　清光緒元年（1875）刻本　七册　存十一卷（一至二、五至十三）

410000－8286－0000321　28－00342
魏叔子文鈔十二卷　（清）魏禧撰　清康熙三十三年（1694）商丘宋氏刻國朝三家文鈔本　二册　存八卷（一至八）

410000－8286－0000322　28－00344
張忠敏公遺集十卷首一卷附録六卷　（明）張國維著　清光緒五年（1879）刻本　六册

410000－8286－0000323　28－00345
劉文烈公全集十二卷　（明）劉理順著　清光緒元年（1875）刻本　六册

410000－8286－0000324　28－00346
新刻張太岳先生文集四十七卷　（明）張居正著　清刻本　十册　存二十九卷（七至九、十三至二十七、三十一至三十八、四十五至四十七）

410000－8286－0000325　28－00347
呂新吾先生去僞齋文集十卷　（明）呂坤著　明萬曆刻清同治、光緒間修補印呂新吾全集本　五册　存五卷（六至十）

410000－8286－0000326　28－00434
梅村集四十卷　（清）吳偉業著　清康熙刻本　五册　存二十六卷（一至二十、三十五至四十）

410000－8286－0000327　29－00348
盧忠肅公集十二卷首一卷　（明）盧象昇著　清光緒元年（1875）刻本　八册

410000－8286－0000328　29－00349
盧忠肅公集十二卷首一卷　（明）盧象昇著　清光緒元年（1875）刻本　八册

410000－8286－0000329　29－00350
盧忠肅公集十二卷首一卷　（明）盧象昇著　清光緒元年（1875）刻本　八册

410000－8286－0000330　29－00351
熊襄愍公集十卷首一卷末一卷　（明）熊廷弼撰　清刻本　十册

410000－8286－0000331　29－00352
呂新吾先生去僞齋文集十卷　（明）呂坤著　明萬曆刻清同治、光緒間修補印呂新吾全集本　十册

410000－8286－0000332　29－00353
王陽明先生全集十六卷　（明）王守仁撰　（清）王貽樂編　（清）陶潯霍批評　清道光六年（1826）柳廷芳刻本　十八册

410000－8286－0000333　29－00354
新刻張太岳先生文集四十七卷　（明）張居正著　清刻本　十册　存二十七卷（一至十四、二十八至三十五、三十九至四十一、四十六至四十七）

410000－8286－0000334　29－00355
袁中郎先生全集二十四卷　（明）袁宏道撰　清道光九年（1829）刻本　十六册

410000－8286－0000335　29－00356
新刻張太岳先生文集四十七卷　（明）張居正著　清刻本　十六册

410000－8286－0000336　29－00357
何大復先生全集三十八卷附録一卷　（明）何景明撰　清咸豐二年（1852）刻本　二册　存

七卷(一至二、三十五至三十八,附錄一卷)

410000－8286－0000337　29－00358
何大復先生集三十八卷　(明)何景明撰　清乾隆十五年(1750)何輝少、何永謙刻本　三冊　存十六卷(三至八、二十五至三十四)

410000－8286－0000338　29－00359
空同詩鈔十六卷　(明)李夢陽撰　清乾隆十五年(1750)開封李氏刻本　三冊　存十二卷(一至四、九至十六)

410000－8286－0000339　29－00360－1
鮚埼亭集三十八卷首一卷　(清)全祖望撰　清嘉慶九年(1804)姚江借樹山房刻本　七冊　存二十三卷(一、十至十八、二十七至三十八,首一卷)

410000－8286－0000340　29－00360－2
全謝山先生經史問答十卷　(清)全祖望撰　清乾隆三十年(1765)刻本　二冊

410000－8286－0000341　29－00361
望溪先生文集十八卷　(清)方苞撰　清刻本　七冊　存十六卷(二至四、六至十八)

410000－8286－0000342　29－00362
蘧庵文鈔不分卷　(清)費蘭墀撰　清刻本　一冊

410000－8286－0000343　29－00363
正誼堂集五卷首一卷　(清)張伯行著　清末鉛印本　一冊　存二卷(三至四)

410000－8286－0000344　29－00364
正誼堂文集四十卷　(清)張伯行著　清刻本　七冊　存十四卷(十四至十五、二十至二十二、三十二至四十)

410000－8286－0000345　29－00365
正誼堂集五卷首一卷　(清)張伯行撰　清末鉛印本　四冊

410000－8286－0000346　29－00366
虛直堂文集二十四卷首一卷　(清)劉榛著　清康熙刻本　六冊

410000－8286－0000347　29－00367
西歸日札一卷　(清)王弘撰　(清)李夔龍評　清康熙三十七年(1698)李夔龍刻乾隆印本　一冊

410000－8286－0000348　29－00368
西陂類稿三卷　(清)宋犖撰　清末鉛印本　二冊　存二卷(二至三)

410000－8286－0000349　29－00370
海秋詩集二十六卷　(清)湯鵬撰　清刻本　一冊　存三卷(十三至十五)

410000－8286－0000350　29－00371
二知軒詩鈔十四卷　(清)方濬頤撰　清同治五年(1866)刻本　一冊　存二卷(十三至十四)

410000－8286－0000351　29－00372
拙修集十五卷　(清)吳廷棟撰　清刻本　一冊　存二卷(五至六)

410000－8286－0000352　29－00373
存成齋文集十四卷　(清)何曰愈著　清同治五年(1866)刻本　四冊

410000－8286－0000353　29－00374
琴隱園詩集三十六卷詞集四卷　(清)湯貽汾撰　清刻本　七冊　存三十五卷(詩集一至二十七、三十三至三十六,詞集四卷)

410000－8286－0000354　29－00375
介翁詩集八卷　(清)嚴寅撰　清刻本　一冊　存五卷(四至八)

410000－8286－0000355　29－00376
春暉堂叢書　(清)徐渭仁輯　清道光、咸豐間上海徐氏刻同治補刻本　一冊　存二種三卷

410000－8286－0000356　29－00377
春暉堂叢書　(清)徐渭仁輯　清道光、咸豐間上海徐氏刻同治補刻本　一冊　存三種四卷

410000－8286－0000357　29－00378
澹靜齋文鈔五卷　(清)龔景翰著　清刻本　二冊　存三卷(三至五)

410000－8286－0000358　29－00379
兩當軒集二十二卷　(清)黄景仁著　**附考異二卷附錄四卷**　(清)黄志述輯　清光緒二年(1876)武進黄氏刻本　六冊　存二十四卷(四至二十二、考異一、附錄四卷)

410000－8286－0000359　29－00380
洪北江全集　(清)洪亮吉撰　清光緒洪用懃授經堂刻本　一冊　存三種三卷

410000－8286－0000360　29－00381
更生齋詩餘二卷　(清)洪亮吉撰　清光緒三年(1877)洪用懃授經堂刻洪北江全集本　一冊

410000－8286－0000361　30－00382
樊山集二十四卷　樊增祥撰　清光緒十九年(1893)刻本　六冊

410000－8286－0000362　30－00383
樊山時文不分卷　樊增祥撰　清光緒二十年(1894)刻本　一冊

410000－8286－0000363　30－00386
思詒堂詩槀十二卷　(清)金衍宗撰　清刻本　二冊　存六卷(四至九)

410000－8286－0000364　30－00387
承恩堂詩集十卷　(清)恩錫撰　清同治刻本　三冊　存六卷(五至十)

410000－8286－0000365　30－00388
倭文端公遺書八卷首二卷末一卷續三卷　(清)倭仁撰　清光緒元年(1875)刻本　四冊

410000－8286－0000366　30－00389
藤香館詩刪存四卷詞刪存二卷　(清)薛時雨撰　清光緒五年(1879)刻本　五冊

410000－8286－0000367　30－00390
藤香館詩續鈔一卷　(清)薛時雨撰　清同治十年(1871)刻本　一冊

410000－8286－0000368　30－00391
李文清公遺書八卷首一卷志節編二卷　(清)李棠階撰　清光緒八年(1882)河北分守道署刻本　四冊

410000－8286－0000369　30－00392
重訂文選集評十五卷首一卷末一卷　(清)于光華編　清刻本　七冊　存八卷(八、十至十五,末一卷)

410000－8286－0000370　30－00393
小倉山房詩集三十七卷補遺二卷文集二十四卷續文集十一卷外集八卷　(清)袁枚撰　清刻本　四冊　存十卷(詩集三十一至三十三、補遺二卷、文集三至四、外集四至六)

410000－8286－0000371　30－00395
文選六十卷　(南朝梁)蕭統輯　(唐)李善注　清刻本　七冊　存三十六卷(十一至十六、三十一至六十)

410000－8286－0000372　30－00396
天岳山館文鈔四十卷　(清)李元度撰　清刻本　九冊　存二十八卷(五至二十六、三十五至四十)

410000－8286－0000373　30－00397
附鮚軒詩集八卷　(清)洪亮吉著　清光緒三年(1877)洪用懃授經堂刻洪北江全集本　二冊

410000－8286－0000374　30－00398－1
更生齋詩集八卷　(清)洪亮吉撰　清刻本　二冊

410000－8286－0000375　30－00398－2
更生齋詩續集十卷　(清)洪亮吉著　清刻本　三冊　存六卷(三至八)

410000－8286－0000376　30－00399
卷施閣文甲集十卷續一卷補遺一卷乙集八卷續編一卷詩二十卷　(清)洪亮吉學　清光緒三年至五年(1877－1879)洪用懃授經堂刻洪北江全集本　十二冊　存三十八卷(甲集十卷、乙集八卷、詩二十卷)

410000－8286－0000377　30－00400
南宋雜事詩七卷　(清)符曾等撰　清刻本　一冊　存二卷(四至五)

410000－8286－0000378　30－00401

全上古三代秦漢三國六朝文七百四十六卷 (清)嚴可均輯 清光緒二十年(1894)黄岡王氏刻本 四十六册 存三百三十七卷(全上古三代文五卷、全三國文七十五卷、全後周文十五卷、全晉文五十六卷、全宋文十五卷、全隋文三十六卷、先唐文一卷、全後漢文十七卷、全陳文六卷、全北齊文十卷、全齊文十四卷、全梁文三十九卷、全後魏文二十五卷、全漢文二十三卷)

410000－8286－0000379 30－00402
御選唐宋詩醇四十七卷目錄二卷 (清)高宗弘曆選 清刻本 十五册 存三十五卷(四至十八、二十五至四十一、四十五至四十七)

410000－8286－0000380 30－00403
御選唐宋詩醇四十七卷目錄二卷 (清)高宗弘曆選 清乾隆二十五年(1760)刻本 十二册 存二十六卷(一至二十四、目錄二卷)

410000－8286－0000381 30－00404
皇朝經世文鈔三十卷 (清)陸耀輯 清刻本 十二册

410000－8286－0000382 30－00405
明三十家詩選二集八卷 (清)汪端輯 清同治十二年(1873)蕴蘭吟館刻本 四册

410000－8286－0000383 30－00406
明三十家詩選初集八卷 (清)汪端輯 清同治十二年(1873)蕴蘭吟館刻本 四册

410000－8286－0000384 30－00407
唐宋八家文讀本三十卷 (清)沈德潛評點 清乾隆刻本 十二册

410000－8286－0000385 30－00408
近科館閣詩鈔二十五卷 (清)潘錫恩等撰 清道光六年(1826)刻本 十二册

410000－8286－0000386 30－00409
檉華館試帖彙鈔輯注十卷 (清)路德撰 清刻本 五册 存八卷(三至十)

410000－8286－0000387 31－00410
說郛一百二十弓 (元)陶宗儀輯 (明)陶珽重校 清順治三年(1646)李際期宛委山堂刻本 八十三册 存八十二卷(十、十三至十九、二十一至五十九、六十三至八十二、八十五、八十七至一百)

410000－8286－0000388 31－00411
古文辭類纂七十四卷 (清)姚鼐纂 清同治八年(1869)刻本 十二册

410000－8286－0000389 31－00412
全唐詩話八卷 (宋)尤袤輯 清乾隆三十九年(1774)孫灀刻本 五册 存七卷(一至五、七至八)

410000－8286－0000390 31－00414
子夏易傳十一卷 (春秋)卜商撰 清同治十二年(1873)粤東書局刻通志堂經解本 三册

410000－8286－0000391 31－00415
横渠先生易説三卷 (宋)張載撰 清同治十二年(1873)粤東書局刻通志堂經解本 一册 存二卷(一至二)

410000－8286－0000392 31－00416
易數鈎隱圖三卷遺論九事一卷 (宋)劉牧撰 清同治十二年(1873)粤東書局刻通志堂經解本 一册

410000－8286－0000393 31－00417
新安先集二十卷崇祀錄一卷 (清)朱之榛輯 清同治十三年(1874)朱氏蘇州刻本 七册

410000－8286－0000394 31－00418
詞律二十卷拾遺六卷補遺一卷 (清)萬樹編 清光緒二年(1876)刻本 十二册

410000－8286－0000395 31－00419
瑞芝山房詩鈔八卷 (清)戴燮元輯 清光緒元年(1875)刻本 四册

410000－8286－0000396 31－00420
瑞芝山房文鈔八卷 (清)戴燮元輯 清光緒三年(1877)刻本 六册

410000－8286－0000397 31－00421
貫華堂第六才子書八卷 (元)王實甫撰 (清)金聖嘆(金人瑞)批點 清刻本 六册

410000－8286－0000398　31－00422
箋註第六才子書釋解八卷　（清）□□撰　清刻本　六册

410000－8286－0000399　31－00423
同館賦鈔二集三十卷　（清）朱鳳標等輯　清刻本　四册　存二卷（二十九至三十）

410000－8286－0000400　31－00424
同館試律續鈔二集三十卷　（清）朱鳳標等輯　清刻本　二册　存二卷（二十九至三十）

410000－8286－0000401　31－00425
國朝二十四家文鈔二十四卷　（清）徐斐然輯評　清刻本　一册　存四卷（二十一至二十四）

410000－8286－0000402　31－00426
明詩綜一百卷　（清）朱彝尊輯　清康熙刻雍正朱稻孫六峰閣印本　三十册

410000－8286－0000403　31－00427
宋四六選二十四卷　（清）曹振鏞編　清乾隆四十一年（1776）曹氏刻本　十二册

410000－8286－0000404　32－00428
說郛續四十六弓　（明）陶珽輯　清順治三年（1646）李際期宛委山堂刻本　三十七册　存三十八卷（一至三十四、三十六至三十七、四十二、四十六）

410000－8286－0000405　32－00429
焦氏易林四卷　（漢）焦贛著　清乾隆五十六年（1791）金谿王氏刻增訂漢魏叢書本　四册

410000－8286－0000406　32－00430
大戴禮記十三卷　（漢）戴德撰　清乾隆五十六年（1791）金谿王氏刻增訂漢魏叢書本　一册

410000－8286－0000407　32－00431
春秋繁露十七卷　（漢）董仲舒著　清乾隆五十六年（1791）金谿王氏刻增訂漢魏叢書本　二册

410000－8286－0000408　32－00432
釋名四卷　（漢）劉熙著　清乾隆五十六年（1791）金谿王氏刻增訂漢魏叢書本　一册

410000－8286－0000409　32－00433
方言十三卷　（漢）揚雄撰　清乾隆五十六年（1791）金谿王氏刻增訂漢魏叢書本　一册

410000－8286－0000410　32－00434
白虎通德論四卷　（漢）班固纂　清乾隆五十六年（1791）金谿王氏刻增訂漢魏叢書本　二册

410000－8286－0000411　32－00435
南方草木狀三卷　（晉）嵇含著　清乾隆五十六年（1791）金谿王氏刻增訂漢魏叢書本　一册

410000－8286－0000412　32－00436
天祿閣外史八卷　（漢）黃憲著　清乾隆五十六年（1791）金谿王氏刻增訂漢魏叢書本　二册

410000－8286－0000413　32－00437
論衡三十卷　（漢）王充撰　清乾隆五十六年（1791）金谿王氏刻增訂漢魏叢書本　六册

410000－8286－0000414　32－00438
星經二卷　（漢）甘公　（漢）石申著　清乾隆五十六年（1791）金谿王氏刻增訂漢魏叢書本　一册

410000－8286－0000415　32－00440
拾遺記十卷　（晉）王嘉著　清乾隆五十六年（1791）金谿王氏刻增訂漢魏叢書本　二册

410000－8286－0000416　32－00441
風俗通義十卷　（漢）應劭著　清乾隆五十六年（1791）金谿王氏刻增訂漢魏叢書本　一册

410000－8286－0000417　32－00442
中論二卷　（漢）徐幹著　清乾隆五十六年（1791）金谿王氏刻增訂漢魏叢書本　一册

410000－8286－0000418　32－00443
潛夫論十卷　（漢）王符著　清乾隆五十六年（1791）金谿王氏刻增訂漢魏叢書本　一册

410000－8286－0000419　32－00444
增訂漢魏叢書九十六種　（清）王謨輯　清乾

隆五十六年(1791)金谿王氏刻增訂漢魏叢書本　一册　存二種十五卷

410000－8286－0000420　32－00445
鹽鐵論十二卷　(漢)桓寬撰　清乾隆五十六年(1791)金谿王氏刻增訂漢魏叢書本　一册　存六卷(七至十二)

410000－8286－0000421　32－00446
淮南鴻烈解二十一卷　(漢)劉安撰　(漢)高誘注　清乾隆五十六年(1791)金谿王氏刻增訂漢魏叢書本　一册　存四卷(十八至二十一)

410000－8286－0000422　32－00447
説苑二十卷　(漢)劉向著　清乾隆五十六年(1791)金谿王氏刻增訂漢魏叢書本　四册

410000－8286－0000423　32－00448
新序十卷　(漢)劉向著　清乾隆五十六年(1791)金谿王氏刻增訂漢魏叢書本　二册

410000－8286－0000424　32－00449
新語二卷　(漢)陸賈著　清乾隆五十六年(1791)金谿王氏刻增訂漢魏叢書本　二册

410000－8286－0000425　32－00450
孔叢二卷詰墨一卷　(漢)孔鮒著　清乾隆五十六年(1791)金谿王氏刻增訂漢魏叢書本　一册

410000－8286－0000426　32－00451
羣輔録一卷　(晉)陶潛撰　清乾隆五十六年(1791)金谿王氏刻增訂漢魏叢書本　一册

410000－8286－0000427　32－00452
十六國春秋十六卷　(北魏)崔鴻撰　清乾隆五十六年(1791)金谿王氏刻增訂漢魏叢書本　一册　存五卷(一至五)

410000－8286－0000428　32－00453
華陽國志十四卷　(晉)常璩著　清乾隆五十六年(1791)金谿王氏刻增訂漢魏叢書本　三册

410000－8286－0000429　32－00454
吴越春秋六卷　(漢)趙曄撰　清乾隆五十六年(1791)金谿王氏刻增訂漢魏叢書本　二册

410000－8286－0000430　32－00455
越絶十五卷　(漢)袁康撰　清乾隆五十六年(1791)金谿王氏刻增訂漢魏叢書本　一册　存十一卷(五至十五)

410000－8286－0000431　32－00456
增訂漢魏叢書九十六種　(清)王謨輯　清乾隆五十六年(1791)金谿王氏刻增訂漢魏叢書本　一册　存二種十卷

410000－8286－0000432　32－00457
竹書紀年二卷　(南朝梁)沈約注　清乾隆五十六年(1791)金谿王氏刻增訂漢魏叢書本　一册

410000－8286－0000433　32－00458
周易本義集成十二卷首一卷　(元)熊良輔撰　清同治十二年(1873)粵東書局刻通志堂經解本　三册　存十一卷(二至十二)

410000－8286－0000434　32－00459
周易傳義附録十四卷首一卷　(宋)董楷撰　清同治十二年(1873)粵東書局刻通志堂經解本　六册　存六卷(二至四、六至八)

410000－8286－0000435　32－00460
周易輯聞六卷　(宋)趙汝楳述　清同治十二年(1873)粵東書局刻通志堂經解本　五册

410000－8286－0000436　32－00461
大易緝説十卷　(元)王申子撰　清同治十二年(1873)粵東書局刻通志堂經解本　四册　存六卷(一至四、九至十)

410000－8286－0000437　32－00462
晦庵先生朱文公易説二十三卷　(宋)朱熹撰　(宋)朱鑒輯　清同治十二年(1873)粵東書局刻通志堂經解本　五册　存九卷(一至五、十六至十七、二十二至二十三)

410000－8286－0000438　32－00463
水村易鏡一卷　(宋)林光世撰　清同治十二年(1873)粵東書局刻通志堂經解本　一册

410000－8286－0000439　32－00464

丙子學易編一卷　(宋)李心傳撰　清同治十二年(1873)粵東書局刻通志堂經解本　一册

410000－8286－0000440　32－00465
三易備遺十卷　(宋)朱元昇述　清同治十二年(1873)粵東書局刻通志堂經解本(有圖)　二册　存七卷(一至三、七至十)

410000－8286－0000441　32－00466
東谷鄭先生易翼傳二卷　(宋)鄭汝諧撰　清同治十二年(1873)粵東書局刻通志堂經解本　一册　存一卷(一)

410000－8286－0000442　32－00467
周易玩辭十六卷　(宋)項安世撰　清同治十二年(1873)粵東書局刻通志堂經解本　五册

410000－8286－0000443　32－00468
易學啓蒙通釋二卷圖一卷　(宋)胡方平撰　清同治十二年(1873)粵東書局刻通志堂經解本(有圖)　二册

410000－8286－0000444　32－00469
童溪王先生易傳三十卷　(宋)王宗傳撰　清同治十二年(1873)粵東書局刻通志堂經解本　三册　存十卷(十二至十五、二十五至三十)

410000－8286－0000445　32－00470
周易義海撮要十二卷　(宋)李衡撰　清同治十二年(1873)粵東書局刻通志堂經解本　三册　存八卷(五至十二)

410000－8286－0000446　32－00471
漢上易傳十一卷周易卦圖三卷周易叢說一卷　(宋)朱震撰　清同治十二年(1873)粵東書局刻通志堂經解本　三册　存八卷(漢上易傳一至二、七至十一,周易叢說一卷)

410000－8286－0000447　32－00472
紫巖居士易傳十卷　(宋)張浚撰　清同治十二年(1873)粵東書局刻通志堂經解本　六册

410000－8286－0000448　32－00474
詩集傳名物鈔八卷　(元)許謙撰　清同治十二年(1873)粵東書局刻通志堂經解本　一册　存二卷(一至二)

410000－8286－0000449　32－00475
合訂删補大易集義粹言八十卷　(清)成德撰　清同治十二年(1873)粵東書局刻通志堂經解本　十九册　存六十九卷(一至六十、六十七至七十五)

410000－8286－0000450　32－00476
逸齋詩補傳三十卷篇目一卷　(宋)范處義撰　清同治十二年(1873)粵東書局刻通志堂經解本　七册　存二十三卷(一至十八、二十一至二十四、三十,篇目一卷)

410000－8286－0000451　32－00477
詩傳遺說六卷　(宋)朱鑑撰　清同治十二年(1873)粵東書局刻通志堂經解本　一册　存三卷(四至六)

410000－8286－0000452　32－00478
詩疑二卷　(金)王柏著　清同治十二年(1873)粵東書局刻通志堂經解本　一册

410000－8286－0000453　32－00479
毛詩名物解二十卷　(宋)蔡元度集釋　清同治十二年(1873)粵東書局刻通志堂經解本　一册　存十卷(十一至二十)

410000－8286－0000454　32－00480
書古文訓十六卷　(宋)薛季宣撰　清同治十二年(1873)粵東書局刻通志堂經解本　二册　存九卷(八至十六)

410000－8286－0000455　32－00481－1
詩本義十五卷鄭氏詩譜補亡一卷　(宋)歐陽修撰　清同治十二年(1873)粵東書局刻通志堂經解本　四册

410000－8286－0000456　32－00481－2
李迂仲黄實夫毛詩集解四十二卷首一卷　(宋)李樗　(宋)黄櫄講義　(宋)吕祖謙釋音　清同治十二年(1873)粵東書局刻通志堂經解本　九册　存二十六卷(十至二十六、三十四至四十二)

410000－8286－0000457　32－00482

三山拙齋林先生尚書全解四十卷 （宋）林之奇撰 清同治十二年(1873)粤東書局刻通志堂经解本 三冊 存七卷(三至四、三十四至三十八)

410000－8286－0000458 32－00483
增修東萊書説三十五卷首一卷 （宋）呂祖謙撰 （宋）時瀾修定 清同治十二年(1873)粤東書局刻通志堂經解本 五冊 存二十二卷(三至十、十七至二十五、三十一至三十五)

410000－8286－0000459 32－00484
程尚書禹貢論二卷後論一卷山川地理圖二卷 （宋）程大昌撰 清同治十二年(1873)粤東書局刻通志堂經解本 一冊 存二卷(貢論二卷)

410000－8286－0000460 32－00485
尚書説七卷 （宋）黄度著 清同治十二年(1873)粤東書局刻通志堂經解本 二冊

410000－8286－0000461 32－00486
書集傳纂疏六卷首一卷 （元）陳櫟撰 清同治十二年(1873)粤東書局刻通志堂經解本 三冊 存五卷(二至六)

410000－8286－0000462 32－00487
尚書通考十卷 （元）黄鎮成撰 清同治十二年(1873)粤東書局刻通志堂經解本 三冊 存八卷(三至十)

410000－8286－0000463 32－00488
尚書句解十三卷 （元）朱祖義撰 清同治十二年(1873)粤東書局刻通志堂經解本 二冊

410000－8286－0000464 32－00489
詩解頤四卷 （明）朱善撰 清同治十二年(1873)粤東書局刻通志堂經解本 二冊

410000－8286－0000465 32－00490
尚書纂傳四十六卷 （元）王天與撰 清同治十二年(1873)粤東書局刻通志堂經解本 三冊 存二十七卷(四至三十)

410000－8286－0000466 33－00491
周易經傳集程朱解附錄纂註十四卷首一卷附一卷 （元）董真卿編 清同治十二年(1873)粤東書局刻通志堂經解本(有圖) 九冊

410000－8286－0000467 33－00492
大易象數鉤深圖三卷 （元）張理撰 清同治十二年(1873)粤東書局刻通志堂經解本 一冊 存一卷(中)

410000－8286－0000468 33－00493
周易参義十二卷 （元）梁寅撰 清同治十二年(1873)粤東書局刻通志堂經解本 五冊

410000－8286－0000469 33－00494
尚書詳解十三卷 （宋）胡士行撰 清同治十二年(1873)粤東書局刻通志堂經解本 一冊 存三卷(一至三)

410000－8286－0000470 33－00495
尚書表注二卷 （宋）金履詳注 清同治十二年(1873)粤東書局刻通志堂經解本 一冊

410000－8286－0000471 33－00496
杏溪傳氏禹貢集解二卷 （宋）傅寅撰 清同治十二年(1873)粤東書局刻通志堂經解本 二冊

410000－8286－0000472 33－00497
書集傳或問二卷 （宋）陳大猷撰 清同治十二年(1873)粤東書局刻通志堂經解本 二冊

410000－8286－0000473 33－00498
書疑九卷 （宋）王柏撰 清同治十二年(1873)粤東書局刻通志堂經解本 一冊 存五卷(五至九)

410000－8286－0000474 33－00499
書蔡氏傳旁通六卷 （元）陳師凱撰 清同治十二年(1873)粤東書局刻通志堂經解本 五冊

410000－8286－0000475 33－00500
欽定春秋傳説彙纂三十八卷首二卷 （清）王掞等撰 清刻本 二十四冊

410000－8286－0000476 33－00501
午亭文編五十卷 （清）陳廷敬撰 （清）林佶輯錄 清康熙四十七年(1708)林佶刻本 十

六冊

410000－8286－0000477　33－00502
止齋先生春秋後傳十二卷　（宋）陳傅良撰　清同治十二年（1873）粵東書局刻通志堂經解本　一冊　存六卷（一至六）

410000－8286－0000478　33－00503
石林先生春秋傳二十卷　（宋）葉夢得撰　清同治十二年（1873）粵東書局刻通志堂經解本　三冊　存十三卷（四至七、十二至二十）

410000－8286－0000479　33－00504
木訥先生春秋經筌十六卷　（宋）趙鵬飛撰　清同治十二年（1873）粵東書局刻通志堂經解本　七冊　存十二卷（二至三、七至十六）

410000－8286－0000480　33－00505
春秋左氏傳事類始末五卷附錄一卷　（宋）章沖撰　清同治十二年（1873）粵東書局刻通志堂經解本　三冊　存四卷（二至五）

410000－8286－0000481　33－00506
春秋王霸列國世紀編三卷　（宋）李琪撰　清同治十二年（1873）粵東書局刻通志堂經解本　一冊

410000－8286－0000482　33－00507
春秋提綱十卷　（元）陳則通撰　清同治十二年（1873）粵東書局刻通志堂經解本　二冊

410000－8286－0000483　33－00508
春秋諸國統紀六卷目錄一卷　（元）齊履謙撰　清同治十二年（1873）粵東書局刻通志堂經解本　二冊

410000－8286－0000484　33－00509
春秋通說十三卷　（宋）黄仲炎撰　清同治十二年（1873）粵東書局刻通志堂經解本　三冊

410000－8286－0000485　33－00510
春秋本義三十卷首一卷　（元）程端學撰　清同治十二年（1873）粵東書局刻通志堂經解本　四冊　存十二卷（一至十二）

410000－8286－0000486　33－00511
春秋或問二十卷　（宋）吕大圭撰　清同治十二年（1873）粵東書局刻通志堂經解本　六冊

410000－8286－0000487　33－00512
則堂先生春秋集傳詳說三十卷綱領一卷　（宋）家鉉翁撰　清同治十二年（1873）粵東書局刻通志堂經解本　八冊　存二十五卷（一至二十一、二十七至三十）

410000－8286－0000488　33－00513
西疇居士春秋本例二十卷　（宋）崔子方撰　清同治十二年（1873）粵東書局刻通志堂經解本　一冊　存六卷（一至六）

410000－8286－0000489　33－00514
春秋臣傳三十卷　（宋）王當撰　清同治十二年（1873）粵東書局刻通志堂經解本　三冊

410000－8286－0000490　33－00515
春秋名號歸一圖二卷　（五代）馮繼先撰　清同治十二年（1873）粵東書局刻通志堂經解本　一冊

410000－8286－0000491　33－00516
春秋權衡十七卷　（宋）劉敞撰　清同治十二年（1873）粵東書局刻通志堂經解本　四冊

410000－8286－0000492　33－00517
春秋劉氏傳十五卷　（宋）劉敞撰　清同治十二年（1873）粵東書局刻通志堂經解本　二冊　存七卷（一至三、八至十一）

410000－8286－0000493　33－00518
春秋皇綱論五卷　（宋）王晢撰　清同治十二年（1873）粵東書局刻通志堂經解本　一冊

410000－8286－0000494　33－00519
春秋尊王發微十二卷附錄一卷　（宋）孫復撰　清同治十二年（1873）粵東書局刻通志堂經解本　三冊

410000－8286－0000495　33－00520
左繡三十卷首一卷　（清）馮李驊　（清）陸浩評輯　（清）范允斌等條評　清刻本　二冊　存五卷（九至十三）

410000－8286－0000496　33－00521
欽定春秋傳說彙纂三十八卷首二卷　（清）王

掞等撰　清刻本　十一册　存二十一卷(一至八、二十七至三十八,首下)

410000－8286－0000497　33－00522
漢書一百卷　(漢)班固撰　(唐)顔師古注　明崇禎十五年(1642)琴川毛氏汲古閣刻十七史本　十册　存二十二卷(一至十六、二十五至三十)

410000－8286－0000498　33－00523
周官新義十六卷考工記解二卷　(宋)王安石撰　清道光、咸豐間大梁書院刻經苑本　四册

410000－8286－0000499　33－00525－1
儀禮釋宫一卷　(宋)李如圭撰　清道光、咸豐間大梁書院刻經苑本　一册

410000－8286－0000500　33－00525－233－00524
儀類集釋三十卷　(宋)李如圭撰　清道光、咸豐間大梁書院刻經苑本　十一册

410000－8286－0000501　33－00526
春秋啖趙集傳纂例十卷　(唐)陸淳撰　清道光、咸豐間大梁書院刻經苑本　三册

410000－8286－0000502　33－00527
春秋微旨三卷　(唐)陸淳撰　清道光、咸豐間大梁書院刻經苑本　一册

410000－8286－0000503　33－00528
春秋集解十二卷　(宋)蘇轍撰　清道光、咸豐間大梁書院刻經苑本　二册

410000－8286－0000504　33－00529
孝經刊誤一卷　(宋)朱熹撰　清道光、咸豐間大梁書院刻經苑本　一册

410000－8286－0000505　33－00530
論語意原四卷　(宋)鄭汝諧撰　清道光、咸豐間大梁書院刻經苑本　一册　存二卷(三至四)

410000－8286－0000506　33－00531
讀四書叢説八卷　(元)許謙撰　清道光、咸豐間大梁書院刻經苑本　五册　存五卷(大學一卷,中庸二卷,論語上、中)

410000－8286－0000507　33－00536
知不足齋叢書二百八種　(清)鮑廷博輯　(清)鮑志祖續輯　清乾隆、道光間長塘鮑氏刻本　二百二册　存一百五十八種六百八十三卷

410000－8286－0000508　34－00576
昭代叢書五百六十一種　(清)張潮　(清)張漸輯　(清)楊復吉　(清)沈楙悳續集　清道光吴江沈氏世楷堂刊本　一百四十六册　存四百六十種四百六十卷

410000－8286－0000509　34－00577、00578
吕氏家塾讀詩記三十二卷　(宋)吕祖謙撰　清道光、咸豐間大梁書院刻經苑本　十二册

410000－8286－0000510　34－00579
詩總聞二十卷　(宋)王質撰　清道光、咸豐間大梁書院刻經苑本　六册

410000－8286－0000511　34－00580
誠齋先生易傳二十卷　(宋)楊萬里撰　清道光、咸豐間大梁書院刻經苑本　五册

410000－8286－0000512　34－00581
易傳燈四卷　(宋)徐總幹撰　清道光、咸豐間大梁書院刻經苑本　一册

410000－8286－0000513　34－00582
易學濫觴一卷　(元)黄澤撰　清道光、咸豐間大梁書院刻經苑本　一册

410000－8286－0000514　34－00583
敷文書説一卷　(宋)鄭伯熊撰　清道光、咸豐間大梁書院刻經苑本　一册

410000－8286－0000515　34－00584
尚書精義五十卷　(宋)黄倫撰　清道光、咸豐間大梁書院刻經苑本　十二册

410000－8286－0000516　34－00585
洪範統一一卷　(宋)趙善湘撰　清道光、咸豐間大梁書院刻經苑本　一册

410000－8286－0000517　34－　－00586
溫公易説六卷　(宋)司馬光撰　清道光、咸豐間大梁書院刻經苑本　五册

410000－8286－0000518　34－00587
五經蠡測六卷　(明)蔣悌生撰　清同治十二年(1873)粵東書局刻通志堂經解本　一冊　存四卷(三至六)

410000－8286－0000519　34－00588
熊先生經說七卷　(元)熊朋來撰　清同治十二年(1873)粵東書局刻通志堂經解本(有圖)　一冊　存三卷(一至三)

410000－8286－0000520　34－00589
六經正誤六卷　(宋)毛居正撰　清同治十二年(1873)粵東書局刻通志堂經解本　一冊　存二卷(五至六)

410000－8286－0000521　34－00590
六經奧論六卷首一卷　(宋)鄭樵撰　清同治十二年(1873)粵東書局刻通志堂經解本　一冊　存四卷(一至三、首一卷)

410000－8286－0000522　34－00591
四書纂疏二十六卷　(宋)趙順孫撰　清同治十二年(1873)粵東書局刻通志堂經解本　十二冊

410000－8286－0000523　34－00592－1
南軒先生論語解十卷　(宋)張栻撰　清同治十二年(1873)粵東書局刻通志堂經解本　三冊

410000－8286－0000524　34－00592－2
論語集説十卷　(宋)蔡節撰　清同治十二年(1873)粵東書局刻通志堂經解本　四冊

410000－8286－0000525　34－00593
禮記陳氏集説補正三十八卷　(清)納蘭成德撰　清同治十二年(1873)粵東書局刻通志堂經解本　五冊　存三十六卷(三至三十八)

410000－8286－0000526　34－00594
儀禮集説十七卷　(元)敖繼公撰　清同治十二年(1873)粵東書局刻通志堂經解本　九冊　存十四卷(三至十二、十四至十七)

410000－8286－0000527　34－00595
四書纂箋二十八卷　(元)詹道傳撰　清同治十二年(1873)粵東書局刻通志堂經解本　四冊　存十二卷(大學一至二,孟子一至七、十二至十四)

410000－8286－0000528　34－00596
孟子集疏十四卷　(宋)蔡模撰　清同治十二年(1873)粵東書局刻通志堂經解本　四冊

410000－8286－0000529　34－00597
南軒先生孟子説七卷　(宋)張栻撰　清同治十二年(1873)粵東書局刻通志堂經解本　二冊　存三卷(四至六)

410000－8286－0000530　34－00598
四書集編二十六卷　(宋)眞德秀撰　清同治十二年(1873)粵東書局刻通志堂經解本　四冊　存十七卷(大學集編一卷、中庸集編一卷、論語集編一至四、孟子集編四至十四)

410000－8286－0000531　34－00599
大學通一卷中庸通一卷論語通十卷孟子通十四卷　(元)胡炳文撰　清同治十二年(1873)粵東書局刻通志堂經解本　二冊　存二卷(大學通一卷、中庸通一卷)

410000－8286－0000532　35－00600
欽定禮記義疏八十二卷首一卷　(清)允祿等撰　清刻本　三十二冊　存四十二卷(一至二、四至五、八至十一、十四至十五、二十至二十七、三十四至三十五、四十八至四十九、五十二至五十八、六十一、六十三至六十八、七十一至七十二、七十四至七十五、八十一至八十二)

410000－8286－0000533　35－00601
欽定儀禮義疏四十八卷首二卷　(清)允祿等撰　清同治十年(1871)湖北崇文書局刻御纂七經本　二十五冊　存三十八卷(五至六、九、十二至十六、二十至二十二、二十四至四十八,首二卷)

410000－8286－0000534　35－00602
欽定周官義疏四十八卷首一卷　(清)允祿等撰　清刻本　十八冊　存三十四卷(一至八、十一至二十四、二十七至三十、三十四至三十

五、四十至四十四、四十八）

410000－8286－0000535　35－00603
欽定春秋傳說彙纂三十八卷首二卷　（清）王掞等撰　清同治十年（1871）湖北崇文書局刻御纂七經本　十六冊　存三十二卷（一至八、十二至二十二、二十五至二十八、三十一至三十八，首上）

410000－8286－0000536　35－00604
管窺輯要八十卷　（清）黄鼎纂　清刻本（有圖）　七十四冊　存七十六卷（一至二十四、二十九至八十）

410000－8286－0000537　35－00605
春秋集注十一卷綱領一卷　（宋）張洽撰　清同治十二年（1873）粵東書局刻通志堂經解本　二冊

410000－8286－0000538　35－00606
春秋諸傳會通二十四卷首一卷　（元）李廉撰　清同治十二年（1873）粵東書局刻通志堂經解本　七冊

410000－8286－0000539　35－00607
春秋集傳釋義大成十二卷首一卷　（元）俞皋撰　清同治十二年（1873）粵東書局刻通志堂經解本　四冊　存九卷（一至九）

410000－8286－0000540　35－00608
春秋屬辭十五卷　（元）趙汸撰　清同治十二年（1873）粵東書局刻通志堂經解本　五冊　存十三卷（三至十五）

410000－8286－0000541　35－00609
春秋師說三卷附錄二卷　（元）趙汸撰　清同治十二年（1873）粵東書局刻通志堂經解本　一冊

410000－8286－0000542　35－00610
禮記集說一百六十卷　（宋）衛湜撰　清同治十二年（1873）粵東書局刻通志堂經解本　三十五冊　存一百卷（一至八十八、九十二至九十四、一百二十二至一百二十四、一百三十至一百三十二、一百三十六至一百三十八）

410000－8286－0000543　35－00611
清全齋讀春秋編十二卷　（宋）陳深撰　清同治十二年（1873）粵東書局刻通志堂經解本　二冊

410000－8286－0000544　35－00612
經典釋文三十卷　（唐）陸德明撰　清同治十二年（1873）粵東書局刻通志堂經解本　一冊　存三卷（十五至十七）

410000－8286－0000545　35－00613
經典釋文三十卷　（唐）陸德明撰　清同治十二年（1873）粵東書局刻通志堂經解本　一冊　存五卷（二十一至二十五）

410000－8286－0000546　35－00614
東巖周禮訂義八十卷首一卷　（宋）王與之撰　清同治十二年（1873）粵東書局刻通志堂經解本　九冊　存三十八卷（一至二十、二十四至四十一）

410000－8286－0000547　35－00615
經禮補逸九卷附錄一卷　（元）汪克寬撰　清同治十二年（1873）粵東書局刻通志堂經解本　一冊　存三卷（七至九）

410000－8286－0000548　35－00616
儀禮逸經傳一卷　（元）吴澄撰　清同治十二年（1873）粵東書局刻通志堂經解本　一冊

410000－8286－0000549　35－00617
儀禮圖十七卷儀禮旁通圖一卷儀禮本經十七卷　（宋）楊復撰　清同治十二年（1873）粵東書局刻通志堂經解本　二冊　存六卷（儀禮圖十二至十七）

410000－8286－0000550　36－00618
欽定書經傳說彙纂二十一卷首二卷序一卷　（清）王頊齡等撰　清刻本（有圖）　二十冊

410000－8286－0000551　36－00619
欽定詩經傳說彙纂二十一卷首二卷詩序二卷　（清）王鴻緒等撰　清刻本　二冊　存二卷（七、十一）

410000－8286－0000552　36－00620

欽定詩經傳說彙纂二十一卷首二卷詩序二卷　(清)王鴻緒等撰　清同治十年(1871)湖北崇文書局刻御纂七經本　十六冊　存二十二卷(三至二十一、首二卷、詩序下)

410000－8286－0000553　36－00621
欽定書經傳說彙纂二十一卷書序一卷　(清)王頊齡等撰　清刻本　六冊　存十二卷(四至十三、二十一,書序一卷)

410000－8286－0000554　36－00622
御纂周易折中二十二卷首一卷　(清)李光地等撰　清同治十年(1871)湖北崇文書局刻御纂七經本　十一冊　存二十一卷(一至十八、二十一至二十二,首一卷)

410000－8286－0000555　36－00623
仿宋相臺五經附考證　清光緒二年(1876)江南書局重刻本　六冊　存二種二十三卷

410000－8286－0000556　36－00625
左氏傳說二十卷　(宋)呂祖謙撰　清同治十二年(1873)粵東書局刻通志堂經解本　三冊

410000－8286－0000557　36－00626
春秋集解三十卷　(宋)呂祖謙撰　清同治十二年(1873)粵東書局刻通志堂經解本　十冊　存二十五卷(一至十七、二十至二十四、二十八至三十)

410000－8286－0000558　36－00627
四書通旨六卷　(元)朱公遷撰　清同治十二年(1873)粵東書局刻通志堂經解本　一冊　存二卷(三至四)

410000－8286－0000559　36－00628
四書辨疑十五卷　(元)陳天祥撰　清同治十二年(1873)粵東書局刻通志堂經解本　二冊　存七卷(一至七)

410000－8286－0000560　36－00629
經典釋文三十卷　(唐)陸德明撰　清同治十二年(1873)粵東書局刻通志堂經解本　一冊　存四卷(一至四)

410000－8286－0000561　36－00630
公是先生七經小傳三卷　(宋)劉敞撰　清同治十二年(1873)粵東書局刻通志堂經解本　一冊

410000－8286－0000562　36－00631
太平經國之書十一卷首一卷　(宋)鄭伯謙撰　清同治十二年(1873)粵東書局刻通志堂經解本　二冊

410000－8286－0000563　36－00632
禮經會元四卷　(宋)葉時撰　清同治十二年(1873)粵東書局刻通志堂經解本　二冊　存二卷(一、三)

410000－8286－0000564　36－00633
通志堂經解一百四十種　(清)成德輯　清同治十二年(1873)粵東書局刻本　一冊　存四種四卷

410000－8286－0000565　36－00634
左繡三十卷首一卷　(清)馮李驊　(清)陸浩評輯　清華川書屋刻本　六冊　存十五卷(十六至三十)

410000－8286－0000566　36－00642
仁山先生金文安公文集五卷　(元)金履祥撰　清同治十三年(1874)永康胡氏退補齋刻金華叢書本　二冊

410000－8286－0000567　36－00643
龍川文集三十卷首一卷附錄一卷　(宋)陳亮撰　**辨譌考異二卷**　(清)胡鳳丹撰　清同治七年(1868)永康胡氏退補齋刻金華叢書本　十冊

410000－8286－0000568　36－00644
香溪集二十二卷　(宋)范浚撰　清光緒元年(1875)永康胡氏退補齋刻金華叢書本　三冊　存十七卷(一至五、十一至二十二)

410000－8286－0000569　36－00645
北山文集三十卷末一卷　(宋)鄭剛中撰　清同治十二年(1873)永康胡氏退補齋刻金華叢書本　六冊　存二十四卷(一至十一、十九至三十,末一卷)

410000－8286－0000570　36－00646
忠簡公集七卷　(宋)宗澤撰　**辨譌考異二卷**　(清)胡鳳丹撰　清同治八年(1869)永康胡氏退補齋刻金華叢書本　二册

410000－8286－0000571　36－00647
禪月集十二卷　(唐)釋貫休撰　清同治八年(1869)永康胡氏退補齋刻金華叢書本　二册

410000－8286－0000572　36－00649
帝王經世圖譜十六卷附録一卷　(宋)唐仲友撰　清同治十二年(1873)永康胡氏退補齋刻金華叢書本　二册　存八卷(十至十六、附録一卷)

410000－8286－0000573　36－00651
日損齋筆記一卷　(元)黄溍撰　**附錄一卷**　(清)陳熙晉撰　清同治九年(1870)永康胡氏退補齋刻金華叢書本　一册

410000－8286－0000574　36－00652
楓山章先生語錄一卷　(明)章懋撰　**考異一卷**　(清)胡鳳丹撰　清同治十三年(1874)永康胡氏退補齋刻金華叢書本　一册

410000－8286－0000575　36－00653
唐鑑二十四卷　(宋)范祖禹撰　(宋)吕祖謙音注　**音注考異一卷**　(清)胡鳳丹撰　清同治十年(1871)永康胡氏退補齋刻金華叢書本　四册

410000－8286－0000576　36－00654
蜀碑記十卷首一卷　(宋)王象之撰　**辨譌考異二卷**　(清)胡鳳丹撰　清同治八年(1869)永康胡氏退補齋刻金華叢書本　一册

410000－8286－0000577　36－00655
旌義編二卷　(元)鄭濤撰　清同治九年(1870)永康胡氏退補齋刻金華叢書本　一册

410000－8286－0000578　36－00656
明朝國初事蹟一卷　(明)劉辰撰　清同治八年(1869)永康胡氏退補齋刻金華叢書本　一册

410000－8286－0000579　36－00657
金華叢書六十九種　(清)胡鳳丹輯　清同治光緒間永康胡氏退補齋刻本　九十九册　存二十九種二百三十五卷

410000－8286－0000580　36－00658
王耕野先生讀書管見二卷　(元)王充耘撰　清同治十二年(1873)粤東書局刻通志堂經解本　一册

410000－8286－0000581　36－00659
檜門觀劇詩三卷　葉德輝撰　清光緒三十四年(1908)刻本　二册

410000－8286－0000582　36－00660
雙楳景闇叢書十六種　葉德輝輯　清光緒宣統間長沙葉氏郎園刻本　一册　存二種六卷

410000－8286－0000583　36－00661
闕里誌二十四卷　(明)陳鎬撰　清刻本　一册　存一卷(十八)

410000－8286－0000584　36－00662
論語不分卷　(春秋)孔丘撰　清刻本　一册

410000－8286－0000585　36－00663
尺木堂綱鑑易知錄一百七卷　(清)吳乘權撰　清刻本　三册　存七卷(五十四至五十六、六十二至六十四、六十七)

410000－8286－0000586　36－00664
周易輯聞六卷易雅一卷筮宗一卷　(宋)趙汝楳撰　清同治十二年(1873)粤東書局刻通志堂經解本　一册　存二卷(易雅一卷、筮宗一卷)

410000－8286－0000587　36－00665
書蔡氏傳輯錄纂注六卷首一卷　(元)董鼎撰　清同治十二年(1873)粤東書局刻通志經解本　四册　存五卷(二至六)

410000－8286－0000588　36－00666
綱鑑會纂二十三卷　(明)王鳳洲(王世貞)編　清刻本　六册　存六卷(五至十)

410000－8286－0000589　36－00667
大清律例四十七卷　(清)三泰等撰　清乾隆四十三年(1778)刻本　六册　存八卷(一至

八)

410000－8286－0000590　36－00670
敏果齋七種　(清)許乃釗輯　清道光錢塘許氏刻本　十八册

410000－8286－0000591　36－00675
春秋十六卷首一卷　清刻本　十六册　存十六卷(一至四、六至十六,首一卷)

410000－8286－0000592　36－00676
大學一卷　(宋)朱熹章句　清刻本　一册

410000－8286－0000593　36－00677
論語十卷　(宋)朱熹集注　清刻本　二册

410000－8286－0000594　36－00678
孟子七卷　(宋)朱熹集注　清刻本　三册

410000－8286－0000595　37－00679
周易四卷　(宋)朱熹本義　清刻本　二册

410000－8286－0000596　37－00680
書經六卷　(宋)蔡沈集傳　清刻本　三册

410000－8286－0000597　37－00681
詩經八卷　(宋)朱熹集傳　清刻本　五册

410000－8286－0000598　37－00682
禮記十卷　(元)陳澔集說　清刻本　十册　存十卷

410000－8286－0000599　37－00689
增訂漢魏叢書九十六種　(清)王謨輯　清乾隆五十六年(1791)金谿王氏刻本　五册　存十一種二十八卷

410000－8286－0000600　37－00698
平湖顧氏遺書五種　(清)顧廣譽撰　清光緒三年(1877)刻本　十四册

410000－8286－0000601　37－00745
續知不足齋叢書十七種　(清)高承勳輯　清渤海高氏刻本　四册　存十種十四卷

410000－8286－0000602　38－00858
靖節先生集十卷首一卷末一卷　(晉)陶潛撰　清光緒三年(1877)江蘇書局刻本　三册

410000－8286－0000603　39－00871
字彙十二卷首一卷末一卷韻法直圖一卷韻法橫圖一卷　(明)梅膺祚音釋　清嘉慶五年(1800)書業堂刻本　十三册　存十三卷(字彙十二卷、首一卷)

410000－8286－0000604　39－00872
廿一史約編八卷首一卷　(清)鄭元慶述　清刻本　一册　存二卷(一至二)

410000－8286－0000605　39－00873
試律淺說易知集四卷　(清)任兆松評選　清刻本　一册

410000－8286－0000606　39－00874
翰苑重校臨文便覽不分卷　(清)□□撰　清光緒十二年(1886)刻本　一册

410000－8286－0000607　39－00875
萃林詩賦不分卷　(清)張端卿等撰　清光緒十二年(1886)刻本　一册

410000－8286－0000608　39－00876
重校十三經不貳字一卷　(清)李鴻藻輯　清光緒十二年(1886)影印本　一册

410000－8286－0000609　39－00877
翰苑增補字學舉隅不分卷　(清)□□撰　清光緒十二年(1886)刻本　一册

410000－8286－0000610　39－00878
字彙十二卷首一卷末一卷韻法直圖一卷韻法橫圖一卷　(明)梅膺祚音釋　清刻本　十三册　存十三卷(字彙十二卷、首一卷)

410000－8286－0000611　39－00879
四書大全摘要二十卷　(清)李武輯　清煥文堂刻本　一册　存一卷(孟子三)

410000－8286－0000612　39－00880
探杏譜不分卷　(清)□□編　清光緒十一年(1885)影印刻本　一册

410000－8286－0000613　39－00881
詩經八卷　(宋)朱熹集傳　清刻本　一册　存二卷(三至四)

410000－8286－0000614　39－00882

左繡三十卷首一卷 （清）馮李驊 （清）陸浩評輯 清華川書屋刻本 一册 存二卷（二十九至三十）

410000－8286－0000615 39－00885
古調獨彈不分卷 （清）□□輯 清抄本 一册

410000－8286－0000616 39－00886
唐詩三百首註疏四卷 題（清）蘅塘退士（孫洙）編 清道光二十六年（1846）刻本 二册

410000－8286－0000617 39－00887
硃批七家詩選註釋七卷 （清）張熙宇評選 （清）張昶註釋 清道光二十九年（1849）刻朱墨套印本 一册 存二卷（一至二）

410000－8286－0000618 39－00888
全本禮記體註十卷 （清）范紫登（范翔）鑒定 （清）徐旦參訂 （清）徐瑄補輯 清刻本 一册 存一卷（五）

410000－8286－0000619 39－00889
書經體註大全合參六卷 （清）范翔鑒定 （清）錢希祥纂輯 清嘉慶七年（1802）刻本 一册 存一卷（一）

410000－8286－0000620 39－00890
重鐫神峯張先生通考闢謬命理正宗大全六卷 （清）張楠撰 清刻本 三册

410000－8286－0000621 39－00892－1
詩經融註大全體要八卷 （清）高朝瓔定 （清）沈世楷輯 清刻本 一册 存二卷（三至四）

410000－8286－0000622 39－00892－2
書經體註大全合參六卷 （清）范翔鑒定 （清）錢希祥纂輯 清刻本 一册 存二卷（五至六）

410000－8286－0000623 39－00894
聖哲賢儒位次事實全册一卷 （清）□□撰 清康熙六十年（1721）三希堂刻本 一册

410000－8286－0000624 39－00895
欽定詩經傳説彙纂二十一卷首二卷詩序二卷 （清）王鴻緒等撰 清刻本 二册 存三卷（十五至十六、詩序上）

410000－8286－0000625 39－00896
周禮註疏刪翼三十卷 （明）王志長輯 清乾隆六十年（1795）刻本 八册 存十三卷（一至十三）

410000－8286－0000626 39－00897
增訂古文集解八卷 （清）程潤德評註 清刻本 二册 存一卷（五）

410000－8286－0000627 39－00898
欽定春秋傳説彙纂三十八卷首二卷 （清）王掞等撰 清刻本 六册 存十一卷（一至二、五至六、八至九、十至十四）

410000－8286－0000628 39－00899
欽定詩經傳説彙纂二十一卷首二卷詩序二卷 （清）王鴻緒等撰 清刻本 十三册 存十二卷（五至十、十三至十四、十七至二十）

410000－8286－0000629 39－00900
欽定詩經傳説彙纂二十一卷首二卷詩序二卷 （清）王鴻緒等撰 清刻本 六册 存六卷（一至四、十二，首下）

410000－8286－0000630 39－00901
經典釋文三十卷 （唐）陸德明撰 清同治十二年（1873）粵東書局刻通志堂經解本 三册 存九卷（十一至十四、二十六至三十）

410000－8286－0000631 39－00902
劉文烈公全集十二卷 （明）劉理順著 清刻本 一册 存二卷（三至四）

410000－8286－0000632 39－00903
儀禮圖十七卷儀禮旁通圖一卷儀禮本經十七卷 （宋）楊復撰 清同治十二年（1873）粵東書局刻通志堂經解本 二册 存十七卷（儀禮本經十七卷）

410000－8286－0000633 39－00904
新增説文韻府羣玉二十卷 （元）陰時夫編輯 （元）陰中夫編註 清刻本 一册 存一卷（九）

410000－8286－0000634　39－00905
漱芳軒合纂禮記體注四卷　（清）范翔叅訂　清刻本　一冊　存一卷（二）

410000－8286－0000635　39－00907
岳武穆精忠傳六卷六十八回　（明）鄒元標撰　清刻本　一冊　存一卷（五）

410000－8286－0000636　39－00908
尚書離句六卷　（清）錢在培輯　清務本堂刻本　二冊

410000－8286－0000637　39－00910
朱子四書或問小註三十六卷　（明）徐方廣注　（清）鄭任鑰校訂　清康熙刻本　二冊　存十卷（論語十一至二十）

410000－8286－0000638　39－00911
左繡三十卷首一卷　（清）馮李驊　（清）陸浩評輯　清華川書屋刻本　六冊　存十三卷（四至十三、十六至十八）

410000－8286－0000639　39－00912
四書人物類典串珠四十卷　（清）臧志仁編輯　清刻本　三冊　存十一卷（八至十八）

410000－8286－0000640　39－00913－1
書經體註大全合叅六卷　（清）范翔鑒定　（清）錢希祥叅　清刻本　一冊　存一卷（一）

410000－8286－0000641　39－00913－2
重訂詩經衍義合叅集註八卷　（清）黃坤五（黃文煥）訂　（清）江晉雲（江環）輯著　清刻本　一冊　存三卷（六至八）

410000－8286－0000642　39－00914
南華真經評注十卷　（戰國）莊周著　（晉）郭象評　（晉）向秀注　清刻本　一冊　存一卷（五）

410000－8286－0000643　39－00915
後漢書九十卷　（南朝宋）范曄撰　（唐）李賢注　**志三十卷**　（晉）司馬彪撰　（南朝梁）劉昭注　清刻本　一冊　存七卷（五十三至五十九）

410000－8286－0000644　39－00916
古唐詩合解十六卷　（清）王堯衢注　清刻本　一冊　存二卷（古詩一至二）

410000－8286－0000645　39－00920
七經精義　（清）黃淦撰　清嘉慶十二年（1807）刻本　七冊　存四種十九卷

410000－8286－0000646　39－00921
尼山心法八卷　（□）□□撰　清刻本　一冊　存一卷（四）

410000－8286－0000647　39－00922
書纂言四卷　（元）吳澄撰　清同治十二年（1873）粵東書局刻通志堂經解本　一冊　存一卷（四）

410000－8286－0000648　39－00923
讀四書叢說八卷　（元）許謙撰　清道光、咸豐間大梁書院刻經苑本　二冊　存三卷（讀論語叢說下、讀孟子叢說二卷）

410000－8286－0000649　39－00925
古唐詩合解十六卷　（清）王堯衢注　清刻本　二冊　存四卷（唐詩一至四）

410000－8286－0000650　39－00926
荀子二十卷校刊補遺一卷　（戰國）荀況撰　（唐）楊倞注　（清）盧文弨　（清）謝墉輯校　清光緒二年（1876）浙江書局刻二十二子本　六冊

410000－8286－0000651　39－00929
保甲書四卷　（清）徐棟輯　清刻本　一冊　存二卷（三至四）

410000－8286－0000652　39－00930
增補箋注繪像第六才子西廂釋解八卷　（元）王實甫撰　（清）金人瑞評　清刻本（有圖）　三冊　存六卷（一至六）

410000－8286－0000653　39－00931
重訂外科正宗十二卷　（明）陳實功撰　清刻本　三冊　存八卷（一至二、六至八、十至十二）

410000－8286－0000654　39－00932
增訂本草備要四卷　（清）汪昂輯　清刻本

(有圖)　一冊　存一卷(四)

410000－8286－0000655　39－00933
女科二卷　(清)傅山撰　清刻本　一冊

410000－8286－0000656　39－00934
論語集註攷證十卷孟子集註攷證七卷首一卷　(元)金履祥撰　清同治十二年(1873)永康胡氏退補齋刻金華叢書本　一冊　存七卷(論語四至十)

410000－8286－0000657　39－00936
芥子園畫傳初集六卷二集八卷三集四卷四集四卷　(清)王概等編繪　清光緒三十二年(1906)上海文心局石印本　八冊　存十四卷(初集一至二、五至六,二集一至六,四集四卷)

410000－8286－0000658　39－00937
藥王神效百方不分卷　(唐)孫思邈著　清悦順堂刻本　一冊

410000－8286－0000659　39－00938
字彙十二卷首一卷末一卷韻法直圖一卷韻法橫圖一卷　(明)梅膺祚音釋　清刻本　一冊　存二卷(三至四)

410000－8286－0000660　39－00939
壽世保元十卷　(清)龔廷賢編　清嘉慶十七年(1812)崇文堂刻本　三冊

410000－8286－0000661　39－00940
天文步天歌不分卷　(唐)王希明撰　清刻本(有圖)　一冊

410000－8286－0000662　39－00941
柳氏家藏宅元秘訣三卷　(明)劉洪泉撰　清道光三年(1823)崇文堂刻本　一冊

410000－8286－0000663　39－00943
青在堂菊譜不分卷　(清)王概等繪　清嘉慶五年(1800)芥子園煥記刻本(有圖)　一冊

410000－8286－0000664　39－00944
字畫貼二卷　(□)□□輯　清影印本(有圖)　二冊

410000－8286－0000665　39－00945
百中經不分卷　(清)□□撰　清刻本(有圖)　一冊

410000－8286－0000666　39－00946
音韻貫珠八卷　(清)賈椿齡編　清嘉慶九年(1804)刻本　二冊　存六卷(一至六)

410000－8286－0000667　39－00947
東萊博議四卷　(宋)呂祖謙撰　清光緒二十四年(1898)上海祥記書莊石印本　二冊

410000－8286－0000668　39－00948
瀕湖脈學一卷　(明)李時珍撰　清刻本　一冊

410000－8286－0000669　39－00950
四書朱子大全精言四十一卷　(清)周大璋編輯　清寶旭齋刻本　一冊　存一卷(孟子八)

410000－8286－0000670　39－00951
增訂龍門四書圖像人物備考十二卷　(明)陳仁錫增定　清三樂齋刻本　一冊　存二卷(九至十)

410000－8286－0000671　39－00952
新訂四書補註備旨十卷　(明)鄧林撰　清刻本　一冊　存二卷(一至二)

410000－8286－0000672　39－00953
御纂醫宗金鑑外科十六卷首一卷　(清)吳謙纂修　清刻本　五冊　存六卷(一、四、六至七、九,首一卷)

410000－8286－0000673　39－00954
綱鑑總論二卷　(□)□□撰　清刻本　一冊　存一卷(二)

410000－8286－0000674　39－00955
史鑑節要三卷　(清)鮑東里著　清石印本　一冊　存一卷(三)

410000－8286－0000675　39－00957
古微書三十六卷　(明)孫瑴撰　清刻本　五冊　存三十卷(一至五、十二至三十六)

410000－8286－0000676　39－00959
新增四書備旨靈捷解八卷　(清)張素存(張玉書)著　清刻本　二冊　存二卷(三、八)

410000 - 8286 - 0000677　39 - 00961
雙楳景闇叢書十六種　葉德輝輯　清光緒、宣統間長沙葉氏郎園刻本　二冊　存六種八卷

410000 - 8286 - 0000678　39 - 00962
光緒湖北輿地記二十四卷　(清)湖北輿圖局編　清刻本　一冊　存一卷(十七)

410000 - 8286 - 0000679　39 - 00964
督捕則例附纂二卷　(清)徐本等纂　清同治十一年(1872)湖北讞局刻本　一冊

410000 - 8286 - 0000680　39 - 00982
笠翁別集二十卷　(清)李漁撰　清刻本　一冊　存一卷(九)

410000 - 8286 - 0000681　39 - 00984
近事叢殘四卷　(明)沈瓚撰　清刻本　三冊　存三卷(一至三)

410000 - 8286 - 0000682　39 - 00985
分類詩腋八卷　(清)李楨編　清道光二十三年(1843)刻本　一冊

410000 - 8286 - 0000683　39 - 00986
七家詩選註釋七卷　(清)張昶註釋　清刻本　一冊　存二卷(五至六)

410000 - 8286 - 0000684　39 - 00987
字彙十二卷首一卷末一卷韻法直圖一卷韻法橫圖一卷　(明)梅膺祚音釋　清刻本　一冊　存一卷(十一)

410000 - 8286 - 0000685　39 - 00989
文廟從祀先賢先儒位次全錄一卷　(清)路建義纂輯　清三希堂刻本　一冊

410000 - 8286 - 0000686　39 - 00991
餘簿　清光緒五年(1879)稿本　一冊

410000 - 8286 - 0000687　41 - 00893
左繡三十卷首一卷　(清)馮李驊　(清)陸浩評輯　清華川書屋刻本　十一冊　存十八卷(一至三、十二至十八、二十三至三十)

410000 - 8286 - 0000688　41 - 00906
廣輿記二十四卷　(明)陸應陽纂　(清)蔡方炳增輯　清康熙二十五年(1686)刻本　九冊　存十七卷(二至五、八至二十)

410000 - 8286 - 0000689　41 - 00909
新鐫韓祖成仙寶傳二十四回　(清)□□撰　清同治十二年(1873)刻本(有圖)　一冊　存十二回(一至十二)

410000 - 8286 - 0000690　41 - 00927
御纂醫宗金鑑九十卷　(清)吳謙撰　清刻本　一冊　存四卷(三十六至三十九)

410000 - 8286 - 0000691　41 - 00956
重刻歷朝捷錄四卷　(清)張之洞音注　清光緒二十七年(1901)吉慶堂刻本　一冊

410000 - 8286 - 0000692　41 - 00965
論語集註攷證十卷孟子集註攷證七卷首一卷　(元)金履祥撰　清同治十二年(1873)永康胡氏退補齋刻金華叢書本　一冊　存八卷(孟子集註攷證七卷、首一卷)

410000 - 8286 - 0000693　41 - 00966
春秋三十卷　(宋)胡安國撰　清三樂齋刻本　二冊　存十六卷(八至二十三)

410000 - 8286 - 0000694　41 - 00967
禮記心典傳本三卷　(清)胡瑤光撰　清刻本　二冊　存二卷(一、三)

410000 - 8286 - 0000695　41 - 00969
新訂四書補注備旨十卷　(明)鄧林撰　清刻本　一冊　存一卷(孟子三)

410000 - 8286 - 0000696　41 - 00970
韻對五七言千家詩輯鈔六卷　(清)□□輯　清光緒十五年(1889)刻本　一冊

410000 - 8286 - 0000697　41 - 00972
古唐詩合解十六卷　(清)王堯衢注　清刻本　一冊　存四卷(古詩四卷)

410000 - 8286 - 0000698　41 - 00973
地學□□卷　(□)□□撰　清刻本　一冊　存一卷(二)

410000 - 8286 - 0000699　41 - 00974
書纂言四卷　(元)吳澄撰　清同治十二年(1873)粵東書局刻通志堂經解本　一冊　存一卷(四)

410000－8286－0000700　41－00975
欽定詩經傳説彙纂二十一卷首二卷詩序二卷　(清)王鴻緒等撰　清刻本　七册　存九卷(三、五至七、十四至十五,首二卷,詩序上)

410000－8286－0000701　41－00979
歷朝通鑑紀要錄十八卷首一卷　(明)葉羲昂纂　清乾隆十三年(1748)刻本　一册

《河南省鄭州圖書館古籍普查登記目録》
書名筆畫字頭索引

一畫

二畫

三畫

四畫

五畫

六畫

七畫

八畫

九畫

十畫

十一畫

十二畫

十三畫

十四畫

十五畫

十六畫

十七畫

十八畫

十九畫

二十畫

二十一畫

二十二畫

二十三畫

二十四畫

《河南省鄭州圖書館古籍普查登記目録》
書名筆畫索引

一畫

二畫

三畫

四畫

五畫

六畫

七畫

八畫

九畫

十畫

十一畫

十二畫

十三畫

十四畫

十五畫

十六畫

十七畫

十八畫

十九畫

二十畫

二十一畫

二十二畫

二十三畫

二十四畫

《河南省安陽市圖書館古籍普查登記目録》
書名筆畫字頭索引

二畫

三畫

四畫

五畫

六畫

七畫

八畫

九畫

十畫

十一畫

十二畫

十三畫

十四畫

十五畫

十六畫

十七畫

十八畫

十九畫

二十畫

二十一畫

二十二畫

《河南省安陽市圖書館古籍普查登記目録》
書名筆畫索引

二畫

三畫

四畫

五畫

六畫

七畫

八畫

九畫

十畫

十一畫

十二畫

十三畫

十四畫

十五畫

十六畫

十七畫

十八畫

十九畫

二十畫

二十一畫

二十二畫

《河南省焦作市圖書館古籍普查登記目録》
書名筆畫字頭索引

二畫

三畫

四畫

五畫

六畫

七畫

八畫

九畫

十畫

十一畫

十二畫

十三畫

十四畫

十五畫

十六畫

十七畫

十八畫

十九畫

二十一畫

二十二畫

二十四畫

《河南省焦作市圖書館古籍普查登記目録》
書名筆畫索引

二畫

三畫

四畫

五畫

六畫

七畫

八畫

九畫

十畫

十一畫

十二畫

十三畫

十四畫

十五畫

十六畫

十七畫

十八畫

十九畫

二十一畫

二十二畫

二十四畫

《河南省商丘市文化館古籍普查登記目録》
書名筆畫字頭索引

十七畫

《河南省商丘市文化館古籍普查登記目録》
書名筆畫索引

十七畫

《河南中醫藥大學圖書館古籍普查登記目録》
書名筆畫字頭索引

一畫

二畫

三畫

四畫

五畫

六畫

七畫

八畫

九畫

十畫

十一畫

十二畫

十三畫

十四畫

十五畫

十六畫

十七畫

十八畫

十九畫

二十畫

二十一畫

二十二畫

二十三畫

二十四畫

《河南中醫藥大學圖書館古籍普查登記目録》
書名筆畫索引

一畫

二畫

三畫

四畫

五畫

六畫

七畫

八畫

九畫

十畫

十一畫

十二畫

十三畫

十四畫

十五畫

十六畫

十七畫

十八畫

十九畫

二十畫

二十一畫

二十二畫

二十三畫

二十四畫

《河南省輝縣市博物館古籍普查登記目録》
書名筆畫字頭索引

二畫

三畫

四畫

五畫

六畫

七畫

八畫

九畫

十畫

十一畫

十二畫

十三畫

十四畫

十五畫

十六畫

十七畫

十八畫

十九畫

二十畫

二十一畫

二十二畫

二十三畫

二十四畫

《河南省輝縣市博物館古籍普查登記目録》
書名筆畫索引

二畫

三畫

四畫

五畫

六畫

七畫

八畫

九畫

十畫

十一畫

十二畫

十三畫

十四畫

十五畫

十六畫

十七畫

十八畫

十九畫

二十畫

二十一畫

二十二畫

二十三畫

二十四畫

《中國嵩山少林寺藏經閣古籍普查登記目録》
書名筆畫字頭索引

二畫

三畫

四畫

五畫

六畫

七畫

八畫

九畫

十畫

十一畫

十二畫

十三畫

十四畫

十五畫

十六畫

十七畫

十八畫

十九畫

二十畫

二十一畫

二十三畫

二十四畫

《中國嵩山少林寺藏經閣古籍普查登記目録》
書名筆畫索引

二畫

三畫

四畫

五畫

六畫

七畫

八畫

九畫

十畫

十一畫

十二畫

十三畫

十四畫

十五畫

十六畫

十七畫

十八畫

十九畫

二十畫

二十一畫

二十三畫

二十四畫

《河南省商丘市梁園區圖書館古籍普查登記目録》
書名筆畫字頭索引

二畫

三畫

四畫

五畫

六畫

七畫

八畫

九畫

十畫

十一畫

十二畫

十三畫

十四畫

十五畫

十六畫

十七畫

十八畫

十九畫

二十一畫

二十二畫

《河南省商丘市梁園區圖書館古籍普查登記目録》
書名筆畫索引

二畫

三畫

四畫

五畫

六畫

七畫

八畫

九畫

十畫

十一畫

十二畫

十三畫

十四畫

十五畫

十六畫

十七畫

十八畫

十九畫

二十一畫

二十二畫

《河南省商丘市寧陵縣圖書館古籍普查登記目録》
書名筆畫字頭索引

二畫

三畫

四畫

五畫

六畫

七畫

八畫

九畫

十畫

十一畫

十二畫

十三畫

十四畫

十五畫

十七畫

十九畫

二十一畫

《河南省商丘市寧陵縣圖書館古籍普查登記目録》
書名筆畫索引

二畫

三畫

四畫

五畫

六畫

七畫

八畫

九畫

十畫

十一畫

十二畫

十三畫

十四畫

十五畫

十七畫

十九畫

二十一畫

《河南師範大學圖書館古籍普查登記目録》
書名筆畫字頭索引

二畫

三畫

四畫

五畫

六畫

七畫

八畫

九畫

十畫

十一畫

十二畫

十三畫

十四畫

十五畫

十六畫

十七畫

十九畫

二十二畫

二十四畫

《河南師範大學圖書館古籍普查登記目録》
書名筆畫索引

二畫

三畫

四畫

五畫

六畫

七畫

八畫

九畫

十畫

十一畫

十二畫

十三畫

十四畫

十五畫

十六畫

十七畫

十九畫

二十二畫

二十四畫

《河南省靈寶市文物保護管理所古籍普查登記目録》
書名筆畫字頭索引

二畫

三畫

四畫

五畫

六畫

七畫

八畫

九畫

十畫

十一畫

十二畫

十三畫

十四畫

十五畫

十六畫

十七畫

十八畫

十九畫

二十畫

二十一畫

二十二畫

二十四畫

《河南省靈寶市文物保護管理所古籍普查登記目録》書名筆畫索引

二畫

三畫

四畫

五畫

六畫

七畫

八畫

九畫

十畫

十一畫

十二畫

十三畫

十四畫

十五畫

十六畫

十七畫

十八畫

十九畫

二十畫

二十一畫

二十二畫

二十四畫

检 3